国家社科基金
后期资助项目

# 流动的苏州(1912—1937):
# 近代的城与人

张笑川 著

社会科学文献出版社
SOCIAL SCIENCES ACADEMIC PRESS (CHINA)

图书在版编目(CIP)数据

流动的苏州：1912—1937：近代的城与人/张笑川著.--北京：社会科学文献出版社，2024.9（2025.5重印）
国家社科基金后期资助项目
ISBN 978-7-5228-3160-2

Ⅰ.①流… Ⅱ.①张… Ⅲ.①苏州-地方史-研究-近代 Ⅳ.①K295.33

中国国家版本馆CIP数据核字（2024）第024626号

国家社科基金后期资助项目
## 流动的苏州（1912—1937）：近代的城与人

著　　者／张笑川

出 版 人／冀祥德
责任编辑／陈凤玲
文稿编辑／许文文
责任印制／王京美

出　　版／社会科学文献出版社·经济与管理分社（010）59367226
　　　　　地址：北京市北三环中路甲29号院华龙大厦　邮编：100029
　　　　　网址：www.ssap.com.cn
发　　行／社会科学文献出版社（010）59367028
印　　装／三河市龙林印务有限公司

规　　格／开 本：787mm×1092mm　1/16
　　　　　印 张：29.5　字 数：460千字
版　　次／2024年9月第1版　2025年5月第3次印刷
书　　号／ISBN 978-7-5228-3160-2
定　　价／128.00元

读者服务电话：4008918866

版权所有 翻印必究

# 国家社科基金后期资助项目
# 出版说明

  后期资助项目是国家社科基金设立的一类重要项目，旨在鼓励广大社科研究者潜心治学，支持基础研究多出优秀成果。它是经过严格评审，从接近完成的科研成果中遴选立项的。为扩大后期资助项目的影响，更好地推动学术发展，促进成果转化，全国哲学社会科学工作办公室按照"统一设计、统一标识、统一版式、形成系列"的总体要求，组织出版国家社科基金后期资助项目成果。

全国哲学社会科学工作办公室

# 序

熊月之

近代苏州的历史，几分悲壮，几分苍凉，有点"欲说还休，欲说还休，却道天凉好个秋"的味道！想当年，论经济繁荣，文化昌盛，园林典雅，人文荟萃，生活精致，何等气象万千，令人神往！说她第二，无城敢称第一！不料到了近代，太平军战事的重创，上海城市的崛起，江苏行政中心的迁移，无量精英的他迁，苏州经济结构、文化特质、在江南与全国的地位、与上海的关系，无不白云苍狗，今非昔比，令人顿生美人迟暮之叹。然而，苏州毕竟是苏州，其自然禀赋未变，城市元气尚存，应变能力强，于是，在新的形势与格局中，涅槃重生，焕发出新的生机与活力。这便是本书研究的重点，1912—1937年的苏州。

苏州研究有极其重要的价值。在中国众多城市中，就历史的悠久、形态的稳定、地位的重要来说，无出其右。研究苏州，对于理解中国城市的古今之变，了解近代沿海与内地、城市与乡村的关系，了解社会变迁中的中西因素、江南地区中心城市的位移，都有无可替代的价值。关于近代苏州，马敏、朱英、张海林、巫仁恕、柯必德等学者，已有各具特色、各有贡献的研究。本书另辟蹊径，从城市体系、城市精英、城市管理、城市生活与文化等议题展开，全景式地展现1912—1937年苏州城市社会的演变，其视野之广袤性、内容之丰富性、思路之拓展性，自成气象。

近代化作为一个全球性的历史过程，具有区域性和地方性特征，关注不同区域和地方的近代化道路，反思近代性的普遍性与特殊性，探讨中国近代化的道路和中国近代性的特征，是中国近代史研究的重要任务。本书将苏州作为中国和世界的一个"地方"，一个局部，在关注苏州城市性的同时关注苏州地方性，由此，将近代苏州城市史纳入"地方的近代史"研究框架之内。如此路径，对于拓宽中国城市史研究的视界，将城市史研究与整体历史的研究紧密连接起来，具有启发意义。披览全书，卓识纷呈：

　　本书将社会结构史和社会文化史结合起来，努力构建"整体史"理念下的城市史研究取向。书中既展现了由江南城市体系重组和民国政治变革所导致的苏州城市社会在人口、经济、管理等方面的结构性变动，也描绘了张一麐、章太炎等城市精英的行动和普通居民在私家园林、公园、茶馆、书场等城市空间中的日常生活，既勾勒了作为政治、经济空间的城，也描写了城中生活之人，避免了见城不见人的研究陷阱，使人们对民国苏州有更立体的理解，这样的探索值得嘉许。

　　就具体的研究内容和观点而言，本书将苏州放在江南城市体系的重组过程中考察，指出民国期间在江南城市体系从"运河时代"向"海运时代"转变过程中，由以苏州为核心转为以上海为核心，城市体系的性质出现了从中心地体系主导型向网络体系主导型的转变，城市体系内部诸城市间关系需要重新调整、定位，这导致苏州在政治、经济、文化、社会等众多方面出现了变化。

　　关于城市精英，本书指出，与上海等通商口岸城市商人阶层居于主导地位不同，在民国苏州，士绅阶层更加活跃并居于领袖地位，苏州的在野市政权力网络是一种多元的格局，士绅阶层及自治公所的影响力至关重要。

　　关于城市管理机制，本书指出，自甲午战后苏州开埠开始的城市管理机制变革中，官治与自治并进，官治有局限，自治也有弊端，组建统一的市政管理机构和争取尽可能在自治的轨道下管理城市是苏州居民的主导性意愿，并由此展开了一系列协商与博弈的政治进程。

　　关于城市生活与文化，本书指出，苏州的城市生活有变也有不变，城市文化存在着明显的与上海立异的取向，而这些又与苏州在江南城市体系重组过程中重新定位自己有关。以上观点，或言前人之所未言，或在前人研究的基础上有所推进。

　　这些优点，在书中有充分展示。笑川多年致力于城市史与社会史研究，于上海史、江南史、史学理论等方面均有上佳成果。有此深厚学养，再展开对民国苏州史的研究，便视野宏阔，取材广博，论述允当，气象一新。《文心雕龙》有云："规略文统，宜宏大体，先博览以精阅，总纲纪而摄契，然后拓衢路，置关键，长辔远驭，从容按节。"此书庶几近之。

当然，苏州史是部大书，可从多方面解读，且永无止境。比如，1937年全民族抗战爆发以后至1949年中华人民共和国建立的十多年历史，是民国苏州城市史的重要一页，不在本书论述范围之内，作者自可不予论列。但作者如果在论述此前二十五年历史之余，对此十二年做延展分析，则对于前段面貌可以看得更为明晰。关于民国苏州城市精英的行动策略和影响、城市居民的结构及生活样态、城市空间的构成及变迁、城市文化的多元面貌和深层构造等问题，特别是苏州精英与上海城市的关系，本书虽有所揭示，但仍有空间展开更多个案、更为翔实的分析。期待笑川能在以上方面继续深入研究，为学界贡献更多精彩成果。

新书出版之际，笑川索序于我。我在细读大作、受益良多之余，聊书阅读感想如上，以为推荐。

2024年8月20日

# 目 录

绪 论 ················································································ 1
  一 近代苏州城市研究回顾 ·············································· 1
  二 观察苏州的四个视角 ················································ 13

## 第一部分 江南的苏州

第一章 "人间天堂"苏州城 ················································ 29
  一 从吴国都城到江苏省城 ············································· 29
  二 工商之城 ······························································ 36
  三 城市空间与形态 ······················································ 44

第二章 从省会到县城:苏州政治地位的变化 ························· 49
  一 清末改制与江苏的分合 ············································· 49
  二 民初"江苏统一"与省会迁出 ··································· 54
  三 南京国民政府初期的江苏省会选址 ······························ 61
  四 省会迁出的影响 ······················································ 63

第三章 从繁都到小城:苏州人口的变动 ······························· 69
  一 吴县人口变化 ························································· 69
  二 吴县与周边县人口比较 ············································· 71
  三 苏州城市人口占比变化 ············································· 75
  四 苏州人口变动与江南城市体系重构 ······························ 80

第四章 从中心都会到地区城市:苏州经济的蜕变 ··················· 84
  一 贸易衰落 ······························································ 86
  二 金融业与零售业持续兴盛 ········································· 97

三　旅游业日渐兴起 ·················································· 102
　　四　工业多元化发展 ·················································· 106
　　五　苏州经济蜕变与江南城市体系重构 ··························· 118

第五章　苏州与上海：人的互动与城的发展 ························· 127
　　一　明末以来苏州人迁沪历程 ····································· 128
　　二　旅沪苏州人与上海社会 ········································ 134
　　三　上海资本家与苏州近代工业 ·································· 142

## 第二部分　城市精英

第六章　城市精英及其组织网络 ······································· 151
　　一　城市精英群体画像 ·············································· 153
　　二　城市精英组织网络 ·············································· 167

第七章　苏绅领袖张一麐 ················································ 183
　　一　维新志士 ·························································· 183
　　二　民国要员 ·························································· 190
　　三　江苏耆绅 ·························································· 192
　　四　苏绅领袖 ·························································· 202

## 第三部分　城市管理

第八章　晚清民初城市管理 ············································· 213
　　一　晚清市政管理变革 ·············································· 214
　　二　北京政府时期苏州城市管理 ·································· 227
　　三　工巡捐局改组与城厢内外的融合 ··························· 243

第九章　南京国民政府时期的苏州市政 ······························ 268
　　一　半途而废的苏州市政府 ········································ 268
　　二　苏州市政府的规划与建设 ····································· 299

三　县市合并后的苏州市政 …………………………… 306

## 第四部分　城市生活与文化

### 第十章　生活之城 …………………………………… 319
　一　苏州人的精致闲雅 ………………………………… 319
　二　绅士陆宗篆的安逸日常 …………………………… 326

### 第十一章　园林之城 ………………………………… 346
　一　私家园林与城市生活 ……………………………… 346
　二　公园与城市生活 …………………………………… 352

### 第十二章　文化之城 ………………………………… 368
　一　民国苏州文化概览 ………………………………… 368
　二　构建"国学重镇" ………………………………… 378
　三　苏州意象 …………………………………………… 398

### 结语：流动的苏州　不变的底色 …………………… 413
　一　区域体系重构中的苏州 …………………………… 413
　二　城市管理机制的演进 ……………………………… 415
　三　城市精英与城市社会 ……………………………… 419
　四　生活与文化的变与不变 …………………………… 420

### 附　录 ………………………………………………… 423
　附录1　各开放口岸征税项目比率及各国征收额比率
　　　　　（1904年）……………………………………… 423
　附录2　民国时期苏州关税及土洋货贸易情况 ……… 424
　附录3　晚清长江三角洲地区联系通道的物流系数 … 426
　附录4　1936年长江三角洲地区联系通道的物流系数 426
　附录5　1931年江苏主要都市钱庄数一览 …………… 427
　附录6　1931年江苏主要都市银行数一览 …………… 427

附录 7　1932 年江南地区主要都市人口统计 …………………… 427

附录 8　苏州工巡捐局暂行章程（1926 年 6 月）…………… 428

附录 9　1931 年苏州城区会馆、公所、同乡会一览 ………… 431

附录 10　1913—1949 年苏州救火联合会历任会长、副会长、
　　　　　主席一览 …………………………………………… 435

附录 11　1931 年苏州城区义庄统计 ………………………… 435

参考文献 ………………………………………………………… 437

后　记 …………………………………………………………… 457

# 绪　论

　　本书的主角——苏州对于中国人来说是一个耳熟能详的地方，关于它的论说与想象也是数不胜数。在当代苏州经济腾飞、城市快速膨胀、移民大量涌入、城市面貌剧烈改变之时，人们对于"老苏州"的兴趣也在日益增长。有学者指出，20 世纪 80 年代以来被人热议并勾起很多怀旧情感的"老北京"在很大意义上其实并不老，它更多的是指民国时期的北京。[①] 同样，人们所谈论的"老苏州"也很大程度上是民国时期的苏州。民国苏州在苏州城两千五百余年的城市发展史上具有什么样的地位？民国苏州城是一个怎样的城市？它的社会结构和发展轨迹具有怎样的特点？民国苏州与人们心目中的"老苏州"有什么样的关联？民国苏州与当代苏州有怎样的区别与联系？民国苏州体现了怎样的时代性和区域性特点？这些问题却并非清晰可见。为了对以上问题进行尝试性的解答，本书围绕苏州在近代江南城市体系中的地位、民国苏州城市的管理模式、城市精英群体的影响以及城市生活与文化等四个问题进行了探索。为了让读者更好地理解本书围绕以上问题展开探索的理由，有必要对近代苏州城市史研究的历程和相关成果进行回顾与梳理。

## 一　近代苏州城市研究回顾

　　苏州是中国历史文化名城和长三角重要中心城市，关于其历史的研究并不缺乏，但相比于上海、北京、天津、武汉、重庆等城市来说，苏州城市史研究仍相对薄弱。比较而言，古代尤其是明清苏州城市研究相

---

①　董玥：《民国北京城：历史与怀旧》，生活·读书·新知三联书店，2018 年。

对成熟与丰硕，①包含清末和民国在内的20世纪上半叶的苏州城市史研究则处于方兴未艾的阶段。此处梳理、评述相关研究，重点在问题史梳理和后续研究展望，因此相关研究信息不免挂一漏万，敬请读者谅察。

---

① 苏州城市史研究目前没有专题的梳理，相关研究状况在江南城市史研究综述中有所涉及，可参考王卫平、董强《江南城市史研究的回顾与思考（1979—2009）》，《苏州大学学报》（哲学社会科学版）2010年第4期；范金民《江南社会经济史研究入门》，复旦大学出版社，2012年，第110—114页。据笔者管见所及，民国年间，顾颉刚就开始注重苏州历史的研究，他的研究除了《苏州的歌谣》等生前公开发表的论著之外，被王煦华整理为《苏州史志笔记》和《苏州史志笔记补遗》（顾颉刚著，王煦华辑《苏州史志笔记》，江苏古籍出版社，1987年；顾颉刚著，王煦华辑《苏州史志笔记补遗》，《苏州史志资料选辑》第十八辑，1991年）。此外，有龚寿鹤和潘承弼关于地理环境和地名的研究（龚寿鹤：《苏州之地理环境》，《地理杂志》1931年第8、9期；潘承弼：《姑苏考》，《制言》第42期，1937年）。王謇《宋平江城坊考》更是精深之作（王謇撰，张维明整理《宋平江城坊考》，江苏古籍出版社，1999年）。20世纪六七十年代，柴德赓发表了两篇关于唐宋苏州的研究［柴德赓：《天堂苏杭说的由来》，《新华日报》1961年6月11日；柴德赓：《从白居易诗文中论证唐代苏州的繁荣（初稿）》，《江苏师院学报》（社会科学版）1979年第1—2期］。70年代以来较重要的研究有 F. W. Mote, "A Millennium of Chinese Urban History: Form, Time, and Space Concepts in Soochow", *Rice University Studies*, 59, No. 4 (Fall 1973): 35-65；［日］伊原弘：《江南城市形态的变迁——宋平江图的解剖》，宋代史研究会编《宋代的社会与文化》，汲古书院，1983年；［日］伊原弘：《苏州——水生都市的过去与现在》，讲谈社，1993年；［日］砺波护：《唐宋时代的苏州》，梅原郁主编《中国近世的都市与文化》，京都大学人文科学研究所，1984年；梁庚尧：《宋元时代的苏州》，《宋代社会经济史论集》上册，台北：允晨文化实业股份有限公司，1997年；王卫平：《明清时期江南城市史研究：以苏州为中心》，人民出版社，1999年；范金民、夏维中：《苏州地区社会经济史·明清卷》，南京大学出版社，1993年；范金民：《清代苏州城市工商繁荣的写照——〈姑苏繁华图〉》，《史林》2003年第5期；李伯重：《江南的早期工业化（1550—1850）》（修订版），中国人民大学出版社，2010年；唐力行等：《苏州与徽州：16—20世纪两地互动与社会变迁的比较研究》，商务印书馆，2007年；邱澎生：《十八、十九世纪苏州城的新兴工商业团体》，四川人民出版社，2022年；Michael Marmé, *Suzhou: Where the Goods of all the Provinces Converge*, Stanford, California: Stanford University Press, 2005；［美］林达·约翰逊主编《帝国晚期的江南城市》，成一农译，上海人民出版社，2005年。关于苏州城市空间的研究有：Yinong Xu, *The Chinese City in Space and Time: The Development of Urban Form in Suzhou*, Honolulu: University of Hawai'i Press, 2000；陈泳：《城市空间：形态、类型与意义——苏州古城结构形态演化研究》，东南大学出版社，2006年。除了以上综合性研究，还有很多专题性的研究别具特色，精彩纷呈。例如，王正华关于乾隆朝苏州城市图的研究（王正华：《乾隆朝苏州城市图像：政治权力、文化消费与地景塑造》，《"中研院"近代史研究所集刊》第50期，2005年12月，第115—184页）、赖惠敏关于乾隆帝与苏州的研究（赖惠敏：《寡人好货：乾隆帝与姑苏繁华》，《"中研院"近代史研究所集刊》第50期，2005年12月，第189—237页）等。

## （一）通史著作中的苏州城

关于民国苏州的通史性著述，主要有《苏州史纪（近现代）》和《苏州史纲》第六章"民国时期"以及新近出版的《苏州通史·中华民国卷》。《苏州史纪（近现代）》以故事性和通俗性的笔法，首次将民国时期的重大事件、重要人物、社团活动展现出来。[①] 以前著为基础，《苏州史纲》第六章对民国苏州有了更深入、概括性的把握，作者指出"政治上的沉沦与反抗所呈现的战斗性，经济上的发展与落后所体现的层次性，文化上的现代与传统所反映的庞杂性，共同存在于民国苏州社会"。[②]

朱小田、汪建红主编的《苏州通史·中华民国卷》是二人长期耕耘民国苏州史研究的阶段性总结，也是目前关于民国苏州史的最全面叙述。作者指出，该书涵盖的范围包括吴县、常熟、昆山、吴江和太仓等县的城乡社会，"以此区别于苏州城市史"。[③] 该书前四章分民初（1912—1927）、南京国民政府（1927—1937）、抗战和国共战争（1937—1949）三个时段描述苏州的政治动向、经济和社会变化，后两章则贯通地描画民国时期苏州的社会生活和文化教育。在该书中，二位主编仍坚持其在《苏州史纲》中对民国苏州的总体定位，但在内容的广度和分析的深度上有了很大的拓展。在撰写该书过程中，主编者之一朱小田一直在思考"作为地方通史的城市史"的写法问题，他提出"作为地方通史的城市史，不是中国通史的具体而微，别具专属的时空和体例特征"，并尝试用"地方眼光"、"世界视野"和"整体追求"三个原则来指导苏州地方通史的写作。[④] 在以上方法论的指导下，该书在尽可能全面勾画民国苏州地域社会整体面相和时代风貌的同时，着力阐释苏州的地域特质和共同体特色，创获颇多，也为民国苏州城市史研究提供了宏观的思考框架。不过，虽然主编者将该书称为"作为地方通史的城市史"，但在此书中，

---

[①] 小田：《苏州史纪（近现代）》，苏州大学出版社，1999年。
[②] 王国平主编《苏州史纲》，古吴轩出版社，2009年，第497页。该书第六章"民国时期"作者为朱小田、汪建红。
[③] 朱小田、汪建红主编《苏州通史·中华民国卷》，苏州大学出版社，2019年，第403页。
[④] 小田：《论城市史的书写——基于民国苏州的案例》，《苏州大学学报》（哲学社会科学版）2015年第5期，第182页。

"苏州"更多的是一个涵盖城乡的地域社会单元和一个行政区划概念。限于通史体例和旨趣,该书对"苏州"的"城市性"没有过多的关注,更多地着力于展现作为"地域"的苏州的社会历史过程,而没有挖掘作为"城市"的苏州如何"被规划、被设计、被建造、被居住、被占有、被赞扬、被破坏、被抛弃"的过程。[1] 换句话说,《苏州通史·中华民国卷》是民国苏州史研究,并不能等同和替代民国苏州城市史研究。

比较而言,新近出版的《江南城镇通史》的《晚清卷》和《民国卷》对于晚清民国苏州城市史有更多的阐述。[2]《晚清卷》重点在于描述上海崛起对江南城镇体系的影响,对个别城市的个案描述并非重点,该卷从上海影响的角度来理解江南城镇变迁的视角值得充分重视,但在关注上海辐射与影响的同时,相对忽视了不同江南城市的个性特征和发展道路差异。《江南城镇通史》之《民国卷》旨在梳理民国时期江南城镇发展的共性特征,该书对于当时城市建设思潮的兴起、市镇行政体制的形成以及江南城市体系层级的梳理,对我们理解民国时期江南城市的时代特征具有帮助。但该书对于苏州城市史的描述主要依靠《苏州市志》等新编方志资料,还是比较粗略的。总之,《江南城镇通史》之《晚清卷》和《民国卷》为我们考察晚清民国时期的苏州城市演变提供了宏观思考框架,但苏州城市在清末民国时期的具体变迁和发展个性并没有得到细致的阐释,仍有待于在个案研究的基础上加以揭示。[3]

### (二) 苏州的城市社团

严格意义上的清末民国苏州城市史研究是从商人团体研究开始的。商人团体研究虽然最初意在探讨中国资产阶级的特性和社会功能,但因商人团体是城市社团的重要组成部分,商人团体研究也同时开启了城市史研究的重要视野。从 20 世纪 80 年代开始,朱英、马敏发表了一系列

---

[1] 〔英〕肖恩·埃文:《什么是城市史》,熊芳芳译,北京大学出版社,2020 年,第 12 页。
[2] 戴鞍钢:《江南城镇通史·晚清卷》,上海人民出版社,2017 年;陈国灿:《江南城镇通史·民国卷》,上海人民出版社,2017 年。
[3] 此外,江沛等所著《中华民国专题史》第九卷《城市化进程研究》中对近代苏州城市演变也有概括性论述。参见江沛、秦熠、刘晖等《中华民国专题史·城市化进程研究》,南京大学出版社,2015 年,第 223—224 页。

研究清末苏州商会和商团的文章，标志着苏州商人团体研究的起步。[①] 1993年，马敏、朱英合著的《传统与近代的二重变奏——晚清苏州商会个案研究》出版，标志着苏州商会研究的初步总结。[②] 全书从商会的创设、组织系统、社会职能、性质以及商会与反帝爱国运动、捐税抗争、辛亥革命等多个方面对晚清苏州商会进行了全方位细致研究。该书史料爬梳细致，分析全面深入，推动了学界商会研究的风潮，具有里程碑式的意义。同时关于晚清苏州城市政治社会结构，该书也得出了一个重要论断，即以商会为核心的众多民间社团组织形成了一个官府以外的"在野市政权力网络"。[③] 该书对于苏州"在野市政权力网络"的分析，开启了探讨近代中国城市政治和社会结构的有益视角，对于我们理解近代苏州城市社会特点有重要启发，但同时也存在有待商榷之处（详见本书第六章第二节）。

此后，朱英将商会和商团研究延续到民国时期，继续发表了一系列文章，将苏州商会和商团的研究不断推向深入。[④] 概括来说，朱英、马敏的苏州商会、商团研究是在"国家与社会关系"框架下，尤其是在"公共领域"和"市民社会"的概念下进行，强调晚清民国商会组织在近代中国"公共领域"和"市民社会"建构中的积极作用。[⑤] 在马敏、

---

① 朱英：《辛亥革命时期的苏州商团》，《近代史研究》1986年第5期；朱英：《清末苏州商会述论》，《档案与历史》1987年第4期；马敏、朱英：《浅谈晚清苏州商会与行会的区别及其联系》，《中国经济史研究》1988年第3期；朱英：《清末苏州商会的历史特点》，《历史研究》1990年第1期；朱英：《清末苏州商会调解商事纠纷述论》，《华中师范大学学报》（哲学社会科学版）1993年第1期；朱英：《清末苏州商会与反帝爱国运动》，《辛亥革命史丛刊》第9辑，中华书局，1997年。

② 马敏、朱英：《传统与近代的二重变奏——晚清苏州商会个案研究》，巴蜀书社，1993年。该书后以《辛亥革命时期苏州商会研究》（华中师范大学出版社，2011年）为名再版。

③ 马敏、朱英：《辛亥革命时期苏州商会研究》，华中师范大学出版社，2011年，"前言"第2—3页，第93页。

④ 朱英：《民初苏州商会的发展演变》，《华中师范大学学报》（人文社会科学版）2006年第5期；朱英：《从〈苏州商团档案汇编〉看近代苏州商团》，《史学月刊》2006年第12期；朱英：《苏州商团：近代商人的独特军事武装》，《江苏社会科学》2008年第1期；朱英：《南京国民政府建立后苏州商团的改组与消亡》，《历史研究》2008年第5期。

⑤ 马敏：《商会史研究与新史学的范式转换》，《华中师范大学学报》（人文社会科学版）2003年第5期；朱英：《近代商会史研究的缘起、发展及其理论与方法运用》，《近代史研究》2017年第5期，第149页。马敏认为在晚清苏州，随着近代城市公共领域的扩张，一个具有近代特征的市民社会的雏形业已呈现，并对城市生活施以广泛影响。参见马敏《试论晚清苏州的"市民社会"》，《辛亥革命史丛刊》第10辑，湖北人民出版社，1999年。

朱英之后，王仲开展了南京国民政府时期苏州商会研究，将苏州商会置于国民党强势控制的背景下考察，试图展现国家权力与社会组织的博弈。①

关于商会与公所、会馆的关系，以前的研究多强调两者之间一为"传统"一为"近代"的对立，②但公所、会馆的性质也在不断变化之中，不能以清代情形论民国时期的公所、会馆。比如付海晏、匡小烨通过对民初苏州商会所属商事公断处理案过程的分析指出，商事公断处在理案时往往依赖公所参加并出面调解，或借重公所清算账目、调查市价，在纠纷无法解决时更是求助于公所。③邱澎生曾发表过关于18、19世纪苏州城新兴工商业团体的专著，近期他将研究下沿。他指出，在像苏州这样工商业发达的城市，商人团体代表并维护商人利益持续了近二三百年，清末商会出现这一历史性变化的原因，并非商人团体代表商人利益之"从无到有"，而是商人团体从"事实上的代表"向"法理上的代表"的转变，由会馆、公所到商会的制度性变化，反映了商人持续扩张集体力量的长期历程。④

苏州市民公社是与苏州商会关系密切的社团组织，在开展苏州商会研究过程中，市民公社也进入了学者视野，并成为苏州城市"公共领域"论述的重要例证。其中，章开沅、叶万忠最早注意到市民公社的重要意义，朱英、马敏等人续有阐发。⑤郑芸则注重从市民社会理论上阐发苏州市民公社的意义。⑥

---

① 王仲：《民国苏州商会研究（1927—1936年）》，上海人民出版社，2015年。
② 马敏、朱英：《辛亥革命时期苏州商会研究》，华中师范大学出版社，2011年，第102—103页。
③ 付海晏、匡小烨：《从商事公断处看民初苏州的社会变迁》，《华中师范大学学报》（人文社会科学版）2004年第2期。
④ 邱澎生：《由代收税捐看清末苏州商会的"代表性"问题》，《四川大学学报》（哲学社会科学版）2014年第1期。
⑤ 章开沅、叶万忠：《苏州市民公社与辛亥革命》，《辛亥革命史丛刊》第4辑，中华书局，1982年；朱英：《辛亥革命时期新式商人社团研究》，中国人民大学出版社，1991年；朱英：《关于中国市民社会的几点商榷意见》，《中国社会科学季刊》1994年总第7期，第108—114页；马敏、朱英：《传统与近代的二重变奏——晚清苏州商会个案研究》，巴蜀书社，1993年；马敏：《官商之间：社会巨变中的近代绅商》，天津人民出版社，1995年。
⑥ 郑芸：《现代化视野中的早期市民社会——苏州市民公社个案分析》，社会科学文献出版社，2007年。

商会的研究也引发了对商人同业团体的关注。如魏文享以民国苏州丝绸业同业公会为例，探讨同业公会与会馆、公所的差异。① 王翔通过从云锦公所到铁机公会的演变探讨近代苏州丝织业同业组织的嬗变。② 这些论文主要关注传统如何向现代转化以及两者之间的关系。

近期陈文妍关于1926—1937年苏州自来水事业的研究，虽然从主题上看起来是一项市政建设的研究，但其实背后关注的是地方权力格局，这与马敏、朱英分析"在野市政权力网络"的视角有异曲同工之妙。③ 陈文妍对"地方势力"的分析，包括商会、市民公社等社团组织，也包括市公所、公款公产管理处等城市管理机构，并且更细致地分析了这些"地方势力"与市政府、县政府错综复杂的关系。可以说，通过对具体事件的动态分析，深化了马敏、朱英更多基于商会组织结构而展开的"在野市政权力网络"分析，也提示我们，通过对各种城市社团网络关系的动态分析，可以对民国时期苏州城市社会和政治权力结构有更深入的了解。另外，许冠亭关于1934年苏州弹词男女拼档纠纷案处理的研究，虽然意在考察国民政府时期党治体制下的社团冲突与社团管理，但也从侧面揭示了当时苏州城市社会与文化的内在权力关系和演变动向。④

### （三）苏州的现代化与现代性

近代苏州城市史研究的另一大议题是"城市现代化"。张海林《苏州早期城市现代化研究》是继马敏、朱英《传统与近代的二重变奏——晚清苏州商会个案研究》之后的又一部近代苏州城市史研究力作。⑤ 该书以清末新政时期苏州城市为研究对象，以城市现代化为研究视角，从工商业活动、政治结构、市民构成、传播媒介、社会心态、教育模式、社团组织、市政建设、治安管理、社区福利等多个方面描绘晚清苏州的

---

① 魏文享：《试论民国时期苏州丝绸业同业公会》，《华中师范大学学报》（人文社会科学版）2000年第5期。
② 王翔：《从云锦公所到铁机公会——近代苏州丝织业同业组织的嬗变》，《近代史研究》2001年第3期。
③ 陈文妍：《苏州自来水事业的尝试与困境（1926—1937）》，《近代史研究》2020年第5期。
④ 许冠亭：《党治体制下的社团冲突与社团管理——以1934年苏州弹词男女拼档纠纷案为例》，《近代史研究》2014年第3期。
⑤ 张海林：《苏州早期城市现代化研究》，南京大学出版社，1999年。

现代化进程,开了以"城市现代化"视角研究近代苏州城市史的先河。①

继张海林著作之后,方旭红出版了研究南京国民政府时期苏州"城市化"的专著。② 该书与张著在研究主题、论述思路以及论述内容上有很多类似之处。张著论述的是清末新政"十年",方著论述的是抗战前南京国民政府的"黄金十年",两书都是截取一段资料丰富、变化显著的时期展开研究。

从研究主题来说,张著探讨的是苏州的"早期城市现代化",而方著探讨的是苏州"初步兴起的城市化"。虽然两者的主题有细微的差别,但指导的理论都不外乎"现代化"理论。按照这一理论,19世纪以来的现代社会的基本趋势是向现代化迈进,城市化是现代化基本道路之一,工业化推动城市化,城市化促成现代化。城市化的内涵就是现代化。看了两部著作之后,读者似乎可以得出这样的一个印象,从19世纪末开始直到抗战前,苏州一直沿着现代化、城市化的道路高歌猛进。但是也会不禁产生一点疑问:如果苏州在晚清时期已经开启了"现代化"的进程,南京国民政府十年苏州的"城市化"以及伴随而生的"现代城市生活方式"到底与此前有何种本质上的差异?如果在清末苏州已经是一座城市,并且开启了早期现代化进程,方著所谓的"城市化"又是何指?

其实在方著出版之前,美国学者柯必德(Peter J. Carroll)已经出版了一部研究晚清民国时期苏州城市史的专著,只因迟至2014年才有中文译本,所以较少为国内学界所知。③ 作者探讨的主题是"现代性"(modernity)在苏州的生成。这一主题与前述张、方二氏所探讨的"城市现代化"和"城市化"主题接近,但其背后的理论却有重大差异。与"现代化"理论将"传统"与"现代"视作二元对立的两极并持一种从传统到现代的单向度社会发展观不同,"现代性"是在"后现代"思潮影响下提出的概念,它强调"现代"的多义性,现代化道路的多元性、差异

---

① 相关评论参见茅家琦《城市现代化轨迹的多维探索——评张海林教授新著〈苏州早期城市现代化研究〉》,《江苏社会科学》2000年第5期,第186页。
② 方旭红:《集聚·分化·整合——1927—1937年苏州城市化研究》,合肥工业大学出版社,2012年。
③ Peter J. Carroll, *Between Heaven and Modernity: Reconstructing Suzhou, 1985-1937*, Stanford, California: Stanford University Press, 2006;该书中文版为〔美〕柯必德《天堂与现代性之间:建设苏州(1895—1937)》,何方昱译,上海辞书出版社,2014年。

性，以及对现代性利弊的反思。在这种新视野之下，该书通过对马路等新式景观建造与文庙、寒山寺、玄妙观、古墓等旧景观改造过程细致入微的描述，探讨现代性在苏州城市中的形成及其中"传统"与"现代"之间的复杂关系，反驳了苏州现代化过程相对滞后或停滞的观点。该书研究视角新颖，推动了苏州城市史研究中新文化史路径的实践，使其在海内外众多近代中国城市史著作中具有一席之地。①

市政演进是城市现代化的重要方面，近年来相关研究亦不断出现，如彭志军关于苏州民办消防事业的研究，②李继业关于民国前期吴县县政的研究，③李忠萍关于近代苏州公共卫生的研究，④吴志远关于清代、民国年间苏州壅业的研究等。⑤此外，王翔的苏州丝绸业研究也基本上是在现代化的问题意识支配下展开。⑥王国平、张燕则从苏州工商业的发展和城市空间的拓展两个方面勾画晚清苏州现代化演进的图景。⑦

（四）苏州的城市社会、文化与生活

在苏州城市社会和文化史领域，首先要提及的是唐力行团队的研究。唐力行是中国社会史研究名家，在其学术研究中，苏州城市社会史一直是重要内容。在苏州和上海任教期间，他指导了大量以苏州城市社会史为主题的硕士学位论文，并将部分论文汇集为《明清以来苏州城市社会研究》一书。⑧从2004年开始，他将研究扩展到社会文化史领域，大力

---

① 关于该书的评论，参见张笑川《从城市景观破解城市现代性——评柯必德〈天堂与现代性之间：建设苏州，1895—1937〉》，《城市史研究》第32辑，社会科学文献出版社，2015年；何方昱《时空维度与城市史研究的新趋向——兼评〈天堂与现代性之间：建设苏州（1895—1937）〉》，《史林》2013年第6期。
② 彭志军：《火觞：苏州民办消防事业研究（1913—1954年）》，上海人民出版社，2014年。
③ 李继业：《传承与更新——1912—1937年吴县县政研究》，博士学位论文，苏州大学，2013年。
④ 李忠萍：《近代苏州公共卫生研究（1906—1949）》，博士学位论文，苏州大学，2014年。
⑤ 吴志远：《清代、民国年间苏州壅业述论——兼谈市场机制下城市环卫与基层政府机构改革》，唐力行主编《江南社会历史评论》第二期，商务印书馆，2010年，第191—221页。
⑥ 王翔：《对外贸易与中国丝绸业的近代化》，《安徽师范大学学报》（人文社会科学版）1992年第1期；王翔：《外贸摩擦、合群抗争与产业升级——以20世纪20年代苏州丝绸业为中心》，《历史研究》2015年第4期。
⑦ 王国平、张燕：《论晚清苏州工商业的发展与城市空间的拓展》，《史林》2016年第1期。
⑧ 唐力行主编《明清以来苏州城市社会研究》，上海书店出版社，2013年。

开展"苏州评弹与江南社会"研究,旨在"从苏州评弹看江南社会,从江南社会看苏州评弹,对评弹进行全方位、多层次的研究,探讨其与地方社会复杂的互动关系,以及传统文化在社会转型过程中如何与现代社会相容共生,如何传承与保护"。[①] 该研究经十余年积累,在资料整理、口述访谈、学术研究等方面产生了可观的成果。[②] 相关的研究有很多对我们理解近代苏州城市史有重要启发。[③] 吴琛瑜通过对苏州评弹书场空间的细致描述和对书场"小社会"与苏州"大社会"互动关系的考察,展现了晚清以来苏州城市文化和日常生活的重要侧面,其中,对书场内感官文化的细致分析尤其体现出新鲜气息。[④] 此外,周巍关于江南女弹词的研究和申浩关于都市评弹市场的研究,虽或以江南为范围,或偏重上海,但都涉及苏沪之间弹词艺人之流动和城市文化之差异,对于我们了解近代苏州与上海之间的差异、互动与联系颇有助益。[⑤]

台湾学者巫仁恕长期从事江南社会文化史研究,苏州城市社会文化史是其深耕的领域,他的研究特色在于从城市消费文化看城市社会生活的变迁,并发表了多篇关于苏州城市史研究的论文。[⑥] 近期,他又出版了抗战沦陷时期苏州城市史的专著,通过对菜馆、旅馆、茶馆、烟馆等

---

[①] 唐力行:《开拓社会文化史的新领域:苏州评弹与江南社会导论》,商务印书馆,2020年,第26页。
[②] 相关成果唐力行在《开拓社会文化史的新领域:苏州评弹与江南社会导论》一书中有详细介绍。
[③] 比如,唐力行通过评弹传播历程来探讨都市文化圈的变迁,对于我们理解苏州城市文化的特质和影响力以及近代以来上海与苏州的文化关系,具有重要参考价值。参见唐力行《从苏州到评弹与都市文化圈的变迁》,《史林》2010年第4期。
[④] 吴琛瑜:《晚清以来苏州评弹与苏州社会——以书场为中心的研究》,上海人民出版社,2010年。
[⑤] 周巍:《弦边婴宛:晚清以来江南女弹词研究》,商务印书馆,2014年;申浩:《雅韵留痕:评弹与都市》,商务印书馆,2014年。
[⑥] 巫仁恕:《从游观到旅游:16至20世纪初苏州旅游活动与空间的变迁》,巫仁恕、康豹、林美莉主编《从城市看中国的现代性》,台北:"中研院"近代史研究所,2010年;巫仁恕:《江南园林与城市社会——明清苏州园林的社会史分析》,《"中研院"近代史研究所集刊》第61期,2008年9月;巫仁恕:《明末清初城市手工业工人的集体抗议行动——以苏州城为探讨中心》,《"中研院"近代史研究所集刊》第25期,1998年12月;巫仁恕:《明清江南东岳神信仰与城市群众的集体抗议——以苏州民变为讨论中心》,李孝悌编《中国的城市生活》,台北:联经出版有限公司,2005年;巫仁恕:《抗战时期沦陷区的城市生活——以苏州菜馆业的兴衰为例》,《新史学》2014年第4期,第165—217页。

"四馆"的深入分析，展现沦陷时期苏州城的日常生活，是沦陷时期苏州城市日常生活史的开创之作。① 长期以来，关于沦陷区的研究以揭露日军暴行以及中国人民的抗日斗争为主线，该书则采取"自下而上"的新文化史路径，通过对以"四馆"为代表的休闲业的研究来透视沦陷时期的日常生活，对于苏州城市史研究具有重要的示范意义。②

除以上唐力行团队关于苏州评弹的研究和巫仁恕关于沦陷后苏州"四馆"的研究之外，还有不少主题相对分散的研究，现撮举如下。对于城市空间的研究路仕忠、张笑川曾有专文评述，③ 近期有刘隆进关于清末民国山塘虎丘景观营造的研究，④ 以及张笑川、路仕忠关于民国时期"苏州公园"与城市生活的研究。⑤ 关于社会问题，有刘雅婧关于近代苏州娼妓问题的研究，⑥ 以及美国学者柯必德关于20世纪初苏州娼妓业的研究。⑦ 关于社会群体，有夏冰《苏州士绅》一书及关于清末民初"民绅"群体活动的研究，⑧ 陈加林关于苏州汪氏家族的研究，⑨ 以及陈文妍关于普通士人陆凤初日常生活的研究。⑩ 关于宗教与民间信仰，有黄新华关于民国苏州道教的研究，陶金、高万桑关于道教与苏州地方社

---

① 巫仁恕：《劫后"天堂"：抗战沦陷后的苏州城市生活》，台北：台湾大学出版中心，2017年；该书简体字版由广西师范大学出版社2021年出版。
② 相关书评参见安劭凡《巫仁恕，〈劫后"天堂"：抗战沦陷后的苏州城市生活〉》，《"中研院"近代史研究所集刊》第101期，2018年9月。
③ 路仕忠、张笑川：《近现代苏州城市空间研究的回顾与展望》，《苏州科技学院学报》（社会科学版）2013年第4期。
④ 刘隆进：《从山塘到虎丘：清末民国时期的苏州城市与社会文化》，硕士学位论文，华东师范大学，2014年。
⑤ 张笑川、路仕忠：《政治性、日常性与现代性：民国苏州公园与城市生活》，《城市史研究》第34辑，社会科学文献出版社，2016年。
⑥ 刘雅婧：《近代苏州娼妓问题初探——以〈吴语〉的相关报道为中心》，《近代史学刊》第11辑，社会科学文献出版社，2014年。
⑦ Peter J. Carroll, "The Place of Prostitution in Early Twentieth-century Suzhou", Urban History, Vol. 38 (03), December 2011: 413-436. 相关评论参见成淑君《妓女、城市发展与现代性——评〈20世纪初苏州娼妓业的地位〉》，《城市史研究》第28辑，社会科学文献出版社，2012年。
⑧ 夏冰：《苏州士绅》，文汇出版社，2012年；夏冰：《清末民初蘇州の民紳層とその活動》，日本庆应义塾大学《史学》第76卷第4号，2008年3月。
⑨ 陈加林：《百年徽商与社会变迁——以苏州汪氏家族为例》，上海人民出版社，2014年。
⑩ 陈文妍：《清末民初苏州的日常生活——以〈补过日记〉为例》，硕士学位论文，中山大学，2009年。

会的研究，吴科平关于苏南佛教的研究，以及沈洁关于 1934 年苏州求雨仪式的研究。① 关于学术文化，有夏骏关于苏州章氏国学讲习会的研究。② 关于东吴大学的研究，自 2009 年成立苏州大学校史研究室以来，有了长足的进展，目前已经出版了四部论著和史料集，③ 以及关于东吴大学学生社团的研究论著。④

在上述研究中，马敏、朱英的《传统与近代的二重变奏——晚清苏州商会个案研究》，张海林的《苏州早期城市现代化研究》，柯必德的《天堂与现代性之间：建设苏州（1895—1937）》和巫仁恕的《劫后"天堂"：抗战沦陷后的苏州城市生活》四部专著堪称经典性研究，均具有典范意义。其中，出版于 20 世纪 90 年代的马敏、朱英和张海林的专著，属于相对传统的社会史研究，"国家与社会"和"现代化"理论是其遵循的研究范式；而出版于 21 世纪的柯必德、巫仁恕的专著，则体现出更多新文化史的气息。前两部书与后两部书的差异，显示了苏州城市史研究正从社会史的范式向社会文化史范式转移，研究主题也由偏重结构的现代化、城市化等主题向城市景观、城市文化、日常生活等主题转移。这一点如果联系到唐力行团队的评弹社会文化史研究，也可以得到印证。

同时，马敏、朱英等人开启的城市社会和政治权力网络分析的路径，仍然具有产生优秀成果的潜力，比如陈文妍关于苏州自来水事业的研究，就使我们对民国苏州城市社会的内在结构特点有了更深入的了解。清末

---

① 黄新华：《民国年间苏州道教考》，《中国道教》2008 年第 4 期，第 33—36 页；陶金、〔法〕高万桑（Vincent Goossaert）：《道教与苏州地方社会》，〔美〕魏乐博、范丽珠主编《江南地区的宗教与公共生活》，上海人民出版社，2015 年；吴科平：《苏南佛教：构建合法性、正统性和道德社会》，〔美〕魏乐博、范丽珠主编《江南地区的宗教与公共生活》，上海人民出版社，2015 年；沈洁：《反迷信与社区信仰空间的现代历程——以 1934 年苏州的求雨仪式为例》，《史林》2007 年第 2 期，第 44—63 页。
② 夏骏：《苏州章氏国学讲习会与近现代国学高等教育》，福建教育出版社，2015 年。
③ 周建屏、王国平主编《苏州大学校史研究文选》，苏州大学出版社，2008 年；王国平：《东吴大学简史》，苏州大学出版社，2009 年；王国平等编《东吴大学史料选辑（历程）》，苏州大学出版社，2010 年；东吴大学上海校友会、苏州大学上海校友会编《东吴春秋——东吴大学建校百十周年纪念》，苏州大学出版社，2012 年。
④ 张燕：《东吴大学学生社团研究（1901—1952）》，博士学位论文，苏州大学，2015 年；朱小屏、缪舒舒：《东吴大学音乐社团活动述评（1901—1952）》，《艺术评论》2020 年第 3 期。

民国时期,正是苏州从传统迈向现代的转型时期,因此现代化的议题无疑会长期是这一时段苏州城市史研究的主要议题。只要学者抛弃经典现代化理论中传统与现代二元对立的僵化立场,避免用僵化的理论割裂和曲解史实,注意史料的语境,仔细梳理传统与现代之间复杂细腻的起承转合关系,并对现代性保持足够敏感的反思能力,仍然可以产生丰富的优秀成果,这一点也被柯必德关于城市景观的研究所证明。

总结而言,除了前举四部开创性研究及个别论著之外,其他相关的论著数量亦不能算少,但在理论层面具有启发性的似还不多。未来的清末民国苏州城市史研究,除对史料的深入发掘之外,似更应关注理论能力的提升和问题意识的锤炼。从具体的研究路径来说,似应将偏重社会和政治权力网络分析的社会结构史与偏重文化表象和实践的社会文化史结合起来,既注重社会结构的文化表达,也关注城市文化的社会结构基础,两者之间保持一定的互渗和平衡,从而构建更符合"整体史"理念的清末民国苏州城市史。

## 二 观察苏州的四个视角

本书以民国苏州城市为研究对象。其意义可以归结为三个方面。首先,民国时期在苏州2500余年的城市发展史上虽然只是短暂的一瞬,却是构建苏州城市发展史不可缺少的一环。目前学界对于民国苏州的研究相对薄弱,本研究具有某些填补空白的作用。其次,民国时期是苏州从传统城市向现代城市转型的关键时期,对这一时期苏州城市的研究有助于深入理解中国城市转型的具体过程,也有利于探讨"传统"与"现代"的复杂关系。最后,苏州是江南城市体系的重要组成部分,民国时期苏州城市在行政地位、经济功能以及与周边城市关系方面都出现重大变迁,关于这些问题的研究,对于把握江南城市体系变迁及特征具有重要参考价值。本书的研究下限截止于1937年苏州沦陷,这是因为抗战沦陷时期在日本占领军和汪伪政权的统治之下,苏州的城市发展轨迹与此前有所不同,可以作为一个相对独立的阶段展开研究。

本书将民国苏州作为一个相对完整的区域社会单元,秉承整体史的理念,既从政治、经济、社会等结构性面向展开研究,也从生活与文化等更具有流动性的面向展开研究，并注重两者之间的关联与互动，以试图立体地展现民国苏州的城市形象。

本书的问题意识与目前中国近代史研究中日益受到关注的"地方的近代史"议题有很多相似的旨趣。① 近代以来，"地方"因被纳入国家政权建设的构架之中而受到高度关注，并通过地方自治、社会治理革新等政治进程被日益"制度化"，② "地方"处于一种被"唤醒"的状态。③ 这些都显示出在近代史研究中引入"地方"视角以重建近代中国基本史实并突破以往从宏观的国家史层面所形成的历史叙述基调的必要性和可能性。

目前的"地方的近代史"研究虽然多数以省、府、州、县等为单元展开研究，但城市也可以被视为一个"地方"，因此，近代城市史同样可以放在"地方的近代史"问题脉络中加以讨论。当我们在关注城市的"城市性"的同时也关注城市的"地方性"，关注城市作为"地方"的"变"与"不变"，关注城市作为"地方"与国家发展的关联，关注城市作为"地方"与同样作为"地方"的其他城市或乡村的差别与联系，近代城市史就成为"地方的近代史"的重要组成部分。其实类似的思路早已在近代城市史研究中存在，比如20年前出版而刚刚翻译成中文的吉泽诚一郎关于天津城市史的研究就属于此类。④ 此外，孙竞昊也将其关于明清济宁城市的专著定位为"一项地方史的研究"。⑤

本书可以称为关于"苏州的近代"的研究，主要围绕区域城市体系

---

① 关于"地方的近代史"概念，可参见罗志田《地方的近代史："郡县空虚"时代的礼下庶人与乡里社会》，罗志田等主编《地方的近代史：州郡士庶的思想与生活》，社会科学文献出版社，2015年。
② 佐藤仁史将民族国家制度被引进地域社会、地方被纳入民族国家机构的过程称为地方的制度化。参见〔日〕佐藤仁史《近代中国的乡土意识：清末民初江南的地方精英与地域社会》，北京师范大学出版社，2017年，第10页。
③ 章清：《乡国之际：晚清温州府士人与地方知识转型》序，徐佳贵：《乡国之际：晚清温州府士人与地方知识转型》，复旦大学出版社，2018年。
④ 吉泽强调，虽然"近代"是一个全球性的普遍历史进程，但各地的"近代"各有不同，因此天津有自己的"近代"，"天津的近代"既具有全球性"近代"的相似特征，也有自身传统和历史进程所形成的个性。参见〔日〕吉泽诚一郎《天津的近代：清末都市的政治文化与社会统合》，万鲁建译，社会科学文献出版社，2022年，第6—9页。
⑤ 孙竞昊：《经营地方：明清时期济宁的士绅与社会》，广西师范大学出版社，2023年，第1页。

中的苏州、精英阶层与城市社会、城市管理机制的演进以及城市生活与文化等四个议题展开，其理由和研究思路略述如下。

**（一）区域城市体系中的苏州**

法国著名历史学家布罗代尔曾说："无论何地，城市的存在都有赖于对地域的控制。"① 城市扎根于特定的地域并起到统合地域的功能。因此，将城市史研究与区域史研究结合，应是城市史研究的重要路径。放眼国际城市史学界，可以发现将城市与区域联合起来考察是一种重要理论视角。② 在中国史研究领域，也有学者强调，城市史研究应与政治史、区域社会史结合起来才能显示新意。③

目前将城市研究与区域研究紧密结合开展中国社会历史研究的成功典范之一是施坚雅。他指出："城市的发展——城市的形成及其中心职能的发展——是地区发展的一个关键性因素——在这个发展过程中，地区的各种资源，不光是经济和政治方面，而且还有社会和文化方面的，都成倍地增加，更有成效地得到开发利用，效率也愈来愈高。"④ 在这样的认识之下，他对以城市和市场为核心的区域体系进行了深入分析，并提出了对中国社会历史的宏观理解，也为众多区域史研究提供了理论基础。

施坚雅认为以自然地理区域为基础的"大区"或"宏观区域"因为其功能的完整性，是分析城市体系的合理单位。而后继者则将施坚雅所强调的"区域"概念进一步灵活运用，比如罗威廉即指出："一个区域被定义后并不是指一个固定的和封闭的地区，而是处于不同程度不断嵌套的体系中。……区域系统间的边界并不是固定的，不仅随着时间的流逝并且随着功能划分的不同而发生变化。"⑤ 经过如上理论化的"区域"

---

① 〔法〕费尔南·布罗代尔：《地中海与菲利普二世时代的地中海世界》第一卷，唐家龙、曾培耿等译，商务印书馆，2014年，第457页。
② 比如，在加拿大的城市史研究中，就以"都市—地区"理论为主导研究路径。参见陈恒等《西方城市史学》，商务印书馆，2017年，第429—430页。
③ 杨念群：《"地方性知识"、"地方感"与"跨区域研究"的前景》，《天津社会科学》2004年第6期。
④ 〔美〕施坚雅：《十九世纪中国的地区城市化》，〔美〕施坚雅主编《中华帝国晚期的城市》，叶光庭等译，中华书局，2000年，第242—243页。
⑤ 〔美〕罗威廉：《导言：长江下游的城市与区域》，〔美〕林达·约翰逊主编《帝国晚期的江南城市》，成一农译，上海人民出版社，2005年，第7页。

概念可以成为城市史研究的有力工具。某一特定城市总是处于多重套嵌的区域体系之中，考察城市与区域体系的联系与互动，不仅可以对特定城市有更深入的理解，而且对区域研究也有贡献。

其实，已经有学者注意到将城市史放在区域史的框架内加以考察。如王家范即提出"区域整体研究的视界"，强调将上海史与江南史打通。① 丁贤勇亦强调在江南视野下开展近代杭州城市史研究。② 西方学者也出版了用区域观点研究江南城市的著作。③

如何将城市史与区域史相结合呢？窃以为，其中一个重要路径是从体系的观点来考察区域和城市。区域社会是一个包含环境体系、政治体系、经济体系、文化体系等多种类型的综合性体系，而城市是区域体系中重要的节点，城市体系的变动是区域体系变动的集中体现。这种区域体系视角，可以使城市史研究者在更为宏阔的地域体系背景下把握特定城市的功能和特征，同时，通过对城市体系变动的分析展现区域的结构性变动，从而更好地使城市史研究与"大历史"相勾连，使城市史研究取得更大的学术意义。正是基于以上考虑，本书将民国时期的苏州放在江南区域城市体系中加以讨论，一方面是为分析苏州城市社会提供基础，另一方面也试图以苏州为视点考察江南城市体系的变动，从一个侧面展现近代江南区域的结构性变迁。

近代江南区域城市体系的最重大变动，无疑是上海的崛起及江南城市体系以上海为核心重新定向。上海的崛起并非孤立的事件，而是一系列的联动反应，需要在区域整体的视角下加以考察和解释。王家范曾提出如下一系列问题："五口通商，以及后来更多口岸的被迫开放，何以唯有上海能独占鳌头，获得非凡的成功？它与江南腹地的经济变迁有何种关联？上海取代苏州后，江南城乡经济（包括苏州）整体上衰落了，还是获得了新的增长机遇？开埠后上海发展到了何种程度，它的发展限度在哪里？江南腹地何以在活跃六七十年之后，大部分乡镇却渐归沉寂？

---

① 王家范：《从苏州到上海：区域整体研究的视界》，《档案与史学》2000 年第 5 期。
② 丁贤勇：《江南视野下的杭州近代城市史研究》，邹振环、黄敬斌执行主编《明清以来江南城市发展与文化交流》，复旦大学出版社，2011 年，第 229 页。
③ 〔美〕林达·约翰逊主编《帝国晚期的江南城市》，成一农译，上海人民出版社，2005 年。

这与上海发展的局限有没有关联？"① 这些问题，必须跳出上海史的局限才能寻找到答案。正是基于以上考虑，本研究在考察近代江南城市体系变动过程中将探讨苏州与上海的互动作为一个重要的议题。

就目前以江南为核心区的长江下游城市体系研究来说，施坚雅的相关研究无疑提供了重要的起点。他关于长江下游城市体系五轮发展周期以及在不同发展周期内中心都会转移的描述与分析，使我们对长江下游城市体系的分析具备了长时段的视野，具有重要价值。② 但他的考察截止于"中华帝国晚期"，对于民国以后长江下游城市体系的变动没有正面加以论述，从而为本书的研究提供了空间。此外，本研究在接续施坚雅所开启的议题的基础上，研究思路也与施坚雅有一定的不同。

首先，施坚雅所构建的城市体系理论是以"中心地"理论为基础的，这种理论注重城市的层级关系或城市的纵向组合，而对城市之间横向的竞争或功能互补关系缺乏明确论述。后续的研究受到施坚雅的影响，也主要关注城市体系中的层级关系。但欧洲城市化研究指出，除了"中心地"模式之外，城市体系还有一种"网络"模式，"网络型"城市体系与"中心地型"城市体系在结构上有所不同。欧洲城市化进程往往是"中心地"模式和"网络"模式综合作用的结果。③ 本研究认为结合"中心地体系"和"网络体系"两种视角展开分析，可以对近代长江下游城市体系变动有更深入的理解，既可以解释南京、杭州、苏州等城市在中

---

① 王家范：《从苏州到上海：区域整体研究的视界》，《档案与史学》2000年第5期。
② 在施坚雅看来，长江下游城市体系是中国九个以地理大区为基础的地区城市体系之一。相比于华北和西北的城市体系，长江下游城市形成相对较晚，主要是在唐代该区域城市体系才丰满起来，并迅速发展。相比于长江上游、东南沿海等受水文条件制约较大的地区来说，长江下游地文对社会经济发展亚区的制约要小一些，由此导致唐代以来长江下游大区内部的亚区数目、范围及内部结构都不稳定。具体而言，长江下游城市体系从晚唐到近代经历了五个发展周期，在这五个周期中，中心都会分别是扬州、杭州、南京、苏州和上海，也就是说长江下游城市体系经历了反复重组过程，在这个过程中，中心都会不断转移。同时，该区的几个大城市，如南京、苏州、杭州在中心都会转移出去之后，并没有趋于完全衰落，它们始终维持着作为重要商业中心和政治中心的地位。参见〔美〕施坚雅主编《中华帝国晚期的城市》，叶光庭等译，中华书局，2000年，第12、14、16—17页。另，包伟民曾分析过北宋时期区域城市体系，与施坚雅说法有所不同。参见包伟民《宋代城市研究》，中华书局，2014年，第70页。
③ 〔美〕保罗·M.霍恩伯格、林恩·霍伦·利斯：《都市欧洲的形成（1000—1994年）》，阮岳湘译，商务印书馆，2009年，第10页。

心都会转移后依然兴盛的现象,也可以更好地解释民国苏州城市社会的特征。①

其次,施坚雅的区域城市体系理论更强调城市体系经济属性的基础性意义。② 这种对于城市体系经济属性的过度强调以及对政治、文化等其他因素的忽视,已经引起了一定的批评。③ 其实,一个城市在区域城市体系中的地位不仅建基于经济功能之上,也与政治状况尤其是行政管理安排息息相关。比如,就民国苏州来说,民国时期苏州由江苏省会变成吴县县城这一行政地位的变动,对于民国苏州城市发展的影响不可忽视。同时,城市体系也有其文化属性,城市体系的变化也会影响体系内城市的文化走向和城市间的文化关系。

基于以上考虑,本书将从政治、经济、文化等多重视角对苏州在近代江南城市体系中的角色展开考察,首先探讨民国时期苏州在江苏省行政制度体系中的变化及其影响,其次探讨苏州城市人口的变化过程和经济的蜕变,再次考察苏州和上海之间的互动,最后结合"中心地体系"和"网络体系"两种视角探讨晚清民国时期江南城市体系的特征及苏州在这一城市体系中所扮演的角色。

## (二) 精英阶层与城市社会

任何一个区域社会都有其精英群体和精英阶层,精英阶层的内部结构、精英阶层与非精英阶层的关系、精英阶层的价值取向和生存策略对于该社会往往有重要的甚至是决定性的影响。一般认为,在19世纪至20世纪初,精英分子在城市事务的处理上扮演着日趋重要的角色,④ 这使在近代城市史研究中探讨精英阶层与城市社会的关系问题尤其重要。

探讨近代精英阶层与城市社会的关系问题,首先需要考虑的是城市

---

① 安东篱采用网络体系理论对扬州展开了富有成效的研究。参见〔澳〕安东篱《说扬州:1550—1850年的一座中国城市》,李霞译,中华书局,2007年,第31页。
② 〔美〕施坚雅主编《中华帝国晚期的城市》,叶光庭等译,中华书局,2000年,"中文版前言"第1页。
③ 参见王铭铭《社会人类学与中国研究》,生活·读书·新知三联书店,1997年,第115页;〔法〕蓝克利《游弋一种地理模式》,《法国汉学》第九辑,中华书局,2004年,第361页。
④ 〔法〕安克强:《19—20世纪的中国城市和城市社会:对西方研究成果的评论》,《城市史研究》第23辑,社会科学文献出版社,2005年。

精英阶层的性质及内部构成。在中国的传统城市中，士绅和商人构成了精英阶层的主体，但两者之间存在一定的界限。延至清代，有学者发现，在城市市政管理领域出现了绅、商领导机构相互渗透的现象，但是否能够说绅、商之间跨越彼此的隔阂而融合成一个新的城市上流阶层，则还不是很确定。①

20世纪初，随着传统士绅阶层的分化和商人阶层的崛起，两者之间出现了融合的趋势，并在城市中形成了一个新的阶层。法国学者白吉尔将这一阶层称为"新兴的城市精英阶层"，在这一阶层中，居于主导地位的是传统的士绅和商人阶级，从事工业生产的资本家处于从属地位并构成极小的部分，但它为资产阶级的崛起提供了社会基础。②周锡瑞认为在20世纪初士绅阶层的一部分形成了"城市改良派上流阶层"，这一阶层没有充分地和士绅渊源决裂，没有充分地承担起发展工业、兴办自由企业以及实现经济的合理性这些资产阶级的意图，故而不能采用"资产阶级"这一术语来描述它，但是它领导了辛亥革命。③马敏、朱英则认为占据苏州商会主导地位的"绅商"（指的是那些兼具各种功名和不同品级职衔的企业投资者）阶层，是绅与商两者合流之后产生的一个新的社会群体，这一阶层和资本主义生产方式有广泛和密切联系，因此可以归入早期资产阶级的范畴。这一阶层把资产阶级自治的触角伸及苏州社会生活的各个领域。④以上研究虽然观点各异，但都显示出在近代中国城市中新兴精英阶层的重要性。

本书延续关于"城市精英"的讨论，但采用更为宽泛的概念，⑤也

---

① 〔美〕施坚雅主编《中华帝国晚期的城市》，叶光庭等译，中华书局，2000年，第656页。
② 〔法〕白吉尔：《中国资产阶级的黄金时代（1911—1937）》，张富强、许世芬译，上海人民出版社，1994年，第40、61页。
③ 〔美〕周锡瑞：《改良与革命：辛亥革命在两湖》，杨慎之译，江苏人民出版社，2007年，第80—84页。
④ 马敏、朱英：《辛亥革命时期苏州商会研究》，华中师范大学出版社，2011年，第93、232页。
⑤ 本书所采用的"精英"概念，与美国中国史研究中所提出的"地方精英"概念类似。所谓"地方精英"，是指在地方舞台上（县级以下）施加支配的任何个人和家族，这些精英比传统的"士绅"概念更具有异质性，既包括获取功名的士绅，也包括韦伯论述过的地方长老，此外还有各种"职能性精英"，如晚清的士绅-商人、商人、士绅-经纪，以及民国时代的教育家、军事精英、资本家、土匪首领等。本书所使（转下页注）

不忙于对这一阶层进行定性,而是重点关注精英阶层内部结构及延续与变迁,从而对民国苏州城市精英阶层的构成和主要特征有更细致的把握。①

城市精英阶层是依靠组织网络而一体化并发挥政治和社会影响的。②在苏州城市史研究中,马敏、朱英亦指出绅商阶层以商会为中枢并联合其他城市社团,形成了一个"在野市政权力网络",它不仅在城市管理上起到举足轻重的作用,而且具有浓厚的政治色彩。③但马敏、朱英的论断局限于对辛亥革命前后的考察,这一论断仍需放在更长的时段中加以检验。

此外,特定城市的精英阶层总是需要处理"国家"与"地方"的关系,他们在这一问题上的行动取向不仅影响国家政治,也会影响特定城市社会的走向。④因此这也将成为本书所探讨的问题。

基于以上考虑,本书将对民国时期苏州城市精英阶层的内部结构及组织网络进行细致的分析,并通过对苏州城市精英领袖张一麐的个案考察,分析苏州精英阶层在国家与地方之间采取的行动逻辑。

---

(接上页注⑤)用的"城市精英"概念指的是主要在城市社会活动的"地方精英",可以视为"地方精英"的一种类型,但不排除这些"地方精英"具有更大范围的影响力。关于"地方精英"概念,参见 R. Keith Schoppa, "Power, Legitimacy and Symbol: Local Elites and the Jute Creek Embankment Case", in Joseph W. Esherick and Mary Backus Rankin, *Chinese Local Elite and Patterns of Dominance*, University of California Press, 1990, p.140。

① 梁元生曾从内部集团关系的角度考察清末上海的权力分配与平衡,他指出,在清末上海,除了以行政官员为代表的"统治精英"之外,以财富为基础的商人集团和以声望为基础的地方士绅,分别作为"经济精英"和"指导精英"形成了"压力集团",三者共同影响着上海地方政治。参见梁元生《权力的分配与平衡:清末上海的城市政治和社会精英》,《晚清上海:一个城市的历史记忆》,广西师范大学出版社,2010年。

② 〔法〕白吉尔:《中国资产阶级的黄金时代(1911—1937)》,张富强、许世芬译,上海人民出版社,1994年,第40页。

③ 马敏、朱英:《辛亥革命时期苏州商会研究》,华中师范大学出版社,2011年,第90—93页。

④ 比如罗志田指出,张謇"天下士"的身份定位影响了他在辛亥革命时的政治抉择(参见罗志田《过渡时代的天下士:张謇与辛亥革命》,《社会科学战线》2017年第7期);吉泽诚一郎强调地方精英所经营的团练、火会等社团组织并非基于自治意识,其目的更多的是社会统合,善堂也非意在构建一个独立于官方的民间活动机构,而是普及"正确"价值观以及建设理想社会的宣传机构(参见〔日〕吉泽诚一郎《天津的近代:清末都市的政治文化与社会统合》,万鲁建译,社会科学文献出版社,2022年,第18、125页)。

## (三) 城市管理机制的演进

城市是一种区别于乡村的聚落形式，国家总是需要设置一定的行政制度来管理它。城市在不同的历史时期会不断变化，城市的行政管理制度也随之不断演变。从这样一种制度史角度来看，近代以来是中国城市行政管理制度的一个显著变革时期。这是因为，中国传统城市管理的特点是采取城乡统一管理的模式，一直缺乏专门管辖城市区域的城市政府。[①] 近代以来，设立了城市型政府，这体现了中国城市管理的显著变革，因此成为近代城市史研究关注的焦点。[②] 本书的研究也将关注这一制度演变的进程。

一般认为，自晚清开始持续三十余年的地方自治运动，对城市型政区的出现产生了直接影响。[③] 但罗晓翔在其关于南京城市史的研究中指出，在清末地方自治开始之前，19世纪南京的城市管理模式已经出现了两次较大的转变，地方自治思潮并非城市政治近代化的唯一动因。[④] 可见近代中国城市管理制度的变革过程，可能存在更长的历史过程和更为复杂的动因，因此本书关于苏州城市管理机制演进的研究也尽可能地追溯到晚清时期。

从苏州城市管理制度的演进来看，在太平天国运动后的重建过程中，清政府在传统的地方行政管理机构之外，设立了一系列新的以"局""所"为名的机构，城市管理出现了不小的变化。甲午战争后，苏州开埠，也推动了苏州城市管理的变革。清末新政一直延续到民国前期的地方自治运动中，出现了以城厢为单位的"自治公所"，这成为苏州城市型政区的直接雏形。到南京国民政府时期，苏州遂设置了直属省政府管辖的"市政府"，但这个市政府却仅仅存在一年半，就匆匆撤销。本书

---

[①] 靳润成、于双远：《清代苏州府城市型政区的特点及局限》，《天津师范大学学报》（社会科学版）2010年第3期。

[②] 例如，张利民《艰难的起步——中国近代城市行政管理机制研究》，天津社会科学院出版社，2008年。

[③] 吴松弟主编《中国近代经济地理》第一卷，华东师范大学出版社，2015年，第432页；赵可：《清末城市自治思想及其对近代城市发展的影响》，《史学月刊》2007年第8期。

[④] 参见罗晓翔《清末城市管理变迁的本土化叙事——以19世纪南京为中心》，《南京大学学报》（哲学·人文科学·社会科学版）2009年第4期，第105—113页。

将梳理苏州城市型政府出现的过程及存在的问题，以期为中国近代城市行政管理制度的研究提供案例。

除了城市行政管理制度的演进之外，在具体的市政建设领域，国家政权与社会力量之间的关系问题得到了更多的关注。比如，施坚雅曾指出，帝国晚期最初的几百年间，很可能是以街坊为基础的宗教社团承担了大部分的市政管理职能，而至晚到了19世纪，行会和同乡会以及其他非政府的社团组织承担了大部分城市设施的资金，"我们可以分辨出向着全城范围的领导结构发展的两个方面，这些领导结构协调着城市服务。一方面是由商人会社发展出来的，另一方面是从缙绅机构中发展出来的"。①

在这一问题上，影响最大的是罗威廉关于19世纪汉口的研究。他指出，在19世纪晚期的汉口，"有组织的市民团体活动得到持续的发展，大范围的慈善机构，以及为应对那些前所未有的、现代早期城市又必须面对的具体城市社会问题而组织起来的公共服务机构，也不断孕育生长"。② 因为市民团体所组织的公共服务机构承担了大部分的市政管理功能，汉口成为一定程度上自治的实体。针对罗威廉的"汉口自治说"，方秋梅反驳说这是一种"虚像"。③

与此同时，西方学者如魏斐德、司昆仑等更强调官方设置巡警和警察局等举措在城市管理革新中的主导性作用，从而凸显了国家或政府在城市管理中的优势地位。④ 日本学者吉泽诚一郎亦采取类似的立场，他强调中国城市近代化过程中社会控制的优先性，不仅巡警等政府机构体现了这一特征，而且自发性的结社和团练也是首先作为社会统合的手段，而非市民社会的基础。罗威廉所指出的实质性自治并不具有足以排除公

---

① 〔美〕施坚雅主编《中华帝国晚期的城市》，叶光庭等译，中华书局，2000年，第651页。
② 〔美〕罗威廉：《汉口：一个中国城市的冲突和社区（1796—1895）》，鲁西奇、罗杜芳译，中国人民大学出版社，2008年，第7页。
③ 她认为湖北新政以前，虽然容许汉口绅界、商界在市政方面有所作为，但汉口始终没有脱离官府的直接控制；汉口商人虽曾积极参与汉口市政管理，但从根本上，他们未具有与官府分庭抗礼的主体意识，更没有自立门户而取代官府控制城市的治权意识。延至清末新政和整个民国时期，汉口都没有真正实现城市自治。参见方秋梅《近代汉口市政研究（1861—1949）》，中国社会科学出版社，2017年。
④ 〔美〕魏斐德：《上海警察，1927—1937》，章红等译，上海古籍出版社，2004年；〔美〕司昆仑：《新政之后：警察、军阀与文明进程中的成都（1895—1937）》，王莹译，四川文艺出版社，2020年。

权力介入的坚固自立性。① 可见，近代中国城市中是否存在实际上的"自治"问题引起了较大的争论，成为一个悬而未决的问题。②

针对以上的理论困境，罗晓翔提醒我们，中西学者在中国城市史研究的理论视角方面多数存在用西方城市理论来理解和解释中国城市史的局限，即在为了证伪韦伯等西方学者关于中国城市的论断之时，不知不觉将韦伯等人所描述的西方城市的特征作为标准，并极力证明中国城市也具备这样的特征，从而在挑战"韦伯论断"之时落入了"韦伯陷阱"。她提出，为了避免落入"韦伯陷阱"，需要充分理解中国自身的"城市传统"，从而构建符合中国城市发展实际的本土城市理论。③

本书也将对市政建设和管理领域中的国家与社会关系进行探讨，但相关研究试图悬置关于"自治"与"官治"的争论，而是尽可能地细致描述两者之间的曲折演进过程，平情分析两者之间的互动关系，以更准确地展现地方的权力格局，从而为更深入探讨近代中国城市管理中的国家与社会关系提供基础。

考虑到晚清一直到民国北京政府时期总体上秉持着"地方自治"的城市管理理念，而这一点在南京国民政府时期有很大的改变。因此本书关于苏州城市管理机制演进的研究分为晚清民初和南京国民政府时期两个阶段展开。

### （四）城市生活与文化

日常生活史是目前全球范围内历史研究的新趋势之一，它具有拓宽历史研究内容，更新历史研究视野的意义。与此相联系，城市大众文化史研究也日益受到关注，其理念和路径与日常生活史有很多一致之

---

① 〔日〕吉泽诚一郎：《天津的近代：清末都市的政治文化与社会统合》，万鲁建译，社会科学文献出版社，2022年，第13、18页。

② 该领域的研究很多，仅举几例：〔日〕小浜正子《近代上海的公共性与国家》，葛涛译，上海古籍出版社，2003年；任云兰《近代天津的慈善与社会救济》，天津人民出版社，2007年；谯珊《专制下的自治：清代城市管理中的民间自治——以重庆八省会馆为研究中心》，《史林》2012年第1期；汪春劼《从市公所到区公所——20世纪上半叶无锡城区管理体制的演变与分析》，《安徽史学》2012年第2期；方秋梅《近代中国城市社会发展进程中的民间市政参与研究》，中国社会科学出版社，2018年。

③ 罗晓翔：《陪京首善：晚明南京的城市生活与都市性研究》，凤凰出版社，2018年，"绪论"。

处。① 在这样的思潮引导下，很多城市史研究者尝试开展城市生活史和文化史研究。②

城市日常生活史和大众文化史研究，目的在于展现城市普通大众的生活与国家政治之间的互动、一般民众的身份认同以及在日常生活层面来再度探讨传统与现代化的关系。③

在近代苏州城市史研究回顾中我们已经指出，不少学者已经关注到日常生活和城市文化的领域。比如，柯必德关于苏州城市空间尤其是"古迹"文化意涵的研究、吴琛瑜关于苏州书场文化的研究以及巫仁恕关于沦陷时期苏州城市日常生活的研究。本书将在不同的视角上展开相关的探讨。

民国苏州在日常生活层面呈现出相当鲜明的特质，本书试图对这种特征进行概括，并通过一些鲜活的个案对其加以验证。园林一直是苏州城市的重要组成部分，本书分私家园林和新式公园两类展开分析，来展现园林对城市生活的影响。在历史上苏州一直以文化昌隆著称，民国苏州也呈现出同样的特点并显示出一定的时代特征，本书将对民国苏州的雅、俗文化进行概览，并对20世纪二三十年代在新旧文化冲突中苏州城市精英阶层的文化取向进行重点分析，最后通过对该时期的城市书写的梳理来展现民国苏州传递给人们的城市意象。

在关于民国苏州城市生活与文化的研究中，本书尽可能避免简单的"现代化"叙述模式，而是仔细梳理两者之间复杂的关系，并对"传统"

---

① 参见马敏《让城市文化史研究更富活力》，《史学月刊》2008年第5期；姜进《中国近现代城市大众文化史研究问题》，《史学月刊》2008年第5期；〔美〕周锡瑞《重塑中国城市：城市空间和大众文化》，《史学月刊》2008年第5期。

② 较有代表性的论著有〔美〕卢汉超《霓虹灯外：20世纪初日常生活中的上海》，段炼、吴敏、子羽译，上海古籍出版社，2004年；王笛《街头文化：成都公共空间、下层民众与地方政治，1870—1930》，中国人民大学出版社，2006年；王笛《茶馆：成都的公共生活与微观世界》，社会科学文献出版社，2010年；熊月之主编《上海城市社会生活史丛书》，上海辞书出版社，2008年至2011年；巫仁恕、康豹、林美莉主编《从城市看中国的现代性》，台北："中研院"近代史研究所，2010年；董玥《民国北京城：历史与怀旧》，生活·读书·新知三联书店，2018年；连玲玲《打造消费天堂：百货公司与近代上海城市文化》，社会科学文献出版社，2018年；巫仁恕《劫后"天堂"：抗战沦陷后的苏州城市生活》，广西师范大学出版社，2021年。

③ 连玲玲：《典范抑或危机？——"日常生活"在中国近代史研究的应用及其问题》，《新史学》2006年第4期。

外衣下"现代性"的生成和"现代"外衣下"传统性"的延续保持足够的敏感。同时，与第一部分的探讨相呼应，本书将结合民国苏州在江南城市体系中的功能与地位对城市文化走向进行分析。

本书分为四个部分展开。第一部分探讨区域体系中的苏州，共五章，首先对苏州城的历史进行追溯，其次分别从城市行政地位、人口变迁、经济发展以及苏州与上海的关系四个方面分析苏州在近代江南城市体系中地位与角色的变迁。第二部分考察苏州的城市精英，共二章，首先探讨苏州城市精英的类型和组织网络，其次以张一麐为个案探讨苏州士绅的行动取向和行动逻辑。第三部分探讨苏州的城市管理，共二章，分清末民初、南京国民政府时期两个时段分析苏州的城市管理模式。第四部分探讨城市的日常生活与文化，共三章，分别对民国苏州日常生活特征、公私园林对城市生活的影响、城市文化动向以及城市意象等问题展开考察。

# 第一部分　江南的苏州

# 第一章 "人间天堂"苏州城

以中国的第三大淡水湖——太湖为核心，大致东到上海，西到南京，南到杭州，北接长江的三角形地带，即中国经济史和文化史上地位显赫的"江南"地区。① 苏州城坐落在太湖东岸，恰处于"江南"的核心地带。以这样有利的地理条件为基础，苏州很早就成为中国历史上赫赫有名的城市。

## 一 从吴国都城到江苏省城

据文献记载，苏州城创建于春秋晚期的公元前514年。当时，刚刚继位的吴王阖闾听从谋臣伍子胥"立城郭、设守备、实仓廪、治兵库"的强国之策，并命伍子胥"相土尝水，象天法地，筑大城，周回四十七里。陆门八，以象天之八风。水门八，以法地之八卦。筑小城，周十里"。② 这座城被称为"阖闾城"或"吴"、"姑苏"，成为日渐兴盛的吴国的新首都。越灭吴后，亦有65年定都于此。楚灭越后，此地曾为楚相春申君的封邑。

据《吴郡志》载，阖闾城的八座水陆城门皆伍子胥所命名，东面娄、匠二门，西面阊、胥二门，南面盘、蛇二门，北面齐、平二门。《越绝书》《吴越春秋》《吴地记》《吴郡图经续记》《吴郡志》等及之后的地方史志都认为这座城就是今天苏州城的前身。近年来，因无锡古城、

---

① "江南"是一个在中国历史上逐渐形成的历史地理和人文地理概念，它从较早的泛指长江以南地区到特指长江下游三角洲或太湖平原地区。一般来说，至明清时期它大致指的是苏州、松江、常州、镇江、江宁（南京）、杭州、嘉兴和湖州八府以及由苏州府析出的太仓州这八府一州之地。这一地区总面积约4.3万平方千米，在地理、水文、自然生态以及经济联系等方面形成了一个相对完整的自然和人文地理区域。参见李伯重《简论"江南地区"的界定》，《中国社会经济史研究》1991年第1期。在施坚雅所划分的中国自然地理"大区"中，"江南"属于"长江下游"大区的核心地带。参见〔美〕施坚雅《中华帝国晚期的城市》，叶光庭等译，中华书局，2000年，第244页。

② 范成大：《吴郡志》卷三《城郭》，陆振岳校点，江苏古籍出版社，1986年，第20页。

木渎古城遗址的发现，有学者认为伍子胥所建"阖闾城"的城址可能并不在今日的苏州城。这场争论仍在进行中，目前还很难达成定论。唐代，苏州城址一度有所变化。据《吴郡图经续记》称，隋开皇九年（589）平陈之后，江左遭乱。十一年（591），杨素帅师平之，以苏城常被围，非设险之地，奏徙于古城西南横山之东，黄山之下。唐武德末，仍复其旧，迁回故址。① 此后，苏州城址再也没有变动过。

秦统一后，将全国范围内的城市整合成一套由首都、郡城、县城所构成的统一的行政层级体系。考虑到这样一套行政体系成为此后中国的传统，并且对城市的发展有重要影响，我们首先对苏州在此后历代行政体系中的地位变迁予以描述。

秦在故楚江南地置会稽郡，辖26县，治所设于吴县。② 该郡地域广大，为当时郡国之冠。东汉永建四年（129），以"县远，赴会至难"，分会稽郡浙江（钱塘江）以西之地置吴郡，治所仍设吴县，下辖吴、海盐、乌程、余杭、毗陵、丹徒、曲阿、由拳、富春、阳羡、无锡、娄、钱塘十三县，大体相当于今长江以南，镇江以东，钱塘江以西的广大地区。③ 吴县作为会稽郡和吴郡的郡治，成为江南地区的行政中心。司马迁《史记》称"吴"为"江东一都会"，与邯郸、燕、临淄、陶、睢阳、江陵、寿春、番禺、宛等城并有地区"都会"之称，可见当时的吴郡经济亦颇发达。但秦汉时期中国的政治经济中心在北方黄河流域，江南地区地广人稀，经济相对落后，吴县虽为江南地区中心城市，在全国城市体系中还不具有重要影响。

六朝时期，吴郡疆域屡次分割，从吴郡中先后分出晋陵、吴兴、信义等郡，吴郡的辖区逐渐缩小，截至陈末，仅辖吴、昆山、常熟、嘉兴四县，吴郡亦称吴州。④ 六朝时期江南地区经济文化得到一定发展，以吴郡为首的三吴地区是江南诸政权的经济支柱，以"吴郡四姓"为代表的江东士族兴起，北人大批南来，在促使地域开发加速的同时，也传播

---

① 朱长文：《吴郡图经续记》卷上《城邑》，金菊林点校，江苏古籍出版社，1986年，第5页。
② 班固：《汉书》卷二十八上《地理志上》，中华书局，1959年，第1591页。
③ 孙中旺、刘丽：《苏州通史·秦汉至隋唐卷》，苏州大学出版社，2019年，第18页。
④ 孙中旺、刘丽：《苏州通史·秦汉至隋唐卷》，苏州大学出版社，2019年，第53—57页。

了中原文化，这些都预示着江南地区在全国的重要性越来越大，吴郡的城市建设亦随之有较大发展，尤其是私家园林兴建开始起步。① 但六朝时期建康（今南京）一直是政治、文化中心，盛极一时，吴郡为其所掩，难有表现。

隋平定江南后，将六朝政治中心建康彻底摧毁，"城邑宫室，并平荡耕垦"②，建康一度沦落为润州的一个属县，这给了苏州发展的机会。隋开皇九年（589）因该地有姑苏山，改吴州为苏州，"苏州"之称自此出现。此后，隋至唐初，或称"苏州"，或称"吴州"，或称"吴郡"，名称屡变。直至至德二载（757）再改吴郡为苏州，此后终唐之世未再变动。③ 使用了六百余年的"吴郡"之名，至此不再使用。

隋代废由吴郡分出的信义郡、吴兴郡，并入吴郡，吴郡辖吴、昆山、常熟、乌程、长城五县。唐武德四年（621），置湖州与雄州，乌程、长城二县脱离苏州管辖。贞观八年（634）分吴县置嘉兴县，万岁通天元年（696）再分吴县置长洲县，开元五年（717）分嘉兴县置海盐县，天宝十载（751）割昆山、嘉兴、海盐三县置华亭县，至此苏州辖吴、昆山、长洲、嘉兴、常熟、海盐、华亭七县，直至唐末。④ 唐代苏州地位有显著提升，开元四年（716），吴县升为望县，大历十三年（778）苏州升为江南唯一的"雄州"，这表明苏州城在全国范围内崭露头角。⑤

唐贞观元年（627），分天下为十道，长江以南设江南道，开元二十一年（733）分江南道为江南东道、江南西道，苏州一直为江南东道治所，这表明此时江南地区的政治中心已从建康转移至苏州。安史之乱后，乾元元年（758），分江南东道为浙江西道、浙江东道和福建道，苏州一度为浙江西道治所。但建中二年（781），合浙江东西二道，设镇海军节度使，治所从苏州迁至润州，苏州失去江南地区行政中心的地位。⑥

---

① 孙中旺、刘丽：《苏州通史·秦汉至隋唐卷》，苏州大学出版社，2019年，第99—108页。
② 司马光：《资治通鉴》卷一七七《隋纪一·文帝开皇九年》，中华书局，1956年，第5516页。
③ 孙中旺、刘丽：《苏州通史·秦汉至隋唐卷》，苏州大学出版社，2019年，第116页。
④ 孙中旺、刘丽：《苏州通史·秦汉至隋唐卷》，苏州大学出版社，2019年，第116—117页。
⑤ 关于唐代苏州的城市繁荣，可参见柴德赓《从白居易诗文中论证唐代苏州的繁荣（初稿）》，《江苏师院学报》（社会科学版）1979年第1—2期。
⑥ 孙中旺、刘丽：《苏州通史·秦汉至隋唐卷》，苏州大学出版社，2019年，第117页。

唐末五代时期，经过一番军阀混战，苏州成为钱氏吴越国属地。吴越视苏州为北边重镇，着力经营，开平三年（909），增置吴江县，同光二年（924）升苏州为中吴军，设节度使，领常州、润州等地。天福三年（938），割嘉兴县西鄙设崇德县。天福五年（940），割苏州地设秀州，嘉兴、海盐、华亭、崇德四县属之，苏州辖吴、长洲、常熟、昆山、吴江五县。① 宋开宝七年（974），改中吴军为平江军。太平兴国三年（978），宋接收吴越土地户口，改平江为苏州，属两浙路。徽宗政和三年（1113）升苏州为平江府。② 南宋嘉定十年（1217）割昆山县置嘉定县，苏州下辖吴、长洲、常熟、昆山、吴江、嘉定六县。元代改平江府为平江路，昆山、常熟、吴江、嘉定为州，平江路遂领吴、长洲二县，以及昆山、常熟、吴江、嘉定四州。

自开平年间（907—911）吴越钱氏据有苏州直至北宋，苏州社会一直较为稳定，社会经济文化长足发展。但吴越的政治中心在杭州，北宋以后统辖江南地区的两浙路治所设在越州。南宋建立后将杭州升为临安府，并作为临时首都。两浙路被拆分为东西两路，两浙西路的治所亦设在临安府。可以说，五代至宋，江南地区的政治中心又转移到了杭州。此时苏州虽然因靠近首都之利，经济地位日渐提升，但在人口、税收、行政地位等方面都屈居杭州之下。元代建立后将政治权力中心迁回北方，杭州的发展因此停滞，苏州的人口和经济开始超过杭州。③ 但元朝最初设置了跨越江淮的江淮行省，治所在扬州，之后在江南地区改设江浙行省，治所在杭州路。④ 苏州仍然与地区行政中心的地位无缘。

明代建立后改元平江路为苏州府，洪武二年（1369），昆山等四州恢复为县，八年（1375），改划扬州府崇明县隶属苏州府。弘治十年（1497）割昆山、常熟、嘉定三县之地设太仓州，领崇明县，隶苏州府。

---

① 戈春源：《苏州通史·五代宋元卷》，苏州大学出版社，2019年，第6页。
② 戈春源：《苏州通史·五代宋元卷》，苏州大学出版社，2019年，第22页。
③ 〔美〕迈克尔·马默：《人间天堂：苏州的崛起，1127—1550》，〔美〕林达·约翰逊主编《帝国晚期的江南城市》，成一农译，上海人民出版社，2005年，第33页。
④ 宋元时期浙西提点刑狱司和浙西提举常平盐茶司设于苏州，南宋末年又设浙西两淮发运司、提领官田所，元代苏州设有江淮财赋提举司和都水庸田使司，因此，梁庚尧认为宋元时期的苏州可以称为浙西甚至江淮地区的区域性行政中心。参见梁庚尧《宋元时代的苏州》，《宋代社会经济史论集》上册，台北：允晨文化实业股份有限公司，1997年，第376页。

至此，苏州府下辖吴、长洲、昆山、常熟、吴江、嘉定、崇明七县和一个太仓州。①

明代设立地跨江淮、地域广大的直隶（后改南直隶）地方，治所在南京应天府。同时设浙江布政使司，治杭州府。至此江南地区被分为直隶和浙江省两大行政区域，杭州仍保持其在浙江行省的行政中心地位，而包括苏州在内的直隶地方的行政中心在南京。至明末，南直隶下辖应天、苏州、松江、常州、镇江、淮安、扬州、安庆、徽州、宁国、池州、太平、庐州、凤阳等十四府，广德、和州、滁州、徐州等四直隶州。宣德五年（1430）后，在南直隶辖区增设应天巡抚，亦称苏松巡抚，初辖苏州、松江、常州三府，后增辖应天、太平、宁国、池州、徽州、安庆、镇江七府及广德直隶州，共十府一州。该巡抚常驻应天府句容县，但自嘉靖三十三年（1554）始，凡汛时移驻苏州。② 因为应天巡抚定期驻扎，苏州在江南行政体系中具备了超越府级城市的功能。③ 清代苏州延续明代趋势，行政地位逐渐提升，最终成为江苏省省会，而这一进程是与江南分省的进程相联系的。

顺治二年（1645），在平定江南地区的进程中，清廷改南直隶为江南省，改应天府为江宁府，设江南总督（后增辖江西，称江南江西总督，简称两江总督），驻江宁。设江南布政使司左右布政使驻江宁，领江宁、苏州、松江、常州、镇江、淮安、扬州、凤阳、庐州、安庆、徽州、宁国、池州、太平十四府，广德、和州、滁州、徐州四直隶州。同时设江宁巡抚、安徽巡抚和凤阳巡抚，江宁巡抚（亦称苏州巡抚、江南巡抚）驻苏州，领江宁、苏州、松江、常州、镇江五府。安徽巡抚驻安庆，管辖安庆、池州、太平、徽州、宁国五府和广德直隶州。凤阳巡抚驻泰州，辖庐州、凤阳、海安、扬州四府及滁州、和州、徐州三直隶州。清代江宁巡抚之设可以说是明代设应天巡抚的延续。

由于江南省地域辽阔，管理不便，顺治十八年（1661）江南逐渐开

---

① 吴建华主编《苏州通史·明代卷》，苏州大学出版社，2019年，第7—8页。
② 郭红、靳润成：《中国行政区划通史·明代卷》，复旦大学出版社，2007年，第772—775页。
③ 参见王卫平《明清时期江南城市史研究：以苏州为中心》，人民出版社，1999年，第59页。

始了分省进程。顺治十八年，在江宁巡抚朱治国建议下，江南右布政使分驻苏州。此举虽主要是为了督催江南五府的"积逋"，但开了一省之内两员布政使分设的先例，使左右布政使由分管变为分治。右布政使管辖江宁、苏州、松江、常州、镇江五府，其他九府四直隶州仍由左布政使分管。左右布政使司的分设，使一省的财政管理区域一分为二。

康熙元年（1662），经江宁巡抚韩世琦提请，左布政使司与安徽、凤阳巡抚所属各府钱粮数据，由安徽巡抚汇总上报；右布政使司与江宁巡抚所属各府钱粮数据，由江宁巡抚汇总上报。这样，江南左、右布政使的主管上级（巡抚）、辖区，以及与朝廷户部的对应关系，逐渐一分为二，成为两个独立的管理系统。

康熙四年（1665），裁撤凤阳巡抚，所辖庐州、凤阳二府和滁州、和州划归安徽巡抚管理，淮安、扬州二府和徐州划归江宁巡抚管理。康熙五年（1666），按照新划定的江宁、安徽巡抚辖区，布、按两司辖区亦重新调整，江宁巡抚（驻苏州）与江南右布政使、江苏按察使辖区重合，安徽巡抚（驻安庆）与江南左布政使、安徽按察使辖区重合，江苏和安徽两省区域实际形成。

康熙六年（1667），改江南右布政使司为江苏布政使司，江南左布政使司为安徽布政使司，江苏布政使司驻苏州，领江宁、苏州、松江、常州、镇江、淮安、扬州及徐州七府一州，安徽布政使驻江宁，领安庆、徽州、宁国、池州、太平、庐州、凤阳及滁州、和州、广德七府三州。江宁巡抚驻苏州，领江宁、苏州、松江、常州、镇江、淮安、扬州及徐州七府一州。江南分省进程基本完成。[1]

在江南分省过程中，江苏省形成了一省两治的局面。其中，苏州为江宁巡抚、江苏布政使司驻地，成为江苏省省会之一。而江宁为两江总督、江苏按察使司驻地，为江苏省另一省会。

在江南分省之后，江苏省所形成的一省两治局面因雍正、乾隆时期官制的进一步调整而更加明确。雍正八年（1730），原驻江宁的江苏按

---

[1] 以上清代江南分省过程参见傅林祥、林涓、任玉雪等《中国行政区划通史·清代卷》，复旦大学出版社，2007年，第252—254页。

察使迁往苏州，使苏州的省会功能更加完全。① 乾隆二十五年（1760），因安徽布政使寄驻江宁不便，迁往安庆，江宁添设江宁布政使，江宁、淮安、扬州、徐州四府和海州、通州二直隶州由其管辖，苏州、松江、常州、镇江四府和太仓直隶州由驻苏州的江苏布政使管辖，② 江宁巡抚亦改称江苏巡抚。至此，因督抚分治及乾隆年间始设两个布政使司，江苏形成两个省城，分别是江宁城和苏州城。③ 这种一省两治的局面一直延续至清末。

除布政使外，江苏省其他直省衙署也都有宁苏分设之惯例，如粮库即江宁、苏州各一。这导致江苏一省之下实际存在"宁属"与"苏属"之别。④ 江苏苏属、宁属的区分主要是由江苏布政使和江宁布政使分领所致，就督抚一层来说，两江总督与江苏巡抚在江苏省政职掌上有所侧重，也有较大重合，管辖范围在理论上覆盖全省，两者通过联署、会奏等制度保持协调，从而维持着宁属与苏属的联系。⑤ 但在管理实践中，驻扎苏州的江苏巡抚主要处理苏属事务，而宁属事务则主要由驻扎江宁的两江总督负责。例如，1905年5月江苏巡抚公署设立会议厅作为政务商议决策机制，据报载，其参加者除巡抚外，共二十二人，包括藩司、提学使、臬司、巡抚署总文案、苏松粮道、牙厘局、善后局、调查自治等局、农工商局、禁烟公所、巡警总局兼营务处、督练公所兵备处和参谋处、机要课、稽核课、文牍课等省属机构代表，地方官员则是苏州府、松江府、常州府、镇江府等知府和太仓州知州，其范围局限在苏属之内。⑥ 至于江北宁属四府二州，则"地方要政，向由藩司禀呈总督，以为治理，历久相沿"。⑦ 清末议设江淮行省时，政务处称："两江总督驻江宁，布政使所辖江淮徐扬四府通海两直隶州，江苏巡抚驻苏州，布政

---

① 何一民、范瑛：《从府城到省会：清代苏州行政地位之变迁》，《天府新论》2009年第5期。
② 《清实录·高宗实录》卷619，中华书局，1987年影印版，乾隆二十五年八月己亥。
③ 傅林祥：《清代江苏建省问题新探》，《清史研究》2009年第2期。
④ 参见纪浩鹏《宁属还是苏属：辛壬之际江苏省会之争》，《江苏社会科学》2017年第2期。
⑤ 龚小峰：《地域、权力与关系：对清代江苏督抚的考察》，《安徽史学》2012年第4期。
⑥ 《苏抚署会议厅开议纪事（苏州）》，《申报》1909年5月17日，第5版。
⑦ 《陆润庠等上奏条陈》，朱寿朋编《光绪朝东华录》，"光绪三十一年正月"条，张静庐等校点，中华书局，1958年，总第5288页。

使所辖苏松常镇四府太仓直隶州海门直隶厅,久若划疆而治。"① 江苏这种一省两治的情况,在清代是独一无二的。同时,除了两江总督、江苏巡抚之外,江苏省江北地方还设有驻扎在清江浦的漕运总督。漕运总督系顺治六年(1649)裁凤阳巡抚改设,仍兼巡抚事。如此,江苏一省具有抚民之责的大员有两江总督、江苏巡抚和漕运总督三个,这在清代也是独一无二的。清代江苏省这种相当复杂的行政制度设计,到了清末民国时期有了很大的改变,而这种变革将对民国苏州的行政地位产生重大的影响。

清代苏州府辖境比明代略有缩小,但下辖县增多。雍正二年(1724),因各县事务繁重,析吴、长洲置元和县,析吴江县置震泽县,析常熟县置昭文县,析昆山县置新阳县,升太仓州为直隶州,镇洋、嘉定、宝山、崇明四县往属。此外,乾隆元年(1736),在太湖东山置太湖厅,光绪三十二年(1906)在太湖西山置靖湖厅。至此,在民国建立之前,苏州府下辖吴、长洲、元和、吴江、震泽、昆山、新阳、常熟、昭文等九县及太湖、靖湖二厅。②

## 二 工商之城

苏州城在春秋晚期初建之时,主要承担了国都、守备等政治中心的功能,但同时应该也有不小的经济功能。如娄门外相传有"鸡陂墟",为吴王畜鸡之所,又有蓄养麋鹿的"麋湖城"及蓄养牛、羊、豕、鸡的"牛宫"。③ 秦汉时期,司马迁《史记·货殖列传》称:"夫吴,自阖闾、春申、王濞三人招致天下喜游子弟,东有海盐之饶、章山之铜、三江五湖之利,亦江东一都会也。"④ 可见煮盐、冶铜以及渔业为吴郡的特色产业。但在秦汉之时,如司马迁所描述,江淮以南,楚越之地,"地广人希",流行着"火耕而水耨"的粗放耕作方式,虽然"地埶饶食,无饥

---

① 朱寿朋编《光绪朝东华录》,"光绪三十年十二月"条,张静庐等校点,中华书局,1958年,总第5283页。
② 傅林祥、林涓、任玉雪等:《中国行政区划通史·清代卷》,复旦大学出版社,2007年,第265页。
③ 顾颉刚《苏州史志笔记》引《吴地传》,江苏古籍出版社,1987年,第104页。
④ 司马迁:《史记》卷一二九《货殖列传》,中华书局,1959年,第3267页。

馑之患",但"无积聚而多贫","无冻饿之人,亦无千金之家",显示出一派相对原始、落后的景象。① 因此,苏州城在全国经济和文化版图中也难以占有重要地位。

冀朝鼎曾指出,在自秦汉至明清的 2000 余年中国历史上,存在着一些基本经济区,这些基本经济区既为统一政权提供了基础,也为分裂政权的存在提供了可能。在唐代以前,中国的基本经济区一直在黄河中下游平原(包括泾水、渭水和汾水流域以及黄河的河南—河北),它支撑着两汉统一政权。东汉以后,长江流域开始发展,魏晋南北朝分裂时期的南方政权正是以此为支撑,与北方政权相抗衡。隋唐时期统一再次达成,此时长江流域取代黄河流域成为支撑隋唐王朝统治的基本经济区,隋唐大运河的修建即为了将长江下游的基本经济区与处于黄河流域的政治中心联系起来。此后,在五代、宋、辽、金时期,长江流域作为中国的基本经济区进一步发展,这种状态一直延续到元、明、清三代。②

冀朝鼎在著作中将整个长江流域视作中国历史后半段的基本经济区,从其所举例证来看,处于长江下游的江南地区是这个基本经济区的核心,或者可以称为基本经济区的基本经济区。从唐代中后期开始,历代王朝的赋税来源主要依赖江南地区,这充分证明了江南在长江流域基本经济区中的核心地位。

随着唐代江南作为基本经济区的崛起,处于江南核心、引领江南发展的苏州也产生了耀眼的光芒。白居易称其"人稠过扬府,坊闹半长安",③ 还说:"当今国用,多出江南。江南诸州,苏最为大,兵数不少,税额至多。"④ 据孙中旺、刘丽估计,晚唐时期苏州城内居民可能已近 4 万户,30 万人。⑤ 陆广微《吴地记》称:"苏州名标十望,地号六雄,七县八门,皆通水陆,郡郭三百余巷……地广人稠,民多殷富。"⑥ 宋范

---

① 司马迁:《史记》卷一二九《货殖列传》,中华书局,1959 年,第 3270 页。
② 冀朝鼎:《中国历史上的基本经济区》,商务印书馆,2014 年,第 15 页。
③ 白居易:《齐云楼晚望》。柴德赓曾利用白居易诗文论证唐代苏州的城市繁荣,参见柴德赓《从白居易诗文中论证唐代苏州的繁荣(初稿)》,《江苏师院学报》(社会科学版)1979 年第 1—2 期。
④ 白居易:《苏州刺史谢上表》,董诰等编《全唐文》卷六六六,中华书局,1983 年,第 6774 页。
⑤ 孙中旺、刘丽:《苏州通史·秦汉至隋唐卷》,苏州大学出版社,2019 年,第 189 页。
⑥ 陆广微:《吴地记》,曹林娣校注,江苏古籍出版社,1999 年,第 111 页。

成大《吴郡志》亦称："在唐时，苏之繁雄，固为浙右第一矣。"① 但是总体来说，唐代还仅是苏州走向繁盛的起点，苏州真正变成"天堂"还要到宋代。

  农业是中国古代经济支柱，它的高水平生产依靠水利系统的充分发展，因此基本经济区的形成，需要政府和民间大规模的水利建设。长江流域的水利建设，主要问题是解决在肥沃的沼泽与冲积地带上进行排水，并对复杂的排灌系统进行维修。② 从文献记载中可以看到，自五代吴越时期开始，政府对于江南尤其是苏州的治水投入越来越大，这为江南成为经济发达的富庶之区打下了良好基础。

  自吴越时，苏州已设置撩清指挥主水事，导河筑堤，以减水患。宋代沿袭其制，设置开江指挥，分驻于郡城、吴江、常熟、昆山四处，士卒最多时有二千人，许多重大的水利工程，除征募民夫之外，均有开江士卒参与。③ 这种趋势到元代仍未减弱，元代于苏州设都水庸田司，疏浚河道为其职司之一，其后又立行都水监，专事吴淞江的浚导。④

  从吴越开始的大规模水利事业建设，使江南的农田数量日益增加，农田的产量也成倍增长。⑤ 作为江南核心的苏州更是其中翘楚。⑥ 到了南宋，出现了"天上天堂，地下苏杭"以及"苏湖熟，天下足"的谚语。⑦ 虽然此时苏、杭往往并称，但杭州的繁华主要依靠作为首都的巨量消费，而苏州的繁盛则主要奠基于农业和手工业生产之上。可见此时苏州的发

---

① 范成大：《吴郡志》卷五十《杂志》，陆振岳校点，江苏古籍出版社，1986年，第660页。
② 冀朝鼎：《中国历史上的基本经济区》，商务印书馆，2014年，第17页。
③ 卢熊著，苏州地方志办公室编《（洪武）苏州府志》卷十四《兵卫志》，广陵书社，2020年，第86页。
④ 姚文灏：《浙西水利书》卷中"复立都水庸田司"条、"立行都水监"条。
⑤ 梁庚尧：《宋元时代的苏州》，《宋代社会经济史论集》上册，台北：允晨文化实业股份有限公司，1997年，第361页。
⑥ 范成大《吴郡志》称，南宋中叶苏州"四郊无旷土，随高下悉为田"（卷二《风俗》），"水田之美，无过于苏州"（卷十九《水利》），而范仲淹则指出北宋之时苏州农田的产量已达到每亩二至三石（《范文正公集·政府奏议上·答手诏条陈十事》），这是宋代稻米的最高产量。
⑦ 范成大：《吴郡志》卷五十《杂志》，陆振岳校点，江苏古籍出版社，1986年，第660页。该书还解释说，湖州当然比不上苏州，杭州虽然是首都，但仍然排在苏州之后，这是因为自唐代时苏州的"繁雄"即为浙西诸郡之首，非杭州可比。

展进入了一个新的阶段,而这种趋势并未因宋元的朝代交替而中断。①

在发达的农业支撑之下,苏州在宋元时期成为重要的粮食生产基地。② 除了米谷之外,苏州还盛产麻、粟、豆等杂粮以及蔬菜、水果、花卉和药材,渔产、矿产也颇为丰富。以丰富的农、渔、矿产为基础,苏州的手工业也日益发达。大致自北宋以来,苏州的丝织业开始兴起,元丰年间,苏州城内已建有丝织业会所机圣庙,名轩辕宫。南宋时期,可能在政府和买政策的刺激下,苏州丝织业又有很大发展,到南宋晚期,丝织业已普遍成为苏州农家的副业。元代苏州城设织染局,并有吴郡机业公所。自南宋到元代,苏州的丝织品日益闻名。此外,苏州的织布业和染布业也很发达,并生产草席、藤枕、蒲鞋、筥帚等日用品,笔料、纸等文具工业,铸铜、铸银等冶铸工业,以及造酒、兵器制造和刻书等工业也很发达。③

以高产的农业和种类繁多的手工业为基础,苏州地区的商业活动繁盛起来。在活跃的商业推动下,江南地区的市场网络初步形成,苏州地区形成了以农村市集、市镇、县城和郡城为节点的绵密的层级市场网络。④ 作为这个市场网络的核心,苏州城显现出强烈的商业性格,城市中除了传统的子城所围绕的行政区之外,形成了以城中心乐桥一带为中心的商业区,城内外还分布着工场,它们或者坐落在商业区内,或者零散分布,其中城东地区似乎散布了较多的工场,这为明清时期此地区成

---

① 宋元苏州的繁荣,从户口数可以清楚地看出。唐初,苏州户口仅 11000 余户,唐代长庆年间,苏州户口达 10 万户,南宋德祐元年达 329000 余户,元至元二十七年达 466000 余户,明洪武四年达 473000 余户。南宋苏州盛时户数可达唐代盛时 3 倍,元代盛时更已达 4 倍有余。参见梁庚尧《宋元时代的苏州》,《宋代社会经济史论集》上册,台北:允晨文化实业股份有限公司,1997 年,第 345—346 页。
② 苏州的秋苗额在北宋元丰三年为 349000 石,南宋淳熙十一年为 343000 石,两宋诸郡无出其右者。到了元代,苏州的秋粮更高达 882000 余石,是宋代的两倍多。参见梁庚尧《宋元时代的苏州》,《宋代社会经济史论集》上册,台北:允晨文化实业股份有限公司,1997 年,第 363—364 页。
③ 梁庚尧:《宋元时代的苏州》,《宋代社会经济史论集》上册,台北:允晨文化实业股份有限公司,1997 年,第 363—374 页。
④ 梁庚尧:《宋元时代的苏州》,《宋代社会经济史论集》上册,台北:允晨文化实业股份有限公司,1997 年,第 413 页。

为丝织业集中区打下了基础。[①]

富庶的生活环境，使苏州城吸引了大量士大夫和达官贵人定居，他们往往掌握大量田产，广建园林，生活奢侈。众多的中下层居民中贫困无产者亦少，"人无贵贱，往往皆有常产"[②]，因为比之其他地区，苏州更为富庶，一般小民往往有余财从事各种商贩活动。[③] 富裕的社会环境，助长了民众生活的奢华，好游赏、喜节庆成为当地风俗，这些都扩大了消费市场。而大量米粮外输，将苏州与外界连接起来，由于苏州与外地商业往来频繁，宋元时代可以看到各地商人活跃在苏州，也可以看到苏州商人活跃于外地。[④] 商业的繁荣，使苏州城的商税在熙宁十年（1077）达到51034贯929文，仅次于东京、杭州、秦州、楚州、真州，居全国第六位。至元代，苏州的商税收入继续提升，仅次于杭州、真州，居全国第三位。[⑤]

明清时期，江南迎来了又一个明显的增长时期。江南的开发一直持续到明代中叶才最终完成，因此江南的农业产量一直在增长[⑥]，但此时农业的进步已经不是江南发展的主要动力，明清江南发展的主要动力更多地来自由地域间劳动分工和生产专业化所导致的早期工业化。[⑦] 江南的早期工业化是依托国内和国际市场而发展的。大致在16世纪以后，中

---

[①] 梁庚尧：《宋元时代的苏州》，《宋代社会经济史论集》上册，台北：允晨文化实业股份有限公司，1997年，第363—374页。
[②] 范成大：《吴郡志》卷二《风俗》，陆振岳校点，江苏古籍出版社，1986年，第13页。
[③] 梁庚尧：《宋元时代的苏州》，《宋代社会经济史论集》上册，台北：允晨文化实业股份有限公司，1997年，第394页。
[④] 梁庚尧：《宋元时代的苏州》，《宋代社会经济史论集》上册，台北：允晨文化实业股份有限公司，1997年，第406页。
[⑤] 龙登高：《江南市场史：十一至十九世纪的变迁》，清华大学出版社，2003年，第3页。
[⑥] 〔日〕斯波义信：《宋代江南经济史研究》，方健、何忠礼译，江苏人民出版社，2012年，第95页。
[⑦] 李伯重指出，1550—1850年这300年间，江南的棉丝纺织、食品、服装、日用百货、烟草、造纸和印刷等多种轻工业生产规模持续扩大，轻工业成为江南经济中最大的产业部门，其重要性与农业相当。但因能源和材料的制约，煤铁等重工业没有发展，工具制造、建材等工业发展也有限，仅有造船业发展较快。因此江南的早期工业化呈现一种以节能省材为特点的以轻工业为主导的工业结构。而且与这种节能省材型工业结构相配合，呈现以手工操作和独立经营的中小作坊为主的组织形式特点。参见李伯重《江南的早期工业化（1550—1850）》（修订版），中国人民大学出版社，2010年，第352—353、363、378页。

国的全国市场已经逐渐成形，江南恰位于这个市场的中心。① 同时，彼此更加紧密联系在一起的东亚地区此时正处于一个经济加速发展的时代，从而为江南早期工业化提供了更为巨大的市场空间。②

明清时期，苏州不仅位于国内两大交通干线的辐辏区之内，而且处于全国市场与海外市场的交会之区，这使得苏州具备优越的商业地理位势。加上太湖流域棉布、丝织手工业成品都以苏州为集散地，苏州成为全国工商业者集聚的重要市场。③ 苏州由此迎来了其城市史上最辉煌的时代，它不仅是江南地区的中心城市，而且是全国性的经济中心，其经济腹地延伸到了中国大部分地区。④

与早期工业化进程相伴随，江南农业开始由以种植粮食作物为主转向以种植棉、桑、麻等经济作物为主，由此导致江南从宋元时期的粮食输出地区变成了输入之地。⑤ 苏州府所在的太湖平原中部虽仍以种植粮食作物为主，杂以棉、桑，但难以满足本地的粮食需要。为解决整个东南地区的粮食问题，明清时期逐渐形成以苏州为中心的全国性米粮贸易市场，其贸易规模巨大，需求方不仅限于苏州及其附近，而且包括浙江、福建等沿海省份，供给方则涵盖江西、湖广、四川等长江中上游省份。位于枫桥的苏州米市成为长江流域与沿海省份之间食米供、需两方交易的场所，它一方面刺激湖南、四川的稻米增加生产，一方面使江、浙因得到充分米粮供应而专门发展多数人赖以为生的丝、棉纺织业，从而有

---

① 邱澎生：《十八、十九世纪苏州城的新兴工商业团体》，四川人民出版社，2022年，第160页；李伯重：《江南的早期工业化（1550—1850）》（修订版），中国人民大学出版社，2010年，第413页。
② 李伯重：《江南的早期工业化（1550—1850）》（修订版），中国人民大学出版社，2010年，第415页。龙登高认为："江南以其工业制品的输出和对白银货币的需求，俨然成为东亚市场的中心。"参见龙登高《江南市场史：十一至十九世纪的变迁》，清华大学出版社，2003年，第19页。
③ 邱澎生认为，东西向与南北向的两大交通干线形构了全国市场的主轮廓。长江中下游航运构成东西向的主交通干线；南北向则有大运河、赣江配合大庾岭山路这条水陆干道。邱澎生：《十八、十九世纪苏州城的新兴工商业团体》，四川人民出版社，2022年，第160页。
④ 李伯重：《江南的早期工业化（1550—1850）》（修订版），中国人民大学出版社，2010年，第17页；王卫平：《明清时期江南城市史研究：以苏州为中心》，人民出版社，1999年，第95、96页。
⑤ 吴松弟主编《中国近代经济地理》第一卷，华东师范大学出版社，2015年，第215—216页。

助于长江流域天然资源更有效的利用。①

　　从明代中期开始至清代中期，苏州的经济和文化都迎来了辉煌的时代。自明代起，官营丝绸生产开始集中到江南的苏州、杭州和南京三地。明后期，全国其他地区的丝绸生产大多趋向衰落，只有江南日益兴盛，其中，苏州、杭州、南京三地并驾齐驱。清前期，苏州的丝绸生产进入最兴盛的时期，府城的丝织工匠较之明代成倍增加。元代开始兴起的棉织品加工业本在松江府及太仓、嘉定等县，但清代中期以后，因苏州染色水平高超和商品流通更为便捷，棉布字号逐渐转移到苏州城，集中在阊门外上下塘一带。至此，丝织业和棉织业成为苏州城的主导产业。此外，刺绣、酒业、眼镜生产以及折扇、漆作、核雕、玉雕、竹器、木器、铜铁器、金银器、金箔、乐器、骨角器、文具等多种工艺品的制造都在明代开始赫赫有名，在清代则继续发展，更加精致，引领全国潮流。②

　　随着工商业的繁荣，苏州的城市人口日益膨胀。关于明代苏州城市人口，刘石吉估计16世纪苏州府城人口已有50万人。③ 曹树基估计明代后期的苏州城居民可能超过50万人。④ 关于清代的苏州府城人口，傅崇兰推算，嘉庆二十五年（1820）苏州城内人口达到最高峰，为50余万人，此前和此后都没有超出此数。⑤ 王卫平估计，康熙时应在70万人左右。⑥ 施坚雅亦估计1850年时苏州人口应为70万人。⑦ 沈寓《治苏》曾称苏州"郡城之户，十万烟火。郊外人民，合之州邑，何啻百万"。⑧ 李伯重据此认为此时苏州府城人口已达百万，并由此提出自明中叶至清中叶的三个世纪中，苏州府城的人口大约增加了一倍，从50万人增加到

---

①　全汉昇：《中国经济史论丛》第二册，香港中文大学新亚书院、新亚研究所，1972年，第567—582页。
②　范金民：《"苏样"、"苏意"：明清苏州领潮流》，《南京大学学报》（哲学·人文科学·社会科学版）2013年第4期，第134—138页。
③　刘石吉：《明清时代江南市镇研究》，中国社会科学出版社，1987年，第64页。
④　曹树基：《中国人口史》第4卷，复旦大学出版社，2000年，第311页。
⑤　傅崇兰：《中国运河城市发展史》，四川人民出版社，1985年，第220页。
⑥　王卫平：《明清时期江南城市史研究：以苏州为中心》，人民出版社，1999年，第62页。
⑦　〔美〕施坚雅主编《中华帝国晚期的城市》，叶光庭等译，中华书局，2000年，第30页。
⑧　《皇朝经世文编》卷三十三。

100万人。① 不论是100万人口的乐观估计，还是50万人口或70万人口的保守估计，都显示明清苏州城是一个人口众多的大城。此后在晚清和民国时期都没有达到这样的人口规模。

众多的人口组成了复杂的苏州城市社会。这个社会中市民生活与市场的联系非常紧密，经济的繁荣使城市的物质生活档次非常高，人们的社会交往频繁，社交形式不断趋新，娱乐活动多样，戏曲、评弹和民间文学都很兴盛，② 这些都导致了生活的丰富多彩和文化的繁荣。富庶的经济和优美的环境，使生活讲究、追求精致、崇尚高雅、不断推陈出新成为苏州士人乃至普通大众的明显特征。自明代后期开始流行起来的"苏样""苏意"用语，成为苏州风尚的代名词，这种风尚不仅局限于服饰穿着，而且涵盖器物使用、饮食起居、书画欣赏、古玩珍藏、戏曲表演、语言表达等从生活方式到行为方式的全方位领域，它不仅是一种炫耀性的风尚，还是品位和身份、意蕴和境界、风雅和脱俗的象征。全国各地在明中叶持续到清中叶的三百年里长期亦步亦趋，效法"苏样""苏意"，持续保持着对苏州的仰慕、崇敬，甚至达到了迷信的状态。苏州时尚的风行，显示了苏州强大无比的影响力，以至于范金民认为："明中期至清中期，全国在一定程度上是按照以苏州为中心的文化定义着自己的生活方式。"③ 明清苏州在中国文化中所扮演的角色颇类似于路易十四（1643—1715年在位）时代法国巴黎在欧洲所扮演的角色。④ 而这种"文化霸权"又反过来推动苏州的商品生产始终走在前列。

但是，苏州持续了三个世纪的繁荣在19世纪中期出现了转折。号称"世界史上规模最大的内战"的太平天国运动对江南产生巨大冲击，使江南人口减少过半，苏州受到的破坏尤其巨大。同时，上海在成为通商口岸后迅猛崛起并引领着中国经济向近代化转型，这些都预示着以苏州为核心

---

① 李伯重：《工业发展与城市变化：明中叶至清中叶的苏州（中）》，《清史研究》2002年第1期，第62页。
② 王卫平：《明清时期江南城市史研究：以苏州为中心》，人民出版社，1999年，第175—181页。
③ 范金民：《"苏样"、"苏意"：明清苏州领潮流》，《南京大学学报》（哲学·人文科学·社会科学版）2013年第4期，第141页。
④ 范金民：《"苏样"、"苏意"：明清苏州领潮流》，《南京大学学报》（哲学·人文科学·社会科学版）2013年第4期，第129页。

的江南城市体系和经济体系开始瓦解，苏州城市史将进入一个新的时代。

## 三 城市空间与形态

苏州城的规模在中国古代城市中是相当大的，其城墙周长达 40 里，[①]城内面积达 30.2 平方千米，在宋代，仅有北宋都城开封超过这个规模（开封城墙周长 50 余里，城内面积约 53 平方千米）。[②]

苏州为水乡泽国，有"东方威尼斯"的美誉，环城内外河网密布，凭着众多的桥梁贯通古城内外形成发达的交通网络。苏州这种水城特色，在唐代已经奠定。《吴地记》称，"城中有大河，三横四直"，"郡郭三百余巷"，"虹桥三百有余"。[③] 可见此时"水陆相邻，河路平行"的城市格局已经形成。白居易诗称："水国多台榭，吴风尚管弦。每家皆有酒，无处不过船。"[④] 可见人们来往多凭舟船，城内外河道承担着日常交通的功能。白居易还有诗称："半酣凭栏起四顾，七堰八门六十坊。远近高低寺间出，东西南北桥相望。水道脉分棹鳞次，里间棋布城册方。人烟树色无隙罅，十里一片青茫茫。"[⑤] 杜荀鹤诗亦称："君到姑苏见，人家尽枕河。古宫闲地少，水港小桥多。"[⑥] 可见众多桥梁是城市交通空间的重要组成部分。

苏州城市的发展在宋代出现了较大飞跃。唐代之时，苏州城内还有很多空旷荒凉之地，如皮日休称唐代苏州城内临顿桥一带"不出郭郭，旷若郊野"，但到了北宋后期，据《吴郡图经续记》称该地已"居民栉比"。[⑦] 从史料记载可见，自唐末至宋初苏州城内四周有相当广阔的园囿、空地，北宋中期以后，这些园囿、空地多为民居之所。[⑧] 据朱长文

---

[①] 《吴郡图经续记》卷上《城邑》称苏州城"周四十里"（江苏古籍出版社，1986年，第5页），《吴郡志》卷三《城郭》称苏州城"周回四十七里"（江苏古籍出版社，1986年，第20页）。此取其最小数。
[②] 包伟民：《宋代城市研究》，中华书局，2014年，第73—75页。
[③] 陆广微：《吴地记》，曹林娣校注，江苏古籍出版社，1986年，第111页。
[④] 白居易：《和梦得夏至忆苏州呈卢宾客》。
[⑤] 白居易：《九日宴集醉题郡楼兼呈周殷二判官》。
[⑥] 杜荀鹤：《送人游吴》。
[⑦] 包伟民：《宋代城市研究》，中华书局，2014年，第82页。
[⑧] 梁庚尧：《宋元时代的苏州》，《宋代社会经济史论集》上册，台北：允晨文化实业股份有限公司，1997年，第437页。

称，至北宋元丰年间，苏州"井邑之富，过于唐世，郛郭填溢，楼阁相望，飞杠如虹，栉比棋布，近郊隘巷，悉甃以甓"。① 北宋苏州城在金人入侵时几乎全部焚毁，但兵事过后，城市建设迅速展开，到了南宋晚期，据称"井邑阜繁，于今为最"。②

现存之南宋绍定二年（1229）知府李寿朋所主持绘刻的《平江图》使我们对当时的苏州城有更加丰富的了解。从该图可见，全城地势平坦，城为南北略长东西略窄的长方形，城墙周长近20千米。全城开5个城门，东边为葑门、娄门，西边为阊门，南边为盘门，北边为齐门。每个城门并列两座，一为陆门，一为水门。全城为水网城池，除用护城河包围外，还引水入城，南北方向有9条河，东西方向有18条河，各条河与护城河连通，然后再与城外大河连通。一条街道，并列一条河，呈现出水陆并行的双棋盘格局。

城中心略偏南为子城，是府衙所在地。全部府衙用城墙包围，城外有护城河围绕，四周建设角楼，是一组庞大的建筑群。府衙大门朝南，内部院落重重，由20多个合院组成，其中殿宇有工字殿，前后接连。中轴线上布置主体建筑，还有湖池，高台阶殿座，重重叠叠，非常壮丽。

除府衙建筑外，城内尚有贡院、馆驿、税署、园林、文庙、兵营、县衙、仓库等建筑以及报国寺、北塔寺、宝光寺、观音院、能仁寺、天宫寺、永定寺、定慧寺（双塔）、普照院枫桥寺（寒山寺）、天宫寺、永福寺等众多寺院。全城街道清晰，除街道外，即是桥名。除了因字迹看不清楚的十数座外，有桥250多座。③

元朝平江南后，规定所有城池"悉许夷堙"，苏州城池亦堙废不完，直到元末至正十二年（1352），各地盗起，才重新修筑。④ 重筑的城墙，周回仍为四十七里，⑤ 与《吴郡志》所载相同。重修的城墙除南宋原有

---

① 朱长文：《吴郡图经续记》卷上《城邑》，金菊林点校，江苏古籍出版社，1986年，第6页。
② 《吴都文粹续集》卷三十五潘梦旂《重建夏侯桥记》，《景印文渊阁四库全书》，台北：商务印书馆，1986年，第1386册，第157页。
③ 张驭寰：《中国城池史》，中国友谊出版公司，2015年，第120—122页。
④ 卢熊著，苏州地方志办公室编《（洪武）苏州府志》卷四《城池志》，广陵书社，2020年，第86页。
⑤ 卢熊著，苏州地方志办公室编《（洪武）苏州府志》卷首《苏州府城图》，广陵书社，2020年，第25页。

之五门外，重开胥门。①

从明代中期开始一直延续到清代中期，苏州经济空前繁荣。这一时期，城市格局上虽延续唐宋以来水陆并行、河街相邻、前街后河的双棋盘格局，但城市内部空间出现较大变化。

首先，位于城市中心偏南的子城，自唐宋以来一直为府衙所在地，是苏州城的核心。此地在元末为割据苏州的吴王张士诚的王府所在，在张士诚灭亡后，此地长期废弃，被称为"王（皇）废基"。至清末，这里成为坟冢累累的荒凉之地，据顾颉刚回忆，清末民初之时，"这片断井颓垣，一半做了兵士的操场，一半则变成高高下下的瓦砾堆"。②

其次，唐宋以来，苏州的商业中心主要在子城西北部的平权坊、干将坊一带，到了明代，商业中心逐渐转移到了府城西北，并且向城外发展，形成了以阊门为起点向西沿上塘、山塘街河一直延伸到枫桥、虎丘，向南沿护城河（南濠）延伸至胥门外扇状的商品集散和销售中心。与商业中心的西北移相联系，城市东西部之间出现了明显的功能分化。城市因西部有商业中心存在，南部为官署和文教机构集中的行政区，更加富庶与喧闹。城市东部尤其是东北部，则成为以丝织业作坊为主的手工业中心区。这种城市空间的分化，很早就被认识。如明崇祯《吴县志》即称："西较东为喧闹，居民大半工技。金阊一带，比户贸易，附郭则牙侩辏集。胥盘之内，密迩府县治，多衙役厮养。而诗书之族，聚庐错处，近阊尤多。"③ 而康熙《苏州府志》则指出："苏民无积聚，多以丝织为生，东北半城皆居机户。"④ 明清时期，苏州的商业中心从古城中心转移到西北部阊门外地区，乃是因为这一地区紧靠大运河，商业中心的地理位置显示出此时苏州城市经济的外向性格。

时至晚清，太平天国运动对城市空间产生较大的影响。1860年，太平军逼近苏州，清军为延缓太平军进攻，放火焚烧阊门外街市，这使苏

---

① （明）卢熊著，苏州地方志办公室编《（洪武）苏州府志》卷四《城池志》，广陵书社，2020年，第86页。
② 顾颉刚：《玉渊潭忆往》，《苏州史志资料选辑》第二辑，1984年。
③ 崇祯《吴县志》卷十《风俗》，《天一阁藏明代方志选刊续编》，上海书店出版社，2014年，第892页。
④ 康熙《苏州府志》卷八十一《杂记二》，《江苏历代方志全书》第四册，凤凰出版社，2016年，第500页下栏。

州繁华的西半城毁于兵燹，南濠街、上塘街、枫桥、山塘街等地闹市，顷刻间成为焦土废墟，阊门内中市亦未能幸免。包天笑回忆："在这次内战以前，阊门外是商贾发达，市廛繁盛之区，所以称之为'金阊'。从枫桥起，到什么上津桥，接到渡僧桥，密密层层的都是商行。（中略）城里虽然是个住宅区，但比较冷清，没有城外的热闹。经此战役后，烧的烧，拆的拆，华屋高楼，顷刻变为平地了。"①

太平天国运动对苏州东半城的影响相对较弱。此前，城中央的玄妙观因庙会赶集日盛，已是城内的商贩贸易集市和游乐场所，再加上城内大部分富户多散居在附近的街巷中，购买力强，因此太平天国运动后逃亡商贾返回苏州，观前特别是观东地区受到青睐。至光绪末年，观前一跃成为苏州最有活力的商业地带。②

在一度衰落后，阊门地区开始复兴。太平军占领苏州后，当局鼓励对外贸易，③动员城区居民移住城外并给予奖励措施，此后城内居民出城者渐多，山塘街又蔚然成市，"名为买卖街"。④ 1895年甲午战争后，苏州开辟为通商口岸。1897年，在盘门外青旸地设立日本租界和公共通商场。为抵制租界扩张和发展本国工商业，清政府抓紧修筑了一条连接盘门与租界的马路，这是苏州的第一条新式道路。1900年初，这条马路延伸到阊门，原来在盘门附近开设的各种商业设施便转移到了阊门一带，使阊门兴盛起来。1906年，沪宁铁路苏州段通车，火车站设于钱万里桥东首，该年，阊门外马路继续延伸，与火车站衔接。⑤ 至此，阊门、石路地段再次成为水陆交通枢纽，商家纷纷向阊门一带迁移，阊门地区重现繁华景象，逐步转变成商业休憩区。阊门商业区的复兴和观前商业区

---

① 包天笑：《钏影楼回忆录》，中国大百科全书出版社，2009年，第11页。
② 陈泳：《近现代苏州城市形态演化研究》，《城市规划汇刊》2003年第6期。另，朱春阳指出，清乾隆朝开始，苏州城东地区工商业快速发展，加上国家与家族利益的推动与塑造，玄妙观迎来了"士女游观"的盛况，其规模甚至超过阊门。参见朱春阳《从阊门到玄妙观："士女游观"与清代苏州城市商业中心的变迁》，《史林》2018年第1期；朱春阳《地方大族与城市政治中心的确认——以清代苏州玄妙观"康乾驻跸"说为中心》，《安徽史学》2017年第2期。
③ 王国平主编《苏州史纲》，古吴轩出版社，2009年，第379页。
④ 潘钟瑞：《苏台麋鹿记》，《中国近代史资料丛刊》编委会编《太平天国》（五），上海人民出版社、上海书店出版社，2000年，第300页。
⑤ 柯必德：《天堂与现代性之间：建设苏州（1895—1937）》，何方昱译，上海辞书出版社，第80—81页。

的崛起，形成了近代苏州两个商业中心并存的局面。①

清末至民国北京政府时期，苏州引入了一些现代设施。路灯从 1911 年开始引入苏州，至 1920 年逐渐普及。清末苏州开始引入人力车等新式交通工具，但局限于西部城外。20 世纪 20 年代初城内通行人力车，为了缓解交通压力，1924 年阊门以南的城墙上开辟了新城门——金门，但这个城门不久因江浙战争而封闭，直至 1926 年才向南移址，重开城门，名为新阊门。

1927—1937 年的南京国民政府时期，苏州城市空间出现了一定程度的拓展与更新。其中，最大的成绩是兴建了城内的环路系统，为此在北面城墙开通了平门，使城内可以通过拓宽的南北干道护龙街与火车站相连，而不必像此前那样，绕道阊门进出城，此举使城内观前街的交通更加方便，也使观前街更加兴盛。同时，观前街在 1930 年亦拓宽，使这条商业街的面貌得以提升。此外，这一时期，利用自明代以来一直荒废的"皇废基"之地，修建了体育场、电影院、图书馆等新式公共休闲娱乐场所，公园也在此地建成开放，使该地逐渐成为民国苏州新的大众休闲娱乐中心。另外，政府提倡公墓，严禁城中掩埋尸骸，这使得苏州城的公共卫生得到了一定的改善。②

总之，晚清民国时期的苏州虽然在城市空间和建筑上有一定的改变，③但与上海等通商口岸城市大规模拆除城墙，开辟新式道路，兴建高楼大厦不同，仍延续了明清时期的基本格局，就如顾颉刚所称："我小时候所看见的苏州城市街道，几乎全是唐、宋朝代的样子。"④

---

① 秦猛猛：《轮船、铁路与近代苏州商业区的变迁（1895—1937）》，《世纪桥》2009 年第 23 期。另参见王国平、张燕《论晚清苏州工商业的发展与城市空间的拓展》，《史林》2016 年第 1 期。

② 方旭红：《集聚·分化·整合——1927—1937 年苏州城市化研究》，合肥工业大学出版社，2012 年，第 154—163、221—239 页。

③ 除上述城市空间的改变外，民国时期苏州还出现了一批新兴住宅群，它们的建筑风格大多中西合璧，是这一时期苏州建筑的一大特色，其中包括民国初年上海富商兴建的长鎏村、20 世纪 20 年代阙姓商人购建的志仁里、30 年代国民政府财政次长贾士毅（果伯）建造的同益里、名医曹沧洲之侄曹惕寅于 30 年代建造的崇安里、杜月笙购建的同德里、黄金荣的私宅鸣鹤堂、商人张氏所建松筠里等。

④ 顾颉刚：《玉渊潭忆往》，《苏州史志资料选辑》第二辑，1984 年。

# 第二章　从省会到县城：
## 苏州政治地位的变化

城市总是存在于一套政治体系之中，政治体系（其中最为重要的是行政管理体系）与城市发展的关系一直是城市史研究的重要议题。虽然施坚雅极力试图证明中国的地方行政层级以经济中心地层级为基础，认为"地方行政表达了，而不是压抑了城市体系内功能上的差异性"，[①] 但是更多的学者则强调城市在行政体系中的地位对城市发展具有决定性影响。[②]

就行政管理体制来说，民国建立之后，苏州面临着一些清代所没有的新形势，其中对苏州城市发展影响最大的莫过于江苏省会的迁出。民国初年江苏省会为何迁离苏州？省会迁出对苏州城市发展产生了怎样的影响？本章即试图对以上问题进行考察。

## 一　清末改制与江苏的分合

庚子事变后，清廷逐步推行新政，地方行政体系开始出现很多重大变动。光绪三十年（1904）九月二十九日，军机处交出云南巡抚林绍年请裁云南巡抚奏折，拉开了裁撤同城督抚的序幕。经政务处、吏部会奏，裁云南、湖北巡抚，由湖广总督、云贵总督兼巡抚事。广东巡抚亦在议裁之列，但因当时两广总督有战事驻广西，需待战事停息两广总督回广东后，再行议撤。[③] 江苏一省，有总督又有巡抚，但督抚并不同城，似因此未入讨论之列。

---

[①] 〔美〕施坚雅主编《中华帝国晚期的城市》，叶光庭等译，中华书局，2000年，第402页。

[②] 参见包伟民《宋代城市研究》，中华书局，2014年，第98—101页；罗晓翔《陪京首善：晚明南京的城市生活与都市性研究》，凤凰出版社，2018年，第413—420页。

[③] 朱寿朋编《光绪朝东华录》，"光绪三十年十一月"条，张静庐等校点，中华书局，1958年，总第5256页。

此后，在裁撤冗官冗员的潮流中，江苏省的省制问题逐渐引起关注。光绪三十年十一月十八日，军机处钞交署两江总督端方等议裁官缺一折，下政务处议，政务处以两江事务烦剧，所议裁之江安粮储道，仍议保留。所请将苏州府海防同知移驻太平州，改为太平厅抚民同知，苏州府管粮通判移驻洞庭西山，改为靖湖厅抚民通判，则议准。① 从《清实录·德宗实录》可知，同日由端方代奏在籍翰林院修撰张謇所上徐州宜改建行省条陈。该条陈认为，徐州地当南北冲要，为抵制外力入侵，"变散地为要害"，应建徐州为行省，将江苏、安徽、山东、河南四省交界45州县归之。② 命下政务处议。光绪三十年十二月六日，御史周树模亦上奏请裁漕运总督，下政务处议。光绪三十年十二月，政务处会议张謇的徐州建省条陈与周树模的裁撤漕运总督奏片，认为现漕务改章，"仍留漕督，徒拥虚名"，同意裁撤漕运总督，同时，因"徐州在江苏地居最北，若于平地创建军府，既多繁费，所请分割江苏、安徽、山东、河南四十余州县，亦涉纷更"，反对徐州建省方案。政务处认为，"前明初设漕运总督，即兼巡抚地方，国朝顺治六年裁庐凤巡抚改漕运总督，仍兼巡抚事。漕督之兼巡抚，原为控制得宜。现漕务虽已改章，地方实关重要。与其仍留漕督，徒拥虚名，不如径设巡抚，有裨实用"，因此，建议"漕运总督一缺，即行裁撤，改为巡抚，仍驻清江。照江苏巡抚之例，名为江淮巡抚，与江苏巡抚分治，仍归两江总督兼辖"，将江宁布政使所辖之江、淮、扬、徐四府及通、海二直隶州，全归管理，巡抚所驻，即为省会。同时建议就近将淮扬海道仿照新疆镇迪道例，兼按察使衔，所有江宁各属刑名均由该道勘详巡抚奏报，江宁布政使则仍随总督，驻扎江宁。政务处认为，如此设置，"总督在江南，巡抚在江北，既无同城逼处之疑，江宁六府州前隶苏抚者即改隶淮抚，亦无增多文牍之扰，不必添移一官，加筹一饷，而行省已建，职掌更新，建置合宜，名实相副"。③ 十

---

① 朱寿朋编《光绪朝东华录》，"光绪三十年十一月"条，张静庐等校点，中华书局，1958年，总第5273页。
② 张謇：《徐州应建行省议》，李明勋、尤世玮主编《张謇全集》第4册，上海辞书出版社，2012年，第83页。
③ 朱寿朋编《光绪朝东华录》，"光绪三十年十二月"条，张静庐等校点，中华书局，1958年，总第5282—5283页。

二月二十二日，上谕可之。① 第二天，调江苏巡抚恩寿为江淮巡抚，以漕运总督陆元鼎为江苏巡抚。②

但是苏、淮分省之策一出，很快引起争议。江苏籍京官陆润庠等上奏，提出与苏淮分省有关系者四端，建议饬下廷臣会议，并饬下沿江督抚臣一体与议，然后再复奏请旨遵行。奏入不报，寻交政务处按照奏定章程会议具奏。③ 政务处遵章咨行各衙门会议，各衙门旋咨送说帖前来。据统计，主苏、淮不必分省另设大员者42件，主专裁淮抚者32件，主苏、淮仍议分省暨复设漕督者7件。正在复议间，署两江总督周馥奏折亦到，称分设行省不如改设提督驻扎为合宜，而说帖中亦以改设提督驻扎者居多。政务处遂提请裁江淮巡抚，改淮扬镇总兵为江淮提督，节制徐州镇及江北防练各营。仍以淮扬海道兼按察使衔，凡江北枭盗重案，应即时正法军流以下人犯，归其审勘，毋庸解苏，以免迟滞。光绪三十一年（1905）三月十七日，上谕："苏淮分省以治理既多不便，著即无庸分设，江淮巡抚即行裁撤，所有淮扬镇总兵著改为江北提督，以资镇摄。"④ 至此，刚刚设立的江淮省仅存在3个月时间即匆匆裁撤，可谓旋兴旋灭。⑤ 张謇的徐州设省之议也就不了了之。

张謇徐州设省之议虽不果行，但类似思路此后还有余响。宣统三年（1911）闰六月十五日，翰林院侍读学士吴士鉴奏请改江北提督为淮北提督，驻地由清江浦移驻徐州，统辖直隶大名府以南、山东曹兖沂三府、江苏徐淮二府海州一州、安徽凤颍二府泗州一州的五省边界地区，其地域与张謇所议徐州行省之地大致相当。谕旨，内阁军咨府会议具奏。⑥ 但此时清廷已在风雨飘摇之中，该议亦未有下文。

由于江淮行省撤销，江苏省依然维持原来一省两治的局面。在清季

---

① 《清实录·德宗实录》卷540，中华书局，1987年影印版，光绪三十年十二月下，二十二日。
② 《清实录·德宗实录》卷540，中华书局，1987年影印版，光绪三十年十二月下，二十三日。
③ 朱寿朋编《光绪朝东华录》，"光绪三十一年正月"条，张静庐等校点，中华书局，1958年，总第5288—5289页。
④ 《清实录·德宗实录》卷543，中华书局，1987年影印版，光绪三十一年三月，十七日。
⑤ 李吉奎：《旋兴旋灭的江淮省》，原刊《历史大观园》1990年第4期，收入张文范主编《中国省制》，中国大百科全书出版社，1995年。
⑥ 《清实录·宣统政纪》卷57，中华书局，1987年影印版，宣统三年闰六月，十五日。

官制改革过程中，江苏省一省两属的问题再次凸显出来。光绪三十二年（1906）四月，在各地设置提学使过程中，江苏省分别在苏州和南京设江苏、江宁两提学使。宣统元年（1909）江苏筹设审判厅，关于高等审判厅是否宁苏分设曾有争论，最后确定江苏省设一个高等审判庭，其地点设于臬司驻地苏州。① 宣统二年（1910）七月，各省按察使司改设提法使司，江苏省即遵令改设，仍驻苏州。同年，江苏增设交涉使司，因两江总督兼南洋通商大臣主管对外事务，交涉使司遂设两江总督驻地江宁。宣统二年，江苏议设巡警道和劝业道，江苏巡抚宝棻和两江总督张人骏均主张宁苏各设巡警道和劝业道，江苏士绅则以增加民众负担为由，反对宁苏分设巡警、劝业两道。② 于是采取折中办法，于南京设劝业道，苏州设巡警道。③ 时至清末，江宁布政使、交涉使、江宁提学使、江宁劝业道、江安粮道等驻江宁，江苏布政使、江苏提学使、江苏提法使、巡警道驻苏州，苏松粮储道驻常熟。④

在清末，江苏省组织民间团体的过程也面临是否宁苏分设的问题。如，1905—1906年，江苏两属人士在上海合组江苏学会，后江苏学会拟改江苏教育总会。省方提出教育总会应设于南京，而有人提出苏州也是省会，总会应设于苏州，遂有分设之议。但两属士绅多数以合设为便，为摆脱官场羁绊，并平息设宁设苏之纷争，最后设总会于上海。⑤ 此后，在江苏省咨议局的组建过程中，该局是否苏宁分立亦成为江苏士绅讨论的一大问题。光绪三十三年（1907）九月十三日，清廷饬各省筹设咨议局，次年六月，公布咨议局章程及选举办法。根据宪政编查馆所编之章程，各省咨议员名额，因各省户口尚无确实统计，参酌各省取进学名额及漕粮多寡以定准则。因江苏省漕粮等一向宁属、苏属分别上报，所以江苏省议员名额亦分宁属、苏属，定为江宁55名，江苏66名，共计121

---

① 《苏抚署会议厅第二次决议案》，《申报》1909年9月26日，第3版。
② 参见纪浩鹏《宁属还是苏属：辛壬之际江苏省会之争》，《江苏社会科学》2017年第2期。
③ 《江苏训劝两道无庸分设之建议》，《申报》1910年11月6日，第10版。
④ 傅林祥、林涓、任玉雪等：《中国行政区划通史·清代卷》，复旦大学出版社，2007年，第256页。
⑤ 沈同芳：《江苏省分合问题与升道为省共同之关系》，张文范主编《中国省制》，中国大百科全书出版社，1995年，原文刊于《地学杂志》第3卷第3、4期，1912年。

名。① 因议员名额有宁属、苏属之分，选举分别举行，筹办处亦宁苏分设，选出议员亦有苏属议员和宁属议员之分。至此，到底江苏咨议局是合一举办还是宁苏分设的问题凸显出来。为此，苏属筹办处孟昭常、杨廷栋致函宁属总会称：

> 江苏自咨议局章程发布后，江南北几有划分两省之势。原宪政馆宁苏各自定额之意，不过因吾省学额不敷，照漕粮额增加议员，而宁苏增加之算法不同，故各自计数。吾省财政多不可分，即它行政亦多统于江督。监督行政，当就其行政全权者监督之。
>
> 或以为咨议局现分，久之自能使一切行政俱不截然成两省界畔。岂知江南北各止四府一二州，凭空劈分为二，以小团体作小结构、负担小义务、主张小权利，二十一省无所变动，独我江苏受众建力小之祸，将来有所设施，不得与于各行省之列。其尤近者，明年选举资政院员，江南北即不能通选，自隘其取材之途，后年资政院开，江苏应出十二三人，即不能同表现一种心理。
>
> 故苏人士颇不欲自戕其进步，今主持筹办处之王、蒋两太史，即以宁苏合局为宗旨，苏属之知爱其群大约可想。两先生必能知宁属舆论并卓见，对于此局之分合自必早有主裁。季直先生徐州设行省之议，自为另一问题。就目前大局而论，窃欲征诸伟抱，以验江南北心理之异同。此事非他省人所当评论也。肃布奉尚，希赐复为荷。②

可见，苏属筹办人员主张咨议局合一设置，以增加团体力量，并为此致函宁属，征询意见。宁属领袖张謇答复称："宁苏应合，謇与王、许、仇诸公持此议久矣，宁属人无不表同情者。得书益佩合谋乡土之盛心。"③ 由此可见，宁属、苏属人士皆认为咨议局应宁苏合局。江苏咨议

---

① 《清史稿》第113卷志88《选举八》，中华书局，2020年，第2336页。
② 原文刊载于1908年12月3日《申报》，转引自李明勋、尤世玮主编《张謇全集》第2册，上海辞书出版社，2012年，第237页。
③ 《复孟昭常杨廷栋函》（清光绪三十四年十一月），李明勋、尤世玮主编《张謇全集》第2册，上海辞书出版社，2012年，第237页。

局选举于宣统元年（1909）闰二月一日初选，四月五日复选。宣统元年四月二十六日开第一次研究会，到会者200余人，张謇被选为会长，得196票，仇继恒、马良（相伯）副之。八月三日正式开会，到会者95人，选举张謇为议长（51票），仇继恒、蒋炳章副之。① 江苏咨议局最终由宁苏二属士绅合组而成，咨议局驻地则"以苏就宁"，设于两江总督驻地南京。从江苏咨议局的筹组过程来看，克服宁苏二属的长期分隔，组成代表全省的议事机构成为江苏省士绅的主流意见。

## 二 民初"江苏统一"与省会迁出

辛亥革命爆发后，江苏省的分合问题再一次浮出水面。在当时"江苏统一"潮流的影响下，江苏省会发生变动。②

1911年11月5日，江苏巡抚程德全宣布独立，组建江苏都督府，苏州仍然维持其江苏省会的地位。但11月21日两江总督驻地南京被苏浙联军攻克以后，苏州作为全省行政中枢的地位发生动摇。为谋全省统一，江苏省临时省议会开会，议长张謇力主程德全入主南京，并鼓吹"吾江苏人民不应再有宁、苏之见"。③ 江苏士绅亦敦劝程德全移驻南京。④ 12月4日，江苏省议会全体议员再次发出通电，称："江苏本为一省，宁苏分治，原属满廷弊政，今既改为共和，一省之中应只设一行政总机关，

---

① 王树槐：《中国现代化的区域研究——江苏省》，《"中研院"近代史研究所专刊》(48)，1984年，第176页。
② 周育民先生曾著文分析民国初期江苏省会之转移，但重点关注上海作为江苏属县所导致的沪军都督府的不利地位，以及由此带来的对辛亥革命的消极影响。关于民初江苏省会自苏迁宁之动因，主要从苏州都督迁宁以便控取全省立论，而较少考虑宁、苏之间展开的争夺。近期，纪浩鹏详细梳理了辛壬之际宁、苏两地围绕省会驻地产生的争夺，并将其放在民初江苏省的政治形势中加以考察。他指出，江苏省会迁宁乃当时强大的"江苏统一"潮流所导致，中央与地方的博弈也推波助澜。苏州士绅争取省会留苏主要从治安角度考虑。参见周育民《辛亥革命时期的"江苏统一"——简论辛亥革命时期的苏沪行政关系》，上海中山学社主办《近代中国》第十二辑，上海社会科学院出版社，2002年；纪浩鹏《宁属还是苏属：辛壬之际江苏省会之争》，《江苏社会科学》2017年第2期。
③ 《时报》1912年11月22日，转引自纪浩鹏《宁属还是苏属：辛壬之际江苏省会之争》，《江苏社会科学》2017年第2期，第240页。
④ 《江苏程都督由沪赴宁》，《申报》1911年12月6日，第6版。

## 第二章　从省会到县城：苏州政治地位的变化

俾民政有所统一，而宁苏相较，自以驻宁为宜。"①程遂于12月16日启程到宁，将江苏都督府搬到南京两江总督衙门。

江苏都督府搬到南京很快引起苏州人士的不满，汪恩锦等苏州士绅呈文"吁请都督住节苏台"。呈文谓，苏州"近日以来，城乡劫案叠出，街谈巷议，昕夕惊惶。……推原其故，皆由大都督移驻金陵，本城无主任大员坐镇"。呈文还以大家庭为比喻，称："正如富家大户，童仆子女素称繁多，一切家政向视家督为主体，而服从其指挥。一旦家督远出，委任一部分之人摄理全部分之事，其童仆子女之驯者，固觉贴然无争，而其中桀者，必从而生心，穿窬偷盗，势所难免。一家如此，何况一城？更何况乎一省？"②1911年12月29日钱业公会即据该文呈苏商总会，请求大都督程德全仍旧驻节"胥台"，其理由几乎完全照抄汪恩锦等人的呈文。③

此后事情一度出现转机。12月17日蒋雁行被江北临时议会推举为都督，④同时中华民国临时政府决定设在南京，这使设在南京的"江苏都督"变得有名无实。程德全遂于南京临时政府成立前夕，以"足疾剧增，且患舌强"为由，举庄蕴宽为代理江苏都督，自己到上海"养疴"。⑤与此同时，程德全与苏州绅商保持密切联系，1912年1月5日苏州民政长江绍杰转达程德全致苏商总会手谕称"全病不能兴，究无时不以苏事为念，深望各界共维秩序"。⑥庄蕴宽上任不久即"呈明总统，暂

---

① 《公请苏军都督移驻江宁》，扬州师范学院历史系编《辛亥革命江苏地区史料》，江苏人民出版社，1961年，第560页。
② 马敏等主编《苏州商会档案丛编》第二辑下册，华中师范大学出版社，2012年，第1144页。
③ 马敏等主编《苏州商会档案丛编》第二辑下册，华中师范大学出版社，2012年，第1145页。
④ 1911年11月6日，江苏清江、淮安宣告光复，清、淮绅商学界发起组织保安公会，推举原江北提督府军事参议官蒋雁行主持大局。12月17日，由原江北地区咨议局议员所组成的江北临时议会推举蒋雁行为江北都督。1912年4月11日，江北议会和江北都督蒋雁行发表通电，要求改江北为行省，并否认设在苏州的江苏省议会有代表全省的权力。江北驻浦十九县代表、统一党江北支部暨驻浦二十二县代表及其他地方团体也迭发通电，呼吁江北设省。参见李巨澜《辛亥时期"江北分省"问题探略》，《南京政治学院学报》2004年第2期。
⑤ 周育民：《辛亥革命时期的"江苏统一"——简论辛亥革命时期的苏沪行政关系》，上海中山学社主办《近代中国》第十二辑，上海社会科学院出版社，2002年，第20页。
⑥ 马敏等主编《苏州商会档案丛编》第二辑下册，华中师范大学出版社，2012年，第1146页。

行赴苏料理"。① 临时大总统孙中山以"苏州事务甚繁",同意他"移驻苏垣"。② 1912年1月10日代都督庄蕴宽莅苏"料理"政事,同日,苏州各团体派代表去上海谒见程德全,程"面许一星期回苏养疴"。1月11日,苏州各界在怡园举行庄蕴宽欢迎大会,"并恳请宪节常驻苏台"。1912年2月4日《申报》称,江苏都督业已决定驻扎苏州,驻宁机关处或并或裁。同日,江苏临时省议会移设苏州,以留园为会所。③ 1月17日,程德全答应回苏养疴之期已到,绅商吴本善等人筹议敦请其践行承诺,但一时没有结果。

在苏督迁回苏州、苏州人士活动"宪节常驻苏台"之际,出现了定省会于镇江之舆论。1912年2月1日《申报》刊登《江苏省治问题》一文,明确反对以苏州为省会,作者认为"一省之都会必择其四方集中之点,道里适均,以便于命令之宣达,而为一省政治之所自出"。该文指出,从控制南北来说,南京最为合适。既然南京已为首都,江苏省治应定为镇江,其理由为"论四方之适中,南控苏松,北接淮扬,则京口重镇,山川形胜,自是都督开府之地",至于苏州,"僻于东南之一隅,断不足以控制淮扬而平视宁镇",故不宜为江苏省会。④ 2月2日《申报》继续发表社评《江苏省宜迁治镇江说》详细阐述镇江宜为省会之理由,该文列举六朝以来京口的重要地位,认为其"附苏松之腹背,扼淮扬之咽喉,拱翼金陵,控引淞沪,于今之日而求一舟车四达,形势利便之地,洵乎其非镇郡不为功",并批评那些认为苏州和清淮可为省治的人说"江苏一省之都会,苏台偏于南,清淮偏于北,惟镇江为南北适中之地",该文最后总结道:"居今日而言江苏省治,舍镇江奚属哉!乃一二有识之士仅知争苏州之不足为省会,争淮扬之不宜离苏州以独立,鲜有规画全局而以镇江为省治者,岂所谓按时度势者耶?"⑤ 迁省会于镇江之说,显然既符合宁苏合一、江苏统一之潮流,也便于江苏都督对江北地区的控制。因此,2月4日,便传出庄代都督因"北伐军纷纷出伐,运

---

① 马敏等主编《苏州商会档案丛编》第二辑下册,华中师范大学出版社,2012年,第1146页。
② 《专电》,《申报》1912年1月10日,第2版。
③ 《南都近事要闻》,《申报》1912年2月4日,第3版。
④ 《江苏省治问题》,《申报》1912年2月1日,第2版。
⑤ 《江苏省宜迁治镇江说》,《申报》1912年2月2日,第2版。

兵运饷，必须兼筹并顾；而清淮各属，距苏较远，颇有鞭长莫及之虑"，遂"拟移驻镇江以便控制江北各州县"，将"与中央政府及地方绅士妥商定夺"的消息。①

1912年3月袁世凯在北京就任临时大总统，南北议和成功，中华民国首都即将北迁。因首都北迁已成定局，江苏省会"迁镇"之议遂终止，但都督迁宁之议却因首都北迁而再起。

3月31日，黄兴受命为南京留守。这给了苏州保留省会地位一线希望，苏州绅商认为南京已经有留守一职，江苏都督应该驻苏。恰在此时，3月27日苏州阊门发生兵变，"彻夜焚掠，商民惨遭荼毒，人心慌乱，岌岌可危"。3月28日，苏商总会急电临时大总统孙中山和总理唐绍仪等，"乞速设法弭平，以维大局。并请庄都督刻即回苏，俾资镇摄"。②

4月中旬，当临时政府北迁已成定案，江苏省议会仍提请江苏都督驻扎南京，并通过正式议案向社会公布。省议案称，苏人争都督驻苏，是"犹存此疆彼界之心，适启四分五裂之渐"，同时强调"尽人之爱都督与苏人同，他处之依赖都督与苏州同"，并提请"江苏都督庄都督克日移节南京"。③省议案从"江苏统一"来立言，代表了部分主张"江苏统一"士绅的意见，同时也代表了南京地区士绅争取省会驻扎的利益。

此时，苏州绅商极力反对都督移宁。④商民决定派出代表，挽留江苏都督庄蕴宽。⑤但庄蕴宽突然辞职，4月13日程德全再度被任命为江苏都督。此后，苏商总会敦请程德全回苏之议再起。⑥4月22日，程德全将回苏，苏州商会拟赴车站欢迎。⑦

对于江苏省议会提请江苏都督移驻南京的议案，苏属士绅积极发表

---

① 《苏都督移驻镇江预闻》，《申报》1912年2月4日，第6版。
② 马敏等主编《苏州商会档案丛编》第二辑下册，华中师范大学出版社，2012年，第1165页。
③ 《苏议会议案记要》，《申报》1912年4月10日，第3版。
④ 《宁苏争驻都督之异议》，《申报》1912年4月18日，第6版。
⑤ 参见纪浩鹏《宁属还是苏属：辛壬之际江苏省会之争》，《江苏社会科学》2017年第2期。
⑥ 《苏商总会请准都督驻苏呈总统等文》，马敏等主编《苏州商会档案丛编》第二辑下册，华中师范大学出版社，2012年，第1153页。
⑦ 《民国元年四月十八号致全体议董》，扬州师范学院历史系编《辛亥革命江苏地区史料》，"清末苏州商务总会档案"，江苏人民出版社，1961年，第113页。

反对意见。其中,常州士绅沈同芳在《地学杂志》上发表《江苏省分合问题与升道为省共同之关系》一文,详细梳理了清末以来江苏苏宁两属之间的关系,并批驳省议会敦请都督移驻南京的理由。他提出,理想的办法是以宁镇通海(海门)为一道,苏松常太为一道,淮扬徐海(海州)为一道,每道设民政总长,下辖所属各县县长,而都督则作为军事区域,不兼民事,由海陆军部委派。维持现状的办法是江苏都督仍驻苏州,辖苏松常太,南京在留守撤后即设一都督,辖宁镇通海,江北设一都督,辖淮扬徐海。① 沈同芳的建议其实是在承认清代以来江苏省一省三治的现实和合理性基础上,采取苏南、苏中、苏北分而治之的政策,是对"江苏统一"策略的反动。这一建议更多地表达了江南士绅意图维持苏州原有行政地位的意愿,也符合江北地区独立的诉求。

南京留守黄兴任职不久即宣布辞职,并致电程德全,希望其早日回宁,以使江苏省政早日正常运转。② 江北各界则推举代表向参议院提交《江北分省请愿书》,但6月5日江北请愿分省案被参议院否决。③ 袁世凯担任大总统之后,亦明确将消弭各地军事政权视为要务,维持"江苏统一"符合其消除割据势力的意图,遂下令撤销江北都督府,江北军政民政悉归江苏都督管辖。④

江苏都督为控制全省,若治所偏处苏州,似难被江北各州县所接受。在各方敦促之下,江苏都督程德全于6月到宁接收留守机关,重组都督府,都督府驻宁已经成为大势所趋,此时苏州绅商开始争取都督"宁苏分驻"。⑤ 11月19日,江苏都督府原机要员应德闳被任命为江苏省首任民政长,实行军民分治。⑥ 此时,苏州士绅又开始争取省长驻苏、都督宁苏分驻,《苏州全体公民为力请省长永驻苏州呈总统、国务院文》称:

---

① 沈同芳:《江苏省分合问题与升道为省共同之关系》,张文范主编《中国省制》,中国大百科全书出版社,1995年。
② 《致程德全电》(1912年4月18日),湖南省社会科学院编《黄兴集》,中华书局,2011年,第164页。
③ 李巨澜:《辛亥时期"江北分省"问题探略》,《南京政治学院学报》2004年第2期。
④ 《袁世凯令免江北都督蒋雁行职和江北人民拟请暂留电稿》,中国第二历史档案馆编《中华民国档案资料汇编》第2辑,江苏古籍出版社,1991年,第149页。
⑤ 《苏州公民力争省治机关》,《申报》1912年8月27日,第2、3版。
⑥ 《任命应德闳职务令》,骆宝善、刘路生主编《袁世凯全集》第21卷,河南大学出版社,2013年,第95页。

## 第二章 从省会到县城：苏州政治地位的变化

"合词呈请大总统、国务院俯念苏地重要，苏民习惯，万不能无统治机关。特准于军民未分治以前，令行江苏都督分期轮驻宁苏；军民分治以后，明定省长永驻苏州。"① 同时，程德全确有"于苏州留设行署，每月之中宁苏分驻，以资镇摄，而顺舆情"之议。② 直到1912年12月，苏商总会仍争取江苏民政长驻苏，江苏都督宁苏分驻。③ 12月8日，江苏民政长公署确定设在南京，江苏都督府各司除军政司外，均移驻南京。④ 苏州士绅的争取没有成功，苏州从此失去省会地位。

苏州绅商从争取都督驻苏到都督分驻宁苏再到省长驻苏，可谓一步一步退让，亦在退让中一步一步争取。参与的地方团体中钱业公会最为积极主动，1912年4月《苏州钱业公会条陈利害恳开会议决议都督永远驻苏呈苏商总会文》列举十大利害，从军政、伏莽、秩序、流亡、财政、全局、惯例、实产、商务、金融等十个方面强调都督驻苏之必要。其中，军政、伏莽、秩序、流亡、全局等方面皆为治安秩序等一时之考虑，而财政、实产、商务、金融等则关系利害，有长远之影响。兹引述于下。

关于财政，文称："江南赋税，甲于天下；而苏州赋税，甲于江南。（中略）我苏人即有特别之负担，即应有特别之保护。倘赋税未平，而都督先任其撤，是有负担之义务，而无保护之利权，共和何在？幸福何在？况都督果去，财政司必与俱去，征于苏而输于苏，苏能灌溉于宁；征于苏而输于宁，苏且仰给于宁。行见苏地之财源愈抽而愈涸，苏人之教养日退而日消。"这是说，苏州赋税特重，故政治上的地位亦高。省会迁出，财富亦随之而走。

关于实产，文称："野有田产，市有房产。必置田者多，而田之价率涨；置房者众，而房之价率增。苟都督不留，则富有田房者，将以无所庇护而思去乡里；既思去乡里，则必无所顾恋而谋售产业；既谋售其产业，则必无所维持而得保价率。贬落果重，亏损遂深。仁见富者失其财

---

① 马敏等主编《苏州商会档案丛编》第二辑下册，华中师范大学出版社，2012年，第1160页。
② 马敏等主编《苏州商会档案丛编》第二辑下册，华中师范大学出版社，2012年，第1162页。
③ 马敏等主编《苏州商会档案丛编》第二辑下册，华中师范大学出版社，2012年，第1163—1164页。
④ 《苏民政长议决驻宁》，《申报》1912年12月8日，第6版。

业之信用，贫者失其依附之生机，是谋去都督之主义，直陷累苏人之主义。且此后抗租之风潮，谁指令州长而立平之？空关之门户，谁扈从而租赁之？"这是说，省会迁出，则人随之而去，投资亦随之减少。

关于商务，文称："有都督即有官幕，有官幕即有眷属。举凡其人，有所衣衣之苏州，有所食食之苏州。无论其为需用品、奢费品、美术品、装饰品，果有鹜趋之人烟，即有雾集云屯之商务。倘都督不驻于苏州，则其从人减，从人减则户籍减，户籍减则供求减，不独专属于商行为者失其业，兼使附属于商行为者同失其业。苏商何辜，忽遭灭绝！"这是说，省会迁出，政务人员随之减少，消费亦随之减少。

关于金融，文称："上海金融之操纵，以长江与北路为大宗所灌注；苏州金融之操纵，以苏、松、常、镇、太三十余州县为大宗所灌注。其能具有此回旋之魄力，吸取之雄资，皆由都督在苏，即大小官界之汇款汇于苏，大小富室之存款存于苏。如都督一变，则苏州之金融必变；苏州之金融既变，则各府、州、县之金融必变；各府、州、县之金融既变，则各府、州、县之商民如婴儿之失乳，如游鱼之失水，不能不相胥而变。"[1] 这是说，省会迁出，官界汇款和富商存款亦减，流动资金随之减少，从而影响苏州金融中心的地位。

何一民、范瑛认为，清代苏州成为江苏省会可归因于自然条件、地理位置优越，底蕴深厚，更重要的是经济地位提升。[2] 而民国时期苏州省会地位的丧失，固然有上海崛起后苏州经济地位大不如前之因素，但更重要的是由于苏州偏处东南，地理位置不如南京优越。从清代以来江苏省的实际治理情况来看，苏州作为江苏省会的地位其实是与江苏省内部分为宁属、苏属两个治理单元（若加上漕运总督及以后的江北提督设置，则可以说江苏省是一省三治）的制度安排相联系的，在这样的制度安排中，江苏省内部以长江为界分为两个治理区域，苏州虽为江苏省会，其实主要是江南地区的行政中心。当晚清至民国初年江苏省的"统一"成为一时潮流时，苏州僻处东南的地理位置也就使其很难保持作为全省

---

[1] 马敏等主编《苏州商会档案丛编》第二辑下册，华中师范大学出版社，2012年，第1150—1153页。

[2] 何一民、范瑛：《从府城到省会：清代苏州行政地位之变迁》，《天府新论》2009年第5期。

唯一行政中心的地位。

苏州丧失省会地位，难免对其以后的城市发展产生深远的影响。恰如钱业公会所指出的，财政、实产、商务、金融等方面均会因省会迁出而受到重要影响。无怪乎苏州士绅认为都督驻苏"乃吾苏危急存亡之机关"，"留苏督永驻苏垣一事，为吾吴第一要件"。①

## 三 南京国民政府初期的江苏省会选址

1927年4月18日南京国民政府建立，由于设首都于南京，江苏省会应该迁出，苏州又面临一次成为省会的机会。1927年5月2日江苏省政府正式成立，地点设在南京的湖南路。时南京已定为首都并列为特别市，江苏省会必须在省辖境内另觅新址。据《申报》报道，国省分治的建议系江苏省各公团联衔向中央政府提出，至于国省分治后的江苏新省会，该建议认为镇江最为合适。②但省政务委员会在讨论时对于新省会地点意见却不一致，委员吴稚晖认为"何不迁至无锡"，委员叶楚伧则提出"苏州本为省会，今既言迁，自以迁苏为宜"，其他主张扬州、徐州者亦各有理由。最后讨论的结果是，多数认为"不必限于城市区域，宜择荒僻地方建设新省会，以为各省之模范，地点虽在穷乡僻壤，不难因省会成立，以发展交通而开文化"，同时认为现正值军兴时期，不易筹集省会建设巨款，省政府迁地案，遂保留再议。③

省会迁地案在搁置一年之后，再被提出。

据1928年7月3日《申报》报道，江南之苏州、镇江两处，江北之徐州、清江浦、浦口、扬州四处，都曾有所考虑。④7月4日《时事新报》记者采访"在苏某要人"称："吴下为文物之邦，且旧属省会之地，如伟大之前抚台衙门，一经修葺，尽可作为省政府之用。无锡为工商发展之地，宜于商场，不宜作为省政中枢。镇江水陆交通，虽较苏州为便，

---

① 马敏等主编《苏州商会档案丛编》第二辑下册，华中师范大学出版社，2012年，第1154—1155页。
② 《苏省政府迁镇之建议》，《申报》1927年6月22日，第9版。
③ 《苏省政府经费与地点问题》，《申报》1927年7月4日，第9版。
④ 《苏省府迁移问题》，《申报》1928年7月3日，第9版。

但其旧有机关屋所，少而且小，实不合用，若一一从新建设，则不独经济有关，而且缓不济急。是故将来之苏省政府，必须迁往苏州，且不久必将实现。"① 7月14日《申报》记者从苏州发来的通讯称，因有于右任、薛笃弼、蔡元培、宋子文、王正廷、叶楚伧、何玉书、张寿镛、何应钦等诸要人赞成，省会迁苏应不致变更，苏州市政府问题亦可同时解决。报道引述省政府委员缪斌之语称："省府迁苏后，决定觅一离城较远山水清逸之地，另辟新区，建筑一瑰丽之省会。属于省政府之各行政机关，皆会于一处，结构悉仿欧美，务求实用，凭亩构造，不染市廛。"②该文言之凿凿，似乎苏州的胜算颇大。

1928年7月17日，中华民国江苏省政府委员会举行第90次会议，出席会议的委员共9人。该会讨论的首项议题是"省会问题"。叶楚伧委员"报告中央对本省省会问题意见后，各委员即充分讨论，均认为有从速决定之必要，并对省内堪作省会之各地区，详细比较，量其得失。旋即投票，结果：镇江六票，扬州二票，苏州一票"。③ 投票结果显示省政府委员的意见相对一致，镇江得到多数支持。考虑到出席委员中叶楚伧、钱大钧都是苏州人，而苏州只得了一票，其结果颇耐人寻味。此后，国民政府正式批准镇江为江苏省会。8月9日成立省政府迁镇筹备处。1929年2月3日，江苏省政府令各厅处限10日内全部由南京迁至镇江，按指定地点办公。④ 但江苏省高等法院、检察院仍设在苏州。⑤

国民政府定镇江为江苏省会，显然与民国初年《申报》评论的思路相一致。为谋控制南北，则南京、镇江为首选，当时南京已为首都，镇江地点适中，又靠近首都，正如《申报》当年所云，开府镇江，可"以为新都翼卫，盖建业之于京口，犹洛阳之于孟津也"。⑥

---

① 《苏省府有迁苏州说》，《时事新报》1928年7月4日。
② 《苏省府迁移问题》，《申报》1928年7月14日，第10版。本句中"亩"字原文不清晰，也可能是"田"字。——作者注
③ 南京图书馆特藏部《江苏内刊》第16期，转引自镇江市历史文化名城研究会编著《民国江苏省会镇江研究》，江苏大学出版社，2010年，第1页。
④ 杨瑞彬：《民国江苏省会始末》，中国人民政治协商会议镇江市委员会文史资料委员会编《镇江文史资料》第42辑，内部发行，2008年，第234—236页。
⑤ 镇江市历史文化名城研究会编著《民国江苏省会镇江研究》，江苏大学出版社，2010年，第29页。
⑥ 《江苏省治问题》，《申报》1912年2月1日，第2版。

另外一个新的因素则与国父孙中山重视镇江建设有关。孙中山在《建国方略》之《实业计划》中对镇江有很详细的规划，他提出在扬子江沿线建设镇江、南京、芜湖、安庆、鄱阳港、武汉等一系列内河港埠，其中"镇江位于运河与江会之点，在汽机未用以前，为南北内地河运中心重要之地。而若将旧日内地运河浚复，且增浚新运河，则此地必能恢复其昔日之伟观，且更加重要。因镇江为黄河流域与长江流域中间之联锁，而又以运河之南端直通中国最富饶之钱塘江流域，所以此镇江一市，将来欲不成为商业中心，亦不可得也"。①

同时，镇江地方团体之争取，亦功不可没。《申报》1928 年 7 月 4 日报道称，"丹徒县党部指导委员会特代电中央党部、国民政府、省党部、省政府，代表镇江二十万民众，请将苏省政府地点定在镇江。其电文中并列举三大理由，一系根据总理主张，二系根据交通状况，三系根据省府与国府之关系，言理颇为充足"，并提及商会等团体"亦将继起力争"。当"省府议决由宁迁镇"后，《申报》于 1928 年 7 月 20 日报道称："镇江各机关致电省政府及各厅电云：'报载钧府 90 次会议决定镇江为省会，具见钧府体先总理建设新镇江之遗愿，排除二百余年不能控制江北之困难，使扬子江与黄河流域更有良好之联络，全苏幸甚！镇江幸甚！'"落款是"丹徒县党部指导委员会、镇江商会、教育会、农协会、总工会、航业公会、日报公会、小学教职员联合会"。② 反观苏州，此时却悄无声息，大约知道自身因地理位置，不可能成为省会，故不必费力去争取。

## 四 省会迁出的影响

清代，江苏省有南京、苏州两个省会，这是在宁属、苏属分立的情况下所形成的独特的地方行政制度设计。民国初年，在江苏士绅中"江苏统一"之潮流盛极一时，为谋合江南、江北为一省，泯除苏属、宁属之分立，江苏省会自须归一。而袁世凯政府为达其消弭各地军事政权，

---

① 孙中山：《建国方略》，中州古籍出版社，1998 年，第 203 页。
② 镇江市历史文化名城研究会编著《民国江苏省会镇江研究》，江苏大学出版社，2010 年，第 8 页。

撤销江北都督府之目的，亦支持"江苏统一"。与南京相较，苏州偏居东南，不便控驭全省，江苏省会驻扎南京，顺理成章。苏州绅商在此过程中积极努力，争取省会留驻苏州，其出发点并非仅限维持治安，更着意于省会驻地所带来的经济、社会利益。国民政府定都南京后，江苏省会势须迁出，苏州、镇江、扬州皆为一时选项。镇江最后胜出，除因地理位置居中、密迩首都外，还与国父孙中山对镇江的重视和镇江地方团体的积极争取有关。①

以往论者多认为明清苏州的繁荣主要归因于苏州工商业和市场经济的发达，因此往往将"苏杭型城市"作为工商业城市的代表，而与"开封型城市"所代表的政治性消费城市相对。② 这样的看法具有洞见，也揭示了明清苏杭城市发展的特点。但近期也有学者指出，在明清苏州繁荣的背后，国家政策和投资具有不可忽视的基础作用。例如，因为应天巡抚的定期驻扎，明代苏州成为具有重要行政功能的区域中心，清代苏州更成为江苏省会，这样的行政功能使明清政府给了苏州更多的政策倾斜和大量资金，为苏州的经济发展提供了基础。例如，宣德时期，在朝廷支持下，由应天巡抚周忱、苏州知府况钟推行的各项重要改革，对苏州走出明初的困境起到了决定作用。明代嘉靖以前，苏州的水利工程多由中央派遣大臣主持，地方官员从中协助。朝廷还在太湖流域设置水利官，大型工程的经费往往都来自政府。此外，明清政府所采取的丝织品官营、采办与专营制度也在一定程度上推动了苏州丝织业的发展。③ 例如，赖惠敏就指出："乾隆皇帝在苏州地区所挹注资金，以及对丝织品的品质管制，其实吸引大量官员投资于生产、行销、办贡，进而影响苏州的会馆、行会的发展"，"苏州制造局每年承办的各项活计达数百件以上，连藏于清宫 10 万余件的戏服都来自苏州，不难想象皇帝好货，而影

---

① 地理学家张其昀即以镇江的地理位置优势和孙中山对镇江的规划，主张江苏新省会设在镇江。参见张其昀：《论江苏之新省会》，《东方杂志》第 24 卷第 21 号，1927 年 11 月，第 7—19 页。
② 傅衣凌：《明清农村社会经济·明清社会经济变迁论》，中华书局，2007 年，第 340 页。
③ 罗晓翔：《陪京首善：晚明南京的城市生活与都市性研究》，凤凰出版社，2018 年，第 413—416 页。

响苏州经济发展"。① 政府的政策支持和资金投入往往和该地的行政地位密切相关。

包伟民指出,如果将行政地位视为城市发展的一个重要资源,那么行政地位的变更必然也会带来城市经济地位的兴衰。虽然在宋代有某些城市由于经济繁荣,实际地位超过上级行政城市的情形,但总体而言,这一现象主要存在于作为农村商业聚落的镇市,以及极少数的低级行政城市,对于绝大多数州县城市来说,行政地位仍为它们维持经济繁荣不可或缺的资源。② 其实,这种情况不仅限于古代,近代以来随着国家在经济发展和资源配置中扮演的角色日益强化,行政地位对于城市发展的影响似乎更有增强的趋势。民国时期苏州城市发展的放缓和经济层级的下降固然有其经济和地理原因,但省会的迁出不能不说也有很大的影响。

首先来看看当时的苏州人如何来看待这一点。包天笑曾说:"苏州本来是个省城,人文荟萃之区,物产繁华之地,俗语所称'上有天堂,下有苏杭',别一个省城所望尘弗及的。可是自从辛亥革命以后,苏州渐渐有退化的现象。为的是西化东渐,有一个'强邻,虎视眈眈在你侧,那就是上海'。(中略)但苏州终究是一个清嘉安适的住宅区域,所有老乡绅、老寓公,还觉得此间乐,不肯放弃。一直到国民党北伐军兴,迁都南京,江苏省政府移往镇江,苏州省城一变而成为一个县城,真有一落千丈之势。"③ 包天笑这里的记述略有错误,辛亥革命后江苏省会已经迁往南京,并非从国民政府时期开始。但他对于省会迁出、苏州由省会变为县城后"一落千丈之势"的印象却具有一定的代表性。同时,我们在包天笑的忆述中,也可以看出似乎辛亥革命后省会的迁出影响还不是很大,而是"强邻"上海的影响更为强烈。大约延续着历史的惯性,苏州作为一个良好的居住城市,在民国前期老乡绅、老寓公依然"不肯放弃"此地,但国民政府定都南京,省会迁往镇江,则使苏州在区域竞争中的劣势展现无遗。

比包天笑小一辈的顾颉刚也有同样的印象,他说道:

---

① 赖惠敏:《寡人好货:乾隆帝与姑苏繁华》,《"中研院"近代史研究所集刊》第50期,2005年12月,第187—188页。
② 包伟民:《宋代城市研究》,中华书局,2014年,第98—101页。
③ 包天笑:《钏影楼回忆录》,中国大百科全书出版社,2009年,第567页。

自从五口通商，经济中心由苏州东移至上海。太平天国之后，苏州残破，米业又西移到无锡。辛亥革命后，省会迁到南京。国民革命后，省府迁到镇江。于是苏州既不是经济中心，也不是省区政治中心。离开了经济和政治的力量，文化水准也就每况愈下了。现在苏州只成一个住宅区，做了京沪两地的移民站，凡是在京沪住不下的人，都住到苏州来。街道愈来愈不整齐，房屋愈来愈破败，市面愈来愈不景气，可以说是破落户的总汇了。①

　　探讨省会迁出对于苏州的影响，也许可以从抗战沦陷时期的畸形繁荣中侧面了解。

　　沦陷时期苏州最大的变化是又成为伪江苏省省会。此时的伪江苏省虽仅辖原江苏省的长江以南地区，面积狭小，但省会的地位仍给苏州带来了一时繁荣。② 自从苏州成为省会之后，伪政府积极招徕在外逃难的苏州人回乡，社会秩序渐渐恢复，人口渐渐增多。③ 尤其是20世纪40年代太平洋战争爆发以后，日军占领上海，许多上海的寓公纷纷移居苏州开创事业，苏州人口更多，房价也逐渐增高，房荒问题严重，遂有"苏州居，大不易"之说。④ 又有报道称，当时多出几十万绍兴人移入，他们肯出高价租房，引起房屋不足的现象。⑤ 此时的苏州城市人口也逐渐恢复到战前的数量，有人估计已达70余万人，一说城区男女共40余万人。⑥

　　《江苏日报》一篇文章在分析苏州旅馆的繁荣情形时指出："事变后的苏州，从住宅区的都会，一变而为商业繁盛的省会，车辆辐辏，交通频繁，旅社业便应运而走红。"⑦ 其实不只旅馆，茶馆、菜馆也同样繁荣起来。巫仁恕即指出，虽然沦陷初期苏州百业凋敝，但社会秩序稳定后，

---

① 顾颉刚：《苏州的历史与文化》，《苏州史志资料选辑》第二辑，1984年。
② 关于抗战沦陷时期苏州城市的畸形繁荣，参见巫仁恕《劫后"天堂"：抗战沦陷后的苏州城市生活》，台北：台湾大学出版中心，2017年。
③ （伪）江苏省民政厅署：《苏州现况》，（伪）江苏民政厅出版，1939年，第1页。
④ 越人：《长安居，大不易》，《江苏日报》1943年2月20日，第4版。
⑤ 吴振铎：《苏州居，大不易》，《江苏日报》1943年8月10日，第3版。
⑥ 闵贤：《吴县近况》，《申报》1944年10月26日，第2版。
⑦ 雪涛：《畸形发展下的苏州旅馆业》，《江苏日报》1943年10月20日，第3版。

茶馆的数量并没有减少,尤其是1940年以后,反而有增长的趋势。[①]

抗战沦陷时期苏州城市经济的畸形繁荣是城市地位的改变所致。随着抗日战争的结束,大量人口回迁原籍,省会重新迁往镇江,公务人员随之撤离,公务和商务往来随之减少,苏州的畸形繁荣即不再持续。1946年的《礼拜六》杂志中一篇文章称苏州过去的繁荣已一落千丈,旅馆、菜馆乏人问津,商店频繁减价却无人买货,哀叹道苏州"已不是天堂气象"。[②] 只是到了1949年上半年,国民党军队节节败退,苏州聚集了大量从南京及江北逃难的商民,省政府从镇江南迁苏州,随之而来大批公务人员及其眷属,苏州又迎来了短暂的繁荣。[③]

通过对民初省会迁出时期与抗战沦陷时省会迁回时期的对比,可以看出政治地位改变给城市发展带来的影响。同样,将苏州与同时期的邻近城市加以比较也可以对城市行政地位改变的影响做一些蠡测。

苏杭历来并称,明清时期分别为江苏和浙江省会,民国以后,苏州失去省会地位,而杭州则仍保持其浙江省会的地位。民国时期,苏州与杭州在市政建设上逐渐拉开差距,这与两者不同的行政地位密切相关。杭州市政发轫于辛亥革命以后,当时设有省会警察所及省会工程局,掌理公安警捐卫生及马路工程等事项,并在城西旧旗营一带,拆除城垣,建筑马路,开辟市场,于是市政略具雏形。[④] 旧旗营一带因市政建设推动,地价飞涨,至1926年已增至八九倍,间有增至十倍以上者。[⑤] 至国民政府时期,杭州因省会关系,设立市政府,这对于杭州的发展有极大的促进作用。反观苏州,辛亥革命以后省会迁出,缺乏省政府的推动和资金挹注,市政建设一直没有大的进展。苏州市政府成立以后,苏州市

---

① 巫仁恕:《劫后"天堂":抗战沦陷后的苏州城市生活》,台北:台湾大学出版中心,2017年,第109页。
② 长生:《市面萧条的苏州已不是天堂景象》,《礼拜六》复刊第25期,1946年5月,第9—10页。
③ 《兵荒马乱旅客寥落两路营业不堪回首路局视察团归来谈沿线情况》,《申报》1949年3月14日,第4版;《春风绿透姑苏城内外》,《申报》1949年4月9日,第5版。
④ 实业部国际贸易局编《中国实业志·浙江省》第三编"商埠及都市",实业部国际贸易局发行,1933年,第8页。
⑤ 实业部国际贸易局编《中国实业志·浙江省》第三编"商埠及都市",实业部国际贸易局发行,1933年,第14—15页。

长陆权曾将苏杭市政进行比较,他认为苏州市政,"以视杭垣,殆多逊色"。① 苏州市政府还专门派员去杭州考察,了解情况,吸取经验。但市政府旋即撤销,市政亦无大的作为(参见本书第九章)。此外,民国时期借助人文荟萃、风景优美、地近大都市上海等优势,杭州和苏州的旅游业有很大发展,但总体上来说,苏州的旅游业不如杭州的旅游业兴盛,旅游业对城市经济和建设的推动也不如杭州明显。究其原因,在于政府对于旅游业的推动力度不同(详见本书第四章第三节)。

简而言之,省会迁出使苏州城市发展放缓,并导致苏州在城市体系层级中地位的下降,同时也促使其探索新的城市发展之路(详见本书第九章第二节)。抗战沦陷时期,苏州作为伪江苏省省会所带来的一时繁荣,反证出城市政治地位对城市发展的影响。

---

① 陆权:《苏州市政月刊弁言》,《苏州市政月刊》第1卷第1号,1929年1月。

# 第三章 从繁都到小城：苏州人口的变动

人口数量是衡量城市发展的重要指标，不仅是测定一个城市在城市体系中层级的重要指标，而且一定程度上可以蠡测其社会经济发展状况。本章通过对民国时期吴县人口和苏州城市人口的统计分析，并通过与周边县市的比较，来更细致地展现此时期苏州的城市发展状况及其背后的制约因素。

## 一 吴县人口变化

太平天国运动期间，苏州府各县人口出现了大规模的减少，尤其是吴、长、元三县，这从当时苏州各地方志关于人口的记载可以看出。太平天国运动后苏州府各县人口开始了缓慢的回升过程。宣统二年（1910），苏州附郭三县人口应达90万人[①]。那么民国时期吴县人口呈现出怎样的发展态势呢？现根据多方材料，列成表3-1。

表3-1 民国吴县人口数量变化

单位：户，人

| 年份 | 户数 | 人口数 男 | 人口数 女 | 人口数 总数 | 资料来源 |
|---|---|---|---|---|---|
| 1912 | 256416 | | | 1025657 | ① |
| 1917 | 265206 | | | 1229920 | ① |

---

① 90万人是根据民国《吴县志》估算得来。民国《吴县志》(《中国地方志集成》，江苏古籍出版社，1991年）记载"宣统二年警察局调查吴县正户60858，附户9322，男107595，女71729；长洲县正户49142，附户8730，男79095，女137313；元和县正户45858，附户8481，男14470，女114153"，共182391户，524355口。此次调查中长洲、元和二县男女比例很不协调，尤其是元和县男女人口数悬殊，故笔者推测其人口数记载有误，但户数应该属实。如以人口数与户数比例为5：1来估算，三县的人口数为90万人。

续表

| 年份 | 户数 | 人口数 男 | 人口数 女 | 人口数 总数 | 资料来源 |
|---|---|---|---|---|---|
| 1922 | 265176 | 662343 | 441603 | 1103946 | ② |
| 1928 | 215087 | 484366 | 418729 | 903095 | ③ |
| 1936 | 255173 | 600942 | 503367 | 1104309 | ④ |
| 1941 | 251206 | | | 998454 | ⑤ |
| 1944 | | 623283 | 543130 | 1166413 | ⑥ |
| 1947 | 255318 | 567333 | 538243 | 1105576 | ⑦ |

资料来源：①江苏省长公署统计处编《江苏省政治年鉴》（1924年）"各县户口历年比较"，沈云龙主编《近代中国史料丛刊三编》第五十三辑，台北：文海出版社，1985年，第87页。②《中华民国十一年度内务统计（土地与人口）》，殷梦霞、田奇选编《民国人口户籍史料汇编》第三册，国家图书馆出版社，2009年，第387页。③《各省市户口调查统计报告（1928年）》，张研、孙燕京主编《民国史料丛刊》第763册，大象出版社，2009年，第66、167页。④内政部统计处编《户口统计》"江苏省户口统计"，1941年，第67页。⑤《申报年鉴》1944年（第二册）"人口"项下"江苏省各县户口统计表（民国三十年六月）"，《申报年鉴全编》，上海图书出版社，2012年，第27页。⑥闵贤：《吴县近况》，《申报》1944年10月26日，第2版。⑦内政部人口局编《全国户口统计》"各省户口统计分表 江苏省"，中华民国内政部统计处，1947年，第5页。

通过表3-1可以看出，民国时期吴县人口数量维持在90万到110万人之间，浮动区间最高在20万人左右。把1947年吴县人口与1912年进行比较，吴县人口整体变动不是很大。为了更好地展现该时期吴县人口数量的变化趋势，现根据表3-1绘制民国时期吴县人口变化情况折线图（见图3-1）。

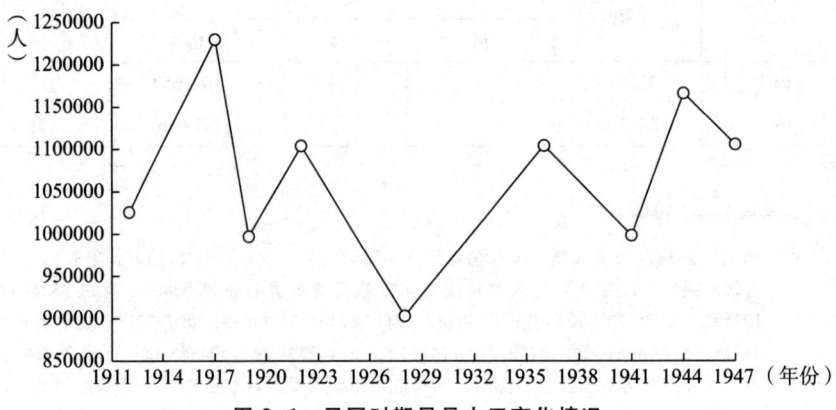

图3-1 民国时期吴县人口变化情况

注：折线图中缺失年份采用直线连接数据点方式处理。

第三章　从繁都到小城：苏州人口的变动

通过图3-1可以看出，民国吴县人口发展大致可划分为四个阶段。第一阶段为1912—1917年。在该阶段内吴县人口快速增长，五年内从1025657人增长到1229920人，达到顶峰。第二阶段为1917—1928年。该阶段虽然吴县人口出现一些波动，但总体呈下滑趋势，在1928年吴县人口达到民国时期的最低点，只有903095人。第三阶段为1928—1936年。该阶段吴县人口回升，但始终没有恢复到1917年的水平。第四阶段为1936—1947年。1937—1945年是苏州沦陷时期，1941年吴县人口为998454人，与1936年相比减少了约10万人，但是在1944年吴县人口达到了1166413人，与1941年相比增长了将近17万人。1945年抗日战争结束，此后吴县人口最高时为1105576人[①]，和战前相当，却始终没有达到1944年人口数。

在上述四个阶段中，吴县人口增长时间段主要出现在民国初年和南京国民政府时期。1910—1917年，吴县人口增长了近33万人，可以说这段时期是近代吴县人口发展的一个小高潮。吴县人口另一个增长较快阶段是南京国民政府时期，但总体来看这段时期的增长势头没有民国初年迅猛。1936年吴县人口与1912年相比只增长了不到8万人，而与1928年的最低值相比也只是增长了约20万人，不及1910—1917年短短七年间增长的近33万人。总体而言，民国时期吴县人口虽有增长，但并不迅猛，呈现人口增长乏力的特征。

## 二　吴县与周边县人口比较

将吴县人口与长江下游地区部分县的人口进行比较，可以更清晰地展现吴县人口的发展特征。首先选取武进、无锡、镇江（丹徒）、南通、江都（扬州）等五县与吴县进行人口比较。这些县在吴县以北，除无锡外，在清代皆与吴县地位相当，为府城或直隶州所在地。把无锡列入，是因为近代无锡发展非常迅速，其人口规模与吴县相近（见表3-2）。

---

① 战后吴县人口有统计数据的年份为1946年、1947年、1948年，本书选取其中人口数最多的年份1947年。

表 3-2 民国时期长江下游部分县市人口数量

单位：人

| 县市 | 1912 年 | 1928 年 | 1936 年 | 1941 年 | 1946 年（12 月） | 1948 年（1 月） |
| --- | --- | --- | --- | --- | --- | --- |
| 吴县 | 1025657 | 903095 | 1104309 | 998454 | 1099717 | 1088085 |
| 武进 | 771715 | 893111 | 1100975 | 251127 | 1072685 | 1021487 |
| 无锡 | 798286 | 941375 | 1199696 | 954370 | 1102942 | 1069197（1947 年 9 月） |
| 镇江 | 445803 | 483790 | 607378 | 455853 | 520572 | 522530（1947 年 7 月） |
| 南通 | 1282546 | 1347393 | 1479737 | 235834 | 1145000（7 月） | 1486845 |
| 江都 | 1302569 | 1146218 | 1397970 | 398507 | 917639（7 月） | 1333529 |
| 资料来源 | ① | ② | ③ | ④ | ⑤ | ⑥ |

资料来源：①江苏省长公署统计处编《江苏省政治年鉴》（1924 年）"各县户口历年比较"，沈云龙主编《近代中国史料丛刊三编》第五十三辑，台北：文海出版社，1985 年，第 87—89 页。②《民国十七年各省市户口调查统计报告》，殷梦霞、田奇选编《民国人口户籍史料汇编》第四册，国家图书馆出版社，2009 年，第 163—166 页。③《全国户口统计总表》中"江苏省各县人口统计"。④《申报年鉴》1944 年（第二册）"人口"项下"江苏省各县户口统计表（民国三十年六月）"《申报年鉴全编》，上海图书出版社，2012 年。⑤南通、江都两县数据来自《苏皖边区各分区所辖县份人口面积一览表》（1946 年 7 月 28 日统计），朱耀龙、柳宏为主编《苏皖边区政府档案史料选编》，中央文献出版社，2005 年，第 575 页。其余各县数据来自民国内政部统计处编《各省市乡镇保甲户统计》。⑥内政部人口局编印《三十七年上半年全国户口统计》中《全国户口统计总表》和"江苏省"，曹宁主编《民国人口户籍史料续编》第一册，国家图书馆出版社，2013 年，第 59—62 页。

通过对表 3-2 中 1912 年数据的观察可以看出，在这些县当中，民国初期吴县人口起点较高，为 103 万人，其中武进、无锡、镇江三县与吴县相比分别少 25 万人、23 万人、58 万人。同时，南通、江都两县分别比吴县多 26 万人、28 万人。可见这些县的人口在民国初年并不处于同一层级，南通、江都属同一层级，武进、无锡属同一层级，镇江人口过少也可划分为一层级，而吴县人口规模在南通、江都之下，无锡、武进、镇江之上，这使吴县人口单独属于一个层级。

通过 1928 年与 1912 年数据的对比可以看出，在这些县中，无锡、武进增长幅度最大，分别增长了 14 万人和 12 万人，人口分别达到 94 万人与 89 万人。南通、镇江次之，分别增长了 6 万人和 4 万人，人口分别达到 135 万和 48 万人。而吴县、江都的人口则有不同程度的减少，吴县人口减少了近 12 万人，人口只有 90 万人，江都人口减少近 16 万人，人口为 115 万人。通过这种人口的增减变化可以看出，到 1928 年吴县与武进的人口约为 90 万人，而无锡人口在 1928 年达到 94 万人，经过十六年的发展，吴县、武进、无锡三县人口规模已达同一层级，而其他各县的所属层级并没有改变。

1928—1936 年属于南京国民政府时期，各县人口都有明显的增长，但增幅并不一致。增幅最小的是镇江和南通，各增加了约 13 万人。其次是吴县和武进，各增长了约 20 万人。人口增幅最大的是无锡和江都，分别增长了 26 万人和 25 万人。可见到 1936 年，吴县与武进、无锡的人口仍处于同一水平，但远远低于江都、南通两县，也远远高于镇江，1928 年形成的格局并没有被打破。

如果把 1912—1936 年这段时期看成一个整体，则会发现吴县人口发展速度与无锡、武进有较大差异。1912 年武进、无锡的人口少于吴县 20 多万人，但 1936 年此三县人口基本处于同一水平，无锡甚至超过了吴县。若把此三县 1936 年人口数据与 1912 年进行比较则会发现，1936 年武进人口比 1912 年增长了 33 万人，无锡增长了 40 万人，而吴县只增长了 8 万人，由此可见，武进、无锡在 1912—1936 年人口增速要远远快于吴县。

1937—1945 年属于全面抗战时期，只有 1941 年各县人口数据比较完整，以此与 1936 年的人口比较，明显看出各县人口都在减少，吴县减少 11 万人，镇江减少 15 万人，无锡减少 25 万人，武进减少 85 万人，江都减少 100 万人，南通减少 124 万人。可见在这几个县中，吴县人口受战争影响最小，镇江、无锡次之，而武进、江都、南通三县人口在全面抗战期间减少最多。

战后各县人口都有不同程度的变化，把 1946 年的数据和 1941 年的数据进行对比，则会发现江都、武进、南通三县人口增幅很大，分别增长了近 52 万人、82 万人、91 万人，而此三县恰是全面抗战期间人口损失最大的县。与上述三县相比，吴县、无锡、镇江三县人口的增幅并不大，分别增长了 10 万人、15 万人、6 万人。数据显示吴县人口在沦陷期间已开始恢复，1944 年的人口比 1946 年还要高，可见战后各县人口恢复时间并未呈现出一致性。同时，这些县在战后的人口发展上呈现出一些共同特点，与 1936 年相比，1948 年各县人口都没能达到 1936 年的水平

（南通除外）。抗战结束后，除开始阶段各县人口有大量回升外，都展现出增长乏力的态势。

如果把整个民国时期作为一个时间段进行考察，我们则会发现，1928年后各县人口所处层级没有发生变化。民初吴县人口基数远高于无锡、武进，三县人口规模并不处于一个层级。到1928年，此三县人口规模逐渐处于同一水平。南通和江都两县人口规模（除全面抗战时期）在整个民国时期都在吴县之上，在各时间段内与吴县人口相比只有数量上的变化，所处层级并没有发生改变。镇江也是如此，其人口虽有所增长，但其人口规模远落后于吴县。

如果对各县人口的增速进行考察，则会发现在整个民国时期吴县、镇江和江都的人口仅分别增长6万人、8万人和3万人，并没有显著的增长。而其他各县人口都有20万人以上的增长。这更加显示出，吴县人口增长乏力，并没有获得相对较快的发展。

将吴县与原属苏州府管辖的三县人口进行比较，可以更形象地展现民国时期吴县与此三县人口之间的关系，具体见表3-3、图3-2。

表3-3 民国时期吴县与吴江、常熟、昆山各县人口数量

单位：人

| 县 | 1912年 | 1922年 | 1928年 | 1936年 | 1941年 | 1946年 | 1948年 |
| --- | --- | --- | --- | --- | --- | --- | --- |
| 吴县 | 1025657 | 1103946 | 903095 | 1104309 | 998454 | 1099717 | 1088085 |
| 吴江 | 494792 | 535770 | 468653 | 496298 | 307414 | 485401 | 477613 |
| 常熟 | 843292 | 806350 | 876584 | 917262 | 831706 | 903445 | 946412 |
| 昆山 | 222470 | 257789 | 239510 | 274696 | 242705 | 292509 | 291241 |

注：表中四县七个年份人口数据来源与表3-1、表3-2相同。

通过表3-3、图3-2可以看到，在民国时期，吴县人口始终比另外三县人口多。可见在原苏州府这一区域中，吴县人口一直处于领先地位。同时此四县在整个民国时期人口变化幅度都不大，吴县、常熟和昆山分别增长了6.2万人、10.3万人和6.9万人，吴江减少了1.7万人，可见此四县的人口发展都呈现出一种相对稳定的特征，人口相对稳定大概是这段时期内该地区各县人口发展的共同特征。

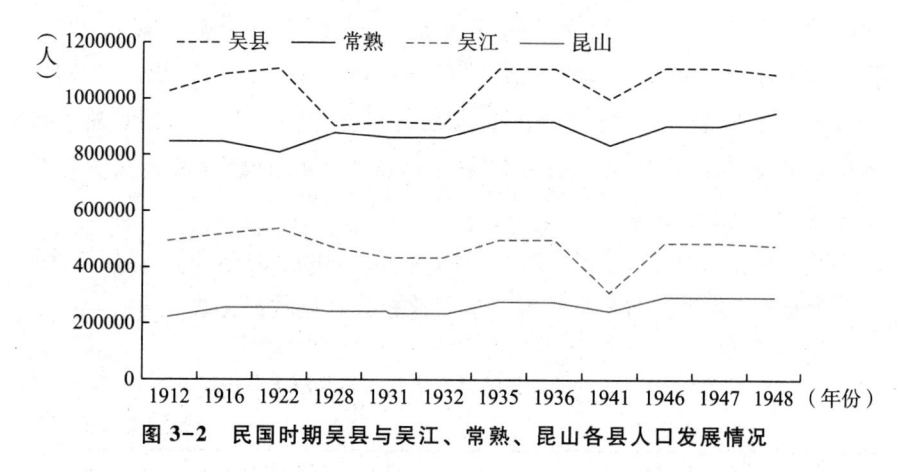

图3-2 民国时期吴县与吴江、常熟、昆山各县人口发展情况

虽然人口相对稳定是这一地区人口发展的一大特征，但其内部仍有层级的划分。在这四县中，常熟人口与吴县人口差距不是很大，差距维持在20万人左右，甚至有些年份还相当接近。吴江、昆山两县的人口则要比吴县少很多，吴江人口在1941年比吴县少近70万人，其他年份少40万—60万人，昆山则比吴县少了近80万人。如果人口能作为城市发展规模的指标，那么此四县的规模由大到小大致按吴县、常熟、吴江、昆山次序排列。

## 三 苏州城市人口占比变化

所谓苏州城市人口指的是苏州城厢人口。在民国时期苏州城厢长期没有独立的行政建制，一般称为吴县城区，故亦可称吴县城区人口。据统计，1930年苏州城区及城乡附郭人口密度为每平方千米1496人。[①] 而据李伯重估计，1820年苏州府城和郊区人口密度约为每平方千米1540人。[②] 可见民国时期苏州城区及附郭人口较清代中期有所减少。关于近代苏州城市人口，方旭红在其关于1927—1937年苏州城市史研究的专著中予以讨论，该书罗列了清末到民国苏州城市人口的具体数字，而且和

---

① 苏州市地方志编纂委员会编《苏州市志》第一册，江苏人民出版社，1995年，第299页。
② 李伯重：《工业发展与城市变化：明中叶至清中叶的苏州（上）》，《清史研究》2001年第3期，第16页。

周边县、市（如上海、南京、镇江、无锡、常州等）进行了比较。① 但作者对于苏州城市人口演变趋势的评价似不准确。江伟涛也对1924—1937年吴县城市人口进行了探讨，却没有对苏州城市人口占吴县总人口的比重进行讨论。② 因此，近代以来苏州城市人口的数量及其演变趋势还有进一步研究的必要。

笔者根据多方资料，搜集到1860年至1948年的苏州（吴县城区）人口数据③，并将其与吴县总人口进行比较，具体数据见表3-4。

表3-4 苏州（吴县城区）人口占吴县总人口比重

单位：人，%

| 年份 | 苏州（吴县城区）人口 | 吴县总人口 | 苏州（吴县城区）人口占吴县总人口的比重 | 资料来源 |
| --- | --- | --- | --- | --- |
| 1860 | 83000 |  |  | ① |
| 1906 | 163430 |  |  | ② |
| 1909 | 256524 | 900000 | 28.5 | ③ |
| 1912 | 250000 | 1025657 | 24.4 | ④ |
| 1924 | 271798 |  |  | ⑤ |
| 1929 | 261709 | 891409 | 29.4 | ⑤ |
| 1931 | 334900 | 916749 | 36.5 | ⑤ |
| 1932 | 314800 | 907590 | 34.7 | ⑥ |
| 1934 | 336477 | 1095505 | 30.7 | ⑦ |

---

① 方旭红：《集聚·分化·整合——1927—1937年苏州城市化研究》，合肥工业大学出版社，2012年。
② 江伟涛：《近代江南的城镇化水平研究》，博士学位论文，复旦大学，2013年。
③ 关于苏州城市人口数据本书主要使用了中国官方的人口统计数据，此外还有一些外国人的苏州城市人口估计数据，这些数据普遍偏高，为本书所不取。如，1918年中华续行委办会调查特委会调查的苏州城市人口为60万人，位列广州、上海、天津、北京、杭州、福州之后，居全国第七位。该数据载中华续行委办会调查特委会编《中华归主》附录七，中国社会科学出版社，1987年，转引自吴松弟主编《中国近代经济地理》第一卷，华东师范大学出版社，2015年，第160页。另如，滨下武志曾根据海关十年报告统计，苏州人口1901年、1911年、1921年均为50万人，参见〔日〕滨下武志《中国近代经济史研究——清末海关财政与通商口岸市场圈》，高淑娟、孙彬译，江苏人民出版社，2006年，第222页；另，《光绪二十二年苏州口华洋贸易情形论略》称苏州"城中人口共五十万，城外附近人数约约有二百万"，或许滨下武志所依据的数据即来源于此。见中华人民共和国苏州海关编，陆允昌编注《近代苏州通商口岸史料集成》，文汇出版社，2010年，第57页。

第三章　从繁都到小城：苏州人口的变动　　77

续表

| 年份 | 苏州（吴县城区）人口 | 吴县总人口 | 苏州（吴县城区）人口占吴县总人口的比重 | 资料来源 |
|---|---|---|---|---|
| 1935 | 389797 | 1095505 | 35.6 | ⑧ |
| 1941 | 313120 | 998454 | 31.4 | ⑨ |
| 1944 | 421976 | 1166413 | 36.2 | ⑩ |
| 1945 | 353221 | 1099717 | 32.1 | ⑪ |
| 1947 | 382124 | 1105576 | 34.6 | ⑪ |
| 1948 | 416236 | 1088085 | 38.3 | ⑪ |

资料来源：①潘钟瑞：《苏台麋鹿记》，《中国近代史资料丛刊》编委会编《太平天国》（五），上海人民出版社、上海书店出版社，2000年，第275页。②该年数据系推测得来。民国《吴县志》云"光绪三十二年警察局编订城内及附郭各路门牌共三万二千九百九十四户"，可知此户口数为吴、长、元三县城区户口。按口数与户数的比例5∶1估算，该年苏州城人口约为16万人。③《海关十年报告》，中华人民共和国苏州海关编，陆允昌编注《近代苏州通商口岸史料集成》，文汇出版社，2010年，第24页。④1912年3月1日《民立报》，转引自王树槐《中国现代化的区域研究——江苏省》，《"中研院"近代史研究所专刊》（48），1984年，第496页。⑤乔增祥：《吴县（城区附刊）》，吴县县政府社会调查处，1931年，"地方自治"。⑥《江苏省城市与乡村人口》，《经济统计月志》第1卷第1期，1934年1月，第8页。⑦《本县城厢户口统计》，《苏州明报》1934年2月1日。⑧《全县人口统计》，《苏州明报》1935年9月19日，第6版。⑨苏州市城市建设博物馆编著《苏州城市建设大事记》，上海科学技术文献出版社，1999年，第96页。⑩闵贤：《吴县近况》，《申报》1944年10月26日，第2版。⑪苏州市地方志编纂委员会编《苏州市志》第一册，江苏人民出版社，1995年，第292页。

首先考察吴县城区人口绝对数量的变化趋势，现根据表3-4的数据绘制吴县城区人口变化情况折线图（见图3-3）。

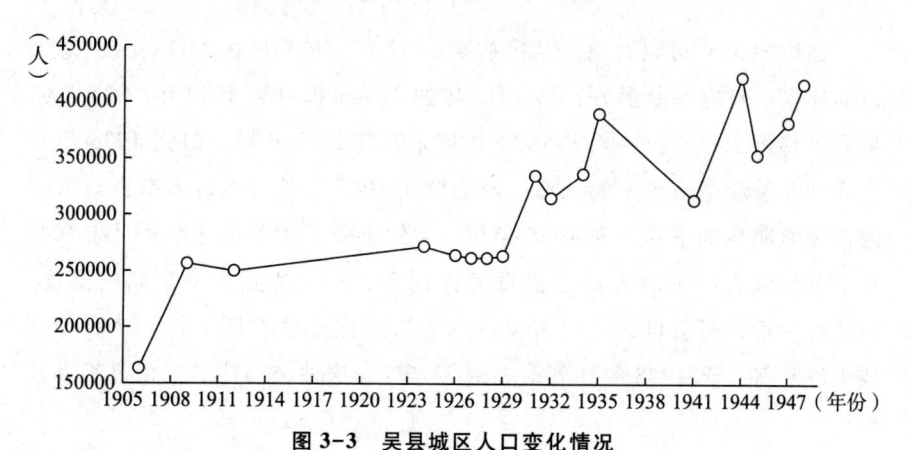

图3-3　吴县城区人口变化情况

注：折线图中数据缺失的年份采用直线连接数据点方式处理。

通过图 3-3 可以看出,民国时期吴县城区人口总体呈增长趋势,大致分为四个阶段:第一阶段为 1912—1929 年,人口徘徊在 25 万—27 万人,基本没有变化;第二阶段为 1929—1937 年,虽然中间略有反复,但呈快速增长趋势,1935 年达到顶峰,比 1929 年增长了约 12 万人。第三阶段为 1937—1945 年,吴县城区人口在沦陷时期经历了由下降到上升的过程,1944 年城区人口达到 421976 人,为吴县城区人口的最高点。第四阶段为 1945—1949 年,吴县城区人口在经历了下降之后呈直线上升趋势。吴县城区人口占吴县总人口的比重虽有一些反复,但基本也呈现出一种上升趋势(见图 3-4)。

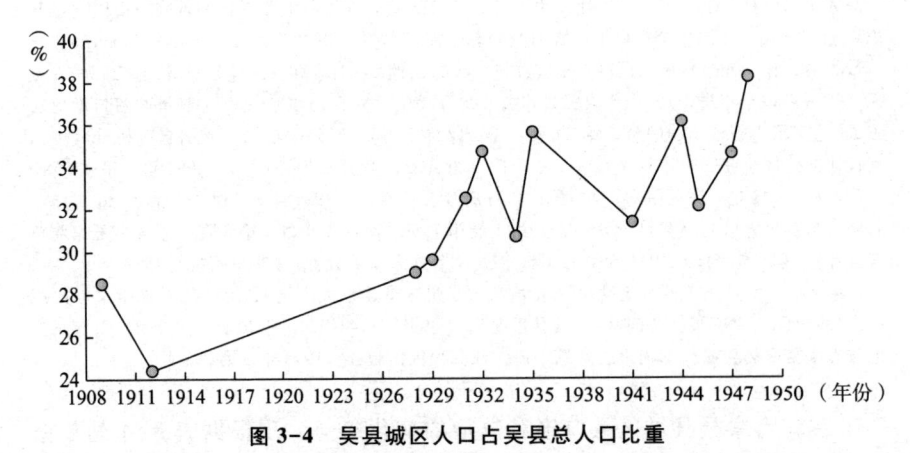

**图 3-4　吴县城区人口占吴县总人口比重**

注:折线图中数据缺失的年份采用直线连接数据点的方式处理。

通过图 3-4 可以看出,从民初到 1932 年,吴县城区人口占吴县总人口的比重一直在不断提升,从 1912 年的 24.4% 提升到 1932 年的 34.7%,提升了将近 10 个百分点。[①] 1934 年比重有明显的下降,但到 1935 年又上升到几乎和原来持平的状态。沦陷期间 1941 年吴县城区人口占总人口的比重有明显的下降,和 1935 年相比大约下降了 4 个百分点,而在 1944 年吴县城区人口占总人口的比重又达到 36.2%,达到了一个新的高度。抗战结束后,吴城区人口占吴县总人口的比重也有所下降,然后呈直线上涨趋势,至 1948 年达到最高的 38.3%。这种结构性的变化过程大致

---

① 城区人口的增长也得到时人观察的佐证,《苏州关十年报告(1922—1931)》称:"农村人口比较稳定,而城区人口则在明显增加,这可以从增加新屋和提高房租看出来。"载《近代苏州通商口岸集成》,文汇出版社,2010 年,第 52 页。

可分为三个阶段：第一阶段为1911—1937年，吴县城区人口占吴县总人口的比重呈现稳步增长态势，在1935年（或可能1937年）达到一个小高峰；第二阶段为1937—1945年，吴县城区人口占吴县总人口的比重在一度降低后于1944年又达到了一个小高峰，仍维持在较高水平，这可能和沦陷时期苏州的畸形繁荣有关。第三阶段为1945—1949年，吴县城区人口占吴县总人口的比重呈快速增长之势，并在1948年达到最高。

由此可以看出，吴县城区人口、吴县总人口在这段时期内的发展并不一致。如1911—1927年，吴县城区人口虽没有太大的变化，但吴县总人口在快速增长以后一度出现下降趋势，从而导致吴县城区人口占吴县总人口的比重增长了近5个百分点。抗战结束后吴县城区人口快速增长，但是吴县总人口则徘徊不前，发展缓慢。从这种不同步的发展中可以看到，吴县城乡人口比重正在发生变化，城区对人口的吸引力并没有减弱。同时，三者在某阶段内也呈现出一致性。首先在南京国民政府时期三者都快速增长，这应和当时稳定的国际国内环境有关。其次，在沦陷时期三者都经历了一个先降后升的过程，并且在1944年同时达到了很高的水准，其中吴县城区人口达到最高值，这种状况应与沦陷时期苏州成为伪江苏省省会紧密相关。抗战结束后，三项数据和1944年相比都有一定程度的下降，可见沦陷时期吴县人口的增长是由短暂的畸形繁荣所致。

如果将苏州的城市人口（城区人口）与上海、南京、杭州比较，可以发现苏州的城市人口增长明显落后。以1932年的人口数据来看（参见本书附录7），上海市人口在300万人以上，南京市人口为63万余人，杭州市人口为52万余人，而此时苏州城区人口近39万人，苏州与上海、南京、杭州明显拉开了差距。将苏州与邻近的无锡相比较，也可以看出苏州的城市人口增长速度相对缓慢。根据方旭红所搜集的数据，苏州1909年城市人口为25万多人，1918年无锡城市人口为15万人，至1952年苏州人口接近38万人，无锡人口为35万多人，苏州人口增长了13万人，无锡人口增长了20万人，[①] 增长的速度明显是无锡更快。如果再考虑无锡在太平天国运动前与苏州的人口差距，则无锡的人口增长更是惊

---

① 方旭红：《集聚·分化·整合——1927—1937年苏州城市化研究》，合肥工业大学出版社，2012年，第4—5页。

人的。但同时我们应该注意到，苏州人口虽然比上海、南京、杭州、无锡等城市人口增长缓慢，但苏州人口数仍然处于长江下游城市的前列，其人口数紧随上海、南京、杭州之后，稳居长三角城市群的第四位。

## 四 苏州人口变动与江南城市体系重构

在所选取的有代表性年份的数据中，吴县人口最高为 1229920 人，最低为 903095 人，大致维持在 90 万人至 123 万人之间，最高与最低之间的差距达到 33 万人。但是通过 1948 年与 1912 年人口的比较，吴县只增长了 6.2 万人。在这种反差中可以看到，1917 年吴县人口一度达到过很高的水平，但也有过很大的衰退。总体而言，吴县总人口并没有获得很大的增长。

在与周边其他同等规模各县人口的比较中，除无锡与武进外，各县人口数虽有不同程度的发展，但各自所处层级并没有发生改变。无锡与武进人口数从民初的落后于吴县，到 1928 年发展到与吴县处于相同层级。同时，吴县人口与周边同等规模各县相比，增长幅度并不大，总体呈现出增长乏力的态势。如果以人口数量为测量城市发展的指标，可以认为吴县的发展速度远落后于无锡、武进、南通三县。但在吴县人口与常熟、吴江、昆山三县的比较中则可看出，原苏州府区域内的城市格局在民国时期并没有被打破，吴县在此区域内仍处于中心地位。就人口来说，清代鼎盛时期苏州城市人口保守估计已在 50 万人左右，而民国时期最多仅为 41 万余人，这与明清苏州不可同日而语。将苏州与同期上海、南京、无锡、杭州等周边城市比较，更可以充分看出苏州城市人口和整个吴县人口增长的乏力。

在吴县总人口增长相对滞缓的同时，城区人口及其占总人口的比重却呈现出另一幅图景。吴县城区人口持续增长，发展速度远远快于总人口，这种结构性变化使吴县城区人口占吴县总人口的比重也不断提高。若将城区人口占总人口的比重视为衡量地区发展的一个重要指标，我们似可认为，民国时期吴县在发展滞缓的同时，吴县境内城乡人口分布正在逐步变化，苏州城在吴县的核心地位处于不断加强之中。

通过上文对吴县人口变动的论述可以看出，在整个民国时期，吴县人口并没有获得很大的发展，甚至一度下降，对于吴县人口这种发展滞缓的特征，我们应该怎样去理解，这是本节准备继续讨论的问题。

方旭红认为，1917—1928年吴县人口的减少与苏南成为两次江浙战争以及随后北伐战争的主战场有关。[①] 笔者认为，战争对一个地区人口的影响无疑是巨大的，但也是短暂的。在整个民国时期，战争只是影响因素之一。要对整个民国时期苏州人口发展滞缓这一特征进行解释，则应从苏州在江南地区城市体系中地位的下降这一角度去理解，这里仅略做阐释。

首先，上海崛起，取代了苏州作为江南地区核心城市的地位，上海对苏州以及周边人口的吸附在很大程度上阻碍了苏州的发展。20世纪30年代，上海逐渐确立了作为近代中国轻纺工业基地、金融中心、交通运输枢纽以及国内外贸易中心的地位，成为近代中国具有多重功能的经济中心城市，上海的这种发展对苏州人口的吸附作用非常明显。包天笑回忆道："向来有些老辈，不许子弟到上海去的，总说上海是坏地方，现在（按：辛亥革命以后）也放任了。资产阶级向来不做上海生意的，现在觉得容易赚钱，也做上海生意了。科举既废，读书人觉得在苏州无出路，也往上海跑了……苏州的富室，都已到上海做生意，他们也在上海买起地产，开店铺，营商业。"[②]

其次，无锡与南通在近代逐渐崛起，也起到分流苏州人口的作用。无锡人口的发展与工商业的发展密切相关。到20世纪20年代，无锡工业经济获得了迅猛发展，人口达到100万人，仅从事商业活动的就有21万人之多。这些商人以无锡为中心，北到江阴，南到宜兴，东至苏州，西达常州、南京，形成了一个苏南地区新的城乡商业网络。原先这一地区常熟、宜兴、金坛、江阴、溧阳等地的经济活动在相当长的时间内都曾围绕常州转，无锡兴起后，不仅这些县，就连靖江、吴县以至武进的部分经济活动都在无锡的引力和辐射下推展开来。无锡俨然成了围绕全国经济中心上海而运转的苏南地区经济中心了。南通则随着大生纱厂的建立，以及交通事业的建设，逐渐从苏北地区封闭落后的小县城发展成

---

① 方旭红：《集聚·分化·整合——1927—1937年苏州城市化研究》，合肥工业大学出版社，2012年，第6页。
② 包天笑：《钏影楼回忆录续编》，香港大华出版社，1973年，第117、121页。

为一个连接沪宁及苏北内地的重要交通枢纽，以及苏北地区商品云集之地。不仅苏北商品常常先运至南通，通过南通运往上海或内销，而且运销苏北的外国或上海商品，也直接先运至南通，通过南通便利的水路交通打入苏北市场。①无锡和南通与苏州相距不远，它们的崛起也不同程度起到分流苏州人口的作用。

  最后，政治因素不可小觑。江苏省会的迁出对苏州的人口发展起到相当大的制约作用。民国建立以后，江苏省的省会迁往南京，此时苏州士绅就已认识到苏州作为江苏省会对苏州发展的重要意义，认为都督驻苏"乃吾苏危急存亡之机关"，"留苏督永驻苏垣一事，为吾吴第一要件"。②南京国民政府建立后，江苏省会迁往镇江，此举对苏州的影响更为明显，包天笑说道："苏州现在成为一个空壳子"，"苏州省城一变而成为一个县城，真有一落千丈之势"。③对此顾颉刚也深有同感。④南京在成为首都以后，对苏州人口的吸附作用逐渐显现，正如包天笑所指出的，此时的苏州作为一个居住城市，只能吸引着一些老乡绅、老寓公，并不能吸引更多的人。相反，沦陷时期苏州成为江苏省的省会，这种城市地位的改变在一定程度上带来了苏州的畸形繁荣，人口也随之增长，"客民纷至沓来，人口既较战前激增"，⑤"到太平洋战争爆发，日军占领上海之后，许多上海的寓公纷纷移居苏州开创事业。一部分商人着眼于此地安全，于是在此开拓他们的事业，行号、店号栉比林立。还有不少所谓囤积居奇而致富的商人，也纷纷聚集于苏州"。⑥同时，伪政权也在战后苏州局势稳定后积极招徕人口。⑦到1944年，吴县人口已经达到1166413人，吴县城区也开始繁盛起来，时人这样描述道："本城区在事变前，物资损失，虽受十室九空之劫，然各建筑物仍能屹立幸存，秩序恢复甚快。现有银行三十家，钱庄汇划等有八十家之多，因此商业鼎盛，

---

① 朱月琴、郑忠：《移型与换位：民国时期长江三角洲城市体系之确立》，《民国档案》2014年第4期。
② 马敏等主编《苏州商会档案丛编》第二辑下册，华中师范大学出版社，2012年，第1154—1155页。
③ 包天笑：《钏影楼回忆录续编》，香港大华出版社，1973年，第117页。
④ 顾颉刚：《苏州的历史与文化》，《苏州史志资料选辑》第二辑，1984年，第6页。
⑤ 吴振铎：《苏州居，大不易》，《江苏日报》1943年8月10日，第3版。
⑥ 越人：《长安居，大不易》，《江苏日报》1943年2月20日，第4版。
⑦ （伪）江苏省民政厅署：《苏州现况》，（伪）江苏民政厅出版，1939年。

市道栉比,热闹繁华之区,仍推观前,次之阊门内外,及养育巷临顿路,商肆骈立,倍于上海。"① 沦陷时期吴县人口的增长,成为政治地位变动影响人口增长的很好例证。

简而言之,吴县人口发展缓慢甚至减少,一方面是近代以后苏州逐渐丧失了区域经济中心地位,从江南地区的核心城市下降为地区城市所致,是江南城市体系进入重组过程的体现;另一方面与民国时期省会迁出,导致苏州在地方行政体系中层级下降,由政治优势而带来的人口吸附能力减弱有关。

人口增长的缓慢与此时期苏州的经济发展状况也是相匹配的。大致来说,明清时期是苏州人口的显著增长时期,下一次的人口大量增长要到20世纪80年代以后,此时苏州的经济又进入了一个新的起飞时期。

---

① 闵贤:《吴县近况》,《申报》1944年10月26日,第2版。

# 第四章　从中心都会到地区城市：
## 苏州经济的蜕变

　　清代前中期的苏州是一个繁华的大都会，这从时人的记载中可以得到充分的印证。乾隆二十七年《陕西会馆碑记》称："苏州为东南一大都会，商贾辐辏，百货骈阗，上自帝京，远连交广，以及海外诸洋，梯航毕至。"① 乾隆《吴县志》称："四方万里，海外异域珍奇怪伟、希世难得之宝，罔不毕集，诚宇宙间一大都会也。"② 1821年刊行的《韵鹤轩杂著》称："士之事贤友仁者必于苏，商贾之籴贱贩贵者必于苏，百工杂技之流其售奇鬻异者必于苏。"③ 又称："繁而不华汉川口，华而不繁广陵阜，人间都会最繁华，除是京师有吴下。"④《广阳杂记》亦称："天下有四聚，北则京师，南则佛山，东则苏州，西则汉口。"⑤ 可见经济的繁荣促进了城市的繁华，以至于曹雪芹《红楼梦》中描述道："当日地陷东南，这东南一隅有处曰姑苏，有城曰阊门者，最是红尘中一二等富贵风流之地。"

　　明清苏州的经济繁荣主要依靠的是发达的工商业。⑥ 作为全国的工商业重地，苏州既是江南地区的首要城市，也是全国性的经济中心和文化中心。⑦ 关于清代前期苏州的经济中心地位，范金民曾有细致的描述："是少数几个云集全国乃至外洋货物的商品中心，全国著名的丝绸生产、

---

① 《陕西会馆碑记》（乾隆二十七年），苏州博物馆、江苏师范学院历史系、南京大学明清史研究室合编《明清苏州工商业碑刻集》，江苏人民出版社，1981年，第331页。
② 乾隆《吴县志》卷二三《物产》，《江苏历代方志全书》，凤凰出版社，2016年。
③ 《韵鹤轩杂著·序》，转引自谢国桢《明清笔记丛谈》，谢小彬、杨璐主编《谢国桢全集》第五册，北京出版社，2013年，第367页。
④ 《韵鹤轩杂著·戏馆赋》，转引自谢国桢《明清笔记丛谈》，谢小彬、杨璐主编《谢国桢全集》第五册，北京出版社，2013年，第368页。
⑤ 刘献廷：《广阳杂记》卷4，中华书局，1957年，第193页。
⑥ 参见李伯重《江南的早期工业化（1550—1850）》第十二章"工业发展与城市变化：明中叶至清中叶的苏州"，中国人民大学出版社，2010年，第419—469页。
⑦ 王卫平：《明清时期江南城市史研究：以苏州为中心》，人民出版社，1999年，第144页；范金民、罗晓翔：《明清苏州经济中心地位略论》，《史学集刊》2021年第3期。

加工和销售中心，全国最大和最为集中的棉布加工和批销中心，江南地区最大的粮食消费和转运中心，全国少见的金融流通中心、刻书印书中心，颇为发达的金银首饰、铜铁器以及玉器加工中心，开风气之先和领导潮流的服饰鞋帽中心，独步全国的美味美食饮食中心，设施齐全、服务周到的生活中心，交通便利的运输中心。"①

晚清民国时期，苏州的城市发展有了明显的变化，但这种变化的性质如何却不是很确定。有学者认为，近代以来以苏州、杭州、扬州为代表的传统工商业城市出现了衰落的趋势，似可称为"衰落论"。② 与"衰落论"相反，也有很多学者强调苏州的现代化和城市化进程，给我们展现了一幅更为乐观的画面，似可称为"现代化论"。③ 以上两种看法各有所见，也各有所失。④ 窃以为，综合两种看法，用"蜕变"这一概念似可以更好地描述近代以来苏州城市经济的发展状况。⑤

---

① 范金民：《清代苏州城市工商繁荣的写照——〈姑苏繁华图〉》，《史林》2003年第5期，第115页。

② 参见何一民《中国传统工商业城市在近代的衰落——以苏州、杭州、扬州为例》，《西南民族大学学报》（人文社科版）2007年第4期。文中没有详述"衰落"概念的具体含义和具体表现，而重在分析三城衰落的原因。揣摩文意，似乎认为此三城衰落的主要理由是：第一，它们在长三角经济格局中地位下降，如"苏州从全国性的大城市衰退为区域中等城市"；第二，人口减少；第三，传统经济衰退和新式经济发展缓慢。此后，赵金辉延续何一民的思路，讨论近代苏州城市的衰落，关于衰落原因的分析大致不出何氏论点之外，但指出了近代苏州城市衰落的具体表现，即城市经济的衰退、城市人口的减少、城市行政地位的下降。参见赵金辉《论近代苏州城市的衰落》，《辽宁行政学院学报》2014年第11期。

③ 参见张海林《苏州早期城市化现代化研究》，南京大学出版社，1999年；方旭红《集聚·分化·整合——1927—1937年苏州城市化研究》，合肥工业大学出版社，2012年。

④ 从城市经济地位下降的角度来看，苏州城市确实出现了"衰落"的现象，但是这种"衰落"并非直线式的，也并非彻底的。虽然苏州、杭州、扬州等明清传统繁荣城市晚清民国时期在不同程度上出现了"衰落"的迹象，但苏州、杭州与扬州的城市发展轨迹还是存在很大的不同，而且这种"衰落"更多的是与上海对比所得出的印象，如果这种"衰落"的主要原因在于上海的迅猛崛起，那么这种"衰落"只能说是一种相对的"衰落"。此外，"衰落论"所征引的史料多数出现于"道光萧条"时期，亦很难概括此后的情况。同时，"衰落论"似乎较少看到从晚清开始上述城市出现的转型趋势。与"衰落论"相反，"现代化论"更强调苏州城市中各种"现代"因素的发展，而较少进行横向和纵向的比较，因此也往往不能使人们对近代苏州得出全面的印象。

⑤ 王家范先生曾用"蜕变"一词来描述近代苏州城市发展，参见王家范《从苏州到上海：区域整体研究的视界》，《档案与史学》2000年第5期。另，王国平、唐力行主编的《苏州通史·清代卷》（苏州大学出版社，2019年）认为清代苏州有（转下页注）

目前，关于晚清民国时期苏州城市经济的研究比之明清时期苏州城市经济的研究要薄弱很多，这导致我们对此一时期苏州城市经济状况认识模糊。[1] 本章从埠际贸易、金融业与零售业、旅游业、工业等几个方面展开进一步的研究，试图为晚清民国苏州经济构建更为完整的图像，为全面理解此一时期苏州城市发展状况提供基础，并对苏州在区域城市体系中的角色加以描画。

## 一 贸易衰落

布罗代尔曾指出："大体来说，城市总是先具有商业的职能，然后才有工业的职能。工业在商业的带动和要求下发展起来，城市的经济至此才达到一定程度的成熟（当然还要有很多其他条件）。"[2] 唐宋以来，苏州的发展和繁荣与商品经济的活跃和市场经济的发展密不可分。明至清中期，苏州的手工业发达，不仅是棉布、丝绸及其他各类手工业品的生产制造中心，还是江南各城镇半成品或成品的加工中心，这使苏州的商业功能更为齐全，成为布、丝、米及其他产品的集散转运中心，并成为江南区域市场与全国市场连接的桥梁。[3] 进入19世纪以后，苏州的商业职能大为缩减，市场圈日渐缩小，导致苏州在江南以及全国市场体系中的地位出现了重大变化。其原因与过程在近代经济史和江南经济史的研究中多有涉及，本节从作为常关的浒墅关的税收变化、海关的数据以及厘卡的税收来窥测这一变化，并重点分析大运河淤塞后漕粮改道以及铁路线路变更对苏州埠际贸易的影响。

1. 晚清时期苏州粮食市场的衰落

在18世纪近代海运交通兴起之前，中国存在着一个以苏州为中心的

---

（接上页注⑤）三个发展阶段，即顺治至乾隆年间的恢复、发展与繁荣，嘉庆至同治初年的衰退与剧变，同治初年至宣统年间的变革与转型，该书大致认为苏州在衰退的同时也出现了转型。

[1] 马敏、朱英较早对晚清苏州的经济状况进行了分析。参见马敏、朱英《辛亥革命时期苏州商会研究》，华中师范大学出版社，2011年，第4—9页。

[2] 〔法〕费尔南·布罗代尔：《地中海与菲利普二世时代的地中海世界》第一卷，唐家龙、曾培耿等译，商务印书馆，2014年，第466页。

[3] 龙登高：《江南市场史：十一至十九世纪的变迁》，清华大学出版社，2003年，第40页；张海英：《明清江南商品流通与市场体系》，华东师范大学出版社，2002年。

全国性米粮贸易市场。① 苏州米谷市场集中于城西阊门外的浒墅关、月城和枫桥一带。② 浒墅关的粮食流通量在乾隆年间为 1000 万—1500 万担,不仅可满足苏州本地饮食、粮食加工以及餐饮行业的粮食需求,而且发挥了闽浙地区的粮食中转作用。③ 苏州米谷市场地点显示,苏州作为米粮集散地的功能一方面与苏州地处长江下游的交通枢纽地带有关,另一方面受惠于明清时期的税关设置和与此有关的一系列制度安排。浒墅关位于苏州城北 25 里的浒墅镇,跨运河两岸,自明代设立钞关以来,一直是进出苏州商船的孔道。浒墅关的设置,从制度上保证了湖广、江西、安徽、河南、山东等粮食产区的粮食得以向苏州聚集。这是因为,清代海禁制度严禁粮食出海贸易,米谷等从湖广、安徽、华北等地运往江浙等地区,只能通过内河和运河,而且商品的运输路线受到严格管控,来自江广、淮扬的商品必须从镇江进入运河,去浒墅关交税,在苏州集散和中转,这促进了苏州粮食市场的繁荣。④

浒墅关税收的主要来源是米税,因此从浒墅关税收变化可以窥测苏州米粮市场的变化。廖声丰指出,浒墅关税收,乾隆元年至二十一年(1736—1756)平均为 37 万两,乾隆二十二年至六十年(1757—1795)平均为 53 万两,嘉庆元年至二十五年(1796—1820)平均为 37 万两,道光元年至二十年(1821—1840)平均为 37 万两,道光二十一年至咸丰三年(1841—1853)平均为 35 万两,咸丰四年至咸丰九年(1854—1859)平均为 23 万两。⑤ 可见比之乾隆年间,嘉道以后浒墅关税收有较大下降。其中,咸丰四年(1854)后浒墅关税收下降明显,这显示出太平天国运动对浒墅关税收有重大的影响。

咸丰十年(1860)苏州被太平军占领,浒墅钞关被兵火焚毁,榷关停征。同治三年(1864),清军相继克复苏州、杭州、南京等地,三地

---

① 全汉昇:《中国经济史论丛》第二册,香港中文大学新亚书院、新亚研究所,1972 年,第 567—582 页。
② 刘石吉:《明清时代江南市镇研究》,中国社会科学出版社,1987 年,第 60—61 页。
③ 杨建庭:《清代前期浒墅关与苏州粮食市场》,《城市史研究》第 30 辑,社会科学文献出版社,2014 年。
④ 杨建庭:《清代前期浒墅关与苏州粮食市场》,《城市史研究》第 30 辑,社会科学文献出版社,2014 年。
⑤ 廖声丰:《清代常关与区域经济研究》,人民出版社,2010 年,第 215、245 页。

织造拟恢复本地钞关,但受到江南地区督抚的反对,两江总督曾国藩、浙江巡抚左宗棠、江苏巡抚李鸿章纷纷上书朝廷,称恢复关税将与当时新兴的厘金相冲突。① 同治四年(1865),清廷最终决定,苏州浒墅关与杭州北新关、南新关及南京龙江关,"一体暂停征税",此后再未恢复。浒墅钞关至此退出了历史舞台。

为什么嘉道以后苏州的粮食市场会日趋衰落呢?林子雅认为,苏州粮食市场的衰落,主要是受道光时期全国性经济萧条的影响,外来的工商业人口少于从前,苏州本地之米就足以供应市场,换言之,人口职业结构的变化带来粮食贸易市场的衰退。② 但相比于道光时期萧条所导致的一时影响,大运河及苏州附近重要河流的淤积对苏州米市的影响更为深远。嘉庆年间,因运河通航能力下降,清政府规定运河"应尽重运粮船前行",导致"北上货船不能随时进口",③ 而此时沿海"洋面平靖,各海口皆通",使本来通过浒墅关的"布匹丝棉等货","均由海道运往山东登莱等府及奉天、锦州、直隶、天津各处贩卖,是以浒墅课税盈余银屡为短绌"。④ 可见此前关于商品路线的严格管控自嘉庆年间开始逐渐废弛。咸丰年间,在太平天国运动影响下,人口、商业、资金逐渐向上海汇集,外来米船多数绕越浒墅关往上海等处行走,⑤ 作为苏州米市制度保证的浒墅关不再发挥作用。

苏州粮食市场的衰落固然与大运河运输能力的衰退有关,但也不可忽视无锡米市对苏州米市的替代作用。苏州米市衰落之际,正是无锡米市兴盛之时。

无锡米市可以追溯到清初。明代迁都北京后,南粮北运,无锡即成为江南官粮漕运的重要据点,主要征收来自苏州、松江、常州、嘉兴、湖州等五府的米粮。嘉兴、湖州二府的粮食常常自备不足,要在无锡筹

---

① 廖声丰:《清代常关与区域经济研究》,人民出版社,2010年,第280页。
② 林子雅:《清代(1723—1850)浒墅关税收变化与苏州经济地位之关系》,《"社会·经济·观念史视野下的古代中国"国际青年学术会议暨第二届清华青年史学论坛论文集》(下),2010年,第946页。
③ 朱批奏折,嘉庆八年正月二十一日,浒墅关监督那苏图折,转引自廖声丰《清代常关与区域经济研究》,人民出版社,2010年,第216页。
④ 朱批奏折,嘉庆十八年六月十六日,两江总督百龄、江苏巡抚朱理折,转引自廖声丰《清代常关与区域经济研究》,人民出版社,2010年,第216页。
⑤ 廖声丰:《清代常关与区域经济研究》,人民出版社,2010年,第247页。

集齐全后再运往淮安入仓。故康熙年间，朝廷将征收漕粮改为折银交官，所有官粮都由政府经办，这样官府在无锡一带征收官粮的数额不断增加，外省稻米不断向无锡集散。每逢收获季节，都会有大量来自湖南、江西等省的米船运至无锡，①"是以产者输之，购者集之，而无锡米市成矣"。②

咸丰五年（1855）黄河泛滥，运河淤塞，漕运由河运改为海运。此后，北方地区改征折银，北漕完全停止，南漕中江苏、浙江每年流通100万石。至光绪十四年（1888）清政府要求浙江各县漕粮集中在上海交卸，江苏各县则集中在无锡。事实上，浙江漕粮多向上海南市生太、长义、恒大等大米行采购，而这些大米行又转委上海源益、惠兴、平安三米栈到无锡采办。至于江苏各县，更集中在无锡采办。③ 这些措施进一步推动无锡米市的发展。至20世纪初，无锡已居全国四大米市之首。④

无锡与苏州相邻，其地理条件与苏州无太大差别，苏州米市衰落而无锡米市兴起，其中原因值得深究。除无锡自晚清至民国时期工业发展对米粮贸易有促进作用外，无锡米市的兴起，似应与锡澄运河的作用日益凸显有关。江南大运河的主航道在跨过长江后，通过镇江、常州、无锡一线，但该线地势高昂，至嘉道时期经常断航，因此从无锡至江阴入江的锡澄运河逐渐成为大运河连接长江的重要通道。无锡被选为江苏漕粮采办转运的中心，应与其作为锡澄运河的起点，通航更为便利有关。

从以上关于无锡米市的发展历程可以看出，晚清以来清政府的一系列关于漕运的制度安排，更有利于无锡米市和上海米市的发展，而浒墅关税收的停征，基本上终结了苏州作为米粮市场的制度优势。

2. 海关数据所体现清末民国苏州的贸易圈

与苏州粮食市场的衰落相伴随，晚清苏州出现了商业逐渐凋敝、市场圈逐渐缩小的趋势。这一点有很多史料可以证明。如，光绪三十一年（1905）五月十八日，苏地绅商在呈商部说帖中称："窃查苏城出产以纱缎为大宗，而丝茧次之；行店以钱业为大宗，而绸缎布匹次之。自洋货侵贯内地，土货销路日绌，加以银市日紧，捐输繁重，商情涣散，视各

---

① 朱庆葆等：《近代长江下游地区城市转型研究》，江苏人民出版社，2022年，第205页。
② 羊冀成、孙晓村等：《无锡米市调查·序》，社会经济调查所，1935年。
③ 朱庆葆等：《近代长江下游地区城市转型研究》，江苏人民出版社，2022年，第206页。
④ 刘石吉：《明清时代江南市镇研究》，中国社会科学出版社，1987年，第67页。

埠为尤甚。"① 吴承明则指出，19世纪末20世纪初，国内棉布、棉纱、茶丝及米的贸易都不再流经苏州，苏州原为全国最大的粮食集散地，此时已经无进亦无出。② 1921年日人调查称，苏州的商业"势力范围不过为当时附近四乡八镇及常熟、无锡、常州、丹阳等而已"。③

但是以上描述多指国内贸易而言。苏州1896年开辟为通商口岸，随后建立了海关。④ 海关的设立对苏州的贸易有什么影响呢？从海关资料中，我们对清末民国苏州贸易情况可以得出什么样的认识呢？

据滨下武志分析，设立在通商口岸的海关继承了明代以来常关（钞关）的作用并有所扩大，它与常关、厘金税卡相结合，组成一个商品、金融流通的市场网络，从而形成了以通商口岸为中心的市场圈。⑤笔者根据滨下武志整理的中国海关史资料制成"各开放口岸征税项目比率及各国征收额比率表（1904年）"（参见本书附录1），通过该表数据，我们可以分析苏州在清末通商口岸市场圈中的地位。

首先，苏州口岸的税收量在所有统计的35个通商口岸中排第28位。这些通商口岸，可以分为五个层级。第一层级是税收达到1000万海关两的城市，只有一个，即上海；第二层级是税收达到100万海关两的城市，有广东、汉口、天津、汕头、镇江等5个；第三层级是税收达10万海关两的城市，有福州、芜湖、厦门、九江、芝罘、杭州、宁波、宜昌、牛庄、梧州、重庆、胶州、拱北、蒙自、南京、琼州、九龙、三水、三都澳、秦皇岛等20个；第四层级是税收达1万海关两的城市，有江门、苏州、岳州、温州、腾越、长沙、沙市、龙州等8个；第五层级是不足1万海关两的城市，也只有一个，即思茅。如果将海关税收量作为市场圈的指标，则上海可以覆盖全国市场，第二层级的广东、汉口、天津等城

---

① 章开沅等主编《苏州商会档案丛编》第一辑，华中师范大学出版社，2012年，第3页。
② 吴承明：《中国的现代化：市场与社会》，生活·读书·新知三联书店，2001年，第184—194页。
③ 《苏杭事情》（大正十年外务省通商局），转引自王卫平《明清时期江南城市史研究：以苏州为中心》，人民出版社，1999年，第353页。
④ 1896年9月26日苏州开埠，随之建立了海关，1937年苏州沦陷后关务停顿，1945年12月正式闭关。
⑤ 〔日〕滨下武志：《中国近代经济史研究——清末海关财政与通商口岸市场圈》，高淑娟、孙彬译，江苏人民出版社，2006年。

市则是跨区域市场中心，第三层级的福州等城市是区域市场中心，而第四层级的苏州等城市则只是地方性市场中心。这说明从贸易圈的角度来说，苏州已经从明清时期的全国性城市下降为地方性城市。

其次，就长江三角洲地区的口岸城市来说，上海自不用说，镇江、杭州、南京都位列苏州之前，贸易量和辐射范围都远超苏州。相比来说，苏州的沿岸贸易量较大，凸显出苏州作为地方性市场中心的特点。在江南的市场体系中，苏州在鼎盛时期承担的商品集散功能，已被上海、镇江、杭州、南京所取代。

接下来我们通过历年苏州海关税收的变化，对苏州在埠际贸易中的地位进行历时性考察。从海关关册可见，苏州关设立后至清末的十余年税收不多，1896—1911年税收总额多数在10万海关两以下。[1] 对于海关税收不多的原因，编纂于宣统年间的《江苏苏属财政说明书》解释称："苏州本系内地，虽为省会，而南有上海，北有镇江，皆华洋贸易繁盛之区。且土产无多，商务不旺，盘门外青旸地虽辟商场，居留者无富商巨贾，故开埠通商后，税源甚少，并无分口。"[2]

进入民国后，苏州关税收逐渐增长（参见附录2）。从该表可见，1912—1930年苏州关的关税收入较为稳定。1912年至1919年总体呈上升趋势，从1912年的约19万海关两增长到1919年的31万余海关两，此后逐渐回落，但基本维持在20万海关两以上，与1904年比较有近3倍的增长。

1912年苏州海关税收大增，主要是因从苏州关出口的生丝较从前有所增长，而增长的生丝主要来自浙江。[3] 浙江生丝原来用平底船从浙北运到上海，辛亥革命后，因原有航线不安全，改用汽船经苏州报关后再运往上海。[4] 这种状况一直持续到1930年。1931年丝船航线再次发生改

---

[1] 苏州市地方志编纂委员会办公室编、陆允昌编著《苏州洋关》，文汇出版社，2018年，第69页。

[2] 苏属清理财政局：《江苏苏属财政说明书》，江苏财政志编辑办公室：《江苏财政史料丛书》第一辑第四分册，方志出版社，1999年，第490页。

[3] 中华人民共和国苏州海关编，陆允昌编注《近代苏州通商口岸史料集成》，文汇出版社，2010年，第132页。

[4] 中华人民共和国苏州海关编，陆允昌编注《近代苏州通商口岸史料集成》，文汇出版社，2010年，第40页。

变，其原因是 1931 年初政府废除了厘金和同类性质的税金之后，商人发觉在苏州交付出口税既不便又不利，故而他们不再通过苏州海关，而是将货直接运往上海，再运往国外。① 另外，"自厘金裁撤后，大部分运沪货物，或取道铁路，或用民船装运，希图避免关税"。② 因为浙江运沪丝货改道，丝货出口锐减，海关税收亦大幅下降，1932 年仅为 5 万余海关两。1933—1937 年苏州海关又进入了关税大幅增加时期，这一时期的关税增加主要归因于洋货进口大增，其原因则是洋货进口商家为避交上海码头捐及浚浦捐起见，多将洋货转运苏州关纳税进口。③

从苏州海关的进出口情况看，苏州海关基本上是上海海关的一个附属口岸，分担上海口岸的一部分转运功能，苏州海关的贸易增加多数系上海海关捐税增加或运丝货船因安全问题短期改道所致，当相关状况解决，苏州海关贸易量就相应减少。因此，苏州海关在进出口贸易中实不占重要地位。

方书生曾依据海关数据考察了晚清和民国时期长江三角洲地区各城市之间的物流系数。晚清时期的物流系数（参见附录 3）显示，近代开埠以后长三角区域形成了以上海为中心，上海—杭州（物流系数 21216.0）、上海—镇江（物流系数 19574.7）、上海—宁波（物流系数 18948.7）、上海—芜湖（物流系数 12027.3）为轴线的要素流动线路。此时的苏州，与上海的贸易（物流系数 2525.6）是其最主要的贸易，但远低于上海与杭州、镇江、宁波和芜湖的贸易，略高于上海与南京的贸易（物流系数 2310.2）。此外苏州与杭州（物流系数 21.7）、宁波（物流系数 4.3）、芜湖（物流系数 2.8）还存在着一定的贸易流。

到了 1936 年（参见附录 4），长三角物流系数明显增加，长三角口岸间的物流量有所增长，主要的物流通道没有显著变化，但各口岸之间回路联系增强，南京异军突起，超越了镇江在贸易体系中的地位，上海—宁波、上海—芜湖、上海—杭州、上海—南京成为长三角主要的物

---

① 中华人民共和国苏州海关编，陆允昌编注《近代苏州通商口岸史料集成》，文汇出版社，2010 年，第 46 页。

② 中华人民共和国苏州海关编，陆允昌编注《近代苏州通商口岸史料集成》，文汇出版社，2010 年，第 202 页。

③ 中华人民共和国苏州海关编，陆允昌编注《近代苏州通商口岸史料集成》，文汇出版社，2010 年，第 203—207 页。

流通道。此时，苏州依然维持其与上海的紧密贸易联系（物流系数2592.4），略微加大了与芜湖的贸易联系（物流系数60.6），但失去了与杭州、宁波的贸易联系。[①] 在民国时期长三角物流系数增长的情况下，苏州的总贸易系数基本未变，这显示其在长三角内部贸易中的地位日益下降。

接下来看苏州关的进出口商品情况。1896—1937年的42年间，经苏州关报运至各通商口岸及直接运往外洋的土货出口贸易货值计285516072海关两。其中，1915—1929年为土货出口最盛时期，年出口贸易货值均超过1亿海关两。1926年前，报关出口的土货主要运往上海通商口岸，再转运出口或转销国内各口，1926年起，有少量土货报关后直接销往外洋。[②]

苏州报关出口的土货，按海关统计分类，分棉货、杂货、五金及矿石三大类。主要出口土货有蚕丝、蚕茧、绸缎、丝绣、丝绵杂货、丝带、丝线、棉纱、土布、茶叶、菜籽及菜籽饼、棉籽、腌制蛋、玉器、黄白铜水烟袋、眼镜等二十余种。其中，以蚕丝、绸缎、茶叶、菜籽及菜籽饼、棉纱五项为大宗商品。1896—1931年，苏州累计出口蚕丝266905担，其中以白经丝出口最多，出口蚕丝中80%来自浙江湖州和吴江震泽，10%来自无锡，10%由苏州缫丝厂提供。1896—1931年，苏州累计出口绸缎3.9761亿担，主要是苏州生产的纱缎和吴江盛泽生产的盛纺。自清代以来，苏州为浙、闽、皖三省茶叶的集散地之一，毛茶运到苏州后，经过加工焙制，再转运出口。自1897年恢复出口至1931年，累计出口360103担，最高年份是1906年，为25807担。[③] 菜籽及菜籽饼主要产自常熟。清末，日商在常熟通过当地商户组织收购，再经苏州转运出口。1896—1931年，累计出口菜籽2069418担，菜籽饼1388308担。棉纱1897年开始出口，为苏纶纱厂所产。1904—1914年，棉纱改纳厘金出口，报关出口数量极少。1915年后出口激增。1915—1931年，从苏州关

---

① 方书生：《生产与流通的空间：近代长三角地区经济发展的再考察》，《史学月刊》2010年第9期。
② 苏州市地方志编纂委员会编《苏州市志》第二册，江苏人民出版社，1995年，第880页。
③ 苏州的茶叶出口1931年开始受到打击，因苏州"所制之香茶，向以东三省为尾闾，今因被日占据，销路遂停，损失匪轻"。参见中华人民共和国苏州海关编、陆允昌编注《近代苏州通商口岸史料集成》，文汇出版社，2010年，第203页。

报关出口的棉纱累计 537116 担。其中，1920 年出口 63076 担，计值 2769046 海关两，占当年苏州土货出口货值的 21.82%。①

民国时期苏州关的进口货物以洋煤、火油、纺织品、卷烟、糖、机器及零件、人造丝等七类为大宗。洋煤主要供本地丝厂、纱厂所用。火油除销售苏城外，大部分转销苏州附近农村。机器及零件为本地工厂所用。② 其中，纺织品、卷烟、糖、火油等为日常消费品，人造丝则为丝织业所用原料。苏州的进出口结构基本是出口农副产品，进口工业制成品。

3. 厘卡税收所体现苏南地方市场

学界关于晚清民国时期苏州贸易状况的研究多利用海关数据，但苏州关历年征收关税之税额，并不能真实反映苏州口贸易兴衰的实际状况。其原因有三：一是苏州海关征税对象仅限于在苏州关登记挂号的华洋汽轮及其拖带民船所运的货物，未经登记的民船所运货物不在海关征税之列，而是由当地税务公所开征货税，或由厘金机构征收厘金。民船"水脚"便宜，运输成本低，故在与汽轮竞争中较长时期具有优势。二是苏州口进口货物大多从上海通商口岸转运而来，商人乐于在沪关（江海关）报税，凭沪关签发之"准单"，运往苏州，不需再向苏州关纳税。三是沪宁铁路自 1908 年全线通车后，以其快捷、方便、安全，逐渐与水运形成竞争，而铁路运输货物由于执行路局与江海（上海）、苏州、镇江、金陵（南京）四关共同签署之《沪宁铁路运载洋货发给免重征单章程》，商人在向沪关报关税后，可凭沪关签发之"免重征单"直接运往苏州，不需再在苏关纳税。③ 因此，如果综合海关数据和铁路运输、厘金等其他数据，苏州的埠际贸易状况应比海关数据显示的更好一些。此处拟根据厘金数据对苏州的埠际贸易情况做探讨。

苏南地区厘金始于咸丰十一年（1861），初试办于上海，继推行于松江府太仓州各属，在上海设江南厘捐总局以管理之。同治元年（1862），

---

① 苏州市地方志编纂委员会编《苏州市志》第二册，江苏人民出版社，1995 年，第 880 页。
② 苏州市地方志编纂委员会办公室编，陆允昌编著《苏州洋关》，文汇出版社，2018 年，第 54—57 页。
③ 苏州市地方志编纂委员会办公室编，陆允昌编著《苏州洋关》，文汇出版社，2018 年，第 62—63 页。

苏省克复，设牙厘总局于苏州，管苏常镇三属榷务，改上海之江南厘捐总局为淞沪厘捐总局。① 据罗玉东《中国厘金史》统计，1905年到1908年，江苏每年厘捐在350万两到290万两之间，约占全国的20%。唐文权据苏州档案馆藏档案《宣统元二年苏沪两署厘金各项收数细册》估算，苏州年收厘金约占全省总数的1/3。这就意味着苏州一隅之地所负担的厘金数占全国的百分之六七。②

日本学者滨下武志指出，可以从厘金局的分布窥测地方市场状况。③ 周育民则具体根据晚清《江苏苏属财政说明书》中记载的苏州牙厘总局、淞沪厘捐总局所属厘局、厘卡、巡卡的分布和各局厘捐的比较征额，分析了苏南地区的商路和贸易情况。他指出，江苏地区的厘金对象基本上反映的是该地区国内产品的流通贸易量。以比较定额为依据推算，上海所在的松江府占27.65%，苏州府占31.81%，常州府占25.60%，苏属厘局管辖的江宁、镇江两府的抽厘商货占14.94%。由此可见，到清末，苏州在国内贸易的地位仍略高于上海。同在长江三角洲地区的常州府，在国内贸易中，与上海也难分伯仲。④ 据此，他认为苏州、上海是清末苏南地区的两大经济中心，上海虽然是中国对外贸易的中心城市，但苏州城在苏南境内的贸易地位依然十分重要，略重于上海。车坊、同里等局卡所在的市镇，大体上仍属苏州城的卫星城镇。即使像昆山这样毗近上海的市镇，在20世纪初，其经济运行依然没有摆脱苏州城的引力。

辛亥革命爆发后，江苏省苏属地区厘金被改为货物税，⑤ 设上海、无锡、南通、苏州（苏城）、武丹、丹徒、江阴、震泽、宜南、常海、

---

① 《江苏省财政说明书》（民国四年），江苏财政志编辑办公室：《江苏财政史料丛书》第二辑第一分册，方志出版社，1999年，第60页。
② 唐文权：《苏州工商各业公所的兴废》，《历史研究》1986年第3期，第68页。
③ 滨下武志认为："能够从厘金局的位置及其配置测定出流通路线及其生产地市场、消费地市场的各个范围。每个省的厘金局都拥有总局—厘局—分局—分卡这一统属关系，可以看作与市场的多重关系相对应的。"参见〔日〕滨下武志《中国近代经济史研究——清末海关财政与通商口岸市场圈》，高淑娟、孙彬译，江苏人民出版社，2006年，第412页。
④ 周育民：《晚清厘卡与苏南市镇》，《中国经济史研究》2013年第1期，第76页。
⑤ 《江苏省财政说明书》（民国四年），江苏财政志编辑办公室：《江苏财政史料丛书》第二辑第一分册，方志出版社，1999年，第60页。1931年裁厘，货物税取消，江苏省改办营业税。

吴淞、盛泽、五库、闵行、昆太、同里、海门、靖江等18个货物税总公所。其中，苏州货物税总公所设宋仙洲巷旧粮道署内，下辖阊门、盘门、齐门、娄门、胥门、葑门、枫桥、虎丘、铁路、木渎、胥口、光福等12个分公所。① 1915年编纂的《江苏省财政说明书》中列有各税所的比较年总额（见表4-1）。

表4-1 江苏省各税所比较年总额

单位：洋元，个

| 税所 | 全年比额 | 分所数 | 主要大宗收税商货 |
| --- | --- | --- | --- |
| 苏城税所 | 245628 | 12 | 绸缎为大宗，米粮丝经次之 |
| 盛泽税所 | 155004 | | |
| 震泽税所 | 172228 | 4 | 光复后本隶盛泽。1914年1月，因收丝经总税为数甚巨，划出独立收捐。除丝经外，进口竹炭为大宗 |
| 同里税所 | 61460 | | |
| 常海税所 | 159670 | 17 | 内河各分所以棉为大宗，布匹次之；海口各分所以鱼汛为大宗，北来之货次之 |
| 上海税所 | 845436 | 15 | 百货以丝茶、南北杂货、绸绫纱缎为大宗，木植次之 |
| 闵行税所 | 116995 | | |
| 五库税所 | 126309 | | |
| 吴淞税所 | 147124 | 4 | 以鲜猪为大宗，南北杂货次之 |
| 无锡税所 | 570836 | 13 | 以丝茧米粮为大宗，百货次之 |
| 武丹税所 | 214168 | 12 | 以茧米为大宗，麦豆次之。光复以后，丹阳、常州土绸捐局划并该所，绸税亦居多数 |
| 江阴税所 | 175557 | 10 | 以茧布为大宗，鱼纱次之 |
| 靖江税所 | 70716 | | |
| 宜南税所 | 169621 | 17 | 以窑货为大宗，米粮次之 |
| 丹徒税所 | 209432 | 8 | 以油麻为大宗，镴绸土丝次之 |
| 昆太税所 | 105936 | | |
| 南通税所 | 261616 | 18 | 以花布为大宗，百货次之 |
| 海门税所 | 75247 | | |

① 《江苏省财政说明书》（民国四年），江苏财政志编辑办公室：《江苏财政史料丛书》第二辑第一分册，方志出版社，1999年，第63页。

续表

| 税所 | 全年比额 | 分所数 | 主要大宗收税商货 |
|---|---|---|---|
| 崇明县认捐等项 | 65738 | | |
| 合计 | 3948721 | | |

资料来源:《江苏省财政说明书》(民国四年),江苏财政志编辑办公室:《江苏财政史料丛书》第二辑第一分册,方志出版社,1999年,第61—76页。

注:比额系照宣统三年预算原额列比。

民国时期货物税所设置较晚清时期的厘金税卡设置有变动,但表4-1所列的比额系照宣统三年(1911)预算原额列比,与周育民所用数据基本一致,因此可以相互参照。周育民以府为单位来进行分析,表4-1数据则可用于对城市贸易量进行分析。从各税所比额来看,上海税所最高,达84万余元,其次是无锡税所,达57万余元,南通税所居第三,达26万余元,苏城税所居第四,为24万余元。这样的比额与清末民国以来以上城市的工商业发展状况基本相匹配。苏城税所收入以"绸缎为大宗,米粮丝经次之",显示出绸缎、米粮、丝经是苏州最重要的贸易商品。米粮、丝经贸易的重要性,显示出粮食生产和蚕桑养殖等农副业在苏州经济中的基础地位。[1]

简而言之,晚清以来随着上海的崛起,苏州的原有贸易逐渐向上海转移,商业中心、转运中心的地位逐渐被上海所取代,开埠通商后海关的设立将苏州纳入通商口岸市场圈,但苏州关仅发挥上海海关附属口岸的功能,在全国埠际贸易中不具有重要影响。但如果我们关注厘金、货物税等国内税收,似可发现晚清至民国时期苏州在地区贸易中仍具有重要地位。

## 二 金融业与零售业持续兴盛

明清时代,苏州是一个商业发达的城市。晚清以来,苏州的埠际贸

---

[1] 总体来说,民国时期苏州地区农业生产相对稳定。但进入20世纪30年代,受到世界经济不景气的影响,农业出现了波动,小麦、稻米、原棉价格都出现了大幅度下跌。经济衰退给从事蚕桑业的农民带来沉重的打击。世界丝织品市场萎缩,使蚕茧价格在1930—1934年下跌了53%—73%。在无锡,1927年耕地总面积的30%用于种植桑树;到1932年,这个数据大幅度下降到6.6%。参见〔美〕白凯《长江下游地区的地租、赋税与农民的反抗斗争(1840—1950)》,林枫译,上海书店出版社,2005年,第272页。

易有明显的衰落，但在金融业以及百货零售业等方面仍维持着兴盛的局面，商业仍是苏州人从事的主要行业。①

清代东南财赋甲于天下，苏州为江苏省会、经济中心，大量官漕银米、地方收支、官署俸饷以及晚清时期的牙厘捐据多以苏州为出纳孔道，这使苏州金融业相当发达，并成为江苏省的金融中心。近代以来，虽然苏州作为江苏省金融中心的地位随着上海金融业崛起受到了削弱，但仍长期保持着其影响力。

苏州的金融业主要包括钱庄、典当、票号、银行等类型。典当历史悠久，晚清民国时期苏州农业发达，所以以调节农民金融为主要功能的典当为数极多，据官方统计，1932年"全县计有同顺、恒大、洪昌等约40余家，资本总数为1658600元，每年营业额，常在3171000元之谱"。②而据高岑庵、孙贻卓称，苏州在清光绪年间计有元顺典当等66家，1909年有65家，1933年增加至82家，全面抗战时期至胜利后，它们都成了小押当，最多时180家。③ 典当普遍资本较小，并以服务居民日常消费和小规模农业生产为主，被称为"穷人的后门"。典业、丝织业和钱业是苏州势力最强的行业，苏州商会的历届会董与会长出身于典业者众多。

票号是晚清道光年间出现的金融机构，多由山西商人所开设，最初专门从事汇兑，后兼办理存放款业务。据《山西票号史料》记载，在苏州设分号的山西票号，先后有18家。④ 辛亥革命后，山西票号迅速衰落。日本驻苏领事馆1919年所撰《中国通商口岸志》记载："苏州过去有九家票号，其中资本雄厚，信誉甚好的有志诚、协同庆、蔚丰厚、白川通、存公义、蔚长盛等几家，当发生（辛亥）革命时，它们和其他票号一

---

① 据调查，1928年吴县城区住民共261709人，其中从事商业者占22%，从事工业者占18%，从事农业者占1%，儿童占12%，家居妇女占14%，游民占6%，其他职业占10.4%，军政警占1.6%，学（包括入学儿童）占15%。参见《吴县城区住民职业百分比图》，乔增祥：《吴县（城区附刊）》，吴县县政府社会调查处，1931年。
② 实业部国际贸易局编《中国实业志·江苏省》第四编，实业部国际贸易局发行，1933年，第40页。
③ 高岑庵、孙贻卓：《解放前的苏州典当》，政协苏州市委员会文史资料委员会编《苏州文史资料》第1—5合辑，1990年，第217页。
④ 参见苏州市地方志编纂委员会编《苏州市志》第二册，江苏人民出版社，1995年，第996页。

样，全部倒闭。尔后，票号业务就转移到邮局和新型银行手中。"①

比较而言，钱庄和银行是晚清至民国时期最主要的金融机构。

苏州钱庄创立较早，乾隆年间所绘《盛世滋生图》中，有钱庄招牌8处。光绪三十四年（1908）苏州商会资料载，全市共有钱庄24家，该年成立钱业会商处。1933年苏州有保大、复豫、仁昌裕等钱庄30家，资本总数共计48.5万元，每年营业额计1000万元左右。② 1932年，国民政府实行废两改元，向为钱庄垄断的洋厘、规元、银拆行情涨落以及手续费收入（时称"进出二毫半"）无形终止。1935年，实行法币政策，从此苏州钱庄业日趋衰退，至全面抗战前，苏州钱庄仅存7家。日伪占领时期，苏州为伪江苏省省会，钱庄业一度繁荣，1944年钱庄（银号）达70家。抗战胜利后钱庄发展受到限制，批准复业者仅12家。1950年，12家钱庄全部停业。③

在晚清及民初，苏州银钱业素有"存款码头"之称。其吸收存款一向大于放款，本埠难以消纳，放款遂向外地拓展。邻县锡、常、虞、太、昆、澄、西及丹阳、宜兴、溧阳、镇江、南京，长江以北的南通、扬州、蚌埠，东南至浙江嘉兴、湖州等地的钱庄同业或工商大户，都是苏州银钱业放款对象，最多年份，对外埠放款约占放款总额的40%，达1000余万银两（元）。④

《中国实业志·江苏省》载："大抵江苏各县钱庄直接间接均仰赖上海之调剂。除上海以外，江苏其他各地，在江南方面，苏州钱庄，甚为发达。惟近年受扬州湖州等地商业不振影响，营业不良。南京钱庄，规模不大，向恃上海苏州镇江头衬，以及本身存款以为周转，账面不大，但自16年银行业发达以后，各行对于钱庄往来，予以透支，此外尚有拊放贴放购票等，未免有过渡澎涨之弊。镇江为江北门户，商务以江北批发交易为大宗，故镇江钱业，实为江北金融之调剂机关，而镇江又直接以苏州钱业间接以上海钱业等为仰赖之所。武进钱业，亦有二十余家，

---

① 转引自苏州市地方志编纂委员会编《苏州市志》第二册，江苏人民出版社，1995年，第997页。
② 实业部国际贸易局编《中国实业志·江苏省》第四编第四章，实业部国际贸易局发行，1933年，第40页。
③ 苏州市地方志编纂委员会编《苏州市志》第二册，江苏人民出版社，1995年，第998页。
④ 苏州市地方志编纂委员会编《苏州市志》第二册，江苏人民出版社，1995年，第985页。

资本大者十万，小者三四万不等，亦恃苏州同行款项运用为周转，营业范围以本县典业绸缎业之信用放款为大宗。在无锡，为苏省内地工业区，银行钱庄均甚发达。"① 苏州钱业，"得上海之头衬，银行之调节，富户之存款，故资金之来源裕如，而镇江南京等处，于接济江北不足之时，亦仰求吴县之头衬。是则吴县之金融，实为南京镇江与上海间之中介也"。②（另参见附录5）。

苏州钱庄的兴盛与大地主聚集有关。胡觉民称，"在苏州开设钱庄的，主要是本地地主"，这些开钱庄的大地主，当时众所周知的有西百花巷程氏（卧云）、曹家巷王氏（驾六）、间邱坊俞氏（子良）、中由吉巷陆氏（仲英）、天官坊陆氏（应之）、三茅观巷沈氏（惺叔）等人，他们都拥有良田数千亩，而以有田八千亩的中由吉陆家为个中巨擘。胡觉民认为，苏州之所以成为"放款码头"，一方面是因为拥有厚资的苏州地主对新兴工业缺乏兴趣，而多投于钱业，"另一方面，苏州又为一部分退休官僚集中地，这批人都是挟着厚资来的，除了营田宅，设巨肆，用不完的钱，少不了要存入钱庄生息。所以苏州钱庄吸收的存款仅次于上海，而比其他各地多"。③

钱庄业的发展对苏州地区经济发展起到了一定的促进作用。外商在与苏州商人做茶棉生意时，可以委托上海钱庄代为出售，钱庄以期票预付货款，然后把布匹运往苏州。而苏州商人也可以苏州钱庄庄票来支付购货款。④ 苏州钱庄的放贷对苏州工商业尤其是工厂的发展，也起到了非常明显的作用。苏州近代最大的苏纶纱厂与苏经丝厂的原始股东中，钱庄业人员占了绝大多数。苏州钱庄业巨头王驾六担任过两厂的总经理与总协理，并多次放贷给两厂，以促进两厂的发展。⑤

1931年刊印的《吴县（城区附刊）》中统计苏州有银行11家，分

---

① 实业部国际贸易局编《中国实业志·江苏省》第十编，实业部国际贸易局发行，1933年，第40页。
② 实业部国际贸易局编《中国实业志·江苏省》第四编，实业部国际贸易局发行，1933年，第40页。
③ 胡觉民：《苏州钱庄史料杂缀》，政协苏州市委员会文史资料委员编《苏州文史资料》第1—5合辑，1990年，第56、60页。
④ 张海林：《苏州早期城市现代化研究》，南京大学出版社，1999年，第121页。
⑤ 章开沅等主编《苏州商会档案丛编》第一辑，华中师范大学出版社，1991年，第274、290页。

别是中国银行分行（1913年开办）、交通银行分行（1908年开办）、江苏银行苏州分行（1912年开办）、上海银行分行（1917年开办）、田业银行总行（1922年开办）、国华银行分行（1921年开办）、信孚银行总行（1929年开办）、中国实业银行分行（1930年开办）、国货银行分行（1931年开办）、金城银行分行（1931年开办）、农民银行等。除了交通银行分行，其他皆为民国年间开办，其中田业银行、信孚银行系总行，其他为分行。① 在清末民初，金融业务大多操于钱庄业之手，1933年，南京国民政府废两改元，1935年实行法币政策，钱庄业日渐衰落，银行业逐渐兴盛。1933年《苏州口华洋贸易报告》称："现有无锡工厂多家，系以本埠为其周转金融之枢纽，因而，苏州所设新式银行已不下十八家之多云。"②

苏州的地主阶层不仅投资银钱业，当新式银行发展起来后，他们也投资新式银行。总行设在苏州的田业银行和信孚银行，其资本即主要来自地主群体。对此，苏州报纸《大光明》报道称："苏州商业呆滞，除衣肆食铺之外，鲜有发展，而金融界金银两业，则方兴未艾。盖苏地为农事之区，面团团之田主，多寄居于此。故国华信孚两银行，高厦洋楼，先后新蕰于观西。信孚银行乃邑绅费仲深之巨股。"③

在江苏省，除上海集中了最多数银行之外，南京和吴县是江苏省两处银行业最为集中之地（参见附录6）。南京银行乃因1927年国民政府建都而飞速发展，不如吴县有更深厚的基础和长远的传统。总之，在民国时期，虽然苏州的工商业发展较慢，但金融业仍保持着一定的影响力。

除了金融业之外，苏州城市内部的百货零售业也依然保持了活力。这首先表现在以观前街和石路为两个商业中心、总共包括约7000个商家的百货零售业网络的形成。④ 明清时期苏州的商业中心为城外的阊胥一

---

① 《工商，银行业调查表》，乔增祥：《吴县（城区附刊）》，吴县县政府社会调查处，1931年。
② 中华人民共和国苏州海关编，陆允昌编注《近代苏州通商口岸史料集成》，文汇出版社，2010年，第204页。
③ 海棠：《信孚筵上之曹肖屏》，《大光明》1930年4月6日。
④ 方旭红：《集聚·分化·整合——1927—1937年苏州城市化研究》，合肥工业大学出版社，2012年，第52页。另，《中国实业志·江苏省》称："（苏州）小本经营之买卖业，约计七千一百七十八家，牙行业计二百四十七家，代理业计二十九家，居间业及赁贷业各计十九家，承揽业计三十七家。"参见实业部国际贸易局《中国实业志·江苏省》第四编"商埠及都会"第三章"吴县"，实业部国际贸易局发行，1933年，第40页。

带，1860年在太平天国运动中阊胥一带街市被焚毁，战后，城内的观前街一带逐渐兴盛起来。民国时期，观前街商业规模进一步扩大，不仅成为商业中心，而且因银行林立，也成为金融中心。阊门外街市因毗邻火车站，水陆交通便捷，为进出苏州孔道，在晚清民国时期再度繁荣起来，除日常消费场所和百货业外，旅馆尤其集中。晚清民国时期苏州的一些著名商号，如馀昌钟表行、戎镒昌皮件店、采芝斋糖果店，开始在外埠设立分店、分号，苏州国货商场等大型百货商场也开始设立。① 这些都表明苏州的市内商业仍然具有活力，究其原因，一方面如时人所分析的，"本县多富户"使苏州成为一个"大规模消费区域"，② 另一方面与近代旅游业的兴起带来较为充足的外地客流有关。另外，自五口通商以来，不仅苏州的埠际贸易被逐渐卷入世界资本主义经济发展的大循环中，百货零售业也同样如此，这不仅表现在海外公司的进驻和洋货的流行，也表现在经营方式在海外公司影响下的变化以及中外股份的掺杂与融合。③

## 三 旅游业日渐兴起

苏州百货、服务业的兴盛，一方面与城市人口规模庞大，购买力和消费力强的人口比重较大有关，另一方面与旅游业的发展有关。苏州人文鼎盛，风土清嘉，名胜古迹众多，自唐宋以来，即文人墨客热衷游览之地，明中期以来，随着苏州经济的繁荣和人口的增多，苏州本城和四乡的大众游观活动更是兴盛。④ 20世纪初，沪宁铁路建成通车以后，上海、南京等地游客来苏更加便捷，对苏州旅游促进甚大。如1906年沪宁铁路上海至苏州段刚刚通车，10月26日林葆恒就约郑孝胥"明日同往虎丘登高"，第二天郑孝胥、陆荣廷、林葆恒、李苇杭等四人遂坐火车同

---

① 方旭红：《集聚·分化·整合——1927—1937年苏州城市化研究》，合肥工业大学出版社，2012年，第53页。
② 实业部国际贸易局编《中国实业志·江苏省》第四编"商埠及都会"第三章"吴县"，实业部国际贸易局发行，1933年，第40页。
③ 参见张海林《苏州早期城市现代化研究》，南京大学出版社，1999年，第98—111页。
④ 巫仁恕：《从游观到旅游：16至20世纪初苏州旅游活动与空间的变迁》，巫仁恕、康豹、林美莉主编《从城市看中国的现代性》，台北："中研院"近代史研究所，2010年，第146页。

至苏州作一日之游,"登虎丘,食素面,遂游留园而返",返回上海时才晚上七点,郑孝胥和李苇杭还来得及到春申楼吃晚饭。①

20世纪以来,大众旅游兴起,旅游产业开始出现。1923年8月上海储蓄银行(简称"上海银行")创设旅行部,标志着中国近代旅游业的起步。苏州既是全国文化名城,又紧靠消费中心上海,成为大众旅游的重要目的地。1924年7月上海银行苏州分行成立旅行部,1927年改组为"中国旅行社苏州分社",其业务范围包括订售客票,组织、接待游览,发行、兑付旅行支票,代办顾客委托之事等多种。② 中国旅行社苏州分社的设立,显示了苏州旅游业的兴起和旅游市场的兴盛。20世纪以来的近代旅游业是伴随新式交通工具发展、以商品化为特征的新业态,它与明清时期游观活动的重要差别是旅游的主体是外地游客尤其是大都市中产阶级。据统计,1921年,苏州已有旅馆50余家,至1937年全面抗战爆发前,苏州已有旅馆104家。纵使如此,每逢春秋旅游旺季,苏州各旅馆仍有人满为患之感。③ 这种外地游客的跨地域消费,对苏州的旅馆、餐饮、市内交通都有显著的推动,也为苏州的手工艺品提供了市场。④

同时,我们也应该注意到,虽然苏州的旅游业日趋兴盛,但是与同样号称"天堂"并以旅游业著称的杭州相比,却存在不小的差距。苏州国内旅游人数少于杭州。早在1919年10月10日,沪杭路局就鉴于游杭人数之多,特开旅游专列。⑤ 从1924年开始,中国旅行社也在每年春秋佳日为游客安排游湖专车、观潮专车。据《申报》记载,4月10日"除特开游杭专车外,其余各次赴杭客车,均添挂车辆,以利乘客"。⑥ 17日"由沪开杭之十二号夜快车乘客人数,异常拥挤,共挂头二三等客车二十辆之多,约一千七八百人"。⑦ 到1928年时,尽管"已向路局请求扩充

---

① 中国历史博物馆编,劳祖德整理《郑孝胥日记》,中华书局,1993年,第1061页。
② 胡孝林:《苏州旅游近代化研究(1912—1937)》,硕士学位论文,苏州科技学院,2011年,第45—46页。
③ 方旭红:《集聚·分化·整合——1927—1937年苏州城市化研究》,合肥工业大学出版社,2012年,第66—68页。
④ 方旭红:《集聚·分化·整合——1927—1937年苏州城市化研究》,合肥工业大学出版社,2012年,第66—68页。
⑤ 《沪杭路观潮车始发》,《申报》1919年10月15日。
⑥ 《西节中沪杭路票资骤增》,《申报》1924年4月10日,第14版。
⑦ 《赴杭游客之拥挤》,《申报》1924年4月19日。

车位，计限头等一百位，二等三百四十位，三等一百八十位"，依然是"十分拥挤"。仅西湖一地，"每日往观人士，数逾万人"。① 其次，在国际旅客人数方面，同样如此。据《杭州市政府十周年纪念特刊》统计，1930—1936年，游杭洋人累计32845人，年均4600余人。② 从同时期的苏州来看，根据1930年统计数据，吴县"每月有五六十洋人来苏游历名胜古迹"。③ 从1934年7月至1935年6月，来苏的外国人共有1019人，④ 对比两组数据，可知苏州入境游人的数量不到杭州的四分之一。近代苏州旅游似从未出现过类似杭州的火爆场面，王桐龄在游罢苏杭后比较说："（苏州）游人不及西湖之多。"⑤ 由此可见，近代苏州旅游的规模远远小于杭州。

近代苏杭旅游的不等速发展，主要原因在于政府的推动力度不同。在推动旅游业发展方面，杭州市政府表现突出。1927年5月，杭州成立市政厅，划定杭州所属之城区与西湖全部，东南沿海塘至钱塘江边闸口一带，西至天竺云栖，北至笕桥湖墅及拱宸桥为市区范围。1928年9月杭州市政厅改组为市政府。⑥ 市政府成立伊始即明确了发展旅游业的方针，指示市政工务局"对市区以内，按照各段情形，建筑道路，以利交通，疏浚河道，以资灌溉，而便航运。整理西湖名胜，开辟公园，俾吸引旅客，繁荣市面"。⑦ 1932年，杭州市成立游客局，下辖问讯、宣传两股，从事旅游宣传和接待工作，负责代游客预订食宿、陪伴导游、购买特产等种种事宜。1934年，市政府又组建杭州市旅游事业研究委员会，对旅游业进行组织协调。在政府的大力推动下，"近年来，不但居民日增，游人蚁集，即欧美各国人士，慕名而来的，每年达百万人以上。外人尝把它

---

① 王桐龄：《江浙旅行记》，文化学社，1928年，第56页。
② 杭州市政府秘书处编《杭州市政府十周年纪念特刊》，转引自沈云龙主编《近代中国史料丛刊三编》第七十五辑，台北：文海出版社，1998年，第453页。
③ 《吴县城区其他状况调查表》，乔增祥：《吴县（城区附刊）》，吴县县政府社会调查处，1931年。
④ 吴县县政府编《一年来吴县县政概况》，吴县县政府，1935年。
⑤ 王桐龄：《江浙旅行记》，文化学社，1928年，第105页。
⑥ 实业部国际贸易局编《中国实业志·浙江省》第三编，实业部国际贸易局发行，1933年，第9页。
⑦ 转引自赵可《民国时期城市政府行为与杭州旅游城市特色的显现》，《中共杭州市委党校学报》2004年第2期。

（西湖）当成东方日内瓦湖看待。因之，杭州的地位，更蒸蒸而日上"。①

相反，苏州地方政府在推动旅游业发展的过程中所起的作用十分有限。1928年，苏州市政府提出建设"良好之住宅都会"的构想，但并未得以实施。30年代中期还有人提出建设"风景都市"的意见，但亦没有下文（参见本书第九章第二节）。在抗战之前，苏州地方政府没有设立过任何旅游监管、协调机构，在推进旅游设施、旅游资源建设方面的作用也不大。苏州的旅游投入和建设主要依靠民间力量。1933年初木渎镇所在的吴县第二区公所年度工作计划提出将木渎建成知名的旅游胜地。②6月，该公所"为便利众人游览灵岩、天平计"，③拟修天木公路，但迟迟未见动工。直至1936年5月，邑绅蒋仲川等以"吴县有数名胜，风景天然，惟因交通不便，故游客不甚发达"，④遂自主集资五万元，修成该路。又如连通虎丘、留园两大名胜的虎丘马路和留园马路，前者为驻苏邑人师长钱大钧（吴县人）调动属军兴修，人称"军工路"，后者为盛宣怀私人出资所建。再如东山环山公路，先由区民黄怡青提议，后由东山旅沪同乡会与士绅周庆祥、汪子贞等人共同出资修建。除了基础设施建设外，旅游资源的保护（如保墓会）、开发（如冷香阁、小王山）、开放（如私家园林）等也都主要由民间力量承担。总之，苏州旅游业的助推主要依靠非政府力量。⑤

另外一个值得注意的现象是，民国苏州旅游的景点主要是虎丘、拙政园、留园、狮子林等明清时期遗留下来的古迹，即使有少量新增的景点，如皇废基公园等，也很难成为外地游客游览的重点。对当时的知识分子而言，到苏州旅游的意义，主要是感受和欣赏传统文化。因此，民国苏州的旅游在本质上是一种"消费传统的现代旅游"。⑥ 这说明在民国

---

① 唐应晨：《杭州市政的鸟瞰》，《市政评论》第4卷第8期，1936年。
② 《苏州明报》1933年2月15日。
③ 《灵岩天平间别辟新路》，《苏州明报》1933年6月2日，第3版。
④ 《苏州明报》1936年5月29日。
⑤ 本节关于苏州旅游业的论述，参考了胡孝林的研究成果，特此致谢。胡孝林：《苏州旅游近代化研究（1912—1937）》，硕士学位论文，苏州科技学院，2011年，第63—66页。
⑥ 巫仁恕：《从游观到旅游：16至20世纪初苏州旅游活动与空间的变迁》，巫仁恕、康豹、林美莉主编《从城市看中国的现代性》，台北："中研院"近代史研究所，2010年，第142页。

时期苏州的城市经济中，传统时期延续下来的产业仍然具有举足轻重的地位。这一点在19世纪90年代至20世纪30年代苏州青楼业（妓院）所经历的迁移、废止到合法化的过程中，也可以看到。①

## 四 工业多元化发展

明中叶至清中叶的苏州是一个繁盛的工业城市，兴盛的工业不仅导致城市人口的增加，还导致城市地域的扩大。② 但民国时期，苏州的工商业性格似乎消失或不那么突出了，比如时人曾将苏州、上海、杭州加以比较，认为，"上海的繁荣依仗工商业；杭州的繁荣依仗游客；苏州的繁荣，却是依仗农业"。③ 1932年国民政府实业部对江苏工业进行调查时亦认为"吴县原非工业区域，大规模之工厂极少"。④ 20世纪30年代中期还有人认为"苏州的工业，连芽都没有"，⑤ 人们对苏州的印象是，"少见到工厂的煤烟飘在天空，少听得马达的声音震动云霄，在这古城里，一切都是平和的、幽闲的，岁月在这里像要拉长一些"。⑥

那么，民国时期苏州的工业到底如何呢？考虑到民国时期是中国新式工业的发展时期，让我们首先来看新式工业。

1863年，江苏巡抚李鸿章在苏州创办的苏州洋炮局（又名"西洋机器局"），是苏州第一个近代工业企业，但该厂建成不久即因李鸿章署理两江总督而迁往南京。此后30年苏州无近代企业出现。甲午战争后苏州开辟为通商口岸，外商企业开始落户苏州。据统计，1896年至1910年间，在苏州设立的外商企业（不含代理机构）计26家，其中日商企业

---

① 柯必德：《20世纪初期苏州的花柳区》，巫仁恕、康豹、林美莉主编《从城市看中国的现代性》，台北："中研院"近代史研究所，2010年。此一论点，巫仁恕在该书导论中已指出，参见该书导论第8页。
② 李伯重：《工业发展与城市变化：明中叶至清中叶的苏州（下）》，《清史研究》2002年第5期，第9、10页。另参见范金民《清代苏州城市工商繁荣的写照——〈姑苏繁华图〉》，《史林》2003年第5期，第115页。
③ 陈醉云：《姑苏散曲》，《东方杂志》第30卷第8号，1933年。
④ 实业部国际贸易局编《中国实业志·江苏省》第四编"商埠及都会"第三章"吴县"，四"工业"，实业部国际贸易局发行，1933年，第35页。
⑤ 同兆：《论所谓天堂的苏州社会》，《妇女月报》第1卷第5期，1935年。
⑥ 兰：《杂记苏州》，《评论与通讯》第1卷第1期，1934年。

13家，英商企业8家，美商企业2家，法商、意商、德商企业各1家。经营以交通运输业和商业为主，其中商业15家，交通运输业5家，从事工业生产的3家，另外还有2家旅社，1家保险企业。这些外商企业中规模最大的是英商亚细亚石油公司、美商美孚行、英美烟公司三家国际垄断企业，它们先后在苏州设立分支机构，通过本地经销商，推销洋油、洋烟。[①]

为抵制洋商，维护利权，苏州绅商在政府的鼓励下也开始投资近代工厂企业。通过官督商办的形式，最早开办了苏经丝厂（1896年建成投产）和苏纶纱厂（1897年建成投产），这两个企业规模颇大，是苏州近代缫丝业和棉织业的嚆矢。其中，苏纶纱厂投资达42万元，有纱锭22568枚，招募工人2000人左右，是早期华商纱厂中较大的一家。苏经、苏纶两厂开办后，旅沪苏州商人陆续在苏州设立了一些近代工厂。如1896年黄宗宪、王驾六等在葑门外觅渡桥（原名灭渡桥）投资兴办恒利丝厂（即吴兴丝厂）；1900年杨奎侯与意大利商人康度西合作于葑门外灯草桥开设延昌永丝厂；1907年怡和洋行买办黄梅贤在苏州南濠街投资创设生生电灯公司。[②] 1896年至1911年间，苏州地区总计创办36个民族资本新式工厂，主要集中在缫丝、棉纺和食品工业，其中21个工厂在苏州城区，11个工厂设在常熟。[③]

至1913年，在工厂数量方面，上海占全国的17.84%，无锡占1.69%，镇江占1.55%，苏州占1.20%，南通占1.20%。[④] 这些数据显示，苏州近代工厂在数量上仅次于上海、无锡、镇江三地，与南通相埒（资本总额不及南通），居全省之前列。

《苏州关十年报告（1902—1911）》有如下记载：

> 除蜡烛和玻璃瓶制造不太成功外，没有重要的新发展可以记载。

---

[①] 王国平：《晚清苏州的现代演进》，徐静主编《纪念苏州建城2530周年学术研讨会文集》，古吴轩出版社，2016年，第207页。

[②] 王国平：《晚清苏州的现代演进》，徐静主编《纪念苏州建城2530周年学术研讨会文集》，古吴轩出版社，2016年，第209页。

[③] 王国平：《晚清苏州的现代演进》，徐静主编《纪念苏州建城2530周年学术研讨会文集》，古吴轩出版社，2016年，第210页。

[④] 孙敬之主编《中国经济地理概论》，商务印书馆，1983年，第74页。

这个繁忙城市内有350种行业。它们之中主要的当然是丝织工业。杜博士在《美丽的苏州》一书中写到：大约有100种花缎和200种丝绸和薄纱、7000部织机，有20000名妇女从事刺绣。织机都向政府注册登记，并交付机捐。其他主要行业有：金属器皿、玉石器、地毯（不懂的外国人称它为"帘子"）、陶器（包括人所熟知的"苏州浴缸"）、生铁翻砂、榨油（主要是菜籽）、黄铜器、米、木材、盐及其它。缫丝厂几经易主，并照常经营得很好。产品几乎全部运往上海销售。1907年，振兴电灯公司开业，逐步将业务扩展至全城。1911年末，本关与马路上都已装上电灯。苏纶纱厂有五年经营得很好。1908年因厂主退休而关闭。不久又开业，并实施新的管理办法，但因亏本而于1909年末停业。[①]

这段记述虽然是印象式的，但也大致勾勒出清末苏州的主要工业和手工业状况。从撰写者称苏州为一个"繁忙城市"的口气看，他对当时苏州制造业的状况还是乐观的。

此后，辛亥革命爆发，推动了中国民族主义发展，对苏州的新式工厂起到一定的促进作用。[②] 1919年五四运动以及由此兴起的推广"国货"运动，也推动了苏州新式工厂的建设，《苏州关十年报告（1912—1921）》称："1920年，在业已非常繁荣的商业大海中，又漂浮起四个新的工业企业：第一个是纸板工厂，第二与第三个是火柴工厂，第四个是新的电灯厂。"[③] 1931年，据《吴县（城区附刊）》的相关统计，吴县城区资本数在2000元以上的工厂有42家，其中除电力、火柴、纸板、洋烛、肥皂等行业外，主要是丝织、棉纱、织布等纺织行业。[④]

在本地工厂中，苏纶纱厂获利最好。苏纶纱厂创办后一度经营不善。

---

① 中华人民共和国苏州海关编，陆允昌编注《近代苏州通商口岸史料集成》，文汇出版社，2010年，第27页。
② 参见《苏州关十年报告（1912—1921）》，中华人民共和国苏州海关编，陆允昌编注《近代苏州通商口岸史料集成》，文汇出版社，2010年，第40页。
③ 《苏州关十年报告（1912—1921）》，中华人民共和国苏州海关编，陆允昌编注《近代苏州通商口岸史料集成》，文汇出版社，2010年，第40—41页。
④ 《吴县城区工厂概况调查表》，乔增祥：《吴县（城区附刊）》，吴县县政府社会调查处，1931年。

1928年，它在光裕公司管理下重建，资本扩展至200万两，并从德国购买新式纺织机，1929年开工。纱厂雇用工人3000人，开工纱锭42568枚，每月生产棉纱2400包；织厂开工420部织机，雇用工人600人，月产21000匹棉布。中国工业协会也由光裕公司管理，资本额为10万两。该协会拥有一个毛巾厂和一个百货商店。毛巾厂设在原裕泰纸板厂厂址内，地点在觅渡桥堍，雇用工人250名，装有100部织机，其中20部用来织毛巾，月产量3900匹棉布和600打毛巾。①

另一个具有规模并收益稳定的是苏州电灯公司。1907年苏州生生电灯公司成立后很快因资本不足转让给了振兴电灯公司，振兴电灯公司业务不断拓展，至1916年，电灯已在苏州及其四周普遍使用。② 1918年，振兴电灯公司暗将电厂资产出售给日本商人，激起苏州各界反对。③ 1919年五四运动时期，程志范、宋友斐、丁春之等发起筹建苏州电灯公司，1924年收并振兴电灯公司。1929年，苏州电灯公司注册资本240万元，总装机容量8150千瓦，紧随上海华商电气公司、闸北水电公司和汉口既济水电公司之后，为全国第四大民办电灯电力公司。④ 苏州电灯厂几经扩建，至1935年拥有3台发电机组，总装机容量达1.18万千瓦，城乡供电线路400余千米，有职工近300人，注册资本法币240万元，成为江苏最大私人电厂。⑤ 此外，产品在市场上占有一定地位的工厂还有鸿生火柴厂（1920年建厂，资本3300000元，工人857人，年产值632500元）、华昌有限公司（1928年建厂，资本240000元，工人122人，年产值450000元）、华盛纸板公司（1930年建厂，资本50000元，工人110人，年产值200000元）。

虽然苏州的新式工厂不断增加，但是与晚清时期居江苏领先地位不同，民国时期苏州在江南地区工业体系的地位有明显下降，参见表4-2。

---

① 《苏州关十年报告（1922—1931）》，中华人民共和国苏州海关编，陆允昌编注《近代苏州通商口岸史料集成》，文汇出版社，2010年，第48页。
② 《苏州关十年报告（1912—1921）》，中华人民共和国苏州海关编，陆允昌编注《近代苏州通商口岸史料集成》，文汇出版社，2010年，第40页。
③ 《苏州关十年报告（1912—1921）》，中华人民共和国苏州海关编，陆允昌编注《近代苏州通商口岸史料集成》，文汇出版社，2010年，第41页。
④ 中国第二历史档案馆编《中华民国史档案资料汇编》第五辑第一编"财政经济（五）"，江苏古籍出版社，1994年，第203—212页。
⑤ 苏州市地方志编纂委员会编《苏州市志》第二册，江苏人民出版社，1995年，第615页。

表 4-2  江南部分城市工厂概况（1930年）

| 地名 | 工厂数（家） | 工人总数（人） | 资本额（元） | 每年出品总值（元） |
| --- | --- | --- | --- | --- |
| 上海 | 837 | 211265 | 222411452 | 100415273 |
| 无锡 | 153 | 40635 | 12177436 | 74365278 |
| 杭州 | 50 | 15131 | 7943250 | 15174620 |
| 南通 | 15 | 10499 | 4961700 | 17890300 |
| 武进 | 39 | 6120 | 4452000 | 9372280 |
| 镇江 | 11 | 1847 | 2693111 | 2253360 |
| 南京 | 28 | 2035 | 2247100 | 5620000 |
| 苏州 | 27 | 6420 | 1500543<br>250000 日金 | 3872400 |
| 宁波 | 23 | 4124 | 1868200 | 7493818 |

资料来源：中国第二历史档案馆编《中华民国史档案资料汇编》第五辑第一编"财政经济（五）"，江苏古籍出版社，1994年，第215—219页。

注：苏州27家工厂中纺织领域17家、饮食领域1家、化学领域2家、建筑领域1家、衣服领域1家、教育领域2家、机械领域1家、公用领域1家、杂品领域1家。（参见同书第223页。）

从表4-2可见，苏州工厂数有27家，似乎不少，但从资本额、每年出品总值来说不仅远远落后于上海、无锡，也远在杭州、南通、武进之后。可见，在民国时期江南兴起的近代工业大潮中，苏州并没有延续晚清时期的势头，出现了明显的落后。

苏州近代工业发展的停滞通过与无锡对比可以看得更为清楚。无锡本是苏州与常州之间的一个小县城，它借助现代工业之力迅速崛起，并在20世纪20年代成为苏南的经济中心。[①] 辛亥革命到20世纪30年代，无锡包括碾米、面粉、榨油在内的粮食和食品工业发展迅速。一年加工2.14亿石大米，是中国五大碾米工业区之一；日产面粉2.6万包，居上海、哈尔滨之后，处于全国第三位；年产油饼400万石、豆油40余万石。以粮食业和食品工业为基础，棉纺织业和缫丝业也发展起来。1932年无锡共有170余家工厂，工人超6万人，资本额为1400万—1500万元，因工业的发达和城市的繁荣而被称为"小上海"。如果我们将苏州的近代工业与无锡的加以对比，可以发现，在晚清时期苏锡之间的差距

---

① 关于近代无锡的发展，参见顾纪瑞《无锡在二十年代形成经济中心的原因及其职能》，《历史档案》1985年第4期。

还不是很大，但是进入民国，无锡的工业迅猛发展，将苏州远远抛在后面了。

无锡与苏州地理位置毗邻，在基本条件上并没有太大差异。而且与无锡相比，苏州距离上海更近，为通商口岸，受近代西方文化的影响更大，并有优良的工商业传统，在发展中处于更为有利的地位。但近代以来，无锡的崛起甚为迅猛，一度甚至有超越苏州之势。为什么会出现这种情况呢？

关于无锡工业发展的原因及与苏州的比较，学界有所讨论，大致有以下看法。首先，无锡的农副业与工业有较好的互相支撑和促进关系。晚清民国时期江南的米市从苏州转移到了无锡，米市的兴盛为无锡的面粉、榨油、碾米等粮食和食品加工业的发展提供了便利条件。此外，晚清以来蚕桑业逐渐从太湖东南岸向西北扩展，无锡的蚕桑业逐渐发达起来，为缫丝工业发展提供了充足的原料。米业和蚕桑业的发达为无锡粮食工业和缫丝业提供了良好基础，反观苏州，近代工业与农副业之间缺少这样直接的联系。其次，近代中国工业的龙头是面粉业和棉纺织业，无锡主要靠这两个行业取得了优势地位，而苏州这两个行业都没有大的发展。另外，无锡资本家多数在上海起家而回到无锡办厂，苏州资本家则缺少投资实业的热情，往往投资于收益更高的钱庄或典当等金融业或商业。①

笔者认为，除了以上因素之外，苏州在近代工业大潮中的落伍还与苏州对传统工商业路径的依赖有关。苏州的传统优势行业是棉织业、丝绸业和其他传统手工业，除了棉织业在晚清时期就开始衰落之外，丝织业和其他传统手工业在民国时期依然是苏州工业的主要组成部分。而这些行业更为精细，多为高端消费品，在大众消费兴起的时代，销量有限。苏州因为在传统行业有深厚的基础，转型到面粉等新兴行业相对缓慢，而无锡则因为本来的传统工业基础相对薄弱，反而可以迅速抓住新的机遇。由此，为了对近代苏州有更全面的了解，有必要分析作为苏州主导性产业的丝织业以及手工业的状况。

---

① 〔韩〕朴正铉：《无锡和苏州近代化之比较》，《徐州师范大学学报》（哲学社会科学版）2006年第4期。

丝织业是苏州的传统手工业,分为纱缎和漳缎二类,纱缎为纯丝织品,漳缎为丝绒合织品。民国以来漳缎业因市场缩小,逐渐衰落,而纱缎业因海外市场扩大,营业继续兴盛。① 纱缎业采用手工木机织造的形式,经营者俗称"账房"。账房将作为原料的丝经发放于机房制造,论尺给资,织成后,经过捡剔与卷筒手续,然后出售,故账房实为半工半商性质。自民国初年起,苏州丝织业开始出现了新的形式——铁机丝织业。铁机丝织业采用海外引进的铁质织机,并多数采取集中生产的方式,比木机织造自动化程度更高,但仍多数为手动。后来铁机逐渐采用电力驱动,摆脱了生物动力,完成了机械化。从民国苏州丝织业发展的整个历程看,铁机丝织业逐渐发达,但传统的木机织造仍然保留了非常大的市场份额。据日本人小野忍1942年的观察,"木机织绸业随着铁机业的发展而衰落,但衰落的速度根据地区或产品种类而有所不同。例如苏州的纱缎业,并没有轻易消灭,虽然经营规模显著缩小,可是现在苏州城内的纱缎庄还有四十多家,经营着在形式上与过去没有多大变化的纱缎庄,保持着木机业与铁机业并存的形态"。②

为什么机器丝织业没有完全取代手工丝织业?其原因要从产业结构来寻找。朱小田指出,北伐战争后,1927年全国统一市场形成,苏州的刺绣产业发展,绣庄营业额达86万元,为1917年的4倍,绣工近2万人。刺绣业的发展需要大量的贡缎和锦缎作绣地,而绣地的手工真丝原料凭借其特殊技艺,一时难以被机器工业替代,这就为账房和现卖机户的手工真丝绸缎留出了广阔市场。③

明清时期,苏州最主要的工业是棉织业和丝织业。晚清以来,棉织业在海外棉制品输入的冲击之下,迅速衰落,而丝织业则因海外市场扩大而持续发展。④ 其中纱缎业在清同光年间达到全盛,营业总额年达600

---

① 实业部国际贸易局编《中国实业志·江苏省》第八编,实业部国际贸易局发行,1933年,第221页。
② 〔日〕小野忍:《苏州的纱缎业》,《满铁调查月报》第22期第6号,1942年。转引自王翔《从云锦公所到铁机公会——近代苏州丝织业同业组织的嬗变》,《近代史研究》2001年第3期。
③ 参见王国平主编《苏州史纲》,古吴轩出版社,2009年,第559页。
④ 王翔:《对外贸易与中国丝绸业的近代化》,《安徽师范大学学报》(人文社会科学版)1992年第1期,第110页。

余万元，远销俄国、朝鲜、缅甸、印度等处，营业最盛时，"共有木机九千余架"。[1] 在海外市场中，日本、朝鲜所占份额甚大。日本方面，"苏州所产之花缎，每年运销彼国约有3万余匹之多"；[2] 朝鲜方面，"高丽服御一切，本与中国相同，本公所高丽纱缎运销该埠，历数百年之久。其精者为上等衣服之用，粗者供普通之用而已，皆为日用要需"，[3] "苏州纱缎销场，昔京城差货占百分之二十，高丽占百分之三十"。[4]

民初以降，因政体变革，清廷定制销路停止，同时海外市场也出现较大的挑战。日本、朝鲜市场在19世纪后期协定税率为值百抽五，19世纪末20世纪初，日本夺占朝鲜，并先后与西方列强修订条约，关税自主权得以恢复。日本逐渐将增加华绸进口关税作为抵制华绸、扶持本国丝绸业的重要手段。1900年，日本增加进口税至值百抽二十五，此后不断增加至百分之五十，致使苏州丝绸业逐渐失去日本市场。甲午战争后，日本将朝鲜作为产品倾销市场，1910年日韩合并后，日本宣布将于十年后改定朝鲜税率。1920年改定税率开始实施，一方面取消日本本土运往朝鲜的商品税，另一方面大幅度提高朝鲜进口关税，绸缎进口税由从价改为从量，较之从前所征税率加至三四倍不等，高丽纱缎销路遂大减。1924年，日本再次提高税率，包括朝鲜在内，将进口丝织物列入奢侈品范围，税率提高至值百抽百，使苏州纱缎业遭受重大打击。苏州丝绸业从业者虽然努力抗争，争取改变税率，但无结果。此外，俄国符拉迪沃斯托克（海参崴）一直是苏州花缎重要销场，而俄国亦仿效日本，于宣统元年（1909）实施值百抽二十五的税率，使苏州花缎交易断绝。至20世纪30年代，日本、朝鲜、苏联等苏州纱缎的重要销场相继断绝，海外市场仅剩南洋一带，苏州丝绸的主要销场逐渐转移至国内各口。除了贸易竞争所导致的海外市场萎缩之外，20世纪20年代以来人造丝织品及舶来品的流行，也使纱缎销路大受影响。至1933年，苏州纱缎业日趋凋

---

[1] 宁鸣：《江苏丝织业近况》，《工商半月刊》第7卷第12期，1935年。
[2] 《苏州商会代表提议推销国货须先从中外同等税率起点案》，1914年3月1日，苏州档案馆藏，档号：A03-004-0007-080。
[3] 《云锦公所对日本加税之呼吁》，《申报》1924年12月8日。
[4] 孔翔生：《苏州纱缎业之回顾与前瞻》，《吴县商会年刊》，1947年11月，苏州档案馆藏，档号：B03-012-0325-024。

敝，共不过 200 余家。①

  苏州丝绸业虽然因国际竞争而险象环生，但并非江河日下。在纱缎业日趋衰落之时，在贸易竞争推动下，铁机丝织业逐渐发展，促进了产业升级。1918—1926 年，苏州铁机丝织厂数增至近百家，为该业全盛时代。铁机丝织业的兴起使生产工具实现了由传统木机到新式铁机，再到电力织机的转变；经营方式也完成了由"放料代织"的散工制到"购机设厂"的工厂制的过渡，导致苏州丝织业发生了一场"产业革命"。② 20 世纪 20 年代，为规避高额关税和降低生产成本，苏州丝绸业加快引进和利用人造丝的步伐，至 20 年代末，人造丝已代替天然丝成为苏州丝绸业的主要原料。③ 人造丝的采用和技术的创新不仅使苏州丝绸稳定了南洋市场，而且在国际国内市场对洋绸形成了有效抵制，比如 20 世纪 20 年代研制成功的"华丝葛"，"厚重耐用，又具有高级丝织品的外观，且售价低廉，问世后颇受欢迎"，④ 使一度断绝的朝鲜销路再次打开。⑤ 1927 年以后，因时局影响，运输不便，以及外货竞争，苏州丝绸业再度出现衰落势头。据统计，1932 年苏州较大丝织厂共 20 余家，此外，尚有五六十家机数甚少，均系零星庄号，相当于家庭手工业。资本最大者为振亚厂，有 4 万元，此外多三数千元不等。资金流动，随时向钱业息借。⑥ 但至 1936 年，因政府打击私运人造丝行动获得成效，苏州丝织业再见起色，1937 年丝织业继续发展，对人造丝的需求大增，人造丝进口数量亦有所增加。⑦

  总体来说，苏州丝绸业受国际贸易波动影响甚大，产业发展不稳定，

---

① 实业部国际贸易局编《中国实业志·江苏省》第八编，实业部国际贸易局发行，1933 年，第 221—229 页。
② 王翔：《从云锦公所到铁机公会——近代苏州丝织业同业组织的嬗变》，《近代史研究》2001 年第 3 期。
③ 王翔：《外贸摩擦、合群抗争与产业升级——以 20 世纪 20 年代苏州丝绸业为中心》，《历史研究》2015 年第 4 期。
④ 苏州市丝绸工业公司编《苏州市丝绸工业志》第 3 册，1985 年，第 686 页。
⑤ 王翔：《外贸摩擦、合群抗争与产业升级——以 20 世纪 20 年代苏州丝绸业为中心》，《历史研究》2015 年第 4 期。
⑥ 实业部国际贸易局编《中国实业志·江苏省》第八编，实业部国际贸易局发行，1933 年，第 225—229 页。
⑦ 中华人民共和国苏州海关编，陆允昌编注《近代苏州通商口岸史料集成》，文汇出版社，2010 年，第 207 页。

自20世纪20年代末开始，经历了近10年的困难时期。[①] 但苏州丝绸业在应对困境之时，产业升级仍在持续，电力织机逐渐替代手工织机，据统计，1935年苏州全市共131家丝绸厂，明确表示使用电力者102家，占78%。[②]

接下来考察苏州的手工业情况。据统计，1929年苏州城区在业人口为111489人，占总人口的42.32%；失业人口15703人，占总人口的5.96%。在业人口中，从商者57576人，占在业人口的51.64%，占总人口的21.85%；从工者47108人，占在业人口的42.25%，占总人口的17.88%。[③] 从在业人口结构来看，工商业人口占有最大比重，其中商业人口略高于工业人口，这与明清时期苏州城市人口结构没有太大差别，表明民国苏州仍然是以工商业为主的城市。另据《吴县（城区附刊）》所载《吴县城区风俗礼制调查表》可知，从工者中，"以手工业工人为大多数，木机工人及铁机工人占最多数"，该表估计工人数为2万余人，而手工业人数为3万人。[④] 这说明，苏州城区虽然工人人数在增长，但手工业仍然在就业市场中占更大比重。

据马斌、陈晓明不完全统计，明清时期苏州城有手工行业60余个。[⑤] 据李伯重研究，明中叶至清中叶苏州较重要的手工业有棉布加工业、丝织品加工业、成衣业、碾米业、酿酒业、榨油业、纸张加工业、印刷业、草编业、砖瓦石灰业、铁器制作业及珠宝制作业等12个主要行业。[⑥] 这些手工业在民国时期有不少开始向机器工业转化，如棉布加工业、榨油业、碾米业等；也有一些处于手工业与机器工业并存的形态，如丝织品加工业；但还有很多行业继续维持着手工业的形态，并持续在苏州经济中发挥作用。据《吴县（城区附刊）》统计，民国时期苏州城区的手工

---

[①] 中华人民共和国苏州海关编，陆允昌编注《近代苏州通商口岸史料集成》，文汇出版社，2010年，第48页。
[②] 《苏州丝织厂情况》，《申报年鉴》，1936年，第665页。
[③] 苏州市地方志编纂委员会编《苏州市志》第一册，江苏人民出版社，1995年，第307页。
[④] 乔增祥：《吴县（城区附刊）》，吴县县政府社会调查处，1931年，"社会"，第2页。
[⑤] 马斌、陈晓明：《明清苏州会馆的兴起——明清苏州会馆研究之一》，《学海》1997年第3期，第99页。
[⑥] 李伯重：《工业发展与城市变化：明中叶至清中叶的苏州（中）》，《清史研究》2002年第1期，第65页。

业行业依然众多，包括成衣、制衣、结绒线、结绒球、回发、糊洋火盒、马尾棕货、做绳、制线、摇袜、织带、装璜锦盒、账簿信封、制伞、灯笼、明瓦竹帘、芦席、染色、洗衣、拔金银丝、弹花、帽业、扇骨、扇面、煤炭、裱业、麦柴扇、藤工、象牙骨货、班鼓业、罗经日规、眼镜业、车玉业、炼经、绒篦、雕花、木器、红木器、建筑公司营造厂及水木作、皮箱、板箱、锯木、铰链、大件铜器、小色铜件、帐钩、脚炉、手炉、铜锁、置器、圆作、竹艺、石匠、木鱼、刻字、金线、车木、制砚、制笔、锡器、红铜作、喇叭唢呐、革制业、木机、掉经、顾绣、铁器、冥器、漆器、白铁、戏衣行头、财神摆设、成佛、西式木器、鸟笼、棕垫、红木物件、香业、丝边、金银业、角货、水烟筒、鞋业、搭凉棚等84个细分行业。这些行业用工人数最多的是"木机"行业，达6000人，最少的是"财神摆设"行业，仅9人。其中用工人数超过1000人的行业，除木机业外，还有成衣（3000余人）、糊洋火盒（1000余人）、木器（5000余人）、建筑公司营造厂及水木作（2000余人）、掉经（2000余人）、顾绣（3000余人）、铁器（2000人）等行业，其他行业则数十人至数百人不等。①

可见，近代苏州的机器工业发展迟缓，工场手工业更加普遍。如果我们不把机器工业和工场手工业完全对立起来，而是将它们看成一种互补的工业发展模式，②则苏州的经济状况似并不是完全黯淡无光。如果我们放眼苏州城乡，可以发现，除了城区工业保持着机器工业与工场手工业并存的形态外，家庭手工业也在蓬勃发展，并形成了面向市场的特色产品，如苏州灵岩山的澄泥砚，常熟的草籽，虎丘的泥人，葑门外的水八仙和蒲包、蓑衣、灯草，浒墅关的草席和席草，吴江的黄草，吴江平望的丝网，等等。这些特色产品扩大了农民就业机会，实现了农业劳动力的转移，提高了农民收入，增加了社区经济总量。③

简而言之，晚清以来，苏州棉纺织、火柴、造纸等新式工业输入，

---

① 《吴县城区手工业概况调查表》，乔增祥：《吴县（城区附刊）》，吴县县政府社会调查处，1931年。
② 吴承明：《中国近代经济史若干问题的思考》，《经济史理论与实证：吴承明文集》，浙江大学出版社，2012年，第196—207页。
③ 王国平主编《苏州史纲》，古吴轩出版社，2009年，第546页。

传统的丝织等行业也在向现代工业转化，但是现代工业并没有摧毁手工业。在苏州，大型现代工业与中小民族工业、工场手工业以及个体手工业共同分占市场，相互补充，形成一个多层次的工业结构。此外，资本主义家庭劳动和小农经营也在这一工业—市场经济结构中占有一席之地。①

虽然民国期间苏州的工业化有一定进展，但是比较而言，民国苏州无论在城市的工商功能还是政治功能上，比之明清时期都有所减弱。民国苏州更以其宁静舒适的生活、优雅闲适的文化为人所称道，"农业都市""住宅都会""风景市"等概念成为时人对于苏州特性的主要认识。

苏州城市在晚清民国时期的发展道路在一定程度上是江南地区城市发展道路分化的体现。如果我们将江南地区的主要都市南京、杭州、镇江、无锡、常州、苏州等城市加以比较，可以发现无锡、常州（武进）在近代工业上有良好的表现，镇江、南京、苏州、杭州等传统中心城市则在近代工业方面发展相对迟缓（杭州在近代工业方面比苏州、镇江、南京略好）。苏州、镇江等城市与无锡、武进等城市的不同工业发展状况，应与上海崛起对苏南地区的双重影响有关。上海崛起有强烈的吸附功能，将传统商业城市中的商业资本、转运贸易、货币积累直至商业城市的优势吸引到自己这方面来，从而使传统商业城市的工业难以振兴，这一点在苏州、镇江体现得特别明显。另外，上海崛起也具有强烈的辐射功能，把发达的产业、先进的科技和技术人才扩散到周边，推动相对不发达地区的工业发展，无锡和武进主要体现了上海这方面的影响。②可以说，上海的崛起对于江南的经济地理格局起到了一个重新分配的作用。恰如王家范所指出的，"在传统苏州的东西两侧崛起新兴的上海与无锡，联动浙北、浙东，以及苏州的自我蜕变（而非衰落），构成了中国区域现代化史上最亮眼的历史事件之一"。③

进入20世纪80年代以后，上海的吸附与辐射作用似乎又与20世纪

---

① 王国平主编《苏州史纲》，古吴轩出版社，2009年，第497页。
② 戴鞍钢：《江浙沪近代经济地理》，华东师范大学出版社，2014年，第118页。此外，郑忠认为，无锡是由于上海"增长极"的创新功能作用而成长起来的新"增长极"。参见郑忠《近代中国区域城市的经济关系——基于对上海与无锡互动的考察》，《江海学刊》2011年第3期。
③ 王家范：《从苏州到上海：区域整体研究的视界》，《档案与史学》2000年第5期。

上半叶有很大不同。众所周知，在这一时期苏州工商业迅速发展，不仅在经济规模上超过无锡，而且成为江苏省经济的领头羊。关于苏州在20世纪后期的逆袭，很多论者指出是上海辐射作用的结果。作为距上海最近的大城市，苏州利用历史渊源关系以及地缘优势，在80年代主动接受上海技术和设备的扩散，乡镇企业异军突起，实现了经济超常规的发展；90年代以来，苏州抓住上海浦东开发开放的机遇，加大对外开放力度，依托开发区建设，外向型经济迅速崛起，苏州经济再次进入高速增长阶段。[①] 可以说，19世纪末至20世纪上半叶上海的崛起导致苏州一度衰落，而20世纪后期苏州又借助上海的辐射作用再度崛起。针对当前上海与苏州的密切关系，有论者指出这构成了一种具有中国特色的"孪生城市模式"，这种"孪生城市模式"与香港和深圳之间的关系极为相似。[②] 百年来苏州城市发展轨迹的曲折变动，如果放在江南城市体系的长程历史中可以有更深入的解读。

## 五 苏州经济蜕变与江南城市体系重构

城市是区域人类活动的凝结点，它作为中心点向周边地区提供在空间上需要集中于某地点的特殊服务，根据服务辐射范围的大小，城市构成一个类似金字塔状的有等级的层级体系。明中叶至清中叶的300年间，苏州一直是江南的中心都会。

近代江南城市体系出现了明显的变化，其中最显著的是中心都会从苏州转移到了上海。为什么苏州作为江南经济中心的地位会被上海所取代？有学者指出，这一过程有很大的历史偶然性的推动。最初，上海被选为通商口岸的重要原因是其作为当时江南以及全国经济中心苏州的外港和门户的地位。[③] 开埠前十年，虽然上海的对外贸易量增长迅速，并

---

① 刘荣增等：《新时期大都市周边地区城市地位研究——以苏州与上海关系为例》，《地理科学》2001年第2期。
② 陆玉麒、董平、俞勇军：《苏州与上海孪生城市模式的形成机理及其区域效应》，《地理科学》2004年第3期。
③ 李荣昌：《上海开埠前西方商人对上海的了解与贸易往来》，《史林》1987年第3期，第99页；〔英〕施美夫：《五口通商城市游记》，温时幸译，北京图书馆出版社，2007年，第111页。

超过了广州港，成为对外贸易第一大港，但还没有威胁到苏州中心都会的地位，"而且因之前苏州的工商业正受交通阻滞之苦，海上贸易的扩张或许反而可能会对其经济起到一定的帮助作用"。① 但是太平天国运动最终导致了"苏州时代"的结束和"上海时代"的开始。太平天国定都南京以后，战事主要在长江中下游展开，长期的军事活动破坏了传统商业路线，迫使原本经由运河运输的商品改由海道运输，外国商品也不再以苏州为交易中心，苏州的贸易地位开始下降。② 太平天国进军苏南，占领苏州、杭州等地，不仅给这些城市造成严重的破坏，而且造成了严重的人口和资金的流失，而这些人口和资金多数流向了上海。③ 正是在太平天国运动所导致的苏、杭、宁等传统江南核心城市的衰落过程中，上海日益成长起来。太平天国运动后，上海已基本确立了其江南和全国经济中心的地位，并在19世纪后半期逐渐发展成为东亚的贸易中心，进而形成了以上海为中心的跨越东海周边中国、日本、朝鲜的区域经济圈。④

除了太平天国运动这一具有偶然性的政治因素之外，从结构性的视角来看，交通条件的变化同样值得充分关注。从唐代开始并延续至明清，苏州居大运河之上，一直是南北水运商道的枢纽，此外，苏州通过运河以及刘河、福山塘等通道，成为长江这条东西向水运商路的重要转口集散之地。⑤ 苏州地区经济发达的重要因素之一，即苏州城及其腹地长期以来拥有非常大的交通优势。

但是自清代嘉庆、道光以来，苏州的交通优势逐渐丧失。嘉道年间，南北大运河屡屡断航，几乎到了废止的地步。道光四年（1824），清政府因漕运不通而议改海运，并于道光五年（1825）设海运总局，雇觅上

---

① 江沛、秦熠、刘晖等：《中华民国专题史·城市化进程研究》，南京大学出版社，2015年，第244页。
② 《两江总督何桂清江苏巡抚赵德辙江海关暂增额外盈余茶税银应请尽收尽解折》，江苏省财政志编辑办公室：《江苏财政史料丛书》第一辑第三分册，方志出版社，1999年，第310页。
③ 葛剑雄、侯杨方、张根福：《人口与中国的现代化（1850年以来）》，学林出版社，1999年，第182、186—187页。
④ 〔日〕古田和子：《上海网络与近代东亚——19世纪后半期东亚的贸易与交流》，王小嘉译，中国社会科学出版社，2009年，第26页。
⑤ 罗仑、夏维中：《明清时代江南运河沿岸市镇研究初探》，《南京大学学报》（哲学·人文科学·社会科学版）1990年第4期。

海沙船沿海北运苏松等四府一州的漕粮，一举成功。此后，持续 10 余年的太平天国运动，封锁了大运河上的交通运输，切断了贯通南北的经济大动脉，漕运因此停运，运河河道也因多年无法治理，淤塞更加严重，几乎断航。运河的堵塞以及太平天国对运河的封锁使得海运取代河运成为大势所趋。太平天国运动平息以后，清廷仍用海运之法，以上海为基地，启用上海沙船、东北卫船进行，1872 年上海轮船招商局成立后，改用轮船负责海运事务。从此，运河不再发挥联系南北经济的内河航运主干道的作用。清末，随着铁路运输的兴起，运河运输体系彻底解体，其历史使命终告完结。① 当大运河不再是南北水运的主要商路之时，大运河江南段虽尚可维持，但仅是江南的一条区域性运道。

在丧失大运河交通优势的同时，苏州作为长江商道转口集散中心之一的地位也在丧失。苏州与长江的联系，一依江南运河，一依刘河、福山塘。而至嘉道年间，这些通道都存在着严重问题。江南运河镇江段，是长江货船收口、进河的必经之路，但至此而日益不畅，运河入江口泥沙严重淤塞，而且丹徒、丹阳段运河地势高亢，不易蓄水，经常出现断航堵塞现象。如道光四年，丹徒、丹阳一带严重不畅，只能"煞坝挑河，客贩来船，未能络绎前进"，以至"堵塞坝外米船，不下千号"，不能顺利到达苏州。后虽经多次整治，但收效甚微，特别是此段运河的水源所在练湖的淤塞已成为不可逆转之势，运河蓄水难以解决。随着练湖的彻底淤塞，清末民初该段运河基本断航。②

刘河、福山塘等河的淤塞，也使苏州城丧失长江运道优势。刘河曾是太湖入海的传统通道，也是海船收口转输的重要航道。元代大规模的海运、明初的漕粟泛海、郑和船队，都由此河的入江口刘家港出发。但自明代以后，此河淤塞逐渐严重，历史上屡经修浚，尚能维持，但至乾隆末年，刘河"河口陡涨横沙，巨舰不能收口，商贾围困萧条"。至嘉庆年间，刘河彻底淤塞，水泄不通，灌溉难资，更谈不上船舶往来。道光十四年（1834）林则徐大规模整治刘河，在河口筑起大坝，彻底切断刘河与长江运道交通联系。其他如福山塘河的演变，也基本上与刘河无

---

① 卫荣光：《重订江苏海运全案》（原编）"序"，转引自范金民、夏维中《苏州地区社会经济史·明清卷》，南京大学出版社，1993 年，第 560 页。
② 安作璋主编《中国运河文化史》下册，山东教育出版社，2001 年，第 2017 页。

异。交通优势的丧失，使苏州从原来的区域航运中心下降为一个内陆河运港口，对外的交通联系只能通过上海港来进行。

当运河运输功能衰退之时，铁路交通在中国兴起，如果苏州能抓住铁路发展的契机本可一定程度上弥补运河优势丧失的劣势，但是在新兴的铁路修建中，苏州也错失了作为枢纽的机遇。1895年7月，两江总督张之洞鉴于甲午战争后列强谋取中国铁路路权日亟，奏请兴建江南铁路，计划"由上海造铁路以通苏州，而至江宁，旁通杭州，此路最有利于商"，计划路线分为"自镇至宁，自苏至杭两路，或官办或商办"，建成后可使江宁、苏州、杭州"联为一气"。[①] 可见，当时江南地区铁路是以苏州为中心加以筹划，分为沪宁和苏浙两个部分，两条线路的枢纽在苏州。

1903年沪宁铁路开工，1908年全线通车。但另一条规划路线——苏浙铁路却没有按计划进行。1898年10月15日，盛宣怀与怡和洋行签订《苏杭甬铁路草约》四款，正式提出兴建从苏州南下，经嘉兴府至杭州，再延伸至宁波府的苏杭甬铁路。但由于英国受1899年南非战争及庚子事变影响，该路建设陷于停顿。1903年春，浙江商人李厚礽等致函盛宣怀，要求自办杭州城外江干至湖墅的铁路。1905年8月26日，浙江绅商自发组建"商办全浙铁路有限公司"（简称"浙路公司"），招股自办包括杭州至苏州、上海两路在内的浙江全省铁路。同时请求清政府废除与英国方面签订的草约。与此同时，江苏士绅也投身收回沪宁铁路的行动中，但终因借款合同已签而失败。1906年5月25日，"商办苏省铁路股份有限公司"（简称"苏路公司"）成立，议与浙路公司合建连通苏州、杭州、宁波的苏杭甬铁路。

商办苏杭甬铁路从开始就面临着清政府与英国方面签订的《苏杭甬铁路草约》的制约。1905年9月16日，浙路公司成立不满一个月，英国驻华公使照会外交部要求在草约基础上正式签订《苏杭甬铁路合同》，以阻止浙路公司建设。而江浙绅商则开展废除草约运动。苏路公司成立后，关于先办苏嘉铁路还是先办沪嘉铁路以连浙路，出现不同意见，主

---

① 《署两江总督张之洞奏筹办沪宁铁路已派洋员测勘分段兴造折》，王彦威、王亮编《清季外交史料》第119卷，书目文献出版社，1987年影印本，第15—16页。

张先办沪嘉铁路者认为沪嘉铁路较易获利,主张先办苏嘉铁路者认为苏嘉铁路有利于苏杭商务之振兴。1906年11月,苏浙两路公司为规避草约选择先办沪嘉铁路。[①] 1907年1月21日,沪嘉铁路在上海举行开工仪式。沪嘉铁路开工后,两公司考虑到苏嘉铁路的兴建可能会影响沪嘉铁路收益,遂于1908年申请"改苏杭甬为沪杭甬"。3月6日,清政府与中英银公司签订《沪杭甬铁路借款合同》,原计划的苏杭甬铁路变成沪杭甬铁路。[②] 该路上海至松江段于1908年4月率先通车,1909年9月12日全线通车。

虽然苏路公司并未放弃苏嘉铁路的建设计划,但由于沪杭甬铁路通车后苏路公司营业低迷,入不敷出,再也无力实施包括苏嘉铁路在内的其他筑路计划。辛亥革命后江苏省会迁往南京,1913年苏路公司被收归国有,苏嘉铁路继续搁置。直到1932年"一·二八"淞沪抗战后签订《淞沪停战协定》,规定中国军队不得在上海及苏州、昆山以东驻扎,军队调动也不得经过上海,南京国民政府才决定修建苏嘉铁路,以满足军队调动的需要和作为苏浙国防工程的组成部分。1936年苏嘉铁路由国民政府建成通车,但从1944年春起又被侵华日军拆除,至今未能恢复。

沪宁、沪杭铁路交会于上海,使上海成为长江三角洲地区的铁路枢纽,这进一步加强了上海中心城市的地位。反之,苏杭甬铁路改为沪杭甬铁路,使苏州错失了其作为江南铁路枢纽的地位,这进一步削弱了苏州在江南区域体系中的地位,对此后苏州的发展有长期的结构性影响。

上海取代苏州成为江南地区的中心都会虽然有一定的历史偶然性,但也有其必然性。近代以来随着资本主义在全球的扩张,中国日益融入全球贸易体系,中国的贸易网络也从此前的"运河时代"进入了"海运时代"。从19世纪中叶五口通商开始,城市化进程进入一个崭新阶段,此期城市人口比重迅速上升,并向沿海商埠集中。[③] 上海正是在这样的历史大潮中应运而起。而随着上海成为中心都会,长江下游城市体系也

---

① 岳钦韬:《以上海为中心:沪宁、沪杭甬铁路与近代长江三角洲地区社会变迁》,中国社会科学出版社,2016年,第48—66页。
② 中华人民共和国财政部、中国人民银行总行编印《清代外债史资料》中册,1988年,第386页。
③ 赵冈:《中国城市发展史论集》,新星出版社,2006年,第29页。

出现了重大的结构性变动。

近代江南区域城市体系的结构转变大致可以分为两个阶段。上海开埠是这个转变的起点，太平天国运动则加速了这一过程。19世纪50年代中期，上海取代广州成为中国对外贸易首要港口，19世纪60年代伴随上海港内外贸易规模的扩张及相关城市经济的发展，江南中心城市由苏州向上海转移，至19世纪90年代，上海与苏州间完成了换位，上海成为新的核心城市，苏州开始退居为区域中心城市。此时，苏州与杭州、南京、嘉兴、湖州、宁波、镇江同处一个等级，而无锡、南通等城市仍为县一级的城镇市场，区域城市格局尚未发生大的变化。① 至民国时期，长江三角洲区域城市体系进一步分化组合，无锡、南通等新兴城市迅速崛起，苏州、镇江、扬州等城市经济和人口发展停滞，长三角经济区渐具雏形，并分化为沪苏锡常、嘉湖、苏中、宁镇扬、杭绍、宁波等六个亚区。② 以上述经济地理格局为基础，到20世纪30年代，江南城市的现代区域格局基本形成。

在这个新的城市体系中，上海作为多功能的经济中心，不仅以吸纳、传导、辐射等方式对江南其他城市产生巨大的影响，而且使江南经济打破以往局部分割的局面，日益成为真正意义上的区域经济体系；南京、杭州发挥各自特色，扮演区域副中心的角色，共同构成江南城市体系的第二层次；无锡、苏州、宁波以及湖州（吴兴）、嘉兴、常州、镇江等城市，主要充当地方性中心城市的角色，共同构成江南城市体系的第三层次；众多的普通县级城市，连同部分市镇，以较为密集的地域分布网络，成为江南城市体系的基层。③

同时，在上海崛起、城市体系重新定向的过程中，江南地区的城市化进程也进入一个加速的阶段。1843年长江下游城市人口占总人口的比重是7.4%，1893年的比重则提高到10.6%。④ 城市人口的增长大部分应归结于商业化的发展，同时与该地区愈加扩大的对外贸易和运输蒸汽化

---

① 郑忠：《嬗变与转移：近代长江三角洲城市体系之雏形（1842—1895）》，《复旦学报》（社会科学版）2007年第1期。
② 戴鞍钢：《江浙沪近代经济地理》，华东师范大学出版社，2014年，第237—241页。
③ 陈国灿：《江南城镇通史·民国卷》，上海人民出版社，2017年，第68页。
④ 〔美〕施坚雅：《十九世纪中国的地区城市化》，〔美〕施坚雅主编《中华帝国晚期的城市》，叶光庭等译，中华书局，2000年，第264页。

有关。① 在大城市人口增长的同时，市镇的数量也持续增长。太平天国运动以后，随着国外丝织品市场和国内棉纺织品市场的发展，江南农村社会的商业化程度进一步加深。同时，地租赋税普遍改折，迫使只种粮食作物的农民也卷入了市场。商业的发展促进了新城镇的形成。②

为了更好地把握江南区域城市体系的结构转型，我们有必要在区域城市的层级或中心地体系之外，引入网络体系的视角。美国学者霍恩伯格和利斯指出，在城市化进程中形成的区域城市体系可以区分出中心地体系和网络体系两种类型。中心地体系和网络体系在核心城市与其腹地的关系上存在着较大的差异。在多数大城市，两种体系往往同时存在，共同塑造着城市的特色和城市间的关系。③

我们可以发现，近代江南区域城市体系在中心都会转移过程中也具有从中心地体系主导型向网络体系主导型转变的性质。

在以苏州为中心都会时期，长江下游地区的市场以国内循环为主导，其主要商品是农副产品和手工业产品。鸦片战争以后，外国资本主义经济因素侵入中国，江南首当其冲，市场体系随之发生激烈动荡。1890年

---

① 〔美〕施坚雅：《十九世纪中国的地区城市化》，〔美〕施坚雅主编《中华帝国晚期的城市》，叶光庭等译，中华书局，2000年，第253页。
② 〔美〕白凯：《长江下游地区的地租、赋税与农民的反抗斗争（1840—1950）》，林枫译，上海书店出版社，2005年，第279页；行龙：《论太平天国革命前后江南地区的人口变动及其影响》，《中国经济史研究》1991年第2期，第41页。
③ 中心地体系以农业区域和（或）地方行政单位为基本单位，而网络体系以贸易网络为基本单位；中心地体系中各城市是各级的中心地，网络体系则由有核心和外围之分的城市网络节点构成；中心地体系的形状一般是区域型、几何状，网络体系一般是沿海型、不规则状；中心地体系中的城市经济功能主要是销售和服务，网络体系中的城市经济功能是贸易（尤其是远距离贸易）；中心地体系中城市往往承担本区域具有等级性、规则联系的行政职能，网络体系中的核心城市则实行非正式管理或帝国霸权统治；中心地体系中的城市与其腹地之间的文化关系是一种直向演化关系，即"城市将一种流行语言的本地和地域性变体以法律形式确定下来，从而完整地表述出一套涵盖教育、文学及系统思想的优良传统"，与之相对，网络体系中城市往往传播一种异质的文化形态，并迫使其他文化依附于它，从而显示出更为多元的文化色彩；从演变的动力和方向来说，中心地体系以供给来推动，其发展方向是从农村腹地层层向上，其最初推动力是制造商（工匠和农民），而网络体系则以需求来牵引，其发展方向是从核心向外围扩展，其最初推动力是贸易商（商人和银行家）。简言之，两大城市体系形塑了两种截然不同的发展模式，一种立足于乡村的提升发展，一种从城市中心向外扩张。参见〔美〕保罗·M.霍恩伯格、林恩·霍伦·利斯《都市欧洲的形成（1000—1994年）》，阮岳湘译，商务印书馆，2009年，第10—12、64页。

## 第四章 从中心都会到地区城市：苏州经济的蜕变

以后，中外纱厂纷纷建立，土纱开始走向没落，20世纪初土布亦逐渐萎缩，洋油、洋铁等被称为杂货的日用品的进口势不可挡。在洋货如潮水般涌入的同时，市场的开放也使江南制品面临更广阔的国际市场。从19世纪后半期开始，棉花等原料出口增加，上海转运内地的原料、半成品出口增加，进口棉纱、日用品增加，生丝、茶叶等的出口亦日益增加，江南由传统时期的从外部输入原料而输出制成品，开始转向输出原料而输入制成品。处于内陆的传统中心地苏州发展停滞，沿海港口门户城市上海迅速崛起，不仅取代苏州成为江南中心都会，而且成为全国经济中心。至20世纪初期，以上海为中心，汉口、天津、广州三大港互相配合，形成了国内商品市场网络。[①] 在此进程中，江南借助上海的强大功能，不仅加强了与全国各地市场的联系，也加强了与国际市场的联系。[②] 由此，江南市场的城市体系格局，由传统的内陆型、中心地型向近代的开放型、网络型转变。

在中心地层级重组之时，近代江南的城市体系体现出向网络型发展的性质。与中心地体系注重区域城市内部的连贯性和层级构成不同，网络体系关注区域城市体系的跨区域联系。在网络体系之中，区域城市往往存在着与外界联结的门户，通过这个门户，区域城市输出输入商品和信息，在这样的城市体系中存在着节点与会合处、通道与门户、核心与边缘地区。在欧洲城市史上，威尼斯就承担了类似的门户功能，从而维持着自己在欧洲城市体系中的地位。[③]

如果我们用这样的视角来考察江南城市体系，可以发现，上海成为江南城市体系的核心是基于其承担了江南城市体系与外界联系的门户作用，这使以上海为主导的近代江南城市体系具有一定的网络体系的特征。在这样的网络体系中，虽然上海因作为门户起着主导作用，但体系内部的苏州、南京、杭州、常州、无锡、南通各承担着多样化的城市功能。

---

[①] 龙登高：《江南市场史：十一至十九世纪的变迁》，清华大学出版社，2003年，第28—33页。此外，关于上海取代苏州成为江南首要城市及发展为全国经济中心的过程，江沛等曾有细致的论述，参见江沛、秦熠、刘晖等：《中华民国专题史·城市化进程研究》，南京大学出版社，2015年，第239—254页。

[②] 龙登高：《江南市场史：十一至十九世纪的变迁》，清华大学出版社，2003年，第34页。

[③] 〔美〕保罗·M.霍恩伯格、林恩·霍伦·利斯《都市欧洲的形成（1000—1994年）》，阮岳湘译，商务印书馆，2009年，第55—72页。

施坚雅曾指出,以江南为核心的长江下游城市体系不断进行重组,其中心都会经历了从扬州到杭州,从杭州到南京,从南京到苏州,再从苏州到上海的转移,但是苏州、杭州、南京这类城市从来没有完全衰落。在笔者看来,这种"群星闪耀"的局面恰是网络体系与中心地体系共同作用的结果。因为网络体系比中心地体系有更多元化的特征,作为城市体系核心的中心都会无法完全遮蔽和吞噬其他次级城市的功能,从而为这些城市的持续发展提供了空间。此外,以网络体系为主导的城市体系与基于中心地体系而形成的城市体系在城市内部关系上有不同,体现在文化上,一种是"异质演化",另一种是"直向演化"。[1] 如果从以上的视角来看,上海所代表和传播的"海派文化"虽然以江南传统文化为基础,但充斥着异质文化的成分,其在区域内的文化影响颇类似于"异质演化",而苏州在区域内的文化影响则更类似于"直向演化"。江南区域内城市体系中的多元化格局,某种程度上为城市文化的差异化发展提供了空间。这样的观察视角,为我们理解民国时期苏州与上海的文化差异提供了启发,关于这一点,本书第三部分有深入探讨。

---

[1] 〔美〕保罗·M.霍恩伯格、林恩·霍伦·利斯:《都市欧洲的形成(1000—1994年)》,阮岳湘译,商务印书馆,2009年,第11页。

# 第五章　苏州与上海：人的互动与城的发展

苏州与上海作为中国经济中心江南地区的两座毗邻城市，其密切的互动关系，不仅对当今区域社会经济发展具有重要意义，对理解中国历史亦具有重要探讨价值。日本学者宫崎市定曾指出："事实上，近现代上海的繁荣，无非是以太平天国为契机，苏州的繁荣转移过来的结果。与此同时，苏州的风气也转移到上海来。上海并非突然出现的，其历史背景即是苏州的存在。"[1] 对于宫崎市定这番话相信很多人会有同感，但苏州的繁荣是怎么转移到上海来的？苏州的风气又是怎样转移到上海来的？崛起后的上海对于毗邻的苏州带来怎样的影响？宫崎市定并没有解释。本章即试图对这些问题加以探究，其切入点是从苏沪两地的人口和资本流动入手。

近代上海是一个移民城市。[2] 各地移民的大量涌入为上海的发展注入了生生不息的活力和强劲的动力，移民群体在近代上海的崛起中具有举足轻重的地位。因此，上海史研究中一直重视对移民群体的研究。[3] 令人遗憾的是，对于上海社会中举足轻重的移民群体——旅沪苏州人的研究，则不尽如人意。[4] 对于上海人在苏州的情况更很少涉及。本章即

---

[1] 〔日〕宫崎市定：《明代苏松地方的士大夫与民众》，刘俊文主编《日本学者研究中国史论著选译》第六卷"明清"，栾成显、南炳文译，中华书局，1993年，第261页。
[2] 邹依仁：《旧上海人口变迁的研究》，上海人民出版社，1980年，第112页。
[3] 主要著作有：陶水木《浙江商帮与上海经济近代化研究（1840—1936）》，上海三联书店，2000年；李瑊《上海的宁波人》，上海人民出版社，2000年；〔美〕韩起澜《苏北人在上海，1850—1980》，卢明华译，上海古籍出版社、上海远东出版社，2004年；陈櫆《民国时期上海的苏北移民研究》，博士学位论文，南京大学，2005年；宋钻友《广东人在上海（1943—1949年）》，上海人民出版社，2007年；高红霞《上海福建人研究（1843—2008）》，上海人民出版社，2008年。
[4] 目前关于旅沪苏州人的研究，以洞庭商帮和东山家族，尤其是东山席氏的研究成果较多（范金民、夏爱军：《洞庭商帮》，黄山书社，2005年；马学强：《江南席家——中国一个经商大族的变迁》，商务印书馆，2007年；杨丽莹：《扫叶山房史研究》，博士学位论文，复旦大学，2005年）。张海林在其关于苏州早期城市现代化的研究中，也对近代苏州商人投资上海有一定描述（张海林：《苏州早期城市现代化研究》，南京大学出版社，1999年，第99—101、118—119页）。此外，学术界对旅沪苏州（转下页注）

试图从群体的角度对旅沪苏州人予以研究,揭示其在上海文化形成以及社会发展中的地位。① 同时,也通过对上海资本家在苏州的投资经营情况的介绍,展现近代上海对苏州的经济辐射。

## 一 明末以来苏州人迁沪历程

明清时期,苏州是江南地区经济、文化中心,也是全国货物集散、转运和信息交流的重要中心。② 文化繁荣、工商业发达的苏州对于他乡商人具有巨大的吸引力,各地商人纷纷在苏州建立会馆,以联络乡情。③ 此时的上海,由于棉布贸易和沿海贸易的发展,也处于崛起之中,并成为江南地区的一个区域贸易中心,但相对来说处于江南地区边缘。④ 此时,苏州与上海的关系被形象地比喻为"大苏州、小上海"。

苏沪间距离110千米左右,明清时期两地往来主要依靠木船,航程约三天两夜。⑤ 此时,两个城市虽然都分别吸纳大量外来人口,但多数为外省商人,两个城市之间的大规模人口流动似不多见。明末以来,一

---

(接上页注④)文人研究也较为关注([美]柯文:《在传统与现代性之间——王韬与晚清改革》,雷颐、罗检秋译,江苏人民出版社,2006年;叶中强:《上海社会与文人生活》,上海辞书出版社,2010年;王敏:《上海报人社会生活(1872—1949)》,上海辞书出版社,2008年)。

① 1919年成立的苏州旅沪同乡会的《章程草案》总则第一条称:"本会由旧苏州府属旅沪人士所组织,定名为苏州旅沪同乡会。"按:清末苏州府辖吴县、长洲、元和、吴江、震泽、昆山、新阳、常熟、昭文九县和太湖、靖湖二厅。本书所述旅沪苏州人,指苏州附属各县人士,而以吴县、元和、长洲三附郭县人士为主。另,本书撰写过程中,笔者的硕士研究生陈建荣承担了大量资料搜集和整理工作,特此致谢。
② 参见[美]迈克尔·马默《人间天堂:苏州的崛起,1127—1550》,[美]林达·约翰逊主编《帝国晚期的江南城市》,成一农译,上海人民出版社,2005年;王家范《明清苏州城市经济功能研讨——纪念苏州建城两千五百周年》,《华东师范大学学报》(哲学社会科学版)1986年第5期;范金民《清代苏州城市工商繁荣的写照——〈姑苏繁华图〉》,《史林》2003年第5期。
③ 范金民:《明清时期活跃于苏州的外地商人》,《中国社会经济史研究》1989年第4期;吕作燮:《明清时期苏州的会馆和公所》,《中国社会经济史研究》1984年第21期。
④ 参见[美]林达·约翰逊《一个正在崛起的江南港口城市,1683—1840》,[美]林达·约翰逊主编《帝国晚期的江南城市》,成一农译,上海人民出版社,2005年;周武《边缘缔造中心:历史视域中的上海与江南》,上海人民出版社、上海书店出版社,2019年。
⑤ 包天笑:《钏影楼回忆录》,中国大百科全书出版社,2009年,第29页。

些触角敏锐的苏州洞庭商人开始在松江、青浦一带设店收购棉布。① 例如，著名洞庭商人席端樊、席端攀两兄弟早年到松江学生意，后在朱家角开设店铺，席端樊次子席本久在朱家角镇建造"澹香别业"，后世子孙即定居于此。康熙年间，东山叶湘挟千金以市布，买一船往返于苏松，另有一位名叶婴晖的商人，也到松江贩布，不幸客死他乡。乾隆年间，叶达与其弟经商于南翔，发财后在住宅旁建园林，不时请文人觞咏其间。因收购棉布需要大量资金，苏州商人亦在松江主要城镇开设钱庄、典铺。② 康熙二十三年（1684），江苏海禁解除，翌年，上海设立海关，经济获得长足发展，各地商帮相继涌入。此时更多苏州商人来到上海开设行铺，从事商贸活动。如《墨馀录》作者毛祥麟，其祖"定西公"即在乾隆年间由苏州迁往上海。③ 另如东山马正淏，其父马中钊，鸦片战争爆发时正在上海经商。④

上海开埠后，迅速发展成为全国经济、文化中心和远东金融中心，吸引大量移民涌入，苏州人是其中较早的群体之一。包天笑称："其实上海自开埠以来，最先到的便是苏州商家，当时的大商业，如珠宝业、绸缎业、药材业、参茸业、典当业，以及钱庄、金铺都是苏州人来创始的。说句可耻的话，因为苏商的发展，妓馆也借说书为名，号称书寓，而成为苏帮了。"⑤ 是否如包天笑所云，上海的"大商业""都是苏州人来创始的"，由于史料缺乏，目前无法充分验证。但从个别例证可以看出，上海开埠后，苏州商人进军上海的时间似乎不比宁波人晚。例如，苏州钱业巨头程卧云鉴于上海开埠后日益繁荣，钱庄业不断发展，遂奉父命携资十万两前往上海开设延泰钱庄。尤家原为苏州绸缎业巨头，上海开埠后，尤家迅速在上海开设同仁和绸缎庄分店与同仁和参店。⑥ 一些上海老字号如"老妙香"化妆品店、"姑苏五芳斋"糕点店、"天晓得"糖果店、城隍庙"大殿梨膏糖"店、周虎臣笔墨庄等都是苏州人在上海开埠

---

① 范金民、夏爱军：《洞庭商帮》，黄山书社，2005年，第48页。
② 王孝俭主编《上海县志》，上海人民出版社，1993年，第1218页。
③ （清）毛祥麟：《墨馀录》卷一，上海进步书局石印本。
④ 马学强：《江南席家——中国一个经商大族的变迁》，商务印书馆，2007年，第67页。
⑤ 包天笑：《钏影楼回忆录》，中国大百科全书出版社，2009年，第365页。
⑥ 包天笑：《钏影楼回忆录》，中国大百科全书出版社，2009年，第32页。

后开设的。①

太平天国运动时期，上海租界成为江浙难民的避难所，大批苏州绅民在这次"难民潮"中迁往上海。1853年上海小刀会起义和太平天国定都南京以及1860年太平军横扫江南，使苏南浙北大量人口涌入上海租界，所谓"江浙两省绅商士庶丛集沪城"。② 1860年6月2日，"苏城失守，藩臬各官具奔上海，制台亦逃上海，预为浮海之计"，③ 不仅苏州官员齐聚上海，随之而来的还有大批士绅，其中著名的有富绅潘曾玮、名士冯桂芬等人。④ 此时，大量苏州商人纷纷携资转往上海。如苏州"钱业三少"之一的卢少堂在经营钱庄发财后，便移资上海，专营地产。⑤ 苏州四大中药店中的"良利堂"与"雷允上"亦将资财转向上海，才保全了老字号。包天笑的姑丈尤巽甫为苏州大族，"太平之战，他们逃难到上海等处"。⑥《上海洞庭东山会馆记》记述洞庭东山人迁居上海的过程，称："初我山人素善贾，精华萃江、皖、淮、徐间。前清咸丰朝，发匪蹂躏东南，商业荡然，征贵贱者，群趋沪江。……同治朝，官军克复苏松，贼败分窜东山，山人避地来沪者众。"⑦ 近代上海著名"买办世家"——洞庭席氏家族亦在此次战争期间迁往上海。太平天国运动结束后，苏州人迁居上海谋生、经商的势头并未停止，如招商局经理施亦爵"乱平，至上海习钱业"，⑧ 徐家培"乱后，避居海上"。⑨ 虽然战乱平定后，大量苏州移民返乡，但亦有众多拥有巨资的苏州商人和地主从此定居上海。

19世纪80年代后，上海近代工业的发展，尤其是轻纺工业的发展，吸纳了更多的外来移民。《马关条约》签订后，苏沪之间开通轮船，两

---

① 张海林：《苏州早期城市现代化研究》，南京大学出版社，1999年，第100页。
② 王荦元：《星周纪事》卷下，上海古籍出版社，1989年，第52、46页。
③ 南京大学历史系太平天国研究室编《江浙豫皖太平天国史料选编》，江苏人民出版社，1983年，第113页。
④ 董蔡时：《太平天国在苏州》，江苏人民出版社，1981年，第160页。
⑤ 政协苏州市委员会文史资料委员会编《苏州文史资料》第1—5合辑，1990年，第58页。
⑥ 包天笑：《钏影楼回忆录》，中国大百科全书出版社，2009年，第15页。
⑦ 参见彭泽益主编《中国工商行会史料集》下册，中华书局，1995年，第891页。
⑧ 范金民、夏爱军：《洞庭商帮》，黄山书社，2005年，第59页。
⑨ 民国《吴县志》卷六十六，《中国地方志集成》，江苏古籍出版社，1991年，第118页。

地航程为十五六个小时,人员往来更为便捷。① 此时,迁沪苏州人亦不再局限于商人、地主和士绅阶层,众多苏州平民也陆续涌入上海谋生。据现有研究,上海工人虽然来源众多,但产业工人的精英——从事高度熟练工种,以最高工资级别受雇者——主要来自广州和江南。在棉纺厂、缫丝厂、卷烟厂、面粉厂及有轨电车工业职员中,工资相对较高的岗位多数由江南人占据,尤其是丝织业中更以浙江、常州和苏州工人为主。② 此外,手艺人及苦力,诸如轿夫、堂倌、仆妇与刺绣工之类的亦不乏苏州人,如葛元煦记载:"轿夫以苏州、无锡人为佳,上身不动,坐着安稳。"③ 另据海关报告描述:"侍候外国妇女的大多数女佣以及本地人商店的刺绣工和妇女头饰工是苏州来的。"④

20世纪初,上海人口持续快速增长,从1910年的1289353人增长到1937年的3851976人。随着移民潮的扩大,有更多的苏州商人到上海经商、投资,更多的平民到上海去谋生。如认为"上海是鬼子世界,我们也不想发洋财"的桃花坞吴家也不再满足于"产业只限于苏州本地",开始在上海开设典当行,经营地产,"近来也渐有发展到上海之势"。⑤ 民国初年,仅苏州洞庭东山一地,"同乡散处申浦,统政界、商界、学界、工界计之,无虑千万人"。⑥

光绪末年,沪宁铁路筑成,公路交通兴起,交通日益便捷,苏沪间的人口流动频率和规模大幅增加,上海对于苏州的辐射和吸引作用也大幅增加,苏州人迁沪的动因和渠道更为多元化。其中,进入20世纪以后,求学成为苏州人迁沪的一个重要动因和渠道。早在晚清,上海新式学校相继建立,旅沪商人即纷纷把子女送进新式学校就读。如席裕昆四个儿子中,次子席德炯早年在南洋公学就读,并留学美国,三子席德熙就读于复旦大学。民国以后,上海成为全国教育中心,商业、法律、艺

---

① 包天笑:《钏影楼回忆录》,中国大百科全书出版社,2009年,第176页。
② 〔美〕韩起澜:《苏北人在上海,1850—1980》,卢明华译,上海古籍出版社、上海远东出版社,2004年,第59—60页。
③ 葛元煦:《沪游杂记》,上海书店出版社,2009年,第103、273页。
④ 参见徐雪筠等译编《上海近代社会经济发展概况(1882—1931)》,上海社会科学院出版社,1985年,第21页。
⑤ 包天笑:《钏影楼回忆录》,中国大百科全书出版社,2009年,第365页。
⑥ 彭泽益主编《中国工商行会史料集》下册,中华书局,1995年,第892页。

术、职业教育尤为发达，成为各地学子求学圣地。在上海求学的苏州籍学生不少，并纷纷组建"苏州旅沪同学会"，如圣约翰大学1922年成立常熟同学会，1924年成立苏州同学会（又称"兄弟会"）。据1927年《复旦大学同学录》记载，1926年、1927年复旦大学吴县籍毕业生26位，其中王维骐还考入复旦大学研究院，毕业后任复旦实验中学教员；在校江苏籍学生有274人，其中吴县籍学生55人，占江苏籍学生的1/5。复旦中学在校江苏籍学生137人，其中吴县籍38人，占28%。[1] 再如，私立震旦大学医学院历年苏州籍毕业生有徐传俊、蒋桂生、吴必京、徐福燕、周家肇、徐若芬等。[2]

同乡组织是窥测地域移民规模和历程的一个重要指标。在近代上海，随着旅沪苏州人的增多，相继组建了一系列同乡、同业组织。从这些组织的组建时间和规模上，我们可以部分窥测出旅沪苏州人的大致情况（见表5-1）。

表5-1　旅沪苏州人同乡、同业组织一览

| 名称 | 成立时间 | 地点 | 组建者和成员 |
| --- | --- | --- | --- |
| 苏锡公所（永义堂） | 乾隆嘉庆年间 |  | 苏州、无锡鲜肉经营业主组建 |
| 成衣公所（轩辕殿）、（衣庄公所） | 嘉庆二十二年（1817） | 天灯弄 | 朱朝云等沪、苏、宁等三帮成员发起，成衣商人集资兴建 |
| 盛泾绸业公所 | 咸丰三年（1853） | 苏州路盛泾里242号 | 盛泾、泗泾丝绸商人组建 |
| 茶食公所 | 光绪年间 | 尚文门路南应公祠路 | 苏帮茶食业主组建 |
| 上海盛泾绸业公所 | 光绪十年（1884） | 南苏州路767弄盛泾里4号 | 吴县盛泾、王江泾两地驻沪绸业申庄同业组建 |
| 书业崇德公所（上海书业崇德公所） | 光绪十二年（1886） | 新北门老街（今丽水路）72号 | 迁居上海的苏州书商筹款创建 |
| 云锦公所 | 光绪二十年（1894） | 唐家弄普福里（今北苏州路） | 苏州绸布商人主管的苏缎批发业主组建 |

---

[1]《复旦大学同学录》（1927年），上海档案馆藏档案，档号：Y8-1-158。
[2]《私立震旦大学医学院历年毕业生一览表》，上海档案馆藏档案，档号：B242-1-152-1。

续表

| 名称 | 成立时间 | 地点 | 组建者和成员 |
|---|---|---|---|
| 苏州集义公所（集义公所、苏州会馆） | 光绪三十二年（1906） | 法租界西门路白尔路207号（打铁浜） | 苏州旅沪经营日本海产杂货商帮创建 |
| 珠宝业公所（韫怀堂、新汇市公所） | 光绪三十四年（1908） | 侯家路北首 | 苏帮珠宝业商沈时丰等组建 |
| 常熟米业公所 | | 新昌路529弄374号 | |
| 驻沪常熟米商公所 | | 闸北长安路长春坊 | |
| 平江公所（梓安堂、敬安堂） | 光绪十九年（1893） | 新闸路大通路口 | 严春旋等集资修建，成员为苏州府九邑商人 |
| 洞庭东山旅沪同乡会 | 1912年 | 爱文义路 | 张知笙、席锡蕃等发起，苏州洞庭旅沪工商业者组建 |
| 金庭会馆 | 1914年6月 | 小南门外陆家浜路1009号 | 吴县洞庭西山旅沪商帮创建 |
| 东山会馆 | 1915年 | 卢湾区丽园路433—437号 | 莫厘三善堂（成立于同治初年）与洞庭东山旅沪同乡会合建 |
| 苏州旅沪同乡会 | 1919年（1945年重新成立） | 大通路347号 | 杨叔英、陈养泉、贝润生等发起，旧苏州府属旅沪人士组建 |
| 吴江旅沪同乡会 | 1919年 | 老垃圾桥贻德路，后迁至吴江路75号 | 施子英、钱慈念等发起，江苏吴江旅沪工商业者组建 |
| 洞庭西山旅沪同乡会 | 1921年6月 | 南市陆家浜路大兴街 | 江苏洞庭西山旅沪同乡筹建 |
| 吴江会馆 | 1922年 | 闸北普善路310号 | 江苏吴江旅沪工商业者组建 |
| 昆山旅沪同乡会 | 1946年7月 | 永嘉路368号 | |
| 常熟旅沪同乡会 | 1948年1月 | 中正北二路75号 | |

资料来源：上海档案馆藏档案，档号：Q117-12、Q117-9、Q117-23、Q118-4；郭绪印：《老上海的同乡团体》，文汇出版社，2003年，第42—46、91—96页；张仲礼：《近代上海城市研究》，上海文艺出版社，2008年，第405—409页；上海历史博物馆编《都会遗踪》第二辑，学林出版社，2011年，第153—181页。

从表5-1可以看出，在清乾嘉时期，旅沪苏州人组织以同业公所为主，且往往与其他县合组。上海开埠以后，虽然以行业为标准的公所依然在相继组建，但以地缘为纽带的公所、会馆、同乡会开始出现，既有以苏州府为单位的同乡组织，如平江公所、苏州旅沪同乡会，也有以县为单位的同乡组织，如吴江会馆、常熟旅沪同乡会，甚至有以镇为单位的同乡组织，如金庭会馆、洞庭西山旅沪同乡会、洞庭东山旅沪同乡会等。这间接表明，旅沪苏州人的规模逐渐扩大。

由于资料所限，我们无法统计旅沪苏州人的确切数量，但通过上述内容，我们可以看出，明清时期已经有一定数量的苏州商人赴上海所在的松江府各市镇经商甚至定居。近代以来，苏州迁沪人数更是激增，且迁居途径日趋多元化。

## 二 旅沪苏州人与上海社会

俗语云"一方水土养一方人"，一地的自然条件及人文社会环境，对一方人群的塑造有着直接的影响。在各地特定的物质与文化生活方式基础上，形成了具有区域特征以及传统民俗的"区域人群"。当这些区域人群迁居外地之时，也必然将这些区域特征带到迁居之地，由此形成移民社会中一种色彩斑斓的现象。近代上海作为一个以移民为主体的大都会，也充分体现出这种充满地域色彩的群体特征。如吴趼人《沪上百多谈》即指出，在晚清上海，"衙门里师爷多绍兴人，剃头司务多句容人，典当朝奉多徽州人。……卖土挑膏多广东人，卖熏肠熏腊多无锡人，卖拳多山东人，收纸锭灰多绍兴人，酱园多海盐人，药店多宁波人"。[①]近年来关于上海移民群体的研究也充分证明了这样的一种现象。如上海的宁波人以工商、金融为主要行业，广东人亦以工商业为主，湖州人在缫丝业最为集中，苏北人则以从事苦力和工厂做工为多。那么，旅沪苏州人在行业上有什么特征？旅沪苏州人为近代上海文化形成和社会发展做出了什么贡献？

上海档案馆藏有 1946 年苏州旅沪同乡会复会大会成员名单，其中党政军警组 13 人、银钱业 16 人、金业 2 人、珠宝业 2 人、证券业 1 人、保险业 1 人、颜料业 5 人、旅馆业 1 人、棉纱业 1 人、洋货业 1 人、南

---

① 《吴趼人全集》第八卷，北方文艺出版社，1998 年，第 242—243 页。

## 第五章 苏州与上海：人的互动与城的发展

北货1人、进出口1人、中药业1人、绸缎业2人、纸业2人、印刷广告2人、地产4人、布厂1人、牛乳厂2人、纱厂1人、皮件厂2人、西医4人、中医1人、医院1人、古玩1人、话剧1人、游艺1人、电影1人、律师3人、文化10人、教育2人、团体5人，共92人，基本涵盖了当时旅沪苏州人中的著名人士。[①] 成员名单不仅人数众多，而且涵盖行业广泛，其中党政军警组、银钱业和文化行业人数最众。据笔者分析，党政军警组人数众多，应与苏州人钱大钧时任上海市长兼淞沪警备司令有关，可能并非通常状况。综合多种资料，笔者认为，旅沪苏州人在近代上海金融业、工商业、文教业和娱乐业等四个行业具有较为突出的地位。现分别述之如下。

1. 旅沪苏州人与上海金融业

苏州人在近代上海金融业的地位，可以从买办说起。买办为近代中国各外国洋行和银行雇用的经纪人。上海开埠初期，买办以广东人居多，但很快江浙籍买办逐渐取代广东籍买办的地位，其中苏州籍买办仅次于宁波籍买办，具有重要地位。如著名的东山席氏家族，在太平天国运动期间迁往沪地，席元乐的四个儿子席素煊、席素贵、席素荣、席素恒纷纷出任外商银行买办，其中席素贵任汇丰银行买办长达30年之久，在他的帮带下，形成一个买办世家。据统计，席氏家族共有23人担任过13家外商银行的买办，其中英商6家，美商和日商各2家，俄、法、意商各1家。[②] 席家除任外商银行买办外，还出任洋行买办。如著名的沙逊洋行买办沈吉成，为席品方四子，从小过继给母舅沈二园为子，沈二园去世后，沈吉成为沙逊洋行买办，人称"沙逊阿四"。洞庭东山另一望族严氏家族的严峻叔为礼和、老公茂、谦和洋行买办，严兰卿任敦裕洋行买办。东山富商朱蔼堂亦先后任开利、百司、基大等洋行买办。[③]

钱庄为中国传统金融机构，是商品货币经济发展的产物。苏州商人在上海开设的钱庄数量虽比不过宁波帮，但经济实力雄厚，在钱业中的

---

[①] 《苏州旅沪同乡会理监事、特别会员、普通会员和选举理监事选票及社会局关于理监事宣誓就职的指令》，上海档案馆藏档案，号号：Q117-12-2。

[②] 席德基：《东山席家与上海金融业》，政协吴县委员会文史资料委员会、吴县工商行政管理局编《吴县文史资料》第九辑，1992年，第194页。

[③] 郭绪印：《老上海的同乡团体》，文汇出版社，2003年，第297页。

地位甚为显赫。如苏州程氏在上海的福源、顺康、福康钱庄,资金实力雄厚,所聘经理皆为钱业中佼佼者。其中,福源钱庄的秦润卿曾担任上海钱业公会会长、上海总商会副会长、全国钱商业同业公会理事长;[①]顺康钱庄的朱五楼则担任过北市钱业公会董事、上海钱业公会会长。[②]而且,洞庭商帮在钱业中的分量,似有不断加强的趋势,如1933年与1921年相比,上海钱庄中绍兴帮减少1家,宁波帮保持不变,上海本帮减少4家,而洞庭帮增加了3家。[③] 据不完全统计,洞庭商帮在近代上海至少开设或投资了65家钱庄。[④] 另,1934年《本市钱业同业公会入会同业一览》记载上海钱庄有65家,其中苏州人合股或独资的有16家,占24.6%。[⑤] 以上皆显示出苏州人在上海钱业中的地位。

在西方银行制度影响下,上海的银行业日益发展。1932年,上海银行有70多家,其中由苏州帮(洞庭山帮)设立者4家,即严锡繁、王毅斋等创办的纱业银行,席季明、席少荪等创立的惠丰商业储蓄银行、中国商业银行,严敬舆创设的东南植业银行。[⑥] 此时,旅沪苏州人因其在金融业中的传统优势,纷纷到银行任职。如席正甫因参与筹建户部银行,他和几个儿子先后入股,席正甫拥有该行商股1320股,占6.6%。[⑦] 户部银行上海分行成立后,席裕光出任该分行副经理。1912年,江苏银行成立,席立功和王俊臣为该行董事,张知笙任该行理事,严锡繁初任无锡分行经理,后任上海总行经理。1915年,贝理泰协助陈光甫、庄得之创建上海商业储蓄银行,1917年出任苏州分行经理。[⑧] 金采生先后任中国实业银行经理、四明银行经理;席光熙曾任职中孚银行,并于1935年转入交通银行;叶扶霄于1920年出任大陆银行上海分行的经理,并担任上海银行公会主席;王子厚出任东莱银行上海分行经理,并兼任信托部经理和信托部地产主任。

---

① 熊月之:《上海名人名事名物大观》,上海人民出版社,2005年,第202页。
② 中国人民银行上海市分行编《上海钱庄史料》,上海人民出版社,1960年,第648页。
③ 中国人民银行上海市分行编《上海钱庄史料》,上海人民出版社,1960年,第771页。
④ 郭绪印:《老上海的同乡团体》,文汇出版社,2003年,第301页。
⑤ 《本市钱业同业公会入会同业一览》,上海档案馆藏档案,档号:Q320-1-1435。
⑥ 《立信会计师事务所关于惠丰储蓄银行账目审查、代办企业注册、商标注册等文件》,上海档案馆藏档案,档号:Q90-1-680。
⑦ 易继苍:《买办与上海金融近代化》,知识产权出版社,2006年,第200页。
⑧ 张晰:《民国金融巨子贝祖诒》,《浙江档案》2007年第11期。

## 2. 旅沪苏州人与上海工商业

在近代上海工商业中，苏州商人在金号行业具有相当大的实力，由苏州商人开设的金号至少有15家。其中吴县龚家"世代经营金业，在上海金业界中，亦推巨擘"。[①] 同丰永金号由苏州商人程志范、程少甫昆仲及徐凤辉等人合伙经营，其中，徐凤辉曾任金业交易所理事长，20世纪30年代资金估计达1000万元，财力为同业之冠。[②] 另外，席存垫在上海与人合资开设杨庆和发记银楼，并任经理。1927年，席存垫代表上海银楼公所，被推选为上海总商会会员。

苏州帮是上海最早涉足颜料业的商帮之一，较著名的颜料行有瑞康、成康和豫康等。成康由苏州商人张少霞独资设立，张少霞之子张珍侯曾任上海颜料商业同业公会理事长。16岁时，贝润生进瑞康颜料行当学徒，并于1898年接替奚润如出任瑞康颜料行经理。在第一次世界大战后，贝润生获得拜耳公司生产的"阴丹士林"垄断经营权，成为上海首屈一指的"颜料大王"。[③]

丝绸、棉布是苏州、松江一带土产，故苏州商人经营丝绸、棉布者为数众多，为传统优势项目。据上海商业储蓄银行调查，苏州商人开设的棉布号有32家之多，资金实力比较雄厚的有同利棉布号、同新祥洋货号、同丰棉布号和同春祥棉布号等。[④] 丝绸业从业者更多，据《上海绸缎商业同业公会会员名录》记载，苏州商人经营的商号有70余家，丝栈如席春元的华丰丝栈，朱月树的信泰、恒盛丝栈，绸缎有王、沈两家合资在上海南北市设立的天成绸缎局，北市有六大绸缎局，其中大纶和大盛为苏州人开设。上海大纶绸缎局的席守愚在绸缎业颇有声望，被推为上海绪纶公所会长。近代工厂兴起以后，苏州商人纷纷在上海创设织绸厂，据同业公会资料统计，苏州商人设立的织绸厂至少9家，包括久大织绸厂、福新绸厂、华达电力织绸厂、沪海织物准备厂、元泰织绸厂等。[⑤] 此外，苏州商人亦投资毛绒厂、棉纺厂，如：叶明斋创建振华纱

---

[①] 包天笑：《钏影楼回忆录》，中国大百科全书出版社，2009年，第329页。
[②] 《上海商业储蓄银行金号业调查资料》，上海档案馆藏档案，档号：Q275-1-1824。
[③] 上海市历史博物馆编《都会遗踪》第二辑，学林出版社，2011年，第91页。
[④] 《上海商业储蓄银行棉布业调查资料》，上海档案馆藏档案，档号：Q275-1-1911。
[⑤] 宋钻友：《同乡组织与上海都市生活的适应》，上海辞书出版社，2009年，第26页。

厂、龙华制革厂；席立功与人合资设立上海公益纱厂；邱玉如与席润生创办第一染织厂，并自织布匹，为布业界领袖；张紫绶创设多家呢绒织布厂，都经营得不错；沈莱舟则先后创办恒源祥绒线号、裕民毛绒线厂，并兼任恒丰毛绒厂、恒源祥织布厂总经理，号称"绒线大王"，并被推举为上海市毛纶业公会理事长。

此外，旅沪苏州人在上海典当业、海产杂货业以及糖行和南北货行也有不错的业绩。上海典当业主要有徽州帮、潮州帮和本地帮，本地帮指上海、苏州、洞庭商人经营的典当业，它们成立于咸丰年间，清末继续发展。早在上海开埠前，苏州洞庭商人就在上海经营海味行，如"鼎裕"和"老茂和"。鸦片战争后，苏州商人在上海经营海产杂货，主要有洋行街的"源来""同兴""宝来"，龙潭路上的"同福和"。近代上海糖行帮别大致有三，一宁波帮，二镇江帮，三本帮（主要包括苏沪两地经营者）。苏州商人郑品南、郑泽南兄弟开设的广源、大兴，席菊茹在公共租界设立的长百（主要经营台糖），吴兰荪开设的恒隆，等等，都是近代上海有名的糖行和南北货行。郑泽南还开办有糖业学校，并因声誉、业务较好被推为糖业公会主席。

3. 旅沪苏州人与上海文教业

开埠后，上海成为西学传播中心和中国近代化的窗口，吸引了不少文人、学者旅居或工作在上海。旅沪苏州人延续其崇文重教的传统，在近代上海的文化、教育行业中占有重要地位。1946年出席苏州旅沪同乡会复会大会的92位成员中，从事文化教育和自由职业者（包括西医、中医、古玩、电影、游艺、话剧、律师等）共24人，占26.09%，远远高于其他旅沪同乡会相关行业所占比重。[①]

苏州文人进军上海，首推苏州府长洲县甪里村人王韬。1849年，王韬进入墨海书馆，成为中国近代第一批对西学有相当了解的中国文人，亦成为苏州人进军上海文化教育界的先声。清末民国时期，随着新式学堂的广泛建立和报刊出版业的发展，苏州文人更是大量进入上海，并活跃在上海文教行业。

---

① 如歙县旅沪同乡会1948年理监事名单中，从事文化教育者只有3人，占7.89%；宁波旅沪同乡会1945年改选名单中，政界、新闻界、法律界和文化教育界共10人，占23.25%。

报馆和出版印刷机构是近代旅沪文人的首选之一,他们往往集办报、写作、编辑、译书于一身,并往往身兼数职。从籍贯来说,上海报人一直以江浙籍居多,如1939年4月申报馆员工476人,非江浙籍人士仅29人(其中包括3名美国人)。① 其中苏州籍报人不少,如1938年申报馆招收练习员(生)721人,其中苏州籍69人,占9.57%,及格者苏州籍9人,占8.4%。② 大量苏州籍旅沪文人加入报馆、书局,其中著名者如"鸳鸯蝴蝶派"小说家和报人包天笑与周瘦鹃,商务印书馆的叶圣陶、王伯祥等人,以及众多南社成员。

南社于1909年11月成立于苏州虎丘,为江浙地区文人社团。辛亥革命前后,南社社友纷纷赴沪,上海成为南社活动中心,至1936年社友为1000多人。南社社友来自全国各地,但创始人如柳亚子、叶楚伧、陈去病等皆历籍吴江,南社社友亦主要来自吴江、嘉善、吴县、吴兴等地。据《南社社友姓氏录》统计,南社社友总计1184人。其中,298人来自江苏,占25.17%;219人来自浙江,占18.50%;173人来自广东,占14.61%;135人来自上海,占11.40%。其中苏州地区,吴江有83人,吴县有26人,常熟有20人,昆山有6人。③ 辛亥革命前后,南社苏州籍成员在上海创办众多报刊,亦为上海文化事业的一时盛举。④

随着近代新式教育制度的发展,"学而优则教"成为"学而优则仕"之外的另一选择。《申报》记载:"计上海大小馆地不下千余,其师为浙江各属及苏、太之人居多。"⑤ 许多苏州文人都曾参与学校教育活动,如王韬曾任格致书院山长;冯桂芬曾任敬业书院山长;吴大澂、沈恩孚先后任上海龙门书院院长;陆润庠曾任上海蕊珠书院院长;包天笑曾在女子蚕业学堂、城东女学校、民立女中学校担任教师。民国以来,苏州寓沪文人中以教学为业的人更多,如郭绍虞早年曾任小学教师,1913年到上海从事文化教育工作,先后任上海复旦大学、光华学院、同济大学教

---

① 申报馆编《美商申报馆同人录》,1939年。
② 《申报馆第二届应征练习员、生名册及初试及格者名册》,上海档案馆藏档案,档号:Q430-1-2-23。
③ 郑逸梅编著《南社丛谈——历史与人物》,中华书局,2006年,第360—410页。
④ 郑逸梅编著《南社丛谈——历史与人物》,中华书局,2006年,第360—410页;上海历史博物馆编《都会遗踪》第四辑,学林出版社,2011年,第78—79页。
⑤ 《师说》,《申报》1872年8月17日,第1版。

授兼中文系主任。苏州著名学者孙德谦辛亥革命以后移居上海,历任东吴、大夏、交通和政法等大学教授。① 另外,据民国十六年《复旦大学同学录》记载,复旦大学大学部苏州籍教员有顾康乐（力学）、孙本文（社会学）、徐家保、徐蔚南、蒋天鹤等。

20世纪20年代后,随着新式职业领域的发展,接受系统训练并通过考核获得从业资格的自由职业者开始出现,如律师、大中学教师、会计师、新闻记者等。苏州人在上海从事各类自由职业者,为数不少。如上海律师公会创立于1912年12月8日,会长陈则民、副会长狄梁孙皆为苏州籍。② 据《上海高等法院关于上海律师公会会员登记名册》,上海从业律师中苏州籍129名,占总登记人数的10.66%,以至于一些苏州籍律师一度动议把上海律师公会会所设在上海之外的江苏地区。③ 另外,据许晚成统计,20世纪40年代上海名人中,苏州籍人士168人,从事自由职业者36人。其中,大中学教授21人,占12.5%；新闻记者5人,占3.0%；医疗从业者6人,占3.6%；律师3人；工程师1人。④ 可见苏州人在近代上海文教行业和自由职业中的优势地位。

### 4. 旅沪苏州人与上海娱乐业

也许最能表明苏州"风气"向上海转移的是评弹、昆曲在上海的兴盛。评弹、昆曲产生于明代中期,一直以苏州为流行中心,并逐渐向江南地区传播。据陈无我回忆："吴门有金耀祥者,说评话,善诙谐。一言方启,满座轩渠。因之身价自高,每三年来申一次。"⑤ 可见,此时的上海还只是评弹艺人外出的小码头之一。太平天国运动后,随着江浙人士大规模移居上海,评弹中心也由苏州转向上海。书场开始在上海大量出现,"上海的书场业有一个疯狂的时期,三四马路、大新街附近一带以及南市城隍庙等处,简直是五步一家,十步一处,到处悬挂着书场的灯笼

---

① 民国《吴县志》,《中国地方志集成》,江苏古籍出版社,1991年,第1139页。
② 陈则民（1881—1951）,吴县人。日本大学法科毕业,在上海任开业律师,曾任律师公会会长。狄梁孙,常熟人。日本法政大学法学士。辛亥革命后,到上海当律师,曾任律师公会副会长。
③ 《上海高等法院关于上海律师公会会员登记名册》,上海档案馆藏档案,档号：Q187-1-188。
④ 许晚成：《上海百业人才小史》,龙文书店编辑部,1944年。
⑤ 陈无我：《老上海三十年见闻录》,上海书店出版社,1997年,第47页。

与招牌"。① 民国初年，上海楼外楼、天外天、云外楼、绣云天、劝业场、大世界、先施、永安等游艺场相继开辟书场，并以重金罗致名家响档来上海说书。他们与艺人签订合同，往往要求艺人待上一年半载，于是苏州评弹艺人在上海的滞留时间越来越长，上海逐渐成为评弹演出的大码头。1931年《申报》记载："十年以来，一般略具寸长之苏道说书人员，麇集沪埠，恋恋不去，非特苏之松太常，浙之嘉湖境属各乡镇，无说唱兼工之名家莅临，即光裕社产生地之苏州城内外各书场，亦都滥竽充数。以故今年该社变节社员夏荷生，至苏弹唱。"② 评弹艺人群集沪上，苏州反而要到上海去请评弹名家了。

昆曲展现出与评弹一样的轨迹。早在1842年，苏州鸿福班就挺进上海，被称为上海昆班领袖。太平军攻占苏州后，大批昆曲戏班与艺人逃亡上海，昆曲的活动中心亦逐渐转入上海。太平天国运动后，苏州著名的大章班、大雅班、全福班主要以上海为演出基地，且"生意不恶"。③ 1851年，上海旧城厢内创办三雅园，这是上海最早的戏院，专演昆曲。1854年，小刀会起义时，戏院被战火所焚。1864年，昆曲艺人陆吉祥与人合资在英租界重新开设三雅园，正好与苏州大章、大雅两班来上海演出时间一致。《沪游杂记》记载："文班唱昆曲皆姑苏大章、大雅两班所演，始于同治二年。"④ 同治末年，随着京剧的流行，相对高雅的昆曲逐渐式微。

谈到旅沪苏州人对上海娱乐业的影响，似乎亦不可忽略妓女行业。清末上海葛元煦曾描绘说："画阁沿街添几处，绝好堂倌，都是苏州女。"⑤ 可见苏州妓女在上海性产业中的地位。让我们先从"书寓"说起。"书寓"一词指的是高级妓女的寓所或说书的场所。据安克强考证，"书寓"一词在上海正式出现于1851年，是从苏州传来。⑥ 包天笑亦云："因为

---

① 唐凤春口述材料，转引自唐力行《从苏州到评弹与都市文化圈的变迁》，《史林》2010年第4期。
② 擎南：《说书闲话》，《申报》1931年6月23日，第16版。
③ 曾朴：《孽海花》，天津古籍出版社，2005年，第6页。
④ 葛元煦：《沪游杂记》，上海书店出版社，2009年，第131页。
⑤ 葛元煦：《沪游杂记》，上海书店出版社，2009年，第273页。
⑥ 〔法〕安克强：《上海妓女——19—20世纪中国的卖淫与性》，袁燮铭、夏俊霞译，上海古籍出版社，2004年，第24页。

苏商的发展，妓馆也借说书为名，号称书寓，而成为苏帮了。"① 可见"书寓"一词代表的是苏州的妓女文化。约 19 世纪 50 年代之前，苏州妓女逐渐向上海进军，此时，上海高级妓女有来自苏州、南京、扬州、宁波、湖州、湖北、江西等的多个群体，但此后，苏州妓女排挤掉了所有竞争对手并主导了书寓界。② 安克强指出，清末文人王韬的文集中曾出现 106 名高级妓女，其中 54 名来自江苏，而苏州地区 16 名，占最多数。出版于 1923 年的《上海览游指南》亦指出，书寓群体清一色由苏州籍女子组成。此外，安克强还曾根据 1923 年高级妓女申请在法租界开业的警方报告，整理出一份 77 名高级妓女的籍贯表，其中苏州籍 63 人，占 82%，可见苏州妓女在上海高级妓女界之统治地位。③ 进入 20 世纪以后，代表高级妓女的书寓逐渐受到普通妓女的挑战，并逐渐消失，但苏州籍妓女在上海妓女中的优势地位并未随之下降。据统计，1946 年 9 月上海已登记妓女 4000 多人，其中，苏州籍 640 人，占 11.5%，占比依然最高。④ 显然，在政府登记的妓女只是妓女群体的一小部分。据安克强统计，1875 年上海妓女有 5500—6500 人，1915 年有 10000—15000 人，1920 年有 15000—20000 人，1930 年约有 30000 人，1948 年约有 50000 人。⑤ 考虑到苏州籍妓女以中高层为主，未登记妓女以下层妓女为多等因素，估计苏州籍妓女应有 10000 人左右。

## 三 上海资本家与苏州近代工业

苏州近代工业的发展可以说在相当程度上是上海工业发展辐射的结果。其中较为显著的例子是严裕棠与苏纶纱厂，刘鸿生与苏州鸿生火柴厂。

从规模和影响力来说，苏州的现代工业首推苏纶纺织厂，该厂使苏

---

① 包天笑：《钏影楼回忆录》，中国大百科全书出版社，2009 年，第 365 页。
② 〔法〕安克强：《上海妓女——19—20 世纪中国的卖淫与性》，袁燮铭、夏俊霞译，上海古籍出版社，2004 年，第 27 页。
③ 〔法〕安克强：《上海妓女——19—20 世纪中国的卖淫与性》，袁燮铭、夏俊霞译，上海古籍出版社，2004 年，第 28 页。
④ 邵雍：《中国近代妓女史》，上海人民出版社，2005 年，第 377 页。
⑤ 〔法〕安克强：《上海妓女——19—20 世纪中国的卖淫与性》，袁燮铭、夏俊霞译，上海古籍出版社，2004 年，第 133 页。

州在近代中国棉纺织业中占有一席之地。1897年开工的苏纶纱厂,是苏州的第一个近代企业。1895年《马关条约》签订后,外商获得了在中国投资设厂的权利。为与外商抗衡,张之洞竭力主张发展实业,与列强进行商战。在他的支持下,苏省商务局向苏松等地绅商借款54.8万两,借户即为股东,官督商办,开设了苏经丝厂与苏纶纱厂。苏经(1896)、苏纶(1897)两厂开张后不久,陆润庠即"服阙进京",不得已由祝承桂接办。因洋纱的冲击,纱厂亏损严重。1903年4月,由费承荫接办苏纶、苏经两厂,适逢日俄战争,日本减少对中国的棉纱出口,因而苏纶纱厂销路转好,获利颇丰。[①] 1908年,费氏五年期满之后不再续约,两厂由原股东张履谦、王驾六、周廷弼等收回自办。王驾六先后出任两厂的总经理与总协理,但没能扭转企业亏损的状态。直至1925年,上海资本家严裕棠租办纱厂,自任经理,纱厂才起死回生。1927年严裕棠成立光裕公司,任总经理,管理各厂业务。冬,以30万两白银购进苏纶纱厂,使纱厂成为其私产。[②] 自此,苏纶纱厂进入稳定发展时期。

严裕棠早年在上海经营房地产,积累了大量财富,1902年在上海创设大隆机器厂,但因中国厂家不敢轻易选用国产机械,销路不畅。严氏租办苏纶纱厂,为大隆机器厂产品提供了市场,苏纶纱厂依托大隆机器厂,不仅获得实惠的机械产品,还获得了大隆机器厂工务、人才方面的支撑。同时,严氏获利甚厚的房地产生意,为苏纶纱厂提供了充足的资金挹注。[③] 这种棉铁联营、多种经营、要素互补的企业结构,是苏纶纱厂成功的关键。[④] 严裕棠居住在上海,光裕公司办事处也设在上海,苏纶纱厂的管理先后由其子严庆祥、严庆祺具体负责。总体来说,晚清民国时期的苏州有产阶级多无意投资工业,也缺乏管理近代工业的人才,[⑤]

---

[①] 章开沅等主编《苏州商会档案丛编》第一辑,华中师范大学出版社,1991年,第283—285、288页。

[②] 朱宏涌:《严裕棠先生事略》,政协苏州市委员会文史资料研究委员会编《苏州文史资料》第17辑,1987年;苏州市地方志编纂委员会编《苏州市志》第一册,江苏人民出版社,1995年,第829页。

[③] 中国科学院上海经济研究所等编《大隆机器厂的发生发展与改造》,上海人民出版社,1958年,第25—35页。

[④] 王国平主编《苏州史纲》,古吴轩出版社,2009年,第551页。

[⑤] 朱宏涌:《严裕棠先生事略》,政协苏州市委员会文史资料研究委员会编《苏州文史资料》第17辑,1987年,第32页。

在这样的背景下，上海资本家在苏州的投资和经营就显得尤其重要。

上海资本家在苏州投资设厂的另一个例子是刘鸿生投资经营的鸿生火柴厂。刘鸿生（1888—1956），祖籍浙江定海，出生于上海，曾就读于上海圣约翰大学。1909年入英商开平矿务局，在上海办事处任推销员。1911年，升为开平矿务局（1912年后，改称"开滦矿务局"）买办，设立账房，赚取佣金。随后，他又与上海义泰兴煤号合作，经销开滦煤，分取利润。第一次世界大战期间，他自租船只，由秦皇岛装载开滦煤运沪销售，约有三年时间，赚银百万余两。1918年为扩展煤炭经营，他与义泰兴煤号等伙设义泰兴董家渡煤栈，并委托英商壳件洋行经理码头业务。此后，他又在上海及长江下游各埠与人广设销煤机构。

1919年五四运动爆发，提倡国货，抵制外货，使民族工业得到进一步发展的机会。1920年1月，刘鸿生在苏州与人伙设华商鸿生火柴公司，资本12万元，他占3/4。这是刘鸿生资本向工业企业转化的起点。此后，他又独资或与人合资设立华商上海水泥公司、中华煤球公司、大华保险公司、华丰搪瓷公司、章华毛绒纺织公司、中华工业公司、华东煤矿公司、中国企业银行等。到1931年底为止，刘鸿生的企业投资（包括公司股票、合资股份及船舶码头三项）已达745万余元，他被称为中国的"煤炭大王""火柴大王"。1932年11月，他出任国营轮船招商局总经理。

苏州鸿生火柴厂的创办是刘鸿生进军实业的起点。他为什么选择将厂设在苏州呢？首先，刘鸿生在推销开滦煤的时期，已经在苏州有所投资，他在1920年与义泰兴煤号在苏州伙设同和义煤号，此后逐步在南通、江阴、南京等地与人伙设生恒泰煤号。此外，刘鸿生还与人伙设苏州开滦煤分销处。① 根据戚福铭口述，"刘鸿生因为推销煤炭的关系与苏州电灯厂蒉敏伯有深交，蒉为刘在苏州寻找厂基，因此就在苏州办了火柴厂"。② 根据华商鸿生火柴公司成立时的合同，股东有刘鸿生、杜家坤、杨奎侯、蒉敏伯、徐淇泉、陈伯藩、刘吉生等七人，刘鸿生出资9

---

① 上海社会科学院经济研究所编《刘鸿生企业史料》下册，上海人民出版社，1981年，第474页。
② 上海社会科学院经济研究所编《刘鸿生企业史料》下册，上海人民出版社，1981年，第76页。

第五章　苏州与上海：人的互动与城的发展

万元，其他6人每人5000元，共12万元。刘鸿生为总经理，徐淇泉为出品营业经理，黄敏伯为厂务经理，杨奎侯为监察人。① 厂址在胥门外施门塘。杜家坤是上海义泰兴煤号总经理，是刘鸿生的长期生意伙伴；杨奎侯是延昌恒丝厂的总经理；早先在经营煤炭时，原籍浙江定海县的刘鸿生认识了苏州振兴电灯厂经理、同乡人黄敏伯，并在相处中结为知己；刘吉生是刘鸿生的弟弟。黄敏伯、杨奎侯等早已在苏州投资。

至于为什么刘鸿生会选择火柴厂来进行实业投资，据戚福铭口述，"刘鸿生喜欢投资于国内新兴的行业，因为新兴行业可以保证获利。所以他创办各种各样的甚至相互间很少关联的企业，例如水泥、火柴和毛纺。他不搞一般所争逐的棉纺和面粉，他认为别人所争逐的企业，容易出风险，不如新兴的企业部门，规模虽然小些，办起来比较把稳"。②

刘鸿生在苏州创办了鸿生火柴厂，附带对苏州电气厂和苏州华盛纸版厂进行投资，将上海的资金带入苏州。③ 另外，与刘鸿生在苏州创办火柴厂同时，中国火柴行业的龙头上海燮昌火柴公司也来苏添设分厂，两者展开激烈竞争。1925年上海燮昌火柴公司经营不善倒闭，被刘鸿生与苏州电气厂经理周仰山伙买下来，苏州分厂厂基、厂房议定"永远不作制造火柴之用，以避免彼此营业上竞争"。④

除了严裕棠和刘鸿生之外，还有一些在上海起家的资本家到苏州投资，如庞元济。庞元济（1864—1949），字莱臣，浙江南浔人。1895年起，与他人合资开设世经缲丝厂、通益公纱厂；光绪三十年（1904）在上海合资开办龙章机器造纸有限公司。除办工厂外，他还在绍兴、苏州等地开设米行、酱园、酒坊、药店、当铺、钱庄等大小企业，在苏州等地置有大量房地产，晚年寓居苏州。⑤ 另如，祝大椿（1856—1926），号兰舫，无锡人。从小生长于苏州，1872年17岁时到上海大成五金号

---

① 上海社会科学院经济研究所编《刘鸿生企业史料》上册，上海人民出版社，1981年，第76—77页。

② 上海社会科学院经济研究所编《刘鸿生企业史料》上册，上海人民出版社，1981年，第282页。

③ 上海社会科学院经济研究所编《刘鸿生企业史料》上册，上海人民出版社，1981年，第282—285页。

④ 上海社会科学院经济研究所编《刘鸿生企业史料》上册，上海人民出版社，1981年，第82—83页。

⑤ 苏州市地方志编纂委员会编《苏州市志》第一册，江苏人民出版社，1995年，第820页。

(铁行）当学徒，满师后独自创业，开设源昌铁号。后兼营拆船及地产业，任怡和洋行买办、上海总商会会董，成为上海富商。祝大椿曾创办苏州振兴电灯公司，并于1916年任苏州总商会特别会董。1918年祝氏拟将经营的苏州振兴电灯公司暗售给日商大仓洋行，经报纸揭露后，受到舆论反对，最后由北京政府交通部及江苏省政府仲裁，估价卖给苏州电气公司。此外，还有贝理泰。贝理泰（1866—1958），号哉安、鞠缘，苏州人。1915年贝氏入股参加上海商业储蓄银行，1917年任总行董事兼苏州分行经理。苏州分行大量吸收社会零星存款，业务发达。1924年苏州分行扩大经营范围，开办旅行部，代购火车、轮船票及开发旅行支票等业务，随后正式成立中国旅行社苏州分社，贝氏兼任经理，直至1931年辞去银行及旅行社经理职务，仍留任上海商业储蓄银行董事。1918年他被选为苏州总商会会董，1922年被选为会长，连选连任，至1928年卸任。贝理泰是苏州人，居住地和主要经营地都在苏州，但他背后依靠的是强大的上海资本。

宫崎市定所云"近现代上海的繁荣，无非是以太平天国为契机，苏州的繁荣转移过来的结果"，略有简单化的嫌疑，因为近代上海的繁荣并不仅仅是苏州繁荣的地点转移，还具有生产方式变革和社会转型的意涵。但无疑，苏州繁荣向上海的转移应是近现代上海繁荣的重要基础，而苏州繁荣向上海转移的最主要途径是人口移动。大量苏州人迁居沪上，不仅带来苏州的资本、技术和人力资源，也将苏州的风气带入上海。

明末以来，苏州商人逐渐向上海所在的松江地区发展，这一个潮流到上海开埠以后日益明显，太平天国战乱更是导致苏州人大规模迁居上海。此后，随着上海的日益崛起和苏州的日益衰落，苏州人迁沪的浪潮不可遏制。由于人口统计数据的欠缺，我们很难确切估量近代上海苏州人的数量，但可以推测，与其他地域的移民群体相比，苏州人的数量应更为巨大，只是由于语言、文化习俗接近，苏州人很容易与当地人融合，因此不像广东人、福建人、宁波人、苏北人等相对异质文化群体那样受到关注。①

---

① 这通过旅沪苏州商人往往与上海本地商人结合为"本地帮"可以看出。

开埠以前，上海的客帮大多数来自闽粤浙鲁等沿海数省商帮。[1] 近代以来，尤其是太平天国运动以后，与上海相邻的江浙两省商人大批涌入，并取代此前闽、粤、鲁商帮的地位，从而形成民国时期的"江浙财阀"。其中，苏州商人与宁波商人一样，在上海金融工商界具有不可轻视的实力。同时，因长期以来的崇文传统，苏州人在上海文化教育界以及律师等自由职业界具有优势地位。

唐宋以来，苏州逐渐取得了江南地区中心城市的地位，并在明清时期达到鼎盛。与之毗邻的上海地区，兴起相对较晚，缺乏苏州那样的悠久传统，因而在文化上长期追随苏州而易受其影响。[2] 近代以来，大量苏州人迁居沪上，并在金融、工商、文教、娱乐等行业居于举足轻重的地位，更是将苏州文化全面带入上海，这不仅从今日上海话的构成可以看出，近代苏州评弹、昆曲以及妓女文化在上海的流行亦可证明。[3]

近代上海是一个移民社会，移民来源的多元性导致了近代海派文化的复合性。但是在这种多元性和复合性的背后还有一种主导型元素提供底色，这便是江浙文化居于统治地位，其中苏州文化更是近代海派文化的重要母体。就好像美国文化虽然是典型的包罗万象的移民文化，但仍以英裔文化为底色一样。

在近代苏沪的双城互动之中，不只上海是受益的一方，如果说苏州人和苏州资金大量流入上海为上海的崛起提供了支撑，当上海崛起之后，苏州也因地近上海之便，受惠于上海的辐射作用。当然，上海对于苏州的影响在不同时期有所不同，大致来说，从近代以来直至20世纪80年代，上海的吸附作用更强，而20世纪80年代以后苏州经济的腾飞则主要是上海辐射的结果。[4]

---

[1] 马学强：《上海通史》第2卷"古代"，上海人民出版社，1999年，第330页。
[2] 〔日〕宫崎市定：《明代苏松地方的士大夫与民众》，刘俊文主编《日本学者研究中国史论著选译》第六卷"明清"，栾成显、南炳文译，中华书局，1993年，第245页。
[3] 徐国桢指出，上海话"分作三个大系统"，其中"苏州系占75%，宁波系占10%，广州系占0.5%，其他占14.5%"。徐国桢：《上海生活》，上海世界书局，1933年，第15页。
[4] 袁中金、裴玉仁、王勇：《苏州市功能定位研究》，《苏州城市建设环境保护学院学报》（社会科学版）2001年第1期。

## 第二部分　城市精英

# 第六章　城市精英及其组织网络

　　城市有大量人口聚集，在一定的政治、经济制度和社会、文化环境的框架下，居民之间存在密切互动，从而构成了一个相对独立的社会单元。在这个社会单元中，精英阶层往往居于关键性的地位，因为这一阶层掌握了更多政治、经济、文化资源，从而可以很大程度上决定城市的走向。因此，从事特定城市的研究，需要对精英阶层展开分析。在不同的城市，因为社会、经济、政治环境存在差异，城市精英群体的构成、特征及与城市其他社会阶层的关系亦有所不同。那么，民国苏州的相关情况如何呢？

　　1926年1月20日，叶圣陶、丁晓先、王伯祥、王芝九等人创办了一份同人刊物——《苏州评论》，不定期出版，据说共出了十期，刊物的联系地点是上海香山路仁余里28号，即当时叶圣陶家中。[①] 该刊第1期之《告读者诸君》称："本刊为十数同志之结合，目的在谋苏州社会之革新。同人预拟之计划，欲先从舆论方面入手，借以唤起群众组织团体，以与盘踞苏州社会之恶势力相奋斗。"该刊创刊之时，恰值"五卅"运动后国民革命运动高涨时期，办刊的主力叶圣陶、王伯祥、丁晓先、王芝九等人都是苏州人，当时同在商务印书馆，并都与中国共产党组织有较密切的联系。可以看出，该刊是在当时革命形势高涨情况下，与中国共产党有联系的苏州新知识分子群体以革新苏州社会为目的所创办的一份刊物。

　　令人印象深刻的是，该刊将抨击的矛头指向苏州地方的"绅士"阶层，这不禁使人推想，在他们眼中，这些"绅士"阶层即"盘踞苏州社会之恶势力"的主要部分。比如叶圣陶在第1期署名"同人"的《我们

---

[①] 该杂志现存的第1—6期均出版于1926年，分别是1月20日、2月28日、3月31日、5月30日、6月30日、8月31日，附刊第一号亦出版于该年8月。关于该杂志的介绍可参见陈巍、吴越《叶圣陶与〈苏州评论〉》，《苏州大学学报》（哲学社会科学版）1984年第2期。

的意思》一文中明确指出，当时的苏州，"几个所谓绅士握着一切的权力□□（按：原文如此）'异途功名'的一些基督教徒却也是'准绅士'，其外什么人都不能透一丝气，开一声口，所有愁苦只好咽入肚里"。① 那么这些"绅士"都是些什么人呢？王伯祥发表于同期的《消毒运动》一文中指出，"绅士"指的是"那班有因袭势力的人们"，并将"我们"与其相对立，称"惟其我们怕事，那班拥有因袭势力的人们便来替我们包办一切。惟其我们苟安，他们便永远垄断把持"，"我们退让一分，他们的因袭势力便增厚一分。退让复退让增厚复增厚，于是他们便好像天之骄子一样，应该在地方上打出一个畸形的地位，变成一个特殊的阶级了"。② 叶圣陶也在第6期题为《"我们"与"绅士"》一文中将"我们"和"绅士"加以对比，他指出："绅士者，或者世家子，或曾作官，或登从前的科第，或得晚近的学位如时人所称为'洋翰林'者，或营盛大的商业，或有一二百亩乃至几千亩的田产。总之绅士是地方的特殊阶级，与一个小学教师、布店伙计固然不同，与一个泥水匠、机织工尤其不能比类。"至于"我们"，他指出："我们的立脚点是一个市民，一个苏州的市民。"他在文中呼吁，"我们希望泥水匠、机织工、布店伙计、小学教员，乃至所谓绅士等各以一个市民的资格来图谋苏州的事业，把苏州改善，因而各得其应享的福利"，"贤人政治是反社会的，已不适于人类思想既经解放到社会本位的现代"。③

以上言论，可以放在大革命时期倡导阶级斗争的语境下来理解，叶、王的文章显然在倡导普通的市民百姓起来向当权者争取权利，"绅士"的概念某种程度上是当权者的一个代称。从文中对"绅士"的定义来看，它包罗的范围很广泛，举凡有家世背景、官员履历、科举功名、晚近学位、商业经营、较大地产的官绅、商人、地主都囊括在内，大约它

---

① 叶圣陶：《我们的意思》，《苏州评论》第1期，1926年1月20日，《叶圣陶等在〈苏州评论〉上的文章选载（五篇）》，《苏州大学学报》（哲学社会科学版）1984年第2期，第41页。

② 王伯祥：《消毒运动》，《苏州评论》第1期，1926年1月20日，《叶圣陶等在〈苏州评论〉上的文章选载（五篇）》，《苏州大学学报》（哲学社会科学版）1984年第2期，第47页。

③ 叶圣陶：《"我们"与"绅士"》，《苏州评论》第6期，1926年8月31日，《叶圣陶等在〈苏州评论〉上的文章选载（五篇）》，《苏州大学学报》（哲学社会科学版）1984年第2期，第46页。

更多的是特权阶层和统治阶层的代名词。但同时我们也可发现，叶、王文中所称"绅士"也实有其人。比如叶圣陶在《读〈重修甘将军庙记〉》一文中指名道姓批评该碑记作者费树蔚的思想荒谬，称"这位作者又是我们苏州所谓的'绅士'"。[①] 王伯祥在《消毒运动》一文中虽未指名道姓，但重点对齐卢战争（又称"江浙战争"）和随后的直奉战争中士绅们的行动展开批评，而我们知道，当时在齐卢、孙张之间奔走调停的正是张一麐、费树蔚等苏州士绅。[②]

如果我们拉长视线，可以看到叶、王文中所抨击的"绅士"阶层不仅在民国初年的北京政府时期是苏州社会中不可忽视的力量，在随后的南京国民政府时期，他们依然活跃。例如，1932年在吴县县政府实习的中央政治学校学生胡瀚、何子竞在实习报告中即指出，当时的苏州"绅士势力，左右政治"。[③] 如果我们将叶圣陶、王伯祥等新知识分子也视作新兴城市精英阶层的一部分，就会发现，民国时期的苏州城市精英内部存在着不同派别和彼此之间的冲突。接下来就让我们对这一时期苏州城市精英群体的构成及动向进行更为细致的考察，而这需要稍微拉长视线，从晚清时期说起。

## 一　城市精英群体画像

至晚在清末，随着新政各项事业的开展和各种新城市机构的建立，一个新兴的城市精英群体已经在苏州形成。这一群体既包括传统士绅中积极投入新政者，也包括洋务运动以来逐步崛起的商人，而且士绅阶层和商人阶层出现了一定的融合趋势，因此对于这一彼此紧密联系的群体，

---

① 叶圣陶：《读〈重修甘将军庙记〉》，《苏州评论》第1期，1926年1月20日，《叶圣陶等在〈苏州评论〉上的文章选载（五篇）》，《苏州大学学报》（哲学社会科学版）1984年第2期，第42页。

② 李根源记当时情势云："苏城始终得张仲仁、费树蔚、贝哉安、张云抟、潘经耜、钱梓楚、庞天笙、宋绩成、丁春之、刘正康、施筠清诸公苦心焦思，应付维持，商团六部防卫亦力，故齐张之兵虽扰而不敢乱。"参见李根源《雪生年录》卷三，沈云龙主编《近代中国史料丛刊正编》第二辑，台北：文海出版社，1996年，第114页。

③ 胡瀚、何子竞：《吴县县政地方自治实习报告及改革县政之我见》，1932年1月，南京图书馆编《二十世纪三十年代国情调查报告》第92册，凤凰出版社，2012年，第29页。

学界通常以"绅商"概念名之。① 至民国时期,这一群体的构成进一步多元化,并且演化为叶圣陶所称的"绅士"群体,如叶圣陶所说,它包括"或者世家子,或曾作官,或登从前的科第,或得晚近的学位如时人所称为'洋翰林'者,或营盛大的商业,或有一二百亩乃至几千亩的田产"。

从叶圣陶对于苏州"绅士"阶层的描述可以看出,苏州的城市精英阶层具有很大的连续性,很多晚清时期的精英阶层在民国时期继续维持并巩固了自身的影响力。这种情形的出现与辛亥革命中苏州的"和平光复"模式有密切关系。

清宣统三年八月十九日(1911年10月10日),辛亥革命爆发。九月十五日(11月5日),江苏巡抚程德全"挑瓦革命",在苏州宣布独立。同日,在苏州成立中华民国苏军都督府及苏州军政府,程德全任苏军都督。恰如叶圣陶所描写的,这次革命对于苏州来说似乎没有太大的影响,"它来得这么不声不响,真是出乎全城市民的意料之外。倒马桶的农人依然做他们的倾注涤荡的工作,小茶馆里依然坐着一壁洗脸一壁打哈欠的茶客。只有站岗巡警的衣袖上多了一条白布"。② 虽然此后苏州有革命党人组织"洗程会",密谋推翻程德全而拥戴陈其美为"江苏都督",以及1912年3月27日的阊门兵变,但总体上看,辛亥时期的苏州可以说是"和平光复"。③ 由于采取"和平光复"模式,辛亥革命对苏州地方秩序的触动不大,原有的地方精英阶层依然保留了其影响力,从而保持了民国初年苏州地方秩序与晚清的连续性。

在苏州光复前夜,程德全在新军督练公所总参议吴茂节劝其起义时

---

① 近代"绅商"概念,有广义、狭义之分。谢放认为"绅商"一词更多地为"绅"与"商"的合称,马敏认为"绅商"虽在多数场合指"绅"与"商"的合称,但有时又是对亦绅亦商人物的单称,并认为这类亦绅亦商的"绅商"群体是中国的早期资产阶级。参见谢放《"绅商"词义考析》,《历史研究》2001年第2期;马敏《"绅商"词义及其内涵的几点讨论》,《历史研究》2001年第2期;马敏《官商之间:社会巨变中的近代绅商》(修订本),社会科学文献出版社,2022年。本书此处采用的是广义的"绅商"概念,它包含士绅、商人以及亦绅亦商等多种群体。在本章之后对于苏州地方精英群体构成的分析中,未将"亦绅亦商"的"绅商"群体单列为一类,而是将这个群体中人物以其主要倾向或归类于士绅,或归类于商人,但笔者认为"亦绅亦商"之"绅商"群体所体现的历史意义亦值得充分重视。
② 叶圣陶:《苏州"光复"》,《中学生》第38号,1933年10月1日,署名郢生。
③ 高钟:《辛亥革命苏州"和平光复"模式研究》,苏州大学出版社,2016年,第258、262页。

说："上海已几次来人接洽苏州光复事，原则上我已答应了。"程氏所说的来人即"黄炎培（任之）、沈恩孚（信卿）、朱叔源、毛经畴（子坚）、史量才、龚子英等一般'息楼'和'江苏教育总会'的人士，（中略）继黄、沈之后到苏的，听人说，有李钟珏（平书）、史量才、虞和德（洽卿）、陈光甫"。① 可见，在苏州光复的过程中，东南地区尤其是上海地区的地方精英人士的鼓动与劝说起到了很大的作用。同时，苏州光复并不仅是从上海输入的革命，苏州本地绅商亦是重要推动力量。1911年11月4日上海宣布独立当天，苏州商务总会总理尤先甲，议董潘祖谦、孔昭晋、江衡等人先后面谒程德全，劝说程德全自保免祸，起而响应，宣布独立。② 随即，苏州商务总会于当天传令苏商体育会成员，于夜间一律出巡，严防土匪借端滋扰，5日晨见民军已来，袖上缠有白布，都表示热烈欢迎。众人还约定值班时间，轮流出巡，共保治安。③本地士绅亦集会于平江书院旧址，一致赞成独立，并通过时任巡抚幕僚的张一麐转达。④ 11月5日，程德全宣布苏州光复，当日下午，"自治绅董吴本善、方炳勋，商会总、协理尤先甲、吴理杲，钱业代表庞天笙，当业代表庞鼐君，商董潘祖谦，教育会孔昭晋均便衣谒见都督，面商进行事宜"。⑤ 这些人员包括自治公所、商会、教育会领袖以及行业代表，可以说当时苏州城市精英的头面人物都积极投入苏州和平光复的行动中来。

在辛亥革命所导致的金融动荡中，苏州绅商领导的商会组织积极配合新政权稳定社会秩序，并向军政府建议赶铸银元，稳定金融，并传令各商店"共体时艰"，照常收用官钱局钞票和临时流通票。民国元年初，江苏军政府创设江苏银行，在发行纸币、认购公债上亦唯商会是赖。江苏民军会攻南京，特设筹饷处，广为募捐，苏州绅商多慷慨解囊，截至

---

① 吴和士：《辛亥革命苏州光复小记》，政协苏州市委员会文史资料委员会编《苏州文史资料》第1—5合辑，1990年，第71—73页。
② 许冠亭：《绅商也要革命》，苏州大学出版社，2011年，第229页。
③ 许冠亭：《绅商也要革命》，苏州大学出版社，2011年，第231页。
④ 卢彬士：《回忆苏州光复》，扬州师范学院历史系编《辛亥革命江苏地区史料》，江苏人民出版社，1961年，第123页。
⑤ 《时报》1911年11月6日，转引自马敏、朱英《辛亥革命时期苏州商会研究》，华中师范大学出版社，2011年，第327页。

1911年底，苏州商会共资助民军经费22200元。

关于清王朝为何在辛亥革命中轻易崩塌，罗威廉认为："清王朝虽然并非没有自己明确的利益取向，但它把自己抛到了追求'进步'的城市精英之后，于是就造成了精英本身及城市普通大众的双重敌视——前者看到了清政府'阻碍他们的发展'（用汉口海关税务司的话来说），后者则把大部分用于社会进步而带来的负担加重归咎于清廷。"[①] 冯筱才则认为商人阶层对于辛亥革命的支持不脱"在商言商"的逻辑。[②] 我们很难确切指出苏州绅商阶层到底是因为对"进步"的追求还是为了保护自身的利益而支持革命，但我们确实可以看到绅商阶层在革命中扩大了自身的影响力。

比如，商会趁革命之机扩大了自身的影响力。苏州商务总会下属苏商体育会迅速扩建至四个支部，会员数达600余名，并陆续添购枪支弹药。1912年初，苏州商务总会呈请都督府备案，将苏商体育会及各商团统编为商团公会，潘祖谦为会长。商团公会下设15个分部，共有枪支近700支。另外，苏州城厢内外成立的市民公社组织，也在辛亥光复后有爆炸式的数量增长，1912年有7个市民公社成立。市民公社的领导成员是苏州的中上层精英群体，它既包括商人也包括士绅。市民公社与商会、城自治公所、城议事会、商团、救火会等地方精英组织有密切的联系和人员的交叉，使苏州城形成了一个立体的、错综复杂的精英权力和组织网络。

白吉尔曾指出近代中国的城市精英集团包括买办、实业家、处理外交事务的地方官员、新式知识分子、回国创业的海外华侨以及传统的士绅和商人等类型，她对这一阶层的描述是以上海为基础的。[③] 苏州虽然也是通商口岸城市，但租界影响甚小，经济地位与上海无法相比，城市环境亦与上海有异，故城市精英的构成亦有自身的特色。综观民国时期的苏州，我们可以粗略地在城市精英阶层区分出士绅、商人、文人学者

---

① 〔美〕罗威廉：《汉口：一个中国城市的冲突和社区（1796—1895）》，鲁西奇、罗杜芳译，中国人民大学出版社，2008年，第422页。
② 冯筱才：《在商言商：政治变局中的江浙商人》，上海社会科学院出版社，2004年，第130页。
③ 〔法〕白吉尔：《中国资产阶级的黄金时代（1911—1937）》，张富强、许世芬译，上海人民出版社，1994年，第40—45页。

和租栈地主四个亚群体来。

1. 士绅

苏州是科举功名鼎盛之地，前朝留下的具有功名的人士众多，这些人或在前朝为官或在野耕读，因此具有传统的影响力。苏州同时是世家大族聚集之区，其子弟或通过捐纳或通过善举，亦具有乡绅地位。虽然学术界对于苏州商会的研究众多，并强调了苏州商人群体的重要地位，但总体来说，在民国时期的苏州，士绅阶层依然居于城市精英群体的首要地位。

民国时期定居或流寓于苏州的士绅众多，无法准确统计其数量。但仍可大致区分其中的一些类型。首先是一些"遗老遗少"，这些人为尽忠节，不与当朝合作，因此基本不参与政治活动，多数以学术研究为务，其活动范围，亦以遗老间诗酒唱和为主，对地方社会的影响相对较小。如邹福保（1852—1916）、叶昌炽（1849—1917）、郑文焯（1856—1918）、邹嘉来（1852—1921）、曹元忠（1864—1923）、邓邦述（1868—1939）、吴郁生（1854—1940）、曹元弼（1867—1952）等人。[1] 但其中也有例外，前朝遗民的政治倾向并不影响其对地方事务的积极参与，苏州名绅吴荫培就是这样一个人物。吴荫培（1851—1931），吴县人。光绪十六年（1890）进士，一甲三名探花，授翰林院编修。历任京兆试、礼部试、福建乡试考官，翰林院撰文。二十九年（1903）赴日本自费考察三个月，回国后就女子师范、幼稚园、水产农林讲习所和试验场、银行储蓄、戏剧改良等五事上疏，由两江总督端方转奏朝廷采纳，次第实行。后历任廉州府、潮州府、镇远府知府。辛亥革命后，吴荫培回故里，自号"平江遗民"，但服务桑梓，热心公益，先后募集款项，设男女两厂安置贫民，捐资创立吴中保墓会。民国五年（1916）成立吴县修志局，被推为《吴县志》总纂。[2]

另一类士绅有前朝所获功名，但拥护民国，并以其声望继续在苏州地方活跃的人物，比如潘祖谦。潘祖谦（1842—1924）出身世家大族，是道光朝大学士潘世恩之孙，光绪朝军机大臣潘祖荫之堂弟。潘祖谦曾

---

[1] 以上人物传记可参见苏州市地方志编纂委员会编《苏州市志》第一册，江苏人民出版社，1995年，第778—826页。

[2] 苏州市地方志编纂委员会编《苏州市志》第一册，江苏人民出版社，1995年，第791页。

官内阁中书，光绪二年（1876）请假归养，家居10年。潘祖谦在官之日无多，但急公好义，曾协助堂兄潘祖荫赈济畿辅水灾，此后积极参加各省赈济活动。他自光绪二十五年（1899）开始任苏州丰备义仓董事，一直到1912年卸任，在任时间达13年。他还同时担任女普济堂董事。在1910年地方自治运动中，被选为长元吴三县城厢自治议事会议长。光绪二十四年（1898）任苏经丝厂、苏纶纱厂副董。光绪二十九年（1903）与王同愈、尤先甲、张月恺、吴卓丞、彭颂田等，发起组织苏州商务总会，历任会董。光绪三十一年（1905）任典业公所议董。辛亥革命中，与张一麐、沈恩孚、尤先甲等人策动江苏巡抚程德全起义。民国初年积极筹设苏州女子职业中学，兴办女学。1913年任江苏省典业公会会长，1919年任博习医院名誉董事，1920年被选为吴县总商会特别会董。综合潘祖谦的生平事迹，可以看出他是一个相当典型的现代型人物，由官而绅，由绅而商，亦绅亦商，一生以服务苏州地方社会为主线，是清末民初相当有影响的苏州地方精英。[1]

潘祖谦出生于19世纪40年代，活动于清末民初。继潘祖谦之后，又有一批地方精英涌现出来，其中最有影响的有蒋炳章、孔昭晋、费树蔚等人。

蒋炳章（1864—1930），与潘祖谦一样出身于苏州望族。光绪二十四年（1898）中进士，授翰林院庶吉士，曾为松江府、苏州府知府和荆宜施道幕僚，三十三年（1907）授翰林院编修。宣统元年（1909）晋授四品京堂。蒋氏与潘祖谦相仿，淡于仕进，授编修、京堂而不就，以兴学育才为己任，曾主讲荆宜书院，掌教安徽高等学堂，任江苏游学预备科监督。宣统元年任江苏省教育会副会长，翌年任江南高等学堂监督。辛亥革命后，历任江苏省教育会驻会总干事、学校教育部干事。蒋氏长期从事"新学"教育，培植人才遍于苏皖两省政界学界，由此积累了自己的声望和人脉。

蒋氏主要的活动领域在江苏省和苏州地方，早在清末地方自治运动中，蒋炳章就是活跃分子，曾任江苏咨议局副局长、南洋劝业协赞会协理等职，辛亥鼎革后，继续活跃于江苏和苏州的政治舞台，历任江苏省

---

[1] 苏州市地方志编纂委员会编《苏州市志》第一册，江苏人民出版社，1995年，第783页。

议会副会长、苏州市公所董事和总董、吴县修志局总纂、苏州市公益事务所总董、苏州工巡捐局董事长。任市公益事务所总董期间，力主收回电灯公司主权，创立苏州电气厂，建筑南新桥，开辟金、平两城门。民国十三年（1924）江浙战争中，仍以高龄为弭兵而奔走。①

比蒋炳章年长一岁的孔昭晋（1863—1936），与蒋氏有相近的人生轨迹。孔昭晋光绪十五年（1889）中举，被委以知县而不受，归里授徒。光绪二十三年（1897）在沪参与创办国内第一张文摘报《集成报》，同年与张一麐、章钰等人在苏发起成立苏学会。光绪二十九年（1903）中进士，翌年入京城进士馆就学。光绪三十三年（1907）被派往日本考察教育，同年归国回苏办学，由其创办的初等小学堂有30余所。宣统元年（1909）清廷推行地方自治，他任自治公所董事。辛亥革命中，在苏绅商劝说程德全易帜，孔昭晋亦在其中，孔氏并起草《江南自保商榷书》。民国初年，孔昭晋被推为吴县议事会议长，连任7年，复选为江苏省议事会议员。1920年任苏州工巡捐局董事，创设平粜局，参与修复城乡河道规划，并担任民国《吴县志》总纂。②

比孔昭晋小20岁的费树蔚（1883—1935）亦是苏州地方社会的活跃人物。费氏祖籍吴江县同里，至其父时迁居苏州。费氏早年乡试不第，后援例为主事，旋改直隶知州，分发河南。途经天津时，以同乡张一麐引荐，入袁世凯幕，此后一直为北洋政府幕僚。1914年袁世凯复辟帝制，费氏直言劝阻不果，遂隐退南归。回苏后，进军实业，创办公民布厂，任苏州电气公司董事长；1922年创办江丰农工银行；1929年创办信孚商业储蓄银行，任董事长。1924年，当选苏州总商会特别会董，1928年当选苏州总商会执行委员。费氏积极参与地方赈济和慈善事业，1922年吴江盛泽遇灾，费氏与他人筹组"悯农团"并通过江丰农工银行，以微利贷资，赈救灾民。在吴江兴修水利，修缮孔庙，纂修吴江人物志，创设吴江红十字会，任会长。参与创设苏州苦儿院，出任苏城年终饥寒维持会会长等。江浙战争期间，费氏除参与弭兵劝说之外，还与黄炎培、史量才等人发起筹组太湖流域联合自治会。观费氏生平，其与先辈潘祖

---

① 参见苏州市地方志编纂委员会编《苏州市志》第一册，江苏人民出版社，1995年，第789—790页。
② 苏州市地方志编纂委员会编《苏州市志》第一册，江苏人民出版社，1995年，第800页。

谦更为接近，亦是由官而绅，由绅而商，参政时少，而以创办实业和地方慈善事业为活动重心。①

除了以上具有全国或省级影响力的士绅外，②苏州还有大量的相对地方性的士绅群体。这一群体在清末民国时期的苏州城市社会亦起到不可忽视的作用。

比如吴子深。吴子深（1893—1972），名华源，号渔邨、桃坞居士。吴子深出身于苏州大族，以画家和医师名世，与吴待秋、吴湖帆、冯超然并称江南画坛"三吴一冯"。其最为人所知者是投资设立苏州美术专科学校并长期担任主任校董，足见其颇有资财。吴子深虽然后世的影响主要在艺术领域，但在当时，作为有名的士绅，他在地方事务上也颇为活跃。据包天笑回忆，1928年南京国民政府任命的第一任吴县县长王纳善从上海到苏州赴任，手中没人没经费，通过包天笑引荐吴子深，由吴子深帮忙筹措经费并争取士绅的支持，工作才得以开展起来。③另外，1929年3月初，苏州仁昌丝厂工人因工厂停工生计无着，要求资方赔偿停工期间损失而向市政府、县党部请愿，因得不到解决，遂于3月18日下午赴总商会请愿，并夜宿总商会。其间，市公安局长邹竞、妇女协会常务委员薛养素、吴县县长彭国彦先后前去劝导，均无效果。19日下午，市政府召集各机关开会，出席的有民训会代表陈养元、总商会代表施筠清，此外还有士绅吴子深。会议当场议决，"由吴子深担任，每工人垫借临时维持费二元，以维生计"，同时函致总商会转知资方，于21日出席市政府召集的紧急会议，筹商根本办法。④从第二日报道可知，吴子深垫借的维持费每人二元因工人未允，加至三元，工人始允，并于当晚散归，此事件得以暂时平息。⑤从此事件的处理来看，除市政府、民训会等政府机构和总商会等法定团体之外，在苏州的危机事件处理中士绅也扮演了重要的角色。

---

① 费树蔚生平事迹，参见苏州市地方志编纂委员会编《苏州市志》第一册，江苏人民出版社，1995年，第709页；张一麐《费君仲深家传》，《心太平室集》卷四，沈云龙主编《近代中国史料丛刊正编》第一辑，台北：文海出版社，1966年，第181—185页。
② 关于民国时期苏州士绅领袖张一麐拟专章论述，详见本书第七章。
③ 包天笑：《钏影楼回忆录》，中国大百科全书出版社，2009年，第571页。
④ 《仁昌工人夜宿总商会》，《申报》1929年3月20日。
⑤ 《仁昌工人请愿暂告段落》，《申报》1929年3月21日。

除了像吴子深这样的富绅之外，苏州城市社会中还存在着一批出身并不高贵，资财也不雄厚，但因为热心公共事务而获得声望的人士，方炳勋即其中之一。方炳勋（1873—1933），字雅南，出身于苏州城一个诸生家庭，1890年入苏州府学，为优廪生。科举废除后，他于1906年考入位于苏州海红坊的江苏法政学堂第一班，学习一年半毕业后，积极投身地方自治事业。苏省地方自治调查研究会成立后，他在研究会附设的自治研究所任教，同时担任研究会宣讲主任，编辑地方自治宣传资料，宣讲宪政知识。1910年，他当选长元吴三县城自治公所议事会议员，翌年兼任观前大街市民公社文牍员。1912年，当选苏州市董事会董事，兼任南路平粜局董事。1913年当选国民党吴县分部评议员，参与国会议员选举。之后，他历任苏州救火联合会副会长、苏州工巡捐局副董、吴县妇女养老院院长、吴县妇女普济院主管员、吴县救济院掩埋所兼昌善局主任等职，发起创办苏州第一所公立新式幼稚园，捐修定慧寺巷路面和木门桥，主持开办城南半济粥厂，组织南区冬防巡察队。[①] 方炳勋一生的事业主要与苏州的地方自治和公益事业相关，如果我们去考察清末民国时期诸如自治会、救火会、市民公社等苏州地方团体的话，会发现一批类似的人物。

以上通过对苏州士绅群体中著名人物的个案素描，可以获得民国时期活跃在苏州地方舞台上的士绅群体的总体印象。可以看到，除了部分不与新朝合作的"遗老"群体之外，苏州城市社会中还活跃着一批以地方公益事业为人生重心的新型士绅。在这些士绅群体中，出生在19世纪四五十年代的老一辈，在晚清即开始逐渐摒弃入朝为官的传统道路，转入地方社会，投身到兴学办学、创办实业、服务地方自治等"新政"事业，不少人还曾赴国外考察，吸收西方理念，进入民国以后，他们依然延续着晚清以来的传统，致力于地方的各项建设活动。而出生于19世纪七八十年代的年轻一代，如费树蔚等，多因厌倦民初混乱纷扰的军阀政治，而退出朝政，转入地方舞台。其中，潘祖谦、费树蔚等人更体现了晚清以来出现的"绅商合体"的趋势。总体来说，虽然由于1905年科举的废除，士绅群体处于日益萎缩过程中，但在晚清"新政"中成长起来

---

① 夏冰：《苏州士绅》，文汇出版社，2012年，第52—55页。

的具有新思想新理念的士绅群体，成为民国时期苏州城市社会的领袖人物，相比于商人群体，他们显得更有影响力。

2. 商人

晚清以来，士、农、工、商的传统"四民"结构出现了变化，其中最为显著的是，商人阶层从"四民之末"逐渐成为"四民之首"。章开沅、马敏、朱英等学者曾着力研究晚清至辛亥革命时期的苏州商会组织，并强调了商人群体在苏州地方社会中的巨大影响。但相比于上海等经济中心城市，苏州商人群体的构成及与士绅的关系也有所不同。

此处的"商人"概念，涵盖工商两界。如果与上海、天津等城市相比，苏州的商人群体中，从事现代机器工业的相对较少，而以传统的商业和手工业商人为多。这一点我们从苏州商会[①]的会员构成可以窥其一斑。据王仲研究，到1911年苏州商务总会六届总理、协理全由绸缎业、钱业、典业和珠宝业轮流占据，议董的构成也是以典业、钱业、纱缎、绸业的顺序排列。会员所来自的行业，同样如此。[②] 直到20世纪30年代，由苏州总商会改组而成的吴县县商会的领导阶层中典业、钱业、纱缎、绸业的垄断局面始被打破，一些新式机器企业代表和现代银行业代表逐渐进入领导层。以1935年12月16日吴县县商会第二次改选职员为例，主席委员程干卿来自南洋兄弟烟草公司苏州分公司，常务委员有铁机丝织业代表陆是福，执行委员有银行业同业公会代表潘志发、林高浩，以及大华造纸厂代表刘承咨，监察委员中有苏州电气厂有限公司代表宋友斐、苏纶纺织厂代表张一鹏等。但整体上看，传统行业所占比重仍然较大。[③]

民国时期苏州的商人领袖同样是苏州地方社会精英群体的重要成员，其中尤先甲、贝理泰、庞延祚、季厚柏、刘正康、施笃清等是苏州地方政治舞台上的活跃人物。

尤先甲（1843—1922），字鼎孚，苏州人，光绪二年（1876）中举，授内阁中书，曾任职礼部。光绪九年（1883）丁氏父忧归里，不复为

---

① 苏州商会1905年成立时名苏州商务总会，1916年改组称苏州总商会，1931年改组称吴县县商会。
② 王仲：《民国苏州商会研究（1927—1936年）》，上海人民出版社，2015年，第57页。
③ 王仲：《民国苏州商会研究（1927—1936年）》，上海人民出版社，2015年，第89—90页。

官，经营商业并服务地方。晚清时，曾参与创办苏经、苏纶两厂，参与筹设苏州商务总会，并为首届总理，后连任五届总理及议董，居苏州商界领导地位20年。辛亥革命时，参与劝说程德全和平光复。民国初年，继续参与地方慈善事业，先后办理官粥局、民团局、平粜局，经营五亩园学堂儒寡会经费，创办遂初小学、城西幼稚园等。①

贝理泰（1866—1958），号哉安、鞠缘，国际著名建筑师贝聿铭的祖父，出身于世家，一度为官，1914年入股上海商业储蓄银行，1917年任总行董事兼苏州分行经理，并创办中国旅行社苏州分社，任经理。贝氏为苏州银行业领袖，1922年当选苏州商会会长并连任至1928年。贝理泰热心地方公益，兼任多种社会团体职务，曾任吴县育婴堂董事、救火联合会会长、红十字会会长、临平市民公社社长等职。②

庞延祚（1871—?），字天笙，苏州元昌典当经理，典当业领袖。庞氏在民国时期长期为苏州商会领袖，任职期内，代表苏州商会参与声援五四运动等重大政治活动。③

季厚柏（1873—1948），字小松，苏州王永顺木号经理，辛亥革命后，长期担任苏州商团团长、商会副会长等职。在江浙战争中，领导商团保卫地方治安，应付军阀需索，并积极参与张一麐等组织的"一·二八"抗战、"八一三"抗战的后援捐助活动。④

刘正康（1874—1939），名谔臣。浙江镇海人，20岁至苏州习木商，自设震生裕木号于胥门，因经营有方，为行业中巨擘。长期为苏州总商会议董、会董。他热心地方公益事业，主导修复浙宁会馆，创办游民乞丐习艺所、丰济施粥场，参与修建西园至虎丘马路，出任同乡会会长、救火会会长、市民公社社长、木业公会会长、苏州公学校董、中华体专校董等职。⑤

施笛清（1885—1934），名魁和，以字行，出身纱缎庄业主之家，是

---

① 苏州市地方志编纂委员会编《苏州市志》第一册，江苏人民出版社，1995年，第782页。
② 苏州市地方志编纂委员会编《苏州市志》第一册，江苏人民出版社，1995年，第836页。
③ 苏州市地方志编纂委员会编《苏州市志》第一册，江苏人民出版社，1995年，第807页。
④ 苏州市地方志编纂委员会编《苏州市志》第一册，江苏人民出版社，1995年，第818页。
⑤ 苏州市地方志编纂委员会编《苏州市志》第一册，江苏人民出版社，1995年，第805页；张一麐：《刘君正康墓志铭》，《心太平室集》卷三，沈云龙主编《近代中国史料丛刊正编》第一辑，台北：文海出版社，1966年，第177—179页。

苏州纱缎业领袖。青年时代加入苏州商团，后被选为商团团副。1930年后，任苏州第一区区长、吴县县商会主席委员等职，还担任纱缎庄同业公会会长、苏州救火联合会主席委员、苏州国货商场董事长等职。张一麐称其自任商会主席后，"地方公益，追随诸父老之后，靡役不从"，"一人之身，同时任社会事业十有六，奔走讲演，穷日夜不休"。①

商人阶层因为掌握大量社会财富，并有系统严密的商会、商团等组织依托，社会声望日益上升，政治参与积极性亦有较大提高，因此成为苏州地方社会中有重大影响的群体。若将苏州地方社会中的士绅群体与商人群体联合考察，似乎可以发现两者之间是一种紧密合作的局面，商人似并没有取代士绅阶层而单独居于领袖地位。以商会为主要组织依托的商人群体承担了大多数的市政责任和慈善事业的资助，而士绅阶层则在教育、文化等领域维持其传统影响并一定程度上主导着苏州城市政治的走向。

### 3. 文人学者

近代以来，随着新学和西学的发展，一批传统文人进入新式中小学校以及大学，逐渐演变为新式学者；各类新式学校和通过海外留学培养出来的大批新型知识分子，也汇入这支队伍；随着新式职业，尤其是出版业、新闻业的出现，也涌现出大量新式文人。在苏州这样一个密迩上海、文教鼎盛的城市里，这些新式知识分子群体亦是一支重要力量。其中，既是革命元勋又是大学者的章太炎（1869—1936）晚年定居苏州，可视为其中之一。章太炎并非苏州人，但他20世纪30年代初曾多次应邀到苏州讲学，1934年秋定居苏州，并于1936年逝世于此。章太炎虽然流寓苏州时间不长，但以其地位和声望，应是苏州地方社会不可忽视的人物。定居苏州时期的章太炎以开办"章氏国学讲习会"和学术研究为中心，甚少参与地方事务，他的影响主要在思想文化领域（关于章太炎苏州讲学对苏州的文化影响，参见本书第十二章）。比章太炎小5岁的著名学者金松岑（1874—1947，又名天翮、天羽）是吴江同里人，早年以文字鼓吹革命，1911年迁居苏州，授徒讲学，民国初年当选江苏省议会

---

① 张一麐：《吴县商会主席施筠清先生传》，《吴县日报》1936年4月28日；苏州市地方志编纂委员会编《苏州市志》第一册，江苏人民出版社，1995年，第797页。

议员，1917年任江南水利局局长，1922年任吴江教育局局长，苏州市政府成立后曾受聘担任市政府参事。综合来看，金松岑在早年虽曾参与政治活动，但主要以著书立说为务，他对苏州城市社会的影响主要体现在文化与教育领域。① 此外，年轻一代的文人学者，如范烟桥（1894—1967）、周瘦鹃（1895—1968）、王伯祥（1890—1975）、顾颉刚（1893—1980）、叶圣陶（1894—1988），皆为苏州人士，并成学于苏州，在苏州甚至全国文化界具有影响，但总体上看，这些专业人士的影响局限于特定的专业领域和青年学生之中，他们在地方社会事务中的作为有限。

以上我们对苏州地方精英阶层中的主要群体进行了素描，总体上来说，士绅、商人和文人学者是这个阶层的主要成员，其中士绅和商人又居于主体地位。当然，进入民国以后，随着党派政治的发展，各种党派人士亦日益增多。尤其是国民党执政之后的南京国民政府时期，国民党地方党部及积极分子，在地方事务中是一支重要力量，但在地方事务的处理上，逐渐偏向以地方政府为主导，这限制了国民党党员在地方社会的影响力。共产党党员群体在整个南京国民政府时期因处于秘密状态，不能形成一股正式的影响地方事务的力量。此外，五四运动以来逐渐活跃起来的学生、工人群体以及学联、工会等组织，虽然在全国性的政治运动中时有表现，但在地方事务上却缺少足够的资历和影响力。

4. 租栈地主

近代苏州是大土地集中的区域，明清以来地主逐渐城居化。② 太平天国运动之后，苏州出现了租栈组织。③ 民国苏州的富有阶层中租栈地主占有较大部分，据估计，民国初年至1925年苏州的地主近2000家，住居城中的多住城东一带，共设租栈数百个。④ 1910年秋，苏州田业公

---

① 参见苏州市地方志编纂委员会编《苏州市志》第一册，江苏人民出版社，1995年，第817页。
② 据20世纪30年代的调查，苏州城居化地主已占地主总数的95%。参见何梦雷《苏州无锡常熟驻点制度调查》，萧铮主编《民国二十年代中国大陆土地问题资料》卷63，成文出版社、斯坦福中文资料中心，1977年，总第33237页。
③ 〔美〕白凯：《长江下游地区的地租、赋税与农民的反抗斗争（1840—1950）》，林枫译，上海书店出版社，2005年，第200页。
④ 高岑庵：《苏州地主对农民的最后一次欺骗》，苏州市政协文史委员会编《苏州文史资料》第1—5合辑，第358页；尤建霞：《苏州的地主与农民》，苏州市政协文史委员会编《苏州文史资料》第1—5合辑，第348页。

会成立，有200余名地主会员，其中最重要的是租栈地主。① 据美国学者白凯研究，辛亥革命后至南京国民政府建立前是苏州租栈地主经营状况最好的时期。南京国民政府建立后，苏州的租栈地主经营状况大不如前。1931年美国的经济大萧条造成世界经济恐慌，中国农村经济日渐恶化，苏州的租栈地主收租也日益困难。七七事变后，连年战争导致地方社会秩序被打乱，租栈地主须依靠地方政府才能获得田租，进而地方政府直接向佃户征收田赋，租栈地主就失去了存在的必要性。直至1949年，地方政府直接向佃户征收田赋已成常态，苏州的租栈地主逐渐成为地方政权和佃户之间的寄生者，最终走向衰落。②

租栈地主群体在政治上往往不够活跃，但在经济生活中却非常重要。值得注意的是，他们在民国时期逐渐投入近代工商业和金融业的经营中，出现了近代化动向。1920年，吴县田业公会成立，有1700多户地主参加，田地总额50万—60万亩。③ 田业公会主要是租栈地主的同业组织，但其成员也包括义庄、学款处、育婴堂、普济堂等拥有地产的机构。1922年，田业公会发起创办了田业银行，总行设在苏州城内，在各大乡镇设立分行，经营农村放款业务，投资于碾米厂、戽水机站和农场，并进行投机买卖活动。1937年全面抗战爆发后停业。④ 另外，1920年成立苏州电气厂，其发起人和股东之一是田业公会会长丁怀榮（春之）。夏井春喜指出，部分田业公会核心人员与吴县田业银行及苏州电气厂的创设、经营有着密切的关系，"田业银行的资金来源是租栈田租收入和田业银行股东投资的苏州电气厂的运营资金，田业会租栈的田租，通过田业银行或者信孚银行，其一部分成为苏州电气厂等近代工业和苏州现代化的资金。田业会绅士当中有相当的实业家，他们像丁怀榮那样走着中国

---

① 〔美〕白凯：《长江下游地区的地租、赋税与农民的反抗斗争（1840—1950）》，林枫译，上海书店出版社，2005年，第233页。
② 〔日〕夏井春喜：《近代苏州地主租栈经营》，唐力行主编《江南社会历史评论》第五期，商务印书馆，2013年。另参见〔日〕夏井春喜《赋从租出——近代苏州的田赋与田租的关系》，唐力行主编《江南社会历史评论》第七期，商务印书馆，2015年。
③ 夏亨廉、肖克之主编《中国农史辞典》，中国商业出版社，1994年，第96页。
④ 夏亨廉、肖克之主编《中国农史辞典》，中国商业出版社，1994年，第96页。

发展近代民族工业化的道路"。① 田业公会会长丁怀榮，以及申璋（士表）和潘利谷（子义）、潘贞谷（子起）兄弟等田业公会中人，他们既是租栈、义庄的主持人，又与苏州民族工业及近代化不无关系，是民国前期苏州近代化的有力推手。②

## 二 城市精英组织网络

城市精英阶层在地方社会中的主导地位是以制度化的组织机构为基础的，一系列的城市组织机构为他们施加影响提供了舞台和载体。③ 自晚清开始的地方自治运动，导致了一系列城市机构的发展。从1895年开始，不断增多的学术团体（学会）和教育会，成为具有改革思想的士人推进行政改革、参与地方事务的舞台；随后商会、农会等相继建立，不仅为士人，也为商人提供了舞台。同时，传统的会馆、公所、善堂、义庄仍继续组建并承担着一定的城市管理职责。

苏州最早的新式社团组织可以追溯到1897年成立的苏学会，当时在改良维新思潮的鼓舞下，由苏州士人章钰、张一麐等在苏州最早的小学唐家巷小学内设立，备有购自上海的新书多种，会员近百人，每七日集会一次（参见本书第七章第一节相关论述）。1898年成立了医学会。1905年10月苏州商务总会成立。1907年苏省地方自治调查研究会成立，1908年下半年该会扩充为苏省自治局，内附设自治研究所。1905年，长元吴三邑学务公所成立，一年后改组为"长元吴教育会"。此后，苏省警务总会（1906）、农务总会（1910）、苏商体育会（1906年成立，1912年元月改组为商团公会）等重要社团相继成立。其中，商会、教育会、农务总会"三大法团"以及苏城自治公所的地位尤其重要。进入民国，苏州的各类社团继续增长，如以街区为单位的众多市民公社、救火会，以及市民公社联合会、救火联合会等，此外，各种以行业为单位的社团

---

① 〔日〕夏井春喜：《民国前期苏州的田业会：与吴县田业银行、苏州电气厂的关系》，唐力行主编《江南社会历史评论》第六期，商务印书馆，2014年，第278页。
② 〔日〕夏井春喜：《民国前期苏州的田业会：与吴县田业银行、苏州电气厂的关系》，唐力行主编《江南社会历史评论》第六期，商务印书馆，2014年，第280—281页。
③ 参见〔法〕白吉尔《中国资产阶级的黄金时代（1911—1937）》，张富强、许世芬译，上海人民出版社，1994年，第53—61页。

组织也纷纷涌现,如律师公会等。这些数量众多的社团为城市精英施展影响提供了组织依托,他们通过在一至数个社团中任职,一方面维持自身的影响力,另一方面建立彼此之间的联系。下面就城市市政领域较为重要的社团加以分析,以展现城市精英群体的组织网络。

1. 商会及其外围组织

1905 年创立的苏州商务总会由在籍绅商王同愈、尤先甲、张履谦、潘祖谦、吴本齐、彭福孙等六人呈请筹办,1905 年 10 月召开成立大会,选举尤先甲为总理,倪思九为协理,议董包括潘祖谦、彭福孙等 16 人。商务总会以各行帮之会馆、公所为基础,以"联商情、开商智、扩商权"为宗旨,在各县设有分会。1914 年根据北京政府公布之《商会法》,改称苏州总商会,实行会董制,由会董选举产生会长、副会长,首届会长为蔡廷恩、副会长为庞天笙。1930 年苏州总商会改组,成立吴县县商会筹备处,各业同时成立同业公会组织,并加入县商会为会员。1931 年 1 月吴县县商会召开第一次会员代表大会,正式成立。县商会实行委员制,设主席委员、常务委员、执行委员、监察委员等,第一届主席委员为施筠清。抗战沦陷时期,县商会改组,设理事会和监事会,理事会设理事长、常务理事、理事、候补理事,监事会设监事长、监事、候补监事,抗战胜利后,沿袭此制。1949 年 11 月,苏州市工商业联合会筹备委员会成立,吴县县商会解散。[①]

晚清苏州商务总会的领导层基本上为纱缎、典当业所把持。进入民国的县商会时期,领导层来源更加多元,新式企业的公会代表逐渐进入领导层,但传统行业所占比重还是比较大。[②]

关于晚清苏州商会的社会作用,马敏、朱英认为:"晚清商会组织已经把自己的影响力渗透到城市社会生活的各个领域。以商会为核心,众多民间社团组织纵横交错,从而形成了一个官府以外的在野城市权力网络,控制了相当一部分市政建设权、司法审理权、民政管理权、公益事

---

[①] 苏州总商会沿革,参见苏州市地方志编纂委员会编《苏州市志》第三册,江苏人民出版社,1995 年,第 405—410 页。

[②] 王仲:《民国苏州商会研究(1927—1936 年)》,上海人民出版社,2015 年,第 91 页;付海晏、匡小烨:《从商事公断处看民初苏州的社会变迁》,《华中师范大学学报》(人文社会科学版)2004 年第 2 期。

业管理权、社会治安权以及工商、文教、卫生等多方面的管理权，在很大程度上左右着城市经济和社会生活。"① 马敏、朱英对于商会等民间社团网络的社会和政治功能的分析充满了洞见，为我们理解近代以来苏州城市政治和社会结构特点提供了基础，但同时也存在有待商榷之处。首先，在分析商会以及在野市政权力网络的过程中，他们似乎过于将民间社团及其领导阶层"绅商"与官府之间的关系对立起来，其实在野市政权力网络与政府的管理权限并不一定是一种此消彼长的关系，而更多的是一种委托或协作的关系。清末时期苏州商会积极参与抵制美国运动、收回路权运动、国会请愿运动以及辛亥革命和各种捐税抗争，显得非常活跃。② 而商会的活跃与此时政府对商会的大力支持是分不开的。其次，马敏、朱英认为商会是在野市政权力网络的核心，这一点也值得商榷。商会在苏州在野市政权力网络的核心地位恐怕只能局限于清末民初。从民国时期的市政管理实际来看，苏州的在野市政权力网络应是一种多元的格局，其中士绅阶层及自治公所的影响力不可忽视。最后，二位作者将市民公社作为商会的从属系统，这种情况在清末市民公社成立初期似可成立，但进入民国以后，市民公社与市公益事务所和市公所的业务联系更为紧密（详见本书第八章相关论述）。

民国苏州商会的活动大致可以分为北京政府和南京国民政府两个时期。北京政府较为扶持商会组织，对《商会法》进行了修订并颁布了商事公断处章程。在这种形势下，苏州商会不断完善选举制度，使商会的选举更具有广泛性和民主性，并且成立商事公断处等新的机构，在受理商事纠纷方面发挥了更为突出的作用，尤其是在五四运动等反帝爱国运动中态度更加积极并发挥了显著的作用。③ 概言之，北京政府时期，苏州商会无论是在自身组织建设方面，还是在参加政治活动、维护民族主权、捍卫商民利益等方面都非常活跃，可以称为商会参政的"黄金时期"。④

---

① 马敏、朱英：《传统与近代的二重变奏——晚清苏州商会个案研究》，巴蜀书社，1993年，第3页。
② 参见马敏、朱英《辛亥革命时期苏州商会研究》第五、六、七章，华中师范大学出版社，2011年。
③ 朱英：《民初苏州商会的发展演变》，《华中师范大学学报》（人文社会科学版）2006年第5期。
④ 王仲：《民国苏州商会研究（1927—1936年）》，上海人民出版社，2015年，第53页。

进入南京国民政府时期，苏州商会的生存环境出现了较大变化。1927年南京国民政府成立初期，一度扶持商民协会，意图以之取代商会组织。1927年下半年，南京国民政府确定了保留商会但需改组的方针。1928年3月苏州商民协会解散，同月苏州总商会宣布改组，至1930年改组完毕。① 1931年1月苏州总商会改称"吴县县商会"。南京国民政府时期，县商会的活动范围越来越退缩到工商实业等自我管理的领域，其政治性和活跃度都有所减弱。

　　商团。苏州商团是商会领导的准军事组织，起源于1906年诞生的苏商体育会。1907年苏商体育会开始拥有枪支，至辛亥革命前已设4个支部，共628人。1912年初苏商体育会改组为商团公会，1922年3月再次实行改组，定名为苏州商团，进一步加强了对商会的隶属关系。② 至1928年，苏州商团除团本部外，附设31个支部，还设有3个大队和1个常备队，另有1个军乐部，有2228人，拥有枪支1580支，达到苏州商团发展的高峰时期。③

　　南京国民政府在对商会进行改造的同时，也对商会的下属和外围组织加以改造。1927年底，为加强对地方武装的控制，江苏省政府试图将各地公安团、保卫团、自卫团一律改为保卫团，原有商团改组为特种保卫团、临时保卫团，由县长直接指挥。这一措施受到苏州商会和苏州商团的一致抵制，控制与反控制的斗争一直持续到1936年。该年1月，吴县政府训令苏州商团于2月10日实行改编，不得延误。苏州商团为避免被改编的命运，于2月10日宣布解散，结束了其近30年的历史。④ 商团是商会施展影响的重要支撑力量，商团的解散也标志着商会影响力的减弱。

　　会馆、公所与同业公会。会馆、公所是明清以来新兴的工商业团体，它是工商业者协调、维护自身利益的组织，具有"自发性""常设性"

---

① 朱英：《南京国民政府建立后苏州商团的改组与消亡》，《历史研究》2008年第5期。
② 《总商会致江苏省长公署呈稿》（1922年2月13日）称："苏州商团附设团本部于苏州总商会，原有之商团公会，即于同日撤销。嗣后苏州商团事宜，当由会长等会同商团团长妥为协商办理，随时报明请示遵行。一切公文函牍，盖用商会关防。"参见章开沅等主编《苏州商团档案汇编》，巴蜀书社，2007年，第47页。
③ 朱英：《苏州商团：近代商人的独特军事武装》，《江苏社会科学》2008年第1期。
④ 王仲：《民国苏州商会研究（1927—1936年）》，上海人民出版社，2015年，第85页；朱英：《南京国民政府建立后苏州商团的改组与消亡》，《历史研究》2008年第5期。

"合法性"的特点,是一种新形态的社会运动,反映了工商业者力量的抬头与凝聚。① 苏州作为工商业城市,会馆、公所众多。据现有研究可知,苏州的会馆多创建于明万历和清康熙、乾隆年间,有据可查者共48所。公所(有不少会馆后来演变为公所)总数可达157个,多数创设于乾隆至道光时期,咸丰十年(1860)太平军占领苏州城时,公所有53个,战后到甲午战争前三十年间,重建的公所至少有49个。② 1904年商会产生以后,会馆、公所仍在设立,至1911年共设立了5个。③

1918年北京政府颁布《工商同业公会规则》,首次为工商业行业组织立法,"同业公会"逐渐成为行业组织的通称,会馆、公所等行会组织逐渐向同业公会转化。④ 同业公会与会馆、公所的主要不同之处在于由司事制变为会董制(1929年以后改为执监委制),由推举制或轮举制变为选举制,会员范围更为广泛,而且组织形式具有全国范围的统一性,更有利于跨区域的联系和整合。比之于会馆、公所,同业公会机构设置更为完备,运作方式更为有效,组织原则更为民主,内控机制更为严密,具有更强的现代性。⑤ 但《工商同业公会规则》第九条规定"本规则施行前,原有关于工商业之团体,不论用公所、行会或会馆等名称,均得照旧办理",⑥ 因此此期苏州成立的工商同业组织,有用同业公会名称者,亦有延续会馆、公所名称者。如苏州旱烟业原有信芳公所,1919年扩大为包含其他烟业,遂改组为苏州烟业公所,其领导层仍延续传统,由董事、司年、司月等职负责日常事务。⑦ 1924年因纸烟业兴起,添设

---

① 邱澎生:《十八、十九世纪苏州城的新兴工商业团体》,四川人民出版社,2022年。
② 江苏省博物馆编《江苏省明清以来碑刻资料选集》,生活·读书·新知三联书店,1959年,第659—666页;吕作燮:《明清时期苏州的会馆和公所》,《中国社会经济史研究》1984年第2期;唐文权:《苏州工商各业公所的兴废》,《历史研究》1986年第3期,第61页。
③ 魏文享:《试论民国时期苏州丝绸业同业公会》,《华中师范大学学报》(人文社会科学版)2000年第5期。
④ 魏文享:《民国时期的工商同业公会研究(1918—1949)》,博士学位论文,华中师范大学,2004年,第39页。
⑤ 魏文享:《试论民国时期苏州丝绸业同业公会》,《华中师范大学学报》(人文社会科学版)2000年第5期。
⑥ 彭泽益主编《中国工商行会史料集》下册,中华书局,1995年,第985页。
⑦ 《苏州烟业信芳公所章程》,1919年7月,马敏等主编《苏州商会档案丛编》第三辑上册,华中师范大学出版社,1991年,第166—167页。

苏州吴县烟兑业纸烟公会,其组织结构有较大调整,设置名誉董事、会长、副会长、评议员、干事员。① 1926 年苏州旅业组织同业团体定名惠商公所,而其内部组织则设置正董、副董、评议、调查、干事、会计等员。② 因此,此期的公所、会馆很多在实质上是工商同业公会,与传统的行会组织不同。同时,取名的不同似乎也显示了同业组织的不同取向,定名为公所、会馆的同业组织,往往更注重同业的慈善救济等事业,而定名为公会的,则更注重行业经营事业的推进。

综合来看,民国初年是苏州工商同业组织的又一个发展时期。1919—1927 年苏州新设立了同和煤炭营业公所（1922）、江浙冶业公所（1914）、苏州吴县烟兑业纸烟公会（1924）、苏州烧料业点成公所（1921）、苏州永华堂颜料业公所（1922）、苏常锡瓷业公所（1922）、苏州杂粮同业公会（1924）、苏州石灰窑业公所（1924）、苏州染业文绚公所（1924）、苏州银行公会（1924）、苏州旅业公所（1926）、苏州珠业恒义会（1926）等 12 个公所和同业公会,苏州履业履源公所（1924）、苏州锡箔同业公会（1924）等则是在原有公所基础上重新组织。③

1929 年 8 月南京国民政府颁布《工商同业公会法》,1930 年 3 月推出《工商同业公会法实施细则》,规定原有公所、会馆、行会等各种工商团体一律改组为同业公会,只要七家同业的公司、行号在同一区域内,必须成立同业公会。④ 改组后,商会会员分为同业公会会员和商店会员两类。至 1932 年吴县县商会共有同业公会会员 90 个,商店会员 76 户。⑤ 但会馆、公所依然存在,并逐渐向同乡慈善组织演变。1931 年苏州城区有 41 个会馆和公所,以及 9 个同乡会（参见本书附录 9）。从"所办业

---

① 《苏州吴县烟兑业纸烟公会为成立组织事致苏州总商会函（附苏州吴县烟兑业纸烟公会章程）》,1924 年 1 月 8 日,马敏等主编《苏州商会档案丛编》第三辑上册,华中师范大学出版社,1991 年,第 167—168 页。
② 《苏州旅业公所章程》,1926 年 9 月,马敏等主编《苏州商会档案丛编》第三辑上册,华中师范大学出版社,1991 年,第 197 页。
③ 马敏等主编《苏州商会档案丛编》第三辑上册,华中师范大学出版社,1991 年,第 156—203 页。
④ 王仲:《民国苏州商会研究（1927—1936 年）》,上海人民出版社,2015 年,第 92 页。
⑤ 王仲:《民国苏州商会研究（1927—1936 年）》,上海人民出版社,2015 年,第 98 页。按:1931 年吴县城区有同业公会 60 个,1935 年有 70 个。参见《吴县（城区附刊）》之《吴县城区同业公会调查表》、《一年来吴县县政概况》"附录"之"吴县第一自治区概况"。

务"来看，很多会馆、公所仍然具有"联络乡谊以谋商业之发展""开会整理业务""谋本帮商业上之利益"等工商业内容。

关于商会与公所、会馆的关系，以前的研究多强调两者"传统"与"近代"的对立关系。[①] 但如上所述，公所、会馆的性质在不断变化之中，民国时期很多公所在实质上是同业公会，因此不能简单地以清代情形而论民国时期的公所、会馆。此外，正如邱澎生所指出的，我们应该将商会的出现与发挥的作用放在长程的脉络里考察。从16世纪一直到19世纪发展起来的会馆、公所，因主要是以办理联谊或慈善公益等名义而设立，与家族义庄、士绅善堂的"公产"类似，只能提供商人私下进行各类经济协商的途径，不能很好地起到代表商人与政府协商的作用。正是在这种形势下，商会应运而生。如果说会馆、公所是商人团体一种"事实上的代表"，具有明确的"联官商、保利权"法律地位的商会可以视为商人团体一种"法理上的代表"，二者经常相互合作，共同维护商人利益。[②] 比如付海晏、匡小烨即指出，民初苏州商会所属商事公断处在理案时往往依赖公所参加并出面调解，或借重公所清算账目、调查市价，在纠纷无法解决时更是求助于公所。[③] 因此，民国时期苏州的工商团体组建仍然在16世纪以来的延长线上，新式工商社团的组建使工商业者的组织更为丰富、力量更为强大。当时的各种工商社团之间更多采取协调合作的策略，它们之间的新旧区别并不如后人设想的那么重要。

2. 地方自治组织

如果说苏州总商会是工商业者的阵地，自治会以及自治公所则更多的是士绅的阵地。

1907年9月苏州成立了苏省地方自治调查研究会，胡玉缙为议长，管尚勋为副议长，干事2人，评议员15人，调查员20人，编辑员19人，以及书记、会计、庶务、招待等共选举职员65人，此外会员有148人，同时柬请警务总会职员21人、长元吴教育会职员43人、商会议董

---

[①] 马敏、朱英：《辛亥革命时期苏州商会研究》，华中师范大学出版社，2011年，第102—103页。

[②] 邱澎生：《由代收税捐看清末苏州商会的"代表性"问题》，《四川大学学报》（哲学社会科学版）2014年第1期。

[③] 付海晏、匡小烨：《从商事公断处看民初苏州的社会变迁》，《华中师范大学学报》（人文社会科学版）2004年第2期。

会员 100 人、商团职员 18 人、体育观摩会职员 15 人、拒烟总会职员 31 人、讲报社职员 20 人以及本地士绅未任职各团体职员 12 人。① 这是一个相当庞大的团体，将当时苏州城内的著名士绅和社会团体几乎囊括无遗。1908 年下半年，苏省地方自治调查研究会扩充并改名为苏省自治局，内附设一自治研究所。1909 年，苏属所设咨议局筹备处归并江宁，苏州官绅将原咨议局筹办处之一部合于自治局，统称江苏省苏属地方自治筹办处，苏州布政使左孝同、苏州提学使樊恭煦、江苏按察使赵滨彦为总办，江苏省候补道夏敬观为会办，苏州知府何刚德、候补知府陆懋勋为提调，苏州士绅邹福保、蒋炳章、江衡、孔昭晋、罗饴为参议。②

1909 年 7 月 15 日，在江苏省苏属地方自治筹办处的督导下，长元吴三县在苏城元妙观成立了城厢自治公所。城厢自治公所由议事会和董事会构成，议事会正议长为潘祖谦、副议长为吴本善，议员共 56 人，董事会总董为尤先甲，董事为倪开鼎、吴本齐、孔昭晋，名誉董事共 12 人。③

1912 年 1 月 3 日，遵照省议会决议，城厢自治公所改为苏州市公所，公所仍设元妙观方丈室。长元吴三县合并后，市公所于 1 月 21 日迁入原元和县署，董事会人员名额如旧，仍为总董一名，董事三名，名誉董事 12 名，总董为蒋炳章。5 月 30 日改选，汪凤瀛为总董。议事会议长为汪恩锦，副议长为徐浩然。④ 1914 年地方自治停办，3 月苏州市公所及议事会、董事会取消，各项工作及经费清册移交吴县知事公署。市政由市公益事务所主持，委市董 3 人负责，汪恩锦（炯之）为所长，所址仍设于旧元和县署。有关公产公款由县知事聘请地方士绅管理。县设市乡董事公会。

---

① 《苏省地方自治调查研究会为启用图记移苏商总会文》，章开沅等主编《苏州商会档案丛编》第一辑，华中师范大学出版社，1991 年，第 1273 页；《地方自治调查研究会职会员名单》，章开沅等主编《苏州商会档案丛编》第一辑，华中师范大学出版社，1991 年，第 1274—1277 页。
② 《苏属地方自治筹办处为开办事移苏商总会文》，章开沅等主编《苏州商会档案丛编》第一辑，华中师范大学出版社，1991 年，第 1281—1282 页。
③ 江苏苏属地方自治筹办处编《江苏自治公报类编》，沈云龙主编《近代中国史料丛刊三编》第五十三辑，台北：文海出版社，第 144—145 页。
④ 李继业：《传承与更新——1912—1937 年吴县县政研究》，博士学位论文，苏州大学，2013 年，第 60 页。

## 第六章　城市精英及其组织网络

1923年6月26日，江苏省公署宣布恢复各级自治。① 7月1日苏州市议事会恢复，8月恢复市董事会。1927年3月24日，吴县临时行政委员会成立，市公益事务所及所属机构，除学款处已于上年由教育局接收外，均由临时行政委员会公益局接收。市议会、市公所机关则移交国民党市党部。② 1927年9月6日吴县县政府成立后，改吴县6市21乡原市乡董事会为市乡行政筹备处，市乡董事为市乡行政筹备委员。1929年2月改市乡行政筹备处为市乡行政局，办理地方自治事务。③ 南京国民政府时期自治名存实亡，改组后的市、乡行政局日益变成县区下属的一级行政机构。而此时随着苏州市成立市政筹备处，市政管理已离开了地方自治的轨道，市议会和市公所这类地方自治机构也就走到了尽头。

马敏、朱英认为，在清末民初由民间社团所构成的苏州在野市政权力网络中，商会起到了中枢的作用。④ 以上论断更多的是基于对辛亥革命时期的考察而得出，如果将其放在整个北京政府时期来考察，似乎还存在商榷的余地。

清末，苏州的城厢自治公所成立较晚，而且因为三县之间的矛盾、县市之间的矛盾，办理很不顺利。进入民国后，城厢自治公所改成苏州市公所，还没来得及有所作为，就因地方自治停办而取消。但是市公所董事和市议会议员仍通过市公益事务所、学款处、各堂仓董事等职位控制着地方自治事务。1920年以后江苏省所采取的市政管理地方化政策以及1923年地方自治的恢复，使重新恢复的市议会和市公所也再度活跃起来。这一点可以从苏州工巡捐局成立及改组风波中看得很明显（详见本书第八章）。在该事件中，商会更多地代表城外商民的利益，而市议会和市公所则更多地代表城内士绅的利益，市民公社也因城内外的利益不同，而划分为两个集团。因此，在北京政府时期的苏州在野市政权力网络中商会并不是唯一的核心，市议会和市公所也是不可忽视的力量。

孔飞力曾指出北京政府时期的地方自治运动中，一方面存在名流扩

---

① 《苏省恢复各级自治》，《申报》1923年6月26日。
② 苏州市地方志编纂委员会编《苏州市志》第三册，江苏人民出版社，1995年，第105页。
③ 苏州市地方志编纂委员会编《苏州市志》第三册，江苏人民出版社，1995年，第105页。
④ 马敏、朱英：《辛亥革命时期苏州商会研究》，华中师范大学出版社，2011年，第91页。

张的趋势，另一方面出现官僚政治的权威逐渐确立起来的趋势。[①] 在苏州城市政治的演进中同样存在着这两种互相矛盾的趋势。但需要指出的是，在整个北京政府时期，地方行政和地方自治，或者说官治与自治的界限还是非常清晰的。虽然袁世凯一度取消地方自治，但其主要目标是取消县及城、乡的议会，以避免这些议会与地方行政当局的纠纷与冲突，而原属地方自治的事务仍然委托地方人士分别管理，也就是说地方自治的领域依然保留。就苏州的市政管理来说，在20世纪20年代出现了捐税征收和马路工程管理等部分事务地方化的趋势，地方款产的管理也仍旧保留在地方人士手中。这些都给地方精英阶层发挥影响提供了舞台。

市民公社。在前人研究中多强调市民公社对商会的从属关系。[②] 笔者则认为该组织放在地方自治组织中更为妥当。关于市民公社的发展历程及性质与角色，详见本书第八章的相关讨论。

救火会和救火联合会。同治年间，苏州开始出现了民间消防组织——"龙社"，至光绪二十九年（1903），苏州城区有龙社30余个，1913年龙社达67个。[③] 1913年5月4日，苏州仿效上海，成立苏州救火联合会，将67处龙社联合起来，陆仲英为会长，毛子坚、方雅南为副会长。[④] 同年，苏州警察厅亦成立消防队，但该队力量薄弱，因此在民国时期苏州的消防中形成了官、民合作的格局，但主要依靠民办消防力量。据1934年6月26日《苏州明报》记载，当时公安局消防组官佐2人、长警28人、夫役3人，共计33人。而同年4月10日统计资料显示，全市当时有51段救火会，总计约有出救人员775人，强壮会员共620人。[⑤] 官、民消防组织力量相差悬殊。苏州救火联合会和各救火会一直持续到1954

---

① 参见孔飞力《地方政府的发展》，〔美〕费正清、费维恺编《剑桥中华民国史（1912—1949年）》下卷，中国社会科学出版社，1994年，第336—339页。
② 马敏、朱英：《辛亥革命时期苏州商会研究》，华中师范大学出版社，2011年，第72—80页；张海林：《苏州早期城市现代化研究》，南京大学出版社，1999年，第202页。
③ 彭志军：《火殇：苏州民办消防事业研究（1913—1945年）》，上海人民出版社，2014年，第78页。
④ 《苏州火政之效法》，《申报》1913年5月1日，第7版。
⑤ 彭志军：《火殇：苏州民办消防事业研究（1913—1945年）》，上海人民出版社，2014年，第153—154页。

年才被公安局消防大队接管。

一般论者多认为救火会和救火联合会职员多为商业店伙，而且领导层多为商人，故将其视为商会的外围组织。但如果我们仔细分析救火联合会的历任会长、副会长、主席名单（参见附录10），则可以发现，其中商人出身者固多，士绅出身者亦不少。如1920—1921年任会长，并两次任副会长的宋绩成（铭勋）就是律师出身，曾任江苏省议会议员，是一位典型的新型士绅；三度任主席的范君博虽然因祖上遗留产业而经商，但更是一位文人；多次任副会长的方雅南（炳勋）也主要是一位热心公益、积极参与地方自治的士绅。就救火会和救火联合会业务范围来看，它们更多地属于地方自治范畴。简而言之，救火会和救火联合会是包括商人、士绅在内的地方精英群体参与市政管理、发挥自身影响力的重要组织，它的领导层与商会、自治公所、市民公社有大量的重合和交叉。

3. 其他团体

在商会和地方自治组织之外，学款处和教育会、农务总会、慈善救济团体、义庄等也是苏州地方精英发挥影响的舞台。

为推进新式教育，1904年6月，江苏巡抚端方设江苏学务处，管理苏属各府州县高等中小学堂暨民办学堂等的事宜。1905年10月，苏绅王同愈等上呈江苏巡抚，提出设立苏州学务公所，作为地方兴学机关，"与官设学务处互相表里"，负责"裒集地方原有公款"，"以资推广学务"，并公举彭福孙任总理，吴本善任协理，另设小学堂"总汇处"，管理长元吴各初等小学堂，由时任江苏巡抚陆元鼎批准设立。[①] 1906年，清政府裁撤各省学政，设提学使司，改各省学务处为学务公所，并设劝学所为州县教育行政机关。为免名称相混，苏州绅办学务公所改为长元吴学务总汇处，与劝学所不相统属。[②] 1909年，又改学务总汇处为长元吴三县学款经理处，地点在海宏坊，继续由绅主办。[③] 此外，1907年，苏绅还成立了长元吴教育会，作为领导民间办学的联络研讨机构，蒋炳章、吴本善、尤先甲等为教育会骨干。[④] 1912年，长元吴教育会改组为吴县

---

[①]《纪苏垣开办初等小学堂》，《申报》1905年7月27日。
[②]《长元吴统筹学款问题》，《申报》1909年6月29日。
[③]《学务总汇处更定名称》，《申报》1909年8月12日。
[④] 张海林：《苏州早期城市现代化研究》，南京大学出版社，1999年，第256页。

教育会。清末，学款经理处的总董与协董和劝学所总董都由长元吴教育会选举产生。①

城厢自治公所成立后，学款处应归其管理。进入民国，城厢自治公所改为苏州市公所，学款处也就成为苏州市公所的附属机关。从学款处的总董和协董人选来看，他们都是苏州城厢地方自治的领袖人物，同时在城厢自治公所及民国后的市公所或议事会中任职。1913年自治停顿，该处遂成一独立机关，所有苏州市第一学区各校经常临时等费，概归该处拨发。劝学所成立后，学款处曾有归并劝学所办理之说，而当地士绅潘祖谦、吴荫培等均以学款处租产系属市有，与县不得互混，呈明省厅核准在案。直到20世纪20年代，苏州市所在的第一学区教育经费仍由学款处拨给，其余二十七市乡则由教育局向县领发。② 1923年吴县教育局成立，1924年5月吴县教育局董事会议议决，须将学款处归并教育局。此举招致苏州市市议会的强烈反对，议长陈任致函学款处董事孔康侯称，"事关保护地方款产"，"万不能交与接管"。③ 此后，《申报》消息称："苏州市第一学区各校校长闻之，昨（五日）已联名分呈省署、教育厅、吴县知事署，声叙学款处归并教育局之不合法，请求勿准归并。"④ 11月，经一再协商，官绅达成协议，将吴县忙漕附税"转款存储，分立三折，一为教育附税，一为县附税，一为市乡附税"，领款时，"教育费须由教育局会章，市乡费由市乡公会会章"。⑤ 一直到1926年，苏州市公所和学款处因财政问题爆发控案，才被迫将学款处移交县教育局管理。⑥ 此外，省教育厅虽规定各县市乡教育经费统归教育局管理，但同时规定经费预决算由教育局董事会审核，由县市乡各级议事会议决。⑦ 这样的规定仍给由地方人士组成的教育局董事会和各级议事会保留了对教育经费使用的监督和分配之权。此外，1914年设立的吴县教育

---

① 《教育会开会选举志要》，《申报》1909年12月28日。
② 《吴县教育经费发放有期》，《申报》1924年4月29日。
③ 《市议会否认归并学款处》，《申报》1924年5月3日。
④ 《苏州教育局归并学款处之反响》，《申报》1924年6月6日。
⑤ 《县署实行划出附税》，《申报》1924年11月16日。
⑥ 《学款处定今日归并》，《苏州明报》1926年8月15日。
⑦ 李继业：《传承与更新——1912—1937年吴县县政研究》，博士学位论文，苏州大学，2013年，第300页。按：从省政府颁布的相关条例来看，两个管理处主要针对县款产，市乡款产似不在其列。

款产经理处,"联合全县办学员绅","护持、总理县市乡教育款产",则是全县层面士绅阶层掌控教育款产的舞台。该教育款产经理处在1918年吴县劝学所恢复后撤销。[1]

清末苏州商务总会成立后,1910年苏州地方士绅及省咨议局议员陶惟坻、倪开鼎等人开始筹组农务总会,该会于1912年6月正式成立,40余人出席,选举王同愈、陶惟坻、蒋炳章、尤先甲等14人为会董,并由会董选举王同愈为会长、陶惟坻为副会长。筹备期间,曾于宣统三年(1911)正月在枫桥东首20亩荒地上设立农事试验场。后会务停顿,自行解散。1913年,吴县农会成立,但活动不多。1919年吴县农会改组,其会员多数为地主和农业技术人员。1927年国民革命军进驻苏州后吴县农会解散。[2]

1931年出版的《吴县(城区附刊)》专门辟有"慈善救济"一类,包括吴县救济院等公办和民办救济机构(21所)、会馆公所(50所)、义庄(32家)、善局善堂(37所)等四类机构和组织。会馆公所被列入"慈善救济"类组织,说明至民国时期它与同业公会已有较明确的区分,因上文已对会馆公所进行了分析,此处不赘述。21所救济机构中有15所归吴县救济院管理,包括男养老所附设残疾部,女养老所附设残疾部、育婴所、特别妇孺留养所、感化习艺所、掩埋所、昌善局、贷款所、莲溪同仁堂、妇女教养所、第一医院、第二医院、第一施诊所、第二施诊所、第三施诊所,这些机构,多数是以前由官方资助、地方士绅管理的慈善组织整理改名而来,也有些是新成立的,属于官办系统。此外,还有清节堂、苏州苦儿院、苏州隐贫会、中国济生会苏州放生池园、毓园保婴局、阊胥盘区乞丐习艺所、吴县救济院贷款所等民间救济组织。

《吴县(城区附刊)》将"善局善堂"与上文所列吴县救济院和其他慈善救济机构分列,其理由可能是这些组织施善内容更加多元化,更加具有传统色彩。苏州一直是善会善堂林立之城。明清之际,苏州的施棺类善堂与综合性善堂几乎占全国总数的10%,清节堂占到6%。全盛时期,苏州一城,善堂不下数十处,"生有养,死有葬,老者、废疾者、孤

---

[1] 李继业:《传承与更新——1912—1937年吴县县政研究》,博士学位论文,苏州大学,2013年,第222页。
[2] 苏州市地方志编纂委员会编《苏州市志》第三册,江苏人民出版社,1995年,第403页。

寡者、婴者，部分类叙，日饩月给，旁逮惜字、义塾、放生之属，靡弗周也"。① 清末民初，苏州多数民间慈善团体继续得以保持，并且有不少新建者。《吴县（城区附刊）》所列的37所善局善堂中有7所是民国时期新建。②

义庄由共有土地组成，其收入用以维持家族活动，诸如救济贫穷的族人、津贴有出息的子弟向学、维修宗祠等。自11世纪范氏义庄设立以来，设立义庄就成为家族增强内部凝聚力以及提升社会地位的正统的官方认可的途径。义庄每所一般拥有500—1000亩土地，而且作为慈善事业会得到政府的特别税收照顾。义庄除了具有慈善事业属性之外，对于族人来说，还起到了一定的类似租栈的作用。属于其分支的各家各户假托把土地捐献给家族义庄，实际上只是将土地的管理委托给义庄人，纳税之后剩余的地租收入不是归义庄所有，而是归各家各户自行支配。这种安排为家族内的地主提供了与租栈提供给主顾的同样的地租征收和赋税上的好处。③

在明清江南地区，苏州府是义庄分布最密集的地方，而且义庄的设立日趋城镇化。④ 民国《吴县志》载义庄60家，其中城厢地区47家。⑤ 1931年时，据吴县县政府调查，苏州城区有义庄32家（参见本书附录11）。⑥ 据1949年解放初调查，苏州城区仍有义庄21家。⑦ 从以上数据可以看出，进入民国以后，义庄建设虽然在整体上进入衰退期，但依然保持着一定的数量，而且有不少新建的义庄出现。义庄虽然以赡养族人为目的，但因其占有大量土地，对族人的控制、地方租税的完纳、社会秩序的维持都有重要影响，从而成为地方精英尤其是世家大族对地

---

① 石渠：《轮香局记》，同治《苏州府志》卷二十四《公署四》，《中国地方志集成》，江苏古籍出版社，1991年。
② 另据冯筱才、夏冰统计，1926年苏州城区民间慈善救济团体有育婴堂、普济堂苦儿院、隐贫会等16所。参见冯筱才、夏冰《民初江南慈善组织的新变化：苏州隐贫会研究》，《史学月刊》2003年第1期。
③ 〔美〕白凯：《长江下游地区的地租、赋税与农民的反抗斗争（1840—1950）》，林枫译，上海书店出版社，2005年，第201页。
④ 李学如：《近代苏南义庄与地方社会》，上海三联书店，2016年，第90—92页。
⑤ 民国《吴县志》卷三十一《公署四》，《中国地方志集成》，江苏古籍出版社，1991年。
⑥ 乔增祥：《吴县（城区附刊）》，吴县县政府社会调查处，1931年，第113—115页。
⑦ 李学如：《近代苏南义庄与地方社会》，上海三联书店，2016年，第116—118页。

方社会施加影响的舞台。如美国学者邓尔麟所云："义庄精神的影响是超出了乡绅和农家子弟之外的。义庄成了志士仁人争夺当地政治势力的中心。"① 进入民国时期，义庄仍保持其强大的影响力。以范氏义庄为例，苏州天平山为范氏义庄的产业，为禁止附近农民、宕户开山采石，范氏义庄多次动用官府力量，进行法律诉讼，并长期维持天平诸山的封禁。这种斗争几乎存在于整个民国时期，一直到1940年，才最终以除范坟山外其他诸山全面开禁而告终。②

除了苏州本地的社团组织外，苏州精英阶层在外地组建的同乡会组织也是苏州精英网络中一个不可忽视的组成部分。本书第五章已经指出，在上海有不少苏州人士设立的各种会馆、公所以及同乡会组织，它们对苏州事务往往有重要影响。此外，当南京成为国民政府首都后，苏州人士任职南京者日多。1933年3月9日，旅京苏州同乡集议成立苏州旅京同乡会，该会于同年6月18日正式成立。苏州旅京同乡会成立后即筹划建筑会所，并派员到苏州与地方人士联系捐款事项，结果得到积极响应和大力支持，很快顺利筹集到了计划中的二万余元，会所亦于1934年12月9日正式落成。苏州各界纷纷表示祝贺，《苏州明报》亦出版纪念专刊。在苏州旅京同乡会会所筹建捐款过程中，苏州人士组成苏州赞助队，张一麐为队长，严裕棠、吴子深为副队长，汪稼仓、潘起鹏、冯世德为参谋，陈孟孚、朱庆曾、朱家积为干事，"捐款结果，该队成绩极佳"，不仅可以看出苏州地方精英的动员能力依然很强，也可见他们与旅京苏州人士的联系颇为紧密。③

从晚清时代开始，中国社会中精英阶层的构成出现了较大的变动，其中一个重要的变化是商人阶层的崛起和士绅阶层的衰落，与这种趋势相伴随的是士绅阶层和商人阶层的融合，这从"绅商"一词的流行并往往指代亦绅亦商的单独群体中显现出来。在民国时期苏州的公共事务之中，我们确实可以看到绅与商的融合与密切合作，但同时我们也可以看

---

① 〔美〕邓尔麟：《钱穆与七房桥世界》，蓝桦译，社会科学文献出版社，1998年，第87页。
② 李学如：《近代苏南义庄与地方社会》，上海三联书店，2016年，第333页。
③ 蒋靖涛：《苏州旅京同乡会成立之经过暨一年来之工作》，《苏州明报》1934年12月9日，第二张《苏州旅京同乡会会所落成纪念专号》；《会场新闻》，《苏州明报》1934年12月9日，第二张《苏州旅京同乡会会所落成纪念专号》。

到两者之间的界限依然可见，而且在两者的联合行动之中，可以看到士绅阶层处于更加强势的领导地位。在绅与商之外，我们可以看到一批在五四运动后成长起来的知识分子阶层，他们在1926年的国民革命大潮中试图对在晚清新政中成长起来的老一辈绅商联合群体的领导地位提出挑战，虽然他们通过现代报刊、文学写作、教育教学扩大了在年轻群体中的影响，但在民国苏州的公共事务中，他们还处于边缘地位。

清末以来逐渐出现的新式社团和传统的会馆、公所、义仓、义庄、善会、善堂等社会组织，成为民国时期地方精英阶层发挥对地方事务影响的制度化组织基础。这些社团形成了一个网络，在地方上出现重大事项之时，各种社团往往联合行动，发表意见，以影响政府行政。比如，1929年江苏省政府下令将苏州商团收编为地方政府控制的保卫团，苏州丝业公所、铁机公会、云锦公所、文锦公所、丝边公所等五个工商团体即联名呼吁保留苏州商团。[①] 1934年9月，江苏省政府再次下达商团改编令时，吴县公款公产管理处潘起鹏领衔，吴县救济院、仓储委员会、农会、教育会、工业联合会、律师公会、银行和钱业等同业公会领导人再次联合署名向县长呈文呼吁保留。[②]

以强大的社团网络为依托，民国时期苏州地方精英相当活跃，这使他们成为地方政治中不可忽视的力量。

---

[①] 《苏州丝业、铁机等公所致总商会函》，1929年9月3日，章开沅等主编《苏州商团档案汇编》，巴蜀书社，2007年，第373页。

[②] 《吴县公款公产管理处潘起鹏等致吴县县长呈稿》，1934年9月12日，章开沅等主编《苏州商团档案汇编》，巴蜀书社，2007年，第414—415页。

# 第七章　苏绅领袖张一麐

张一麐是苏州本地人，即所谓的"乡贤"。他一度在北洋政府为官，取得了在全国政坛上的地位，20世纪20年代，他隐居故乡，积极参与地方事务，成为二三十年代苏州地方的士绅领袖，对当时苏州有深刻的影响。这一点，很多时人的回忆可以证明。如苏州作家范烟桥称其为"吾吴之鲁殿灵光也"，"吴人之睚眦琐碎，苟得先生一言即解"，"凡有求于先生者，能力所及，无不一一诺之"。① 著名报人高拜石在其纵谈清末民初掌故的《古春风楼琐记》中亦称，张一麐"辞职南归，杜门不出，颇倾向时流，大倡自治高调，议论激昂，性又倔强，颇为地方忌惮，称之为'疯子'，和侨居苏州的李麻子（根源）并作苏绅领袖"。② 可见，张、李二人的苏州士绅领袖地位早就得到了时人认可。在以下诸章关于苏州城市管理的讨论中，我们也会常常看见他的身影。因此，如果要了解清末民国时期苏州城市精英阶层，尤其是士绅阶层的动向，张一麐无疑是一个很好的切入点。本章即以张一麐为案例，通过勾勒他的政治活动及思想发展，探讨清末民国时期苏州士绅群体的政治动向。

## 一　维新志士

张一麐同治六年（1867）出身于苏州城内的一个官宦之家。其父张是彝是清光绪庚辰进士，官直隶正定县知县。吴中张氏虽耕读传家，但数世仅有秀才功名，至张一麐之父张是彝，始成进士。③

---

① 范烟桥：《张仲仁先生轶事》，《鸥夷室文钞》，海豚出版社，2013年，第84页。
② 高拜石：《古春风楼琐记》第一册，台湾新生报社，1979年，第303页。关于李根源在苏州寓居生活与活动，参见沈红娣《李根源与小王山》，古吴轩出版社，2011年；刘艺蕾《李根源寓居苏州事迹考述》，硕士学位论文，苏州科技大学，2022年。
③ 张一麐：《张氏族谱序》，《心太平室集》，沈云龙主编《近代中国史料丛刊正编》第一辑，台北：文海出版社，1966年，第84页；张万安：《我的家族——苏州横渠张氏》，自印本，第9—10页。

张一麐天资聪颖，勤奋好学，有神童之称。① 光绪四年（1878），张一麐12岁，应童子试，中式为秀才。② 光绪八年（1882）16岁，参加江南乡试，中副榜第二名。③ 此时张是彝以进士用知县，分省直隶，张一麐随父北上。

光绪十一年（1885），19岁的张一麐以副榜贡生参加顺天乡试，主考为潘祖荫、翁同龢，张一麐列第十名，中式为举人，一时"文名溢吴下"。④ 复试后，张一麐随同乡陆润庠赴山东学政任所，教授其子灿林读书。

光绪十二年（1886），张一麐入京会试，与张謇及李鸿章之子李伯行同试，落榜。1889年春，张一麐参加会试，再次落榜。同年，"是彝以事忤府尊，去官返里，旋病殁"。⑤ 父亲的离世，使得原本贫寒的家庭境况加重，⑥ 为贴补家用，张一麐开馆授徒。先就馆于盘门汪氏，其弟张一鹏在他身边一起学习。所教学生汪瑞闿后成为江苏省首任巡警道。除私塾教书外，张一麐每月考苏州紫阳、正谊、平江三书院，卖文为生，"辄前列"。张一麐因病错过了1892年春的会试。病好后，张一麐在凤凰街陆氏、严衙前张氏家中继续开馆，尽管学生只有两三人，但前来请教的人很多，因此他文名鹊起。

1894年甲午之役，清廷败于日本。同年春，张一麐与弟张一鹏参加会试，再次落榜。1895年中日签订《马关条约》，康有为联公车三千人上书言变法。1895年7月，京师强学会开，维新运动蓬勃兴起。张一麐回忆称："吾国经日本一击，迷梦始醒，昔之醉心于科举者渐知海外新潮之不可抗，读译书、治算学者日多。"⑦ 面对蓬勃的维新思潮，张一麐感叹"从

---

① 镇岳：《张一麐外传》，好文章社编辑《好文章二集》，好文章出版社，1948年，第34页。
② 张一麐：《古红梅阁笔记》，上海书店出版社，1998年，第1—2页。
③ 张一麐：《古红梅阁笔记》，上海书店出版社，1998年，第2页。
④ 黄炎培：《张仲仁先生传》，张一麐：《古红梅阁笔记》附录，上海书店出版社，1998年，第62页。
⑤ 张一澧：《张一麐生平》，张一麐：《古红梅阁笔记》附录，上海书店出版社，1998年，第88页。
⑥ 冯煦：《张母吴太夫人墓志铭并序》，王国平、唐力行主编《明清以来苏州社会史碑刻集》，苏州大学出版社，1998年，第62页。
⑦ 张一麐：《古红梅阁笔记》，上海书店出版社，1998年，第28页。

前的梦想不对了",① 遂"在里中约同志设苏学会"。《苏学会公启》称:

> 呜呼,时事之棘,于今烈矣。自中东一役,吾华人士,稍稍知苟安之不可狃,而自强之不可迟也。读新会梁君之《变法通议》,则勃然以兴;读长白富君之《告八旗子弟书》,则又俳然以思;而犹深闭固拒,以相诋諆,是犹处焚如之室,而与燕雀同栖,执铅刀之顿,而与莫邪争铦也。往昔曾、左诸公,既平大难,赞成中兴,汲汲焉讲求西法;维时吾乡冯宫詹有《校邠庐抗议》四十篇,其言灼见未来,洞中症结,海内通人所推许者也。更进而求之,则有昆山顾先生,足迹遍天下,于郡国利病,边徼厄塞,皆有成书,使先生于今日,其必涉猎西书,而不沾沾于一隅之见也决矣。彼深闭固拒,以相诋諆者,其学识顾在曾、左、顾、冯之上乎哉?
>
> 比者国家广设学堂,力开风气,两湖两粤,皆兴学会,虽僻小郡邑,亦知自新,而吾吴省会之地,独阙如焉,讵非吾党之耻哉?惟事难于创始,而效期于有恒;长洲章钰、元和张一麐、吴县孔昭晋,今拟各集同志,量为醵资,多购图书,以增智慧,定期讲习,以证见闻,不开标榜之门,力屏门户之见,远师亭林有耻博文之宗旨,近法校邠采西益中之通论,精卫片石,容有益于宏流,漆室悲吟,或无伤于越俎,四方君子,幸而教之。②

该公启刊登于光绪二十三年六月二十一日(1897年7月20日)《知新报》,可知苏学会应倡办于1897年7月前后。从公启可知,苏学会是趁甲午战争后广开学校、学会勃兴的维新大潮而起,其成立时间较早,引领风气之先。③

---

① 张一麐:《我之国语教育观》,顾黄初、李杏保编《二十世纪前期中国语文教育论集》,四川教育出版社,1990年,第94页。
② 《苏学会公启》,《知新报》第三十三册,光绪二十三年六月二十一日(1897年7月20日)。见汤志钧、陈祖恩、汤仁泽编《中国近代教育史资料汇编——戊戌时期教育》,上海教育出版社,1993年,第101页。
③ 《武昌质学会章程》,《知新报》第二十五册,光绪二十三年六月二十一日(1897年7月20日)。见汤志钧、陈祖恩、汤仁泽编《中国近代教育史资料汇编——戊戌时期教育》,上海教育出版社,1993年,第100页。

《苏学会公启》昌言自强，鼓励讲求西法，涉猎西书，以曾、左、顾、冯为榜样，以"远师亭林有耻博文之宗旨，近法校邠采西益中之通论"为目标，既呼应当时波及全国的维新变法大潮，也强调和凸显了苏州自身的学脉传统。

稍后，10月16日《湘学报》刊发《苏学会简明章程》，首列"立会大意"三条：

> 一，本会敬遵乙未闰五月上谕，以因时制宜为主，取其互相讲习，振起人才，为将来建立学堂张本。改学堂之设，集款匪易，收考有限，取入者固可获益，被摈者势必向隅。本会联合同志勉成斯举，在会中人务必父招其子，兄勉其弟，使通省皆知实学，虽以苏学为名，而流寓籍同志之人尽可入会，视同一律。
>
> 一，为学之道千条万绪，不能出圣教范围，善乎京都官书局筹议设立学堂之言也。曰：以中学为主，西学为辅；中学为体，西学为用；中学有未备者，以西学补之；中学有失传者，以西学还之；以中学包罗西学，不能以西学凌驾中学。此是立会宗旨，日后分科设教及推广各省，均应抱定此意等语。本会即本此意，入会者宜各深体，勿误趋向。
>
> 一，本会专以学问相砥砺，凡非分所应为，不得干预，但当实心实力，讲求有用之学，储为经济，以报国家。勿议朝政，勿谈官常，庶可持久。至标榜倾轧诸习，尤为学者易犯，更当痛戒。[①]

从"立会大意"可以看到，苏学会将自身放在广设学堂的脉络之下，目的是"为将来建立学堂张本"，而为学之道则坚守"中学为体，西学为用"的原则和理念，并严守讲求学问、不议朝政的界限，可以说是非常谨慎和中庸。但即使如此中庸谨慎，依然引起很大的震动，据张一麐回忆："是时风气初开，长老惊诧，至有'厉气所钟'之考语。"[②] 苏学会

---

[①] 《苏学会简明章程》，《湘学报》第十九册，光绪二十三年九月二十一日（1897年10月16日）。见汤志钧、陈祖恩、汤仁泽编《中国近代教育史资料汇编——戊戌时期教育》，上海教育出版社，1993年，第102页。

[②] 张一麐：《古红梅阁笔记》，上海书店出版社，1998年，第28页。

的成立虽然引起了很多"长老"的反对，但受到当时元和县令李超琼的大力支持，张一麐回忆称，苏学会的成立，"元和令李紫璈年丈实左右之"。① 从李超琼日记可知，苏学会大致于光绪二十三年（1897）六月开始酝酿，至十月初十日正式成立。② 在十月初十日苏学会正式成立之前的十月初二日，张一麐、张一鹏曾拜访李超琼，应为邀请其参加苏学会的开幕典礼。③

苏学会始设于旧学前文丞相祠。光绪二十四年（1898）初，张一麐胞弟张一鹏自上海南洋师范学堂罢学归里，"自设小学于唐家巷"，④ 苏学会即迁入其中。唐家巷小学地址原为无忌堂，亦是元和县令李超琼拨充作为学舍。

苏学会的主要活动是开办图书馆和定期集会讲学两项。其中，购置图书、办理借阅是苏学会的主要业务。据张一麐回忆，会中图书系"在沪购买新出图籍"，"会员殆近百人"，"阅书者以费仲深为最勤奋，三五日即易他书，费君是时尚未冠也"。⑤ 可见，苏学会采取的类似图书馆的制度，对于传播新知识、培养新人才有较好的效果。⑥

苏学会的另一项主要活动是定期集会讲学。《苏学会简明章程》规定："学以敬业乐群为主，理宜定期讲习，以证见闻。惟开会之始，时常聚集，转易旷功。且会中人各有自课课任等事，屡集转非所宜。拟每月朔望谒圣后，即于是日作为会集之期，辰集午散，会中但备茶水。"可见，会集之期初拟为一月两次，于初一、十五举行，每次上午半天。但张一麐后来回忆称，"余兄弟在唐家巷小学七日一集会"，⑦ 则应该是后来增加了集会的次数，每星期一次，如此则是每月有四次集会。定期集

---

① 张一麐：《古红梅阁笔记》，上海书店出版社，1998年，第28页。
② 苏州工业园区档案管理中心编《李超琼日记（元和—阳湖—元和）》，江苏人民出版社，2012年，第380页。
③ 苏州工业园区档案管理中心编《李超琼日记（元和—阳湖—元和）》，江苏人民出版社，2012年，第379页。
④ 张一麐：《古红梅阁笔记》，上海书店出版社，1998年，第28页。
⑤ 张一麐：《古红梅阁笔记》，上海书店出版社，1998年，第28页。
⑥ 现代图书馆学研究者指出："苏学会简明章程里关于读者类型和看书章程的规定，包含图书管理的'基本理念''管理架构''书目体系''借阅制度'，具备了近现代图书馆的特征和意义，具有切实可行的操作性。"参见谢灼华主编《中国图书和图书馆史》（修订版），武汉大学出版社，2005年，第293—295页。
⑦ 张一麐：《古红梅阁笔记》，上海书店出版社，1998年，第28页。

会讲习,方便了会员之间的思想交流,据张一麐称,"同人中邱公恪震、汪衮父荣宝皆少年奋发,感慨激昂",① 可以想见集会时会员们讨论时事、慷慨激昂的场景。

除购置图书、办理借阅及定期集会之外,苏学会还参与办理唐家巷小学。唐家巷小学系张一麐之弟张一鹏创办,该校设立后,苏学会即迁入其中,唐家巷小学遂成为苏学会的活动场所。唐家巷小学亦名"中西蒙塾",光绪二十四年(1898)正月二十一日开馆。② 唐家巷小学并非普通小学,而是一种中西学堂性质的学校,"生徒数十人,课本皆自行编订,有英、法文教习各一"。③ 光绪二十四年三月初六日(1898年3月27日),《申报》刊登一则题名为《西学盛兴》的报道,从报道可知,唐家巷小学亦称"中西学堂",至1898年,该校新建洋楼三座,拟"续招生徒百余名",并更名为"经济书院",可见该校一时颇为发展。④ 据张一麐回忆,新添校舍系其弟张一鹏"借资建造"。该学校一直办学到宣统元年(1909),是苏州人自己最早创办的新式学校。⑤

1898年9月戊戌政变发生,苏学会和其他学会一样"无形解散",存在仅有一年左右时间。戊戌政变后,学会遭禁,党人株连,苏学会成员亦一度颇为紧张,据张一麐回忆,"守旧之徒洋洋得意,昔之自附维新者惴惴惧祸",以至于有人劝张一麐到上海避祸。⑥ 远在江阴的李超琼则致书张一鹏谓"传闻令兄神经失常,有之否",⑦ 从此谣言可见当时气氛之紧张、人心之惶惑。

除了遗留下唐家巷小学这个有形的遗产之外,苏学会更重要的遗产是构建了一个新式精英群体的网络。在短短的一年中,苏学会的会员们通过阅读西书和新书,以及集会讨论,形成了某种共识,也结下了友谊,虽然因戊戌政变的顿挫,在当时没有什么大的作为,但是到了清末新政

---

① 张一麐:《古红梅阁笔记》,上海书店出版社,1998年,第28页。
② 苏州工业园区档案管理中心编《李超琼日记(元和—阳湖—元和)》,江苏人民出版社,2012年,第397页。
③ 张一麐:《古红梅阁笔记》,上海书店出版社,1998年,第28页。
④ 《西学盛兴》,《申报》1898年3月27日,第2版。
⑤ 民国《吴县志》卷二十八《学堂》,《中国地方志集成》,江苏古籍出版社,1991年,第25页。
⑥ 张一麐:《古红梅阁笔记》,上海书店出版社,1998年,第31页。
⑦ 张一麐:《古红梅阁笔记》,上海书店出版社,1998年,第29页。

## 第七章　苏绅领袖张一麐

时期以及民国时期，这些苏学会的成员多数成为苏州乃至全国政治、教育以及实业舞台上的重要人物。

在《苏学会公启》中署名的苏学会发起人为"长洲章钰、元和张一麐、吴县孔昭晋"。《萃报》称："苏垣各士子有苏学会之设，兹闻会中议定推章式之孝廉为总理，而以张仰仁（按：'仰仁'应为'仲仁'之误）、孔康侯两孝廉协之。"[1]张玉法在《戊戌时期的学会运动》中认为苏学会的创始人为"章钰、孔昭晋、张一麐、蒋祖庚"。[2]可见无论是当时的官方声明还是后世的研究，似乎都将章钰当作苏学会的主要发起人。但是，如果我们仔细查阅文献记载，则可以发现张一麐、张一鹏兄弟才是苏学会的核心人物。时任元和县令李超琼光绪二十三年十月初十日参加苏学会开幕之时即称"其创始诸君则张孝廉一麐、一鹏昆季，固年家子也"。[3]张一鹏，字云抟，为张一麐胞弟。虽然在《苏学会公启》以及此后的各种官方报道中都没有他的身影，但其实张一鹏对苏学会的成立以及此后开展的一系列活动都有着举足轻重的影响。张一麐堂弟张一澧称："云抟（按，应为'云抟'）设开智书室于观前大街，立小学于唐家巷。"并称："兄弟二人，更就唐家巷发起一'苏学会'，广购书报，备入会者随时取阅。一时知名士若章钰、孔昭晋、裴熙琳、祝秉纲、邱公恪等，咸预其事。"[4]也就是说，苏学会成立之后开展的两项主要活动——建学堂、设书室，其主要负责人皆为张一麐、张一鹏。因此，从现存史料来看，章钰虽在公启中挂名居首，但苏学会真正的灵魂人物是张氏兄弟。《苏学会公启》中之所以列名"长洲章钰、元和张一麐、吴县孔昭晋"三人，应更多地从代表性考虑，三人分别代表了苏州府的长洲、元和、吴县附郭三县。而以章钰居首，则是因三人中章钰最长，且为学古堂长，名位更高。

张一麐作为苏学会的组织者不仅展现了其赞同维新改革的政治信仰，更使其获得了声望，同时也团结了同志并构建了在地方社会的关系网络。

---

[1] 《中国要务：江苏：苏学会（十一月华报）》，《萃报》1897年第17期。
[2] 张玉法：《戊戌时期的学会运动》，《历史研究》1998年第5期，第13页。
[3] 苏州工业园区档案管理中心编《李超琼日记（元和—阳湖—元和）》，江苏人民出版社，2012年，第380页。
[4] 张一澧：《张一麐生平》，张一麐：《古红梅阁笔记》附录，上海书店出版社，1998年，第89页。

苏学会没有留下会员录。据张一麐回忆，苏学会成员"迨近百人"，从各种史料中可确知姓名者，除《苏学会公启》中列名的章钰、张一麐、孔昭晋之外，还有张一鹏、蒋祖庚、裴熙琳、祝秉纲、邱公恪、汪荣宝、费树蔚、陈懋说、潘诵虞、邹嘉来等，共13人。① 其中，除陈懋说、潘诵虞事迹不详外，其他11人都颇有事迹可述。11人中，邹嘉来年龄最大，在苏学会成立时45岁，已是进士及第，其他皆为青年学子，其中，邱公恪、汪荣宝、费树蔚年龄最小，仅及弱冠之年。邹嘉来、章钰晚年以遗老自居，并长期居住于京、津，汪荣宝亦定居北京，裴熙琳亦常年在外为官，对地方事务较少参与。张一麐、张一鹏兄弟，以及费树蔚、祝秉纲、孔昭晋则是民国时期苏州地方政治舞台上的活跃人物。简言之，苏学会虽然存续时间甚短，却为日后苏州乃至全国政治和学术舞台培养了人才，也为张一麐积累了声望并为其在地方社会建立了重要的关系网络。

## 二 民国要员

苏学会星散之后，张一麐曾三次应会试，均因姊夫夏孙桐充考官而回避。1900年同乡吴郁生赴四川学政任，张一麐受邀任幕僚。1903年清廷开经济特科，张一麐在陕西学政沈卫等人的保荐下，赴京赶考，列一等第二名，以知县发往直隶补用，很快进入直隶总督袁世凯幕府。其时，袁世凯新任直隶总督和北洋大臣，积极响应清廷变法号召，推行新政。张一麐初入幕府，任职学务处，因勤谨认真，渐受赏识，一年后兼办奏牍，"未几而警察也、地方自治也、交涉或法律也，凡旧幕友所不能办之新政几无役不从"。② 1907年9月4日，袁世凯调任外务部尚书、军机大

---

① 另，《益闻录》报道为："苏垣内孔昭晋、张一麐两孝廉及前任横滨理事邱君玉符与学古堂诸人议仿湘学会章程，创行苏学会。每人揖银五元入会。……刻有四五十人入会，会设悬桥巷邱宅，将具禀当道，请以平江书院为星聚之地。"（《益闻录》总第1712期，1897年，第447页，转引自李少兵、陈诗璇、张万安撰《张一麐年谱》，中华书局，2023年，第18页。）据此，苏学会倡办人应还有邱玉符（名瑞麟），邱玉符系会员邱公恪之父，而且在苏学会定址文丞相祠之前，该会暂设于悬桥巷邱宅，可见邱氏父子对该会创设出力不少。另，从该史料可见，苏学会的成员不少应为苏州学古堂成员，如创办人章钰是学古堂高才生并在中举后被聘为学古堂堂长。
② 张一麐：《古红梅阁笔记》，上海书店出版社，1998年，第41页。

臣，张一麐亦随袁世凯进京。袁世凯入掌军机后，"更倚重仲仁，批拟多出其手"。① 1909年1月2日，袁世凯开缺回籍，张一麐亦解职回乡，但仍与袁世凯保持通信联系。其间，在北洋旧交、浙江巡抚增韫多次邀请下，他以知府身份赴浙江入巡抚增韫幕，为浙江巡抚公署总文案兼自治筹备处会办，增韫"倚之若左右手"。② 1911年春，张一麐回到苏州，在袁世凯关照下，转入江苏巡抚程德全幕府。③

1911年10月，武昌起义爆发。作为幕僚的张一麐通过程德全的亲信应德闳、卢鹿苹"劝程反正"，并亲自和潘祖谦等人到程府竭力劝说程德全"自保免祸"。④ 苏州独立后，程德全在原抚署旧址建立江苏都督府，张一麐为都督府秘书长。江苏都督府迁南京后，张一麐为都督府内务司司长。⑤ 南京临时政府成立后，作为袁世凯心腹幕僚的张一麐成为立宪党人和袁世凯之间联系的重要中介。⑥ 张一麐和江苏都督庄蕴宽共同致电袁世凯，劝其承认共和，主持大局。

1912年3月，袁世凯出任中华民国临时大总统，张一麐重入袁世凯幕，为机要处秘书员，负责起草电令文告，并以江苏省议员身份进入中央任政治会议委员。1914年袁世凯废除国务院，成立政事堂，张一麐因"固耿介独立，与总统在北洋关系极为深者"，⑦ 被任命为政事堂机要局局长。1915年春，袁世凯帝制自为日益显露，张一麐屡次劝谏，不听，遂不闻机要，转任教育总长。1916年3月22日袁世凯宣布取消帝制后，袁世凯与张一麐的关系又恢复亲近。袁氏称赞张一麐"淡于名利、富贵、官爵、利禄，乃真国士"，认为帝制一事，是"历时事多，读书少，咎由自取"，这些话"只能与仲仁谈耳"。⑧ 4月，张一麐上表辞职，袁世

---

① 张一澧：《张一麐生平》，张一麐：《古红梅阁笔记》附录，上海书店出版社，1998年，第91页。
② 张一澧：《张一麐生平》，张一麐：《古红梅阁笔记》附录，上海书店出版社，1998年，第91页。
③ 《弼德院之人物考（续）》，《大公报》（天津），1911年9月3日，第6版。
④ 时事新报馆：《中国革命记》（三），1912年，第12页。
⑤ 《江苏都督府组织初定》，扬州师范学院历史系编《辛亥革命江苏地区史料》，江苏人民出版社，1961年，第563页。
⑥ 郭玉家：《论辛亥革命前后的张一麐》，硕士学位论文，扬州大学，2003年，第17页。
⑦ 《要闻一·新政局》，《申报》1914年5月10日，第2版。
⑧ 刘成禹：《洪宪纪事诗本事簿注》，刘成禹、张伯驹：《洪宪纪事诗三种》，吴德铎标点，上海古籍出版社，1983年，第90页。

凯批了一个字——"存"。① 6月6日袁世凯逝世，张一麐痛哭一场，并为其办理丧事，人谓其"辅袁世凯以义，不以生平眷顾之私而诡随"。②

袁氏死后，冯国璋为副总统，兼领江苏督军，张一麐以旧交，任南京冯国璋官署秘书长。冯国璋任代理总统，张一麐为总统府秘书长。冯国璋下野，继任总统徐世昌聘张一麐为总统府高等政治顾问。

1915—1916年任职教育总长期间，张一麐积极支持推进国语运动。1917年国语研究会成立，蔡元培为会长，张一麐为副会长。1919年北洋政府教育部成立国语统一筹备会，张一麐为会长。③ 1919年南北和平会议于上海召开，张一麐被推为和平期成会副会长，1919年至1921年间，他奔走游说于南北军阀之间，以提倡推动和平为己任，但无果而终。自此，张一麐返回故乡，"杜门不复谈国事，然遇地方重要事故，仍挺身代表人民与权阀斗争"。④

综上，从清末直至民初，张一麐以北洋元老之资，活跃于全国政治舞台。他在辛亥革命之际，支持共和，并推动旧主袁世凯与立宪派、革命派的合作，对肇建民国，颇有功绩。他亦以北洋幕僚、大总统心腹，而历任政府要职。同时，他虽为北洋幕僚，却以北洋派中的"非北洋派"自处，以"国士"自居，与北洋军阀保持距离，并标举"和平"旗帜，为和平运动而奔走。

## 三 江苏耆绅

张一麐虽长期在中央任职，但与原籍江苏省士绅群体一直保持着密切的联系。在袁世凯逝世后的20世纪20年代，中央政府日渐积弱，军阀割据之势渐成，此前积极参与国家事务的政治人物见事无可为，多逐渐将注意力转入地方事务。张一麐亦与众多江苏士绅一样，对江苏省级

---

① 骆宝善、刘路生主编《袁世凯全集》第35卷，河南大学出版社，2013年，第268页。
② 钱基博：《张仲仁先生轶事状》，卞孝萱、唐文权编《辛亥人物碑传集》，团结出版社，1991年，第399—400页。
③ 关于张一麐积极推进国语运动之作为，参见赵贤德《影响国家语文政策的苏南现代语言学名人》，吉林文史出版社，2019年，第十二章。
④ 黄炎培：《张仲仁先生传》，张一麐：《古红梅阁笔记》附录，上海书店出版社，1998年，第65页。

事务的参与不断增强。

在清末新政中，江苏地方精英群体即通过江苏咨议局的筹备、选举和开办以及国会请愿运动，彼此联系日渐紧密并形成了一个立宪派政治集团。辛亥革命期间，江苏官、绅以立宪派为主体再次形成了一个应对危机的政治集团，他们与革命党人及地方绅商等势力合作，完成了江苏省的光复任务。[1] 这一在辛亥革命前后逐渐形成的江苏士绅集团在民国时期一直保持着影响力，他们或者直接进入政府，或者进入省议会，或者在文教实业等领域发挥影响。张一麐是这一士绅集团的重要一员。[2]

20世纪二三十年代，江苏士绅集团围绕着江苏省政以及全国政局曾有几次大的行动，张一麐都是其中要角。

在军阀政治日益明显的20世纪20年代，江苏士绅成立了"苏社"。该社由张謇、韩国钧等18人发起，1920年5月12日正式成立，到会者计140余人，其中有省议员80余人，比例超过一半。

苏社"专谋自治事业，期置苏省于最完全、最稳固地位"。[3] 该社设有理事会，第一届理事会理事19人，张謇为主任理事，张一麐为研究股主任。[4] 苏社每年开大会一次，每三个月开理事会一次。[5] 总事务所设于上海，另设南通、扬州分事务所，张祭为南通分事务所主任，韩国钧为扬州分事务所主任。[6] 由众多名流组成的苏社成为20世纪20年代江苏士绅声势最大的社团，它的成立也刺激了"吴社""平社""群社"等江浙地区士绅社团的成立，它们与苏社声气相通，共同影响江浙政局。[7]

---

[1] 周新国等：《江苏辛亥革命史》，社会科学文献出版社，2011年，第235—239页。
[2] 参见靳帅《耆绅政治：苏社集团与1920年代的江苏政局》，硕士学位论文，华东师范大学，2020年，第11页。另，郭玉家曾对张一麐在辛亥革命中扮演的角色进行研究，参见郭玉家《论辛亥革命前后的张一麐》，硕士学位论文，扬州大学，2003年。
[3] 《南京快信》，《申报》1920年5月8日，第10版。
[4] 靳帅：《耆绅政治：苏社集团与1920年代的江苏政局》，硕士学位论文，华东师范大学，2020年，第23—25页。
[5] 《苏社简章》，见苏社特刊《省宪》，苏社出版部，1922年，第35—36页。
[6] 《苏社纪事》，《申报》1920年6月17日，第10版。
[7] 参见《申报》1920年6月29日，第7版；《平社简章（附发起人社员名单）》，《申报》1922年5月3日，第10版；《四县士绅组织平社》，《新闻报》1922年4月15日，第2张第4版；《地方通信·苏州》，《申报》1924年4月17日，第10版；《淮徐海人发起群社》，《新闻报》1922年4月23日，第3张第2版；《淮徐海群社简章》，《新闻报》1922年5月14日，第2张第3版。

苏社虽然标榜"与政党毫无关涉",但其实是一个充满政治性的团体。① 苏社成立以后,在"省人治省""省宪自治"的思潮下,逐渐形成了"苏人治苏"的理念,并与旅京同乡一道,深度干预江苏督军、省长、议长、厅长等影响省内政局和地方自治的重要人事问题。至1925年,因内部党派纷争以及东南战事的影响,苏社无形消散,② 但是江苏士绅集团仍旧隐然操控着江苏政局,直至20世纪30年代末。③

1920年6月,恰在苏社成立以后,江苏省议会部分议员开始弹劾省长齐耀琳,齐耀琳难以忍受"各方面之攻击",萌生去意。④ 苏社核心人物张謇、张一麐以及徐鼎康等借此时机,公开提出"苏人治苏"的主张。⑤ 江苏士绅借此机会积极推荐自己的继任人选,以达到"苏人治苏"的目的,其中张一麐是重要人选之一。⑥ 9月18日,北京政府委任王瑚为江苏省长。此时的江苏"京中人士"仍力谋使王瑚留任京兆尹,"俾张一麐长苏"。因局势不明,王瑚则一直观望,迟迟不赴任。1920年9月26日,齐耀琳不顾中央命令,要求提前离任。鉴于"以张代王"的方针无法实行,张一麐、庄蕴宽、赵椿年及苏社赴京代表遂反复劝说王瑚赴任,张一麐与王瑚"长谈三小时",王"始允"。⑦

10月12日凌晨江苏督军李纯猝然离世。督军缺任之际,江苏士绅又趁势展开"废督"运动。10月19日,张一麐等在京苏绅七人向徐世昌表达废督之意,同时召在京苏人齐集张一麐宅,商讨"自治废督问

---

① 《申报》称苏省议会为"旅行式的议会",认为苏议员不赴南京,尽职于议会,而赴南通,效力于新创之苏社,"议员已移其责任心于变形之议会矣"。《杂评一·旅行式的议会》,《申报》1920年5月13日,第7版。
② 1926年1月孙传芳入苏,8月苏社领袖之一张謇在北伐声中去世,标志着苏社的结束。10月,张一麐为了促成东南五省和平,发起"新苏社",但是时局瞬息万变,最终不了了之。
③ 参见靳帅《耆绅政治:苏社集团与1920年代的江苏政局》,硕士学位论文,华东师范大学,2020年,第11页。
④ 朱英:《民国时期省议会与省长之间的冲突——以江苏省议会弹劾省长案为例》,《社会科学研究》2007年第1期。
⑤ 靳帅:《耆绅政治:苏社集团与1920年代的江苏政局》,硕士学位论文,华东师范大学,2020年,第37页。
⑥ 靳帅:《耆绅政治:苏社集团与1920年代的江苏政局》,硕士学位论文,华东师范大学,2020年,第38—39页。
⑦ 《国内专电》,《时报》1920年9月30日,第1张第1版。

题"。张一麐主张联合湖北、山东等同样面临省长难产的数省士绅,"每省派八代表,开废督联合会"。为了更好地团结江苏在京人士,以便用团体名义声张废督诉求,27日,在张一麐、马良、王玉树等在京苏人的联络下,成立了江苏旅京同乡会。江苏旅京同乡会主要由张一麐主导。①此时,江苏士绅对于废督意见不一致,张謇认为废督时机尚不成熟,主张以齐燮元代李纯,导致苏社内部的不满和张謇声望的下降。

在张一麐及韩国钧、黄炎培、沈恩孚的倡导下,苏社人士积极推进废督运动。12月3日,北京政府实授齐燮元为江苏督军,废督运动失败。12月15日王瑚赴苏就任,12月24日齐耀琳离任回津,当日王瑚与马士杰、张一麐、黄炎培、沈恩孚、钱强斋、严家炽、王清穆等商议在省议会召开茶话会,讨论"发行公债及整理省政诸问题"。② 1920年12月26日,在江苏省议会欢迎王瑚的座谈会上,张一麐称:

> 前者有人盛倡苏人治苏,鄙人极端反对。盖所倡者乃苏官治苏。要知江苏乃全省人之江苏,非一人得而治者,须全省人大家尽力去做,始得谓之苏人治苏。省长乃一公仆,王省长能忠实职务替我们做事,我们即认他为江苏人亦无不可也。③

张一麐此言虽表面反对"苏人治苏",实际的落脚点仍然是放在"苏人治苏"上。

随着王瑚到任,江苏省长风波告一段落。但苏社同人对江苏省政的干预并没有停止。1921年2月13日,苏社召开临时理事会,张一麐、黄以周、沈恩孚以及穆湘瑶、荣德生等理事到会。会议决定三事,一是"请省长令各县设行政会议";二是"各按本县情形,筹议教育、实业、水利、交通进行事务";三是"请省长将本省在大学校、专门学校、法

---

① 江苏旅京同乡会在北京的湖广会馆成立,加入同乡会的条件是有两名苏人介绍即可,干事按照清代江苏省所属各府推选。彬彬:《北京特约通信》,《时报》1920年10月27日,第1张第2版;《江苏旅京同乡会电》,《时报》1920年10月28日,第1张第2版。
② 《马士杰致韩国钧函》(1920年12月24日),江苏省档案局编《韩国钧朋僚函札史料选编》,江苏人民出版社,2012年,第41页。
③ 《苏议会欢迎王省长之谈话》,《申报》1920年12月28日,第7版。

律、政治、经济毕业学生注册,发交各机关试用"。同时,还决定该年度的苏社年会由荣宗铨主持,在无锡召开。①

1921年3月12日,苏社年会在无锡梅园召开。选举产生新一届19名理事,张一麐再次当选理事。此次年会形成三项共识提案,一是提议在全省设立"筹备自治机关","先从测量土地、调查户口着手办理";二是清理各县财政,主张县公署公开财政明细,蒋凤梧、方还等人决议函请省议会建议,凡地方款产,悉由地方士绅经理,不假手于官厅;三是筹办全省道路,会议决议由理事会请省中通令各县,设立省道事务局或交通事务局,由局组织委员会详列图表及计划书,其中,张一鹏代表张一麐提议设立沿太湖长途汽车案,议决交交通委员会审核办理。②

在"废督"运动失败后,苏社人士又有裁兵之议。齐燮元就任苏督之后,苏社人士认为,督既不能废,则兵势必裁。裁兵主张首由在京的张一麐等人发起。③ 张一麐的这项主张亦得到了在南苏社人士的同意。④ 但该运动最终在中央府院与地方督军的互推中无形消解。

从苏社成立至省长变更、废督、裁兵等事件中可以看出,张一麐是当时江苏士绅集团的一位核心人物。他在苏社成立时仍在北京任职,并不在江苏,但被选举为理事,并且被苏社推荐为省长的候选人之一,足见其影响力。张一麐可以说是江苏士绅集团中"在京苏人"群体的领袖,在其领导和主持下的"江苏旅京同乡会"是在京苏人的主要团体,张一麐本人则是"在京苏人"与在南苏社人士联系的重要桥梁,也是苏社人士与中央政府沟通的重要桥梁。

省长更动风波尘埃落定后,江苏省又迎来了政局中的一件大事,即第三届省议会的选举。在江苏省议会换届选举的1921年上半年,张一麐一直在北京,忙于调停北京国立九校的索薪风潮,并无意参选。但是江

---

① 《苏社昨开临时理事会》,《新闻报》1921年2月14日,第1张第3版。
② 《苏社第二届大会纪》,《申报》1921年3月13日,第8版。关于张一麐的提案,参见《张一麐上苏社同人意见书》,《申报》1921年3月13日,第11版。张一麐计划在环太湖各县建立汽车道,参见《各省消息·江苏》,《时报》1921年3月13日,第2张第3版。
③ 《江苏旅京同乡致苏社电》,《申报》1921年3月17日,第10版;静观:《旅京苏人会议裁兵与选举》,《申报》1921年3月12日,第7版。
④ 《苏社理事会纪事》,《申报》1921年3月15日,第10版。

苏士绅曾朴及苏社内部的江苏省教育会派系的黄炎培、朱绍文等人为了打击张謇的力量，积极鼓动张一麐参选。①张一麐为避免与老友张謇父子形成竞争关系，本不愿参选，但在苏州地方士绅派人赴京游说之下，在8月初表示"大致可以赴就"。②曾朴等人得到张一麐"大致可以赴就"的态度后，"赶奔苏州，暗中主持了这一场选举"，③最后张一麐作为吴县代表成功当选为省议员。

在江苏省议员选举后，新一届省议会围绕着议长选举再次出现风波，时人称之为"南张"与"北张"之争。所谓"南张"指的是张一麐，而"北张"指的是张謇之子张孝若。张孝若毕业于美国哥伦比亚大学商学院，回国后在经营实业的同时也进入政界，在其父张謇的支持下对议长一职颇有志在必得之势，而议会中其他派系则支持张一麐为议长人选。结果，省议会中南、北二张各有支持者，两者相持不下，选举长达两个月，酿成风潮。最后，两张均退让，中间派人士徐果人当选为议长。长达两个月的江苏省议会议长之争，表明省议会议员由种种原因所导致的派系矛盾是议长之争背后的重要动因。④省议会议长之争也导致苏社内部的分裂和张謇声望的下降。此后虽然苏社仍推选张謇为理事长，但苏社的主导权逐渐从张謇手中转入以黄炎培为首的江苏省教育会诸人手中。⑤张一麐参选江苏省议员之举，一定程度上推动了江苏士绅集团内部的权势转移。

1922年6月直奉战争结束，总统徐世昌下台，黎元洪代行大总统之权，中央政局变化，废督裁兵、省人治省主张再次高涨，中央任命韩国钧出任江苏省省长。而苏督齐燮元则通电主张王瑚留任。6月29日，江苏旅京同乡会召开会议，商议对策，决定向府院力争，并电韩促其迅速

---

① 靳帅：《耆绅政治：苏社集团与1920年代的江苏政局》，硕士学位论文，华东师范大学，2020年，第72页。
② 《地方通信·苏州》，《申报》1921年8月18日，第11版。
③ 靳帅：《耆绅政治：苏社集团与1920年代的江苏政局》，硕士学位论文，华东师范大学，2020年，第72页。
④ 靳帅：《耆绅政治：苏社集团与1920年代的江苏政局》，硕士学位论文，华东师范大学，2020年，第87页。
⑤ 靳帅：《耆绅政治：苏社集团与1920年代的江苏政局》，硕士学位论文，华东师范大学，2020年，第88—89页。

到任。① 在南苏人与在京苏人形成联动，一致挺韩。7月7日，韩国钧通电表示愿意赴任。韩国钧就任江苏省省长，使江苏士绅"苏人治苏"的主张得以实现。

早在该年6月下旬，张一麐在致韩国钧密信中即力促其就任。② 在此函中，张一麐表达了对韩国钧出任省长的赞同，以打消韩国钧的顾虑，并且为韩国钧出谋划策。此后，在韩国钧任职三年期间，张一麐与其保持着联系，在韩国钧面临的省公债发行、议教之争、县议会恢复之争等政潮中，应该都是韩国钧的支持者。

1923年6月，北京发生直系驱逐黎元洪事件，面对直系试图掌握中央政权，反直势力联合，大批国会议员南下上海和杭州，沪杭成为反直势力中心，此事导致江浙局势骤然紧张。为应对此局势，从维护地方安全、"保境安民"立场出发，江浙士绅成立"苏浙和平协会"，并推动江浙双方签订《江浙和平公约》，这一运动的主要斡旋者是张一麐。在张一麐的多方奔走和斡旋下，8月19日江浙双方签订了《江浙和平公约》。这一公约虽然暂时保证了江浙地区的安全，但也间接阻碍了国会在南方的召开，从而对直系曹锟贿选成功有利。11月10日，淞沪警察厅厅长徐国梁被刺身死，围绕继任人选，江浙展开角力，一度打破了苏浙沪之间脆弱的和平态势。张一麐、张謇等人继续在此中调解，同时因直系内部对浙江卢永祥态度不一，江浙和平得以继续维系。

1924年6月臧杨事件导致江浙关系再度紧张，齐卢双方积极备战。江浙沪三地士绅商人纷纷呼吁息战，重开合议。张一麐等再次奔走其间，但战争最终于9月3日爆发，江浙和平运动无果而终。10月16日，战事结束，卢永祥战败下野。

10月24日，冯玉祥在北京发动政变。11月2日曹锟辞去总统职位，11月中下旬，控制北京的张作霖、冯玉祥推举段祺瑞为"中华民国临时执政"，不久，冯玉祥宣布下野，北京政府进入由奉系主导，奉系、皖系与国民党三方"反直同盟"主持的"执政府"时代。11月4日，时在北京的张一麐与董康联电请求罢免齐燮元，此举得到苏社同人的响应。12

---

① 《苏人力争省长与撤兵》，《时报》1922年7月2日，第1张第2版。
② 《张一麐致韩国钧函》（1922年6月22日），江苏省档案局编《韩国钧朋僚函札史料选编》，江苏人民出版社，2012年，第337页。

月 11 日,北京国务院决定罢免齐燮元。12 月 27 日,齐燮元离宁赴沪,不久远走日本。在驱走齐燮元后,苏社同人转入阻止卢永祥带领奉军南下,以确保江苏政局不发生大的结构性变化。

1925 年 1 月 6 日前后,张宗昌与卢永祥之子卢小嘉等人率军入主南京,10 日,苏皖宣抚使卢永祥入宁,奉系势力进入江苏。韩国钧不安其位,请辞。2 月 4 日,北京执政府通令"韩国钧准免本职","任郑谦为江苏省长"。在奉系掌控下,江苏政坛大换血,所任用人选均为与江苏本地耆绅关系较少的异地苏人,这标志着从辛亥革命以来以张謇为首、以苏社为标志的江苏耆绅的权力网络逐渐松动解散,江苏耆绅掌控江苏政局的能力逐渐降低。

1925 年 10 月孙传芳不宣而战,20 日入南京,奉系退走,省长郑谦离职,10 月 20 日,江苏省政由苏社的重要人物徐鼎康代理。孙传芳掌控江苏后,有意请张一麐接任省长,而张一麐、黄以周等苏社耆绅则推劝陈陶遗接任。此时曾在奉系入主之前担任要职的苏社系统人物再度纷纷登台。

1926 年 1 月 5 日,为应对军阀混战之局,张一麐发表"歌电",根据当时各军事势力掌控地盘,建议将全国划分为五区,"分区联治",组建联省政府,并展开全国和平运动。[①] 1926 年 5 月广东革命政府展开北伐。张一麐等东南和平代表在汉口与孙传芳、蒋介石在汉之代表连日磋商,张一麐等赴汉东南代表发表"冬电"呼吁和平。此后,张一麐因母丧返回苏沪。

在张一麐服丧期间,江苏士绅在江苏省教育会等前苏社人士的运动下再一次展开联合,在苏州酝酿成立"江苏公会",后定名为"新苏公会",张一麐为 17 个理事之一。新苏公会成立后,张一麐起草了南北和平运动的电文,在与熊希龄、孙宝琦、汪大燮、张绍曾、庄蕴宽等人协商之后发出,该电主张:"各捐成见,力止战争。一切建设问题,拟开国民会议共定国是,发扬真正之民意,巩固共和之基础。一面请公等各派全权代表一人,择地开会,协商善后办法,收束军事同人。不敏愿襄盛

---

[①] 《张一麐之歌电》,《京报》1926 年 1 月 14 日,第 3 版。

举。倘能各方谅解，尽释前嫌，共谋永久和平。"① 此时的江浙士绅所倡导的和议意在保住孙传芳的势力，借孙传芳之力来"保境安民"，形成"奉军不南下，党军不北上"的局面。当孙传芳决定与奉系联合，江浙士绅遂与孙决裂，最后倾向于南方国民党政府。

1927年国民党军队入苏，南京国民政府成立，江苏政治进入新的时代。此时，虽然苏社已无形消亡，但苏社士绅的关系网络并未消散，其政治表达也仍然持续不断。1928年北伐结束，南京国民政府宣布进入训政时期。当时传闻国民政府对江苏省政府"有澈底改组之动机"，为此，张一麐、王清穆、黄以霖、马相伯等旧苏社领袖向南京国民政府上呈《苏政意见书》，再次提出"苏人治苏"的主张，文称：

> 省政府委员应尽本省人才选择也。在反对此说者，未尝不谓江苏人有部落思想。夫部落思想之不可为训者，谓其部落中无相当人才，而仍不肯借才异地也。江苏人才虽不能过人，而尚可以及人。只以近百年来，有回避本籍之政例，且受满军湘军淮军直军相继驻防之压迫，是以有楚才晋用之感。今回避之例，久经解除，驻防之式，又不适用，倘令服务本省，桑梓之情绪既殷，政治之感觉亦敏，苟非暴戾性成，其图治精神，必较客乡为淬砺，此为政治情感之优点。凡在人类，皆有此项主观，无可讳言，所宜因而用之引而伸之者也。②

《苏政意见书》的主张似乎对南京国民政府有一定的影响，南京国民政府时期江苏省政府委员会的前两任主席钮永建和叶楚伧均是江苏人。由此足见江苏士绅的影响力至南京国民政府成立后犹在。

九一八事变爆发后，空前国难再次激起江苏绅耆的公开联合及政治表达。1931年12月，马良、张一麐、赵凤昌、王清穆、唐文治、庄蕴宽、李根源、韩国钧、沈恩孚、徐鼎康、穆湘玥、冷遹、朱绍文、黄炎培、姚文枬等组织成立江苏国难救济会，这是江苏耆绅在20世纪30年

---

① 《南北名流之呼吁和平电》，《申报》1926年11月4日，第6版。
② 《马良等电陈苏政意见》，《申报》1928年10月23日，第16版。

代最大规模的一次联合行动,该团体存在有一年之久。1932年初,锦州告急,危及华北,而南京国民政府仍然"与日本间密使往来,进行妥洽",江苏国难救济会通电称"如有损害领土主权及妨碍行政完整之文约,我国民誓不承认"。[①] 该年4月,江苏国难救济会再次痛批南京国民政府的"党治之失"。[②]

综括张一麐在20世纪二三十年代的活动,可以得出以下三点结论。其一,张一麐在江苏士绅中有较高威望,因此在江苏士绅所组织的"苏社"中处于核心地位。从其政治主张和在省议会议长竞争中的作为来看,他与苏社中张謇派系之外的黄炎培、黄以霖、沈恩孚等人关系更为密切,这些势力往往将张一麐推到前台,以制衡张謇的力量。同时,因其籍隶吴县,他更多地代表了江苏士绅中江南士绅的利益与诉求。其二,张一麐在1920年苏社成立之时直到1926年北伐开始,主要居住并活动在北京,因此成为江苏士绅与中央沟通的重要桥梁。包括在中央任职官员以及国会议员等在内的"在京苏人"成为江苏士绅网络中的一支重要力量,其中,由张一麐召集并在前期主导的"江苏旅京同乡会"则是在京苏人的主要团体。其三,张一麐与多数江苏士绅和苏社同人一样,秉持"苏人治苏""地方自治"等理念。在他看来,洪宪帝制后,军阀势力形成,"忽有所谓督军团者,上不受中央节制,下唯剥民以自肥,于是忧时之士倡各省自治之说,以裁抑军阀,收回民权,省宪之说风动一时,不可复遏",只有将政治重心由中央转向地方,并"寓封建之意于郡县中",才是现实政治的解决之道。[③] 正是因为秉持这样的政治理念,他更加侧重于全国范围内的和平运动和联省自治运动,并积极提出"废督"与"裁兵"等主张。虽然他与江苏士绅集团有密切的联系并注重江苏士绅对省政的把控,但是作为具有全国性影响和全国性视野的江苏士绅,他往往注重兼顾江苏一省的利益与全国性的利益,而非仅将关注点放在一省利益的维护上。同时,他出身北洋幕僚,与北洋将领有深厚的个人关系,因此更注重周旋于北洋军事实力派之间展开调解活动。而在北洋诸

---

① 《江苏耆老等反对外交妥治》,《申报》1932年1月7日,第17版。
② 《江苏国难救济会痛论党治之失》,《申报》1932年4月20日,第5版。
③ 张一麐:《浙江制宪史序》,《心太平室集》卷二,沈云龙主编《近代中国史料丛刊正编》第一辑,台北:文海出版社,1966年,第11页。

军阀中,他与直系军阀的关系更深,其活动也往往对直系军阀有利。

## 四 苏绅领袖

张一麐虽然长期在北京中央政府任职,但其与家乡的联系一直未有间断。早在清末,他对于苏州地方建设即非常关心。1909年,当他离开袁世凯幕府返回苏州期间,首次倡议筹建公园。他认为要造福桑梓,应先从社会教育入手,遂与当地士绅蒋懋熙、孔昭晋、冯守之等人筹款建设公园与图书馆,并制定规则十余条。[①] 后因再赴浙江巡抚幕,此举中辍,直到南京国民政府成立后,图书馆和公园才先后建成(参见本书第十一章)。

他在北京任职期间,苏州地方人士在处理地方重大事务之时,往往会派代表赴北京联络在京同乡,展开活动,张一麐通常是他们首先征询和争取之人。如在1921年上半年苏州总商会、吴县教育会、吴县农会发起的呈控吴县知事温绍梁运动中,苏州总商会、吴县教育会、吴县农会等在具呈省长王瑚之外,还致电张一麐等吴县旅京同乡,请其干预。张一麐以吴县旅京同乡会会员名义复函称已由旅京同乡会会员联名转达省长。[②]

1923年后,张一麐在苏州居住日多,对苏州地方事宜的参与亦逐渐增多。1923年,他为苏州工巡捐局事致函省长韩国钧。[③] 因张一麐具有很高威望,地方有事往往请其列名。为此,他在致时任省长韩国钧函中解释称:"吴县各公呈往往有强令列名上呈省署者,迫于老辈之列名在先,不得不循例附骥,即如学款处与教育局争议之件,麐亦列名。事后调查,知与教育局法令实有抵触。诸如此类,请公仍批令所司遵照法令办理,不必以贱名为先入之见也。此中苦衷,统希亮察。"[④]

---

[①] 张一澧:《张一麐生平》,张一麐:《古红梅阁笔记》附录,上海书店出版社,1998年,第91页。

[②] 沈慧瑛:《1921年吴县知事温绍梁被控案档案选》,《民国档案》1997年第1期,第18页。

[③] 《张一麐致韩国钧函》(1923年8月31日),江苏省档案局编《韩国钧朋僚函札史料选编》,江苏人民出版社,2012年,第339页。

[④] 《张一麐致韩国钧函》(1925年3月1日),江苏省档案局编《韩国钧朋僚函札史料选编》,江苏人民出版社,2012年,第345页。

1926年5月张一麐经历母丧，此后和平运动亦无结果，至1926年底，张一麐对当时政局已颇为失望，其致韩国钧函称："弟梦想和平，乃抱终天之恨，衰经之身，不当复问世事。"① 大致自此时起，张一麐多数时间在苏州隐居，对全国性政治活动的参与渐少，对苏州地方事务的参与日多。

　　回乡隐居的张一麐对平民教育和社会教育最为重视。1926年，受晏阳初等人倡导平民教育的影响，张一麐在苏州捐资创办平民学校13所，另设立平民借书处，成立大苏平民委员会，并号召光裕社等团体在评弹、宣卷中加入平民教育内容。② 他还任苏州、上海等地众多学校的校董，如1929年捐庚午济贫会之款1000元，开办吴县救济院盲哑学校。③ 抗战胜利后，吴县参议会曾把苏州的五卅路改名仲仁路，以纪念张一麐对苏州的贡献。④

　　1929年7月，吴县政府为"促进县署政务"，召开第一次全县行政会议，除县、乡各级官员为当然会员外，另聘请地方团体领袖和地方名流为聘任会员，张一麐、张一鹏兄弟受聘为会员，张一麐被选举为副主席。⑤ 同年12月，召开第二次县行政会议，他仍然作为副主席参与会议。⑥

　　1931年，张一麐被聘为吴县修志局主任。⑦ 民国《吴县志》的编纂开始于1918年，由县知事聘请曹允源为修志局局长，吴荫培、蒋炳章为副局长，三人同为总纂。1923年因经费不济，撤局。1924年添聘孔昭晋为总纂。至1931年，曹、蒋、吴三人先后谢世。为使县志编纂继续进行，孔昭晋具函县长黄蕴深，聘请张一麐主持修志局工作。张一麐遂添聘李根源、吴鼎丞与原局中人员孔昭晋、王佩浄、施济众、张壬士等人组织委员会，并聘请郭随庵为总编校，"商酌体例，略有增损，而不离其

---

① 《张一麐致韩国钧函》（1926年12月21日），江苏省档案局编《韩国钧朋僚函札史料选编》，江苏人民出版社，2012年，第346页。
② 《邑绅张仲老普及平教》，《苏州明报》1926年7月14日，第3版。
③ 1937年学校毁于战火。1949年后定名为苏州市聋哑学校。
④ 张万安：《我的家族——苏州横渠张氏》，自印本，第65页。
⑤ 吴县县政府社会调查处编《吴县》，"附载"，1930年，张研、孙燕京主编《民国史料丛刊》第829册，大象出版社，2009年，第186—187页。
⑥ 吴县县政府社会调查处编《吴县》，"附载"，1930年，张研、孙燕京主编《民国史料丛刊》第829册，大象出版社，2009年，第196页。
⑦ 《张仲仁主任修志局》，《苏州明报》1931年2月27日，第3版。

宗"。同时，于会外聘请陈公孟、单束笙"更定数门，以期尽善"。志稿编定后，张一麐等人多方筹措经费，将志稿刊印，于1933年正式出版。民国《吴县志》上接乾隆初年，下迄宣统三年，"时历七朝，岁阅百四五十年，地括吴、长、元三县太湖、靖湖两厅"，① 是苏州重要地方文献，也是民国时期唯一编纂的《吴县志》。② 该志之所以能不中辍而成功刊印，张一麐的号召力和组织力至关重要。此外，苏州名绅吴荫培在民国初年致力于保护苏州地区古墓运动，成立保墓会。1931年吴荫培逝世，保墓会一时无人主持，张一麐与费树蔚、李根源、王謇、吴铭常等人继承吴荫培的志业，继续开展保墓活动。③

张一麐晚年在苏州所办的最大事业，是1931年组建善人桥农村改进会，创办善人桥农村改进试验区。早在1922年，张一麐即在致韩国钧函中称，频年在政治旋涡之中，"方拟改而向社会有所致力"，因此"无意仕进"。同函中称"日来小结束即往浦南赴教育改进社"，可见其对教育问题日趋关注。④

1931年2月24日，张一麐在致韩国钧函中云："苏省局面渐有转机，弟决不敢入政界，而主持社会事业义无多让。昨职教社到苏开会，决在穹窿山下善人桥创一新村，弟将为御秋之黄墟第二。"⑤ 善人桥农村改进会是张一麐"已厌闻政治，不得不转求诸地方下层工作"的表现。⑥

张一麐、张一鹏兄弟是中华职业教育社董事会董事。⑦ 该社领袖黄炎培认为，乡村职业教育之设施不宜以职业教育为限，而应在交通较方便的地方划定一村，或联合数村进行试办，行之有效后再推广各地。⑧

---

① 张一麐：《吴县志序》，《心太平室集》卷二，沈云龙主编《近代中国史料丛刊正编》第一辑，台北：文海出版社，1996年，第85页。
② 参见王子杰《民国〈吴县志〉研究》，硕士学位论文，苏州科技大学，2023年。
③ 《吴中保墓会之事业》，《苏州明报》1931年3月14日。
④ 《张一麐致韩国钧函》（1922年6月22日），江苏省档案局编《韩国钧朋僚函札史料选编》，江苏人民出版社，2012年，第337页。
⑤ 《张一麐致韩国钧函》（1931年2月24日），江苏省档案局编《韩国钧朋僚函札史料选编》，江苏人民出版社，2012年，第347页。
⑥ 王洁人、朱孟乐编《善人桥的真面目》，善人桥农村改进会发行，1934年，第1页。
⑦ 参见《上海中华职业教育社志》编纂委员会编《上海中华职业教育社志》，上海古籍出版社，2007年，第62、110—111页；江恒源《十六年来之中华职业教育社》，中华职业教育社印行，1932年，第79页。
⑧ 黄炎培：《在山西三星期间之工作》，《教育与职业》，总第69期，1925年。

基于这样的认识,中华职业教育社开始了农村改进的试验活动,农村改进"是就一个农村或数个农村划成一个适当的区域,依照理想的能实现的预定计划,用最完美的最经济的方法技术以划导训练本区内的一切农民,使全区农民整个生活逐渐改进,由自给自立以达自治,俾完成农村的整个建设"。① 1926年5月,中华职业教育社联合中华教育改进会、中华平民教育促进会、东南大学教育科在昆山开办徐公桥乡村改进试验区。② 1929年,中华职业教育社联合冷御秋等人在镇江黄墟举办黄墟农村改进试验区。③ 徐公桥和黄墟试验区的乡村改进工作成效显著,为该社继续展开相关试验提供了动力。

1931年2月,中华职业教育社在苏州召开第七届董事会议,胡春藻提议在苏州设立农村改进试验区,得到大家的赞同。④ 作为苏州区董事的张一麐提出将农村改进会设在穹窿山下的善人桥,理由有二:"一因离城市较远,农民山居者风气较朴实,着手改进,或易成功;一因李印泉(根源)先生庐墓于小王山,习与乡民居,已有信用,可得其指导之力。"⑤

决定在善人桥成立农村改进会后,众人推举张一麐、李根源、胡庶华、江恒源、廖家楠为筹备员。筹备员与吴县县政府代表和当地热心人士联系,组织了善人桥农村改进委员会,委员除了以上5人外,还包括邹竞、彭嘉滋、姚文达、李元凯、殷泰来、张一鹏。委员会于3月17日召开第一次会议,推举张一麐为主席委员,随后开展调查工作,并聘请专家设计组织、制定章程、划分区域、筹措经费等。会址设在穹窿山宝林寺内。

善人桥农村改进会在活跃农村金融、推广农业技术、发展乡村教育以及维护乡村治安等方面开展了一系列活动,引起了该地区在社会、经济和政治方面的重要变化,并一定程度上改变着乡民们的生活。⑥

从1932年开始,吴县教育局计划在善人桥添设农民教育馆,成立之

---

① 江恒源:《农村改进的理论与实际》,生活书店,1935年,第3—4页。
② 陆叔昂:《三周岁之徐公桥》,中华职业教育社出版部,1931年,第1页。
③ 《镇江黄墟农村改进试验区概况》,《教育与职业》1934年第6期。
④ 王洁人、朱孟乐编《善人桥的真面目》,善人桥农村改进会发行,1934年,第1页。
⑤ 王洁人、朱孟乐编《善人桥的真面目》,善人桥农村改进会发行,1934年,第1页。
⑥ 关于善人桥农村改进会的历程、事业及与政府、地方之间的关系,参见路仕忠《吴县善人桥农村改进会研究》,硕士学位论文,苏州科技大学,2014年。

后每月经费200元，由教育局下拨。① 1935年1月，因改进会经办事项与农教馆多有重叠，为免叠床架屋，徒耗经费，县政府与善人桥农村改进会协商，并经县教育局同意，将善人桥农村改进会原来所有的各项事业全部移交给农教馆继续办理。② 至此，吴县善人桥农村改进会的乡村建设事业宣告结束。

  1931—1935年的善人桥新村建设运动能够顺利进行，与张一麐、张一鹏、李根源等人的强大影响力和强力推动是分不开的。正是因为有张氏兄弟和李根源这样的名流倡导，才争取到了官方的积极支持和配合，如，江苏省建设厅厅长即表示："如需建局协助之处，就相当范围内，无不照办。"③ 正是在江苏省建设厅的允准下，改进会每年在吴县的建设经费为5000元。为支持善人桥农村改进计划，省民政厅将善人桥单独立为吴县第二十区，设立区公所，区长李元凯是农村改进会培养的年轻人，他与张一麐、李根源等人关系密切。善人桥农村改进会的经费筹集也主要依赖张氏昆仲和李根源之力。在改进会成立初期，经费来源不稳定，再加上开办初期修理房屋器具等支出，"不敷甚巨"，④一切费用，全靠张一麐设法挪借、垫付，并向省建设厅"力请经费"，改进事业方能正常进行。⑤ 此外，具体改进事项的经费也由地方精英捐助和筹集。在具体事务的运行上，张一麐等更是身体力行，张一麐言其"月必住山中旬日"，"印泉先生许余不在乡时代理职务，余弟一鹏……于水利工程，及戒烟助药等事，为经济上之补助"。⑥ 张一鹏在改进会的各项事业中捐款尤多。1932年冬，善人桥农村改进会发起重修三堰五闸，支出2200余元，张一鹏捐助1800元，⑦ 1934年4月修缮青史桥等三桥他捐助100元，1934年4月修进步、太平二桥，他捐助200元。⑧ 正如江苏省建设厅厅

---

① 《善桥农教》，《苏州明报》1932年8月2日。
② 笑：《吴县通讯：改进会结束由农教馆接办》，《民间》（北平）1935年第17期。
③ 《乡村建设——孙建厅长请张氏仲昆极力主持》，《苏州明报》1931年3月26日。
④ 王洁人、朱孟乐编《善人桥的真面目》，善人桥农村改进会发行，1934年，第7页。
⑤ 朱慰元：《善人桥农村改进会概况》，《教育与农村》1932年第19期。
⑥ 张一麐：《引言》，王洁人、朱孟乐编《善人桥的真面目》，善人桥农村改进会发行，1934年，第1页。
⑦ 张一鹏：《重修新村五闸记》，《苏州明报》1933年1月31日。
⑧ 王洁人、朱孟乐编《善人桥的真面目》，善人桥农村改进会发行，1934年，第85页。

长孙鸿哲所指出的,"此种新村建设,必须有中心人物,黄墟之成功,全赖冷御秋先生一人之力,"善人桥新村建设还需张一麐、张一鹏"二位先生极力主持,方可早告厥成"。①

清末开始并一直延续到民国的地方自治运动在城市中取得了较好的效果,而在农村则一般不受欢迎。② 20 世纪二三十年代兴起的包括农村改进在内的乡村建设运动,一方面受到当时农村危机的推动,③ 另一方面也可以看作中国精英阶层试图与农民建立更密切联系的一种行动。在南京国民政府加强对农村控制的背景下,农村改进行动所突出的民众自治理念,具有潜在的深意,而该运动所强调的民众广泛参与,不仅是精英阶层赢得民众支持的途径,也传播了民主管理的理念,体现了近代中国精英行动的时代气息。

20 世纪 30 年代,张一麐基本隐居苏州,转其精力于地方事务。因年高德硕,为吴县人望,其一举一动颇受地方关注。苏州地方报纸经常有关于他的报道,从中可见他在苏州地方政治中的重要地位。如《大光明》即云:

> 张仲仁先生自罢官归来,栽竹养鱼,颇具隐士风趣。顾以一邑人望,事事遂有依张意为归宿者,以自然之趋势,于以成为政治社会之中心,此种事实,不一而足。如县长邹敩公,每遇事故稍有掣肘者,必亲谒仲老请示,其他局所,则无论已。因政治势力之大权在握,社会人物之有钻营者,自必趋此一途,于是仲老之居邸,乃俨成政治设施之动力推进所,而政治机关,反成行政之传声器已。④

张一麐在苏州地方政治中的影响力一直持续到抗日战争爆发。1931 年九一八事变后,他与李根源创办《斗报周刊》,宣传抗日,并倡建"老子

---

① 《乡村建设——孙建厅长请张氏仲昆极力主持》,《苏州明报》1931 年 3 月 26 日。
② 孔飞力:《地方政府的发展》,〔美〕费正清、费维恺编《剑桥中华民国史(1912—1949 年)》下卷,中国社会科学出版社,1994 年,第 339 页。
③ 张一麐、费树蔚、金天翮、曾朴、赵怡琛、丁怀荣、钱鼎、沈绍增等江苏士绅于 1933 年致电省政府,呼吁统筹节流,救济农村。参见《苏人请新省府,财政统筹节流,农村急须救济》,《申报》1922 年 10 月 15 日,第 11 版。
④ 骨人:《张仲仁被控土劣》,《大光明》1932 年 7 月 5 日。

军",发动60岁以上老人赴战场,不果。1932年"一·二八"事变后及1937年"八一三"淞沪抗战时,他与李根源等人多次组织赴上海劳军。1937年11月日军占领苏州,张一麐一度避居苏州西部穹窿山,1938年3月间道赴上海,再由上海避居香港。1938年7月,国民参政会成立,张一麐被聘为国民参政会参政员,直至1943年10月24日病逝于重庆。

在近代苏州城市史研究中,学界多注意商人阶层在苏州城市社会管理中的主导作用,但如果仔细考察则可以发现,延至民国,苏州城市社会中士绅的力量更为强大。张一麐在晚清民国苏州的所作所为及影响力可以印证这一点。

钱基博《张仲仁先生轶事状》曾记载,1938年逃难至上海的张一麐决定赴行都重庆时,寄语送行的无锡县商会主席、江苏航业工会主席钱基厚云:"毋负地方,亦毋负国家,行者居者各尽其心。"① 纵观张一麐一生,可谓尽心国事,同时无负地方,很好地将国家和地方联结在一起。② 民国苏州也正是因为有像张一麐这样的人物,而与民族国家和时代大潮紧密联结起来。苏州的历史也就不仅仅是地方的历史。

从张一麐政治思想和实际行动来看,他一直随时代的需求而不断发展变化。在清末,他从醉心科举转而积极引介西学,倡办苏学会,支持维新;在辛亥革命之际,他因应时势,支持共和;在军阀割据时代,他倡导和平运动,鼓吹地方自治,反对军阀政治。这些都体现出其政治思想因时而进的特征。但同时,也可看出张一麐政治思想和政治行动的中庸性质。在清末,倡办苏学会之时,他及苏学会同人有意与康梁等人保持距离,坚守"中学为体,西学为用"原则,严守勿议朝政、勿谈官常的行动策略;在民国政争之中,他显然与袁世凯势力和立宪派站在一起,而与革命党人保持了距离;在军阀时代,他虽然对军阀割据势力多有批评,但仍然游走、调停于各派军阀之间,而与南方国民党政权保持距离。简而言之,张一麐的政治思想和政治行动具有新旧杂糅、新旧调和的特

---

① 钱基博:《张仲仁先生轶事状》,张一麐:《古红梅阁笔记》附录,上海书店出版社,1998年,第77页。
② 在张一麐的政治、社会行动中既有明显的"地方主义"色彩,也有很强烈的"国家主义"倾向,并且在具体政治、社会实践中两者能很好地调和。学术界关于明清以来中国精英群体的政治性格及在国家与地方之间的行动逻辑的讨论,可参看孙竞昊《经营地方:明清时期济宁的士绅与社会》,广西师范大学出版社,2023年,第347—351页。

征，虽然他意识到近代中国需要变革，并努力推动这样的变革，但是关于变革方式，他更注重改良的方法，关于变革的限度，他显然不认为中国社会存在着彻底变革的必要性，因此与各种主张彻底推翻现有社会制度的运动保持了距离。与其政治思想相一致，在文化上，他虽然是积极学习西学的先驱，但同时强调坚持本民族固有道德和传统学术的优先性，这从他与其他苏绅积极邀请章太炎赴苏州讲学并主办"国学会"等活动中得以充分表明（详见本书第十二章第二节）。在晚清民国这一变革时代，张一麐的政治、文化思想及行动取向，具有一定的代表性。作为民国时期苏州士绅的主要领袖，他的思想倾向和行动取向也必然对苏州士绅群体产生重要影响，并显示了苏州士绅阶层的某些主要特征。对于张一麐的分析，不仅有助于我们深入把握民国苏州政治、文化动向，而且可以帮助我们理解城市管理领域中精英阶层的部分行动逻辑。

# 第三部分　城市管理

# 第八章　晚清民初城市管理

一般认为，在近代市政体系建立之前，中国城市长期缺乏专门性的市政机构，城乡事务多由地方政府统一管理，一直到晚清时期这种情况才出现较大的改变。但这并不表明当时的政府完全忽视城市社会。吴奈夫曾考察明代苏州的城市管理，从其研究中可以看到，官府在城市管理中起着主导作用，治安是城市管理的重点。[①] 进入清代，随着商品流量加大和外乡人不断进入，城市化进程加速，城市社会呈现出变动的景象。面对这一情况，统治者为了加强城市的管理，除添置官员、增设衙门外，更强调编制保甲、清理坊厢人口。[②] 从现有研究来看，明清时期虽然政府根据城市社会情况的变动不断调整管理方式，但总体来说，城市管理仍维持传统的城乡统一管理模式，城市管理方式没有出现重大的结构性变动。

晚清时期尤其是太平天国运动后的城市重建过程中，中国城市管理出现了很多重要的变化，一些新设立的局、所承担了大量城市管理的职能，从而推动了城市管理方式的转变。[③] 从目前留存史料来看，在太平天国运动后的苏州，一些新成立的局、所在城市管理中起到了重要的作用，其中最重要的是善后局。该局系清同治三年（1864）由江苏巡抚李鸿章创设。据民国《吴县志》称，"时兵燹之后，百废待举，凡公署、坛祠、学校之建置以及城厢内外民房之给照，胥恃此局规画而经理之"，故凡苏省收入各项，如平余、厘金之专事外销者，均以此局为支出所及。

---

[①] 吴奈夫：《明代苏州的城市建设及其管理》，《扬州大学学报》（人文社会科学版）2003年第4期。

[②] 参见郭松义《农民进城和我国早期城市化——历史的追索与思考》，《浙江学刊》2011年第3期；保罗·圣安杰洛《帝国晚期的苏州城市社会》，〔美〕林达·约翰逊主编《帝国晚期的江南城市》，成一农译，上海人民出版社，2005年，第141—143页。

[③] 罗晓翔：《清末城市管理变迁的本土化叙事——以19世纪南京为中心》，《南京大学学报》（哲学·人文科学·社会科学版）2009年第4期，第105—113页。

光宣之际办理新政，犹资挹注，直到宣统三年（1911）该局才归并于度支公所。① 从善后局所承担的职能来说，颇类似于后来市政府的雏形。此外，同时设立的医药局，"施医施药，款由官拨",② 也承担着类似于公共卫生的职能。同时我们也可看到，善后局、医药局虽然体现出管理事务专门化的趋势，但它们并非专门针对城市区域所设立。专门针对城市区域设立的市政机构要到1896年苏州开埠以后才出现。

## 一 晚清市政管理变革

1896年苏州开辟为通商口岸。为了应对开埠通商的挑战和抵制租界的影响，以张之洞为首的江苏省政府和苏州地方政府采取了一系列城市管理和建设的革新举措，不仅开拓了苏州城墙外的新城区，而且设立了新的城市建设管理机构——马路工程局，它为此后新政过程中警察的设立提供了基础。

### 1. 马路工程局与警务公所的设立

1895年签订的中日《马关条约》规定，中国增开苏州、杭州、重庆、沙市等四处通商口岸。此后，中日双方就开埠和设立租界事宜进行谈判，时任两江总督张之洞指示苏州地方官员，"宜急筹取益防损之道，早占先著"，并提出三点办法：一是"预留水道，畅道运货便利之处，利我工商"；二是"指定各国界址，杜彼妄求"；三是"将界外之地先行占定，限其界址，免将来推广无穷"。③ 张之洞的三点战略部署在此后的谈判和实施过程中都实现了。日本政府谈判代表本来想要在苏州阊门外的传统繁华之地设立租界，经过艰苦谈判，日本租界以及公共通商场最后确定在盘门外青旸地，这是一个地处南城墙外、远离交通要道、相当冷僻的地方。这样的选址，注定了此后日租界和公共通商场在苏州的经

---

① 民国《吴县志》卷三十《舆地考公署三》，《中国地方志集成》，江苏古籍出版社，1991年，第458页。
② 民国《吴县志》卷三十《舆地考公署三》，《中国地方志集成》，江苏古籍出版社，1991年，第458页。
③ 张之洞：《致苏州奎抚台、邓藩台、苏州府三首县》，苑书义等主编《张之洞全集》第八册（电牍），河北人民出版社，1998年，第6540页。

济版图中难以起到重要的作用。① 如此确定租界界址，贯彻了张之洞的前两点指示。为贯彻张之洞的第三点指示，苏州地方当局决定"拓展沿着城墙南边与西边直到西北阊门的运河沿岸马路"。② 光绪二十二年（1896）三月，沿河马路正式动工，先修筑从盘门至胥门的马路，光绪二十四年（1898）马路造至胥门，光绪二十五年（1899）造至阊门。苏州地方当局划定"阊门外五百四十方里、胥门外二百四十方里、盘门外一百一十方里"为商埠，自行开办工商企业，以防止租界扩张。③ 这一举措意义重大，由此展开的市政建设工程在西部和南部城墙外拓展了新城区，而且围绕市政工程而设立的机构和采取的管理政策为此后苏州城市管理的变革提供了经验。

光绪二十年（1894），江苏省已在省城苏州设立商务局，这是晚清时期部分地方政府为推动地方经济与西洋各国展开"商战"的新举措之一。④ 苏州开埠后即由商务局管理盘门外通商场划界事宜，而城外马路的修筑与管理以及"审判华洋讼案"则由商务局下设之马路工程局负责。⑤ 光绪三十三年（1907），江苏省将商务局、农务局（设立于光绪二十九年，负责清理苏城内外荒地）、电话局、工艺局及新建之商品陈列所、农事试验场归并一局经理，定名农工商局。其经费来源为苏州丝、纱两厂租地公费，铁路脚夫捐，电话修费，以及工程局所缴马路各项执照捐和捕房罚款等项。⑥ 经过改组后的农工商局以振兴实业为目标，其

---

① 关于苏州租界的设立及发展状况，参见徐云《苏州日租界述略》，《苏州大学学报》（哲学社会科学版）1995年第3期；翟玲玲、杨大春《苏州租界界址由来考辨》，《苏州大学学报》（哲学社会科学版）2002年第2期；杨大春《张之洞与苏州租界的开辟》，《江南社会学院学报》2003年第1期；金兵《论近代苏州通商场的变迁》，《苏州大学学报》（哲学社会科学版）2007年第6期；李荣《甲午战后清政府抵制租界的活动——以苏州为例》，《长治学院学报》2009年第3期；李少军《甲午战争后六年间长江流域通商口岸日租界设立问题述论》，《近代史研究》2016年第1期。

② 中华人民共和国苏州海关编，陆允昌编注《近代苏州通商口岸史料集成》，文汇出版社，2010年，第5页。

③ 王国平：《晚清苏州的现代演进》，徐静主编《纪念苏州建城2530周年学术研讨会文集》，古吴轩出版社，2016年，第217页。

④ 朱英：《论晚清的商务局、农工商局》，《近代史研究》1994年第4期。

⑤ 《江苏苏属财政说明书》，江苏省财政志编辑办公室：《江苏财政史料丛书》第一辑第四分册，方志出版社，1999年，第420页。

⑥ 《江苏苏属财政说明书》，江苏省财政志编辑办公室：《江苏财政史料丛书》第一辑第四分册，方志出版社，1999年，第420—421页。

所承担的马路工程、巡捕管理等市政之责显然与振兴实业的属性不符。恰在此时，刚刚建立的警察组织正在扩张之中，该组织的定位不局限于治安，还包括工程管理、公共卫生等众多市政事宜，原由农工商局兼管的市政事宜遂逐渐划转到警察组织手中。

苏州警察开办于光绪二十九年（1903）五月。该年，设立警察总局于苏州府衙门内，以现任知府为总办，挑选安定旅勇并招募所得，凡500名。警察总局在苏州城厢内外设七路分局十二个区员局，划段巡逻稽察。① 七路巡警分局分别是城内的中路、东路、南路、西路、北路和城外的阊胥盘路、娄齐葑路。② 七路巡警分局的设立应来源于清代设立的保甲系统。在晚清苏州地区，除了驻军之外，城区治安由保甲系统负责。苏州城区设立了七个保甲总巡局，每个总巡局一般设"总巡"一员、"段头官"四员及书吏差役若干。其中"总巡"与"段头官"为专设有给职，由候补知县和佐杂人员充任；书吏差役等为非固定无给职，由"总巡"等招募当差。所有"总巡"皆归苏州总捕衙门指挥调遣，江苏巡抚、江苏按察使、苏州知府等为该衙门的上司。③ 七个保甲区的范围是否与此后的七路巡警分局完全重合，不敢确定，但推测应基本一致。

1904年，端方出任江苏巡抚后，将苏州警察总局与苏州府脱钩，规定知府不再兼任警察总局总办，改以候补道台为总办，并增设候补道台衔会办一员，协助办理。后又委任苏松太督粮道陆元鼎为督办，专门负责警察事务，并将一些带有功名的文化人充实到警察各级组织中去。④ 为培养警察人才，江苏省创设巡警学堂于谢衙前，以速成法教练考取学生，六月毕业者为官学生，三月毕业者为兵学生。1906年，警察总局改名为巡警总局，迁到梅家桥原铜元局厂房内独立办公，警卒自五百名增至七百名，除录用毕业生外，更以绿营兵附益之。翌年四月始剔出三百名勇丁，拨归巡防营。自是逐渐剔尽，警队中不再参用勇丁。

---

① 民国《吴县志》卷五十四《兵防考二》，《中国地方志集成》，江苏古籍出版社，1991年，第20页。
② 七路分局具体的管辖区域参见苏州市地方志编纂委员会编《苏州市志》第一卷"建置"第四章"区划"，江苏人民出版社，1995年。
③ 张直甫、胡觉民：《苏州警察的创始》，政协苏州市委员会文史资料委员会编《苏州文史资料》第1—5合辑，1990年，第227页。
④ 张海林：《苏州早期城市现代化研究》，南京大学出版社，1999年，第130页。

光绪三十四年（1908）十月，按照部章改巡警总局为警务公所，设警务总办，原隶商务局之马路商场巡警及隶苏州关之租界巡警悉改隶于警务公所，警区自七路增至八路，除城内中路、东路、南路、西路、北路以及城外阊胥盘路、娄齐葑路外，增加了马路分局。每路设区长一员，巡官无定额，共设区长八员，巡官三十七员，巡长警卒共一千一百余名，其中多为巡警学堂毕业生，此外则招募壮丁以补不足。同时遵部章设高等巡警学堂，凡经考取入堂肄业、学费出自官署者为官费生，额定五十名，缴纳学费者为自费生，额定四十名。

宣统元年（1909）九月，辞退租界捕头鄂尔生（挪威人），自是捕头一职不复雇外人充任。十月，改警务总办为警务总监，巡抚瑞澂委候补道汪瑞闿为警务总监。十二月始设骑巡队。该骑巡队系自上海调来，队分二排，设正副队长各一员，每排巡长一名、巡警九名，马共二十二匹。正副队长督率巡队，酌定路径，每日于深夜出巡，凡城厢内外街衢里巷及马路、租界，周历无遗，于曲折幽深荒凉僻陋之区尤加意侦查，俾宵小无从藏匿，以补岗警之不足。

宣统二年（1910）五月各省分设巡警、劝业两道，江苏省设巡警道于苏州，设劝业道于南京，废警务总监，汪瑞闿改任巡警道。六月，于城外朱家庄设巡警派出所。朱家庄地方土客杂处，中多游兵散勇，其地又有新军营房，军民间时起争端，道路多匪，往往攫取行人财物。原设警卒无多，至是选派巡长一名、警卒十名、伙夫一名，常驻该地，以火神庙为派出所，并于沿途设立岗位，以防匪盗。八月，八路警区均设巡警补习所，以区长巡官为教习。十月订立警务公所拘留所、悔过室各项规则，又订定旅栈规则表式并循环簿式。宣统三年（1911）四月开办游民习艺所，该所系由苏州府拘留未判决或判决未定的被告人的"待质公所"改设而成。[①]

在警察组织不断发展壮大的过程中，其业务从治安逐渐拓展到了市政工程管理领域。光绪三十四年苏州警务公所设立之时即将原来分立的租界巡警和城外马路巡警划归统一管理，宣统元年十二月，应警务总监

---

[①] 以上清末苏州警察组织成立及沿革过程依据民国《吴县志》卷五十四《兵防考二》，《中国地方志集成》，江苏古籍出版社，1991年。

候补道汪瑞闿之请,护理巡抚陆钟琦将马路工程局归并警务公所管理,这个举措一方面使警察的业务范围更为扩大,另一方面也使原来分头管理的市政事务逐渐归并到不断发展壮大的警察组织手中。民国《吴县志》载有汪瑞闿原禀,颇有助于了解清末苏州城市管理情况,现录之于下:

> 窃维朝廷分设民政、农工商两部,各省分设巡警、劝业两道,原期名实相副,各有专司,权限分明,可无纷杂。从未有如苏城马路警政则由职所施行,而路政则由农工商局管理,竟若斯之名实不符,权限不清者。是宜及早改良,俾臻完全而免牵制,敢为我宪台披沥陈之。盘骨阊齐留园马路,妓馆有捐,戏园有捐,马车、东洋车、驴马有捐,惟铺户捐名曰捕捐。实则妓捐、驾捐均即捕捐。今仅戏园一捐,由马路区长径收代催,巡警守护,其余妓捐、驾捐、捕捐统归工程局收取,除马路官警薪饷、服装在前项捐款内提用外,所有逐月余款概由工程局解交农工商局收存。夫各户因巡警保护而输捐,循名核实,自应由设置巡警之职所径向各户收捐。若保护之责,职所任之,而事权所在,商局操之,殊觉歧路纷驰。且因巡捕而收捕捐,尚属旧时名称,业奉大部奏明,巡捕改名巡警,亦宜将捕捐改称警捐。既称警捐万无不归警务公所核收之理。一也。马车、东洋车、驴马等类,驾驶行走,有违警者,即须治以民政部定律,必先使之遵职所定章。今各项车辆执照由收捐之工程局刊发,其章程如何取缔,职所无案可稽,往往巡警指为违禁,而车夫、马夫抗不服从,或捏称工程局向来准行,或托词执照刊章内并无此条。盖其心目中只有交捐领照之工程局,视警界员弁长警无关捐务,几若不能过问。如十一月二十日巡警见马车违章,上前禁阻拘拿,竟起冲突,各该马车夫相率停驶,以为挟制地步。迨后仍由工程局员出为劝解,始各照常行车。即此一端,已多掣肘,余可类推。二也。光绪二十二年开筑马路,二十九年开办警察,马路先筑,警察后办,故收捐派捕,暂由商局经理,本属一时权宜,并非收捐派捕为商局应有之职务。今马路巡警即归职所统辖,而留此工程收捐等事仍归商局主持,权限既不分明,责成亦难专一。如谓马路捐款不但因巡

## 第八章　晚清民初城市管理

警而抽收，凡修造桥梁翻筑路沟等费均取给于捕捐。查前奉颁行巡警部章程内载，警务处有交通股掌车马通行之督察，道路桥梁危险之预防，是工巡本合而为一。职所责有攸归，本年马路警务专委警员充任区长。其时即奉升任宪饬派巡警局会同工程局见习收捐事宜，以备裁并。此时自应改由职所督饬工程局员办理收捐工筑等事，以期呼应灵通，俾可符合部章。三也。现在马路捐款本由区长管笛暨职所翻译委员苏县丞本廉协同工程局郝倅尔泰派人经收，惟督理则由农工商局，骈拇枝指，复杂殊多。职道亦知商局经济困难，与职所事同一辙，如将工程局改归职所管理，将来月收捐款仍照向章，除拨支官警薪饷服装及养路一切费用外，所有余存银钱当悉数移解商局收储。倘谓昔年造筑马路，借用司库善后局款尚未归清，亦可俟收起捕捐，在余款内陆续归还。是于商局款项毫无出入，而于职所事权可免纷歧。四也。今虽苏省未设巡警劝业两道，惟上奉部章为模型，下全警界之职务，职所应办之事未便留斯缺点，亦犹商局应办之事无待局外代筹。如马路工程捐务始终须由商局主管，似不如将马路警务亦由商局兼辖，较为划一。职道愚昧之见，所有请将马路工程局改归职所管理之处，是否有当，理合肃禀上陈，仰祈鉴核批示，俾可分别移行遵照。①

从禀文中可知：

其一，在警察设立之前，苏州城为了抵制租界势力的扩张，已经设立了商务局，并且在商务局下设立马路工程局。马路工程局的主要工作是修筑联结阊胥盘三门的城外马路。以这条马路为轴线划定范围，自设商埠，兴办工商业。② 至清末，马路工程局所管辖的范围还扩展到了齐门和留园等地。

其二，为了管理沿路的工商业和马路修筑，马路工程局收取捐税。这些捐税包括妓馆捐，戏园捐，马车、东洋车、驴马捐，以及针对铺户

---

① 民国《吴县志》卷五十四《兵防考二》，《中国地方志集成》，江苏古籍出版社，1991年。
② 关于这条马路的修筑情况和工商业发展，柯必德有较详细的描述。参见柯必德《天堂与现代性之间：建设苏州（1895—1937）》第一章，何方昱译，上海辞书出版社，2014年。

的捕捐。马路商场设有巡警，故铺户捐称为捕捐。从其业务来看，马路工程局设有巡警，收取捐税，负责马路工程及管理，已成为城外商埠地区的一个市政管理机构，当然这个管理机构从属于省商务局（农工商局）。

其三，警务公所成立以后接收了马路巡警，而捐税征收仍由马路工程局收取并上交农工商局。为此，警务公所提出将马路工程局归并管理，马路各项捐款统称警捐，按月征收，作为工程警务经费。由此，警务公所在警务之外，增加收捐工筑等事。

护理巡抚陆钟琦认为"所陈各节，持论甚正"，批准将马路工程局归并公所办理，至于所收捐款"如何留支专解，划清界限，分别办理之处，即与农工商局妥议"。后经警务公所与农工商局协商，"马路各捐款约月收银四千二三百元不等，支款亦须四千二百元。内每月拨归农工商局银二千元，余统归警务公所收储拨用"。① 从这一事件中我们可以看到，警察组织设立后将此前分头办理的市政事务逐渐接收。

简而言之，从1903年苏州创设警察组织至1911年清朝灭亡8年间，苏州城的警察由苏州府兼办到设立独立的警察机构——巡警道下设的警务公所，并将原来分散的马路巡警和租界巡警归并进来，统一管理。警察人数从最初的500人增至1908年的1100余人，再加上此后设立的骑巡队20人，以及朱家庄派出所的11人，有1130余人，人数上翻了一番有余。警察的来源也逐渐改善，从最初的由勇丁选充，到后来裁汰勇丁以警察学堂毕业生充任，警察的素质逐渐提高。警务公所的下设机构如拘留所、悔过室以及游民习艺所也建立起来，并制定了相应的规章制度。可见警察组织的建设速度是很快的。

在警察机构和队伍扩张的同时，警察的业务也逐渐扩展。一是户口调查。宣统二年（1910）六月为筹备地方选举，需调查城镇乡人户总数。按照民政部定章，调查户口以巡警道为总监督，遂由巡警道饬各府州厅县将各属境内城镇乡人户督同调查员逐一清查。

二是城门管理。据民国《吴县志》所载《巡警道汪瑞闿详苏城各门水旱关委员等事宜请概由职道主管办理文》可知，苏州城共有阊、胥、盘、娄、齐、葑六门，除胥门外，各设旱关和水关，共计五处。警务公

---

① 民国《吴县志》卷五十四《兵防考二》，《中国地方志集成》，江苏古籍出版社，1991年。

所成立后，各关督查由警务公所各路分区区长负责，各门文武各员薪水暨勇丁工食亦归警务公所动支给领，其员弁等职务章程及在差应记功过，亦由公所考核。但是各门驻守委员仍从旧例，由藩司、臬司每门会委佐杂班文职一员，旱关另由城守参将每门派委武弁一员襄同查察，而且每夜各门所贴封条还是遵从旧例，使用"臬司衙封"。为避免政出多门、事权不一，巡警道详文巡抚，请将省城各门驻守员弁一律改由巡警道衙门遴选派充，各门警兵亦即严加挑选，毋任滥竽充数，并更订巡守启闭章程，实力整顿。经巡抚程德全批准，宣统二年八月，苏城各门水旱关委员归巡警道主管。

三是市政工程管理。宣统元年十二月"以城外马路工程局归并警务公所管理，马路各项捐款统称警捐，按月征收，为工程警务经费"。由此，警察将马路工程和捐税征收纳入管理。宣统二年九月，警务公所制定章程，规定民间建造房屋及后河修筑驳岸，均令业户领照。民间翻造房屋，无论大街小巷，俱让进三尺，使道路宽阔，以利行人。大街以让至一丈六尺为止，小街以让至一丈二尺为止，其修筑驳岸亦每次让进三尺，均以工部营造尺为准。于建筑前十日，由业户开明四址，绘具图式。城外业户，仍遵旧章，赴马路工程局领照，城内业户赴警务公所领照，候派员查勘明确，毫无窒碍，方准兴工。

四是卫生事业。宣统元年八月初一日，苏城平桥韦白二公祠内开办官立医院筹备处一所，常年经费按月向善后局领支，由臬司衙门督理。宣统二年，按察使改为提法司，专管司法行政事务，医院筹备处遂改由巡警道主管。其经费由巡警道逐月咨请藩司主政之度支公所拨支。宣统三年三月，由巡警道札委留学日本千叶医学专门学校毕业生吴嘉钧筹办，赁定城内泗井巷民房一所设立医院及医学堂，又赁定宜多宾巷民房一所为医院附设之分诊处。①

可见，警务公所从接收城外马路区域的市政管理权开始，逐渐接收苏州城的各项市政管理事宜，可以认为它是一个实际上的主要市政管理机构。在苏州城厢自治公所于宣统元年成立之前，警务公所已承担大部

---

① 以上警察组织管理职能均参考民国《吴县志》卷五十四《兵防考二》，《中国地方志集成》，江苏古籍出版社，1991年。

分的市政管理之责。

## 2. 地方自治与城区的确立

1901年清廷实行新政,包括改革官制、设立巡警、兴办新式教育、实行地方自治等一系列改革措施,其中筹办地方自治是实行预备立宪的重要环节。在这个思路的指导下,地方自治运动逐渐展开。光绪三十四年十二月二十七日(1909年1月18日)颁布《城镇乡地方自治章程》。该章程规定,自治事宜包括本城镇乡之学务、卫生、道路工程、农工商务、善举、公营事业,以及因办理各款筹集款项等事和"其他因本地方习惯,向归绅董办理,素无积弊之各事"。[①] 今日所理解的"市政"事务,多数包括于自治范围之中。

1909年7月15日,在江苏苏属地方自治筹办处的督导下,长元吴三县在苏城元妙观成立了城厢自治公所,城厢自治公所由议事会和董事会构成。[②] 长元吴三县城厢自治公所的成立标志着苏州的地方自治运动从研究调查进入了具体实施阶段。

据《申报》报道,苏州城议事会成立后于1910年6月开议,讨论议案。[③] 但城议事会成立后似矛盾颇多,城议事会开会时正议长潘祖谦一直托病不出席,其致议员的复函中多有负气之语。[④] 同时,城厢自治公所运转情况并不理想,以至于1911年4月董事会全体辞职。《申报》分析称:

> 长元吴城自治公所董事会自前月董事全体辞职后,虽表面上佥谓款竭事艰,力难胜任,于官厅毫无意见,于议会又无恶感。然却有无数原因,一由于自治监督不能联络一气,共图进行,每闻三县于自治公事有互相推诿,借以规避者。此系因同城州县未能立即裁并,致自治障碍叠生;一由于议事会议员之程度不齐,意见不一,

---

[①] 王建学编《近代中国地方自治法重述》,法律出版社,2011年,第31—32页。
[②] 江苏苏属地方自治筹办处编《江苏自治公报类编》,沈云龙主编《近代中国史料丛刊三编》第五十三辑,台北:文海出版社,第144—145页。
[③] 《苏城议事会开议议案》,《申报》1910年6月4日;《苏城议事会连日会议详情》,《申报》1910年6月11日;《苏城议事会议决案志详》,《申报》1910年6月14日;《苏城议事会近状》,《申报》1910年6月29日。
[④] 《苏城议事会内部之冲突》,《申报》1910年6月2日。

对于会中诸事，竟有此是彼非，彼非此是，毫无主张者。该会不过六十议员，竟分无数党派，即素有决断之吴议长，现虽不至焦头烂额，将来办理，亦非易易。现在董会虽经官厅一再慰留，而退志已决，难以转圜，刻闻筹备处有饬县另行选举之说。至外间误会董会辞职因丰备仓属城属县之故，殊非事实。要之，亦一苏州自治前途之不幸也。①

在以上重重矛盾中，城厢自治公所很难有大的作为。虽然城厢自治公所没有什么大的作为，存在的时间也很短暂，但是它也留下来一个遗产，即苏州城作为一个相对独立的管理区域在地方自治运动中逐渐确立起来。《城镇乡地方自治章程》规定："凡府厅州县治城厢地方为城，其余市镇村庄屯集等各地方，人口满五万以上者为镇，人口不满五万者为乡。"②该章程明确了城镇乡的区别，随着城镇乡区域的划定，县以下在原有的都图里甲体系之外，出现了一种新的区划形式。③

城镇乡自治的前提是划定自治区域，然后在自治区域内举行选举产生自治机构。《城镇乡地方自治章程》规定各城镇乡之区域"各以本地方固有之境界为准"，而各城镇乡之间对于"固有境界"的认知往往存在着冲突。④苏州城厢自治区域的划分则较为顺利，没有出现重大的矛盾。《江苏自治公报》第3期刊登了江苏苏属地方自治筹办处《批长元吴申送城厢自治区域新绘总图由》，称："具申已悉。该三县城厢自治区域即依原有城厢界址所设之七巡警区，分办调查，有条不紊，绘图亦明晰。此批图存。"⑤从批文可以看出，在地方自治过程中，是以清末苏州城厢所设七个巡警区域为城厢的区域，这七个巡警区域又是根据"原有

---

① 消极主义：《吴门社会伤心史》，《申报》1911年5月26日。
② 载王建学编《近代中国地方自治法重述》，法律出版社，2011年，第31页。
③ 参见吴滔《明清江南基层区划的传统与市镇变迁——以苏州地区为中心的考察》，《历史研究》2006年第5期，第70页；张笑川《租界、城市化、地方自治与近代上海行政区划的变动——民初"闸北区域问题"初探》，《苏州科技学院学报》（社会科学版）2011年第4期。
④ 参见〔日〕佐藤仁史《近代中国的乡土意识：清末民初江南的地方精英与地域社会》，北京师范大学出版社，2017年。
⑤ 江苏苏属地方自治筹办处编《江苏自治公报类编》，沈云龙主编《近代中国史料丛刊三编》第五十三辑，台北：文海出版社，1985年，第3页。

城厢界址"而设立。从以上的保甲区和巡警区的沿革可以看出，苏州的城厢区域因有长期并一贯的制度基础，显得较为固定，所以在地方自治过程中划定城厢自治区域时，也就非常顺利。在地方自治过程中所确立的苏州城厢区域成为此后苏州城市型政区的雏形。

在清末地方自治划境过程中，自治区域往往随警区而定。苏州城厢区域亦采取此办法，在1911年城自治公所议事会的议案中有"划定城区案"，经议决"城厢区域暂照巡警区域办理"。[1] 在城厢自治界址划定以后，巡警区有所变动，光绪三十四年（1908）十月，巡警总局改为警务公所，增设马路分局，全所辖八路分局。从19世纪20年代苏州工巡捐局成立后关于董事会成员的纠纷中可以看出，这个马路分局所辖之地的市政建设和管理事务由警务公所负责，并没有被纳入地方自治机构城厢自治公所的管辖范围（参见本章第二节）。

民国初年沿袭清朝制度，实行城、乡分治。1911年10月江苏临时省议会议决都督程德全公布《江苏省暂行市乡制》，该章程1912年4月经临时省议会修正、都督庄蕴宽公布，1913年6月再经省议会修正、民政长应德闳公布。两次修订，仅局限于枝节方面，基本精神未变。修订后的章程规定，"凡县治城厢地方为市，其余市镇、村庄、屯集等各地方人口满五万以上者为市，不满五万者为乡"，"市乡以专办地方公益事宜，按照定章由地方公选职员办理，受本省民政长及本管县知事之监督"。所谓"地方公益事宜"包括本市乡的学务、卫生、工程、农工商务、善举、公营事业，以及"因办理本条款筹集款项等事"和"其他因本地方习惯向归绅董办理之各事"。[2]《江苏省暂行市乡制》沿袭了《城镇乡地方自治章程》的主要条款，仅将"镇"改称"市"。《江苏省暂行市乡制》是民国初年江苏省县以下地方行政制度的基本规章，南京国民政府成立后颁布了新的《县组织法》（1929），以区、乡、镇划分县以下的区划。根据《江苏省暂行市乡制》，吴县全县分为7市21乡，城厢地方改为苏州市，城厢自治公所亦按照《江苏省暂行市乡制》的要求，于1912年1月改称为苏州市公所。此时苏州市的辖境范围应延续了清末城厢自

---

[1]《苏城议事会议决案志详》，《申报》1910年6月14日。
[2] 载王建学编《近代中国地方自治法重述》，法律出版社，2011年，第390—399页。

治公所的辖境范围。①

1927年6月,江苏省成立吴县县公署和苏州市政筹备处。7月1日,苏州市政筹备处成立,《苏州市政筹备处各区段行政组织条例》规定,苏州市政筹备处所属苏州城厢及附郭暂分7区32段。② 1928年11月,苏州市政筹备处改组为苏州市政府,原苏州市政筹备处7区改称苏州市政府7区。市政府成立后曾与吴县进行划界(参见本书第九章),但市县划界新案并没有执行。1930年3月,江苏省决定撤销苏州市,将苏州市并入吴县。5月16日,吴县县政府召开联席会议,决定即日起实行县市合并,会议决定城区不按划界新案办理,仍以旧市区域为准。1931年1月,吴县将苏州市7个市政区划为3个城厢区,城内二区,城外一区,与3个公安分局辖境一致。3个城厢区共分98个乡镇。1934年2月,江苏省政府通过《江苏省各县整理自治区域办法》,重行调整分区和划分乡镇。城厢三区并为1个区,为吴县第一区,下辖11乡60镇。③

总体来看,自晚清地方自治开始,苏州城厢成为一个独立的自治区域,其区划范围与警区基本一致,并基本保持稳定。

在地方自治的过程中,原来由绅董分散管理的地方公款公产亦纳入自治公所统一管理。江苏巡抚瑞澂在宣统元年七月二十八日(1909年9月12日)所上《筹办地方自治折》中称:"苏省各属公款公产,本皆绅董经存,而出于慈善事业为多,如义学、善堂、恤嫠、育婴、义仓、积谷及施衣粥、医药等类,向来职任寄之于绅,所有出纳一切,亦绅任之,其热诚经理者固不乏人,而浮冒侵蚀者亦比比皆是。值此除旧布新,固应专饬所属,视其力所能及逐渐施即。绅董旧日管理之公款公产,尤应逐项检查,重加整饬。现奴才拟令各属设立清理处,地方官遴派正绅督同清理,务求事有实际,款不虚縻。"④ 城厢自治公所成立后亦将该问题

---

① 民初苏州市辖境参见民国《吴县志》卷一之《苏市附郭图》,《中国地方志集成》,江苏古籍出版社,1991年。
② 苏州市政筹备处编印《苏州市政筹备处半年汇刊》(1927年7月至12月),1928年8月1日。
③ 民国苏州市政府和吴县城厢区区划和辖境变迁,参见苏州市地方志编纂委员会编《苏州市志》第一册,江苏人民出版社,1995年,第109—111、116—117页。
④ 《苏抚瑞澂筹办地方自治折》,章开沅等主编《苏州商会档案丛编》第一辑下册,华中师范大学出版社,1991年,第1287页。

纳入讨论议案。1910年6月召开的城议事会中有"区别公款公产案"，有议员认为丰备义仓应专属城厢，议长提议城内各善堂亦均应审查，经众表决需开审查会，调取案卷到会审查，除丰备义仓应先审查外，其他各善堂亦需开会审查。并决定成立审查会，推定方炳勋为审查长，沈敬德、蒋毓璿、徐芬、祝秉纲、蒋鸿元、范端信、李寅生、韩庆澜、潘志询、朱惠元等为审查员，共11人组成，即日开会，以便下手审查。[①] 地方款产问题在清末一直处于清理调查阶段，到民国建立以后才有了初步的结果。

既然地方自治分级、分区办理，对地方公产公款就应该辨明性质，确定归属。据《申报》报道，1912年11月，吴县参事会成立后即收到民政长交议各题，包括：（一）女普济堂性质辨明归市归县案；（二）男普济堂辨明归市归县案；（三）安节局辨明归市归县案；（四）育婴广仁堂性质辨明归市归县案；（五）辛亥年九月二十一日至十二月底止本县公费及行政费决算案；（六）各善堂公款公产辨别省有县有市乡有性质案；（七）丰备义仓性质辨明归市归县案。[②] 从此后地方自治施行的实际看，男女普济堂、安节局、育婴堂、丰备义仓等公款公产应多数判归市有，纳入了市公所的管理范畴。如丰备义仓原由仓董潘祖谦管理，1912年4月由苏州市公所董事会接收管理。[③] 从1914年地方自治取消时县政府训令市公所办理移交的公文中可看出，除丰备义仓外，苏州市公所还有各项善举暨学款处并各小学校。[④]

可见，清末的苏州城市管理革新大致有两条线索。一条是官方的市政管理改革，主要举措是开埠后在城外开辟马路并沿该区域设置商埠，同时设置管理该区域的马路工程局；此外，警察机构从无到有，逐渐将治安、工程、卫生等多个市政领域纳入管理范畴，马路工程局亦归并其中。马路工程局和警察都是由省方来管理的。另外一条线索是地方自治

---

① 《苏城议事会开议议案》，《申报》1910年6月4日；《苏城议事会连日会议详情》，《申报》1910年6月11日。
② 《吴县参事会成立》，《申报》1912年11月5日。
③ 《长元吴丰备义仓全案四编》，《中国荒政书集成》第七册，天津古籍出版社，2010年，第5207页。
④ 《长元吴丰备义仓全案四编》，《中国荒政书集成》第七册，天津古籍出版社，2010年，第5209页。

机构的出现，这一机构在设立后并没有太大作为，但它至少使苏州城厢作为一个自治单位确立起来，同时也逐渐开始将分散的公款公产集中管理。

## 二　北京政府时期苏州城市管理

辛亥光复后，苏州地方行政体系出现较大变动。1911年11月17日，苏军都督府颁布《暂行地方制》，规定"同城州县均裁并为一"。11月24日，裁苏州府及长、元、吴三县，设苏州，置苏州民政长署，管辖原长、元、吴三县县境，其余原苏州府属各县、厅均由苏军都督府直接管辖。以上举措应是延续清末新政时期提出的废府及裁并同城州县的思路并将其落实。1912年1月，经江苏临时省议会议决，江苏都督府通令颁布《江苏暂行地方制》，各地废府、州，并县、厅。苏州改为吴县，县署仍称苏州民政长署。同月，废太湖、靖湖二厅，设太湖县，旋易名为洞庭县。7月，省议会议决，裁撤洞庭县，归属吴县。8月13日，苏州民政长署易名为吴县民政长署。12月10日，大总统袁世凯令各县民政长改称县知事，吴县民政长署易名吴县知事公署。[①] 吴县属于一等县，县知事公署设一、二、三、四四科，第一科掌总务，第二科掌财政，第三科掌教育，第四科掌实业。[②]

辛亥革命后一度废除道制。1913年1月，北洋政府颁布《划一现行各省地方行政官厅组织令》等三个命令，恢复道制。1914年5月23日，按北洋政府省、道、县的设置，江苏60个县划分为金陵道、沪海道、苏常道、淮扬道、徐海道5道。其中苏常道驻吴县，辖境为原清代苏州、常州二府及直隶州通州故地，辖吴县、常熟、昆山、吴江、武进、无锡、宜兴、江阴、靖江、南通、如皋、泰兴12县。道制一直延续到1927年南京国民政府成立，后被废除。道的长官最初名观察使，后定名道尹。从相关法令可见，道尹公署属于省县之间的行政组织，具有颁布道单独法规、监督道内行政官吏、节制驻扎道内的巡防警备各队等职权，它并

---

① 苏州市地方志编纂委员会编《苏州市志》第一册，江苏人民出版社，1995年，第101页。
② 苏州市地方志编纂委员会编《苏州市志》第三册，江苏人民出版社，1995年，第96页。

没有直接管理地方之责。①

北京政府时期苏州行政体系的另一大变动是省会迁出,这对苏州的城市管理产生了很大的影响。从上章所述可知,清末之时,苏州为省会,市政事务多由督抚直接设置局所加以管理。民国建立后,省会迁出,省级官署撤离。苏常道尹公署虽设于吴县,但并无直接管理地方之责。苏州城作为吴县县治,应属吴县知事公署的管辖范围,但揆诸实际,由省领导的苏州警察厅承担了更多市政管理功能,使县政府在城市管理上相对边缘化。同时,地方自治虽然一度被取消,但很多市政事务仍在自治的轨道上运行,这给了市公益事务所和市公所、市民公社等自治组织很大的权力空间。北京政府时期的苏州城市管理,体现出多元化的特点。

1. 警察厅与县政府的角色

在北京政府时期,由省政府直辖的苏州警察厅承担了苏州城区的大部分市政管理职能,使县知事在市政管理上边缘化。

清末设立的苏州警务公所是由省政府设立的巡警道直接管理的,辛亥革命苏州光复后,取消巡警道,先设巡警总监,再改为巡警总局,设局长。1912年3月奉令裁减,并八区为六区,4月移总局于苏州府署内。1913年,苏州巡警总局改组为苏州警察厅,并六区为五区。② 苏州警察厅的建置一直持续到1927年南京国民政府成立。苏州警察厅是一个省署机构,设勤务督察处和总务、行政、司法、卫生4科,下设水巡、骑巡、侦探、警卫、消防5队及警察教练所和游民习艺所。1914年,改警卫队为保安队,并开办妇女济良所。1923年,保安队扩编为4个队。1925年春,新编的3个保安队由省警备队接收改编。1926年,又新编保安第二队。此时,苏州警察厅有1处、4科、6队、3所、5个区分署,官警增至1867人。③ 与苏州警察厅并立,县知事公署设有吴县警察所,苏州城内警察事务由苏州警察厅负责,吴县警察所负责城外市乡警察事务。从警察厅的业务范围来看,它承担了市政工程管理、杂捐征收、卫生等众多市政管理职能。直到1920年,警察厅才将杂捐征收以及工程建设职能转交地方,苏州由此成立工巡捐局来承担这部分职能。

---

① 参见钱端升等《民国政制史》下册,上海人民出版社,2008年,第483—487页。
② 乔增祥:《吴县(城区附刊)》,吴县县政府社会调查处,1931年,第57页。
③ 苏州市地方志编纂委员会编《苏州市志》第三册,江苏人民出版社,1995年,第177页。

县知事在地方管理中也受到地方人士所主导的各种机构和团体的限制。[①] 20世纪20年代，虽然省政府试图通过设立各县地方款产经理处（1920）和地方款产管理处（1926）以加强县政府对地方公款公产的监督和控制，[②] 但在北京政府时期，地方款产管理的基本原则仍是地方之人办地方之事，具体的管理者仍是地方精英人士担任。

以教育管理为例，虽然县知事公署先后设立教育科（第三科）、劝学所、教育局等教育管理机构，但是教育款产始终处于县知事公署的掌控之外。例如，"学款经理处"掌握苏州城厢教育款产，该机构一直掌控在地方人士手中，非县政府所能染指（参见本书第六章相关论述）。按照李继业的描述，吴县知事公署为防止学产学款遭到侵蚀，在城内设立学务总董一员，经理所有县、市立学校及学务公款，其余各乡镇每处另设学董一员，专管此事。其后，专门成立"教育款产经理处"，设总董、副董，受县视学监查、县知事监督，省、道视学稽核，"总理县市乡教育款产"。1915年，省署将总董产生方式由选举改为由县知事择委。1918年5月，又将各县教育款产经理处裁撤，将教育款产划归劝学所管理。[③]

除了教育款产之外，吴县的慈善款产也长期由地方人士经理。从1929年6月出版的《吴县公款公产管理处年刊（民国十七年五月至十八年四月）》可知，吴县的养老、育婴、恤嫠、救荒、施舍、掩埋诸善举，皆由各堂仓董事负责。1927年3月吴县临时行政管理委员会成立后，设立公益局，接收了慈善事业。6月，吴县临时行政管理委员会裁撤后，改组为公益经理处。1928年2月省令各县组织公款公产管理处，县政府遂于5月将公益经理处改组为公款公产管理处，丁鹏为主任，陶惟坻、汪炳台为副主任。管理处诸董事认为该处所管理者仅为慈善款产，与泛称之"公款公产"不同，遂提请县政府仿照他县，将地方附税、杂

---

① 相关讨论，参见魏光奇《官治与自治——20世纪上半期的中国县制》，商务印书馆，2004年，第108页；李继业《传承与更新——1912—1937年吴县县政研究》，博士学位论文，苏州大学，2013年，第202页。

② 李继业：《民国初年的地方公产管理制度改革——以1912—1926年的江苏苏州为中心》，《苏州大学学报》（哲学社会科学版）2013年第2期。

③ 李继业：《传承与更新——1912—1937年吴县县政研究》，博士学位论文，苏州大学，2013年，第299页。

捐委托该处管理，以使名实相符。但县政府没有同意。① 对此副主任陶惟坻在绪言中大致不满，称"县政府绝不乐有全县公款公产之实现"。② 吴县县长王纳善则在宣言中表示，公款公产管理处乃自治范围内之一经济团体，县长虽负监督之责，"倘有主张，亦当由主任、主计员等公同议决施行，非可一意孤行而以命令施之"。③ 可见，至南京国民政府初年，地方公款公产仍紧握在地方人士手中，县政府难以轻动之。

就财政税收来说，北京政府时期，吴县县署设财政科，但它可以支配的经常性收入基本上局限于田赋赋税以及少量的契税赋税、屠牙赋税、杂捐和公产租息及带征各款。晚清以来出现的杂捐一项，包括房捐、车捐、娱乐捐、筵席捐、旅馆捐、旅客捐、浴池捐、菜场摊捐、石屑捐、广告捐、粪段捐与雍业捐等众多名目。④ 这些捐税一般以工商和服务业为收取对象，主要集中于城市地区征收，往往成为县级财政的重要来源。但是在北京政府时期，苏州城区范围杂捐最初由苏州警察厅征收，1920年以后由苏州工巡捐局征收，县政府收取的杂捐主要来自各乡镇。苏州城的市政建设经费主要来源于城区范围内征收的杂捐，这使县政府在城市市政管理上基本没有什么发言权。

在全县地方事务管理方面，士绅以及各种公团、法团也一直是影响县政府施政的重要力量。比如，1924年3月22日，吴县成立了一个"吴县财政委员会"。据《申报》报道，吴县士绅以该邑财政紊乱，邀集地方法团、公团，在元妙观方丈，筹设财政会。到会团体代表包括商会贝哉安、杭伯华，县教育会陆蕴玉，县农会丁毓青、吴荫玉，县议会顾杏林、宋掌铨、徐瑞青，县议会议长孔康侯（因事未到，曾以书函陈述意见），教育局潘振霄，苏州市议会陈公孟，苏州市公所潘经士，市乡董事会杨则庭、张颂清，田业会申士义、吴雪帆，苏州银行公会叶云程、潘子起，钱业公会宋友裴，女普济堂潘子义，吴县市乡公报颜忍公，本邑省议员宋绩成、钱梓楚、潘斗南等20余人。会议公推商会贝哉安为主

---

① 《吴县公款公产管理处年刊（民国十七年五月至十八年四月）》，1929年，"绪言一"。
② 《吴县公款公产管理处年刊（民国十七年五月至十八年四月）》，1929年，"绪言二"。
③ 《吴县公款公产管理处年刊（民国十七年五月至十八年四月）》，1929年，"吴县县长王引才宣言"。
④ 李继业：《传承与更新——1912—1937年吴县县政研究》，博士学位论文，苏州大学，2013年，第149页。

席。在报告县署近年财政状况后，由潘子义说明会议的宗旨，他指出，该会"并非为监督及支配吴县财政而设，实为保障吴县财政，使不至濒临破产，故与县参、议会均无抵触，确有成立之必要"。最后共同推定宋绩成、钱梓楚、陈公宁、朱锡范、潘子起5人为起草员，定名"吴县财政委员会"，拟于3月29日下午二时仍在原址续开常会。① 此后，该会定于1924年4月14日邀集发起合组之十五团体代表到会开选举大会，投票选举常驻委员暨互选委员长。② 县参事会在接到县财政会请推代表之通知后，回函拒绝。③ 吴县律师公会亦同样决定不派代表出席。④

4月14日，财政委员会召开选举会议，到者为总商会贝哉安，县议会孔康侯，县教育会陆蕴玉，县农会丁毓青，县教育局潘振霄，市乡公会杨则庭，苏州市议会陈公孟，苏州市公所蒋季和，银行公会潘子起，钱业公会宋友裴，女普济堂潘子义，市乡田业会丁春之，市乡公报社颜忍公，本邑省议员宋铭勋、钱鼎、潘承曜等。下午三时开会，公推县议事会议长孔康侯为临时主席，旋即互相讨论修改该会章程。正拟投票选举委员长及常驻委员时，列席之省议员潘承曜忽起立发言，指斥该会为非法集合，认为该日贸然选举更与会章不合。列席之某团代表起立反驳称，省署组织相关团体亦名财政委员会，先例具在；人民自由集合，载在《约法》，该会依据《约法》集合，自由组织，岂能谓为非法。这位反驳者话未说完，潘承曜甚为愤怒，忽然起立举手，却将会场桌椅碰翻，临时主席县议会议长孔康侯的眼镜亦落地粉碎，会场秩序顿时紊乱，原定选举之事只能作罢。后经某团体代表提议并经众人同意，当即宣告该会解散，同时由列席之二十一人签名，将该会重新组织，再行定期开会选举委员长与常驻委员。⑤

财政委员会重新组织后，终于选出了常务委员和委员，常务委员为：县议会孔康侯、徐在清，总商会贝哉安、杭伯华，教育会龚耕禹，县农会吴荫玉，银行业叶云程，钱业吴润生，县田业会吴雪帆、宋绩成，市

---

① 《吴县财政委员会成立纪》，《申报》1924年3月24日，第11版。
② 《县财政会定期选委员长》，《申报》1924年4月6日，第11版。
③ 《县财会请推代表之反响》，《申报》1924年4月15日，第11版。
④ 《吴县律师会开会记》，《申报》1924年4月28日，第11版。
⑤ 《县财政会选举委员发生武剧》，《申报》1924年4月16日，第11版。

乡田业会杨则庭、张林七,市乡公会陈公孟、丁春之、姚伸舫、钱梓楚、尤宾秋,自治协进支会吴靖澜,报界公会冯心支,地方绅士潘子义、蒋季和、彭子嘉、潘经耜、陆心谷,律师公会(缺)。委员为:县议会顾杏林、宋掌铨,总商会王亦安、陈君玉,教育会陆蕴玉,县农会丁育青,银行业潘子起,钱业宋友裴,县田业会申士义、潘菊墅,市乡田业会(缺),市乡公会李澄远、曹康侯、朱锡蕃、张颂清、袁凤波,自治协进支会李振宵,报界公会颜心介,地方士绅吴颖芝、吴问潮、彭汉三、顾选青、顾公可,律师公会(缺)。[①]

  该会在选举出常务委员和委员之后,在报端再未见关于其活动的报道,应该最后不了了之。但从这个委员会的组织可以看出当时吴县各公团、法团和地方士绅的活跃程度及干预县财务行政的强烈意愿。从其成立过程和人员构成来看,吴县财政委员会完全是一个自发的民间组织,但这个组织的宗旨竟然是"保障吴县财政",其实就是对吴县的财务行政进行干预,因此其角色颇为暧昧。应该正是考虑到这一点,县参事会拒绝参加。吴县财政委员会曾拟定暂行章程,因无相关史料留存,难得其详,但从县参事会解释其为何不能参加的回函中可以略知一二。县参事会回函称:"循绎(章程)第二条、第十三条条文,一则曰'除县制规定外',再则曰'调阅国省财政文卷',是此项委员会之组织与县制规定之界限,既极分明。敝会为县制规定正式法团,应依据县制,执行县制规定之事,自未便于县制规定而外,取存出位之思。"[②] 从回函中引述的章程条文中可以推测出,这个委员会的自我定位是"县制规定外"的一种组织,并认为自身具有"调阅国省财政文卷"的权利,它的成立是否合乎"法理"确实很难说。县参事会作为县政府聘请成立的机构也确实不能参加这个在"县制规定外"试图干预县行政的组织。在前述财政委员会选举会议上,省议员潘承曜提出该会为"非法集合",应该也是从这个角度考虑。但是,虽然有以上的质疑声音,也有县参事会和律师公会的缺席,财政委员会仍然得到了大多数团体和士绅的支持,显然在他们看来,作为地方代表各业的团体和士绅,他们有权在"县制规定

---

① 《吴县财政委员会名单》,《申报》1924年5月6日,第11版。
② 《县财会请推代表之反响》,《申报》1924年4月15日,第11版。

外"成立组织并对县财政表达看法。

2. 市公所和市公益事务所的角色

除了行政系统的变动之外，辛亥革命后至北京政府时期，地方自治运动也在曲折中演进。1912年1月3日，遵照省议会决议，城自治公所改为苏州市公所。1913年5月市公所发出通告，定于旧历三月二十五日（乙级投票）和三月二十八日（甲级投票）投票改选议员兼补选议员。[①]苏州市公所自1912年初成立至1914年初取消，其作为不是太多。据报载，1913年5月，因苏省巡警厅创行船牌手数料章程，派委员按船编号分等收费。收费虽区分等则而于船只大小初无一定标准，且自开办以来不但捐及粪渡驳船，即乡民载米柴上城求售及过客停泊之船亦须一律缴捐。胥江市民公社请求苏州市公所提议革除以利民生。[②] 1914年，由市公所主持募款修理胥门外万年桥。[③]

1914年初袁世凯下令停办自治，各地自治公所取消，3月苏州市公所及议事、董事两会取消，各项工作及经费清册移交吴县知事公署。市公所的事务及掌管的公款公产被分割，其中，市政由市公益事务所主持，由县知事公署委市董三人负责，汪炯之为所长，所址仍在旧元和县署。1919年2月，市董汪炯之等辞职，另委贝哉安、陈公孟、陆守墨为市董。[④] 1920年，市董又有所变更，当该年6月市公益事务所与苏州电气厂签订路灯合同之时，署名的市董为蒋炳章、潘盛年、顾则范三人。[⑤]

原来由苏州市公所统一管理的其他各项地方事业及相关款产由县知事公署分别委托地方士绅办理。据《申报》报道，丰备义仓由吴增涛、杭小轩负责，学款处由孔康侯、潘若樑负责，女普济堂由吴荫芝负责，

---

① 《市公所定期选举》，《申报》1913年5月2日，第6版。
② 《市民请求革除船牌捐》，《申报》1913年5月2日，第6版。
③ 《修理万年桥之周折》，《申报》1914年4月17日，第7版。
④ 苏州市地方志编纂委员会编《苏州市志》第三册，江苏人民出版社，1995年，第104页。按：汪炯之等人系因市政腐败，受到苏州市民协会攻击而辞职。参见洪主莹《苏州振兴电灯公司的改组与让渡风波（1818—1824）》，硕士学位论文，台湾政治大学历史研究所，2019年，第46页。
⑤ 洪主莹：《苏州振兴电灯公司的改组与让渡风波（1818—1824）》，硕士学位论文，台湾政治大学历史研究所，2019年，第74页。

男普济堂由潘济之负责,育婴堂由尤鼎辅负责。① 这样的安排使地方公款公产的实际控制权和支配权由团体转向个人,保管责任人大多由市董、乡董等原自治机关负责人担任,原有的款项议事、监督机关则不复存在。② 也就是说,民国初年所划定的县有、市有、乡有的界限依然存在,只是管理权由统一变为分散。

市公所改为市公益事务所之后,苏州市相关市政事宜仍继续办理。在1914—1923年,市公益事务所虽然较此前的市公所权力有所缩小,但在市政管理上仍发挥着重要的管理职能,这在路灯管理、人力车管理等城市公用事业领域表现得最为明显。

路灯管理是市政的重要领域。在晚清警察组织设立后,路灯管理由其负责。1906年苏州成立生生电灯公司,引进电灯照明。1909年,生生公司因资金不足与祝大椿等人合股,改组设立振兴电灯公司。此时路灯管理事宜由刚设立的警务公所负责,1911年,振兴公司与警务公所签订路灯合同,正式于苏州营业。③ 1912年1月3日苏州市公所成立后,从警务公所承接路灯相关行政事务。1914年3月苏州市公所取消后,市政相关事务由苏州市公益事务所承接。市公益事务所承继市公所的路灯合同,与振兴公司签约。④ 由此可见,自苏州市公所成立后,苏州城厢的相关市政事宜逐渐由该公所接管,市公所取消后,作为其后身的市公益事务所仍承继了市公所的市政管理相关业务。1919年,苏州振兴公司有日资股份,引起市民抵制,市公益事务所作为主管机构为维护"地方主权",曾拟招股市办电灯公司,但因招股滞阻,遂应丁春之、宋友裴等人

---

① 《委绅管理公款》,《申报》1914年3月17日。另,《吴县知事公署训令第二百十六号》称:"案照县市乡自治机关奉令停止,所有苏州市各项善举暨学款处并各小学校,自应延订士绅管理,以专责成。除照会刘君传福董理学款处兼四十区小学,孔君昭晋副之;吴君曾涛董理丰备义仓兼贫民习艺所,汪君朝模副之;吴君荫培董理男普济堂外,合行训令该市公所总董,分别交接可也。"(《长元吴丰备义仓全案四编》,《中国荒政书集成》第七册,天津古籍出版社,2010年,第5209页。)此训令与《申报》报道有所不同,或许人员前后有变动。
② 李继业:《民国初年的地方公产管理制度改革——以1912—1926年的江苏苏州为中心》,《苏州大学学报》(哲学社会科学版)2013年第2期,第184页。
③ 洪主莹:《苏州振兴电灯公司的改组与让渡风波(1818—1824)》,硕士学位论文,台湾政治大学历史研究所,2019年,第20页。
④ 洪主莹:《苏州振兴电灯公司的改组与让渡风波(1818—1824)》,硕士学位论文,台湾政治大学历史研究所,2019年,第21页。

之请，决定改归民办。① 1920年6月新组建的苏州电气公司成立，其董事十五人分别为潘子起、费仲深、庞天笙、陆仲英、宋友斐、蒋季和、陈则民、丁春之、宋绩成、谢序卿、黄敏伯、王亦安、钱梓楚、杭伯华、程志范等。② 苏州电气公司集合了当时苏州绅商两界的大人物，其中蒋季和即时任市公益事务所董事蒋炳章。苏州电气公司成立后，与振兴公司展开了竞争和互控，以苏州电气公司收买振兴公司结束。在苏州电气公司风波之中，另一个值得注意的现象是，为了抵制振兴公司，苏州的市民公社非常活跃，多次召开市民公社联合会会议，而且为了筹设新公司，组织了市民协会，有力地推动了事件的进展。③ 另外，在1919年风波期间，交通部曾授权吴县地方政府对振兴公司内部情况进行审查，吴县县政府则委托苏州总商会召开相关团体会议进行审查。总商会分别于1919年12月15日、1920年1月10日和1920年1月27日召开审查会，出席的成员包括苏州总商会、苏州公益事务所、苏州警察厅、吴县公署代表，市民公社各社长，苏州教育会、苏州学生联合会代表等。从振兴公司改组风波的处理过程来看，苏州市民、士绅和商人对于地方公益事业的重视程度很高，对于保卫由"地方主权"概念所体现的地域商人利益甚为敏感，此外，当时关于地方公共事业的处理主要遵循着"地方公意"来进行，在地方公益事业的处理中，各类地方团体有很大的发言权。

市公益事务所的另一项重要管理事项是人力车管理。人力车在1897年就已经出现在苏州城外马路区域，但没有进城运营。④ 1912年6月，苏州商会呈请使用人力车，苏州市公所以本城街道狭窄，桥梁阻碍，行车极不安稳，恐有碍交通为由否决。⑤ 此后，苏州议事会多次提出在城内整修道路、试办人力车，但遭到金阊和下塘两市民公社的强烈反对。

---

① 《市电灯厂修正招股章程》，《申报》1919年8月26日，第8版；《市办电灯之变迁》，《申报》1919年10月31日，第7版。另参见洪主莹《苏州振兴电灯公司的改组与让渡风波（1818—1824）》，硕士学位论文，台湾政治大学历史研究所，2019年，第57页。
② 洪主莹：《苏州振兴电灯公司的改组与让渡风波（1818—1824）》，硕士学位论文，台湾政治大学历史研究所，2019年，第71页。
③ 该协会于1920年1月28日结束。参见《市民协会宣告结束》，《申报》1920年2月2日，第7版。
④ 《江苏建设》第1卷第1期《统计》（附表），《江苏省各县人力车状况一览表》。
⑤ 《为呈请行用人力车以利交通并拟章程及路图移苏州商会》，1912年6月1日，苏州档案馆藏，档号：I14-002-0002-026。

鉴于此，吴县民政长宗能述亦建议从缓举办。① 至 1918 年，商人王度等数人筹资，拟创办人力车行，试行人力车。② 苏州市公益事务所总董汪炯之召集各市民公社及绅董于该年阴历九月初一开会讨论城内人力车通行问题。③ 经商议，市公益事务所以苏州市政尚在萌芽阶段，街道狭窄，桥梁甚多，车行易肇事为由，再次驳回了申请。④ 申请被驳回后，王度等人并未放弃，他们更改了人力车申请方案，变更了行车路线，再次申请。⑤ 此方案得到了多个市民公社社长的同意，但桃坞、道养两社仍以街道狭窄，难以通行为由持反对意见，最后提案以多数人赞成通过。通过后，王度等人拟于 1919 年 3 月起投放人力车四百辆，但在给照收捐的问题上市公所与警察厅又起争执，且修整道路之经费尚无着落，因此通车的问题又被搁置。⑥ 此时苏州城内多有绅商的自备包车，数量已逾百辆。⑦

1921 年 3 月，苏州城南市民公社社长宋铭勋提议为交通便利起见，城中亟宜通行人力车，但须规定路线和车辆样式。⑧ 此后经市公益事务所开会决议通过，并规定了通行原则四条：一是路线避开闹市；二是特捐容缓，俟大会后确定；三是车辆数定为五百辆；四是车式规定低而狭，以利通行。⑨ 在此四项原则基础上，苏州市公益事务所于当年 5 月 12 日、19 日两次开会商讨。5 月 29 日召开大会，商定通行具体办法，议决以下数事。一是关于行车路线问题。规定 5 条暂不通行街道，分别是：阊门大街东西中市至接驾桥止；观前察院场起至醋坊桥止；临顿路北自临顿桥起至过驾桥止；养育巷北自慈悲桥南至吉利桥止；道前街西自歌口桥起东至西贯桥止。二是通行问题。营业车与自备车一律不得穿过暂不通行路段。三是车捐问题。自备车与营业车特捐均为十元，自备车常捐每季三元，营业车常捐每月二元，特捐由市公益事务所收取，月捐由工巡

---

① 《苏州通行人力车问题》，《申报》1912 年 11 月 8 日，第 6 版。
② 《城内行驶人力车之发动》，《申报》1918 年 10 月 2 日，第 7 版。
③ 《城内行车之集议》，《申报》1918 年 10 月 7 日，第 7 版。
④ 《城内人力车缓办》，《申报》1918 年 11 月 7 日，第 7 版。
⑤ 《饬令复查人力车路线》，《申报》1918 年 12 月 25 日，第 7 版。
⑥ 《人力车通行无期》，《申报》1919 年 2 月 27 日，第 7 版。
⑦ 《取缔城内人力车》，《申报》1920 年 5 月 26 日，第 10 版。
⑧ 《苏城内通行人力车之动机》，《申报》1921 年 3 月 20 日，第 8 版。
⑨ 《议决人力车通行办法》，《申报》1921 年 5 月 15 日，第 8 版。

捐局收取。四是车辆问题。数量五百部（自备车不在此限），车辆式样派人赴上海考察后再定。五是停车地点问题。六是设立小菜场问题，决定由市公益事务所函请各市民公社尽两个月内筹备完善。七是应平桥梁问题。决定就特捐款项补贴各市民公社酌量办理。此外，决定1921年8月1日为行车开始时期，价目每站铜元三枚，站数之划分以藤轿之站数为标准。① 此后，苏州市公益事务所按照规定之五百辆人力车招人承领，限期两周内缴纳车捐发给牌照，但此后一个月内前往缴纳车捐者只有四百辆左右。② 至当月30日，市公益事务所出示了行车规则，并且附有取缔人力车规则，虽然此时缴纳车捐者仍不及五百辆，且各公社也有多处桥梁未平，但市公益事务所认为通车之日不能一推再推，遂决定于9月1日起正式通行人力车。③

苏州市公益事务所决定行车方案时，为方便管理，规定城内之车可以出城，城外之车不能进城。④ 城外蒲轮公所董事邀各车行经理商议，决定按照无锡等市的办法择定一地点作为交车之地，两者不得侵越。⑤ 10月，城内众车商联合成立了人力车公会，租赁富仁巷六十八号作为事务所，推举殷礼云为总董事，王端伯为副董事，聘请律师宋铭勋为法律顾问。⑥ 为妥善解决城内外人力车营业界限，避免冲突，人力车公会召开会议，决定凡是城内之车可以出城，直接送客至车站或留园，但送完客后不准接客，回城车辆只准从石路进阊门，不准由马路进胥门。在城外接客的地点，必须经过新民桥，以示限制。⑦ 规定虽出，却并没有起到多大的作用，仍有不少车夫不按规定行车，任意出入城门，造成交通拥堵。尤其是阊门月城一带，严重影响到市民出行和商户营业。⑧商界对于人力车出城的反对声尤为强烈，阊门一带的商户，以豫泰成为首共一百四十七家联名盖章请四隅市民公社转呈警察厅，请求设法取缔，以阻

---

① 《解决人力车问题》，《申报》1921年5月31日，第7版。
② 《人力车缴捐展期》，《申报》1921年8月21日，第12版。
③ 《市公所分派行车规则》，《申报》1921年8月30日，第11版。
④ 《变更通车办法》，《申报》1921年11月4日，第11版。
⑤ 《人力车规定交车地点》，《申报》1921年9月9日，第11版。
⑥ 《人力车公会呈请立案》，《申报》1921年10月27日，第11版。
⑦ 《变更通车办法》，《申报》1921年11月4日，第11版。
⑧ 《苏人请筑环城马路》，《申报》1921年12月7日，第11版。

止人力车出城，① 并表示，如果达不到目的，将继续向上递交呈请。② 渡僧桥四隅公社副社长也称人力车出城使月城一带商店行人咸感痛苦。③ 对此苏州警察所回复俟彼此关系融洽后再行酌核办理。④ 市公益事务所对商户请求取缔人力车出城一事并不赞同。⑤ 苏州市公益事务所于当月 7 日下午召集各绅董及相关公社负责人，共同商议解决方案，最后议决阊门越城皋桥一带现因旧历年关，出入拥挤，暂停车行，从旧历十二月十五日至壬戌年正月二十五日止，共四十天。⑥ 人力车公会得到这一消息之后召集各公司开会，称年尾岁首出入城关生意最旺，坚决反对，并函请市董事代筹四十日内营业补救方法。⑦ 2 月 9 日，苏州市公益事务所召集各市民公社讨论在阊门外南童子门筑桥以利车行一事，城南公社代表认为，遵照此方案，车辆仍需经过城湾各店，难保不再有反对情况发生，故不如另辟城门。市公益事务所主席蒋炳章表示，造桥事小，市公益事务所即可决定，开城门事大，需经县署同意。经众议决，确定造桥，开辟城门事宜由市民公社联合会公决后再函交市公益事务所转请县署开会决定。⑧ 筑桥一事至此敲定，经费共需 5000 元，由市公益事务所承担 2000 元，人力车公会承担 3000 元。此时已迫近四十天之限，四隅公社仍反对人力车出城，认为既然桥尚未造成，问题尚未解决，人力车仍不能出城。但此时春节已过多日，交通拥堵的情况已经得到了缓解，四隅公社的反对没有得到响应，大多数公社还是支持人力车出城。新桥在 6 月完工之后，工巡捐局将南童梓门以南泥路改为石子路以利通行。人力车出城问题暂时得以解决。

---

① 《为城内外不限区域一例通行人力车由》，1922 年 2 月 12 日，苏州档案馆藏，档号：I14-001-0599-039。
② 《商界反对人力车出城》，《申报》1922 年 1 月 4 日，第 12 版。
③ 《为禁止人力车出城案》，苏州档案馆藏，档号：I14-001-0598-001。
④ 《城内外人力车通行之事现决定暂时搁置》，1923 年 3 月 11 日，苏州档案馆藏，档号：I14-001-0599-057。
⑤ 《人力车仍需出城》，《申报》1922 年 1 月 7 日，第 11 版。
⑥ 《人力车出城问题解决》，《申报》1922 年 1 月 8 日，第 8 版。
⑦ 《人力车坚持出城》，《申报》1922 年 1 月 9 日，第 8 版。
⑧ 《会议筑桥通车》，《申报》1922 年 2 月 10 日，第 11 版。按，开辟城门在 1910 年曾列入城自治公所议事会议案，当时表决议案成立等秋季再议，但没有下文。见《苏城议事会议决案志详》，《申报》1910 年 6 月 4 日，第 2 版。

苏州城人力车通行以来一直分成两个经营区域,城外由蒲轮公所经营,城内由人力车公会经营,蒲轮公所车准行马路,人力车公会车准行城内,否则以违章论,查出共同议罚。1923年2月,蒲轮公所为谋交通便利起见,打破城内外界限,致函苏州市公益事务所和工巡捐局,提出请准马路车辆一律入城行驶,城内车辆亦准在马路通行。工巡捐局和市公益事务所遂召集各市民公社代表在祥符寺巷苏州市民公社联合会事务所开会讨论。结果列席各人一致赞成,定于当年夏历元旦起实行,并规定城外进城车辆只准通行穿珠巷与水关桥,不准走中市大街,而城内出城车辆只准通行中市大街,不准走穿珠巷与水关桥,分道而行,以免拥挤。① 经此改革,城内外交通始连成一体,更为便利。

1923年4月,吴县行政会议同意在阊门与齐门间开辟城门(即今平门),5月1日兴工,由市民公社派员监工。② 开辟城门后道路延长,由市公益事务所负责收买民地。③ 1923年6月8日,市公益事务所主持各公团各机关代表开会议决,增辟城门后增添人力车数量700辆。车辆分配为城内人力车公会200辆,其余500辆由城内外23个市民公社均摊,每个市民公社20辆,共计460辆。剩余40辆中,20辆归苏州救火联合会,20辆归苏州女子慈善团。所收添车特捐,每辆60元,其中40元归苏州公园图书馆支用,10元系市公益事务所原有特捐,仍归苏州市公益事务所,又10元亦拨归市公益事务所作筑路造桥之用。④

1924年为进一步缓解城西阊门沟通内外的压力,在阊门以南开辟金门。但金门开辟不久,齐卢战争爆发,警察厅因警额不多,防范困难,将金门封闭。⑤ 1926年初,再辟新闻门,于2月开放。⑥

1923年6月23日,江苏省地方自治恢复,⑦ 7月1日苏州市议事会恢复,⑧ 8月市董事会恢复。⑨ 此时的苏州市政管理机制因为苏州工巡捐

---

① 《车辆实行统一》,《申报》1923年2月20日,第12版。
② 《开城实行动工》,《申报》1923年5月4日,第10版。
③ 《定期收买民地》,《申报》1923年5月29日,第10版。
④ 《市公所会议纪》,《申报》1923年6月10日,第10版。
⑤ 《市民要求恢复金门交通》,《申报》1924年12月6日,第10版。
⑥ 《新闻门实行开放之呈报》,《申报》1926年2月7日,第10版。
⑦ 《南京快信》,《申报》1923年6月23日,第10版。
⑧ 《市议会之谈话会》,《申报》1923年6月30日,第11版。
⑨ 苏州市地方志编纂委员会编《苏州市志》第三册,江苏人民出版社,1995年,第105页。

局的成立有了新的变化,相关情况将在随后讨论工巡捐局改组风波时加以详细叙述。

从民国初年至 20 世纪 20 年代的苏州市政管理实际来看,虽然地方自治运动有很多波折,但市公所及其继承者市公益事务所仍然在城市管理领域扮演了重要角色,这一点在苏州的路灯管理、人力车管理上清晰地展现出来。

3. 市民公社的角色

从上述苏州市公所及市公益事务所在通行人力车等市政事宜处理上的程序可以看出,市公所或市公益事务所在处理相关事务时,往往召集各市民公社开会讨论议决,这显示出市民公社在苏州市政管理中所扮演的重要角色。

市民公社是一种以街区为范围、以推进市政建设和慈善公益为己任的城市基层自治组织,在民国城市中殊为少见。据现有资料,以市民公社命名的城市基层自治组织出现于清末民国时期的苏州(含吴江、常熟)、无锡、常州和镇江四个城市中,它与上海 1919 年后出现的以商业街区为划分范围的城市基层自治团体"马路商界联合会"性质颇为类似。

苏州市民公社最早出现于 1909 年,该年 6 月,有洋货业商人施莹向苏州商务总会、苏属地方自治筹办处及府县衙门呈请成立"苏州观前大街市民公社"。苏州商务总会及各地方行政机构均同意其申请,准予立案。随后,其他街道亦纷纷效仿。1910 年 7 月,苏州阊门外渡僧桥四隅市民公社成立。同年 9 月,金阊下塘桃坞市民公社成立,11 月道养市民公社成立。至辛亥革命前,苏州城厢有四个市民公社成立。民国时期,市民公社继续发展,到 1926 年 6 月,苏州城共有市民公社 27 个,分别是:城南、渡僧桥四隅、金阊、金阊下塘桃坞、护北、郡珠申、护中、新闾、马路、山塘下塘、山塘、上山塘、枫江、盘溪、胥盘、道养、城北、葑溪、胥江、临平、临北、娄江、城中、观前、临南、齐溪、双塔四隅。①

---

① 《苏城全体市民公社为请转钱业公会等取缔塌车、羊角车行驶至苏州总商会函》(1926 年 6 月 8 日),苏州市档案局(馆)编《苏州市民公社档案资料选编》,文汇出版社,2011 年,第 136 页。另,同书第 377—379 页《苏州市民公社名概况表》指出,金阊下塘桃坞市民公社系金阊下塘东段和桃坞两公社合并改组而成,郡珠申市民公社原名郡珠申包雅市民公社,新闾市民公社初名金门市民公社。

1920年11月22日，各市民公社成立市民公社联合会，不设会长，各公社社长均为理事。① 《苏州市民公社档案资料选编》共列有30个市民公社，其中4个成立于1910—1911年，7个成立于1912年，8个成立于1913—1919年，11个成立于1921—1924年。② 可以看出1912年是市民公社成立的爆发时期，另一个集中成立时期是20世纪20年代初苏州市政建设逐步地方化和地方自治恢复时期。

市民公社的组建是地方自治运动的一部分，各市民公社一般把"办理本区域自治范围以内一切公益之事"作为自己的目标，其主要工作，最初注重于平整道路、修筑桥梁、疏浚河渠、置修路灯等市政建设，以后逐渐扩展到卫生、防疫、消防及社会福利事业，亦基本属于地方自治事宜的范畴。其成员主要是街区范围内的商店和住户，其经费来源主要是社员缴纳的各种会费（入社费、常年费、特别费），以及少量的地方行政机关或公产管理机构的补助费。1927年市民公社联合会为应对吴县临时行政委员会的撤销要求曾发表宣言详细介绍市民公社成立始末，文称："苏城之有公社，当逊清末叶，即有观前公社之组成。迨民国改元，时当绝续，各种地方公益，如修桥、治路、清道、卫生等事，向归善堂办理者，至此放弃责任，日就废弛。本地市民，不忍坐视，遂集同志，组织公社。"其经费来源、财务原则，"始由发起人捐垫，继由当地市民，乐意捐输，如遇工程稍巨，需费较多，或于临时募集，或请公益机关，酌量拨助，办一事每经当局核准，耗一文必对市民公开，所以循法轨而重主权，清手续而昭征信"；其历办事业，"如道路、交通、卫生、公益、社会教育、消防、慈善等项，虽地方行政，各有专司，而当局者，从无越俎之嫌"。③ 苏州市档案局（馆）编《苏州市民公社档案资料选编》中对苏州各市民公社的公益善举进行了汇总列表，其内容涵盖市政交通、修桥筑路、辟门浚河、公用事业、公共卫生、举办平粜、开设粥厂、创设收容所等多种事业，确实在市政管理上发挥了不小作用。④

---

① 《市民公社联合会开会纪》，《申报》1920年11月25日，第7版。
② 苏州市档案局（馆）编《苏州市民公社档案资料选编》，文汇出版社，2011年，第377—379页。
③ 《改组中之市民公社》，《苏州明报》1927年4月28日，第2版。
④ 苏州市档案局（馆）编《苏州市民公社档案资料选编》，文汇出版社，2011年，第320—327页。

此前关于苏州市民公社的研究多从"市民社会"视角着眼，强调其所体现的民主精神和契约规范，及其与官治之间的矛盾。[①] 同时，论者亦强调市民公社对苏州商会的从属性质以及资产阶级属性。[②] 本书认为，在清末民初市民公社出现初期，它与苏州商务总会的密切关系固然不可否认，但在民国建立后市民公社的大发展时期，我们可以看到，市民公社每一次大发展往往和地方自治机构的建立和恢复联系在一起。比如，1912年是市民公社成立较为集中的时期，而此时市议会和市公所刚刚成立；20世纪20年代初是市民公社另一个集中发展时期，而此时正是苏州工巡捐局成立以及市议会、市公所恢复时期。因此，从市民公社发展的整个历程来看，它与市议会、市公所以及工巡捐局等自治机构的关系更为密切。

　　从1920年的苏州市政建设和管理各项事务中可以看出，这一时期正是市民公社极度活跃时期，而这一时期围绕着市政建设与管理，它与市公益事务所（1923年改为市公所）联系非常紧密，某种程度上，它成为市公益事务所的基层组织。以1921年城内通行人力车为例，通行人力车的动议由城南市民公社社长宋铭勋提出，然后由市公益事务所召集各市民公社讨论确定通行办法。而为了通行人力车，填平桥梁、辟设菜场、建设停车场所等一系列具体事宜则由各市民公社在自己所管区域内自行解决，其中填平桥梁由市公益事务所每座补贴十元，辟设菜场等租赁民房费用则由各市民公社自行担任，停车场所亦由市民公社自行建设。各市民公社则召开市民公社联合会，以统一行动。[③]

　　从市民公社存在的全程来看，市民公社成员确实以商人阶层为主，但它在性质上则是一个以地方公益事业为主的地方自治组织，其领导阶层似也不限于商人而是有很多地方上有影响的士绅。比如20世纪20年代担任城南市民公社社长的宋铭勋就是有名的律师，并且是省议员。城

---

① 张海林：《苏州早期城市现代化研究》，南京大学出版社，1999年，第200页；章开沅、叶万忠：《苏州市民公社与辛亥革命》，《辛亥革命史丛刊》第4辑，中华书局，1982年；马敏、朱英：《辛亥革命时期苏州商会研究》，华中师范大学出版社，2011年，第72—80页；郑芸：《现代化视野中的早期市民社会——苏州市民公社个案分析》，社会科学文献出版社，2007年。
② 马敏、朱英：《辛亥革命时期苏州商会研究》，华中师范大学出版社，2011年，第79页。
③ 《公社联合会之集议要闻》，《申报》1921年8月25日，第11版。

中市民公社社长孔昭晋（康侯）为晚清进士，曾任县议会议长，是一位士绅。护中市民公社社长范君博虽然继承父亲开设的范成泰戏衣店，并曾任吴县刺绣工商同业公会理事长，但涉猎广泛，更是一位文化人士，并有"诗人"之誉。[①]

市民公社在清末时期与商会的密切关系固然因为大量成员的交叉，但更主要的是因为当时苏州的政治环境。在业务上，市民公社无疑与晚清时期的长元吴三县城厢自治公所以及民国时期的苏州市公所关系更为密切，但这两个机构或晚于市民公社出现，或存在的时间短暂。相反，无论是在清末还是在民国时期，商会组织作为"三大法团"之一，具有长期的稳定性并维持着较大的影响力，市民公社主动认其为上级组织，似乎也顺理成章。从本章下一节关于苏州工巡捐局改组风波的讨论中还可以看到，市民公社组织并非完全与商会站在同一立场，城外、城内的市民公社之间有着明显的不同利益诉求。城外的市民公社代表着城外马路区域"商民"的利益，而商会代表着商人的利益，所以支持城外市民公社的诉求；相反，城内的市民公社则代表着城内各街区的利益，它们更多地和代表士绅利益的市公益事务所和此后的市公所站在一起。

简而言之，民国初年市民公社大发展时期，它与苏州市公所和市公益事务所的联系无疑更为紧密，虽然这个时候地方自治机构陷于停顿状态，但实际的地方自治仍然在进行，市民公社的大量出现正好填补了苏州市自治公所被取消后在城市街区等基层领域留下的空白。

## 三 工巡捐局改组与城厢内外的融合

从前述两节可见，从晚清开始，苏州城的市政管理在开埠通商以后首先出现了由省政府主导的市政管理模式，主要通过马路工程局和警察组织两个机构来运行，最后马路工程局并入警察组织之中。此后，在清末开始的地方自治运动中成立了城厢自治公所，但马路修筑、卫生、治安、收取市政捐税等主要市政事宜仍由警察组织承担，地方自治似乎主要局限于教育、慈善等事宜。从北京政府时期的市政管理实践来看，市

---

① 参见俞菁《吴门名绅范君博》，《档案与建设》2005年第2期，第49—50页。

公所、市公益事务所在路灯管理、人力车管理等领域发挥了越来越重要的作用，市民公社组织也非常活跃。这种市政管理中官治系统与自治系统并存的局面，在苏州作为江苏省会、巡抚驻扎苏州的情况下，问题并不明显。但民国建立以后，江苏省会迁往南京，苏州地方改设为县，警察厅仍由省直管，其在市政管理事宜上与吴县当局和地方自治机构的协调配合上即面临问题。因此，民国初年，在省会迁出的背景之下，苏州的市政管理机构面临着如何协调统一的问题。从此后的决策来看，江苏省政府采取的是将部分市政管理事务地方化的办法，即将原由苏州警察厅管辖的部分市政管理事宜下放到县，试图将市政管理内容与地方自治相融合，由此而有苏州工巡捐局的出现。

1920年5月，省公署训令吴县知事公署，按照江苏省议会决议，"九年度省地方预算，警厅收支之款划归县地方收支……应由省署令行县知事召集该县地方行政会议，组织机关妥议办法，自行支配"。所谓"警厅收支之款"系指"向归警厅经收之杂捐，并在杂捐项下动支之各款"。①江苏省议会这样的决策，与吴县籍省议员的活动有关，正是在他们的呼吁之下，省议会才作出这样的决策。《独立报》指出："杂捐向由警厅派员征收。省议员孔昭晋、金树芳、宋铭勋、冯世德、钱鼎等因其用途不明，流弊百出，于民国八年第二届省议会常会提出收归地方办理市政之用。"②

根据省公署要求，吴县知事温绍梁函请吴县省议员、苏州市公益事务所董事及各善堂董事于8月3日在县署开会集议，共同议决，"将接收向归苏州警察厅经收之各项杂捐及历由苏州警察厅经支各款，参酌上海等处办法，组织苏州工巡捐局一处，由县遴选公正士绅七人，函聘为该局董事，管理全局事务，议订办事细则，送县分呈备案"。③

---

① 《苏州工巡捐局改组之暗潮》，《新申报》1921年1月31日，马敏等主编《苏州商会档案丛编》第三辑，华中师范大学出版社，1991年，第817—818页。
② 《苏州市政与自治前途之关系》，《独立报》1922年11月13日，马敏等主编《苏州商会档案丛编》第三辑，华中师范大学出版社，1991年，第832页。按：1921年3月12日苏社年会上，蒋凤梧、方还等人决议函请省议会建议，凡地方款产，悉由地方士绅经理，不假手于官厅。可见吴县此举具有示范效应。参见本书第八章第二节。
③ 《苏州工巡捐局改组之暗潮》，《新申报》1921年1月31日，马敏等主编《苏州商会档案丛编》第三辑，华中师范大学出版社，1991年，第818页。

## 第八章 晚清民初城市管理

工巡捐局这一机构最早出现于晚清天津。庚子事变后，袁世凯于1902年8月代表清王朝接收天津，参照列强占领期间设立的城市管理机构"都统衙门"，调整天津的城市管理系统，包括设立巡警总局、工程局、卫生局、捐务局等。1907年杨士骧接任直隶总督，将巡警、工程、卫生、捐务各局合为工巡捐局。[①] 可见工巡捐局是一个集征收捐税和市政建设管理功能于一体的机构。1914年2月，上海地方自治奉令停办，3月，仿天津办法，改上海市政厅为上海工巡捐局，管理工程、卫生，以及征收关于工程、卫生之捐税。同月，改闸北市政厅为闸北工巡捐分局，其与上海工巡捐局职能相同，并由上海工巡捐局节制。1918年，在闸北绅商请求下，两工巡捐局分立，闸北成立沪北工巡捐局，原上海工巡捐局改称沪南工巡捐局。上海两工巡捐局的职能与此前的市政厅具有很大的承续关系，只是范围有所缩小，原属地方自治事务的清道、路灯划归警察管理，与此相关的征税也由警察掌握，学务则划归县知事管理。[②] 可见，上海工巡捐局系地方自治停办时期在市政管理上采取的变通办法。苏州设立工巡捐局亦是因为"市自治制施行无期"而仿上海成例采取的变通措施。[③] 从工巡捐局章程来看（参见本书附录8），它接收了警察厅市政捐税的收取和拨付职能以及道路桥梁修筑等路政职能，治安和卫生等其他市政职能仍由警察厅负责。这是苏州市政管理的部分地方化措施。

1920年9月1日，苏州工巡捐局成立，由县聘任蒋炳章、孔昭晋、金树芳、潘利毅、宋铭勋、冯世德、钱鼎等七人为董事，并由董事拟定章程十四条及各股办事细则二十二条送县备案。吴县知事公署发布布告称，苏州工巡捐局已经成立，"奉发抄册内列各项机关之教练所、游民习艺所、济良所，本年度仍归警厅直辖管理，其常年经费及育婴堂、安节局补助费，统由工巡捐局于接收杂捐项下，按照册列支数，送厅、县分别转放。余如马路工程处、捐务处，均即并归工巡捐局通盘支配，妥为接办，以资整理……凡关苏州警察厅经收之各项杂捐，自本年九月一日

---

[①] 参见罗澍伟主编《近代天津城市史》，中国社会科学出版社，1993年，第329—331页。
[②] 参见张笑川《近代上海闸北居民社会生活》，上海辞书出版社，2009年，第149页。
[③] 《苏州市政与自治前途之关系》，《独立报》1922年11月13日，马敏等主编《苏州商会档案丛编》第三辑，华中师范大学出版社，1991年，第832页。

起，径向苏州工巡捐局照章缴纳"。① 随即工巡捐局发布收捐布告称："本局准吴知事公函，遵照省案组织成立，在大太平巷设局办公，管理旧归苏州警察厅经收之车轿驴马暨一切捐款，已由县公署正式布告，并由警察厅将各捐户名册移交到局，接收在案。所有该捐户逐月应缴捐款向赴警厅收捐处缴纳者，自十月份起，均应依照旧时期限如期来局缴纳，填给捐票，换给新照，以资执守。其门面、茶酒、旅馆、戏馆、妓馆、菜担、猪肉等捐及一切由各业领袖或公所认捐之款，亦须按照前开月份起，分别来局缴纳及由局派员收取。"② 从吴县知事召集吴县省议员、市公益事务所董事和善堂董事集议来选举工巡捐局董事的举措来看，苏州工巡捐局属于实际由地方人士负责管理运营的市政管理机构，它是在地方自治停办期间的一种实际上的地方自治机构。

工巡捐局成立后，迅速开始工作，报载："苏州警察厅每年经收各项捐款可得六万元之谱，然于马路工程不甚注意，以致凸凹不平，桥梁倾颓，一遇雨天，行人甚苦。现工巡捐局接管后，闻于前日已着工程师蒋伯年先将钱万里桥广济桥一段路桥梁兴修，其他各处道路亦须依次修理，以利交通。"③ 但是工巡捐局刚刚落地，准备大干一场之时，争议已起。率先质疑的是城外阊胥盘地区的三个市民公社。

1. 董事人选之争

见报载苏州设立工巡捐局并选定董事之讯。9月1日，四隅、马路、胥江三个市民公社职员开会，一致议决否认，并于即日具呈省长核办，其呈称："苏州警察厅原有杂捐收入项下，月约五千元，年约六万元。其中，除城内茶肉捐、骑轿捐常年不及一万元，其余五万有零尽属城外阊胥盘区域商民负担，而非由苏州全部分商民之输纳。经前警厅办理教练所、游民习艺所、济良所各机关，经费皆取于此。事关行政捐款，行之已久，事实相滋，原非公普之道。今闻温知事原呈，公民等益滋疑诧。"④ 并对县署安排提出两点反对理由：其一，县知事召集绅董会议，"竟置阊

---

① 《苏州工巡捐局开办之布告》，《申报》1920年9月13日，第8版。
② 《工巡捐局布告收捐》，《申报》1920年9月23日，第8版。
③ 《兴修马路桥梁》，《申报》1920年9月28日，第7版。
④ 《三市民公社为县署集会不当，举董失当，要求重行召集另加选举事呈江苏省长》（1920年9月6日），马敏等主编《苏州商会档案丛编》第三辑下册，华中师范大学出版社，1991年，第809页。

胥盘区市民公社于不顾,并对于纳捐商民领袖之总商会亦未通知,使其列席,仅招少数士绅谬然呈省蒙惑视听。公民等仅有负担之义务,绝无过问之权利。揆诸法理,此等会议岂能有效";其二,"省议员处监督行政机关,何等清要,岂容兼管地方行政事务",而县知事遴选管理工巡捐局董事七人中省议员竟居其五,"且此案提议者为省议员,今以提议之人,而任管理之役",实由县知事遴选之不当。基于以上两点理由,三公社"不敢承认此次选举董事为合法,尤不敢承认此次召集地方会议为有效",并请省长饬县知事重行召集,加入阊胥盘区域各市民公社"一体与会,另加遴选"。①

三公社所提两点反对理由确非无端指责。县署所选七名董事确实将当时吴县籍的五位省议员——孔昭晋、宋铭勋、钱鼎、金树芳、冯世德全部纳入,另外两位董事中,蒋炳章为市公益事务所总董,据《独立报》评论称,潘利穀系道尹公署职员。② 当时县署召集地方行政会议范围也确实狭窄,据调查,除以上七人外,仅有潘盛年、顾则范、吴荫培三人。③ 其中潘盛年、顾则范为市公益事务所副董,吴荫培为女普济堂董事,估计应为善堂代表。针对三公社的这一指责,县署解释称,吴县每届关于苏城各项公益,开会时向由各堂仓及苏州市董事暨在籍省议员列席会议,此次奉令召集,系属循旧办理。④

当时的三公社社长分别是,四隅市民公社张绍懋、吴大治、苏绍柄(稼秋),马路市民公社徐经镛(浩然)、刘敬襄(正康)、李栋,胥江市民公社季厚柏(小松)、顾润祥、刘镛(久余),九位正副社长多数是总商会中要人。其中,季小松、刘正康曾长期为总商会会董,而苏绍柄当时正为总商会副会长。因此,三公社马上想到联合总商会一起进行反对。

---

① 《三市民公社为县署集会不当,举董失当,要求重行召集另加选举事呈江苏省长》(1920年9月6日),马敏等主编《苏州商会档案丛编》第三辑下册,华中师范大学出版社,1991年,第809页。
② 《苏州市政与自治前途之关系》,《独立报》1922年11月13日,马敏等主编《苏州商会档案丛编》第三辑下册,华中师范大学出版社,1991年,第832页。
③ 《刘久余等为吴县知事藐视商会,侮弄议员,联名请愿呈省事致苏州总商会正副会长函》(1920年9月21日),马敏等主编《苏州商会档案丛编》第三辑下册,华中师范大学出版社,1991年,第810页。
④ 《苏州工巡捐局改组之暗潮》,《新申报》1921年1月31日,马敏等主编《苏州商会档案丛编》第三辑下册,华中师范大学出版社,1991年,第818页。

9月21日，胥江市民公社副社长刘镛以商会会员名义联合11名会员致函总商会正副会长，认为关于筹设工巡捐局一事，县知事独置商会于不顾，"其为藐视，莫此为甚"，并提请总商会支持重开行政会议的请求。① 时任总商会会长庞延祚（天笙）本身与上述三公社关系密切，② 自然难以不支持。因此，在接到县署请其担任工巡捐局稽查函后，以商会团体与地方之公益事务所性质不同，复函拒绝。③

或许是意识到城外三市民公社对于董事人选不当的反对声音，意图补救，工巡捐局董事蒋炳章等向县署提出，该局成立伊始，事繁责重，非由各方面协助不足以促进行，苏州总商会及苏州市公益事务所为地方公团领袖，与捐务工程各事均有关系，拟请将两会会长董事中各聘请一人为本局稽查。县公署据此函请总商会会长庞延祚以及市公益事务所董事潘盛年为工巡捐局稽查，两人均表示拒绝。④

三市民公社的呈文送达省署后，省署批示："吴县知事按照省议会决案，组织工巡捐局，并无不合，应毋庸议。"三市民公社接到省署批示后，于9月24日召开联合大会，到会者有三公社社长职员苏稼秋、徐浩然、刘正康、许啸九、吴秋泉、季小松及纳税商民等一千余人，公推徐浩然为主席。针对省署批示，徐浩然重申市民反对的不是工巡捐局本身，而是其组织手续不合法。会上有人提出，"六万元之市政杂捐，马路上居五万元，而此次组织工巡捐局，马路商民，竟无一人居于董事地位，实太不平"，同时四隅市民公社提出可"仿照闸北成案，划设马路工巡捐局"。大会最后决议，"阊胥盘范围内商民，应纳各种捐税，暂停缴纳"，同时接受韩云骏的建议，宴请省议员及城内士绅，陈明情况，以便和平

---

① 《刘久余等为吴县知事藐视商会，侮弄议员，联名请愿呈省事致苏州总商会正副会长函》（1920年9月21日），马敏等主编《苏州商会档案丛编》第三辑下册，华中师范大学出版社，1991年，第810页。
② 庞天笙长期是渡僧桥四隅市民公社评议员，1926年7月任渡僧桥四隅市民公社社长。参见苏州市档案局（馆）编《苏州市公社档案资料选编》，文汇出版社，2011年，第81—83页。
③ 《庞延祚为不就工巡捐局稽查一职复吴县知事函》（1920年9月24日），马敏等主编《苏州商会档案丛编》第三辑下册，华中师范大学出版社，1991年，第811页。
④ 《吴县知事为聘请庞延祚为工巡捐局稽查一职致总商会函》（1920年9月22日），马敏等主编《苏州商会档案丛编》第三辑下册，华中师范大学出版社，1991年，第811页。《苏州工巡捐局改组之暗潮》，《新申报》1921年1月31日，马敏等主编《苏州商会档案丛编》第三辑下册，华中师范大学出版社，1991年，第818页。

解决。①

9月29日，总商会电请省长迅令道尹将工巡捐局重行组织，以维商市而慰众情。② 至此，总商会正式介入此次纷争。总商会并将此事知会市公益事务所，称"贵所为市民领袖，敝会为商民代表"，并请市公益事务所一体协争。市公益事务所复函称，"既由贵会去电，应俟省署核示可也。再敝所蒋董正经办该局职务，未便参加意见"。③ 显然，总商会在立场上站在了阊胥盘三市民公社一边，而市公益事务所则因董事蒋炳章亦是工巡捐局董事，站在了县署与工巡捐局一边。

针对阊胥盘市民拟缓纳捐款之事，工巡捐局布告声明："本局系奉省令设置收捐，主权虽有变更，收捐数目并无增益"，并提醒商户按期缴纳捐税，不要"为他人利用，以致破坏地方公益"。④ 10月1日，苏州工巡捐局董事蒋炳章等人向县署请辞，后经慰留，照旧经营。

此后事态进一步发酵扩大。10月4日夜，苏州各市民公社社长联名致电南京督军、省长，指责吴县知事公署处理工巡捐局改组问题时处事不公，希望省署出面干预，"令饬县署另行集议为正当解决，勿使该议员等滥用职权，以酿事变"。⑤

或许是城外市民公社活动的结果，1920年10月10日士绅蒋楸熙、费树蔚等在留园"约集各方面人物借酒联欢，从事调节"，并由在场"超然派之士绅二十三人"拟具调和意见书，签名盖章，函请县署照办以息争端。意见书大意谓：捐由民纳，工巡捐局董事自应由商民推举为合法。而推举之权，马路等三公社区域特别捐款占多数，其权数亦应较多，以纳捐之轻重定推举董事权数之多少。现闻捐局董事业已具函辞职，应请贵公署速饬商会另行推举董事。其推举办法，假定七董事之数，马路等三公社占有四权，其余各公社占有三权。董事长一职，即由七董事

---

① 《反对工巡捐局董事之大会议》，《申报》1920年9月26日，第8版。
② 《苏州总商会为请重行组织工巡捐局，以慰众情事电齐省长》，马敏等主编《苏州商会档案丛编》第三辑下册，华中师范大学出版社，1991年，第812页。
③ 《苏州总商会为一体协争重行组织工巡捐局事复市公所及市公所函》，马敏等主编《苏州商会档案丛编》第三辑下册，华中师范大学出版社，1991年，第813页。
④ 《工巡捐局进行近状》，《申报》1920年10月1日，第7版。
⑤ 苏州市档案局（馆）编《苏州市民公社档案资料选编》，文汇出版社，2011年，第142页。

中公推。另外，工巡捐局应再设监察员监督收支，省议员有监督行政之实，商会、市公所各有辅助地方之义务，马路三公社为捐款特别重之区域，应各推一监察员。① 值得注意的是，市公所的两位董事潘盛年、顾则范亦在署名之列。

马路马车业驾轻公所将10月应缴捐税计洋三百元暂存银行，以此配合三公社的抗议行动。② 工巡捐局董事闻讯大怒，以驾轻公所"冒收捐税"之名要求警署追究。驾轻公所遂向马路等三公社求助，公推担任总商会副会长的苏绍柄等人谒见镇守使、道尹、警察厅作解释。③ 11月10日，苏州总商会致函苏常道尹公署解释称，马路等市民公社商民依然循旧纳捐，并无反抗纳捐之举，189家商户共缴纳合大洋843.225元、钱1764文，只因工巡捐局重行组织的问题还未能解决，该款先"指存上海银行，静候解决照拨"。④ 20日，苏常道尹公署回函总商会，要求马路商店所缴捐款应"照案解缴工巡捐局，俾资发用"，至于市民公社提出重组工巡捐局的要求需"候省署核示遵行"，不能"因此观望，将捐款另行存储"。⑤

或许是考虑到工巡捐局改组之议不能得到省、县支持，城外纳捐商民遂启动申请设立"苏州商埠工巡捐局"，与城局划分办理。12月初，刘久余、刘正康、季小松等以商会会员名义提请商会支持此要求。⑥ 商会据此电呈省长。⑦

事情发展至此，争议逐渐发展为两方的对立。据县署向省署的呈报，工巡捐局董事方面认为该局系由省议会议决并咨请省署令行遵办，并无不合法之处。而总商会及马路市民则以为捐款大宗系出阊门外市民，应

---

① 马敏等主编《苏州商会档案丛编》第三辑下册，华中师范大学出版社，1991年，第814页。
② 《马车业纳捐之慎重》，《申报》1920年10月10日，第7版。
③ 《工巡捐局请追捐税之反响》，《申报》1920年10月13日，第7版。
④ 苏州市档案局（馆）编《苏州市民公社档案资料选编》，文汇出版社，2011年，第143页。
⑤ 苏州市档案局（馆）编《苏州市民公社档案资料选编》，文汇出版社，2011年，第143页。
⑥ 马敏等主编《苏州商会档案丛编》第三辑下册，华中师范大学出版社，1991年，第816页。
⑦ 马敏等主编《苏州商会档案丛编》第三辑下册，华中师范大学出版社，1991年，第818页。

另设专局。在此期间，亦有一部分人出面调停，拟由士绅暨商会并马路商人合组一评议部，工巡捐局一切施行均经评议部议定，方能办理。此项办法，为工巡捐局所认可，但马路一部分不赞成此举，以致议而未成。而针对总商会和马路市民提出的另设专局建议，亦有人认为，分设两局开支过巨，于一切进行，多所损失。因此建议不妨将工巡捐局移设城外。但工巡捐局方面赞同此建议，总商会等则不接受。①

1920年12月，省长王瑚批示到县，大意谓：其一，县知事召集会议即系循旧办理，成立似无问题，可将工巡捐局组织内容"宣布周知，任人研究"；其二，"市民公社并非法定团体，凡所主张不能认为有效"，尤其不能允许其"扣留捐款"；其三，城外另设专局"不惟使城内外划分疆域，且徒增縻费"，应毋庸议；其四，为解决目前纠纷，可由城绅等合组评议部，并将工巡捐局移设城外。②

根据省署指示，吴县知事温绍梁遂邀请各董事及马路三市民公社会商，最后提出"仍照前次县署行政会议决定，聘任七董事办理，另由各市民公社公推评议员十八人，组织评议会，并将工巡捐局迁设城外"。③新设的评议部负责审查工巡捐局的工作，握有大权，"工巡捐局一切施行均经评议部议定，方能办理"，④这个方案为工巡捐局所接受，但是胥江市民公社和苏州总商会等却依然反对，双方再次陷入僵局。

正在工巡捐局董事人选风波僵持不下之时。1921年5月，苏州总商会、吴县教育会和吴县农会发起"去温运动"，呈文江苏省省长指控吴县知事温绍梁"贪鄙狡猾，玩法殃民"，并罗列五条罪状，其中第二条"摧抑农商"的证据就是组织工巡捐局时"该知事纯委素相朋比之人盘踞其间"。⑤

7月，宋铭勋、钱鼎、冯世德等三名工巡捐局董事辞职。因县署调

---

① 马敏等主编《苏州商会档案丛编》第三辑下册，华中师范大学出版社，1991年，第819页。
② 马敏等主编《苏州商会档案丛编》第三辑下册，华中师范大学出版社，1991年，第819页。
③ 《工巡捐局争端已解决》，《申报》1921年2月14日，第8版。
④ 马敏等主编《苏州商会档案丛编》第三辑下册，华中师范大学出版社，1991年，第818页。
⑤ 沈慧瑛：《1921年吴县知事温绍梁被控案档案选》，《民国档案》1997年第1期。

处不利，省署令道署督县加以解决。苏常道尹王莘林于 7 月 21 日亲自出面邀请工巡捐局蒋炳章等四位董事、商会会长庞延祚、吴县知事温绍梁在道署会议，商定改组办法：第一，将原有董事改称董事会，添组一评议会，专掌议决一切事宜，董事会专负执行之责；第二，假定评议员十八人，由城外四公社①推举十二人，城市公益事务所推举六人。② 后续议定修订章程十一条，其中第二条第四项规定，董事设监察员二人，由评议部推定公正绅商函请县知事聘任之；第五项规定，评议部以评议员十八人组织之，其原额就商埠市民中推举十二人，就城厢市民中推举六人，由苏州总商会、苏州市公益事务所决定报明后，由县知事聘任，并互推一人为评议长。③ 至此，工巡捐局董事人员之争告一段落。

从 1920 年 9 月至 1921 年 7 月的事态演进来看，城外商民希望改组工巡捐局董事以增加自身代表，而工巡捐局董事则认为自身组织合法而毫不退让，省、道、县等亦坚持维持原有工巡捐局董事人选的合法性，最后在维持原有董事人选的情况下，采取添设评议会的折中办法，以照顾城外纳税商民的利益。评议会的组成由城外和城内分别推举，城外评议员由商会和城外四公社推举，城内评议员由市公益事务所推举。这样的解决办法使城内与城外之对立逐渐凸显出来。从后续的事态演进来看，代表城外商民利益的总商会与代表城内市民利益的市公益事务所的对立以及城内市民公社与城外市民公社的纷争逐渐成为主线。

工巡捐局董事原有七人，其中宋铭勋、钱鼎、冯世德辞职，至 1921 年 7 月仅有蒋炳章、孔昭晋、金树芳、潘利榖四位董事。四位董事中，孔昭晋、金树芳、潘利榖三人似不活跃，主导之人主要是董事长蒋炳章。而蒋炳章系时任苏州市公益事务所董事，他坚持掌握工巡捐局之位毫不退让，固然如时论所指出的其素行专擅，但更重要的应是他代表着市公益事务所的利益，试图掌控工巡捐局这一有明确捐税收入的市政实体机构。

2. 评议员名额之争

1921 年 9 月，在苏州地方商民"去温运动"的压力下，江苏省将吴

---

① 城外原有三公社，此间发展为四公社。
② 《工巡捐局改组办法》，《申报》1921 年 7 月 29 日，第 11 版。
③ 《吴县知事公署委推举工巡捐局评议员事致苏州总商会函》（1921 年 9 月 26 日），马敏等主编《苏州商会档案丛编》第三辑下册，华中师范大学出版社，1991 年，第 822 页。

县知事温绍梁与松江知事郭曾基对调职务。郭曾基出任吴县知事后，决定根据道署会议决议，加快增添评议部人选的进程。

至1922年11月，苏州城内外各市民公社共计23个，① 多数市民公社分布在城内，城外除马路、四隅、胥江三个市民公社外，还有成立于1921年12月的上山塘、1922年1月的山塘下塘市民公社等。

9月，吴县知事分函苏州总商会和苏州市公益事务所，请其按照章程，推选评议员人选。10月14日，市公益事务所召集各市民公社开会集议推举工巡捐局评议员，十五公社代表到会。参会各方针对名额分配问题展开了激烈争论，讨论再三，无法达成一致。最后道养市民公社代表提议，将工巡捐局"由市公益事务所董事向官厅请愿收回市办，再行议设评议部"，这个方案被与会市民公社各代表赞成通过。但是总商会和金阊、马路、四隅、胥江四个城外市民公社代表没有参加这次会议。②此后，市公益事务所即以市民公社联合会决议致函县署。10月24日，四市民公社因对联合会主张将工巡捐局收归市办不满，宣告脱离联合会。③ 11月19日，市民公社联合会召开常会，列席者有城内十二公社，城外四公社仍未到会，会议议决同意城外四公社脱离联合会。可见，城内外分别推举评议员之举导致城内外市民公社的分裂。④ 由于苏州市公益事务所无法推举城厢评议员，工巡捐局改组又陷入停滞。

至1922年6月，苏州总商会以工巡捐局董事二年任期即将届满，应照章举定评议员，遂致函胥江、四隅、马路三市民公社，请其选举评议员。7月11日，三市民公社推举徐经镛（浩然）、方炳勋（雅南）、王开源（明泉）、金钟（家悦）、潘承训（显新）、陈圭（君玉）等6人为评议员，上报总商会，并称"贵会人才经验均极优练"，请由总商会推定另外六位评议员，以符足额。7月19日，苏州总商会另选沈应琪（束璋）、程兆栋（干卿）、韩锡圭（稼梅）、顾润庠（世绥）、刘镛（久余）、陈祖述（季泉）等6人，并将12人列入商埠市民推选名单函报吴

---

① 参见苏州市档案局（馆）编《苏州市民公社档案资料选编》，文汇出版社，2011年，第147页。
② 《集议推举工巡捐局评议员》，《申报》1921年10月15日，第11版。
③ 《四公社脱离联合会》，《申报》1921年10月25日，第11版。
④ 据市民公社联合会统计，当时苏州城内外共有市民公社二十处。

县知事，同时催促县署尽快组织评议部。①

面对商会方面的单独行动，城内各市民公社不推举评议员，"以为抵制"。② 9月，工巡捐局各董事"以任期届满，办事棘手"，"声明以后不负责任"，县知事复函称在评议员未选定前，仍请留任，暂予主持。③

1922年11月15日，城内娄江等十三个市民公社联名呈文江苏省省长韩国钧，认为添设评议部，分总商会、市公益事务所、城外公社三部推举代表办法，顾此失彼，万难平允。根本的解决办法是把工巡捐局归并苏州市公益事务所，如此则"事权归一，经济节省，以全市代表办地方市政，驾轻就熟，呼应较灵，一举而数善备，毋庸添设此枝枝节节之评议部也"。省署批示称："此项工巡捐局，转瞬市制施行，即须归并市政公所，现可勿事纷更。"④ 显然，省署意见是等正在筹议中的地方自治恢复后再议工巡捐局改组问题。

此后双方博弈仍围绕工巡捐局评议员名额问题展开。1922年12月22日，县署召集选举评议员会议，与会人员公推起草员三人，按照议决各条修改章程。1923年5月10日，道署决定再次召开会议，讨论起草员拟定的修改草案。⑤ 5月10日，商民代表徐经镛等10人联名上呈省长、道尹、县署及总商会，提出三点要求：其一，评议员额无论增加若干，比例须照原案分配；其二，废除董事会制，明定局董一正两副；其三，县行政会议召开商讨此事时不应请市民公社参加。⑥

1923年6月9日，道署召集各界在署会议工巡捐局改组案，决定设正董一人、副董二人、名誉董事十人，均不支薪水，至于评议员的名额"因某副议长反对上次决议之不平不善"，拟再定期续议。⑦ 6月19日，

---

① 马敏等主编《苏州商会档案丛编》第三辑下册，华中师范大学出版社，1991年，第828—830页。
② 《工巡捐局议与市公所合并》，《申报》1922年7月24日，第11版。
③ 《慰留工巡局董》，《申报》1922年10月1日，第10版。
④ 苏州市档案局（馆）编《苏州市民公社档案资料选编》，文汇出版社，2011年，第147—148页。
⑤ 马敏等主编《苏州商会档案丛编》第三辑下册，华中师范大学出版社，1991年，第836页。
⑥ 马敏等主编《苏州商会档案丛编》第三辑下册，华中师范大学出版社，1991年，第838—839页。
⑦ 《道署会议改组工巡捐局》，《申报》1923年6月12日，第10版。

苏州市公所召集城内外各市民公社代表开临时会议讨论评议员名额问题，到会的十六个公社代表，议决按照道署议决旧案，市公所与总商会各推出评议员12人。马路公社代表徐经镛则坚持"城内外以纳税关系，不能同数，谓依理商会（代表城外）应较市公所多推六人"。① 最终会议无结果而散。

6月28日，针对市所召集市民公社会议提出的城内外平分评议员名额的要求，马路等三个市民公社提出三点声明：第一，市总董延宕改选，影响工巡捐局局务，兼局董之市董应当负责；第二，若城厢商埠选举评议员名额一律平等，城外也应该相应地"取消马路种种特捐名目"；第三，此后捐款须城厢与商埠一律平均担负，马路商民自行筹募修治道路，亦应"援照城厢市民各段修路平桥之成例"，由该局及市公所拨款补助。②

针对马路等市民公社这份声明，山塘下塘市民公社起而反驳，其致总商会说帖称，该社系城外六公社之一，且该社区域亦缴马路特捐，但并不认同徐浩然之言，徐浩然声称"代表城外全体市民"，有立言不公、垄断把持之嫌。该社认为"前清商务局建筑马路，其公款何一非城厢内外之各项捐款所出。分明马路之开辟，并非马路市民所建筑。进而言之，先有马路，而后有马路市民。更质言之，马路者，系苏州人之马路，非徐浩然等马路公社之马路"；马路市民纳捐虽多，但修筑马路桥梁经费充裕，而其他地区则需由市民就地募捐，市公所补贴甚微。相形之下，马路市民权利较优。若将工巡捐局评议权大半归马路公社，亦不公平。③ 该公社地处城外，而从全城立言，立场超然，所言颇能道出城内市民的心声，从后续工巡捐局董事人选城内外推举各半的最终解决办法来看，该公社对于舆论的走向还是有很大影响的。

正当苏州各市民公社围绕工巡捐局评议员名额的分配争执不下之际，1923年6月23日，江苏省省长韩国钧"根据省议会咨复，正式通令六

---

① 《市公所会议工巡局案纪》，《申报》1923年6月22日，第10版。
② 马敏等主编《苏州商会档案丛编》第三辑下册，华中师范大学出版社，1991年，第840—841页。
③ 苏州市档案局（馆）编《苏州市民公社档案资料选编》，文汇出版社，2011年，第150—151页。

十县知事,恢复县市乡各级自治"。① 7月10日,苏常道尹召开会议,讨论工巡捐局问题,会上刚刚恢复的县议会议长孔昭晋提出,工巡捐局承担的局务均属市政范围内,可以归并办理,无须另设机关,更无另设评议部的必要。总商会代表徐浩然、庞延祚则认为该建议虽然看似有理,万难反对,但在总商会看来,工巡捐局仍有城内外分别办理的充分理由。其一,自清朝起城内外市政即分别办理。城外马路区域系开埠通商时自辟商场,特设商务局管理。自宣统年间创办地方自治,城区尽作市政范围,而商务局并未取消,显然划分。其二,马路区域为自开商场,得容外商杂居,而城内则否。其三,马路区域地产均有商务局发执照,而城内则无。其四,民初商务局取消,由警察厅接管,马路区域与市区仍分别管理。其五,工巡捐局成立后,马路区域捐税种类亦较城市为多。②综观此次会议的两种意见,可以说将工巡捐局改组风波背后城内外的深层矛盾清楚显示出来。在以城内士绅为主体的市公所以及城内市民公社看来,马路区域乃苏州市的一部分,当然应归代表苏州市全体的市公所管理,工巡捐局亦应由市公所掌控;总商会和三公社则强调,城外与城内从开埠通商以来一直处于分别管理的状态,城外比城内捐税重,而工巡捐局一直由代表城内利益的董事所把持,在增添评议员一直无果的情况下,只得要求分立。

会后,道署将双方意见书同时转呈省署察核。7月29日,省长在孔昭晋的意见书后予以批示,支持将工巡捐局收归市办同时不再另设评议部。

城外马路等市民公社试图做最后努力。9月1日,城外商店以抗议工巡捐局漠视路政为名,"一律停纳该局捐税",同时"自行请愿划城外为特区,筹设城外工巡捐局"。9月6日,阊胥盘马路绅商一致决定推举苏稼秋、徐浩然二人为代表,"晋省谒见省长,实行请愿城外划为特区"。③ 城外纳税商民的诉求也得到不少苏州地方士绅的理解和支持,比如张一麐即曾为苏州工巡捐局事致函省长韩国钧,称:"苏城工巡捐局

---

① 《南京快信》,《申报》1923年6月23日,第10版。
② 《省议员潘承曜为苏州工巡捐局案致傅政务厅长函稿》,马敏等主编《苏州商会档案丛编》第三辑下册,华中师范大学出版社,1991年,第843—846页。
③ 《工巡捐局之分设与归并》,《申报》1923年9月8日,第11版。

事，城外纳税商民尚有意见，迭经开会拟具公呈，公推代表苏绍柄、徐经镛、李栋三君，由省议员冯、潘二君携其晋省，面陈一切，乞赐延见接洽，俾进其词，至为感幸。"①

然而就工巡捐局成立的初衷来说，本意在于以地方之人、地方之财办地方之事，这与地方自治的理念一脉相通。当地方自治恢复，苏州市公所成立之时，具有市政实权的工巡捐局却城内外分立，这显然不利于地方自治的顺利进行，也不利于市公所对于市政的统一管理，因此工巡捐局收归市办显然更符合苏州城厢内外的整体利益，也必然会得到更多的支持。正是在这个背景下，9月8日，县署会议决议"俟市董事补选后，（工巡捐局）实行归并市公所"，② 同时呈报省道批准。9月11日，归并方案得到苏常道尹批准。至此，工巡捐局收归市办遂成定局，引起城内外市民公社互相攻讦的评议员名额分配问题也一时消歇。但是工巡捐局由更多代表城内利益的市公所把持，城外纳税商民缺乏对工巡捐局局务的发言权的问题仍待解决。

3. 工巡捐局的改组

根据省令，工巡捐局收归市办后，由工巡捐局局董将该局向市公所总董移交，而工巡捐局局董蒋炳章本身即市公所总董，这使蒋炳章得以继续支配工巡捐局局务，也使工巡捐局局务存在缺乏监管的局面。从相关报道可以看出，工巡捐局收归市办之后，内部管理相当混乱，颇受诟病。归纳起来，该局受人诟病之处主要有两点。其一，拖欠警察厅补助款。自省议将以前由警察厅收支之款划归地方管理以来，苏州警察厅下属的教练、习艺、济良三所的经费均由工巡捐局按月拨款补助，但是自1924年江浙战争之后，"该局对于三所经费，每多欠解，迄今积颇巨"。③ 其二，工巡捐局只关注收捐而疏于市政工程。社会舆论抨击工巡捐局"徒知寻捐，而于工则置诸脑后"。④ 马路地区商人亦指出，自工巡捐局

---

① 《张一麐致韩国钧函》（1923年8月31日），江苏省档案局编《韩国钧朋僚函札史料选编》，江苏人民出版社，2012年，第339页。
② 《工巡捐局归并市公所预志》，《申报》1923年9月12日，第10版。
③ 《函催工巡捐局解欠费》，《苏州明报》1925年11月14日，第3版。
④ 《天怒人怨之工巡捐局》，《苏州明报》1925年11月22日，第2版。

收归自办以来,"桥梁倾颓,马路凹凸,商埠各业,咸受影响"。① 报纸报道称,工巡捐局修建的"自阿黛桥起至横马路口之一段马路","工程草率,加泥而不加沙",一到下雨天,经常发生人滑车翻的事故。②

至1926年3月,有地方人士向省署控告苏州工巡捐局、市公所、县学款处、丰备义仓存在问题,省署委前徐海道尹于书云来苏查案。4月,又委王祖襄继续来苏调查,结果发现,工巡捐局捐务主任谢序卿亏空公款一万八千余元,同时挪用警察厅教练、习艺、济良三所经费一万三千余元。谢序卿因亏款潜逃。③ 4月20日,县署奉省令,将苏州市公所董事蒋炳章、潘盛年、顾选青撤职,继任董事等苏州市议会议员补选足额后由市议会选人充任,在原任市董撤职而市议会不能开会选举之前,将市公所交由苏州总商会、吴县教育会、吴县农会三法团接管。④

工巡捐局弊案爆发后,省令吴县知事将工巡捐局先行接收。苏州地方绅商支持省里清查工巡捐局的巨额亏空案,却不希望看到工巡捐局被县政府接收。面对苏州市政有可能再次转回"官办"的局面,苏州地方各团体迅速达成一致,均认为"此事与自治有关,故群起反对",各法团纷纷"电请省长收回成命",同时责成工巡捐局负责人蒋炳章向该局捐务主任谢序卿严追亏款。马路商民代表刘正康、徐浩然等人也致函总商会,"请转函县公署,迅饬该局董事,负责交还亏款交由警厅,以作市政之需,一面再议善后办法"。⑤

在苏州各界一致认为工巡捐局应继续由地方人士办理的呼声下,吴县县署于4月26日召开紧急会议,公议由县署会同总商会先行接收。次日,知事张仲甫将接收办法电呈省长请示,4月30日县署接奉省令,同意由县署会同总商会接管工巡捐局。⑥ 5月5日,总商会正式接收工巡捐

---

① 马敏等主编《苏州商会档案丛编》第三辑下册,华中师范大学出版社,1991年,第848页。
② 《工巡捐局之修路成绩》,《苏州明报》1925年11月26日,第2版。
③ 《于省委调阅工巡捐局账册》,《苏州明报》1926年3月21日,第3版;《接收工巡捐局声中之昨闻》,《苏州明报》1926年4月21日,第3版;《欠解三所公款之追缴》,《苏州明报》1926年4月22日,第3版。
④ 《三机关控案之执行》,《申报》1926年4月21日,第9版。
⑤ 《接收工巡捐局声中之昨闻》,《苏州明报》1926年4月21日,第3版。
⑥ 《接收工巡局尚有待》,《申报》1926年5月4日,第9版。

局，同时恢复征收各项杂捐。① 工巡捐局既然继续维持在地方自治脉络下进行，如何改组以重新进行的问题便被提上日程。

5月20日，县署召集各公法团开联席会议，商讨工巡捐局改组办法。会议推选孔昭晋等六人负责起草工巡捐局暂行章程。其中，关于定名及城外特捐的问题成为讨论焦点。定名问题其实牵涉工巡捐局是"县有"还是"市有"的问题，大约在苏州市公所和市议会代表看来，工巡捐局应该归属于市有，因此可以定名为苏州市工巡捐局，但有人主张如欲加"市"，则每月警察厅之三所（按：指教练、习艺、济良三所）经费二千四百余元，不允照付，结果仍定名为苏州工巡捐局。②

29日县署再次召开联席会议，将暂行章程付诸讨论。六代表起草章程之初拟将原章程之"董事"易为"监察"，由农会、商会、教育会及县参议会代表共之。但多数代表以及纳税商人认为已经有"评议"则不需有"监察"，且由农会、商会、教育会及县参议会等法团代表任监察，在"市"与"商埠"争议之外，还会多一层"县"的争执，且法团得推监察，而直接纳税人反不得任监察，亦与纳税人之原则相违背，遂取消此条。"董事"易为"监察"之举其实是原有章程的折中办法，按照工巡捐局最初成立时的惯例，董事系由县知事聘任各公法团代表担任，将"董事"易为"监察"，其实是将其从实际管理者转变为监督者，而将管理权授予由选举产生的董事和评议员。会议最终否决这一条款，其实是取消了各公法团的特权和县知事聘任的权力，将工巡捐局管理者的产生直接诉诸选举。最后，代表们一致决议，工巡捐局"设正董事一人，副董事二人，由城外纳税商人推出三人，城内市议会选出三人，由县知事将城内外六人姓名呈报省署，再由省长选定正副董三人，评议十二人，城内外各推六人，由评议十二人选出监察二人"。③ 这一方案在以下几个方面有所调整。

首先，如上述所分析的，这个方案实行的是选举制，而不是此前由县署在各堂仓及苏州市董事暨在籍省议员小范围内实行的聘任制。这使

---

① 《县商会昨日接收工巡捐局详志》，《苏州明报》1926年5月6日，第3版；《工巡局已实行接收》，《申报》1926年5月6日，第10版。
② 《县公署昨开各公法团联席会议》，《苏州明报》1926年5月21日，第3版。
③ 《县署昨日会议工巡捐局纪》，《苏州明报》1926年5月30日，第3版。

工巡捐局管理人员的聘任有更广泛的民意基础,更加透明,也打破了少数人对工巡捐局管理职位的垄断。

其次,工巡捐局董事及评议员采取"城内市议会"与"城外纳税商人"分别推举,名额平均分配的方法。原来市公所一方将自己作为城厢内外的统一代表不承认城外纳税商人的特殊利益,一直把持着工巡捐局的大权并拖延评议员的选举。这个方案,对代表城内利益的市议会及市公所一方来说是一种让步,标志着他们承认自己更多的是代表城内的利益,也表明他们承认城外纳税商人具有自己的特殊利益并应在工巡捐局中有自己的代表。这个改组方案同时也表明了城外纳税商人的某种妥协和让步,本来城外纳税商人坚持要求评议员的产生应该城外有三分之二的代表,而最后的改组方案则采取城内外平均分配的原则,这说明城外商人充分照顾到城内市民的诉求,也表明城外商人对市议会和市公所作为城厢内外地方自治统一代表机构权威的尊重。可以说,这样的解决方案达到了城乡内外利益和诉求的某种平衡,也体现了城乡内外市民的和解意愿。《苏州明报》社评称:"久争不决之工巡捐局案,居然一议而得完满解决矣。评议十二人,乃由市议会与纳税人会各选其半,若以纳税人纳税之值计之,占得评议六人,实不为多,而市议会亦占得六人,是往日市议长之力争为□□(按:此处两字模糊不清)矣。"[①] 从社评语气可以感受到苏州社会对于工巡捐局问题得以解决的欣喜之情。同时通过社评的分析,也可以看出城内外双方为达成一致而相互做出的妥协。

最后,由省署在选举基础上任命正副董事,这是对长期以来省署直接负责苏州警察等市政管理职能的承认,也为省署监督地方自治保留了权力。

可以说,这个方案是自1920年以来近6年间的纷争中苏州城厢人民摸索出来的解决方案。由于这个改组方案有较广泛的共识,随即得到省署批准,至此,工巡捐局正式进入改组阶段。

董事及评议员名额虽然确定,但离问题的最终解决还有一段路要走。是否能选出城内外双方都满意的三名正副董事,则是问题的焦点。恰如《苏州明报》社评所指出的:"改组工巡捐局之章程既已解决,此后将着

---

① 聋叟:《社评一:工巡捐局改组》,《苏州明报》1926年6月1日,第3版。

手改组矣。评议监察，各得其半，固无所争执。而董事三人，又须由县呈省指派，似亦无可争执，然而欲得正董者，恐未必无人。我惟观夫此公之若何逐鹿耳。"① 董事人选问题对双方来说都是难题，因此在改组方案确定后一个月双方都没有动静。7月15日，县知事致函各士绅，催请于一星期内将董事选出报县。②

7月20日，市议会先开谈话会，到会十余人。③ 应该是酝酿候选人。7月23日，苏州市议会召开大会，选举工巡捐局董事，到会市议员二十九人。《苏州明报》对选举会议有较为详细的报道，颇堪玩味，现录之于下：

> 下午三时许，开秘密谈话会，因拒绝旁听，故所议各事，不得而知，大约为人选及选举手续方法，讨论约二小时之久，始谈毕。五时许，开始以无记名法投票，先选出正董一人。是日正议事长陈公孟未到，由副议事长何筱圃主席……开票揭晓：张一麐得十四票，当选为正董事，继续仍用前法，选举副董事两人，结果宋铭勋得念五票，张一鹏得念二票，当选为副董事，其次仍以前法，选举评议员六人，结果吴震元得二十票，顾珍儒得十九票，沈柬璋得十六票，宋友裴得十五票，汪心若得十五票，彭汉三得十二票，以上六人，均当选为评议员，继即散会。④

从开会经过可以了解以下信息：其一，市议会在正式投票之前，闭门进行了两小时的提前沟通协商，显然就董事及评议员人选，尤其是三位董事的人选达成了某种共识；其二，会议时正议长未到，这显示对于董事人选还是存在一定的分歧。这一点从《苏州明报》的社评中可以看出端倪，社评称："在市议会方面，昔日关于讨论工巡捐局问题，市议长每亲自出席，而此次对于选举董事，市议长竟不出席，且选举为公开事，绝对非严守秘密，何以选举时谢绝旁听？此皆不能令人无疑者也。"但无

---

① 聋叟：《社评一：工巡捐局改组》，《苏州明报》1926年6月1日，第3版。
② 《催选工巡捐局董事》，《苏州明报》1926年7月15日，第3版。
③ 《市议会昨开谈话会》，《苏州明报》1926年7月21日，第3版。
④ 《市议会选举工巡捐局董事》，《苏州明报》1926年7月24日，第3版。

论如何，社评给予市议会选举以正面评价，称："苏州市议会已选出张仲老为正董，而以张云抟、宋绩成两君为副，可谓选得其人。观昔日市议会对工巡捐局之改组问题，每议必争，甚或不惜违反众意，独持异议。而今日居然能从人才选举，殊出人意料之外也。仲老为一邑硕望，云抟、绩成两君，亦声闻社会。将来果能由仲老昆季及宋绩成三公担任局事，不特可扫除从前积弊，更可逐渐整顿而成一完善之市政机关。"①

两天以后，马路纳税商人由马路市民公社于25日选举张一鹏为正董事，徐浩然、方雅南为副董事，李惕庵、王明泉、陈君玉、孙企渊、季小松、邹秉文等六人为评议员。②

县署随即将推选结果送呈省长，张一鏖（仲仁）、宋铭勋（绩成）提前声明不能应选，最终张一鹏（云抟）、徐经镛（浩然）、方炳勋（雅南）三人被指定为苏州工巡捐局的正副董事。虽然坊间传言市议会对于新董事人选仍有异议，但社评认为不可信，社评分析称：

  盖市议会与马路纳税人，在修正章程之前，曾彼此交换意见，已双方谅解，故于议订章程时，彼此让步，一议而定。厥后市议会选举董事，又以人才为主，以张仲老为正，而以张云抟、宋绩成副之。自可见已抛却昔日之私见矣。马路纳税人方面，更以市议会所选之副董张云抟而举为正董，亦可见能俯就市议会之意思，否则正不妨舍云抟而选他人。且此次省方指定之三董事，虽均为马路纳税人所选，然亦由张仲老、宋绩成事先声明不能应选所致，况张云抟本为市议会所选，不过易副为正耳。

  兹更有一说，云抟为仲老介弟，是云抟之任正董，即无异仲老之就正董，若谓反对方雅南一人。试问仲老与绩成，既声明不能应选，云抟又被选为正董，市议会所选仅三人，更有何人再可聘任乎？总之工巡捐局为地方公共机关，市议会群公，当以公共事业为重，断不致胶持私见，故我谓别生枝节之说，未能信也，爰作工巡捐局董事就职之预料。③

---

① 聋叟：《社评：工巡捐局选举问题》，《苏州明报》1926年7月26日，第3版。
② 《马路纳税人选出工巡捐局董事评议》，《苏州明报》1926年7月27日，第3版。
③ 笑凡：《社评：工巡捐局董事就职之预料》，《苏州明报》1926年8月18日，第2版。

结果正如《苏州明报》社评之所预料，市议会与马路纳税商人显然事先达成某种共识，最终当选的工巡捐局正董事张一鹏（云抟），成为沟通市议会与马路纳税商人的桥梁，他既是一位定居城内的士绅，也投资实业，与众多商人有广泛的联系。他是市议会选出的副董，而被马路纳税商人选为正董，正如社评所分析的，"亦可见能俯就市议会之意思"。由一位能得到市议会和马路纳税商人双方认可的人选担任正董，而由更多代表马路纳税商人利益的徐浩然、方雅南为副董事，很好地平衡了城内与城外、士绅与商人、市议会与商会的利益，得到了舆论的广泛支持，当时报纸称赞候选人张一鹏"足孚众望"，其他几位候选人"均为一时人望"。① 进一步而言，市议会在此次工巡捐局董事选举过程也出现了一定的态度转变，以市公所总董蒋炳章和市议会议长陈任（公孟）为代表的相对强势专断、更偏向城内士绅利益的集团失势，而以更注重平衡城内士绅和城外商民利益的张一麐、张一鹏兄弟为代表的集团得到了更多的支持。从工巡捐局纠纷的进程来看，城外纳税商人要求有更多代表权实无可厚非，工巡捐局之所以迟迟不能顺利改组，主要是因为市议会和市公所意图把持对工巡捐局的控制权而一再拖延。市议会这种态度的转变，其实是有利于城厢内外以及士绅和商民之间的团结的。当然这个团结局面的出现又是以近七年的纷争和市政的停滞为代价的，也是以工巡捐局积弊的爆发为契机的。近七年的工巡捐局改组纠纷也显示出地方自治容易出现地方精英之间利益纷争和权势争夺的弊端，这一点在清末以来的地方自治选举纠纷、区域划界纠纷以及地方公款公产的管理纠纷中都可以看出。

8月27日，各位新任董事正式就职，苏州工巡捐局的改组工作至此告一段落。② 此后在张一鹏、徐浩然、方雅南三位董事的主持下，苏州工巡捐局逐渐步入正轨。自1926年8月底至1927年3月吴县临时行政委员会成立期间，工巡捐局局务有不少进展。大略而言，有以下几个方面。其一，工巡捐局的局务公开。从8月28日起，工巡捐局每日在《苏

---

① 《工巡捐局之董事问题》，《苏州明报》1926年7月29日，第4版。
② 《工巡捐局新董事昨日接收局务纪》，《苏州明报》1926年8月28日，第2版。

州明报》特辟专栏，披露消息，刊发布告，公开局务。其二，对工巡捐局内部机构和职员进行精简和整顿。其三，严格执行修建房屋勘丈给照。其四，着力整顿车捐，并要求马路外商一律纳捐。其五，重修城外马路将其改筑为柏油路，并筹划统筹整修城内道路。其六，制定《工巡捐局职员服务及俸给规则》《自用车收捐规则》《公用车免费规则》《工巡捐局办事细则》《苏州工巡捐局征收脚踏车捐及取缔规则》《营业人力车过户办法》《勘丈修建房屋新办法》《评价委员会章程》等市政法规。①

  1927年2月，工巡捐局在前期整顿建设的基础上，拟定了更为宏大的路政计划，并邀请各市民公社一起商讨。这个计划大致包括三点：其一，根据市街繁盛程度拟定三等，收用土地，逐步放宽城内外街道；其二，请市民公社一同协助监督建筑房屋照章收进制度的实施；其三，由工巡捐局筹款修筑城内外干路，市民公社配合。②

  1927年2月5日，阊门大马路广济桥经工巡捐局拨款重建，举行落成典礼。这个典礼仿佛是对半年来工巡捐局成绩的宣示和庆祝。据报道，这一天"桥上扎电灯牌楼一座"，"柬邀道、厅、县各官长暨各公法团领袖各士绅，莅临参观"，"到有李警厅长、张知事及各士绅等三十余人"，"礼成后，由张、徐、方三董假东吴旅社，设筵宴请官绅各界，昨适天气放晴，举行落成礼时，正电火放出，万道光芒，照耀如画，而游人之群聚而观者，亦复不少，可谓盛极一时云"。③ 张一鹏在落成典礼上发表演讲，指出从前工巡捐局收入，最短时不及六万元，最多时亦仅达七万元，现在重加整顿，可增至九万以上。今后，工巡捐局一方面限制支出，将工程以外各款大加裁减，同时，尽可能增加收入，促进工程建设。路政建设方面，则城内外不分畛域。④ 总之，市政建设有序进行，得到苏州城各界的一致好评。1927年2月12日《苏州明报》发表时评称：

---

① 以上举措请参见《苏州明报》1926年8月27日至1927年3月28日相关报道及《工巡捐局公布栏》。

② 《工巡捐局之整顿路政》，《苏州明报》1927年2月12日，第2版；《纪工巡捐局整顿路政之大会议》，《苏州明报》1927年2月18日，第2版；《张一鹏整顿路政之意见》，《苏州明报》1927年2月20日，第2版。

③ 《广济桥落成典礼志盛》，《苏州明报》1927年2月6日，第2版。

④ 《广济桥落成之演说词》，《苏州明报》1927年2月16日，第2版。

工巡捐局之唯一职责，在管理全邑路政。乃近年来路政不修，日趋窳败，此无他，徒有管理市政之机关，而无负责管理市政之人耳。

自上年工巡捐局改组后，一方面整顿捐款，一方面平治道路。马路广济桥甫告工竣，而新民桥又继续兴工。城内外道路，亦将次第兴修。现复定期召集公社长集议，于放宽街道等事，更有建议。阅时仅数月，其整顿路政之成绩，与曩昔之工巡捐局，不可同日语矣。

虽然，昔之工巡捐局，我固知为经济所困，然而今之工巡捐局，亦未能经费裕如。特涓滴归公，任事热心耳。是可见路政之良窳，在办事者之能否负责耳，不识前之总理局务者，观此成绩，其亦知自愧弗如耶。①

该时评对改组后的工巡捐局可谓赞赏有加，颇能代表时人的看法。

苏州工巡捐局的设立出于当时苏州城市市政建设的迫切需要。自清末以来，苏州城的市政管理首创于城外马路区域，最初由马路工程局负责。1903年苏州创设警察组织之后，治安、收捐、筑路等市政事宜逐渐转移至警察组织手中。在晚清开始的地方自治运动中，1909年成立之长元吴三县城厢自治公所成为另一支市政管理力量。两者分属于官治和自治两个不同系统，虽业务上有交叉，但实际上互有分工。治安、收捐、筑路、卫生由警察组织负责，自治公所则主要负责教育、慈善等事宜。当晚清省会设于苏州之时，两者之间有江苏巡抚、按察使、苏州知府等上级官厅加以协调，在业务的分工配合上应无太大问题。民国建立，省会迁出，苏州撤府，改设为县，属省厅直管的警察组织与吴县地方政府之间的在地化协调配合机制缺乏，省政府遂采取了市政地方化的举措，将警察厅负责的市政管理事宜交由吴县地方政府处理，并交由地方人士办理。从苏州工巡捐局领导层的选举和构成可以看出，这是一个地方自治未恢复时期实际上的地方自治机构。

既然苏州工巡捐局是一个实际上的地方自治机构，代表不同利益的

---

① 再生：《时评：今昔之工巡捐局》，《苏州明报》1927年2月12日，第3版。

地方人士在此机构中的代表权和管理权就成为问题的焦点。从上述关于工巡捐局董事人选和评议员名额的争执可以看出，苏州城内和城外马路区域存在着捐税负担上的差别和管理系统上的差别。① 当两者都由警察厅管理，并处于官治的状态之下时，问题没有显现。工巡捐局设立后，市政纳入实际上的地方自治系统，城内与城外的代表权就需要一定的协商和平衡。

吴县知事最初召开的绅民会议范围狭小，任命的工巡捐局局董局限于城内的士绅，即文献中提及的"市绅"，由此导致城外以工商业者为主体的"商民"群体的反对。② 其中，地方自治机构"市公益事务所"和1923年地方自治恢复后成立的"市公所"主要由"市绅"把持，因此站在城内"市绅"一面，最初主张维持原有工巡捐局董事格局，后则力争工巡捐局归市公所统一办理。而苏州总商会则站在城外"商民"一面，初则主张工巡捐局改选董事增加城外评议员名额，继则力争城内城外工巡捐局分别办理。1921年苏州总商会协同吴县教育会、吴县农会发起"倒温"运动，重要原因即他在工巡捐局局董人选上暗中倾向城内"市绅"阶层。

由于城内与城外在管理上长期隔离，地方自治主要局限于城内，城外则长期由马路工程局、警察局管理。当工巡捐局成立，城外"商民"力争在市政上拥有更大的话语权之时，以市公益事务所和市公所为阵地的城内士绅群体则意图把持市政的主导权。这是工巡捐局迟迟不能改组的主要原因。

1923年地方自治恢复后，工巡捐局收归市公所办理。工巡捐局没有改组，依然由城内士绅群体把持，缺乏城外商民的支持，很难有大的作为，导致此期对工巡捐局的评价普遍不佳。1926年工巡捐局爆出亏空舞弊案，不仅引发满城指责之声，而且招致省方的调查，这反而成为促成工巡捐局改组的契机。苏州地方人士为保证市政仍维持在地方自治轨道

---

① 《省议员潘承曜为苏州工巡捐局案致傅厅长函稿》，马敏等主编《苏州商会档案丛编》第三辑下册，华中师范大学出版社，1991年，第844—845页。

② 《三公社为工巡捐局改组事声明》称："市绅既以评议员额为奇货，商民等遵再公同集议。"（马敏等主编《苏州商会档案丛编》第三辑下册，华中师范大学出版社，1991年，第840页。）

上，避免工巡捐局被县署接收，亟须弥合城内外的分歧，寻找到协调和解的方案。

最后，通过城厢内外选举，选出张一鹏为正董事，徐浩然、方雅南为副董事。徐浩然、方雅南一直是城外商民代表，在这一点上可以说，城内士绅群体做出了让步。但张一鹏既是城外商人选出的正董事人选，还是市议会选出的副董事人选，可以说是城外商民群体和城内士绅群体共同接纳的人物。虽然苏州工巡捐局自1920年设立到1926年改组，历经近七年的动荡波折，颇为可惜，但工巡捐局的设立表明，苏州的市政逐渐纳入地方自治的轨道，城内、城外的利益得到了调和，这可以说是这段风波的历史遗产。正因为张一鹏是城外商民和城内士绅都接受的人物，苏州工巡捐局也日益步入正轨。苏州工巡捐局作为苏州市政管理的主要职能机构，成为南京国民政府时期设立的苏州市政府的直接母体。①

---

① 本节写作参考了刘开锋、沈骅《民国苏州工巡捐局的成立和改组风波》[《苏州科技大学学报》（社会科学版）2018年第1期] 以及夏冰《清末民初苏州民绅群体及其活动》（该文由佐藤仁史翻译，以日文发表于日本庆应义塾大学《史学》第76卷第4号，2008年3月，题名《清末民初蘇州の民紳層とその活動》）。刘、沈之文强调了工巡捐局改组风波中所体现的苏州绅商民众的地方自治意识、苏州各社会团体与县署的博弈以及地方媒体对事件解决的推动。夏文则将工巡捐局改组风波作为苏州民绅群体与上层士绅角逐的一个环节加以阐释。笔者认为工巡捐局改组风波有士绅与商民斗争之一面，但更主要的根源是城内外市政分割管理以及社会结构差异所导致的利益纷争。另，刘开锋将写作论文时搜集的《申报》和《苏州明报》相关资料发给笔者参考，为本书写作提供了很大便利，特此致谢。

# 第九章　南京国民政府时期的苏州市政

总体而言，撤道、设市、设专区、推行地方自治是南京国民政府时期在地方行政制度上的主要举措。苏州也在以上指导方针下进行了行政区划改革，设立苏州市政府是行政区划改革的举措之一。

当我们回顾苏州城市管理的历史时，可以发现在南京国民政府时期，苏州一度设立了市政府，但这个市政府（含苏州市政筹备处）昙花一现，仅仅存在了不到3年时间。市政府设立的缘由何在？为什么设立不久就匆匆撤销？它的作为如何，对此后的苏州城市管理有何影响？这些就是本章所要探讨的问题。[1]

## 一　半途而废的苏州市政府

### 1. 从市政筹备处到市政府

1927年3月21日，国民革命军第二十一师师长严重率部攻克苏州，24日，由该师出面邀请各界召开联席会议，成立由张一鹏、章骏、冯世德、汪国垿、沈炳魁、蒋靖涛、陆鸿仪七人组成的吴县临时行政委员会，原苏州工巡捐局董事张一鹏为主席。会址设于书院巷苏常道尹公署旧址。25日下午，张一鹏等到县就职，吴县临时行政委员会正式开始施政。吴县临时行政委员会下设民政、公安、财政、实业、公益、教育、交通七局，由七委员分任局长。张一鹏兼民政局长，公安局长为章骏，财政局长为冯世德，实业局长为汪国垿，公益局长为蒋靖涛，教育局长为沈炳

---

[1] 关于1927年至1930年的苏州市政府研究目前还不充分。既有研究有：徐云《二十年代末苏州设市始末》（《苏州史志资料选辑》第六辑，1986年）和《二十年代末苏州市与吴县界线之划分》（《苏州史志资料选辑》第十五辑，1990年）；陈泳《柳士英与苏州近代城建规划》，《新建筑》2005年第6期；胡勇军《从教育经费看民国苏州市的市政建设困境》，《城市史研究》39辑，社会科学文献出版社，2018年；朱毛轩《国民政府时期苏州市政府研究（1927—1930）》，硕士学位论文，苏州科技大学，2021年。

魁,交通局长为陆鸿仪。从委员和局长人选来看,这是一个以地方人士为主体的临时性过渡机构,原工巡捐局董事张一鹏为主席兼民政局长尤其表明了吴县临时行政委员会与此前地方自治机构的延续性,这样的机构必将被正式的国民党地方政权所取代。事实亦表明吴县临时行政委员会只存在了83天,即为吴县县公署及苏州市政筹备处取代。但此政权下设的民政、公安、财政、实业、公益、教育、交通七局,为此后的吴县县公署继承,这是到当时为止苏州地方出现的职能部门最完备的地方政权。

1927年6月16日,江苏省政府第13次政务会议讨论决定,撤销"吴县临时行政委员会",成立"吴县公署"和"苏州市政筹备处",委王纳善为吴县县长,同时兼苏州市政筹备处主任,柳士英为市政筹备处工程师。7月1日,苏州市政筹备处正式成立,设参事会作为咨询机构。9月6日,改"吴县公署"为"吴县政府"。

苏州市政筹备处的设置是江苏省统筹规划的一部分。据胡树声介绍,江苏省民政厅成立之初,时任厅长钮永建对于地方自治,有划分为特别市、普通市和市乡行政上、中、下三级之想法。当时南京、上海已由中央规定为特别市,钮氏遂委胡树声草拟普通市规划,拟于苏州、无锡、镇江、南通、徐州五地建市政厅。草案拟定后,因"人才经济,两无把握,而军事又未大定",遂由民政厅呈准省政府通令缓办。但当时苏州已设市政筹备处,无锡已设市政局,而苏州、镇江、南通、清江浦、徐州又各设市公安局,归民政厅直接指挥监督,不属于县行政范围,遂把苏州、无锡两处市政,由民政厅改委县长兼任,各市公安局,除苏州之外,均改为县公安局。在缓办期内,时任厅长茅祖权认为江苏省普通市之建置时机未至,故1928年度施政大纲亦未详列。[①]

1927年7月苏州市政筹备处主任王纳善曾撰写《呈报筹备苏州市政情形由》,向省方汇报苏州市政筹备情况。该文称,苏州市政筹备处成立后,接收了此前的交通局并交通局接收之前工巡捐局全部分暨吴县公益经理处移交之前苏州市公益事务所房捐一部分,本拟分设秘书、总务、财政、工务、卫生、教育等课,因当时学校教育统归县教育局办理,市

---

① 胡树声:《江苏省普通市设置计划》,《明日之江苏》1929年第2期,第36—39页。

政筹备处遂专办社会教育事宜，与卫生并为一课，名曰社会课。市政筹备处的目标是"立市政之初基，留正式扩充之地步"，聘请"当地人士具有专门学识、实际经验、社会信用三种资格者"九人，充任参事，组织参事会，议决一切兴革事项。① 同时，就现有收入支配事业，并"就全市人口经济之支配、街道交通之适宜，划分苏州市为七区三十二段"。

市政经费方面，按照省财政厅训令，与县署财政科人员合组捐务处，"他日调查事竣，即为市政房捐着手普及均平之基础"，"又查城中住家店铺多不纳粮，拟俟县署办理兵差稍间，拟订升科章程，呈请清丈收粮。一面组织评价委员会，即照平均地权法收税，以裕收入。似此正式市政之开办费有着，而经常费亦可规定"。市政筹备处还拟定了工务、教育、卫生各课计划报告书及参事会组织条例，并由参事会议决《苏州市土地评价委员会暂行章程草案》等。

工务方面，拟定经纬干路各三条。纬线北路自阊门起至姚家角止，中路自新阊门至虹桥浜，南路自胥门以迄葑门。经线东路自齐门之甫桥西街直达南园，中路自平门至三元坊，西路自泰伯庙桥至胥门。先从新辟平门着手，订定自平门以内至护龙街香花桥一带辟作干路，建筑桥梁，规定路线。将该处基地房屋，按照参事会议决《市土地征收评价委员会章程草案》收买完竣，业经动工。又以阊门市区繁盛，车辆较多，拟先将该门月城拆除，以利交通。亦经招工投标，俟有相当价格，即行举办。

教育方面，暂就市属学校内举办儿童暑期学校。业经召集各校校长教员开会议决，担任义务，开始授课。卫生方面，关于清洁道路、扑灭蚊蝇暨注意饮料、委托医院注射防疫针等，亦均先后举行。

财政方面，除照旧有税捐，按额继续征收并派员督催旧欠外，即拟俟房捐调查竣事后，厘定详章，增加税入，以谋将来市事业费之发展。②

---

① 笔者未见参事会的完整名单，但从《苏州市政筹备处半年汇刊》中刊载的 24 次参事会会议录，可以发现 10 名参事出现，他们分别是：汪星若、冯心支、汪仲周、俞梦池、季小松、刘正康、吴子深、丁毓青、潘振霄、包朗生。其中，包朗生是在 1927 年 12 月 7 日的第 21 次会议上首次出现，而此次会议及此后的 3 次会议中俞梦池、季小松没有出现，有可能是这二人中有一人被包朗生替代。

② 《呈报筹备苏州市政情形由》（1927 年 7 月 4 日），苏州市政筹备处编印《苏州市政筹备处半年汇刊·公牍选载》（1927 年 7 月至 12 月），1928 年 8 月 1 日，第 14—15 页。

## 第九章 南京国民政府时期的苏州市政

经过一年零四个月筹备,江苏省政府决定将苏州市政筹备处改组为市政局,并任命陆权为局长。省政府第 143 次会议审定苏州市政局暂行组织条例,并于 10 月 17 日训令（第 576 号）民政、建设两厅遵照执行。[①] 但 1928 年 11 月 2 日在省政府第 152 次会议中,省政府委员钱大钧提议苏州可直接设立市政府,随后议决设立"苏州市政府",先设公安、工务两局,社会、总务、财政等均仍设科,简任陆权为苏州市市长。[②] 但 1928 年 11 月 21 日《苏州明报》又传出消息云,省政府因恐市政府不能负担经费问题,故拟仍依前议,暂设市政局,一俟经费充裕,再行改组市政府。[③] 可以看出,对于苏州设立市政府,省政府意见并不统一,显得犹豫踌躇。1928 年 12 月 4 日,行政院第六次会议核准苏州改市。[④] 12 月 10 日,苏州市市长陆权宣誓就职。[⑤]

苏州市政府下设公安、工务二局,以及秘书处、社会科、土地科、财政科和市督学,地址设在府前街旧苏州府衙署。市政府任命罗霞天为秘书长,聘请金天翮、徐嘉湘为参事。

省民政厅对新成立的市政府非常重视,专门对市政要点下达训令。训令的具体要求包括整顿道路、铺设阴沟、整顿坑厕、水道和饮水清洁、公共卫生、公用事业、慈善救济、社会教育、破除陋俗迷信、整顿娱乐等十项。训令指出,"都市为文明中心,改良都市即所以提高文明","务使江苏全省耳目一新,城市首先改革,乡镇逐渐仿办"。[⑥]

市长陆权在《苏州市政月刊弁言》中表达了自己的施政理念。他认为,苏州市政府的责任,"首在整饬风纪,取缔不良之娱乐,提倡正当之文化。文化者都市之精神也,根本则系乎教育。甄别师资,以身作则,三育并重,严格训练,养成异日都市中心人物,干尔家邦,此为第一义",第二义为加强警察建设,第三义为工程建设。[⑦] 在《苏州市市政府

---

[①] 《苏州市政局暂行组织条例》,《江苏省政府公报》1928 年第 57 期,民政,第 14—16 页。
[②] 《苏州决设市政府》,《苏州明报》1928 年 11 月 3 日,第 2 版。
[③] 《苏州之市政问题》,《苏州明报》1928 年 11 月 21 日,第 2 版。
[④] 《苏州改市已核准》,《苏州明报》1928 年 12 月 5 日,第 2 版。
[⑤] 《陆市长宣誓就职纪》,《苏州明报》1928 年 12 月 11 日,第 2 版。
[⑥] 《奉令切实整顿市政由》,江苏省政府民政厅训令第 7643 号,《苏州市政月刊》第 1 卷第 1 号,1929 年 1 月,公牍,第 5—7 页。
[⑦] 陆权:《苏州市政月刊弁言》,《苏州市政月刊》第 1 卷第 1 号,1929 年 1 月。

成立宣言》中,他又提出了市政府施政的四项原则,一是吻合党义和因地制宜相结合的原则,二是科学化原则,三是建设住宅都会的原则,四是重视教育与卫生的原则。① 从成立宣言来看,新成立的苏州市政府志向颇为高远,提出了"建设廉洁的苏州市政府,实现住宅都会的新苏州""整顿公安事业,推进苏州教育""清理苏州土地,领导工务进展""促进商业发达,改善农工生活"等一系列口号。②

2. 接收市民公社

如上所述,苏州的市民公社是一种以街区为管辖范围、以推进市政建设和慈善公益为己任的城市基层自治组织,它出现于清末,覆盖全城,非常活跃,承担了大量基层社区管理的功能。如何处理与这个基层组织的关系,成为新成立的城市行政管理机构面临的重要问题。③

对于苏州市民公社,1927年3月成立的吴县临时行政委员会认为,"各市民公社,均须撤销"。④ 为了应对吴县临时行政委员会的这一决定,4月3日,市民公社联合会在祥符寺巷云锦公所开临时会议,总计有18个公社的正副社长20余人参加,其中一项议题即为"公社之存废问题",并决定发函请求吴县临时行政委员会对市民公社进行审查核实。⑤ 随后,吴县临时行政委员会在第14次会议上,对市民公社联合会的请求进行了答复,指出三点:一是指出"各市民公社及此次来会署名之市民公社联合会,曾否立案批准,本委员会无案可稽";二是要求市民公社先清理历年社务、账目等,然后才有可能进行考核;三是"函中所举公社业务,如修缮道路、疏浚河渠,现隶交通局,消防久归救火会,即卫生亦系公益、公安局职权,究竟该公社对于上列各种业务,与交通、公益、公安三局及救火会如何划分权限,亦应一并预为规定,仰即按照指示各节,于十日内详细具复,再行核办"。⑥

---

① 陆权:《苏州市市政府成立宣言》,《苏州市政月刊》第1卷第1号,1929年1月。
② 《苏州市政通俗周报》第4期,1929年4月2日,第1至4版,页边。
③ 本节参考了沈骅《从撤销到接收——民国苏州市民公社的命运再探》(未刊稿)的相关论述,特此致谢。但笔者观点有所不同。
④ 《特讯》,《苏州明报》1927年3月26日,第2版。
⑤ 《公社联会开临时会议》,《苏州明报》1927年4月4日,第2版。
⑥ 《行政委员会议事录》,《苏州明报》1927年4月9日,第2版。

4月13日，市民公社联合会开会决定"复函行政委员会，逐层解释"。① 随后，市民公社联合会多次召开改组会议，紧锣密鼓地开始改组工作。4月24日，市民公社联合会开会决定改会长制为委员制，选举产生11位筹备委员。② 4月27日，市民公社联合会召开筹备委员会议，通过宣言，提出简章草案，决定于5月10日召集特别会，请各社列席，修改章程草案。

5月10日，市民公社联合会就改组问题在祥符寺巷云锦公所开会，有17个公社代表参加，讨论通过了联合会章程，并认可各社划一简章，一并呈交临时行政委员会修正。会议还议决各社于20日前，推举委员三人，以便赶排名单，择日选举正式委员。从此次和以后召开的数次会议看，市民公社联合会试图通过改行委员制以及划一各公社章程来争取得到行政管理机关的认可。同时还准备拓展业务，如此次会议即"讨论组织卫生委员会，决定俟选举后，复行推举该委员会"。③

5月16日，金阊市民公社开改组会议，将会长制改为委员制，并推举3人代表本公社出席联合会的改组选举会议。④ 5月20日，市民公社联合会再开改组会议，各公社代表30余人出席。会议议决逐条修改通过统一草章，再送吴县临时行政委员会核议，又决定于阴历五月初十（6月9日）举行选举委员会议，并由联合会出面函催各尚未推定出席代表的公社。对于上次会议讨论筹设的卫生委员会，则因联合会在改组期间，难以开展，俟改组筹备会成立后再议。⑤

5月24日，市民公社联合会开临时大会，11个公社代表出席，其中郡珠申、临平等5个公社，提出复议之前的统一章程，随后决定对统一章程附列相关意见，提交6月9日的大会。此次会议还决定取消简章中与救火会相抵触的消防相关事项，并拟与公益局联系拨助扑灭蚊蝇的相

---

① 《公社联会昨日会议》，《苏州明报》1927年4月14日，第2版。
② 《市联会改为委员制》，《苏州明报》1927年4月26日，第2版。
③ 《改组中之公社联合会》，《苏州明报》1927年5月11日，第3版。
④ 《金阊市民公社会议改组》，《苏州明报》1927年5月17日，第3版。
⑤ 参见《公社联合会复开改组会议》，《苏州明报》1927年5月21日，第3版；《公联会改组中之事业》，《吴语》1927年5月20日。

关经费。① 5月27日，金阊市民公社开改选会议。②

6月9日，市民公社联合会在云锦公所如期召开改组会议，选出正式和候补委员各7人，至于各市民公社，均设委员5人，不日亦将改选。③

总之，吴县临时行政委员会表明了其撤销市民公社的态度，但苏州市民公社面对窘境，并没有主动解散，而是提出改组对策，态度积极主动。这一期间，苏州各市民公社参与建设市政、推行公益事业的活动仍在进行。④

正在市民公社积极进行改组以便获得临时行政委员会承认之时，6月4日，江苏省政府撤销吴县临时行政委员会，改设吴县公署，并委任王纳善为吴县县长，6月15日，王纳善到职视事。市民公社联合会于6月下旬将改定的各社简章函送至吴县公署。然而吴县公署复函称"查集会结社，早已奉省政府训令，在此军事时期，除省政府特许者外，非经省政府许可不可，所请碍难照。"吴县公署不承认市民公社的态度非常鲜明，以致《申报》记者不无担忧地表示："观此，市民公社之能否存在，已成一问题矣。"⑤

1927年7月1日苏州市政筹备处正式成立，由吴县县长王纳善兼任市政筹备处主任。此后，苏州城内的市政权力由吴县公署转至市政筹备处，苏州市民公社的存废也由此取决于苏州市政筹备处。市政筹备处的态度与吴县公署的态度一致，发布于1927年底的《工务计划与实施》明确表示"本处成立以后，不认市民公社为法团"。⑥

尽管生存前景十分渺茫，但各市民公社在1927年下半年仍然开展了不少市政建设和社会公益活动，如组织清洁卫生会，⑦ 向市政筹备处反

---

① 参见《公社联合会之临时会》，《苏州明报》1927年5月23日，第3版。
② 《金阊市民公社改选委员》，《苏州明报》1927年5月28日，第3版。
③ 《市联会选定委员》，《申报》1927年6月11日，第10版。
④ 《齐溪公社请愿放宽街道》，《苏州明报》1927年4月28日，第2版；《提议开办平粜》，《申报》1927年6月22日，第10版；《建筑南新路之进行》，《苏州明报》1927年5月29日，第3版。
⑤ 《市民公社之前途》，《申报》1929年6月28日，第10版。
⑥ 《规定本处对于市民自行集资修筑街道桥梁请求本处补助经费办法》，苏州市政筹备处编印《苏州市政筹备处半年汇刊·工务计划与实施》（1927年7月至12月），1928年8月1日，第42页。
⑦ 《金阊公段清道办法》，《吴语》1927年6月24日。

映居户进水情形,① 改低加阔晏春桥,② 开办粥厂,③ 力请缓征房租,④ 和总商会等一起反对加贴印花,等等。⑤ 市政筹备处也对部分市民公社从事的工程给予补助。⑥

1927年11月9日,苏州市政筹备处召开第17次参事会会议,提出《整理各市民公社案》,"议决,俟本市区段划定后再定办法"。⑦ 11月16日,苏州市政筹备处召开第18次参事会会议,议决通过《苏州市政筹备处各区段行政组织条例》《苏州市政筹备处各区段行政区域界址图》。⑧ 1928年2月17日,苏州市政筹备处召开联席会议,在讨论市民公社存废问题时,议决"俟各区办公处成立之后,当然取消"。⑨ 3月29日,市政筹备处第32次参事会会议在讨论《各区筹备处请拨开办费案》时,再次重申"开办经费照拨,一面另饬各区接收市民公社,以资整顿"。⑩ 此后,市政筹备处接收市民公社,市民公社至此退出历史舞台。

具有近20年历史的市民公社,为何竟然如此悄无声息地被苏州市政筹备处接收了呢？首先,苏州市政筹备处虽坚决不承认市民公社的合法性,但在将全市划分为各区段并在任命各区段主任时,均有意识地延用

---

① 《函复新闻市民公社宝林寺前填河筑沟工程情形由》,苏州市政筹备处编印《苏州市政筹备处半年汇刊·公牍选载》(1927年7月至12月),1928年8月1日,第36页。
② 《规定本处对于市民自行集资修筑街道桥梁请求本处补助经费办法》,苏州市政筹备处编印《苏州市政筹备处半年汇刊·工务计划与实施》(1927年7月至12月),1928年8月1日,第42页。
③ 《临平半济粥厂会议纪》,《吴语》1927年11月30日。
④ 《市民公社联合会来函 为征收房租捐事复丁尚德》,《吴语》1927年8月18日；《〈苏州明报〉关于苏州市民公社联合会函请县署缓征房租的报道》,苏州市档案局(馆)编《苏州市民公社档案资料选编》,文汇出版社,2011年,第319—320页；《市民联会反对房捐增贴印花》,《申报》1927年12月22日,第10版。
⑤ 参见苏州市档案局(馆)编《苏州市民公社档案资料选编》,文汇出版社,2011年,第229页。
⑥ 《市民请求补助修筑街道桥梁表》,苏州市政筹备处编印《苏州市政筹备处半年汇刊·工务计划与实施》(1927年7月至12月),1928年8月1日,第43页。
⑦ 《苏州市政筹备处第十七次参事会会录》,苏州市政筹备处编印《苏州市政筹备处半年汇刊·附件》(1927年7月至12月),1928年8月1日,第16页。
⑧ 《苏州市政筹备处第十八次参事会会议录》,苏州市政筹备处编印《苏州市政筹备处半年汇刊·附件》(1927年7月至12月),1928年8月1日,第16—17页。
⑨ 《市政筹备员联席会议》,《申报》1928年2月19日,第10版。
⑩ 苏州市档案局(馆)编《苏州市民公社档案资料选编》,文汇出版社,2011年,第302页。

原市民公社的重要成员。《吴语》报道称:"苏州市政筹备处,现拟划分全城为七区,区分卅二段,每区段设市政筹备主任一人,区主任由处委任,段主任由区委任。闻闾胥盘区有委刘正康说,南区有委方雅南说,西区有委沈束璋说(余未详),惟须今日(七日)市参事会议决后,方可确定耳。"[①] 上述刘正康、方雅南、沈束璋三人均为苏城地方知名人士,也都是市民公社的主要成员。《吴语》将市政筹备处设置区段市政主任之举称为"市民公社的变相",道出了其中的秘密。

其次,市政筹备处在接收各市民公社过程中,仍保留了其在卫生清洁方面的职能。这一过程如周襄钧所回忆的那样:"所谓接收者,仅将各街巷尿池公厕划归区办公处接管办理,其他器具财产大都由原来市民公社改称区卫生分会的名义下接收,继续办理卫生公共事业,经办和负责人员也就是原来公社的人员,因此好象是换汤不换药。不过卫生分会的职能已比较具体缩小,且有区办公处随时指导监督了,至于各卫生分会,则直至抗日战争沦陷时无形消灭。"[②] 这说明市民公社转化为市政筹备处下设各区的卫生分会,职能虽有缩小并受区办公处的领导,但其人马和职能都得以保留。

再次,苏州市政筹备处充分照顾到市民公社所从事的地方自治事业形成的街区传统,并将其接纳为自己的基层组织区划。到1926年6月,苏州城共有市民公社27个,而市政筹备处此前将全市划分为7区32段,其管辖范围正和原有的27个市民公社的辖区范围隐隐吻合。

最后,市民公社作为一种城市基层自治组织也在存续期间暴露出不少问题。起源于苏州的市民公社模式,在20世纪20年代也被常熟县城、吴江县城,以及同里、黎里、震泽等市镇所效仿。从这些县城、市镇成立市民公社时报纸的评论中,可以看清市民公社组织存在的问题。以常熟为例,常熟县城在1922年2月也仿照苏州组织市民公社,《常熟日日

---

① 《这是市民公社的变相,市政处将设区段市政主任》,《吴语》1927年12月7日。查《苏州市政筹备处半年汇刊》,12月7日市政筹备处确实召开了第21次参事会会议,但议题一为"报告十一月份决算案",议题二为"审核十二月份预算案",无任命各区主任之说。参见苏州市政筹备处编印《苏州市政筹备处半年汇刊·附件》(1927年7月至12月),1928年8月1日,第18页。
② 周襄钧:《市民公社》,政协苏州市委员会文史资料委员会编《苏州文史资料》第1—5合辑,1990年,第246页。

报》即评论称:"惟望市民公社组织成立之后,为全部市民谋福利、谋治安,幸勿断断于少数市民之权利、地盘、势力,被多数市民所唾弃也!"[①] 近一个月后,该报又发表评论称:"城内外之市民公社,前后继起者不下十余起,此足征人民倾向自治之热烈。但以传闻所及,中间亦颇有缺乏民众自治之精神。如少数人发起后专意行动,全区内尚未有知其内容者,或对于区内之手艺工人等,概不通知令其加入,专为贵族的结合者,亦有入会寥寥,徒具表面者。"[②]《社灯》评论亦称:

> 市民公社本创于苏州,前天有苏友来常,谈到此事,互举所知加以比较。据苏友说,苏州的市民公社只有观前一带稍为切实一些,其余的不过几个好事的人,组织了起来,多数的劳动社会,不知这为何事。讲到成绩,却不及后起的常熟了。我听了心中起了一个感想,我们常熟各市民公社诚然办得不错,不过毛病也不是不有,各区绅士的臭味,多少不免带些,多数的劳动社会不知这为何事,也正同苏州一样。我劝市民公社诸君,总要把从前各种阶级观念打破,须知贫的、富的、老的、小的,讲到市民的地位,那是平等的。应该要竭力唤起他们的注意和兴趣,都来加入。[③]

可见,市民公社常常为少数城市上层精英阶层所把持,并被作为争权夺利的工具。除了市民公社往往被少数精英阶层把持之外,市民公社之间由利益不统一而造成的纷争,以及各街区分割管理所带来的市政不统一,可能是新的试图统一管理的市政机构急于取消这一组织的根本原因。从吴县临时行政委员会和苏州市政筹备处的公开理由来看,它们主要强调市民公社缺乏法理依据,不认其为"法团",同时也强调,市民公社的业务范围与全城统一市政机构中专门的交通、公益、公安等局以及早已存在的救火会存在着交叉的现象,权限无法清楚划分。市民公社

---

① 《组织市民公社》,《常熟日日报》1922年2月26日,苏州市档案局(馆)编《苏州市民公社档案资料选编》,文汇出版社,2011年,第332页。
② 《市民公社应行注意者》,《常熟日日报》1922年3月17日,苏州市档案局(馆)编《苏州市民公社档案资料选编》,文汇出版社,2011年,第332页。
③ 《市民公社的现象》,《社灯》1922年8月16日,苏州市档案局(馆)编《苏州市民公社档案资料选编》,文汇出版社,2011年,第333页。

活跃所带来的市政分割和利益纷争,往往使欲加强统一管理的全市范围的市政机构意图取消之而后快。这一点从黎里的情况中可见一斑。1924年黎里恢复地方自治,黎里市议会恢复后召开第一届常会,董事会交来的第一件议案即修正市民公社章程。从报纸报道可知,议会中很多议员或认为其"与自治章程完全抵触",或认为其"无存在之必要",或直接提出其为"骈枝机关,应即取消"。[1] 吴江县城的市民公社成立于1922年,至1925年即逐渐销声匿迹,[2] 常熟县城的市民公社主要是在1922—1923年活跃一时,此后亦难见踪迹,[3] 似乎表明这一模式很难持久。

  关于苏州市民公社被撤销和接收的原因,学界多强调国民党入主苏州城市后,有加强政府威权、弱化民间组织的倾向,从而导致市民公社的消亡。[4] 但从清末地方自治以来苏州城市管理机制演化的过程来看,市民公社是在城市管理机构不健全的情况下,以绅商为主的城市居民主动成立的承担街区地方自治事业的机构。这一机构具有民主的特征,便于激发民众的积极性和士绅、商人的财力支持和组织力量,但同时也带来了市政条块分割、各自为政的弊端。陈文妍在其关于苏州自来水建设的研究中已经指出这一点。[5] 我们从20世纪20年代围绕苏州工巡捐局董事名额的纠纷中也可以看到这样一种利益不统一的局面。从某种程度上来说,成立一个相对统一的市政管理机构以便开展全域性的市政管理、建设与规划似乎已成为当时苏州社会的一种需要。因此,当更有雄心、职能更全、更强调系统性的城市管理机构成立以后,将其吸纳接收是很正常的。

  20世纪上半叶中国的市政建设出现过两次高潮。第一次是在20世

---

[1]　《市民公社存废问题》,《新黎里》1924年5月16日,苏州市档案局(馆)编《苏州市民公社档案资料选编》,文汇出版社,2011年,第358页。

[2]　吴江县市民公社成立情况,参见苏州市档案局(馆)编《苏州市民公社档案资料选编》,文汇出版社,2011年,第380页。该书所收报刊关于市民公社的报道最晚时间为1925年6月。

[3]　参见苏州市档案局(馆)编《苏州市民公社档案资料选编》,文汇出版社,2011年,第346—352页。

[4]　参见李明《苏州市民公社解体的缘由》,《学术月刊》2001年第12期;郑芸《现代化视野中的早期市民社会——苏州市民公社个案分析》,社会科学文献出版社,2008年,第302—316页。

[5]　陈文妍:《苏州自来水事业的尝试和困境(1926—1937)》,《近代史研究》2020年第5期。

纪初清末新政之时，当时城乡合治体系刚被打破，清朝官府对新兴的城市建设领域完全陌生、无从下手，于是像市民公社这样的城市自治社团乘势而起，主动承担起市政建设的职责。第二次高潮出现在二三十年代，随着城市经济的迅速发展，市政建设也日益成为一门显学。但和第一次高潮有所不同的是，市政建设的主体应该是地方政府已逐渐成为诸多受到西学熏陶的知识分子的共识，如叶秋原就认为，"都市之政府的工作，是一种为大众的工作"，例如"敷设道路的工作，是政府的工作"。① 特别是北伐成功以后，笼络了大批留学欧美知识分子的国民党政府视市政建设为己任，"锐意整顿市政，市政之兴，尤为蓬勃"，② 甚至把推进城市建设看成实现社会改良、彰显国家威权的重要手段，全国重要城市如南京、北平、上海等均掀起由行政当局主导的城市建设高潮。苏州也不例外，曾留学日本的建筑学专家柳士英被聘任为苏州市政筹备处工程师，后出任苏州市工务局首任局长，他就强调"办市政者，必先有系统之机关"，③ 这一"机关"显然非行政当局莫属。在这样的背景下，苏州市民公社最后被接收顺理成章。

3. 市县划界与款产之争

在苏州市政筹备处时期，因为吴县县长和苏州市政筹备处主任由王纳善一人兼任，此时吴县县政府和苏州市政筹备处没有明显的矛盾，但是随着苏州市的成立，县政府与市政府的矛盾逐渐尖锐起来。

苏州市政府成立后面临的第一件事是县市划界。④ 在苏州市长陆权宣誓就职的典礼上，县长彭国彦在演说中就提到："县市的范围，县市长的责权，分不清楚，确是办理市政最感困难的事情。"⑤ 因此，苏州市长陆权上台伊始，便将划分市县区域作为重要工作。苏州市政府财政科施

---

① 叶秋原：《市政与国家》，王云五、李圣五主编《市政问题》（东方文库续编），商务印书馆，1933年，第2—3页。
② 李宗黄：《市政指南》，商务印书馆，1928年，第4页。
③ 柳士英：《序言二》，苏州市政筹备处编印《苏州市政筹备处半年汇刊》（1927年7月至12月），1928年8月1日，第2页。
④ 苏州地方志办公室徐云先生有两篇文章《二十年代末苏州设市始末》（《苏州史志资料选辑》第六辑，1986年）和《二十年代末苏州市与吴县界线之划分》（《苏州史志资料选辑》第十五辑，1990年），对苏州市的设立与取消以及市县划界纷争有较详细的梳理，为本书的撰写提供了基础。
⑤ 《陆市长宣誓就职纪》，《苏州明报》1928年12月11日，第2版。

政计划中将"呈请划分市县收入"作为内容之一，认为"本市收入，由前市政筹备处从工巡捐局、交通局递嬗而来，对于市县收入，并未划分，现市政府正式成立，自应呈请划分，以□收入而明统系，方于财政统一，不生阻碍"。① 市公安局1929年度工作计划中亦列入"划定市县警区"，称："查苏州警察区域，本有县区划入，且与各市乡互有毗连，犬牙交错，甚至离城极近之地，为其他市乡所辖者，实属漫无标准。现在市政府成立，自当先与吴县县政府，会同勘明，与各市乡分界地址，另绘详图，以明管辖责任。"②

市政府最初拟定的市区范围颇大，继则筹划县市分治区域，以城厢及附郭一带为市范围。苏州市政府呈文江苏省政府，要求尽快明确和划定与吴县的界线，并绘制了详细的划分市县界线的《苏州市区域全图》，同时阐述了划分市县界线的理由：一是以天然界线为界线，不使一村落分治两政机关，以免种种纠纷；二是地域适度整齐，四周与中心之距离大致相等，以便新政之设施与管理；三是不使将来进展上发生阻碍及预防人口过度集中，以免日后感到困难与变更不便；四是苏州素以名胜古迹蜚声中外，将就近胜地划入加以整理，不仅可供市民游览，而且可吸引中外游客，促进苏州的繁荣。在呈文中，特别对将陆墓、金鸡湖、独墅湖等划入苏州市区域做了说明。苏州市政府认为，金鸡湖、独墅湖之间有一狭长约二里的半岛，拟辟为公园或疗养院；金鸡湖水清洁异常，深浅适度，湖底泥土较硬，近旁李公堤树荫夹道，是游泳避暑的最佳场所，拟辟一游泳池。东部地势较低，适宜辟为园林与发展林业和渔业，对苏州市发展较为有利。北部的陆墓，毗连市区洋泾塘，以前市区与陆墓经常发生纠纷，若将陆墓划入市区，不仅是地域上的需要，也可避免纠纷和矛盾。呈文最后提出，所拟苏州市区域"万一必须缩小"，则请求能给予"分期扩大"。③

1929年5月22日省委专员孙东城（民政厅）、王志均（建设厅）莅苏，会同苏州市、吴县划界，5月24日至27日实地勘察之后，于28日开会商议，市长陆权发言称："所拟市区界址，曾经半月之研讨，并亦实

---

① 《苏州市政府土地财政两科施政计划》，《苏州明报》1929年2月22日，第3版。
② 《苏州市公安局十八年度施政计划（一）》，《苏州明报》1929年2月23日，第2版。
③ 《苏州市政月刊》第1卷第4号，1929年。

地踏勘，事实上需要，确属如是，绝不敢过事扩大，不落实际。"县长彭国彦称："若欲扩大，则当以民众意思为归，刻民众团体，纷纷反对扩大，本人实难置之罔闻，容与各乡民众讨论后，方敢发表正式意见。"最后，王志均发表了对市县界线划分的看法："市政府所拟界线，四周环以河道，四郊平均推广，较诸原有市区，虽有两倍余之大，尚与原则相近。"关于市区四郊范围，他认为："城之西南两郭，本有市廛，且已繁盛，似可照市府原拟划定；东北两郭，不妨缩小，俟一二十年，市政建设著有成绩后，再行推广。"至于石湖归属，王志均的意见是："石湖诚为胜迹，尽可建设，县市合力进行，自较任何一方单独办理为易，故亦不必定欲归入市区。"[1]

县市双方的争执，也引起了苏州市民之间的争论。

吴县市乡行政联合会于1929年6月4日召开会议，与会县属各市乡行政局长20余人，一致反对将县境附郭划入市区，并要求保持原有县境范围。主要理由为：其一，苏州市政府拟定市县界线，超出了原有境界二三倍以上，分裂支离即将由省核定的吴县十九区的区域，致使吴县境界为苏州市区域东西横梗，南北隔裂，将造成苏州有市，而吴县不能为县；其二，为防止人口过度集中，而扩大市区范围，实际上这是百年以后的事，然破坏县境完整则是眼前的大事；其三，苏州市上年冬才成立，哪有什么悠久历史、名胜古迹可言，而吴县之为县，则远自秦初，因此，苏州的历史就是吴县的历史；其四，苏州市成立未满一年，成绩并不显著，税收却增加二十余种，乡区贫苦民众不能承受如此重负。为此，吴县各市乡行政局长"联名要求民政厅，仍照原有区域，明定界址"。[2]

1929年6月6日有市民上书省民政厅反对市区扩大，文曰：

> 县市原界在附郭一带，犬牙交错，颇多含混之处，事实上诚有确定之必要。惟市府提出之经界，竟较原有区域扩充数倍，所持理由，曰天然界线，曰名胜关系，质言之，为将来扩充之计。夫将来之计，固须绸缪，但现欲扩充，则行政能力与事实需要，实为先决

---

[1] 《江苏省政府公报》第245期，1929年9月24日。
[2] 《各乡行政局长绝不使整个吴县分裂支离》，《苏州明报》1929年6月5日，第3版。

问题。就市政现状而论，公安局之警力，尚不能遍布平门一带，何论四乡？工务局之财力，而不能整理旧有街市，何论另辟新区？至于教育，则现状岌岌，尚难维持，更无扩充之可能。当此时机，市府犹欲扩大经界，其眼光之远大，殊堪惊服，而目的所在，殆为伸张捐额，分润附税。然而增加人民负担，当为人民谋利益，现市府心长力绌，无可讳言，吾侪市民，方期缩小范围，多办事业，增拓地盘，非所□□。为此呈请钧府，就原有经界，略加修正，勿过更张，庶几纠纷可免，而县市行政双方有利。①

为解决纠纷，民政厅专门派视察员莅苏，民政厅表示："现在地方求治心切，应注重实力办事，故划界问题，亦将视实力为标准。"②

1929年6月17日《苏州明报》刊登了王兆杰等78人的《为苏州市划界郑重宣言》，该文首先强调苏州市的设立必要性，接下来讲道："县市界线不确定，不但可以引起行政上的许多纠纷，就是一切事业，都会发生许多的窒碍，所以省府对于这个问题，非常重视，特令由民政建设两厅，委派专员来苏，切实查勘，这是毫无异议的。主观的事实和客观的环境，的确都需要这样一劳永逸的县市界限的确定。至此，我们更敢说，这次反对县市界限确定的，是故意捣乱，是封建思想的表现，是反革命派的行动。""要划定苏州市自治区域，应当根据苏州市为适宜住宅都会之最大原则和实际的需要，尽量扩大，以期造成未来的更美丽、更舒适、更进步的苏州市。具体的说，苏州市自治区域，倘使不能扩大，居民就不易迁移，狭窄的街道就无法拓宽，交通更难期成便利，一切建设、警卫、教育、公益等事业，都无由发展了。"最后该文呼吁道："市民们，我们再不要坐视了，你看，一切反动分子、土豪劣绅，以及为个人利益而执政的贪官污吏，一联合著，开始向我们进攻，以达到剥夺我们的利益，束缚我们的自由，事实上已经告诉我们，这已是我们苏州市全体市民团结，和一切封建势力战斗的时候了。虽然我们主观的力量，不能怎样的充实，可是公理尚存，最后的胜利，当属我们的。让我们携

---

① 《市民呈省：反对市区增拓地盘》，《苏州明报》1929年6月7日，第3版。
② 《县市划界问题》，《苏州明报》1929年6月15日，第3版。

手高呼,打倒破坏地方自治的土豪劣绅,扑灭捣乱党国纲令的反动分子,驱逐图谋个人利益的贪官污吏,铲除阻挠革新市政的封建势力。反对设立苏州市的是苏州市民的公敌,反对确定市县界限的是捣乱派,主张苏州市自治区域尽量扩大,扩大市区域是全市市民的福利。希望党部起来检举反动派,要求政府容纳市民的意见,创造完美的革命的新苏州市。"这篇宣言署名人数众多,言辞激烈,充满了政治性、口号性的语言,将反对者称为"公敌""捣乱派""反动派",用词很重。

《苏州明报》编辑汪崐厂特意加了编者按,提出了自己的意见,该编者按亦颇堪玩味。汪崐厂写道:

> 关于"拥护苏州市的设立",编者甚表同情,但是如果要进一步把市区扩而大之,编者却不敢附议。何以言之?请毕吾说。我们站在市区的立场上,尽不妨登峰造极,纵览四方,仰着脖子,扬着嗓子,大声疾呼的说道:"我们市区要扩充到东面的那里,我们的界限,要规划到西面的那里……"择肥而噬,未尝不可一快朵颐,但是一就近观察到我们市区现有的情势,那就可以感觉到这种"是理论,只可讨讨嘴上便宜,目前绝对不可以成为事实的"。在王兆杰等的宣言里有一段说"……苏州市,到底怎样?街道狭窄,市容不整,那里谈得上美丽?空气恶浊,设备不全,那里谈得上舒适?文化落后,建设毫无,那里谈得上进步?……"云云。试问以上种种事实,何以致此的呢?可以两言以蔽之道"无贝之才不济,有贝之财市民亦不肯担任"啊。那末我又要问如果市区扩大之后,市民是否就能够更变故态,对于市政府需要的经济,踊跃输将呢?恐怕力量上仍旧是不能够罢?假使以为市区扩大之后,收入定必较丰,把彼注此,经济上就无复拮据之虞,哼哼,不知那位外国留学回来的经济博士,敢有这种预算的把握?其结果恐怕等于"老翁吊少女的膀子",片面想想罢了。……综括这几句话,现在我们市民应尽的责任,只有督促市政府积极把固有区域的市政,修治完善了,一方面我们更要不吝解囊,以经济力量帮助市政府的成功,那才算得是良好市民。倘若不此之务,仅要想帮助市政府拓宽地盘,那简直是"瞎子趁淘

笑"和调而已,算什么一回事呢?①

6月20日,吴县党部执行委员第8次会议上,第三区直属区分部提出呈请转呈省党部,咨省政府,市县划界,应保留原界案,议决,照转。② 这显示,反对苏州市扩大市区,似乎成为苏州市民更普遍的意见。

9月11日,市长陆权透露:"县市界限,前曾由省委拟定,市区东止金鸡河、南止澹台湖、西止枫桥镇、北止陆墓镇。(中略)省府当于十一日召开临时会议,更定市区范围,南西二方面照原拟,东面划去金鸡河,北面划出陆墓。一经省方正式派员履勘后,即将正式成立县市界线。"③

11月1日,市政府接奉民、建两厅会令,最终划定苏州市区界线,所辖四至如下:(西郊)由殷家荡之东,沿河南行,经虎丘山后福星桥,南行经双板桥,越河直线至枫桥镇,过寒山寺,经江津桥,沿河东行,经文村桥,至大汇港口为止;(东郊)由大前港口北行,沿黄天荡之西,由沙港北行,经南泾港,直达田大港南端;(北郊)由田大港南端,折西经大洋泾河、陈家桥港、金家桥村,折北经南小桥、芦草泾桥,向西一直线,与西郊界线之北端相接。④ 市区划定后,市区面积三十七万七千四百七十七亩,计六百九十九方里,其中陆地面积三十六万八千四百七十七亩,计六百八十二方里又三,江河面积九千亩,计十六方里又七。⑤ 这个辖区面积虽然没有达到市政府最初所筹划的市区面积,但比原有市区面积有所增加,应是市县双方讨价还价、互相妥协的结果。

鉴于市区范围较前扩大,市公安局警力亦筹划扩充。计划在阊区境内增加四个派出所,一在枫桥,一在横塘,一在枫桥与横塘之间,一在大觅渡桥;东区境内增加一派出所,地点在陆墓。五所警力约增加百名,枪械如数。至于保安、骑巡、水巡、侦探各队,亦计划酌量增加。⑥ 后

---

① 《市区要不要扩大?》,《苏州明报》1929年6月17日,第3版。
② 《县党部之决议案》,《苏州明报》1929年6月21日,第3版。
③ 《县市划界与市教费》,《苏州明报》1929年9月12日,第3版。
④ 《市县划界已确定》,《苏州明报》1929年11月3日,第3版。
⑤ 《苏州市政之新统计》,《苏州明报》1929年11月22日,第3版。
⑥ 《市区扩大后:市警察实力大扩充》,《苏州明报》1929年11月22日,第3版。

又增加计划，拟增设两分驻所、七派出所。①

界线虽然划定，但具体划界之勘定以及如何接收事宜，又成为摆在市政府面前的问题。市政府为此专门组织划界接收委员会，并派人员赴市区边界履勘。②这时候有部分市乡对划界提出异议，呈请缓议。如第一区（浒墅关）呈请县政府暂缓实行划界，其理由有三点：一是划界可能影响正在实施的征工筑路；二是"苏市公安实力，以保护原有市区，时虞不足，突然扩充境界，其鞭长莫及之慨，无可讳饰，又况际兹盗匪出没无常，如果急于实行新界，奚啻将安善之区，而沦入自顾不暇之市"；三是"市府原有学校，尚属不能维持，岂有扩充新郊教育之可能。分润附税事小，停顿教育事大"。③可见，很多市乡对于划入市区并不看好，态度消极。

1930年1月15日，《苏州明报》刊登了市县界线最终划定的消息，经市县双方和省委专员共同勘定会商，界线略有调整，呈省议决。④如此，县市划界终于确定，历经一年多划界纠纷告一段落。虽然此后仍有一些异议，如第四区（尹郭）"因郭巷乡之廿四都五、六、七、八、九、十一、十二等图地方，按照地方形势沿革，向系属县，今遽划入市区"，呈请县政府"准将该七图地方，仍然划归县区"。⑤总体来说此后没有出现太大的风波，但市政府已到了被取消的前夜。

苏州市政府面临的第二件事是县市之间的款产划分。市政府在其存在的一年半左右时间里，一直面临着财政资金的困难，市政府试图通过县市的款产划分以及市县界线的划定来解决这个问题。⑥

苏州市甫一成立就面临着教育经费的紧张。1928年12月4日，苏州市政府在行政院核准的当天，即遭遇教员罢课索薪。当日，苏州市立小学教职员386人先后赴市教育管理处、县教育局、苏州市政府请愿，要

---

① 《市政扩大范围续闻》，《苏州明报》1929年11月23日，第3版。
② 《市政扩大范围续闻》，《苏州明报》1929年11月23日，第3版。
③ 《浒墅关划界意见》，《苏州明报》1929年12月19日，第3版。
④ 《市县划界业已呈省请示》，《苏州明报》1929年1月15日，第3版。
⑤ 《尹郭区请还辖地》，《苏州明报》1929年2月25日，第3版。
⑥ 胡勇军曾对市政府财政困难问题中最突出的教育经费问题进行了分析讨论。参见胡勇军《从教育经费看民国苏州市的市政建设困境》，《城市史研究》第39辑，社会科学文献出版社，2018年。

求发放10月所欠30%教费以及11月全部教费。1928年12月17日，市政府接收市教育管理处。① 此后，各校校长几乎每月都要赴苏州市政府请愿，请求发放教育经费。苏州市教员讨薪事件一直持续到苏州市撤销。1930年5月16日，苏州市政府奉令撤销，就在当月初，教职员以欠发教费两月余为由，组织讨薪会。3日，苏州市小学教职员临时联合会召开全体大会，决议全体辞职。县市合并后，吴县教育局对3月所欠教费仅表示会陆续发放，但无法确定具体日期。21日，原苏州市40余所小学教职员和校长提出辞职。在压力下，县长黄蕴深同意月底前发清3月教费，并于7月底前发清4月至6月教费。28日，教职员复课，风潮至此暂时平息。

为什么苏州市的教育经费如此困难并如此难以解决呢？这还要从市教育管理处说起。1929年12月全市小学教职员集体辞职事件中，市政府电呈省政府主席钮永建称："市长任事之初，前教育管理处积欠教费已有两月，并负债至四万元之巨。自职府接收全市教育以后，对于教费，虽因事实关系，未能按月发放，但于职府成立一年中，先后发放教费凡十有二月，此十二月所需二十五六万之教费，均由市长设法筹措……十月份经费，勉筹三成，先行凑发，其余七成，允于最短期间内再行筹拨。"② 原来，在苏州市的前身市政筹备处时期，苏州市的教育款产单独由市教育管理处管理，教育管理处主任则由吴县县长兼市政筹备处主任王纳善兼任。在苏州市政筹备处成立之前，吴县教育局统筹城乡教育事业，当时教育经费最大的来源是忙漕附税，而市教育管理处并没有划分到这一笔款项，主要收入只是由吴县教育局代收之田租以及房田地租、住户房租、经忏捐、屠宰附税等几项，为数甚少，大头一直靠从吴县公款公产管理处息借，由此导致"积欠教费已有两月，并负债至四万元之巨"的局面。

市政府成立后，便试图通过市县款产的划定来解决财政困难。市政府要求将忙漕附税中八分亩捐划分给市政府一部分，并且将由县划归市的五校经费转给市政府，如此则市政府的教育经费可以解决，恰如市政

---

① 《市政府消息》，《苏州明报》1928年12月18日，第3版。
② 《小学教职员辞职第二日》，《苏州明报》1929年12月25日，第3版。

府财政科长张庆瀛所说:"惟教育经费年约廿八万,此中以吴县划分忙漕中之亩捐,及以前未交来之五校经费为关键,因此两项,占去经费之大部。一俟划出,则教育经费收支,即可适合,而本年度全市收支,亦可适合矣。"①

故此,1929年1月,苏州市长陆权向江苏省政府提出将八分亩捐平均分配,县市各占一半,如此则苏州市教育经费可以增加6.6万元。另外,苏州市政府要求县政府将城东、城中、城南、城北、城西五所小学经费5万元划拨给市政府,其理由为:"自市县教育局划分后,该五校改归市立,此举在县教育方面无形中每年减轻五万元之支出,而属市教育本在经费艰窘万状之际,复增加五万元之负担,衡诸情理似均不合。"②但与吴县政府交涉无果,陆权只好呈请省政府和中央大学解决。③ 1929年7月,中央大学督学尹志仁奉令赴苏,与县市教育局长洽谈,商议办法两项:一是县市双方合理划分八分亩捐;二是吴县教育局将五校经费拨还苏州市。④ 据《苏州明报》报道,中央大学议决县市教育局按照六四分配,县六市四,分配八分亩捐。⑤

但吴县政府和教育局一直以经费困难为由拒绝划拨两项经费。9月4日,苏州市长只好晋省请示办法。9月13日,江苏省政府委员会第224次会议议决"五校经费应就原收入由县支给,征收八分亩捐项下,准暂借一万元,其余待教育厅成立后,查明详情,妥为划分"。⑥ 但吴县教育局上呈教育厅屡陈困难。⑦ 县方以"苟照数划出,则县教费在十九年三月后亦将同处山穷水尽之境"为由,呈请省政府复议。⑧ 总之,直至苏州市政府取消,市教育经费中的八分亩捐和五校经费问题一直没有得到

---

① 《苏州市全市财政盈绌之关键》,《苏州明报》1929年8月20日,第3版。
② 《呈报教育经费状况及开源节流办法由》,《苏州市政月刊》第1卷第1号,1929年,第57—60页。
③ 《教育经费困难请准拨八分亩捐以资挹注》,《苏州市政月刊》第1卷第4、5、6号,1929年。
④ 《下学期市教费》,《苏州明报》1929年7月1日,第3版。
⑤ 《县市教育所争之八分亩捐分配问题》,《苏州明报》1929年8月26日,第3版。
⑥ 《议决维持苏州市教育经费办法》,《江苏省政府公报》第250期,1929年,第16—17页。
⑦ 《县市教费之争执》,《苏州明报》1929年10月23日,第3版。
⑧ 《苏市与吴县争拨教费》,《申报》1929年11月1日,第17版。

解决。

　　除了教育经费问题，还有地方公款公产的划分问题。市政府成立后，一直要求将地方公款公产进行划分，但因市县界线没有划分，所以延宕下来。直到1929年10月，市县界线已经基本确定，市政府再次呈请民政厅进行划分，民政厅批示云"查该市区域业经确定，所有市内各项款产，自应划归管理，以清权限"，并训令苏州市长与吴县县长妥商办理，造具清册，呈候核夺。①

　　1930年2月10日，苏州市长陆权召集地方人士和各团体代表商议划分地方款产事宜。在会议的前一天，张一鹏投书《苏州明报》发表意见，认为慈善事业的公共机关不应划分。② 在10日会议上，丰备义仓的归属成为问题的焦点。参与会议的地方人士多数主张不划分，实行市县共管。地方人士之所以不支持款产划分，将丰备义仓划归市有，一方面是因为丰备义仓到底是归县所有还是归市所有存在不同意见。据潘振霄言，"义仓之争，已有二十余年"，徐镇之则称："畴昔县议会虽曾动议将丰备义仓属县，但争归市有者，均一致退席，致无结果，至今成为悬案。"从潘、徐二人的发言中，我们可以了解到丰备义仓的归属是苏州地方上一个长期症结，大约从晚清民初地方自治开始以来，丰备义仓到底是属县还是属市就成为一个长期争论的问题。

　　地方公款公产之所以成为地方自治以来争论的焦点，与地方自治中关于自治经费的规定有关。晚清颁布的《城镇乡地方自治章程》第九十条规定："城镇乡自治经费，以左列各款充之：一、本地方公款公产；二、本地公益捐；三、按照自治规约所科之罚金。"第九十一条规定："前条公款公产，以向归本地方绅董管理者为限。"因为地方公款公产是地方自治的经费之一，所以各级地方自治机构都想争取，关于地方款产的归属争议就随之而起。在地方人士看来，丰备义仓到底归属于市还是归属于县，很难判定，不如采取共管的办法。在市政府方面，则因南京国民政府时期所设立的市一级行政管理机构，也依然沿袭着地方自治的传统，"以地方之款办地方之事"，其行政和事业经费亦将包括公款公产

---

① 《市区之公款公产省令应由市府管理》，《苏州明报》1929年10月10日，第3版。
② 《张云抟对于市县款产划分之意见》，《苏州明报》1930年2月10日，第3版。

在内的地方收入作为主要支撑，因此市政府也就势在必得。另外，地方人士对于丰备义仓划归市有存有疑虑，怕这样会影响到地方人士在地方公款公产上的主导权。

虽然地方人士反对，但市长陆权仍坚持认为："今市区既经划定，所有应归市管之款产，自应接收整理，以便扩充事业。所有丰备义仓，为市民潘韩两氏捐资所立，市公所曾将该仓接收，足征该仓确属市有。""市县款产，如用共管制度，则仍是敷衍局面，不合时代潮流，难有发展事业之希望。"① 并随即正式向省民政厅提出将丰备义仓划归市有。②

《申报》报道："一般地方人士，对于此事，极为注意，日来奔走相商，甚为活动。"③ 第十六区（黄埭）区长吴家振具呈县政府，反对将丰备义仓划归市有。④ 张一鹏则在报纸上投书要追究县长和公款公产管理处对款产管理不善的责任。⑤ 吴县区长同学会亦开会反对，并推定代表拟稿上书民政厅。⑥ 面对反对声浪，市长陆权出面解释道，丰备义仓划归市有并非将之改为市仓，市义仓与市仓性质不同。⑦ 正在争执不下之时，3月25日，省政府第275次会议决定，苏州市政府原则上取消。市政府自身难保，款产之争也就不了了之。

4. 苏州市的撤销

1930年5月16日吴县与苏州市正式合并，吴县政府接收苏州市各机关，并迁至市政府原址办公，原苏州市范围成为吴县的三个区（即第一、二、三区）。苏州市政府1928年11月正式设置，1930年5月撤销，存在时间仅有一年半，若加上"市政筹备处"时期（1927年7月1日正式设立），共2年10个月，不到3年时间，可谓昙花一现。为什么苏州市设立不到3年时间就匆匆撤销了呢？其原因可从以下三个方面展开分析。

首先，市组织法的变更。设立市政府是南京国民政府时期在地方行政管理制度上的一个创举。1921年国民党控制的南方政府公布《广州市

---

① 《丰备义仓之主权问题》，《苏州明报》1930年2月11日，第3版。
② 《呈请丰备义仓划归市有》，《苏州明报》1930年2月12日，第3版。
③ 《市县划分款产之纠纷》，《申报》1930年2月12日，第3版。
④ 《丰备义仓划归市有之反对》，《苏州明报》1930年2月15日，第3版。
⑤ 张一鹏：《敬问黄县长及管理款产者》，《苏州明报》1930年2月17日，第3版。
⑥ 《县区长同学会反对丰备仓划归市有》，《苏州明报》1930年2月17日，第3版。
⑦ 《丰备义仓归市有之陆市长谈话》，《苏州明报》1930年2月18日，第3版。

暂行条例》，设立广州市。1927年国民党获得全国政权后，将广州市的经验在全国范围内加以推广。5月7日，国民党中央政治会议通过并公布《上海特别市暂行条例》，设立上海特别市。6月，首都南京也设立为特别市。

　　1927年5月，南京国民政府成立江苏省政府，实行省、县二级制。1928年7月3日，国民政府颁布《特别市组织法》和《普通市组织法》，规定市分特别市和普通市两种，特别市直属国民政府，普通市隶属省政府。凡首都和人口在百万以上的都市，以及其他有特殊情形的都市，经中央批准，可以设特别市。根据这个规定，全国先后设立南京、上海、北平、天津、青岛、武汉、广州七个特别市。关于普通市，法规规定：凡人口在20万以上之都市，得依所属省政府之呈请暨民国政府之特许建市，市直属于省政府，不入县行政范围。①

　　江苏省民政厅厅长钮永建计划首先在苏州、无锡、镇江、南通、徐州五个城市建立市政厅。② 苏州市政筹备处和苏州市政府的设立即在这样的背景之下产生。从实际的施行来看，镇江、南通、徐州都没有改市的实际举措，江苏省唯一的省辖市是1928年设立的苏州市。除苏州市之外，1927年还设立了无锡市政局，1929年设市政筹备处，但未得到国民政府的正式批准，最后也于1930年4月与苏州市政府同时撤销。③

　　1930年5月20日，国民政府又颁布新修正的《市组织法》，废除原先的特别市与普通市，将市分为直隶于行政院的院辖市与直属于省政府的省辖市两种。关于院辖市设立的标准，依照该法规定，凡首都或人口在百万以上者，以及政治、经济上有特别情形者，得直隶行政院，设为院辖市。但以上各项均以非省政府所在地为限，如为省政府所在地者，该市应隶属于省政府（1933年5月，国民政府取消了省会不设院辖市的规定）。

　　关于省辖市，新修正的《市组织法》第三条规定："凡人民聚居地方具有下列条件之一者设市，隶属于省政府：一、人口在三十万以上者；一、人口在二十万以上，其所收营业税、牌照税、土地税每年合计占该

---

① 钱端升等：《民国政制史》下册，上海人民出版社，2008年，第703页。
② 胡树声：《江苏省普通市设置计划》，《明日之江苏》1929年第2期，第36页。
③ 钱端升等：《民国政制史》下册，上海人民出版社，2008年，第760页。

地总收入二分之一以上者。"① 设市标准比以前大为提高，因此在以后相当长时间中，有的城市只能以市政筹备处及市政委员会等形式过渡。直到1947年7月，再次修正的《市组织法》始降低准予设市的城市人口标准。

江苏省呈请撤销苏州市的理由之一是苏州市不符合新修订的《市组织法》的相关规定。从人口看，据1928年统计，苏州市人口总数是261709人，不足30万。但市民徐传桂等在呈请省政府收回撤销市政府时指出："查苏州人口，在民国十七年，就旧有区域调查，已达二十六万以上，今则新区域已由钧府派员会勘划定，比之旧有区域，扩大几及一倍，其人口自当随之而增加。益以近年之匪患灾歉，乡民之徙居于市者，日繁有众，人口之突增，又属可惊。目前苏州市人口，虽乏确切之统计，然为数当在三十万以上，自可征信。按照中央政治会议所定设市原则，并无不合。"② 由于1930年无人口调查，我们无从知道该年的人口数据。据《吴县（城区附刊）》所载《吴县城区户口增减数调查表》，1929年的人口数据与1928年的人口数据竟然完全一样，显然是照抄1928年的数据，而且1930年不进行人口统计之举也颇耐人寻味。那么，1930年的苏州人口能否达到30万呢？据《吴县（城区附刊）》，1931年的苏州城区人口数量是334900人（其中，住户291347人，船户6669人，商户36884人），③ 1930年人口达到30万应该是很有可能的。

自1927年到1936年，全国被裁撤的市有19个。除了苏州市之外，1930年被撤销的还有安庆市、九江市、无锡市政筹备处、芜湖市政筹备处、蚌埠市政筹备处。④ 可见苏州市并非特例。吴松弟等指出，在相当长的时间中，人口和税收确实是国民政府批准各地设市的主要标准。然而，如果城市地位特别重要，行政院也会降低人口和税收的标准而予以设市。1935年江苏省政府决定析灌云县墟沟老窑一带设置连云市。内政部认为连云人口在10万左右，税收也不多，尚未达到设市标准，但它是

---

① 《市组织法》（1930年5月20日），王建学编《近代中国地方自治法重述》，法律出版社，2011年，第223页。
② 《（市政府）问题尚未解决》，《苏州明报》1930年4月5日。
③ 《吴县户口统计表》，乔增祥：《吴县（城区附刊）》，吴县县政府社会调查处，1931年。
④ 赵可：《城市组建与民国前期的城市建设和管理——以长江流域城市为中心的考察》，陈锋主编《明清以来长江流域社会发展史论》，武汉大学出版社，2006年，第840页。

滨海重镇，港埠市政的规划设施刻不容缓。行政院交内政、军政、财政三部及江苏省政府再行审查，最后准予设市。1929年广东省政府要求设立汕头市，认为虽然城市人口只有14万，与《市组织法》不相符，但从交通、贸易及税收方面看有设市的必要。这项要求获得了南京国民政府批准。① 从以上案例中可以看出，人口数量问题并不是一个非常硬性的标准。对于苏州市来说，人口数量不达标应该仅是撤市的理由，而非其原因。江苏省政府撤销苏州市政府的训令颁布于《市组织法》正式颁布之前，对于省政府来说，做出这样的决定另有原因。

其次，财政困难与办理不善。当苏州市政府成立二月余之时，报端即传出省方拟撤销市府，市政一切并归县府办理的消息。② 市长陆权为此专程赴省，询问真相，市民亦投函《苏州明报》，主张"决不能为了经费困难和办理不善，就听凭（市政府）归并到县政府办理"，并呼吁"全市亲爱的同胞们，我们大家负起责任诚恳的态度，去帮助和督促市政的进展罢"。③ 从以上报道可以看出，省政府在苏州市设立问题上态度摇摆不定，经常有撤销苏州市政府的消息传出，其主要原因是市政府长期经费困难，一直需要省政府拨款补助。

1930年颁布的《市组织法》规定人口在20万以上的地方设市的标准是"其所收营业税、牌照税、土地税每年合计占该地总收入二分之一以上者"。根据苏州市1928年11月至1929年6月半年的市政财务收支报告，苏州市总收入为235832元，其中市产房租收入2133元，各类税捐收入75654元，各类杂项收入8657元，合计86444元，以上三项收入仅约占总收入的三分之一。支出方面，市政府经费54480元，教育经费91133元，工务局经费32256元，公安局经费14896元，卫生费3016元，公用费4935元，其他支出42588元，合计243308元④。支出大于收入。⑤

事实上，财政困难、经费短缺早在市政府成立之初就已经存在。市政府每月总是入不敷出，亏空一万三千余元，多番告急省政府要求按月

---

① 吴松弟主编《中国近代经济地理》第一卷，华东师范大学出版社，2015年，第429—430页。
② 《县市有合并消息》，《苏州明报》1929年2月15日，第2版。
③ 《县市合并声中的市民意见》，《苏州明报》1929年2月18日，第2版。
④ 原文如此，经计算应为243304元。
⑤ 徐云：《二十年代末苏州设市始末》，《苏州史志资料选辑》第六辑，1986年。

补助。面对这种窘境,市长陆权在1929年11月4日的市政府纪念周上感叹道:"办理市政,比较吃力,需款浩繁,苏州市经费无着,实为市政前途一大障碍。"① 市政府积极要求市县划界和分割公款公产,其主要原因即试图以此解决财政困难。

市政府成立以后,因财政上捉襟见肘,建设上难有所为,容易使人谅解。但其行政经费的增长和居高不下,则成为市政府受人诟病的重要因素。行政经费的增长和居高不下,与市政府行政人员的扩张有密切关系。市政筹备处时期工务科职员9人,总务科职员4人,财政科职员5人,教育科职员4人,卫生科职员5人,另有调查员、勘察员、保管员若干,筹备处自主任至职员共计82人。市政府成立初期行政人员数量还控制在百人以内,其中人员最多的为工务局,共有职员27人,其次为秘书处,共有职员24人,社会科、财政科、土地科职员人数较少,分别为16人、12人、11人,另有市政府参事2人,以及编制内技术员2人(实际支取薪水的仅有1人),共计93人。② 而到了1930年,秘书处职员增至27人,工务局职员增至39人,财政科职员增至83人,土地科职员增至38人,社会科职员增至19人,总计人数已增至206人。③ 从人数上来说,市政府时期无论是人员的数量还是组织机构的数量都较市政筹备处时期有明显扩大,这种状况虽然理论上能够更好地进行城市管理和市政建设,但随之而来的行政支出大幅提升也增加了市政府的财政负担。

当省政府命令撤销苏州市政府之后,地方人士李惕庵、李楚石等呈请省政府规定以后市政经费不得超过百分之十,文称:"窃维苏州市政经费,既由前工巡捐局递嬗而来,当时月入仅数千元,犹以各项杂税为大宗。自改筹备处,而捐税增加,然平均月入亦仅一万二千元,核其收支报告,行政费用,尚能遵照不得超过总收入百分之二十五之成案。迨市府成立,范围扩大,费用浩繁,虽临涸泽,而统计按月收入,只有二万左右,行政费用则占半数以上。是以一载以还,各项事业捉襟见肘,不独市民嗟叹,而当局亦感艰困。幸蒙钧府洞烛民隐,命令撤销。此后机关既并,行政经费,至少当减一倍以上,事业发展,何啻倍蓰。惟事业

---

① 徐云:《二十年代末苏州设市始末》,《苏州史志资料选辑》第六辑,1986年。
② 徐云:《二十年代末苏州设市始末》,《苏州史志资料选辑》第六辑,1986年。
③ 苏州市政府秘书处:《苏州市政府同人录》,1930年印制(内部发行)。

既需续办，行政经费势不能免，苟无标准规定，则覆辙具在，殷鉴不远。就现状论，除工程教育等费外，如规定行政费用为百分之十，尽有支持之可能，其他苛细，或可酌量减轻。"① 从这个呈文可以看出，市政府行政经费过高，捐税增加过多，是招来反对声浪的重要原因。

从省政府的决策方面，亦可以看出财政方面的考虑占有重要的分量。1930年3月14日，江苏省政府改组，省政府主席钮永建去职，由叶楚伧出任省政府主席。改组后的江苏省政府采取紧缩政策。② 1930年3月25日省政府第275次会议决定，苏州市原则上取消，减少行政费，增加事业费，所有接管之机关，与事业之继续，交由民政厅核议。1930年4月，江苏省政府以财政困难，无力再拨补助费（1929年，省政府曾拨给苏州市补助费一万九千五百元、开办费五千元），且苏州市不符合国民党中央政治委员会审查修正的《市组织法》之规定为由，复呈国民政府取消苏州市，与吴县合并。③ 1930年5月1日，市政府接到省政府第231号训令：

  案照省政府第二八九次会议，讨论事项第二项，叶主席、胡委员提议，拟具苏州市取消后善后办法，原则六项，请公议决，当经议决：（1）以市府行政费三分之二，补充教育经费；（2）以市府行政费三分之一，增加建设经费；（3）原有市捐税之呈准有案者，不取消，别除陋规；（4）原有市区之公安事宜，归并县公安局办理，警示并须划一；（5）工务局并县建设局，社会科并县一科，财政科并县财务局；（6）由主管各厅派委员本此原则，赴苏协同处理等因。除分令外，合行令仰该市长遵照办理。此令。④

从省政府的训令可以看出，撤销市政府，将其行政费之三分之二用于补充教育经费，将三分之一用于增加建设经费，确可解决一部分市政

---

① 《市民李惕庵李楚石等呈请省府规定市政经费之标准》，《苏州明报》1930年5月17日，第3版。
② 徐云：《二十年代末苏州设市始末》，《苏州史志资料选辑》第六辑，1986年。
③ 徐云：《二十年代末苏州设市始末》，《苏州史志资料选辑》第六辑，1986年。
④ 《市府撤销》，《苏州明报》1930年5月3日，第3版。

建设中的财政困难。

最后,地方精英的反对。苏州市政府之所以撤销,法令的变革和财政困难固然是重要因素,但苏州市政府没有得到苏州地方精英阶层的支持似是更主要的原因。据包天笑回忆,他曾被当时的县长兼市政筹备处主任王纳善聘请为市政府的参议,"开会的时候,一张长桌,县长坐了主席,我们坐在两边,还有几位参议,他们的姓名,我完全不记得。起初也讲到苏州应兴应革的事宜,全是空话。后来便谈到从前的故事,近时的新闻,两个小时散会","那个苏州市,无事可办,成为一个赘疣。苏州这些士绅,起初是视若无睹,后来便啧有烦言,我们也觉得没意思,索性由地方人民上一个公呈,把苏州市撤销了(这呈子还是我代笔的)"。[1]

苏州市政府根据省政府命令撤销后,《苏州明报》有一篇名为《市县合并之昨讯》的报道,编辑特意插入一段很长的评论,颇堪玩味,现引述如下:

"为政不难,不得罪巨室",古之人早以做官之道诏告后人矣。顾今之官吏,奉此秘诀为金科玉律者,固不乏人,而强项令岸峻自守,亦未尝无人。以后者言之,如苏前市长陆侔逊(按:即苏州市长陆权),即其一列也。苏市政府之撤销,其原动力固由于省府紧缩政策有以致之,然陆侔逊操持狷介,不肯阿附巨室,亦其自丧市长寿命之一道。市人知之,市人知而告之,侔逊终不听,此非市人欲绝侔逊,实侔逊自绝于市人耳。……

夫我苏所谓大人先生之流,所企望于市政府者,诚如俗语所云:"又要好,又要跑,又要马儿不吃草。"惜乎市府人员,虽唯侔逊之马首是瞻,而侔逊未能作一不需吃草之马,而刍茇又日虞不给,然则欲求马之好而且跑,宁非戛戛乎难于登天哉?然则欲求马之不见弃于蓁主,宁非戛戛乎难于登天哉?记者有鉴于此,爰巫忠告于苏州之官曰:尔等最好能作一又好又跑不吃草之脚踏车,或者作一神庙中之泥马,以其虽不能跑,而草则无需也。非然者,行见其蹙蹙靡所骋,重蹈蹄涔,一蹶不振耳。

---

[1] 包天笑:《钏影楼回忆录》,中国大百科全书出版社,2009年,第548页。

……特今兹有一事端，为地方人士所认为不是快事者，事为原有市公安局保安队之归并问题。按照省令，保安队须隶属县警察大队，大队长一职，已经黄县长委由前县公安局曹肖平暂代，而地方人士费仲深、张仲仁辈，认为此事不妥，主张保安队类应归由公安局长邹敩公直接指挥，以便职权一统，而免两歧。因此费君等特于昨日午后，假座苏总商会晤谈，到有费仲深、张仲仁、程干卿、施筠清、季小松、庞天笙、潘子起及市公安局保安队长蒋仁垲等，讨论结果，决由费仲深起草电文，向省请愿。①

编辑在这里明确指出市政府被撤销的原因之一是其得罪了"巨室"。所谓"巨室"应指的是地方上有影响力的精英人物。编辑称"市人知之，市人知而告之，倅遜终不听，此非市人欲绝倅遜，实倅遜自绝于市人耳"，可见市长陆权在与地方精英关系上不妥协的决绝态度。那么，是什么使陆权与地方精英关系破裂的呢？观编辑言论中所云"又要好，又要跑，又要马儿不吃草"之语，可知症结出在地方财政经费的支配上，大约市政府所采取的一系列增加捐税、市县划界、款产划分等举措，触动了原有的地方利益格局，而且市政府所采取的行政化的、不与地方精英协商的管理方法，也违反了长期以来地方精英参与城市管理的传统，故引起所谓"巨室""大人先生"等地方精英阶层的反对。市政府在市县划界、款产划分、教育经费等问题上所面临的一系列困难，不能不说与地方精英阶层的不合作有关。那么，这些所谓"巨室""大人先生"到底所指何人？编辑并没有明说。但这篇言论系于"费仲深等向省请愿"的分标题之下，不仅使人揣测，其中所提到的费仲深、张仲仁以及商会领袖程干卿、施筠清、季小松、庞天笙、潘子起等人即文中所提及之"巨室"和"大人先生"，而费仲深、张仲仁应是其中的领导人物。

地方精英阶层对于苏州市政府的反对，其实有迹可循。1928年11月1日，在市政筹备处主任王纳善行将去职之际，张一鹏（云抟）在《苏州明报》上发表《市政筹备处十六年度收支报告之商榷》，指出市政筹备处在一年有余的时间里从未公布预算，以后继任者应该公布预算，同

---

① 《市县合并之昨讯》，《苏州明报》1930年5月18日，第3版。

时他也指出行政费过高的问题。① 苏州市政府成立以后,张一鹏从1929年2月28日至3月21日在《苏州明报》上分15期连续刊登《市政曝言》,发表对于苏州市政的看法,尤其对于市政府的行政费规模表示关注。② 而根据报纸报道可知,在市政府奉令撤销之前,十数名地方士绅曾联名"控市政府十大罪状于省政府",其中"关于工务局者四款,土地科者二款,市政府本身者四款",而署名者中有耆老张一麐。③

张一麐对于苏州市政府的态度从其为1931年出版的《吴县(城区附刊)》所写的序言中可见一斑,序称:"欧陆之所设市,大率兵事之后,民之贡亿于上者无以为偿,乃要求政府名之曰自由市。若夫无人民之所需要而政府自为之,是揠苗助长,鲜不中蹶。果尔以财用不足而罢者纷纷矣,苏市亦其一也。凡一县之天产、地实、物力、人工皆集中都市而乡日窳,非政之善者也。"④ 序言大意谓,苏州市政府的设立并非"人民之所需要",是"揠苗助长",设立市政府将会使全县资源集中于都市,导致乡村窳败,"非政之善者"。从张一麐此段序言可以看出,苏州精英阶层对于市政府的反对似不仅因其影响了地方上的既有权力格局,还缘于地方治理理念的冲突。苏州精英的自我定位并不仅是一城的代表,而是全县的代表,在他们看来,设立市政府的举措将导致各种资源集中于都市,从而影响全县的平衡发展。从南京国民政府推广城市型政府的初衷来看,确实存在着通过这一举措推动都市优先发展,从而推动整个国家现代化进程的考虑。⑤ 而这样的举措所带来的资源不平衡分配也确实会导致矛盾的产生,这一点在前述市县划界和款产划分中都有清晰体现,这样的矛盾冲突在设市过程中普遍存在,比如上海市政府在设立过程中即与上海县、江苏省之间长期存在着财政管辖权方面的争端。⑥

---

① 云抟:《市政筹备处十六年度收支报告之商榷》,《苏州明报》1928年11月1日。
② 张一鹏述:《市政曝言》,《苏州明报》1929年2月28日,3月1、2、4、5、6、10、11、12、16、17、18、19、20、21日。
③ 清风:《张仲仁控市政府十罪》,《大光明》1930年4月3日;一猫:《张仲仁确控市政府》,《大光明》1930年4月6日。
④ 乔增祥:《吴县(城区附刊)》,吴县县政府社会调查处,1931年,张一麐序。
⑤ 参见陈国灿《江南城镇通史·民国卷》,上海人民出版社,2017年,第1—3页。
⑥ 参见〔法〕安克强《1927—1937年的上海——市政权、地方性和现代化》,张培德等译,上海古籍出版社,2004年,第16—17页。

市政府与地方精英势力的矛盾，从市政府的人员构成上也可看出端倪。朱毛轩曾分析市政筹备处与市政府人员构成的异同，他指出，这两个机构的人员都以苏州本地人士为主，而且有出洋留学经历的人员比例都很高，其年龄也多数在50岁以下，但是两个时期的人员甚少交叉，原市政筹备处时期的主要人员中，除财政科科长汪行慈履新出任工务局取缔科科长、秘书兼稽核主任徐之澄履新出任工务局总务科科长之外，再无原市政筹备处人员履新的情况。另外，市政府时期有军队背景的人员明显增多，市长陆权系军人出身，此外，市政府秘书闵灏曾任第八师师长，财政科科长张庆瀛曾任国民革命军团长。[①]

从领导人的风格来说，王纳善是典型的地方士绅做派，陆权则是接受军事和党义教育的国民党军人，两人完全不同的行事风格使其与地方精英间的关系有很大不同。王纳善虽是外来官员，但其清代廪生的身份却能赢得苏州地方士绅的不少好感，加之其刚一到任便积极拜访苏州地方上的头面人物，他与地方人士的关系大为增进，取得了地方上的支持。[②] 而纵观陆权市长，到任之后对地方事务的控制大为加强，其对地方势力的态度也十分坚决，例如在公款公产的划分问题上，面对地方人士的反对，陆权力排众议坚持将市有公产完全置于市政府管辖之下，[③] 并不为地方人士的反对声音所动，其强硬且不容置疑的作风很容易引致地方势力的强烈反弹。

曾任市政筹备处工程师和市政府工务局局长的柳士英，在多年以后回忆称：

> 我对市政的土木工程抱有极大的兴趣，凡市区的勘测、工程的视察、计划的拟定、民情的调查……我都日夜不倦地工作着，我是将此作为我终身可以尽瘁的地方的事业，当时我的心情是非常愉快的。可是旧社会，哪有什么事业可言，事业再大，事情再好，都得受权贵豪绅们的利益左右，凡触及他们利益的事情，就横遭阻拦，甚至要报复。我在改建旧区，拓宽旧街道的时候，触动了一些地方

---

① 朱毛轩：《国民政府时期苏州市政府研究（1927—1930）》，硕士学位论文，苏州科技大学，2021年，第25页。
② 包天笑：《钏影楼回忆录》，中国大百科全书出版社，2009年，第548页。
③ 《丰备义仓之主权问题》，《苏州明报》1930年2月11日，第3版。

官僚权势的利益，他们便极力阻挠规划的执行，阻挠不成，施以胁诱，胁诱不成，造谣诋毁，诋毁无效，捏名控告，务必尽其破坏之能事，泄私愤，图报复。我当时年纪还轻，没有斗争经验，开始认为是我分内的事，对此我不加理睬，可后来实在抵挡不住，无能为力，在地方恶势力的阻挡和破坏下，终于把苏州市从根本上撤销了，建市的规划也便付诸东流，这实在是一件痛心已极的事。[①]

显然柳士英对于苏州市的撤销非常痛心，他也意识到市政府工务局实施的市政措施触动了权贵豪绅的既有利益，而且正是这些势力的阻挠和破坏，导致了市政府被撤销的结局。虽然工务局局长柳士英以及市长陆权颇有振兴苏州的壮志和理想，但他们碰到的却是地方精英阶层的抵制。至于苏州地方精英抵制的缘由，恐怕不在市政建设和市政规划本身，而是在于他们打破了既有的权力格局和行动逻辑。苏州士绅对市政府的抵制，似乎更像是地方精英阶层与国民党少壮派的冲突，也在某种程度上是对国民党政权试图将自己的理念和势力完全深入苏州社会的抵制。

虽然地方精英阶层的抵制导致了苏州市政府的撤销，但这并不代表苏州人反对"市制"和"市政建设"的理念，此点从市县合并后县政府的施政中即可看出（详见第三节）。此后苏州仍不时会有恢复市政府的呼声出现。如1933年2月6日《新闻报》报道称，在财政局和建设局奉令裁并的形势下，苏州各团体认为建设局进行中之各项建设事业尤其是苏州市的各项设施，势将因此停顿。因此由商会等各团体联名分呈省政府和建设厅，主张仍请省政府暨建设厅恢复苏州为普通市，并先设市政筹备处，"俾各项建设事业，仍得照常进行"。[②]

## 二 苏州市政府的规划与建设

在接收市民公社理顺基层组织的基础上，市政筹备处制定了苏州首个城市规划——《苏州工务计划》。这个工务计划是与柳士英的名字联

---

① 柳士英：《忆旧怀新》，《南方建筑》1994年第3期，第58页。
② 《苏州议请恢复苏州市》，《新闻报》1933年2月6日，第11版。

系在一起的。柳士英是苏州本地人，曾入日本东京高等工业学校建筑科留学，1920年毕业回国后在上海自营建筑师事务所工作，1923年回到苏州，创办了苏州工业专门学校建筑科。1927年苏州市政筹备处成立，他被委任为工程师，市政府成立后继任工务局局长。工程师和工务局局长掌管市政建设的主体工作，是除市政筹备处主任和市长之外的第二号人物。柳士英秉持所学市政规划理念，在实地调查、测量的基础上制定了《苏州工务计划》。

《苏州工务计划》根据苏州所处之环境以及交通路线的分布，认为苏州市将来发达之趋势必集中于城外西部一带。而根据天然界线的原则，该计划认为北自陆墓，西连虎丘寒山寺，沿运河南至横塘，南部沿租界外河道，东部以原有市区界线，正好形成20余里直径的圆形区域，可以作为苏州市的合理区域。这一区域的建设可以分为三期。第一期为旧市区（旧有城厢）整理；第二期为新市区建设（城外西北部分成半圆形者），计划以阊门及新阊门为中心，据交通之便、形势之胜，布置放射式之街道；第三期为扩张区建设，计划以新旧市区为核心作普遍之向外发展。由于第二期和第三期为远期目标，该计划主要对第一期工程进行了详细规划。

第一期规划主要包括街道规划、河道治理、公园系统、菜市场、建筑物等五个方面。街道规划的重点是消除城内"街巷狭隘路径迂回益呈拥挤紊乱之现象"以及城墙阻隔使城内外联络不畅的现象，为此设计了三纵三横六条干路。三条纵向干路分别是，第一干路齐门大街、临顿路、甫桥西街、凤凰街、带城桥弄一线，第二干路平门路、护龙街、三元坊一线，第三干路桃花桥弄、西街、吴趋坊、学士街一线；三条横向干路分别是第四干路西中市、东中市、古市巷、东西白塔子巷、中由吉巷、姚家角一线，第五干路黄鹂坊桥弄、申衙前、珠明寺前、郡庙前、观前街、大儒巷、中张家巷、虹桥浜一线，第六干路道前街、府前街、卫前街、十梓街、严衙前、天赐庄一线。同时，考虑到六处城门外套城阻碍交通，决定自阊门起依次拆除。此外，计划拆除过街障碍物和放平加宽旧式桥梁。

河道规划认为，苏州的外城河承担苏州对外连通功能，应疏浚拓宽，但更为急迫的是城内河道的整治，而整理之道不外疏浚与填塞两途。因城内河道承担运水、消防取水、运送粪便和补助交通功能,全面整理计划仍需仔细筹划,而目前可以决定的是填平已经淤塞的宝林寺前河道和祝家桥至夏侯桥河道。

公园规划认为公园系统包括大公园(包括原野公园、古迹公园)、中公园、小公园三种,当前的任务是继续完善已有之皇废基公园。

菜市场规划认为,目前菜市皆沿街摊售,阻碍交通,势必需设室内小菜场,但小菜场分布需视交通系统整理情况而定,当前治标办法是就现有菜市附近地点或利用公地或租用民产建临时菜市场多处,将旧有菜市悉数迁徙,以利交通。

关于建筑物规划则形成了《取缔建筑暂行章程》。[1]

总体而言,柳士英所制定的《苏州工务计划》没有选择首先进行新市区的建设而是首先进行旧市区的整理,这一选择显示了柳士英的勇气。因为,一般来说建设新市区相对容易,整理旧市区需要处理的矛盾会更多一些。而就整理旧市区来说,该计划最主要的着眼点是便利交通,其中,街道的规划和整理又处于基础的地位,因为河道的治理、菜市场的设置和建筑物的整治都需要先行确定街道系统。

从不到三年的建设来看,该计划得到了一定程度的实施,其中最为成功的是道路交通建设。首先,开通平门,联结城北的火车站,打通了城内南北交通。自沪宁铁路开通以后,苏州城内与火车站的交通甚为不便,只有经西部阊门一途,因此自苏州市公益事务所至苏州工巡捐局时期即计划打通平门,与北部火车站直接连通。市政筹备处继续此项规划,1928年开辟平门,1929年架起跨越外城河的梅村桥,便利了城内与火车站的交通。[2] 1929年开工重新兴建金门,1931年竣工,增加了阊门外商业区与城内的交通孔道。其次,通过改建和拓宽,形成了城内的两条交通环路。一条是从火车站经平门向南经护龙街到察院场,折而向西,经景德路与城西新阊门相通;一条是自西部城外马路向东经万年桥,过胥门,经道前街至护龙街,再向东经十梓街达甫桥西街,再北折直达齐门。这两条环路打通了城内的交通血脉,便利了城内外交通,促进了城内商

---

[1] 苏州市政筹备处编印《苏州市政筹备处半年汇刊·工务计划与实施》(1927年7月至12月),1928年8月1日。

[2] 苏州市地方志编纂委员会编《苏州市志》第一册,江苏人民出版社,1995年,第498页。

贸的繁盛。1929年观前街地价每亩升至150元,超过了阊门外石路地区,成为苏州地价最高的地段。①

至于河道的治理则毁誉参半。1927年,苏州市政筹备处采用机器,对阊胥段运河进行疏浚,② 发现宝林寺前河道为支流绝河,介于阊门、新阊门之间,街道狭窄,河道淤塞引发交通和卫生两大问题,因此决定填平宝林寺前河道。同年9月,市政筹备处将"年久未浚,渐就淤塞,两旁垃圾堆积,既失交通之便,且成藏污之所"的祝家桥至夏侯桥河道填平。③ 该河段原系子城西面之城壕。自元末张士诚之后,子城毁废殆尽,而环城壕之东北两面亦已湮灭无迹。工务处认为,留此百余丈之淤沟,实为断港绝潢,再加上其河道功能可由与之平行的河道代替,故决定填土埋沟,筑为路面。1928年8月,又将"城内绝港,淤塞已久"的刘家浜"填平筑路"。④

另外,《苏州工务计划》中还拟定了填锦帆泾的计划,这一计划最终于1931年完成。填锦帆泾,筑锦帆路,是20世纪30年代苏州城内较大的一个填埋河道工程。宋《吴郡志》云:"锦帆泾,即城里沿城壕也。相传吴王锦帆以游。今濠故在,亦通大舟,间为民间所侵,有不通处。"⑤ 明正德《姑苏志》云:"锦帆泾(中略)在大街西,贯乐桥南北市,直抵报恩寺。"⑥ 民国《吴县志》记载:"嘉定十年知府赵彦橚疏锦帆泾以达运河,长一千一百九十丈,跨桥五十有五,计工二万,用钱三千余缗。"⑦ 同书云:"卢《志》在府治官街西,纵贯乐桥南郭市。"⑧ 综合以上史料可以看出,锦帆泾相传原为吴子城的内城壕,在南宋时还在,

---

① 苏州市城市建设博物馆编著《苏州城市建设大事记》,上海科学技术文献出版社,1999年。
② 苏州市城市建设博物馆编著《苏州城市建设大事记》,上海科学技术文献出版社,1999年,第71页。
③ 苏州市政筹备处编印《苏州市政筹备处半年汇刊·工务计划与实施》(1927年7月至12月),1928年8月1日,第46页。
④ 苏州市政筹备处编印《苏州市政筹备处半年汇刊·工务计划与实施》(1927年7月至12月),1928年8月1日,第15页。
⑤ 范成大:《吴郡志》卷十八《川》,陆振岳校点,江苏古籍出版社,1986年。
⑥ 正德《姑苏志》卷三十三,"古迹"。
⑦ 民国《吴县志》卷四十三《舆地考·水利二》,《中国地方志集成》,江苏古籍出版社,1991年。
⑧ 民国《吴县志》卷二十《舆地考·水》,《中国地方志集成》,江苏古籍出版社,1991年。

可通大舟，但"间为民间所侵，有不通处"。南宋嘉定十年（1217）知府赵彦橚疏浚锦帆泾一直通到运河。这条水道长1190丈，沿线有55座桥，应是苏州城内的一条很大的干河。民国《吴县志》引明洪武年间卢兆熊《苏州府志》称，锦帆泾"纵贯乐桥南郭市"，依然保留一定的长度。而根据明正德《姑苏志》记载，至明正德年间，锦帆泾的河道向北有所延长，"贯乐桥南北市，直抵报恩寺"。该河处于市中心区域，历代时有淤塞并时有疏浚，至明代仍保留一定长度。其淤塞应是进入清代以后的事情。

1928年苏州市政筹备处筹划将锦帆泾填埋筑路时，身为市政筹备处参议的金松岑（天翮）即"私心期期以为不可"，他提出，虽然锦帆泾淤塞已久，但因两岸少居户，甚易拓宽，"今不拓反塞之，无由引泉以达中部"，会加快城市中部河道的淤塞进程。他在1929年专门撰写《整理苏城河道之商榷》一文，刊登于8月6日《苏州明报》上。在文中，他首先批驳了那些认为"与其留无用之水，不如畚土而悉填之，使洇成有用之地，或仅保留嘉庆二年盛林基所刻三横四直图者足矣"的论调，强调"天有时而淫雨，地有时而洪水，一朝泛滥，便成泽国"，"今苏地沟渠，既已多不治，故雨过天晴，积水往往不消，苟再闭若干之水道，必再增若干之积水"，"夫水之为政，蓄与泄两端耳，苟夏秋不得泄，冬春不得蓄，浅不得浚，仄不得拓，是绝流断港而成死海也"。显然，金松岑强调那些看似无用的苏城水道的泄水和蓄水功能。既然要尽可能地保留苏州城内水道，如何改变河道淤塞、臭秽不堪的局面呢？金松岑提出可以学习嘉兴城治水办法，"于每门各建船闸，择上游一门，以抽水机进水，水满则开下游各闸以泄之，再抽再泄，如是数次，则全城臭秽之水，皆变为清泉。以后常使城内之水，永保其高度为去岸五寸"。他还在文中以流、宽、深为原则，拟定了一个三步走的详细整理水道计划。[1] 或许因资金短缺和决策者不认同，这种长久有利的做法没有得到重视。

苏州市政府时期另一件值得注意的事，是开始了对苏州城市发展定位问题的讨论。明清时期，苏州是全国的经济中心之一，工商各业都非常繁荣。太平天国运动以后，苏州日趋衰落，其昔日的地位逐渐被上海

---

[1] 金天翮：《整理苏城河道之商榷》，《苏州明报》1929年8月6日。

取代。进入民国以后,省会迁出,苏州工商各业发展滞缓,城市建设也明显滞后,结合自身历史和现状确定苏州今后的发展定位已是摆在民国苏州人面前的重要问题。苏州市政筹备处时期,柳士英在制定《苏州工务计划》之时,因局限于市政工程问题,对于苏州城市发展定位问题缺乏关注。1928 年苏州市政府成立后,市长陆权明确提出将苏州建设成为"良好之住宅都会"的设想。① 虽然陆权并没有仔细讨论这一设想的理由,但这一设想是有合理性的。民国以后,苏州确实已成为引人住居之地,1930 年出版的《江苏人文地理》一书即称:"辛亥后,既非省会,又非要冲,四方视为乐土,迁居其间者众,盖苏州为天然住宅区也。"②但也有人不同意这样的思路。1929 年底,江苏省民政厅委员严恩祚到苏州考察市政,并先后在晏成中学和东吴大学作《建设新苏州之意见》演讲,他指出,"将来的苏州……实有变为工商城市的必要","对于苏州的规划",应该"注意在工商业的发展方面","惟有使工商业振兴",使苏州成为"上海附近的一个工商业城市",方为正途。③ 显然,关于苏州城市的发展定位意见并不统一,严恩祚"工商业城市"的提法也似乎正针对"住宅都会"的提法而发。但关于"住宅都会"与"工商业城市"的意见冲突还没有来得及深入讨论,市政府即在 1930 年 5 月匆匆撤销,发展定位问题也就暂时搁置下来。

此后,这一问题并没有被人忘记,还不断有相关讨论出现。1931 年 11 月有人在报端提出了"风景市"的设想,称:

> 苏州在历史上,素为名胜古迹之区,山清水秀,甲于全国。在昔市政府时代,以交通上之利便而定为住宅都会,实则固不仅住宅都会而止也。语云"上有天堂下有苏杭",是足见民间唯美之倾向,人尽相同。且而近年来苏州市政,已日见进步,人口额亦逐渐增加。近据调查县治人口几达一百万,苏州人口占三分之一,已合于普通

---

① 陆权:《苏州市政府成立宣言》,《苏州市政月刊》第 1 卷第 1 号,1929 年 1 月,"宣言",第 2 页。
② 柳肇嘉编著《江苏人文地理》,大东书局,1930 年,第 111 页。
③ 严恩祚演讲、邓周熺记录《建设新苏州之意见》,《苏州市政月刊》第 1 卷第 10、11、12 号,1930 年 1 月,"附录",第 4 页。

市之规定。如确实计划,成为风景市,则当更可招揽外来游客不少。经济方面,因商市繁兴,而平添不少之收入,市政亦可因游客之增加,而日渐进展,一举而数得。记者因进言于建设当局,请详为厘订办法,期使苏州成为吴县之风景市也。①

这样的设想似乎在此后得到了更多的响应。1934年8月3日《苏州明报》社论提出,"整理名胜,吸引来宾,为繁荣市面有百利而无一害之计划,且足以维持永久于不坠",并且呼吁"有志振兴地方者"努力为之。② 1935年10月10日严文櫒在《早报》(建设新吴县特刊)上发表文章《新吴县建设与风景都市之设计》,也提出应将苏州建设成为一个现代的"风景都市"。③

由此我们看到在19世纪20年代末至30年代中,人们对苏州城市的发展定位有"住宅都会"、"风景都市"和"工商业城市"三种设想。④ "住宅都会"的设想立足于苏州地处京沪之间,交通便利,风景清嘉,寓公众多的现实条件,具有合理性。但这样的定位如果没有一定的商业与工业的支撑,财源不充,其实也很难提供足够高标准的生活和居住环境。"风景都市"的设想与民国以来旅游业的发展紧密配合,苏州地处当时中国巨型城市上海和首都南京之间,以秀美的自然环境、深厚的人文底蕴和悠久的历史古迹,具备了吸引大量游客的条件,是切实可行的。同时,"风景都市"的建设可以改善城市的居住环境并且吸收外来的财源,对于"住宅都会"的建设也有促进作用。比较而言,苏州曾有很好的工商业基础,而且毗邻经济中心上海,"工商业城市"的发展定位也有其可能性。在这三种设想中,"住宅都会"与"风景都市"两个设想之间有更多的兼容性,也更符合当时苏州的实际,因此似乎得到了更多

---

① 雄者:《苏州为吴县之风景市》,《大光明》1931年11月14日。
② 慰庐:《有利无弊之兴市计划》,《苏州明报》1934年8月3日。
③ 严文櫒:《新吴县建设与风景都市之设计》,《早报》(建设新吴县特刊)1935年10月10日。
④ 郑丽虹曾对这一问题有所讨论,参见郑丽虹《近现代社会转型与苏州的城市设计》,硕士学位论文,苏州大学,2005年,第30—32、49页;郑丽虹《1927—1937年苏州城市设计的定位与思想》,《苏州大学学报》(工科版)2006年第1期。

的认同。① 从此一时期苏州城的市政建设来看，城市的旅游功能在苏州的城市规划中被突出。为"吸引游客"，苏州修建了连通各风景区的交通干道，开辟旅游线路，并着手整理名胜古迹，增辟新的景点。这一城市建设思想和城市建设实践，是丧失了比较优势的苏州古城在特定的历史条件下挖掘自身潜力，寻求新的发展途径和机遇的有益尝试。②

## 三  县市合并后的苏州市政

1930年5月县市合并，此时江苏省正依据1929年国民政府公布的《县组织法》、《区自治施行法》及《乡镇自治施行法》，在县以下实行区乡制。12月30日，原苏州市政府所辖7区合并为3个自治区，分别为吴县第一、二、三自治区，下辖96个乡镇，各设区、乡、镇公所。此时，吴县有19个区，加上城厢3个区，共计22个区。

按照《县组织法》、《区自治施行法》及《乡镇自治施行法》规定，区公所设区长、区助理员、雇员和区丁。区长应由区民选任，但在未实行民选之前，由省民政厅就训练考试合格人员委任。区助理员由区长遴请县长委任，得分股办事和酌用雇员。1931年1月，吴县政府任命施筠清为吴县城厢第一区区长③，下设四股，助理员由区长举荐，并委任雇员4人。第二区区长为顾翔凌，第三区区长为程安时，第二、三区不分股，但各举荐4人为助理员，第三区委任3名雇员。④ 1934年2月江苏

---

① 1947年仍有人认为"依照苏州的现实状况以及风土环境讲"，"建设苏州成为一个住宅的或花园的都市，比了建设苏州成为一个商业化的或工业化的都市更为适宜"。参见公任《建设应有整个计划——为吴县建设委员进一言》，《贡献》创刊号，1947年1月，第4页。
② 王国平、方旭红：《1927—1937年苏州建设旅游休闲城市的设想与实践》，《社会科学》2004年第12期。
③ 施筠清同年1月15日当选首届吴县县商会主席委员，请辞，由县圈选薄公雷、邹兆祥、潘俊邦三人报省民政厅，省民政厅圈委薄公雷接任。但因薄公雷另任如皋县党整委一职，决辞不就，最后由邹兆祥继任。参见《县商会召集代表大会纪》，《苏州明报》1931年1月16日，第3版；《城厢第一区长，民厅圈定薄公雷继任》，《苏州明报》1931年2月26日，第3版。
④ 《城厢第一区职员》，《苏州明报》1931年1月10日，第3版；《城厢二区所职员经县长核准委任》，《苏州明报》1931年1月24日，第3版；《城厢第三区职员》，《苏州明报》1931年1月13日，第3版。

省要求各县对区、乡镇进行归并，同时内政部要求将区公所变更为县府佐治机关。城厢第一、二、三区合并为吴县第一区，区长为吴尔昌。① 第一区面积699方里，分设乡公所11处，镇公所60处，271个保，7095个甲，共747200户（按：此处原文如此，应该是多了一个0），389797人，商店5919家。② 区长吴尔昌从1934年一直连任到1937年。③

从城区区长的人选来看，除了施筠清为著名商人，在苏州有较高威望之外，邹兆祥、顾翔凌、程安时以及吴尔昌都名不见经传，估计应是国民党的干部。从区的地位来看，按照《区自治施行法》的规定，区本为自治区域，但在国民党统治时期，区长一直未采取民选，而是由县遴选，由省民政厅任命，也就是说区公所更多的是县政府的下属执行机关。从各区的业务范围来看，各区公所掌握的资源和发挥的职能十分有限，道路、桥梁修筑等市政建设此时由建设局统一管理，区公所更多的是执行县政府布置下来的户口和社会调查、卫生宣传、保卫治安等日常事务。此外，市公所的行政经费有限。据城厢三区区公所称，各该区事业经费系按照乡区规定，每月一百元，而以城区之大，事业之繁，实不敷支配，查省颁乙等区事业费规定为七百元，遂呈请县府依照省颁定额拨给。④ 简而言之，区公所在城市管理中的影响和作用十分有限。但是，区公所也对区内的机构进行了进一步的整合，如原来市政府时期在接收各市民公社时，曾将原市民公社人员以各区卫生分会的名目保存下来，实现合并后，县政府训令各区接收前卫生分会。⑤ 另外，按照省民政厅令，各区内革除地保，一律改为乡镇丁。各区考询原有地保，凡及格者，发给执照，委充乡镇丁。⑥

如上文所述，在北京政府时期，吴县的地方精英对包括教育款产、慈善款产等在内的地方公款公产具有较大的控制权，但南京国民政府成

---

① 吴尔昌曾为吴县第四区（望亭）区长，1931年1月辞职。参见《吴尔昌请准辞职》，《苏州明报》1931年1月21日，第3版。
② 《全县人口统计》，《苏州明报》1935年9月19日，第6版。
③ 李继业：《传承与更新：1912—1937年吴县县政研究》，博士学位论文，苏州大学，2013年，第79页。
④ 《城厢区请增事业费》，《苏州明报》1931年5月23日，第2版。
⑤ 《城厢第二区公所议事纪》，《苏州明报》1931年1月20日，第3版。
⑥ 《城区地保改乡镇丁》，《苏州明报》1931年4月15日，第3版；《第十四次区长会议》，《苏州明报》1931年4月17日，第3版。

立后，县政府对地方公款公产的掌控逐渐加强。1927年7月，中央政治会议规定："地方收入之分配，由地方团体自定之，仍由该管地方官厅册报财政部查核。"① 8月，吴县公益局改组为吴县公益经理处，陶惟坻担任主任委员。② 9月，县政府改委张一鹏、汪国庠、陶惟坻、汪炳台、丁鹏为经理处委员，张一鹏任主任委员。③ 地方精英仍保持对地方公款公产的控制权。

1928年2月，江苏省颁布《各县公款公产管理处规则》，要求各县设立县公款公产管理处，受县政府监督，管理除县地方税及其他别有规定外的县有款产之保存、收益、出纳等事项。5月1日，吴县县长聘丁鹏为公款公产管理处正主任，陶惟坻、汪炳台为副主任，吴子深、潘天彭、贝权眉、吴广涵、杨则庭、费玉如、江锦洲等7人为主计员，正副主任及主计员"悉属地方殷实之士"。④ 但是，这个公款公产管理处只局限于管理慈善款产，并非全部县有款产。此后，1929年吴县成立义仓管理委员会，管理吴县第一、二义仓，积谷款产从公款公产管理处划出，由义仓管理委员会管理。⑤ 至此，吴县公款公产管理处所管理者仅剩慈善款产。1930年7月吴县公款公产管理处改组为救济院，所辖慈善事业一律改正名称，归救济院管理，由汪国庠、陈希濂分别担任院长、副院长。⑥ 1931年5月，新的吴县公款公产管理处成立，虽然委员及主计员仍聘请地方人士担任，但其职权受到严格的监管，使其日益演变成为县政府的一个附属出纳机构和地方财务行政体系第一个分支，没有什么自主权，地方精英阶层也逐渐退出了这一机构。⑦

由于地方自治逐渐被官治所取代，县市合并后苏州的城市建设与管

---

① 《江苏省政府公报》第3期，1927年，第26—30页。
② 《省委公益处主任委员》，《苏州明报》1927年8月13日；《公益经理处委员就职》，《苏州明报》1927年10月4日。
③ 《县委公益经理处委员》，《苏州明报》1927年9月25日；《公益处常会议事录》，《苏州明报》1927年10月4日。
④ 《公益处改组中近迅》，《苏州明报》1928年4月14日；《公款公产管理处正式成立》，《苏州明报》1928年5月2日。
⑤ 《义仓管理委员会昨日接收丰备义仓》，《苏州明报》1929年9月24日。
⑥ 《款产处昨办移交》，《苏州明报》1930年8月24日。
⑦ 参见李继业《传承与更新：1912—1937年吴县县政研究》，博士学位论文，苏州大学，2013年，第310—313页。

理的主角逐渐转为县政府。吴县的建设事宜由建设局负责。据中央政治学校实习生的观察，"吴县建设局长魏祖摩，自十七年莅任，至二十年二月卸任，由钱天鹏继任，二君对于吴县建设之成绩，颇堪称述"。①

从建设局机构设置来看，其在一定程度上照顾到了城乡差别，建设局中附设专门负责"城镇市政工程"的"市政工程处"，该工程处设主任一人，工务员二人，工务助理员、事务员各二人。② 吴县建设局成立之初，技术员二人，事务员若干人，有事业扩充，得添临时人员。成立一年间，人员由三人增至五人，第二年增至十余人，至1930年兼城区建设后，由十余人增至二十九人，分设技术、事务两科，科以下设工务、取缔、文书、事务四股，另设公路处及市乡长途电话交换所。至1931年又设市政工程处，局内上下共有四十八人。③ 可见建设局人员构成上因兼城区建设和附设市政工程处而有了成倍式的增加。至于具体的建设事宜，据中央政治学校学生吴县县政地方自治实习报告称，"查吴县建设局之工作，多注意于市政工程方面，如公路之拓宽建筑、桥梁之添筑修理、市河系统之规定等等。并一切工程，均有技术科为之设计绘图，应设公路，全由公路处测量丈勘，城厢三区之工程，由市政工程处督率建筑，务求物质建设于短期间内完成大概，俾河道得以疏浚，电政设施完善，以达民行之便利，经济之进化也"。④ 可见其业务亦主要集中在"市政工程"方面。

建设局业务主要集中在市政工程方面与其经费主要来源于城区捐税有关，中央政治学校学生吴县县政地方自治实习报告称："至经济方面，前实业局时代，仅有行政费，而无事业费。本局（建设局）成立后，确定行政费每月四百八十元，事业费仍未有着落，其后省厅核准建设经费后，岁入增至十数万，城区方面，各项捐税收入，年约十五万上下，全

---

① 胡瀚、何子竞：《吴县县政地方自治实习报告及改革县政之我见》，1932年1月，南京图书馆编《二十世纪三十年代国情调查报告》第92册，凤凰出版社，2012年，第263页。
② 胡瀚、何子竞：《吴县县政地方自治实习报告及改革县政之我见》，1932年1月，南京图书馆编《二十世纪三十年代国情调查报告》第92册，凤凰出版社，2012年，第199页。
③ 胡瀚、何子竞：《吴县县政地方自治实习报告及改革县政之我见》，1932年1月，南京图书馆编《二十世纪三十年代国情调查报告》第92册，凤凰出版社，2012年，第267页。
④ 胡瀚、何子竞：《吴县县政地方自治实习报告及改革县政之我见》，1932年1月，南京图书馆编《二十世纪三十年代国情调查报告》第92册，凤凰出版社，2012年，第274页。

县合计，岁入有二十余万，事业费支出，约占百分之九十二，行政费仅占百分之八。"[1] 建设局岁入20余万元，而其中城区各项捐税约有15万元，占比达75%，吴县建设局事业以市政工程为重顺理成章。

市县合并后的城区建设对市政筹备处和市政府时期无暇顾及的河道整理方面着力更多。1932年12月，吴县有关方面组织成立了"城区整理河道设计委员会"，[2] 着手整理城内河道。由于经费问题，决定先疏浚"为东南半城河流之总汇，北起小新河桥河口，南流至葑门水关止，与城外娄江相连"的"城内东部第一大干流"里城河，而"其他北、西、南三部干河流，只可俟诸次年，逐渐兴修"。[3] 1933年，吴县征工疏浚了苏州城内2.22千米的河道。[4] 1934年，吴县建设局再次决定对城内"其他淤塞而需要之各河，依其缓急，次第疏浚"；[5] 吴县城厢第二区也成立了"疏浚城西干河委员会"，集资募款，疏浚"黄鹤坊桥及盘门外河道"。[6]

此后，吴县政府以及有关社会团体、热心人士，持续对境内一些河道进行疏浚，城内河道得到整治。通过疏浚，加强了河道的航运和排污能力，改善了苏州城水系的环境。值得关注的是，疏浚河道与开辟连接各风景区的水上旅游线相关联。为吸引游客，繁荣市面，吴县轮船业公会组织船户，开辟水上旅游线，开通连接各风景区的游船，每日在金门、胥门、木渎、光福、东山、西山等地停靠，作为游览之用。[7] 由此可见，在民国时期苏州打造旅游城市的实践中，水系在旅游游览方面的功能得到拓展。

20世纪三四十年代另一个值得注意的现象是城内桥梁的拆除工程较多。例如，1934年先后拆除了西中市西端吊桥（名虹桥、钓桥、永济桥）、民治路杨园桥（又名皇宫桥）、民治路西口蒋家桥、甫桥西街接多贵桥巷胡书记桥。1935年，卫道观前钟家桥（又名中街桥）被拆除。

---

[1] 胡瀚、何子竞：《吴县县政地方自治实习报告及改革县政之我见》，1932年1月，南京图书馆编《二十世纪三十年代国情调查报告》第92册，凤凰出版社，2012年，第267页。
[2] 《整理城区河道，组织设计委会着手》，《苏州明报》1932年12月15日。
[3] 《疏浚城东干河》，《苏州明报》1933年1月31日。
[4] 《上年度内征工浚河》，《苏州明报》1934年9月2日。
[5] 《建设局拟具廿三年度施政大纲》，《苏州明报》1934年6月9日。
[6] 《城西干河疏浚会议》，《苏州明报》1934年8月10日。
[7] 《吴县风景区轮船航线表》，吴县县政府：《苏州旅游指南》，"附录"，"广告"，苏州制版社，1947年。

1937年，拆除的桥梁有：齐门城门与西汇路东晏春桥、桂和坊接梁抚司前女冠子桥、古吴路东口慈悲桥、阊门西街柳毅桥、上津桥南堍附近文德桥、朱家庄毛家桥下塘青孝桥。1942年，拆除的桥梁有：牛车弄接双成巷盒盘桥（又名弹子桥）、双成巷接西美巷白蟮桥（又名白禅桥）、北出幽兰巷芮家桥、三山街接鹰扬巷蛾眉桥（又名黛眉桥）、东美巷接牛车弄果子巷桥、毛家弄接大石头巷程荃桥（又名程姬桥）、道前街西馆桥（又名西贯桥）。1944年，拆除的桥梁有：卫道观前东小桥。1948年，拆除的桥梁有：平江路混堂弄口罗家桥、卫道观前西青石桥。[1] 这些桥梁被拆除的原因不得其详，但应与它们所跨越的河道或者消失或者被填平有关。桥梁与河道相伴随，当河道消失，桥梁失去了交通功能，才可能被拆除。因此，据以上桥梁拆除的记录，似可推测河道消失或被填埋的情况。

市县合并后对于桥梁的放平与新建也在延续。苏州市政筹备处拟定的《苏州工务计划》曾对苏州城的桥梁进行分析，认为："城内河道狭窄，所架桥梁阔度甚小，而交通现状又无笨重车辆通过，故对于构造方面，当不十分重要。为节省经费起见，利用市内旧有石材，放低桥面，加宽阔度，工作亦易于着手。但于六大干路内，仍拟勉筹款项，改筑铁筋混凝土桥梁。"[2] 可见，放低桥面，加宽阔度，是桥梁改造的主要措施。苏州道路建设和桥梁改造的基本措施，并未因苏州市政府的取消而中断。如吴县建设局在1934年施政大纲中提出"择交通较要之处"，"旧桥之为石板者……设法拆平，以便通行车辆"。[3]

在城内桥梁被大规模拆除和原有桥梁放平、加宽之外，也新建了一些桥梁。这些新建的桥梁主要集中于城内外交接地带，是打通城内外交通工程的组成部分。

民国时期，最早兴建的打通城内外交通的桥梁是南新桥。该桥坐落于新阊门之外，跨外城河，连接新阊门与城外马路，是城外西部地区进

---

[1] 以上桥梁拆除情况，参见苏州市城市建设博物馆《苏州城建大事记》，上海科学技术文献出版社，1999年，第84—106页。
[2] 苏州市政筹备处编印《苏州市政筹备处半年汇刊》（1927年7月至12月），1928年8月1日，第21页。
[3] 《建设局拟具廿三年度施政大纲》，《苏州明报》1934年6月9日。

入城内的重要孔道，于 1923 年 9 月 5 日建成通车。[①] 该桥初建为木桥，1934 年改建为钢筋混凝土桥。[②] 1934 年，在城市东部开辟相门，1935 年新建相门大桥，跨外城河，水泥桥墩，木板桥面。后被日机炸毁，1952 年改建。万年桥位于胥门外，跨外城河，为三拱石桥，长三十二丈五尺余，广二丈四尺，高三丈四尺四寸，长期是城外金阊地区通往城内的要道。1936 年，为便利车辆上下，将西坡石级改建为斜坡。石牌坊同时拆除，以便于车辆通行。1939 年、1940 年又有两次修理。[③] 经过以上的城门开辟和桥梁兴建工程，苏州城内外西、北、东三个方向的交通基本打通。

此外，苏州城外西南郊的横塘镇，位于运河交通要冲，也兴建了两座新式桥梁。彩云桥落成于 1925 年 12 月 6 日，为三孔石拱桥，全长 38 米，宽 3.7 米，中孔净跨 8.5 米，高 5.6 米。桥身东西走向，东端引桥折北，与运河长堤相接，西端引桥南北落坡，东次孔设有纤道。1933 年 12 月 17 日，由上海永泰和公司股东张晋源独资兴建的横塘晋源桥建成。该桥前身名观光桥，废于洪杨之变。新建桥身全用钢筋水泥，耗资 1 万余元。[④]

开辟城门之举，在市县合并之后也依然进行。如 1938 年在胥门以北正对万年桥处增建了新胥门，使城内外的联络更为便利。

从以上叙述可见，苏州的市政建设并没有因市县合并而停顿，在某种程度上，市县合并后的苏州市政建设仍然沿着市政筹备处时期所制定的规划推进。当然其推进的速度可能有所放缓。如作家姚民哀在谈其对 1931 年苏州的印象时称：

> 我上次到苏州，苏州市政府不曾取消，昆山陆权做苏州市长，他颇想把苏州振兴起来；所以我那一次住了半年多，脑海里所留的影象，比此番兴奋得多。今年再来，觉得这所阖闾古城的社会现状，

---

[①] 苏州市城市建设博物馆：《苏州城建大事记》，上海科学技术文献出版社，1999 年，第 81 页。
[②] 苏州市地方志编纂委员会编《苏州市志》第一册，江苏人民出版社，1995 年，第 504 页。
[③] 苏州市地方志编纂委员会编《苏州市志》第一册，江苏人民出版社，1995 年，第 498 页。
[④] 苏州市城市建设博物馆：《苏州城建大事记》，上海科学技术文献出版社，1999 年，第 83 页。

除掉了观前街、景德路等几条街道放宽之外,别的美处说不出来。倒是时常听见一般正当商人道及:"某处房子一翻,房金加贵,生意反不如前。吓得我某处的市房不敢动工,倒底翻造好呢,还是不翻好呵?观前街拓大辰光就只得一爿叶受和暂移了城隍庙去,立牢脚头添了一处'分号',其余都不过如此。而且同一观前,观东的生意,似乎不如观西一些呵!"……苏州非但不及杭州的市况,连邻县无锡都不及。①

从姚民哀的印象来看,虽然苏州的市政建设一直在进步,但是总体上变化不大,因此与邻近的杭州、无锡都拉开了差距。当然,这种状况的产生,并不能完全归咎于市政府的取消。正如姚民哀所指出的,它和苏州所抱持的"稳健主义"以及苏州工商业的不发展有关。但是如果我们将苏州与其他设有市政府的城市相比较,可以看出市政府的裁撤对苏州市政的影响不可低估。比如,在自来水事业的发展上,苏州就严重滞后,一直要到新中国成立以后才开通自来水。相比之下,同在江南的浙江省会杭州,因为有市政府的支持,自来水事业发展顺利。杭州作为浙江省会,1927 年设市。杭州市政府成立之初,就将兴办自来水事业作为政府的八项兴革主张之一。1928 年,浙江省民政厅厅长朱家骅提议创办杭州市自来水厂,经省政府议决于同年 4 月组织筹备委员会负责办理。1930 年 12 月开始安装水管网。此后筹备委员会改属市政府,历任市长积极办理,在省款之外,市政府亦拨公债息金一万元。在省、市政府共同努力下,1931 年 8 月 15 日正式供水。市政府制定《杭州市自来水厂组织规则》,组建自来水公债监督用途委员会,以加强水厂管理,市长周象贤在 1934 年还一度兼任自来水厂厂长一职。到 1936 年用户达 2280 家,是 1931 年建成时用户的 5 倍。②

自 1927 年上半年的吴县临时行政委员会到此后的苏州市政筹备处和苏州市政府,我们可以看见一个清楚的趋势,即将此前分割管理的市政归并到一个统一的市政管理机构手中。吴县临时行政委员会设民政、财

---

① 姚民哀:《姑苏来鸿》,《越风》1936 年第 11 期。
② 赵可:《城市组建与民国前期的城市建设和管理——以长江流域城市为中心的考察》,陈锋主编《明清以来长江流域社会发展史论》,武汉大学出版社,2006 年,第 864 页。

政、公安、公益、教育、实业、交通七局，原苏州工巡捐局由交通局接收，市公所由公益局接收，都由吴县临时行政委员会统一管理。公益局取消各仓堂董事，改订各慈善机关名称，将其纳入附属机构。① 在吴县临时行政委员会即将取消之前，吴县行政管理委员会拟将七局事务就性质划分为地方行政及地方自治两大部分，以民政、财政、实业三局之监督权、执行权，以及教育、公益、交通三局之监督权，统归行政部分，恢复县长制度；以教育事业改组教育管理处，公益事业改组公益经理处，交通事业之旧工巡捐局及隶属公益局之市公司合并改组市政筹备处，此三处之执行权均归自治部分。此办法由委员会开具说帖，呈省待批。在省批未到之时，教育局局长沈炳魁、公益局局长蒋靖涛先期离职，临时行政委员会遂将两局改组，函聘彭云伯、汪仲周、龚赓禹接办教育管理处，潘季儒、丁毓青、汪星若、俞梦池、徐孟五接办公益经理处，市政筹备处则暂缓改组，拟在县长到任后，由张一鹏办理。②

吴县临时行政委员会是一个由地方人士组成的临时性、过渡性全县管理机构，在国民党政权稳定后很快取消。但这一机构却为以后的苏州市政府和县政府的构架提供了基础。另外，吴县临时行政委员会接收苏州工巡捐局和市公所以及各种善堂义仓等慈善机构，进行统一管理，这为以后的市政统一管理提供了基础。当然，在省政府委任的县长未来临之际，吴县临时行政委员会将地方事务划分为地方行政与地方自治两部分，并成立教育管理处、公益经理处和市政筹备处，委托地方人士办理，这种举措是试图保留自清末以来地方人士手中的地方自治之权。

1927年6月16日省政府委任的新县长到任，他同时兼任市政筹备处主任之职，这显示南京国民政府并不想将市政管理之权交到地方人士手中，而是采取官办的模式。以市政筹备处为基础成立的苏州市政府也延续了这种政府主导的模式。这种官办市政模式是对清末以来地方自治轨道下市政管理传统的重大改变，因此面临着地方精英阶层的不合作和抵制，最后草草收场。另外，在市政筹备处时期，市政筹备处主任由县长

---

① 《公益局组织养老院》，《苏州明报》1927年4月11日；《公益局更定机关名称》《苏州明报》1927年4月28日。
② 《吴县行政划分两部》，《申报》1927年5月14日，第9版；《县长问题尚未解决》，《申报》1927年5月16日。

兼任，这便于县政与市政的统筹兼顾，也便于县政与市政的联系，而市政府成立后市长与县长分别委任，在某种程度上破坏了县政与市政的沟通与联系，并使县与市的矛盾表面化，这应是市政府办理不成功的重要原因。但是，南京国民政府所采取的设立省辖市的举措在一定程度上使苏州城厢市政管理的统一化进程有了进一步推进，这一时期，原来由直属于省管辖的苏州警察厅变为苏州市政府下辖的公安局，由苏州市政府管理，这一举措延续了北京政府时期的市政管理地方化路线，也使原来分割管理的治安、卫生等事务和工程、捐税等事务融合在一起，便于市政的统一管理。另外，市政筹备处接收了各市民公社，将全市分区管理，建立了相应的区级基层行政机构，这也是市政管理统一化的必要一步。

县市合并以后，苏州城市管理一定程度上回到了城乡统一管理的模式上，这一点从长程的历史演进来看，是一种退步。但这样的安排，也在某种程度上有利于县政与市政的联系，有利于全县范围内城市与乡村利益的协调。同时，市政府时期也留下了遗产，原来的市政府所辖区域一度被分成第一、二、三区，后又并为一区，称吴县第一区，这个区域被称为吴县城区。吴县政府中专门设有"城区捐务处"，在建设局中也设有专门的"市政工程处"，这可以保证从城区收取的杂捐用于苏州城市建设，因此，县市合并后的苏州市政并没有完全退回到清代城乡不分的管理格局。从市县合并后的城区市政管理来看，苏州仍然延续了市政筹备处和市政府时期的建设思路并有所推进，只是比周边城市建设速度迟缓。同时，我们也可以看到因国民政府对公款公产的严格管控和对慈善事业的统一管理，地方精英活动的影响力逐渐缩小，县政府日益成为市政管理和建设的主角。

# 第四部分　城市生活与文化

# 第十章 生活之城

城市既是一架经济机器和一个"城市体系中的体系"①，也是一个竞争的空间和政治的舞台，更是一个生活和文化的熔炉。作为人类栖居之地的城市，既熏染于特定的风土文化之中，也成为特定风土文化的孕育者。一座城市总会或隐或显地形成具有特色的生活方式和文化风貌，给居住于此的人留下不可磨灭的印记，也会给到访者留下深刻的印象。这些具有特色的生活方式和文化风貌，虽然往往难以名状，但可以使人们将纽约、伦敦、巴黎、北京、上海等全球性城市加以区分，也可以使人们对一些不那么知名的地方性城市加以辨识。简言之，恰如有些城市理论家所强调的，城市具有"个性"。②那么，民国苏州具有怎样的生活和文化风貌？民国苏州的生活方式与文化风貌与明清时期有何异同？本章及以下诸章对民国苏州城市生活和文化的一些重要方面进行勾勒，以试图捕捉民国苏州的"个性"。

## 一 苏州人的精致闲雅

城市的一个重要属性是人口集中并且数量众多。从历史文献可知，自唐代开始苏州城市人口即日渐膨胀，其背后的动力很大一部分可归于移民的涌入。延至宋代，"天下贤俊多避地于此"，苏州外地人口移居趋势更加明显。明清时期苏州城市人口达到顶峰，外来人口所占比例更为巨大。太平天国运动后苏州经济发展趋缓，人口数量相应减少，但苏州对于外地移居者仍存在着很大的吸引力，很多在苏任职的官员退休后会选择在苏州寓居，也有不少外地官员将苏州作为退隐之地，苏州兴盛的

---

① 英国学者贝瑞称城市是"城市体系中的体系"，参见 B. J. L. Berry, "Cites as Systems within Systems of Cites", *Papers and Proceedings of the Regional Science Association* 1964, 13: 147-163.

② 〔加〕G. 斯蒂尔特:《西方城市史的理论研究》，《史学理论研究》2003 年第 3 期。

园林营建即与这样的人口移居状况密切相关。

进入民国，苏州虽然经济繁盛风光不再，但因密迩经济中心上海、政治中心南京，交通便利，地理位置优越，生活舒适，风土清嘉，文化昌盛，依旧吸引了不少达官显贵、富商大贾寓居此地，并形成了一个颇令人瞩目的"寓公"群体。如王以中即云，在20世纪30年代的苏州，"有好些在野的军阀政客，因为这里生活又便宜，又安逸，都跑到苏州来作寓公，享着他们安逸的日子"。① 1934年发表在《新生周刊》上的一篇文章亦称："苏州是这样一个恬静幽美世外桃源式的天堂，因此有许多用了各种手段——压榨佃农、重利盘剥、革命、抗日、做官、办教育等等——发了财的，就都一起乔迁到这天堂里来做寓公享福。"② 据时人分析，辛亥革命以后，苏州因其既非省会，又非要冲的地理环境，被四方视为乐土，迁居其间者众多，因此苏州被视为一个天然的住宅区。③ 而且这种"住宅区"的名声更促进了外地"寓公"的入驻，如时人姚民哀所称："当苏州是个'住家'区，不是'商业'区的批评一出，一般住在上海，嫌开支浩大的寓公，纷纷乔迁到苏州来。若按省界区分，安徽、广西、云、贵等四省的寓公占迁居苏州的多数，其次，通崇海和吴江、昆山等周边县的人士，旅苏的也不少。"④

这些"寓公"多数是"外埠的名流要人，富商大贾"，他们"与一些多半在中落的苏州大户，构成一个充分代表有闲阶级的社会"。⑤ 这些有闲阶级选择苏州作为寓居之地，理由当然很多，但苏州生活的舒适、闲雅应该是一个重要原因。

20世纪30年代，范烟桥曾描述吴中士大夫的风俗：

> 王渔洋谓，吴俗有三好，斗马吊，吃河豚鱼，敬五通神。阮葵生谓，近日缙绅又有三好，曰穷烹饪，狎优伶，谈古董。按之现在，颇有改变，马吊易为马将，好之者更甚。河豚鱼以有毒，无敢尝试

---

① 参见谢国桢《三吴回忆录》，《瓜蒂庵小品》，北京出版社，1998年，第94页。
② 吴赞廷："《苏州永永是天堂》（苏州通讯）"，《新生周刊》第1卷第3期，1934年，第7—8页。
③ 柳肇嘉编著《江苏人文地理》，大东书局，1930年，第111页。
④ 姚民哀：《姑苏来鸿》，《越风》1936年第11期。
⑤ 陆苏：《闲话苏州》，《中央日报》1941年1月14日，第4版。

者矣。五通神已成时代落伍，惟乡愚祀之耳。优伶之狎，不及北平与上海，盖吴中戏剧庸劣，无名角可狎矣。今所宜增者，电影与小食耳。①

从这段描述中我们可以看出吴中士大夫风俗的递嬗，虽不同时期各有其"三好"，但享乐好玩似乎是其中不变的精神。作家、电影编剧家陈醉云也发现，20 世纪 30 年代的"苏州有三多，一是茶馆，二是糖果，三是雀牌。这三样东西，同具着消费的功能，也就构成苏州生活的染色细胞"。②

最能够体现苏州城市生活中闲适娱乐特征的是茶馆和听书。顾仲彝描述道：

> 喝茶是苏州人社交上第一件要事，每天早上九至十时、下午四至五时是各界人士不用通知的默契的集会时间。试拿最大的吴苑来作例吧，到那集会时间，前后各厅各棚、楼上楼下、走廊过道，都挤满了茶客，熙熙攘攘，来来往往，热闹非凡。③

1934 年《时代漫画》刊登的《苏州散记》一文，亦把茶馆、听书和吃作为苏州生活的特征。关于茶馆，作者看到了苏州生活的悠闲与无聊，写道："这些年轻的小白脸，挤在一起呷茶，专讲女儿；年老的，抽着水烟管，皱眉叹世风不古。就这么着，一天一天过去便算了。"而年轻的太太们"不敢和那些小姐们一样裸着腿跑电影院，只好吃饱了饭和对门小婶子、隔壁嫂嫂作方城戏外，便喜欢上书场去听书。书场大都附设在茶馆里，书场里是一处怪舒服的场所，只要出了很低的代价，你便可以进去懒散地坐着，一边饮茶一边听，如果你再想吃些什么东西那就也很随便"。④ 显然作者对于苏州人这样的生活习惯充满了讽刺的口吻。而作为苏州人的范烟桥则指出了茶馆的交际功能，他说道："苏州人喜茗饮，茶

---

① 范烟桥：《茶烟歇》，中孚书局，1934 年，第 155 页。
② 陈醉云：《姑苏散曲》，《东方杂志》第 30 卷第 8 号，1933 年 4 月。
③ 顾仲彝：《喝茶》，《论语》第 135 期，1947 年。
④ 陶谋基：《苏州散记》，《时代漫画》第 2 期，1934 年 2 月，载沈建中编《时代漫画》（上），上海社会科学院出版社，2004 年，第 26 页。

寮相望，座客常满，有终日坐息于其间不事一事者。虽大人先生亦都纡尊降贵入茶寮者。或目为群居终日，言不及义。其实则否，实最经济之交际场俱乐部也。"①

范烟桥所谓茶馆之"交际场俱乐部"功能，尤其体现在工商界利用茶馆举行的"茶会"之中。许多同业公会在上午聚集在茶馆谈论市场价格与市场动向，领略商情，当地人称之为"茶会"。各行各业都有其特定聚会的茶馆，各业大小茶会计有七八十处以上，较大而著名的茶会有五洋业茶会、杂货业茶会、锡箔业茶会等。沦陷时期汪伪政权曾因操纵物价而打击茶会，但战后其又复兴起来，参加茶会的茶客占全部茶客的70%—80%，行业茶会依然定点举行，如棉纱、黄金与珠宝的茶会在梅园茶馆，丝绸业在吴苑深处，三万昌茶馆仍然是粮食业茶会之地，旧货与丝业茶会在春苑，账房的茶会在春园，彩云楼是房屋买卖业者的茶会之所。②

茶客其实并不局限于工商业者，很多文人学士也通过茶会开展学术和文化交流。如包天笑即回忆称：

> 我不菲薄苏州从前吃茶的风气，我也颇得力于此种茶会。当时我们就有一个茶会，在胥门养育巷的一家茶馆里，每月约定日子，至少聚会两次。在聚会的时候，便无天无地地讨论一切，有什么新问题、新见解，便互相研究，互相辩难，居然是一个学术座谈会了。那个茶馆里往往有一种圆桌，我们便开了圆桌会议，笑语喧哗，庄谐杂出。后来我们又组织了一个文会，轮流当值，出了一个论文题目，或是属于文史的，或是属于时事的，大家回去写了一篇，特地送给当地名人去指点批评。③

论者多谓茶馆与说书的盛行源于传统的延续，其实更与民国时期苏州的社会经济状况有关。近代苏州居民中以靠收租为生的城居地主和外

---

① 范烟桥：《茶烟歇》，中孚书局，1934年，第185页。
② 巫仁恕：《劫后"天堂"：抗战沦陷后的苏州城市生活》，台北：台湾大学出版中心，2017年，第115、134页。
③ 包天笑：《钏影楼回忆录》，中国大百科全书出版社，2009年，第149页。

地寓公为多，居民的构成决定了生活的方式，苏州生活的休闲性和慢节奏正体现了此时苏州城市的发展特征。因为有闲阶级人数众多，休闲娱乐的需求就相对旺盛，一篇发表于20世纪30年代的文章称：

"苏州是天堂！"居住在这苏州城圈子里的少爷小姐们，当然是和天堂里仙子般的闲暇，闲暇，第三个还是闲暇！

在这个三闲阶级的特产区里，当然消闲事业是畸形地发展着，最讲究的是闲吃……他们喜欢闲食，吃了东西总希望着容易消化的，因此他们就又爱闲荡……他们喜欢闲荡，当然也爱闲逛！

他们闲荡！他们闲逛！疲倦了当然要向一个固定的消闲地方，闲坐闲坐，因此苏州的茶铺酒坊和戏院是特别地多，散处在全城的街头巷口……①

郑逸梅亦充分点出了苏州人这种闲雅的生活态度：

我们苏州人真会享福，只要有了些小家私，无论什么事都不想做。他们平常的消遣就是吃茶，吃茶的最好所在，就是观前吴苑深处。那茶居分着什么方厅咧，四面厅咧，爱竹居咧，话雨楼咧，听雨山房咧，不像上海的茶馆，大都是几个开间的统楼面，声浪嘈杂，了无清趣可比。所以那班大少爷们，吃了饭没有事，总是跑去泡壶茶，消磨半日光阴。因为他们的生活问题早已解决，自有一种从从容容、优哉游哉的态度。好得有闲阶级，大都把吴苑深处作为俱乐部，尽可谈天说地，不愁寂寞。②

与茶馆众多和休闲消费盛行相联系，苏州的茶食糖果业亦非常兴盛。所谓"茶食"，据民国《吴县志》解释，"或面或粉，和糖制成糕饼饺馓

---

① 吴赞廷：《"苏州永永是天堂"（苏州通讯）》，《新生周刊》第1卷第3期，1934年，第7—8页。
② 郑逸梅：《苏州的茶居》，《逸梅丛谈》下册，校经山房书局，1935年，第392页。

之属，形色名目不一，用以佐茶，故统名茶食，亦曰茶点"。① "茶食"与"点心""糕点""小食"等语义相近，虽可作为正餐之一品，但主要作为消闲的零食，其中糕饼点心占据主要部分。② 茶食店往往经营糖果，故合称为"茶食糖果店"或"糖食店"，或简称为"糖果店""茶食店"，其行业统称为"茶食糖果业"。

  苏州的茶食行业历史悠久，但从行业组织和行业发展来看，晚清民国时期该行业正进入鼎盛时代。其表现之一是该业的行业组织日益扩大。茶食业有江安公所，糖果蜜饯业有青盐公所，1907年又由稻香村茶食糖果号领头，成立了永康糖果公所。1927年北伐军占领苏州后，江安茶食公所和永康糖食公所合组为茶食糖果公所，此后组建了吴县茶食糖果业同业公会。1935年12月该同业公会有会员144户，店员508人；1938年初有会员42户，店员218人；1943年12月有会员223户；1945年2月会员增至266户。③ 在苏州商务总会1905年刚成立之时，未见有糖食业店铺加入。1906年该业龙头稻香村、赵天禄、叶受和作为会友加入，隶属于"散帮"各业。1912—1919年，稻香村、叶受和一直是苏州总商会的会员。④ 其次，该业的著名店铺中，除稻香村创始于乾隆年间，其他都创始于太平天国运动之后，如采芝斋开设于1884年，叶受和开设于1886年。⑤ 民国时期该业还不断有新店开张。如1925年在玄妙观东首开张的东禄茶食糖果号，因"洋式门面装潢美丽"，与稻香村、叶受和鼎足而三，三者大打价格战，不断推动市民消费的热潮。⑥

  苏州茶食店最集中、最有名的是观前街。陈醉云称："观前一带，茶食店很多，香、色、味在在投射出诱人的魅力，大都生意兴隆，很足以表示苏州人对于糖果糕饼的消费状态。"⑦ 苏州的茶食并非仅供本地消

---

① 民国《吴县志》卷五十一《物产二·饮馔之属》，《中国地方志集成》，江苏古籍出版社，1991年，第118页。
② 李峰、王晋玲：《苏州稻香村史稿》，苏州大学出版社，2022年，第14—18页。
③ 参见李峰、王晋玲《苏州稻香村史稿》，苏州大学出版社，2022年，第87、116、132页。
④ 参见李峰、王晋玲《苏州稻香村史稿》，苏州大学出版社，2022年，第57页。
⑤ 参见李峰、王晋玲《苏州稻香村史稿》，苏州大学出版社，2022年，第27、40页。
⑥ 《如此苏州（六）》，《苏州明报》1929年9月5日，第2版；啸秋：《稻香村新屋落成之花花絮絮》，《苏州明报》1926年9月3日，第2版。
⑦ 陈醉云：《姑苏散曲》，《东方杂志》第30卷第8号，1933年4月。

费,也成为畅销外地的商品,如时人称:"苏州茶食为各省所不及,故异地之士绅来苏游玩者,必购买之以馈赠亲朋,受之者视为琼瑶不啻也。"① 亦有人称:"苏地富庶之区也,而零食之价廉物美,尤名噪大江南北。惟精华所萃,悉集于观前一街。珠光宝气,绮围翠绕,而食肆尤栉比。"② 茶食糖果店中稻香村和采芝斋两店尤其驰誉全国,曾任教于苏州中学的钱穆称:"余家本在七房桥,距苏州城四十里,有小航,日开一次。每月必托小航购买两铺食品,几乎全村皆然。……不只苏州人竞来购买,京沪铁路过客几乎无不来购。后余转赴北平任教,亦可得此两家食品。"③

由于茶馆往往兼办书场,苏州发达的茶馆文化也为苏州评弹(包括评话与弹词,俗称"说书")的兴盛提供了土壤。

对于苏州人闲雅、注重享受的生活习惯和生活态度,作为苏州人的顾颉刚充满了批判的态度,他说道:"苏州人有一件最坏的性情,便是懒惰。他们注重享受,衣食住各方面都很考究,以至只能守着老家,不能向外发展。这实是数千年历史积累而成,也是农业社会中高度文化的必然结果。因为苏州的文化都是享受的文化而不是服务的文化,所以极不适合于这生存竞争的剧烈时代,这真是苏州人的危机。"④ 在清末民国的苏州人中,顾颉刚是相对另类的人物。曾在苏州教书的王庸便曾对来访的谢国桢说道:"苏州这个地方,是很安适的,可惜是一个不长进的地方,人们到了这个地方,安居乐业,就不想动了,所以苏州人在外面的很少,像顾颉刚先生这样好著书,好活动,实在是个例外。"⑤ 或许正像顾颉刚所批评的那样,苏州人这种闲适、不思进取的生活态度确实需要对民国时期苏州城的发展滞缓负一定责任。但是,当时过境迁,尤其是在20世纪末和21世纪初苏州再度经济腾飞之后,精致闲适的生活情趣却使苏州再度令外地人向往,也似乎成为苏州文化的一张名片。无论如何,精致闲雅的生活态度确实是明清以来苏州人长期存在的文化基因。从陆文夫生动描绘苏州小巷生活的小说中可以看出,即使是在讲求艰苦

---

① 莲影:《苏州的茶食店》,《红玫瑰》第7卷第14期,1931年5月。
② 朱羽戈:《中秋与月饼》,《申报》1926年9月22日,第13版。
③ 钱穆:《现代中国学术论衡》,生活·读书·新知三联书店,2001年,第240页。
④ 顾颉刚:《苏州的历史与文化》,《苏州史志资料选辑》第二辑,1984年。
⑤ 参见谢国桢《三吴回忆录》,《瓜蒂庵小品》,北京出版社,1998年,第94页。

奋斗的20世纪五六十年代，精致闲雅的生活追求也没有完全断绝。

以上我们对苏州的城市生活特征进行了概览式的描述，接下来让我们转入对一位苏州绅士日常生活的分析，以更为深入地展现清末民国苏州城市生活的特征。

## 二 绅士陆宗篆的安逸日常

陆宗篆是晚清民初苏州一个名不见经传的普通人物，并没有什么重大的事迹可述。他在历史上能留下名字，主要是因为他留下来一部体量颇大、内容颇丰富的日记。这部日记叫《补过日新》[1]（又称《补过日记》），共49卷，时间起始于光绪九年（1883），终止于1925年，其中缺失光绪十五年（1889）以及光绪十八年（1892）至宣统元年（1909）近20年的内容，但仍有20多年的日记留存了下来。[2] 这部体量颇大的日记记录了很多日常生活的细节，成为了解清末民初苏州城市居民日常生活的很好材料。有学者曾通过该日记，钩稽爬梳陆宗篆的生平。[3] 本书在这些学者研究的基础上，加以补充修正，勾勒作为苏州城市普通士人陆宗篆的日常生活，以探讨清末民初苏州城市生活的特征及其延续与变迁。

1. 陆宗篆其人

陆宗篆，字凤初，光绪十年（1884）长洲县第四名秀才。[4] 从日记

---

[1] 陆宗篆：《补过日新》，苏州博物馆编《苏州博物馆藏近现代名人日记稿本丛刊》卷29—36，文物出版社，2018年。为避文繁，下文征引简称《丛刊》且省略出版信息。

[2] 陈文妍论文曾用到了宣统元年资料，但目前出版的日记影印本没有宣统元年的内容。参见陈文妍《清末民初苏州的日常生活——以〈补过日记〉为例》，硕士学位论文，中山大学，2009年，第30页。另，顾芯佳2019年赴苏州博物馆古籍图书馆查看日记原本，也未发现宣统元年的日记。参见顾芯佳《陆宗篆及其〈补过日新〉所载曲叙考》，《戏曲艺术》2021年第2期，第40页。

[3] 陈文妍：《清末民初苏州的日常生活——以〈补过日记〉为例》，硕士学位论文，中山大学，2009年；顾芯佳：《陆宗篆及其〈补过日新〉所载曲叙考》，《戏曲艺术》2021年第2期；李寅君：《近代苏州城市普通士人生活研究——以陆宗篆为中心》，硕士学位论文，苏州科技大学，2023年。

[4] 朱以增辑《国朝昆新青衿录》，"光绪十年"，光绪二十七年刊本，转引自陈文妍《清末民初苏州的日常生活——以〈补过日记〉为例》，硕士学位论文，中山大学，2009年，第13页。

## 第十章 生活之城

可知,他有凤雏旧主、剪湘云仙客、①进修主人②等号。陆氏约生于同治三年(1864),③约卒于 1925 年,④享年约 61 岁。其曾祖父陆鉴堂,在太平天国运动时殉难。⑤父亲为陆少枚,⑥母亲为顾氏。光绪十三年(1887)陆氏成婚,⑦妻子为金氏,系出钮家巷金家,⑧陆宗篆称其为"七弟"。⑨其妻于光绪三十三年(1907)去世,年四十岁,育有二女。⑩后陆氏从族人嗣得一子,小名"奎儿"。⑪陆氏有弟一人,字凤喈,经营一家商铺,⑫先于陆宗篆去世,日记中对他记述不多。⑬从日记所夹一份便条可知,陆氏住在仓街丁香巷口左首。⑭

陆宗篆与其父陆少枚先后任陆氏宗族族长。该宗族与苏州其他陆氏宗族关系不详,推测应非名门望族。陆氏青年时代专心科举,1884 年中秀才,1885 年赴南京参加乡试,铩羽而归。此后他虽然在苏州书院、试

---

① 《补过日新·序》,《丛刊》卷 29,第 12 页。
② 《补过日记》"癸未春季"卷封面,苏州博物馆古籍图书馆网站:https://www.szmuseum.com/Ancient/BookDetails/12815d1d-20f7-4ddc-b8b0-2a7e63491758。
③ 《补过日新》作者序称:"余自受劬劳之惠而立于天地间者,已有一十九秋矣。"落款时间为光绪八年(1882)十二月二十七日。按照清代江南地区以虚岁纪年的习惯,推断陆宗篆应出生于同治三年(1864)。
④ 《补过日新》日记截止于 1925 年 1 月 1 日。从日记可见,1921 年 7 月陆宗篆因摔倒,"不能行动"(《补过日新·辛酉上》,1921 年 7 月 21 日,《丛刊》卷 35,第 387 页),其后便开始长期居家,极少外出,且此后患足疾、旁流等多种疾病。1924 年 12 月开始日记日渐潦草,一反作者一贯的工整楷书字体。故推断陆氏可能于 1925 年去世。另,据黄南丁《吹弄漫志》记载(《戏剧月刊》第 1 卷第 10 号,1929 年 4 月,第 2 页),他 1929 年 4 月前已经去世。
⑤ 《补过日新·乙卯上》,1915 年 7 月 12 日,《丛刊》卷 33,第 428 页;同治《苏州府志》卷 84《人物十一》,《中国地方志集成》,江苏古籍出版社,1991 年。
⑥ 《补过日新·壬戌下》,1923 年 1 月 10 日,《丛刊》卷 36,第 131 页。
⑦ 《补过日新·丁亥秋季》,光绪十三年九月二十一日,《丛刊》卷 31,第 178 页。
⑧ 陈文妍:《清末民初苏州的日常生活——以〈补过日记〉为例》,硕士学位论文,中山大学,2009 年,第 54 页。
⑨ 《补过日新·戊子年》,光绪十四年正月二十八日,《丛刊》卷 31,第 205 页。
⑩ 《补过日新·庚戌下》,宣统二年八月初六日,《丛刊》卷 32,第 91 页;《补过日新·戊子年》,光绪十四年五月二十一日,《丛刊》卷 30,第 460 页;《补过日新·庚寅年》,光绪十六年二月十七日,《丛刊》卷 31,第 391 页。
⑪ 《补过日新·庚申上》,1920 年 5 月 13 日,《丛刊》卷 35,第 194 页。
⑫ 《补过日新·癸未春季》,光绪九年正月初八日,《丛刊》卷 29,第 20 页。
⑬ 《补过日新·丙辰上》,1916 年 2 月 24 日,《丛刊》卷 34,第 17 页。
⑭ 陈文妍:《清末民初苏州的日常生活——以〈补过日记〉为例》,硕士学位论文,中山大学,2009 年,第 13 页。

院考课依旧，但似乎再未赴南京参加乡试，故功名止步于生员。

陆氏年轻时除了读书应举，还开馆授徒，兼为塾师，同时经常担任婚事、丧事、寿宴以及汤饼会等事的账房相帮。自1884年，陆氏开始租栈司账生涯，每年十月至十二月到城外收租，其长期服务的是苏州城中的潘丰和栈。从事租栈司账职业一直持续到其晚年，这是其后半生的主要生计来源。

陆氏年轻时曾与蒋炳章、江薇清、高太痴等人交好，中年以后亦经常与昆曲曲友俞粟庐、张紫东等结社活动。另外，陈文妍发现，宣统以后贝哉安经常找他谈事。[①] 贝哉安曾任总商会会长，并任临平市民公社社长等职。[②] 陆宗篯所住的仓街一带应该属于临平市民公社管辖的范围，或许贝哉安是和他商量临平市民公社的事务。但陆宗篯并不在临平市民公社的职员名册中。

陆氏作为宗族族长，会处理一些宗族事务，并与不少地方精英有交往，但一生未参与重大政治或社会活动。仅在辛亥革命爆发后，短暂参加了保障坊巷平安的"平安队"，亦为时甚短。因此，其一生颇为闲适，除了每年花数月收租，完成司帐任务之外，他将大量的时间用在了茶馆啜茗、书场听书、昆曲曲叙以及其他休闲娱乐活动之上。从陆氏一生经历来看，他获有生员功名，非普通大众，同时甚少参与地方公共事务，谈不上是社会精英，故可称为一个苏州城中的普通士人。清末民初此类士人应不在少数，因此陆宗篯的日常生活对于我们了解清末民初的苏州城市生活应有一定的典型意义。

2. 士人

日记开始之时，陆宗篯十九岁。从日记中我们知道，作者陆宗篯是一个读书应试的士子。他的生活内容主要是读书、应试。为了读书、应试，他拜有老师，这位老师被称为"咏师"，住在濂溪坊。陆宗篯跟从老师的学习方式，是以文会的方式定期与同门到老师家中开题作文，写完再由老师进行评价和讲解。或者，他自己作文，然后拿到老师家请教。

---

[①] 陈文妍：《清末民初苏州的日常生活——以〈补过日记〉为例》，硕士学位论文，中山大学，2009年，第54页。

[②] 《临平市民公社第四、五、七、八届机构设置及职员姓名》，苏州市档案局（馆）编《苏州市民公社档案资料选编》，文汇出版社，2011年，第102—106页。

与此同时,他和同辈的读书人也会组织各种文会活动。①

除了跟从老师学习和自修之外,他会去参加书院的甄别考试。最初,他常参加的是平江书院的考试。平江书院创建于乾隆年间,是一所专为童生而设的较低级别的书院。在光绪十年(1884)中了秀才以后,他还参加更高级别的紫阳、正谊两大书院的考试。紫阳、正谊书院的学生分为内课生和外课生,皆有名额限制。陆宗篯参加书院的考试,应该是希望能进入书院成为内课生,但从其多次考试的情况看,均不成功,因此他应该是一名外课生,并多次随课附考。作为一名外课生,陆宗篯每月能领取膏火,这笔资费在乾隆二十四年(1759)是一两银,到了陆宗篯的时期具体多少无法考证,但这是他生活的一小部分收入来源。据陈文妍推测,陆宗篯每月的课文、文会等活动,应该是作为书院外课生的一种学习方式。②

读书应试的士子,往往将塾师作为一种兼职,因为当塾师一方面可以赚取一定的收入,另一方面可以借课徒之机,读书作文自修。陆宗篯也不例外。从日记中可知,光绪九年(1883)正月十六日,刚过完春节的陆宗篯即正式开始塾师生涯,这一职业在其考取功名后也没有中断。从现存的日记来看,直至光绪十七年,他还在从事这一职业,但从宣统二年(1910)开始,日记中不再有课徒的记载,这说明此时他已不再从事塾师职业。

陆宗篯最初本想到大户人家去处馆,并托在大姓家中处馆的江薇清打听,据说需要秀才功名才能得此职位,因此陆宗篯只好自己设馆训徒。他的馆中学生都是蒙童,要进行启蒙教育,因此很辛苦,他的内心也很烦闷。中了秀才后,他终于有了到大户人家处馆的机会,这发生在光绪十六年(1890)。③ 此后陆宗篯一直在此家处馆教书。虽然按照包天笑的说法,自己设馆与到别人家处馆,收入并无太大差别,但在馆东家吃饭住宿,显得待遇更好些,地位也更高些。④ 从日记来看,去处馆后,陆

---

① 陈文妍:《清末民初苏州的日常生活——以〈补过日记〉为例》,硕士学位论文,中山大学,2009年,第20页。
② 陈文妍:《清末民初苏州的日常生活——以〈补过日记〉为例》,硕士学位论文,中山大学,2009年,第24页。
③ 《补过日新·庚寅年》,光绪十六年正月十六日,《丛刊》卷31,第376页。
④ 包天笑:《钏影楼回忆录》,中国大百科全书出版社,2009年,第127页。

宗箓对于学生的不满以及心中的烦闷并没有太大的减轻。虽然馆东经常与他交流、请他帮忙，并宴请他，但比之自己设馆之时，处馆无法自由离开学馆或者因故请假，到馆时间比自己设馆之时明显增加，因此烦闷之情依旧，也是在处馆之时，他决定学医，这应与其对塾师职业的厌烦有关。① 当然，此前他从事的是启蒙教育，处馆后所教的是四书五经，程度上有所提升。他的学生也开始赶考，他就像他老师当年那样，在试场外送考。②

兼任塾师应该是陆宗箓朋辈们的普遍选择。从日记中可知，他的朋友江薇清光绪八年（1882）中了秀才，因此能够到大户人家当私塾老师，获得更高的报酬。他的朋友蒋季和也在家中收学生，陆宗箓每次去找他，总是能看到他在训徒。③

读书自修、设馆课徒、参加书院文会，都是为了能够顺利通过科举考试。因此，参加各级的科举考试是陆宗箓年轻时生活的重要内容。在日记的第一年（1883），他参加院试失利，但第二年（1884）他终于考取了功名，中了秀才，成为苏州府的一名生员。秀才虽然只是最低一级的功名，但有了这个功名，就可以进入绅士的行列，对于人生来说很重要。陆宗箓中秀才时二十岁，虽然不算小，但也算年轻有为，所以他也风风光光请了客，向亲朋好友宣布自己地位的提升。④

在中秀才后的第二年（1885）秋，陆宗箓登上了去往江宁的船只，参加在江宁举行的江南乡试。七月初七日，陆宗箓随舟先经无锡，再至常州，又过丹阳，后泊镇江，历时七天，于七月十四日抵江宁。虽然是参加乡试，但一路上陆宗箓与一同赶考的同伴紧张感不多，反倒是一到某地就在当地玩乐、啜茗与饮酒，好不闲适。⑤ 在南京石灞街定下考寓

---

① 李寅君：《近代苏州城市普通士人生活研究——以陆宗箓为中心》，硕士学位论文，苏州科技大学，2023年，第33、35页。
② 陈文妍：《清末民初苏州的日常生活——以〈补过日记〉为例》，硕士学位论文，中山大学，2009年，第36页。
③ 陈文妍：《清末民初苏州的日常生活——以〈补过日记〉为例》，硕士学位论文，中山大学，2009年，第20页。
④ 陈文妍：《清末民初苏州的日常生活——以〈补过日记〉为例》，硕士学位论文，中山大学，2009年，第29页。
⑤ 《补过日新·乙酉秋季》，光绪十一年七月初七日—七月十四日，《丛刊》卷30，第160—164页。

## 第十章 生活之城

后,他没有忙于温习,而是大享金陵近淮园、得月楼等茶馆的风情,并与同行之人去钓鱼巷寻花问柳,徒然不见临近乡试的气氛。即使晚上就要进入下江考棚,当天上午还在寓中猜拳游戏。① 待第二场开始前,中间又有几日空闲时间,他亦不浪费游玩机会,除时常去钓鱼巷以外,还游玩了莫愁湖、东牌楼、夫子庙等名胜。在夫子庙,陆宗篔看到"考生纷纷",想必都是为了能中式而在庙中祈祷祝福。②

第二场考试在八月初八日。中午进考场找号房,大费了一番精神,加以腹部不适,作文状态并不太好。在一整夜的答题后,他得以回寓休憩。待回到号房后,陆宗篔坐"状元新号临字第二号",但号房环境不甚好,"苦楚非凡"。作文题目不难,但他自忖"不甚得意",隔天白天誊录后交卷。第三场他换号至"东文场闱字第一号",身体依旧不舒适,还伴有咳嗽。八月十五中秋之时,陆宗篔交卷出号,正式结束了其人生中的第一场乡试。③ 此次乡试之后,虽然他依然参加苏州当地书院、试院的考课,但在现存日记中再未找到他参加乡试的记录。

由于现存日记缺失从光绪十八年(1892)到宣统元年(1909)的部分,我们无法得知陆宗篔在这段社会变化十分显著的历史时期生活有怎样的转变。

除了读书作文、处馆课徒、科举考试之外,陆宗篔也学医。早在光绪十二年(1886),他便有学医的念头,日记中也开始出现了关于《本草纲目》的阅读记录。④ 在光绪十六年(1890)三月二十九日,陆宗篔立下誓言,决心学医。他决心学医,一方面是由于"郎中多不能信",因为此前家人特别是母亲多次患病,时常求医问药却不能得到有效医治,且糜费甚多,他颇有无力之感。另一方面,他认为"学成了诊脉用药可以济贫扶困,调剂世人"。⑤

陆宗篔在立志学医后,便经常翻阅《本草纲目》以为己用,并伴随

---

① 《补过日新·乙酉秋季》,光绪十一年七月十五日—七月十七日,《丛刊》卷30,第164—165页。
② 《补过日新·乙酉秋季》,光绪十一年七月二十四日,《丛刊》卷30,第169页。
③ 《补过日新·乙酉秋季》,光绪十一年八月初八日—八月初五日,《丛刊》卷30,第175—178页。
④ 《补过日新·丙戌春季》,光绪十二年三月初十日,《丛刊》卷30,第291页。
⑤ 《补过日新·庚寅年》,光绪十六年三月二十九日,《丛刊》卷31,第430页。

着摘抄、记录。① 白天在塾馆课业之余，陆宗鑾少了阅读四书五经的次数，逐渐多了对《本草纲目》的阅读与摘抄。② 在他立志学医时，就叹息没有先生带领，只能自己阅读医书来摸索。通过一段时间的阅读，似乎进展并不顺利。他虽然依旧刻苦地阅读与摘抄《本草纲目》及其他医书，然而因无人点拨，感慨医书"颇难熟"，③对于医学仍感"门墙难进"。④ 经过二十年左右的学习摸索，他也可以给亲友开方，但总体上他认为"拟方不易"。⑤

从陆宗鑾在生活以及日记中所表露的情绪来看，他并非一个在功名或学术上有极大抱负的人。他几乎每次考试都"感觉题目甚难"，我们可以推断写八股文不是他所长。因此，虽然他一直坚持考试，但功名也只能止步于秀才。从其日记来看，对于止步于低级功名这件事，他似乎也没有什么特别的遗憾。

虽然陆宗鑾在科举道路上没有太大的成绩，但他在读书应试过程中所结交的朋友却有不少以后苏州地方上的精英。从日记中可以看到，陆宗鑾读书时代有几个好朋友，一个是江薇清，一个是蒋季和，一个是高太痴。江薇清住胡厢使巷，蒋季和住丁香巷，与陆宗鑾离得很近。江薇清早于陆宗鑾获得秀才功名，常年供职于某些大姓的私塾中，光绪十六年（1890）到江宁某位官员的幕府任职。江薇清曾出现过经济上的困难，经常要求救于陆宗鑾。⑥ 另一位良友蒋季和则于光绪二十四年（1898）中进士，官至翰林院编修，并积极参与江苏和苏州的新政事业，是地方上有名的人物（参见本书第六章）。高太痴（1863—1920），与陆宗鑾年岁相仿，光绪二十三年（1897）才获得秀才功名，晚于陆宗鑾。他少年时已擅长作诗填词，颇有文名。20岁时任江苏按察司书记。他喜欢出入青楼，言行不检点，曾任职多个报社，最后落籍上海，落魄而

---

① 《补过日新·庚寅年》，光绪十六年八月二十七—二十八日，《丛刊》卷31，第515页。
② 《补过日新·庚寅年》，光绪十六年九月初六日，《丛刊》卷31，第519页。
③ 《补过日新·辛卯年》，光绪十七年五月初六日，《丛刊》卷32，第55页。
④ 《补过日新·庚寅年》，光绪十六年九月十六日，《丛刊》卷31，第524页。
⑤ 《补过日新·庚戌下》，宣统二年七月二十八日，《丛刊》卷32，第88页。
⑥ 陈文妍：《清末民初苏州的日常生活——以〈补过日记〉为例》，硕士学位论文，中山大学，2009年，第31页。

终。① 从日记中可知，陆宗篆在诗文爱好方面受到了高太痴的不少影响。

陈文妍曾将陆宗篆与同时代的朱峙三、刘大鹏等人进行比较。朱峙三在科举废除之时年龄尚小，故及时转入师范学校，从事新学。刘大鹏在科举废除之时仍以旧派士人自居，对科举废除甚为不满。与他们相比较，陆宗篆走的是另外一条道路。他已经年纪大了，无法像朱峙三那样转型，又不像蒋季和那样有权势去参与地方事务。但他也不像刘大鹏那样，猛烈抨击科举制的废除。相较而言，科举给陆宗篆带来的既得利益远远没有刘大鹏那么多，因此他的心态较为平和。②

3. 生计

陆宗篆能够对科举功名相对不那么孜孜以求，和他的生计模式应该有不小的关系。从日记看，除了考书院获取膏火、当塾师赚取学费之外，陆宗篆还有其他较为稳定的收入来源，这个来源即帮租栈收租。

从日记中可知，陆宗篆刚刚中了秀才时，需要缴纳院试时的保结金。他找到了族人陆绶生，并从陆绶生的账房李小山处取了三十英洋。可见两人有很密切的合作。③ 陆绶生与陆宗篆同宗但不同房。陆宗篆称他为"绶哥"，每年约正月初一至祠堂祭祖，都会与他碰面长谈。从1917年《临平公社第五届职员选举人姓名商号或住址》中，可以查到陆绶生和他的商号"永章"。但具体永章为何种类型的商号，暂无从考证。④

在陆宗篆未考中秀才之前，他就经常跟陆绶生细谈，跟李小山讨论收租等方面的事宜。此时，他应该已经是某租栈里的一员，与陆绶生一道在栈内供职，并在陆绶生的指导下参与收租。两人应是一种合作的关系，陆绶生负责为租栈算租，而陆宗篆负责出城去追租。在日记中，陆宗篆详细记载他收租的经历是在他考中秀才的十几天后。从他进行收租准备开始，历时近一个月。由日记可知，在收租的整个过程中，他一直跟陆绶生的账房李小山紧密合作，收完租回到苏州城内，第一时间也是

---

① 郑逸梅：《从高太痴说到希社》，《郑逸梅选集》第4卷，黑龙江人民出版社，2001年，第122页。
② 陈文妍：《清末民初苏州的日常生活——以〈补过日记〉为例》，硕士学位论文，中山大学，2009年，第32页。
③ 《补过日新·甲申冬季》，光绪十年十月初七日，《丛刊》卷30，第13页。
④ 陈文妍：《清末民初苏州的日常生活——以〈补过日记〉为例》，硕士学位论文，中山大学，2009年，第37页。

到陆绶生处报到。① 光绪十四年（1888），陆宗篆开始独立到苏州城内的潘丰和栈任职。② 这一次，他分别到外跨塘、阳澄湖、车坊三个地方，行程中也不再有李小山陪伴，可见他已是个熟手，可以独当一面。从日记来看，陆宗篆担任潘丰和栈的租栈司帐直至1923年。日记记载，陆宗篆患病，但仍被"佃户约至栈算租"。③ 即使腿脚不便，亦"乘车至栈"，并细查账单。④

他的第一次出城收租在光绪十年（1884）十一月十五日，收租的地点是元和县外跨塘。到了廿五日，他的工作告一段落，于是"泛舟进城"。不过这一次的收租并没有到此结束，到了十二月初九日，陆宗篆再一次下乡理清租米，十一日才归来，这一年的收租工作才算告一段落。⑤

从光绪十年（1884）到光绪十七年（1891），每年的十一、十二月，陆宗篆都有下乡收租的记载。从日记中可知，陆宗篆每年大致从十月开始询问乡村农地作物收割情况，十一月初至栈办公，经飞限、头限、二限、三限后，摘出未缴纳租米之佃户名姓，并联系催甲下乡催租。如佃户再未缴纳，便坐船出城催租，地点是车坊、斜塘、甪直、外跨塘、唯亭等地。十二月中旬回城，详细填写租栈账单，登记所收与未收。整个收租过程历时两个多月。

除了下乡收租，当有人家办喜事、丧事等大型活动时，他还会被邀请至账房为这些活动记账。⑥ 日记中记载，陆宗篆经常会被邀请前去帮忙料理这类大大小小的喜事、丧事，一年至少有三到四次这样的记载。这样的事务被称为账房相帮。⑦ 关于担任账房相帮是否有收入，日记中没有明确的记载，大约很多是帮忙性质的，这也是作为士绅通常在社会

---

① 陈文妍：《清末民初苏州的日常生活——以〈补过日记〉为例》，硕士学位论文，中山大学，2009年，第31—32页。
② 《补过日新·戊子年》，光绪十四年十月二十九日，《丛刊》卷31，第348页。
③ 《补过日新·壬戌下》，1922年11月11日，《丛刊》卷36，第110页。
④ 《补过日新·癸亥下》，1923年9月18日，《丛刊》卷36，第232页。
⑤ 《补过日新·甲申冬季》，光绪十年十一月十五日—十二月十一日，《丛刊》卷30，第39—54页。
⑥ 陈文妍：《清末民初苏州的日常生活——以〈补过日记〉为例》，硕士学位论文，中山大学，2009年，第44页。
⑦ 陈文妍：《清末民初苏州的日常生活——以〈补过日记〉为例》，硕士学位论文，中山大学，2009年，第45页。

上被期望发挥的作用。当然，从事账房相帮也可能会得到主家的谢礼，但这应该不是陆宗篆生计的主要来源。

陆宗篆也跟朋友加入一些投机活动中。当时买空卖空，颇为盛行，苏沪一带称之为"做露水"。[1] 苏州做露水的地方，在阊门内东中市的钱业公所。[2] 陆宗篆时常跟他的妻舅金子庄到阊门去从事这一类活动，而金子庄对此特别热衷，有时会去几天几夜不归家。他们都遭到家人的反对，陆宗篆的岳父母苦心让他劝金子庄回头。而每次陆宗篆去阊门回来，他的老婆金氏都会与他大闹一番，母亲也会极力劝阻。[3]

另外，虽然日记中有不少陆宗篆给人看病的记载，但多数是亲友之间的帮忙，未见有收取费用的记载。在日记中，亦有不少陆宗篆给其邻人问病的记载，这种情形下陆氏可能会有一定的报酬。[4]

陆宗篆仅获取了秀才功名，其主要的收入来源是帮租栈收租，总体来说，社会地位不高，因此陈文妍认为他是一位"中下层绅士"，[5] 而李寅君则称其为"普通士人"，这两种概念从不同角度对陆宗篆的阶层进行了描述，可以并行不悖。在苏州，陆宗篆这一类人物的数量应不在少数，因此其生计模式应该在苏州城的普通士人中具有一定的代表性。

4. 宗族

陆姓是苏州的大姓，人数众多，其中有不少名门望族。我们没找到陆宗篆的族谱或家谱，从现存的各种陆氏族谱中，也没有查出陆宗篆所在宗族的谱系，但从日记中，我们知道陆宗篆所在的亲属群体具有宗族的结构。他所在的陆氏宗族的祠堂位于濂溪坊北面的大郎桥巷。[6] 光绪九年（1883）八月十二日，陆氏举行祠祭活动，并且邀请元和县训导到

---

[1] 吴智斌：《都市风貌与海派气质：清末民初长篇都市小说上海叙事研究》，上海文化出版社，2012年，第235—236页。

[2] 苏州市金融志编写组：《浅说苏州钱庄》，江苏省金融志编辑室编《江苏典当钱庄》，南京大学出版社，1992年，第89—117页。

[3] 陈文妍：《清末民初苏州的日常生活——以〈补过日记〉为例》，硕士学位论文，中山大学，2009年，第47页。

[4] 《补过日新·丙辰下、丁巳上、丁巳下》，1916年8月8日、1917年6月23日、1917年9月10日，《丛刊》卷34，第96、243、281页。

[5] 陈文妍：《清末民初苏州的日常生活——以〈补过日记〉为例》，硕士学位论文，中山大学，2009年，第44页。

[6] 陈文妍：《清末民初苏州的日常生活——以〈补过日记〉为例》，硕士学位论文，中山大学，2009年，第54页。

场"来祭",且"祠中族内多在",祭祀可谓完备。[①] 光绪十七年(1891)的祠祭中,陆氏宗族依旧邀请元和县训导到场,力求仪式与到场人员之齐整。[②] 可见清末之时,陆氏宗族依然在照常组织宗族祭祀活动。从日记记载看,陆氏宗族有祭田并由族人共同完纳祭田的漕银。[③]

陆宗篆的父亲陆少枚是宗族的族长。陆少枚去世后,陆宗篆继任族长。我们无法确定陆宗篆何时担任陆氏族长,但从1912年的一条记载中可以看到,至晚此时他已经担任族长。[④]

关于宗族内的纠纷处理,光绪九年六月二十一日日记记载,族人陆菊生忤逆父母,招致族内成员的一致反对,房长陆绶生不敢专断,请示身为族长的陆宗篆父亲陆少枚。陆少枚在征询陆菊生母亲意见后,决定打造一座木笼,关陆菊生在笼中悔过反思。[⑤] 第二天木笼便开始打造,将要关押陆菊生之际,族人陆岭梅前来说情,被陆宗篆以"违长者之命"斥责[⑥]。其后陆菊生自己也来哀求不进木笼,陆绶生言明,如"请得先生出来,先生肯保不进木笼,别无余言"。[⑦] 陆菊生日后究竟是否得"先生"保释而免进木笼,日记没有记录。但通过此事可见族长在宗族事务上拥有很大的权力。

陆宗篆担任族长后,对于族长之位有抱怨情绪,认为处理族内事务颇为麻烦。有时"族侄来讲田务",也是"甚属厌烦"。[⑧] 但他仍努力维持宗族的事务。

1912年初夏,他发现宗祠内梁柱墙壁已有不少损坏,便"唤木匠到祠堂中修理",并且特别叮嘱在修缮时"门户紧闭,不得使人窥探"。这一做法的目的是不让过往路人知晓陆氏的困顿局面,然而这也仅是"大烧眉毛且度目前"的自欺欺人之举。不出所料,三天后的祠祭不成体统,匆匆修缮的宗祠虽有大略样式,然而"礼法一节"细则未定。他感叹道

---

① 《补过日新·癸未秋季》,光绪九年八月十二日,《丛刊》卷29,第174页。
② 《补过日新·辛卯年》,光绪十七年二月初二日,《丛刊》卷32,第22页。
③ 《补过日新·乙酉冬季》,光绪十一年十月十八日,《丛刊》卷30,第209页。
④ 《补过日新·壬子下》,1912年9月11日,《丛刊》卷32,第449页。
⑤ 《补过日新·癸未夏季》,光绪九年六月二十一日,《丛刊》卷29,第136—137页。
⑥ 《补过日新·癸未夏季》,光绪九年六月二十二日,《丛刊》卷29,第138页。
⑦ 《补过日新·癸未夏季》,光绪九年六月二十三日,《丛刊》卷29,第139页。
⑧ 《补过日新·辛亥上》,宣统三年闰六月二十六日,《丛刊》卷32,第241页。

"不成世界,变乱极矣",这一方面是因为自己宗族的丁祭已有闪失,另一方面则是埋怨,在进入民国无法以清朝祀典施行祠祭之时,民国政府却无暇"重修祀典",因而使陆氏祠祭进退维谷,毫无晚清之顺利与齐整。①

其后,虽然陆宗篁仍鞠躬尽瘁地维系着宗祠的完善,时有修复与整理,却无法避免祠祭人数日少,族人召集不得的状况。日记中关于1915年的一次丁祭的内容记载:"今日丁祭,至祠中焚香虔拜。合族子侄甚少,可叹。"② 20世纪20年代初,陆宗篁因罹患疾病,有两年多未参加祠祭,暂时失去族长照顾的宗祠便无人管理。等陆宗篁费力前往宗祠,发现"屋宇均要坍塌",连忙"唤匠工稍加修理"。陆宗篁叹息这是"子孙者即应办之事",最后却落得无人过问的窘境,陆氏宗族在民初的式微可见一斑。③

民元农历大年夜,日记中记载:"饭后有族中子侄辈来告贷者纷纷,余因无余资,略为分润而去。"④ 很难想象这些向族中小辈借出的钱可以收回,此后陆宗篁发出了"要钱者无有不来,还钱者无有肯到"⑤ 的感慨。当族人雨荪来向陆宗篁"筹款谋事"时,陆氏"见其面,正畏之如虎",颇有感触地说:"噫!族中子弟愈趋愈下。"⑥

虽然陆宗篁身为族长,具有权威,但对于族人争产事,亦无太多主动措施,往往听之任之。日记中记载:"午后有族中子侄辈争产到来请断,余惟解劝而已,此云'清官难断家务事',由他们便了。"⑦ 但他有时也会毫不客气地训斥族人,日记中称:"早上有族侄清泉来,无非为家产一节。余闻之头如巴斗,大为训斥一番而去。"⑧

厌烦、恼羞的情绪在他调停处理族人田务之事中时常显现,且几乎都集中在民国时期。身为族长的陆宗篁体会到一种宗族日渐凋敝的惆怅,

---

① 《补过日新·壬子上》,1912年4月28日、5月1日,《丛刊》卷32,第383—384页。
② 《补过日新·乙卯上》,1915年3月17日,《丛刊》卷33,第376页。
③ 《补过日新·癸亥下》,1924年8月30日,《丛刊》卷36,第230页。
④ 《补过日新·辛亥下》,1912年2月17日,《丛刊》卷32,第343—344页。
⑤ 《补过日新·壬子上》,1912年6月19日,《丛刊》卷32,第343—344页。
⑥ 《补过日新·乙卯下》,1915年9月2日,《丛刊》卷33,第452—454页。
⑦ 《补过日新·辛亥上》,宣统三年正月二十六日,《丛刊》卷32,第171页。
⑧ 《补过日新·壬子上》,1912年5月9日,《丛刊》卷32,第388页。

日记中称：

> 晚上有族侄仲甫来，拟欲卖田还债，请余出数，余允之而去。噫！族中子侄不思上达，而徒以族产消磨作糊口之计，此所谓"只图目前欢乐，不顾将来"。朽木难雕，吾求如之何也已矣。①

进入民国后，几乎每年陆宗篯日记之中都会出现族人争产、变卖族田的记载，且有愈演愈烈之趋势。族田自然会越卖越少，当"老本"吃尽以后，陆宗篯上述"不顾将来"的恶果就完全展现。日记中记载原来卖田还债的族侄仲甫再次卖田：

> 饭后有仲甫侄约了孙韵生、龚岭梅来写契，将祖遗之田画剩五十亩成交，卖于雷云裳药铺，亦不过二千余金。从此田产尽绝，将来不知若何结果也。点单著押，抵暮而散。②

当田产尽失之后，下一步便是析分房屋：

> 早上有祖庚、观澜两侄，系来请余分析房屋事，势不可却。午正同英梅偕往，有徐协笙亦来。三面公议良久方能解决，立合同文契，各执一纸存照。③

有和平订立契约分房产的情形，自然也有两方产生分歧的情形。日记中记载："傍晚海清与宝官为争房产事来求判断，余作中立须公平了事，幸有雨荪亦在，议至暮始各应允而去。"④

陆氏族内争产，自然令陆宗篯厌烦又麻木。巧合的是，陆宗篯的朋友遇上族内争产事，也跑来向处理此种事务"颇有经验"的陆宗篯取经。日记中称："有徐公勤来议事，因其族中争产之故。"陆宗篯自然无

---

① 《补过日新·壬子上》，1912年8月12日，《丛刊》卷32，第431页。
② 《补过日新·乙卯下》，1915年9月17日，《丛刊》卷33，第459页。
③ 《补过日新·己未上》，1919年3月29日，《丛刊》卷35，第40页。
④ 《补过日新·壬戌上》，1922年5月7日，《丛刊》卷36，第30页。

具体解决方案,"惟解劝"。①

5. 休闲

陆宗篁毕生大部分时间生活在苏州城内。从其日记来看,他于光绪十年(1884)到江宁参加江南乡试。1916年4月13日,陆宗篁曾去上海游玩,并在大舞台看戏。② 此外,他几乎每年十一、十二月间到苏州城外收租,收租的地点大致在苏州城东的车坊、斜塘、甪直、外跨塘、唯亭等地。至于其他城外的地方,他在日记中写到过两次前往姐姐家中。一次是外甥上学,他作为母舅必须送学,一次是姐姐生病,奉母命前去探望。不过日记未提及姐姐家的具体地点,只是提到出娄关,走一两个钟头水路才能到达。另外,他大概一年两次到舅舅家小住几天。他的舅舅是住在山塘街的顾氏,他每次去就会与表兄弟游竹园、推牌九、赌博作乐。③

大部分时候,陆宗篁的活动范围就在苏州城内。他日常生活的区域大约是在临顿路、平江路、仓街这三条南北走向的街道与东北街、干将路相交的这片区域内。不过喝茶、饮酒、唱曲等娱乐则会在观前这个区域进行。④

从日记中可见,他的休闲娱乐时间远远超过他挣钱的时间,在他的一生中,喝茶、饮酒、听评弹、唱昆曲等才是主要的生活状态。

从日记中记载的生活片段来看,陆宗篁的生活更多的是在娱乐中度过。在青年时代,他每天一般在七八点钟起床,有时也会"破晓即起",然后前往书馆教书,自己一般看书写文。中午吃饭,他称为"早膳"。早膳前后,一般会有人来访,或者约下午见面,或者稍谈事情。到了下午两三点之后,他就出门,往观前老义和听书。听完或者跟朋友相约到茶馆万祥春啜茗,或者跟朋友到酒楼猜拳饮酒。到晚上,更多的时候是喝酒、游竹园或推牌九。逢年过节,他和他的朋友们就会相约设宴喝酒,从早到晚游竹园。有时,朋友办喜事,他充当知数先生,从早到晚忙不

---

① 《补过日新·乙卯上》,1915年4月22日,《丛刊》卷33,第391页。
② 《补过日新·丙辰上》,1916年4月13日,《丛刊》卷34,第38页。
③ 陈文妍:《清末民初苏州的日常生活——以〈补过日记〉为例》,硕士学位论文,中山大学,2009年,第53页。
④ 陈文妍:《清末民初苏州的日常生活——以〈补过日记〉为例》,硕士学位论文,中山大学,2009年,第54页。

停歇，到晚上依然要跟朋友大战十二圈至天亮。到了晚年，他更是每天与朋友游竹园度日。①

他的作息在早年较为规律，起床的时间一般为七八点钟，晚上三更之后入睡。而到了晚年，他往往"醒时已正午"，睡觉的时间也不定时，有时敲十一点钟时睡下，有时会跟朋友玩乐直到四五更，甚至通宵游竹园，在清晨吃一碗头汤面后才归家。②

他的生活也离不开酒。年轻时候，他喜欢花雕酒，跟朋友玩乐时会喝酒助兴，但也是跟朋友在一起才会喝。到了中晚年时期，他开始沉迷于绍兴酒，几乎每晚必喝，少时一二两，多时两大碗，不仅与朋友聚会喝，如果自己在家，也会让仆人上街沽酒，喝点酒他才能够安眠。他这样的生活方式对健康状况多少有些影响。他一直肠胃不太好，这虽然不是什么太大问题，但他隔一段时间就会"滞胀"或者"腹泻"。他自己略懂医术，但从来没有提及"养生"问题。每次肠胃不适，他也照常应酬喝酒，特别是晚年，不管身体如何不适，在晚上睡觉前，他还是要小酌两杯，从来没有透露任何喝酒无益的观念。③

陆宗篯一直沉迷于评弹、昆曲，这是他极大的爱好。晚清时代，每日下午的空闲时间，他都会到观前街的茶馆听书，听姚士章，听王石泉。④ 其中，老义和是陆宗篯几乎每天必去的茶馆，一般情况下，他都会三四点钟到那里听姚士章讲《水浒传》。等到他考中秀才以后，他又开始抄曲唱曲，并且成为一个颇有名气的昆曲串客。民国以后，陆宗篯已经不再需要读书训徒，基本上他每天晨起都以抄曲为主，有时无事在家，也都以抄曲、吹箫度过闲暇的时间。⑤

从日记中可以看出，陆宗篯如果单纯啜茗或谈论事务，通常会选择

---

① 陈文妍：《清末民初苏州的日常生活——以〈补过日记〉为例》，硕士学位论文，中山大学，2009年，第51页。
② 陈文妍：《清末民初苏州的日常生活——以〈补过日记〉为例》，硕士学位论文，中山大学，2009年，第51页。
③ 陈文妍：《清末民初苏州的日常生活——以〈补过日记〉为例》，硕士学位论文，中山大学，2009年，第51页。
④ 陈文妍：《清末民初苏州的日常生活——以〈补过日记〉为例》，硕士学位论文，中山大学，2009年，第49页。
⑤ 陈文妍：《清末民初苏州的日常生活——以〈补过日记〉为例》，硕士学位论文，中山大学，2009年，第50页。

桂芳阁、三万昌、云露阁等茶馆，而排日听书则主要到滮畅、老义和、吴苑深处等以说书见长的茶馆。光绪年间，陆宗篁去的茶馆大约每月六家，宣统三年（1911）以后逐步降为三家左右，有明显减少。这主要是由于陆宗篁早年兴趣纷繁，而至中年以后主要精力放于昆曲曲叙中，桂芳阁成为其主要活动场所。①

陆宗篁的听书经历，从日记开始的光绪九年（1883）业已有之，他可谓"老听客"。该年正月初一日的年档，陆宗篁便赴观前的万祥春听书。此处的万祥春茶馆虽为普通茶馆，但在年档时邀请业已成名的顾雅庭演出弹词。陆宗篁因喜爱顾雅庭说《三笑》，正月里便成为万祥春的坐庄客。②观前游乐时，虽有众多娱乐能够享受，但陆宗篁"亦无心多玩耍"，一心只想去万祥春听书。③

陆宗篁所赴书场很多，据不完全统计，大概有万祥春、祥乐园、玉寿仙、清和、畅乐园、万仙楼、万阳楼、文乐楼、茗香楼、松风阁、新园、玉壶春、怡红馆、广南居、五凤楼、群贤居、聚来厅、中和楼、沁园、塔影居、文雅园、义园、士场、鹤鸣、宝园、玉楼春、万汤楼、鹤宝春、如意阁、熙春堂、望月楼、飞舟阁、同顺楼、老义和、鸿春、丹桂茶园、开泰、聚仙楼、玉寿仙、叶枝春、云芳楼、聚宝园、吴苑深处等四十余家。

除了作为听客在书场排日听书之外，陆宗篁又作为票友时常自我弹唱开篇或说书，技艺颇为精湛。日记中显示，陆宗篁对于"马调"尤为热衷，并且会专门研究《珍珠塔》中的"马调"唱篇，边看边学边弹边唱。④经常会"手弹弦子唱《珠塔》（按：《珍珠塔》的简称）一回"⑤，并且给予"唱篇考究"的赞赏。⑥陆宗篁曾应妹妹的要求，弹唱一回

---

① 陆宗篁曲叙详细情况可参见顾芯佳《陆宗篁及其〈补过日新〉所载曲叙考》，《戏曲艺术》2021年第2期。
② 《补过日新·癸未春季》，光绪九年正月十五、正月十七日，《丛刊》卷29，第26、28页。
③ 《补过日新·癸未春季》，光绪九年二月初十日，《丛刊》卷29，第46页。
④ 《补过日新·丁亥秋季》，光绪十三年七月十七日、七月二十日，《丛刊》卷31，第143、145页。
⑤ 《补过日新·丙戌夏季》，光绪十二年五月二十四日，《丛刊》卷30，第335页。
⑥ 《补过日新·戊午上》，1918年3月20日，《丛刊》卷34，第374页。

《三笑》,日记中记载:"洗耳恭聆者,两旁竟不知多少人也。"① 可见其弹词水平相当高超。弹词《三笑》也是陆宗篔喜爱弹唱的书目之一。还有一次,陆氏在宴席上献艺《珍珠塔》一回,又经友人恳求,弹唱了《三笑》的选回《看灯》。② 另外,刚成为新郎官的陆宗篔,亦曾在宴会上应亲友之邀,弹唱了《三笑》中的一回著名关子书《点秋香》。③ 当过了将近30年,陆宗篔病重在家时,他先在"灯前小饮",后又"唱《三笑姻缘》(按:即《点秋香》)解闷",可见其对此书的热衷。④

陆宗篔还会经常与三两好友组成小团体说"会书",以为消遣。如光绪十一年(1885)正月初十日,友人张晋溪、高仰翰邀请陆宗篔赴宴,酒过三巡之后,张、高二人提议互相说书,虽然陆宗篔感觉此二人只是"欢欣大闹",但还是自己"独说两回",尽兴而返,第二天又在友人顾秋彬家"说会书"。⑤

在弹唱弹词选回或开篇之外,陆宗篔也会创作。当有人惠示陆宗篔自创开篇时,虽然心中认为其"无一可用",他还是会答应帮忙润色。⑥ 在开塾馆之时,陆宗篔会利用空闲时间,"作开篇一个",并进行誊写。⑦ 当族内陆菊生因顶撞母亲招致族中成员一致批判时,陆宗篔即兴创作了一阕名为《不孝孩儿》的开篇,家人们听后"多哄然大笑",引为笑谈。⑧ 民国时,陆宗篔某日在书斋消遣,又作过"《古人倒换》开篇"。⑨ 陆宗篔还曾为专业艺人创作开篇。先是陆宗篔与友人胡润生、张受之等饮酒作乐,席间招赵筱卿与其他几位女唱书唱堂会。赵氏托陆宗篔助其创作开篇。两天后,陆宗篔专门为赵筱卿写好一阕《拍克开篇》,誊抄后交予赵氏。⑩

---

① 《补过日新·癸未夏季》,光绪九年五月十四日,《丛刊》卷29,第108页。
② 《补过日新·戊子年》,光绪十四年八月十四日,《丛刊》卷31,第300页。
③ 《补过日新·丙戌冬季》,光绪十二年十月十四日,《丛刊》卷30,第444页。
④ 《补过日新·癸亥上》,1923年3月29日,《丛刊》卷36,第166页。
⑤ 《补过日新·乙酉夏季》,光绪十一年正月初十日—正月十一日,《丛刊》卷30,第70—71页。
⑥ 《补过日新·癸未夏季》,光绪九年六月二十四日,《丛刊》卷29,第139页。
⑦ 《补过日新·丙戌春季》,光绪十二年二月十一日,《丛刊》卷30,第275页。
⑧ 《补过日新·癸未夏季》,光绪九年六月二十七日,《丛刊》卷29,第141页。
⑨ 《补过日新·戊午上》,1918年6月24日,《丛刊》卷34,第414页。
⑩ 《补过日新·辛酉上》,1921年3月22日、3月24日,《丛刊》卷35,第334—335页。

除了评弹之外,昆曲是陆宗篸的另一个艺术爱好。黄南丁《吹弄漫志》中称:"串客之中,在昆曲全盛的时候,颇有几个出人头地,像糕团大面张云亭,花旦程练秋,老外程藕卿,老生张润亭,正旦张玉荪、陆凤初……都是一时的人选。"[1] 陆萼庭《昆剧演出史稿》中称:"张玉笙唱正旦,初得前辈曲友陆凤初教益。"[2] 据顾芯佳考证,"张玉笙"即黄文所称"张玉荪",也是陆宗篸日记中所称的"张玉森"。[3] 张玉森号古吴莲勺庐主人,曾遍访大江南北,收藏、抄录历代传奇、杂剧数百种,其中有不少失传已久的孤本、稀见本。[4] 从日记中可知,张玉森为陆宗篸侄婿,两人有较多的交往。从以上记载可见,陆宗篸擅长正旦角色,在苏州昆曲串客之中具有重要地位。

"曲叙"是昆曲票友一起唱曲叙谈的雅称。据顾芯佳统计,《补过日新》中记载大小曲叙近百次,其中明确称为"曲叙"的有 75 次,详细记载时间、地点、成员、曲目的有 38 次。这些曲叙包括曲社性的曲叙、私契性的曲叙和宴会性的曲叙等类型。[5] 从日记中可见,陆宗篸提及的曲友有俞粟庐、俞振飞、闵万青、闵采臣、沈挹之、程藕卿、李季扬、朱兴农、王欣甫、张紫东、李式安、孙咏雩等人,这些人很多是近代昆曲史上有名的人物。从其交往和活动来看,陆宗篸应该先是谐集曲社社友,后成为道和曲社社友(关于近代苏州昆曲社集及曲曲传承情况,参见本书第十二章第一节)。[6] 日记中所载昆曲曲叙起始于 1910 年 12 月 5 日,最后一次为 1924 年 1 月 16 日,主要集中于 1913 年至 1920 年之间。[7] 可见,陆宗篸参加昆曲曲叙活动主要集中在民国时期。陆宗篸在家中还时常订正曲谱、校对工尺。[8] 即便是患病在家,陆宗篸依旧阅读

---

[1] 黄南丁:《吹弄漫志》,《戏剧月刊》第 1 卷第 10 号,1929 年 4 月,第 2 页。
[2] 陆萼庭:《昆剧演出史稿》,上海教育出版社,2006 年,第 341 页。
[3] 顾芯佳:《陆宗篸及其〈补过日新〉所载曲叙考》,《戏曲艺术》2021 年第 2 期,第 34 页。
[4] 苏州博物馆编《苏州博物馆藏古吴莲勺庐戏曲抄本汇编》,国家图书馆出版社,2013 年。
[5] 顾芯佳:《陆宗篸及其〈补过日新〉所载曲叙考》,《戏曲艺术》2021 年第 2 期,第 34 页。
[6] 顾芯佳:《陆宗篸及其〈补过日新〉所载曲叙考》,《戏曲艺术》2021 年第 2 期,第 35、38 页。
[7] 顾芯佳:《陆宗篸及其〈补过日新〉所载曲叙考》,《戏曲艺术》2021 年第 2 期,第 34—38 页。
[8] 《补过日新·乙卯下》,1915 年 10 月 9 日,《丛刊》卷 33,第 467 页。

各种曲谱,并校对其中错误,另行誊抄。① 大致来说,听唱评弹是贯穿陆宗骥一生的爱好,至民国时期,陆宗骥在评弹之外,还积极参加昆曲活动。

除了评弹、昆曲等主要休闲方式之外,阅读是陆宗骥的另一种休闲方式。他经常阅读《申报》等报纸。但阅读报纸似乎并非为了了解国家或地方大事,而是由于"殊无消遣"而采取的消闲活动。他经常在报纸上阅读友人高太痴诗作,并有和诗的想法。② 他最关注的是报纸上所刊登的诗词,如日记中记载:"晚上无事看《申报》,见浣花馆主人小杜诗,笔甚艳,惟赠翠兰词史两绝为冠军,令人读之清兴顿发";③"汪公今日未来,故益增无聊,况闻窗外跳珠,大伤怀抱,惟看《申报》上香奁诗无数"。④ 如果他在阅读过程中发现,"视之并无好诗半首",则会大失所望。⑤

除《申报》《字林沪报》以外,陆宗骥还会翻阅"画报",关注的也是"画工",如日记中记载:"只好将画报细看,见画工却甚好,画法勾勒是老法的手段。"⑥ 虽然日记中并未仔细说明为哪一种画报,据推测,很可能是《点石斋画报》。总之,阅读报纸已成为陆宗骥的一种习惯,特别是在白天花天酒地或处理公务后,晚上时常在家看报并饮酒。

陆宗骥青年时代喜欢看《红楼梦》《水浒传》《西厢记》《西游记》等古典小说,暮年时,他抛弃了以往经常阅读的古典小说,转而在最新出版的《海上花列传》《海上繁华梦》等狭邪小说中寻找人生的道理,并且年龄越大感触越强烈。此外,他还开始接触一些劝善的书籍,比如,《太上感应篇》是其晚年开始才频繁翻阅之书。其晚年的阅读取向,或许是年龄日增、疾病日多、朋友日渐凋零以及时局动荡等多种因素所致。

陆宗骥也阅读政治谴责小说,如《官场现形记》《老残游记》,以及黑幕历史小说,如《清宫秘史》《西太后演义》《民国野史》《清代轶闻》《袁世凯轶事》等。在看此类小说时,陆宗骥表达了对民国时代的

---

① 《补过日新·壬戌上》,1922年6月30日,《丛刊》卷36,第58页。
② 《补过日新·癸未春季》,光绪九年二月二十日,《丛刊》卷29,第53页。
③ 《补过日新·癸未春季》,光绪九年三月初三日,《丛刊》卷29,第58—59页。
④ 《补过日新·癸未春季》,光绪九年三月十三日,《丛刊》卷29,第63页。
⑤ 《补过日新·癸未夏季》,光绪九年六月十四日,《丛刊》卷29,第130页。
⑥ 《补过日新·辛卯年》,光绪十七年二月十九日,《丛刊》卷32,第30页。

不满。从日记所记感想来看，他认为民国所提倡的民主、共和等理念并没有得到很好的实施，报纸上的新闻，"如同嚼蜡，论共和、平等、自由之话，老僧常谈，不禁废纸，一叹"，"议论亦荒谬绝伦，呜呼，嘻嘻，我不欲观之矣。近来新学界中之进步，不过如是程度，令人可叹可哭"。① 对于统一党创设的《民苏报》，阅读之后更是给予"依然狂吠，无非骗人财物以饱私囊耳。可恶！当今之世目无法纪，一般狐群狗党作威作福，任性妄为，安得不将中原世界送于洋人。我生不辰，夫复何言！"的评论。② 在阅读《民国野史》时，他也表达出相同的看法，称："卧看《民国野史》，宗旨背谬，外托革命之名，内存流寇之肆（私），满人何执项遭屠戮？正目无法纪，绝五伦之大逆，其罪不容于死。今日之经济困难、米珠薪桂、生灵涂炭、民不聊生，均由胆大妄为搅乱山河之蟊贼也。思之令人发指。然亦天为之，谓之何哉？一哭。"③

陆宗篆年轻时期是一位读书应举的士子，成年以后是一位在宗族和社会中有一定地位的绅士，他没有什么宏图远志，对于科举功名止步于生员，没有什么抱怨，对于地方事务，也没有特别的关心。从清朝到民国的易代，一定程度上搅动了他的生活，他对于这个新到来的时代，内心中有很多不满，对于前朝虽然流露出些许怀念，但也没有刻骨铭心的认同，总之，他随遇而安，波澜不惊地过着安逸的生活。他依靠租栈司帐的职业以及祖产维持着稳定的收入来源，这使他能将更多的时间投入休闲享乐之中。他作为一个有闲的绅士投入评弹、昆曲的爱好之中，并给自己带来了一定的名气，体现出闲适、雅致的生活情趣。像陆宗篆一样的人物在清末民国的苏州城到底有多少代表性，暂时还无法考证，但关于他生活的分析与描述，还是能让我们对清末民国苏州城的日常生活有更深入、立体的了解。

---

① 《补过日新·壬子下》，1912 年 8 月 20 日、8 月 23 日，《丛刊》卷 32，第 440—441、442 页。
② 《补过日新·壬子下》，1912 年 8 月 14 日，《丛刊》卷 32，第 437 页。
③ 《补过日新·辛酉上》，1921 年 7 月 6 日，《丛刊》卷 35，第 380 页。

# 第十一章　园林之城

　　苏州园林兴起于秦汉，发展于六朝、隋唐，成熟于宋元，鼎盛于明清。[1] 明清时期，苏州因园林众多，获得了"园林之城"的美誉。据同治《苏州府志》记载，明代苏州有第宅园林271处，著名的有拙政园、留园、西园、五峰园、艺圃、洽隐园、芳草园等。清代苏州有第宅园林130多处，且大小官僚、文人雅士，争相造园，形成风尚。[2] 研究苏州园林史的学者多数将目光聚焦于明清时期苏州的造园热潮，对民国时期苏州的园林史缺乏关注。其实，明清时期的苏州园林在太平天国运动时期遭到很大破坏，有一篇写于1884年的游记中这样说道："苏州繁华大都，而粤匪乱后，热闹市场，鞠为茂草，坏墙废础，满目萧然，其复旧观，十中三四耳。"[3] 今日所留存的苏州园林，多数为民国时期重修再造的产物。在重修再造旧园之外，民国时期还新修了众多园林，这些民国园林虽然不如明清时期所留存的园林那样有名，但亦颇有中西合璧的特色，显示出一定的时代特征。

　　园林是苏州城的重要组成部分，而且苏州人的生活特征在园林中得到充分的体现。本章探讨园林与苏州城市生活的关系，首先探讨私家园林在民国时期的状况及其与城市生活的关系，其次探讨新式公园对城市生活的影响。

## 一　私家园林与城市生活

　　从造园史的角度来说，清末民国时期苏州出现了一次买园造园热潮，有不少园林进行了重修与扩建。

---

[1] 此处苏州园林主要指私家园林而言，不包括先秦时期的吴国园囿。
[2] 邵忠、李瑾选编《苏州历代名园记·苏州园林重修记》，中国林业出版社，2004年，第8页。
[3] 〔日〕冈千仞：《观光纪游》，张明杰整理，中华书局，2009年，第29页。

在重修的园林中，最为有名的是狮子林。1917年，颜料商贝润生以9900银元从李钟钰手中买得，创办"承训义庄"。又购园东宅房，增其旧址，筑高墙于四周，改大门在园东。增建族校、家祠、住宅、燕誉堂、小方厅新址，增设九狮峰、牛吃蟹等景点。在旧址内重新点缀，增设湖心亭、九曲桥、石舫、荷花亭与见山楼。园西北辟五松园，以留其名。园西堆土山，筑瀑布，建飞瀑亭，四周环以长廊，廊墙置"听雨楼藏贴""乾隆御碑""文天祥诗碑"等碑刻71块。1926年竣工，花费80万银元。[1] 狮子林在修建过程中采用了部分现代建筑材料，如水泥、钢筋、彩色玻璃等，修建了部分西洋风格建筑，留下了造园史上的有争议之处。[2] 重修后的狮子林楼台宏丽、陈设精美，被誉为民国时期苏州园林之冠。

网师园在民国时期几度易手，几经重修。1917年，张作霖购得网师园，改名为"逸园"，后该园衰败。1932年画家张善子、张大千兄弟曾经借住过一段时间，养虎一头，驯服不威，作为绘画的临本。[3] 1940年，何亚农得该园，延请能工，亲手擘画，全面修整，充实书画，增植花木，恢复旧观，复"网师园"旧名，并改"竹外一枝轩"为"敞轩"，拓宽"射鸭廊"，辟殿春簃洞门，前镶"潭西渔隐"旧题，背嵌手书"真意"二字。[4]

1918年，潘姓律师购得养育巷庙堂巷之畅园废址，修葺一新。该园水池居中，绕以厅堂、船厅、亭廊、假山、花木。水池南北狭长，近南端斜架曲桥，分水面为二。园中有小亭5座。园内建筑物较多，局部处理手法细腻，比例尺度大体能和周围环境相配合，山石花木的布置也做到了少而精。园虽小，但园景丰富多层次，给人以精致玲珑的印象。[5]

以上为民国时期重修的园林，新建的园林则有植园、小仓别墅、吴

---

[1] 邵忠、李瑾选编《苏州历代名园记·苏州园林重修记》，中国林业出版社，2004年，第318页。

[2] 孔德喜：《中国私家园林》，中国人民大学出版社，2008年，第85页。

[3] 韩欣：《中国名园》，东方出版社，2006年，第201页。

[4] 邵忠、李瑾选编《苏州历代名园记·苏州园林重修记》，中国林业出版社，2004年，第325页。

[5] 刘敦桢：《苏州古典园林》，中国建筑工业出版社，1979年，第76页。

家花园、紫兰小筑、朴园、荫庐等。植园本为南园故址。民国元年，江苏督抚程德全开辟为植园，构筑经营，颇费工程。该园以清旷朗豁取胜，后曾为苗圃、农业试验场。① 小仓别墅系上海名相家王乔松在胥门内三板桥东所建，有香影廊、野享、停云、怡颜诸构，花木扶疏，别饶清趣。② 1921年冬，国民党人吴忠信在东小桥弄建花园住宅一座，名吴家花园。园较大，有水池、湖石、假山，以及银杏、白皮松、玉兰、含笑等名贵花木。并建有西式楼房，至今仍较完整。③ 1921年8月，李根源买宅于苏州葑门十全街新造桥，12月奉母入居。④ 该宅有园，以母姓名为"阙园"，院内"有梅花二百余树，丹桂数十丛，桃如千树，号称水蜜桃云"，⑤ 其最盛处为"葑上草堂"。李氏后又续购地二亩多，增筑"彝香室"三楹。⑥ 1922年，范烟桥父亲范葵忱购得临顿路温家岸原清初诗人顾予咸别墅余址一角建花园，取其名葵心向日之意，园名向庐。园中有梧桐、蜡梅、天竹、桃、杏、棕榈、山茶，有水池、假山和旱船，以及廊屋、花厅、方厅、书房等建筑。1926年，程小青在望星桥北堍构茧庐，惨淡经营九年而成，占地一亩多。

1929年，蒋介石眷属姚怡诚在南园蔡贞坊购菜地10亩，耗2万余银元建宅园，携蒋纬国居此。该宅园内除三层楼房外，有大型水池、琉璃瓦亭子、四面厅、荷池、假山、草坪等，现为南园宾馆7号楼宅园。1931年，周瘦鹃在王长河头3号兴建紫兰小筑，以黄山谷碑帖中"紫兰小筑"四字为额。平屋分别称爱莲堂、紫罗兰等，占地3.5亩。后又买南邻0.5亩土地，叠湖石为假山，掘地为荷池，植花草树藤不下百种，以梅、荷、菊、紫罗兰最盛。

1932年，上海蛋商汪氏在平门内荒冢地上建造朴园，占地15亩，造价10多万银元。该园四周砌花岗石块围墙，园中有琉璃瓦顶四面厅、花

---

① 陈日章：《京镇苏锡游览指南》，禹域社，1932年，第26页。
② 陈日章：《京镇苏锡游览指南》，禹域社，1932年，第25页。
③ 苏州市沧浪区编史修志领导小组：《苏州市沧浪区志》，1988年，第27页。
④ 李根源：《雪生年录》卷三，沈云龙主编《近代中国史料丛刊正编》第二辑，台北：文海出版社，1996年，第10页。
⑤ 李根源：《景邃堂题跋》，李根沄、李希泌校，苏州葑门曲石精庐印版，1932年，第22页。
⑥ 刘艺蕾：《李根源寓居苏州事迹考述》，硕士学位论文，苏州科技大学，2022年，第65页。

厅、亭廊等建筑。有水池架曲桥，湖石包土假山峰峦起伏，绿化面积较大，有白皮松、罗汉松、五针松等珍贵树木。同年，顾祝同委托苏州裘松记营造厂在梅村桥东南堍建墨园。墨园主体建筑为一幢两层的欧式洋房，坐北朝南，平瓦坡顶，为青砖扁砌外墙，不饰涂料。花园部分有松毛亭、荷花亭、湖心亭、八角琴室、荷花池、九曲桥，叠湖石假山，植花木。亦是在1932年，上海老介纶绸店店主顾鸿培以2万银元从清末河南柘城县令马嘉桢后裔手中购得申庄前之花园一座（原称"真如小筑"），重加修葺，人称"顾氏花园"。该园小巧精致，中有曲池，池上架小石桥两座，曲径盘旋、绕廊穿桥，有花厅、书房、方亭、琴台、曲廊、半亭等。

1933年，洞庭东山席氏在饮马桥东南筑中西合璧的仿古宅园，名"天香小筑"。宅屋南北三进，回廊相连，间以二重小院，点缀湖石假山、花木。全园布局以土山为主，山上建六角亭，山侧小池萦回。1934年，上海商人叶氏修筑荫庐（原遂园）。这是一处融西式建筑与中式园林为一体的花园别墅，占地3000余平方米，主楼3层，建筑面积2028平方米，外观模仿欧洲文艺复兴时期罗马式建筑风格。正门东向，前廊排列高大挺拔的圆柱4根，上层为阳台。内部厅室宽敞明亮，扇面螺旋形楼梯和室内壁龛装饰颇精。楼南花园水池，构有假山、曲桥、石舫、凉亭等。此外，商人杨定甫在半塘桥畔购地数亩建别墅，内有三熹草堂、听雨亭、荷池等，取径曲折，定名"之园"。

苏州城外，亦新修建众多园林。在苏州东山，1922年，旅沪经商的金锡之、金植之兄弟为孝敬母亲建造了一座豪宅，名春在楼，因楼内多雕刻，俗称"雕花大楼"。1933年旅沪商人席启荪为纪念其祖上在叶家浜迎候康熙皇帝而兴建启园，亦称"席家花园"。[①] 在虎丘，朱祖谋等建冷香阁。[②] 1930年，书法家余觉在石湖畔宋天境阁旧址建别墅，自题"觉庵"，俗名"余庄"。在穹窿山，1928年，李根源买下穹窿山东南支脉的小王山葬母，其后在此营建田园别墅，有小隆中、万松亭等景观。

---

① 邵忠、李瑾选编《苏州历代名园记·苏州园林重修记》，中国林业出版社，2004年，第346页。

② 邵忠、李瑾选编《苏州历代名园记·苏州园林重修记》，中国林业出版社，2004年，第339页。

其友人、幕僚时来拜访，在山中石头上书刻，形成摩崖石刻流传于世。①

总之，虽然民国时期苏州非复往日繁华，但其"人间天堂"印象犹存，仍然是令人向往的隐居之地。加以地近上海、南京，更吸引了上海商人和南京政要们在此修建别墅，以彰显身份，显示情趣。相比上海、南京，苏州地价便宜，环境优美，旧家宅园众多，在原有的基础上建构园林既能借助自然之势，又能发挥建造者的智慧，遂引来一拨造园热潮。当然，这一时期新建园林大多规模偏小，兼具中西元素，其名气与明清园林不能相比。尽管如此，民国时期园林的继续营建丰富了苏州园林的内涵，使得苏州城市空间出现新的色彩。

苏州园林不仅是士大夫的休闲娱乐之所，也是一座城市的"文化客厅"。例如，晚清时期苏州士绅顾文彬家族营建的怡园和过云藏书楼就曾承担当时苏州城文化客厅功能。②苏州园林的这种文化客厅功能并没有因为清民易代而中断，民国时期的苏州城市精英仍然充分利用精致秀雅的园林空间来展开多彩的文化活动。其中一个显著的例子是庞国钧的鹤园。

鹤园由洪鹭汀始筑于清光绪三十三年（1907），未竣。后归吴江庞庆麟，传其孙庞国钧（字蘅裳），复加修葺。鹤园占地不足三亩，设景构思在苏州园林中并非上乘。但该园位于韩家巷，介于顾氏怡园与俞氏曲园之间，地处城中心，加以庞国钧善书，喜欢结交苏城文人雅士，遂使鹤园成为20世纪二三十年代苏城文人士大夫重要的雅集之所。

据庞国钧嗣子庞曾溎回忆，当时的雅集有"词集""诗钟""诗迷""曲会""春节团拜"等五种，参与者皆为一时俊彦。凡有诗词雅集，"诸老或捋髭徘徊，或林间沉思，或拊石低哦，忽焉入堂就几吮豪，寻章觅句之状，不一而足。继则围而争睹，随以唱吟，声闻林池，复相与品议，逸兴遄飞，有如兰亭"；曲会之时，"例设长桌，长幼环坐，一管既鸣，依序引吭，余相击节"。至于春节团拜，系张一麐、费树蔚所倡，为免互相访酬之劳，而集邑中绅宦名流于此园，可至六七十人。此外，苏

---

① 刘艺蕾：《李根源寓居苏州事迹考述》，硕士学位论文，苏州科技大学，2022年，第66页。

② 沈慧瑛：《过云楼档案揭秘》，古吴轩出版社，2019年。

州官绅议事或迎送之宴，也多设于此园。① 例如，1932年11月底京剧大师梅兰芳到访苏州，30日，苏州地方人士张云抟、吴子深、张南村、潘敏之、朱膺白、闵仲谦等即设宴于鹤园，招待梅兰芳夫妇，作陪的有卢燕庭、孔叔慎，吴县县长邹竞，吴县《大华报》社社长仇昆厂，吴县县商会委员、提倡国货委员会委员刘赓华，鹤园主人庞国钧，等等。席间，宾主清歌昆曲、京剧，吴子深即席画竹石扇面，张云抟等题诗其后，赠予梅兰芳。②

除了鹤园这个突出的例子之外，苏州城的很多园林为苏州的文化艺术活动提供了雅致的场所。例如苏州著名的文艺社团星社，其雅集即多数在各种园林中举行。据郑逸梅回忆，星社成立的第一次雅集即在阊门外的寒碧山庄（今留园），此外，沧浪亭、狮子林、拙政园、鹤园等亦为该社雅集之所，而范烟桥家的临雅小筑更是星社的主要据点。③ 李根源在城中的阙园和在小王山的"阙茔"也是士绅聚会、迎来送往的重要场所。④ 20世纪20年代，金松岑、费树蔚等邀集吴中名流40余人组织"九九消寒会",⑤ 阙园曾作为雅集地点。⑥

晚清民国时期，不少私家园林开始对外开放。如阊门外的留园，同治十二年（1873）为盛康购得。经修缮后，于光绪四年（1878）向公众开放，任何人只要付了游资即可入园游览。园中还备有茶水，共游客购买品尝。为招揽游客，园中甚至还展示活生生的老虎，由此吸引了众多游客纷至沓来，最多时一天有近千人入园。⑦ 今藏上海图书馆的盛宣怀档案中，存有其门票收入的账单，其中最晚的是宣统三年（1911）六月

---

① 庞曾渖：《鹤园记遗》，政协苏州市委员会文史资料研究委员会编《苏州文史资料》第16辑，1987年，第139—140页。
② 尚南：《梅兰芳莅苏纪事》，政协苏州市委员会文史资料研究委员会编《苏州文史资料》第16辑，1987年，第143—144页。
③ 郑逸梅：《具有悠久历史的星社》，《味灯漫笔》，古吴轩出版社，1999年，第172页。
④ 参见刘艺蕾《李根源寓居苏州事迹考述》，硕士学位论文，苏州科技大学，2022年，第65—66页。
⑤ 李根源：《雪生年录》卷三，沈云龙主编《近代中国史料丛刊正编》第二辑，台北：文海出版社，1996年，第11页。
⑥ 李根源辑录《娱亲雅言》，孙绍虞、阙金元校字，阙园印本，1926年，第1页。
⑦ 《屠兆圭致盛康函》（光绪四年四月初三日），上海图书馆藏，转引自高洪兴《盛宣怀档案中的清末民初中国社会生活》，《历史文献》第13辑附录，上海古籍出版社，2009年，第490页。

下旬。无独有偶，当时苏州的吴园、顾园也同样开门迎客，接待游人。①包天笑回忆称，19世纪80年代的苏州，"新年的游观……城外有个留园，城内有个怡园，两个私家花园，也开放了让人游玩（都是收游资的），倒可以消磨半天光阴，里面也可以啜茗，儿童都是家长带了进去的"。②

私家园林的对外开放，使其具有了一定的公共性，但其公共性仍然存在局限。这些对外开放的园林往往要收取游资，而且一般是在重大的节假日才对外开放，平时若想入园则需要园主的允许，所以对于普通民众来说仍不是经常可以休闲游览的空间。比较而言，近代以来城市中兴建的公园具有更多的公共性、日常性，也体现了更多的现代性。

## 二 公园与城市生活

近代以来，为改变中国城市景观和匡正社会风气，很多人将目光投诸公园建设之上。他们认为公园是"都市之花""城市肺腑"，"故伦敦、柏林、巴黎、维也纳、纽约、东京暨他诸都会，莫不设有公园"，"至若国中都会，无一完全公园，非特方诸东西列强，大有逊色。其于国民卫生上及娱乐上，亦太不加之意哉"。③他们认为，"盖人生于世，除做正当业务外，常要求兴趣以娱其生活，彼等因无正当的娱乐，故有此低下的逸乐。今欲使彼等免于罪戾，对症下药，首在创设图书馆与公园"，"地方具此二者，岂独可使人民不为非且足以增进彼等之智、德、体、美诸育也"。④民国以后，随着"社会教育"概念的提出，公园作为广义的社会教育机构之一，更是受到政府和社会各界的重视，被认为是增进民智民德的有效工具。

苏州虽然号称"半城园亭"，但它们皆为私家园林。晚清民国时期，除拙政园、狮子林等少数园林对外收费开放外，大多数园亭名胜仍主要是城市精英阶层的交往空间。因城内缺少公共纳凉之地，人们出游所去

---

① 高洪兴：《盛宣怀档案中的清末民初中国社会生活》，《历史文献》第13辑，上海古籍出版社，2009年。
② 包天笑：《钏影楼回忆录》，中国大百科全书出版社，2009年，第54页。
③ 黄以仁：《公园考》，《东方杂志》第9卷第2号，1912年8月，第1—3页。
④ 仲颖：《地方自治亟需举办的两大事业》，《申报》1925年4月2日，第12版。

之处大都为虎丘、石湖等地，但均相对偏远，而传统私家园林因产权归属、身份限制等，相对远离普通市民。建设免费向市民开放的公园，遂被纳入地方政府和士绅的计划。

本节即以苏州的首个公园"苏州公园"为例，探讨公园在民国时期苏州日常生活中所扮演的角色。①

1. 从皇废基到苏州公园

1909年，苏州士绅张一麐首次倡议筹建公园。他认为要造福桑梓，应先从社会教育入手，遂与当地士绅蒋懋熙、孔昭晋、冯守之等人筹款建设公园与图书馆，并制定规则十余条。②但因张一麐随即离苏赴任，未及实行。1919年，地方士绅再次倡议建造公园，计划公园中包含图书馆、会堂、音乐厅等设施。③是年，由吴县劝学所所长潘振霄主持，择定在皇废基东部修辟营建，初名"皇废基公园"。皇废基相传为吴子城故址，元末为张士诚太尉府一部分，张士诚兵败，府第焚毁，明代至清末大部分沦为荒地，义冢累累，称"皇废基"。太平军败后，北端建"咸丰庚申殉难一千一百数十人墓"，同治十年（1871）设"栖流所"。南部有池沼，地较疏旷。为筹集资金，1920年，由苏州士绅贝理泰接洽颜料商人奚萼铭遗孀黄氏，由其子士尚、士菁捐资五万元，用于修建公园图书馆。④1920年由劝学所、教育会发起，组成由苏州市公所董事长蒋炳章、吴县临时行政委员会委员汪仲周、教育局局长潘振霄等人为成员的百人筹备小组，拆庙迁墓，开始施工。公园设计由苏州工专土木科学生测绘平面图，交上海法租界公董局法国园艺家若索姆（Jaussaume）规划设计。筹备小组按设计结合中国造园风格破土动工，浚池植树。⑤

---

① 作为一种近代新兴城市公共空间，公园已引起城市史学者的广泛关注，但是仍然有很大研究空间。参见〔美〕周锡瑞《重塑中国城市：城市空间和大众文化》，《史学月刊》2008年第5期，第13—18页。
② 张一澧：《张一麐生平》，张一麐：《古红梅阁笔记》附录，上海书店出版社，1998年，第91页。
③ 苏州市地方志编纂委员会编《苏州市志》第一册，江苏人民出版社，1995年，第684页。
④ 《捐款建设图书馆》，《申报》1920年6月14日，第7版。按：奚萼铭于1919年1月去世。
⑤ 苏州园林管理局编《苏州园林》，同济大学出版社，1991年，第140页；《沧浪区志》编纂委员会编《沧浪区志》，上海社会科学院出版社，2006年，第120页。

1920年11月，吴县教育会会同公益事务所修筑围墙，圈定公园基地。①1921年，公园图书馆开始动工建筑，②1922年9月，先在园中部荷池南建成图书馆，馆东侧临池建东斋茶室，西南角建西亭茶社。园东南辟池名"月亮"，池边修廊，紫藤翳密，又植树4000余株。1925年8月1日，公园图书馆首先开放。③

1927年4月，吴县公益局续组公园筹备委员会，成员基本为政府官员，如交通局考工课主任许霆先、公益局娱乐课主任徐孟荄等。④从1927年4月23日至8月5日，筹备委员会召开数次会议，总管公园筹款、规划、建设、开幕及管理等大小事务。⑤1927年8月1日，南部建设初步告成，公园正式开放。同月，公园被苏州市政筹备处接收管理，续建水禽馆、音乐亭，在中部荷池上架三曲朱栏桥等，但北部依然荒凉。1929年，叶楚伧、钱大钧、孙铁舟等应市政府请，积极筹款以开发北部。1930年，公园归教育局管理，成立北部建设委员会，继续开凿北部池塘，植荷养鱼，栽植树木，并于土山顶建四面厅一座，名民德亭。至此，公园北部初步建成，并与南部贯通合一。1932年，园内竖美萧特义士纪念碑。1932年10月，为促进公园发展，教育局又组织设计委员会，其人员基本为公园筹备委员会原有人员。⑥1934年9月，公园管理处实施整顿计划，在北部建成公共学校园，添置座椅，整理中山林、商店、茶园等地。⑦抗战时，公园碑厅及图书馆被日寇炸毁，一度为日军养马场。后虽开放，景物荒凉，喷水池只剩一泓泥水。1946年，北部建平房四间，为康乐馆，名"涵社"，屋前辟网球场。1947年5月，更名"吴县中山公园"，并在莲花池东建"裕斋"，辟为"前进图书馆"，民德亭后澄虹桥北建叶楚伧纪念碑坊，造"楚伧林"，恢复萧特纪念碑。至苏

---

① 《建筑公园之动议》，《申报》1920年11月13日，第8版。
② 《建立县立图书馆》，《申报》1921年8月8日，第12版。
③ 《行将开幕之苏州图书馆内容》，《申报》1925年7月31日，第9版；《苏州图书馆开幕纪》，《申报》1925年8月3日，第9版；《苏州图书馆正式开幕》，《申报》1925年8月3日，第11版。
④ 《公园筹备处建设公园》，《苏州明报》1927年4月28日，第2版。
⑤ 《公园筹备会展期一日》，《苏州明报》1927年4月25日，第3版；《公园筹备委员会之临时会议》，《苏州明报》1927年8月7日，第3版。
⑥ 《教育局促进公园发展》，《苏州明报》1932年10月8日，第2版。
⑦ 《公园整顿计划》，《苏州明报》1934年9月2日，第7版。

州解放时公园未全恢复，曲桥坍圮，仅存桥柱。1953年6月苏州市政府拨款重修，命名为"苏州公园"，俗称"大公园"。自建园至今，公园始终保持南半部花坛、喷泉的规则式，北半部山水自然式的中西合璧格局。

清末宣统年间，于今文庙西侧曾开辟"植园"，为讲求农事之所，兼供民众游眺纳凉及品茗点心之需，但很快改设苗圃，一般不向游人开放。1931年在北局建小公园，但面积甚小，由大公园管理员兼管，可视为苏州公园的一部分。1979年，东园建成，为解放后苏州建设的第一座新型综合性公园。因此，苏州公园为苏州第一座现代公园，也是民国时期苏州最重要甚至是唯一的公园。[①]

范烟桥在《苏州闲话》一文中曾提及从前薛兰英、薛蕙英姐妹所拟《苏台竹枝词》中所描绘的苏州景物至20世纪30年代已有很多改变，惟"斜倚朱门翘首立，往来多少断肠人"一句，犹稍仿佛，然不如易为"最是公园残照里，往来多少有情人"更为贴切。[②] 可见苏州公园已成为当时苏州城市生活中的重要构件。

2. 教化：政府与士绅的政治意图

近代中国公园从一开始就不只是一个简单的休闲娱乐场所，而是承载着社会教育的功能，这一点从苏州士绅张一麐等首倡者的意图即可看出，筹建者的身份和管理机构亦明显表现出公园的教育属性。如筹建过程中，吴县劝学所、教育会以及教育局领导皆是主要成员。公园内设图书馆更是凸显了公园的教育功能。1930年5月苏州市与吴县合并，县教育局与建设局就公园隶属问题，曾产生争执，建设局认为，就公园性质而言应归建设局，而教育局则认为公园属于教育事业之扩充，应属于教育局。后经县长调停，公园由建设局设计施工，而工程完竣后归教育局管辖。[③] 此后，教育局设苏州公园管理处，范云书任管理处主任。另设管理员若干名，负责公园建设、管理、运营，以及北局小公园事务。直至解放初，仍由市政府教育局接管。

---

① 苏州市地方志编纂委员会编《苏州市志》第一册，江苏人民出版社，1995，第684—687页。
② 原载1932年《万岁》第1卷第1号，署名含凉，收入范烟桥《鸥夷室文钞》，海豚出版社，2013年，第62页。
③ 玲玲：《苏州公园得主之争执》，《大光明》1930年5月19日，第4版。

在时人看来，公园中的奇花异草不仅能增长市民的见闻，而且"园中一花一草、一禽一鱼，均有自然活泼之妙，人游其中，而美感自生。美感生而道德心亦因之而生也"。① 故此，公园每年十一月前后举办公园鱼菊展览会，参展鱼菊，不仅有公园自产金鱼、菊花，而且有苏州中学、苏州美专、葛百户巷俞宅、槐树巷徐宅及吴县公款公产处等十余家参展，甚至北平等地皆有金鱼参展。② 公园亦根据时令每年不定期举办二月梅花展览会、三月兰花展览会、六月莳花展览会，均事先四处征集。其目的是通过展览，陶冶市民情操，丰富民众生活情趣。③

比较而言，对于公园的"教化"功能，士绅阶层侧重于"教"，强调图书馆等设施在公园中的地位，目的是教平民为公民，政府则更注重于"化"，意图化公民为党民。这一点在1927年国民党北伐军进入苏州后表现得尤为明显。从推广三民主义体系到其延伸出的新生活运动，这一系列行动都试图将民众完全纳入国民党的统治之下，这种统治不仅来自在公园内设立园警，④ 更试图通过对公园这一空间具体而形象的利用、控制，从而塑造自身的权威与合法性。孙中山塑像被立在图书馆旁，形象高大，"园外车路中即可望见"。⑤ 孙中山逝世三周年纪念日时，在园中种植总理纪念林。⑥ 市党部宣传部在公园电线杆上漆上标语，⑦ 国民党吴县党务整理会为纪念两位为党牺牲的同志，曾拟将公园里的民德亭更名为烈士亭，并制一匾悬挂。⑧

在公园这个公共空间里，通过建筑物、纪念碑的修建以及它们的命名，时间变得看得见、摸得着，在公园中集中展现比分散在都市中更容易被大众观察到，公园的种种景象也会在他们的心中留下深刻印象。一个比较明显的例子是美国飞行员萧特在苏狙击日机时牺牲，各界商议为其立纪念碑。纪念碑地址初有四地：火车站、北局小公园、虎丘及苏州

---

① 孟昭范：《公园可以养成市民之道德心》，《申报》1926年1月4日，第11版。
② 《公园之菊花大会》，《苏州明报》1929年11月10日，第2版；《公园将陈列菊花金鱼》，《苏州明报》1932年10月24日，第2版。
③ 《公园莳花展览》，《苏州明报》1931年6月6日，第2版。
④ 《公园筹备临时会议》，《苏州明报》1927年7月24日，第3版。
⑤ 《公园中大兴土木》，《吴语》1927年5月23日，第2版。
⑥ 《今日总理逝世纪念》，《苏州明报》1928年3月12日，第3版。
⑦ 《公园筹备会临时会议》，《苏州明报》1927年7月24日，第3版。
⑧ 《公园民德亭纪念烈士》，《苏州明报》1932年12月19日，第3版。

公园。经讨论，认为虽然火车站地处要冲，但旅客往来匆忙，细心观摩机会不多；小公园已有林则徐纪念碑，且地方狭小，亦不适合；虎丘多为古迹，建设新式建筑，会破坏古迹整体感；而苏州公园北部，风景明秀，游客众多，最为适宜，遂选址于苏州公园。① 1933 年，在公园北部安置废旧大炮一尊，为中国古战器展览，以激励市民。② 1934 年，南京国民政府宣布推行新生活运动，公园理发店墙上亦漆上"礼义廉耻"四个大字及其解释。③ 甚至公园中燃放的焰火也充满了政治符号，焰火有纪念塔、中山舰、南京城、北伐胜利、中山遗像等形状或字样，时人评曰此"足以唤起民众，共同谋自由平等之目的"。④

大略而言，从 1927 年国民党北伐军进入苏州，在相对强势的新型国家政权扩展统治的过程中，公园的教化功能也出现了一定的转向，从士绅阶层所主导的侧重于"教平民为公民"，转变为党治国家所主导的"化公民为党民"。公园建设过程中，士绅群体逐渐隐退。在 1929 年的一次苏州市政府邀集名流筹议开发公园北部的茶会上，"尚多请而未到者"，⑤ 孙铁舟倡言劝募资金，但响应者却不是太多。《大光明》称这次募捐为"绑架式"募捐。⑥ 虽说报社报道有更多吸引人眼球的成分，但也在一定程度上显示出此时士绅对公园建设的消极态度。

3. 展演：社团与民众的日常利用

公园的基本功能是休闲、娱乐，这展现出它日常性的一面。相比于政府和士绅们关注公园的规训和教育功能，普通市民更多将其作为展演的舞台。各类社会团体多通过在公园举办展览会或其他活动，宣扬自己的主张。如，1929 年，程瞻庐等文人在公园西亭创办"西亭谜社"，每逢新年张灯悬挂谜联，盛极一时。⑦ 苏州著名书画家曾有同庚会组织，会员五十同庚之年，特在公园中建筑"同庚厅"，以示纪念。⑧ 为提倡民

---

① 道听：《孝脱亭地址问题》，《大光明》1932 年 4 月 16 日，第 2 版。
② 陇中：《中军旧炮在公园》，《大光明》1933 年 8 月 16 日，第 4 版。
③ 不易：《闲话公园》，《吴县晶报》1935 年 7 月 21 日，第 3 版。
④ 垂露：《游园小记（下）》，《苏州中报》1927 年 8 月 5 日，第 2 版。
⑤ 《纪昨晚公园之宴》，《苏州明报》1929 年 8 月 17 日，第 3 版。
⑥ 黑猫：《孙铁舟公园绑票》，《大光明》1929 年 9 月 1 日，第 3 版。
⑦ 江更生、朱育珉主编《中国灯谜辞典》，齐鲁书社，1990 年，第 398 页。
⑧ 碧螺：《同庚建亭在公园》，《吴县晶报》1935 年 8 月 22 日，第 4 版。

众艺术,上海美专苏籍在校生盛暑天在公园图书馆举办画展,时人称:"暑期公园本为文人纳凉避暑之所。值兹画展开幕,来宾更添雅趣。图书楼头,裙屐上下,门限为穿矣。"① 公园电影院亦组织表演活动,白克门夫妇曾登台表演"掌上舞"。② 1930 年 9 月,公园举行第一次同乐会,演讲、音乐、电影、魔术等并举,目的是给市民指明一种正当娱乐方式。③ 在公园里,亦常见军士、警察在其中演练。④ 为提倡国货,管理处在公园举办国货展览会。⑤ 1932 年,苏州士绅李根源、张一麐感慨国学不振,在公园图书馆组织"国学研究会",并多次请章太炎假座公园图书馆讲学,影响颇大。⑥ 1934 年 11 月,为宣传防空知识,苏州初中童子军曾在公园举行防空避灾警备练习。⑦ 本地著名文人陈石遗、邓孝先、费仲深、蔡巽堪、吴九珠、江隽之、林肖蟠、陈渭之、庞次淮、宗十戴等常雅集东斋,时称"东斋十老",他们的吟咏曾刻为《东斋酬唱集》传世。1937 年,"八一三"淞沪会战爆发,苏州各界成立抗敌后援会,会址即设在公园图书馆,张一麐担任主任委员,各界人士纷纷参加,那时的苏州公园里,抗日歌曲响彻云霄,慰劳物品源源不断地运来,人来车往,一派同仇敌忾的景象。公园东斋之前常有中山大学学生宣传队演讲,听其演说者"莫不赞成","无不为其动容"。⑧ 自东斋西亭收归自营后,开放为民众茶园,曾试办改良说书,讲民族英雄事迹。⑨ 公园甚至在某种程度上承担着民族尊严再生的功能,有人言公园应在门口标示"外国人与犬不得入内",衣中山装者方许通过。⑩

---

① 《公园画展定期开幕》,《苏州明报》1931 年 7 月 17 日,第 2 版;之关:《读画舟记》,《大光明》1931 年 7 月 26 日,第 3 版。
② 《公园电影院之舞讯》,《苏州明报》1929 年 1 月 5 日,第 3 版。
③ 《公园之第一次同乐会》,《苏州明报》1930 年 9 月 12 日,第 2 版;《公园中之同乐大会》,《苏州明报》1931 年 4 月 16 日,第 2 版。
④ 垂露:《游园再纪》,《苏州中报》1927 年 8 月 20 日,第 2 版;碧翁:《捉迷藏》,《吴县晶报》1932 年 8 月 1 日,第 4 版。
⑤ 郁郁:《国展会之铜帐钩》,《大光明》1931 年 12 月 26 日,第 3 版。
⑥ 靡靡:《李根源舌战金震》,《大光明》1932 年 11 月 1 日,第 3 版。
⑦ 《防空避灾警备演习》,《苏州明报》1934 年 11 月 24 日,第 6 版。
⑧ 俞醒楼:《公园畅游记(上)》,《苏州中报》1927 年 9 月 2 日,第 2 版。
⑨ 《公园东斋西亭开放为民众茶园》,《苏州明报》1936 年 5 月 12 日,第 7 版。
⑩ 一安:《游公园者的话》,《苏州中报》1927 年 8 月 10 日,第 2 版。

## 4. 体验：娱乐和空间的现代想象

苏州公园不仅是政府的规训工具和民众的展演舞台，更是苏州市民体验和想象现代性的重要空间。

民国时期苏州"鸳鸯蝴蝶派"作家顾明道在他的小说《花萼恨》里，很写实地描写了20世纪30年代时髦青年男女在苏州公园见面的场景：

> 高其达到了园中，忘记和克家约定在哪一处相见，只得漫无目的地打圈子。好在公园并不过大，总能遇见的。他渐渐走到公园图书馆前，见馆左花径旁有一对青年男女并肩移步而来。他一见这套淡灰哔叽的新式西装，便知是克家。立即迎上去，双目很留神地察看那和克家同行的女子：身材长短和克家仿佛，似乎女的丰盈一些。身上穿着绯色软绸的夹旗袍，外罩着白色的短大衣，手里挟着一个大皮夹，脚踏漆皮高跟鞋，姿态甚是秀丽。他不由暗暗点头。这时他已走近克家身边了，彼此是有心的，所以他瞧见了克家，而克家也已瞧见了高其达。大家一举手说声："哈啰！"立定身子，又点点头。克家便问其达兄从哪里来。
> 
> ……
> 
> 秀芝很自然地叫一声密司脱高。慌得高其达连连鞠躬。于是三人走在一起，又绕了一个圈子，走至东斋，这是一个啜茗憩坐的所在。三人遂拣一雅洁座位一同坐下。堂倌泡上三壶香茗。克家吩咐拿三瓶橘子水来。那时候金牛牌橘子水最初在苏流行，时髦的女士多喜欢吃这个。堂倌遂去开了三瓶橘子水，用三根麦柴管插在瓶内，请三人吃。大家喝着橘子水，闲谈一切。
> 
> 他们谈的都是些娱乐之事，卢秀芝对于外国电影明星尤其熟悉，连他们的家世也都讲得出来。因为伊对于一切西片无不一一观看，又喜读各种影讯和电影日报，自然熟得如数家珍了。高其达也是个有电影癖的人，三人在一块儿很谈得来。将近吃点心的时候，克家又喊了三盆虾仁炒面。用点后，卢秀芝要去看电影，克家问高其达可要同去一观。……①

---

① 顾明道：《花萼恨》，上海春明书店，1948年，第83—84页。

以上这段场景中,学生、摩登女郎、电影、汽水、洋式用语等现代摩登事物毕集,这大致体现了时人对于公园的感受。

在报纸上,人们也极尽艳美之词描述苏州公园,公园像是一个建立在传统苏州社会之外的桃花源。时人推测公园游人心理,"公余休息者"约为十分之二,"闲谈乘凉者"约为十分之二,"约友商事者"约占十分之二,"走马看花(指男女互相观赏)者"约占十分之三,"实行交际者"("吊膀子")约占十分之一。① 不管人们来此的目的为何,在这个新兴的公共空间里,人们感受到的是不同于以往的新奇体验。

(1) 新娱乐与新消闲

对于近代中国人来说,去公园并不仅仅是为了放松,倒更像是为了娱乐,② 而且这是一个不同于以往、充满现代新奇气息的娱乐之地。《苏州中报》记者感叹道:"此地有图之书馆、电影之院、东斋西亭、华羽三民,更有理发之所、鲜果之肆。若夫园林点缀,则有茅亭小舍、河池古墓。回想五六年前,王废基正一片荒凉,今也火树银花,城开不夜,是市民之福,亦诸委员热心进行之功也。"③ 其中公园电影院开幕便集中展现了这种现代气息。电影院开幕完全模仿欧美风格,请《风流少奶奶》主演韩云珍来苏亲自担当司仪。时髦女性、以现代都市里的男女情感纠葛为主要内容的影片以及当红影星所造成的轰动效应显而易见,苏州各大报纸争相报道,赞韩云珍"在骨子里",有"吹气胜兰之效",众多市民期待一睹其风采,"是日三四时许,门前已出客满之牌,而观者仍接踵而来","观众拥挤,不堪言状。有一老妇携一小孩,为开幕时因坐椅挤倒,尽至跌仆,大呼救命,后来者依然要看,不要命一般的横冲直撞进来"。④ 人们对于观影过程的重视甚至超过了电影本身,有记者写道:

---

① 茂夏:《公园游人的心理推测》,《苏州中报》1927年9月9日,第2版。
② 〔美〕李欧梵:《上海摩登——一种新都市文化在中国(1930—1945)》,毛尖译,北京大学出版社,2001年,第38页。
③ 垂露:《游园小记(上)》,《苏州中报》1927年8月4日,第2版。
④ 一熊:《公园拾趣》,《苏州中报》1927年8月19日,第2版;立客:《公园电影院开幕纪》,《苏州明报》1927年8月3日,第3版。

幕开矣……韩女士服装俱作淡红色。记者于怪声极叫中但见她的嘴唇动了动，鞠躬而退。后询之坐于台前的某君，据云只闻四句，大致为："我从上海来到苏州，来参与开幕礼。时间很晚，抱歉的很。"轰轰烈烈的明星开幕礼，于此四语后，宣告结束。①

可以看出，人们更像是把这个开幕过程想象成一种盛大的仪式，至于仪式的具体内容，倒不比仪式本身更为重要。《苏州明报》副刊《明晶》上有苏州本邑人感叹道："苏州大变了。……苏州花园是多了，却没有公园，是地方上一个缺憾，现在也居然兴办起来。有了公园不算，公园里还开办一个公园电影院。像这样正当的娱乐越多，是社会的好现象。"②

公园电影院也成为男女新式交往的场所。据称公园电影院本实行男女分坐，"但是等到电影开映，电灯熄灭，便有人走到女宾座内去，交头接耳了"。③ 后来，随着市民们的反对，也就取消了这一禁令，不再男女分坐。同时，公园电影院的设备仪器、管理运作、广告宣传以及时髦的电影内容均体现出现代化气息。④ 但很快，随着其他电影院相继设立，公园电影院开始落伍，据称"只可给妇孺们赏鉴"，且常需以艳舞为招牌吸引观众。⑤ 虽然公园电影院积极求变，如引进外国巨片或国产有声片，但已无法与大光明电影院、苏州大戏院等新建影戏院的布置、设备和招待相抗衡，"公园电影院既没有御寒的火炉的设置，又没有高贵的热水汀的装置"，"外边一望，真是难说。一片的瓦砾场、烂泥堆，七高八低，寸步难行"。⑥ 这样一来，公园电影院就没有了优势，只得停业。

公园中的农场、商店和茶寮（东斋、西亭）为市民主要的消闲之所。民国时期所谓农场，"乃一比较菜馆为小、点心店为大之不中不西小

---

① 立客：《公园电影院开幕纪》，《苏州明报》1927年8月3日，第3版。
② 老涧：《囍》，《苏州明报》副刊《明晶》1927年7月25日，第6版。
③ 霜古：《公园观影记（续）》，《苏州中报》1927年7月29日，第2版。
④ 李斌、曹燕宁：《苏州电影放映的现代化研究——以公园电影院为例》，《苏州教育学院学报》2011年第4期，第24—29页。
⑤ 莉莉：《中国影片之前途》，《大光明》1930年7月31日，第4版。
⑥ 赖布作：《剧联社的朋友们（一）》，《大光明》1933年1月31日，第4版；霜古：《公园观影记》，《苏州中报》1927年7月28日，第2版。

食店"。①在公园中有自由农场、合作农场及自由农场开辟之三民商店。三民商店体现出浓厚的商业气息,其下设的气枪部广告词充分利用政治术语招揽生意:

> 来此养心怡情中锻炼目光,愿所以明射击之术,废去极底微之铜元三枚,以显胜手,则国民革命之精神在焉。②

这种活动的具体操作过程为"取绿豆一粒入气枪中,能将所持立之香烟射倒,则中彩;不能,取一陈皮梅"。其实质更似"公园特辟之赌博场"。③ 后见天气炎热,饮茶啖冰的人渐渐增多,三民商店遂将气枪部改为咖啡部,出售汽水。很多公子哥儿和时髦女郎便在此啖冰消暑,开招风评月的"圆桌会议"。④ 小报描写道,这些摩登姑娘们"倩步淡淡地走到了西亭的凉棚下,把这轻盈的身子,坐到椅子上,泡了一壶白菊花,租了几张小报看着"或"进以纸冰,红樱小口,翕然开合。当冷沁贝齿时,游其舌尖,以舒娇息"。⑤ 客人们在这种类似于茶馆的小店里面更多的是闲聊,常见的话题则是摩登女郎的身体。⑥ 针对这一情况,公园管理员范云书曾决定在东斋或电影院每星期举办一次音乐会,以便"调涵人之品性"。⑦

公园为消暑胜地,每至溽暑,"东斋一室,啜茗者座为之满。甚至四周空地上,亦为茶客所占据。以故欲得一席地,颇非易易。且一茶甫上,茶资先给,盖其用意,深恐茶客拥挤,茶费漏收"。⑧ 西亭繁华之期,从五月至八月,有人吟诗,"何处晚凉宜小憩,闲敲棋子爱西亭"。⑨ 更有

---

① 乡下人:《贵族化之农场》,《大光明》1930年8月6日,第3版。
② 波痕:《趣广告》,《苏州明报》1927年8月8日,第3版。
③ 一熊:《公园拾趣》,《苏州中报》1927年8月19日,第2版;恨世:《公园小评》,《苏州明报》1927年8月8日,第3版。
④ 清风:《陶醉之公园》,《大光明》1930年7月31日,第4版。
⑤ 抱芬:《谁是天上安琪儿》,《吴县晶报》1932年7月8日,第3版;毛郎:《毛郎消夏录(一)》,《苏州明报》1928年7月12日,第3版。
⑥ 抱芬:《三种摩登的屁股》,《吴县晶报》1932年7月11日,第3版。
⑦ 清风:《陶醉之公园》,《大光明》1930年7月31日,第4版。
⑧ 柳桥:《公园见闻录》,《苏州明报》1927年8月3日,第3版。
⑨ 金孟远:《公园纳凉杂咏》,《苏州明报》1931年8月23日,第3版。

名流如费仲深,每日清晨,在公园东斋,茗茶消闲,有时独坐小憩,有时会友于此,对坐论谈。① 苏州文人周瘦鹃曾这样写道:

> 约了一二友好,就近到公园里去赏荷。在东斋后面的大荷池旁边品茗清谈,而两眼却贪婪地不住地飞到荷花上去,饱餐它们的秀色。我于公园的荷花,一向是很有好感的,因为它们全作桃红色,比了粉红十八瓣娇艳得多。打一比方,活像《醉酒》里的杨太真,玉颜双酡,撒娇撒痴的模样,真是美极了。我在茗边微吟着唐代诗人卢照邻"浮香绕曲岸,圆景复华池"的名句,边吟味,边欣赏,留连了好久才恋恋不忍地舍去。②

有人评论道:"所谓品茗者,多如过江之鲫,叫嚣扰人,不可片刻居。招凉不足,助热有余。"又言:"莅园者之目的,无不曰迨暑而来。实则迨暑之外,固别有目的。否则火热如东斋,何茶客满坑满谷,挥汗如雨而不知顾耶。"③ 从这个意义上讲,人们更多的是到公园寻求一种体验,体现了人们对新奇事物和美好生活的向往。

(2) 新女性与新舞台

公园为各类都市新女性展现新的生活方式提供了舞台,苏州公园中最为人瞩目的非女性莫属。地方小报称,时髦女郎是公园里的主角,她们穿时兴的衣物,大胆展现甚至裸露自己的身体美,引领着时尚的潮流,"方领露其胸,短袖出其肩。巨臀徐动,跟跟跄跄。乳峰并甩,徘徊电灯下。雪肤粉肉,隐约可见"。④ 在这里,女性的身体以前所未有的姿态成为公开凸现自身的个人表征,女性不再吝于自己的美色,而是将她们的美丽展现出来,斗艳争风。⑤ 甚至装以橡皮制之假乳,以壮观瞻;另有戴墨镜以示美丽者。⑥ 每当夕阳西落,华灯初上之时,"公园道上,裙屐

---

① 灏父:《费仲深品茶东斋》,《大光明》1933 年 9 月 8 日,第 3 版。
② 周瘦鹃:《苏州游踪》,金陵书画社,1981 年,第 130 页。
③ 恨世:《公园小评》,《苏州明报》1927 年 8 月 8 日,第 3 版。
④ 顾顾:《公园花絮录(上)》,《苏州中报》1927 年 8 月 9 日,第 2 版。
⑤ 抱芬:《谁是天上安琪儿》,《吴县晶报》1932 年 7 月 8 日,第 3 版。
⑥ 代代:《公园上市》,《吴县晶报》1935 年 7 月 9 日,第 3 版。

联翩，绿茵丛中，花枝招展"。① 显然，这在当时还是需要很大勇气的，"奇异装束之妇女，径来如梭，然类多束胸"。② 很多人也疾呼世风日下，甚至公安局也明令禁止穿奇装异服。③ 但是，新的生活潮流显然难以遏制，据称，一些传统大家庭里的年轻女子在家里穿普通的鞋子衣裙，在逛公园的路上，换上高跟鞋、时髦衣服，然后在回家的路上找一僻静处又换回原来的装束。④ 以至于在很多时候，人们回忆起公园，最先想起的便是当年的摩登女郎，而发出今不如昔的感慨。

据小报点评，公园里的女性分为三种：一是货真价实的贵族小姐；二是媚俗的模仿者；三是妓女。⑤ 第一类指的是最先接触现代文化的女学生和经常赴沪甚至有机会出国的闺阁名媛，她们为其他女性提供一种审美标准，最直接的体现是衣着服饰和优雅举止。这种女郎被称为"真正"的摩登小姐，在当时有蒋大（蒋织云）及"三四姑娘"（蒋四，名蒋士云；叶四，名叶良珍；以及邹四）等，这些女郎在市民眼中是社会钦慕之名人，是"社会之花""苏州皇后"，⑥ 小报形容道"衣香一路引蜂狂""叶四肉香满公园"。⑦ 这些女性常出没于各个娱乐场所，"韵事艳屑，喧腾于报章间"，甚至《申报》记者求其拍照而不得。⑧ 据称，以上诸人先后离苏后，"我人于啜茗公园时，不无有人面桃花之感也"。⑨ 另有贝瑗贞小姐，"含韶凝秀，绰约嫣艳"，因居住在护龙街以北，所吸香烟被称为"护北红唇牌"香烟。⑩

第二类摩登女郎，即前一类女性的模仿者，被称为"桂花姑娘"，她们为了赶上潮流，穿一些质量较次、价格低廉的衣物。报纸对待这类摩登姑娘，态度明显不同，甚至有点刻薄。《吴县晶报》编辑抱芬曾计

---

① 公寿：《适卢漫墨》，《苏州中报》1927年8月3日，第2版。
② 垂露：《游园再纪》，《苏州中报》1927年8月20日，第2版。
③ 果人：《取缔奇装异服》，《大光明》1931年7月14日，第3版。
④ 适：《中途纳履》，《大光明》1931年8月19日，第4版。
⑤ 抱芬：《小公园里三枝花》，《吴县晶报》1932年6月26日，第3版。
⑥ 吴寿公：《苏州女子点将录》，《大光明》1930年8月9日，第3版；骨人：《叶良珍重申前誓》，《大光明》1930年8月13日，第4版。
⑦ 不易：《闲话公园》，《吴县晶报》1935年7月21日，第3版。
⑧ 海棠：《芳影未许冯人留》，《大光明》1930年7月15日，第3版。
⑨ 独手：《公园巡礼》，《大光明》1934年7月9日，第4版。
⑩ 了了：《贝瑗贞雀屏重张》，《大光明》1931年5月21日，第4版。

算这些"桂花女郎"的身价:

>印花小马夹一件,四角二分。着肉短裤一条,三角五分。新式开胯印度绸旗袍一件,四元八角六分。长筒跳舞丝袜一双,七角五分。跑鞋一双九角二分,宽紧带一付两角,再加六只八开烫一烫头发。眉毛画得细长,嘴唇涂得血红,脸子抹得雪白。还有一点常识,天热不能抹胭脂。……总计以上一篇账,不折不扣,货真价值实实在在只有八元一角。①

后来经仔细计算,认为"只须四块半钱"。② 第三类女郎——妓女亦是公园常客,因为审美情趣的变化,不少妓女也打扮成时髦女郎、女学生的模样,以便更好地招揽顾客,"娉婷娼妓,卖其风骚,色中饿鬼,见之莫不垂涎三尺",③ 使公园一度成了"变相的人肉市场"。④

苏州著名小报《大光明》曾以公园为场景刊载了一系列漫画,颇能展现公园在当时苏州社会生活中所扮演的角色和它在时人心目中的形象。漫画《饥渴》反映了男性对摩登女郎的垂涎景象,⑤ 漫画《岗位》的场景则是公子哥儿拦截女性。⑥ 这从侧面反映了男性对于摩登女郎的态度,这些摩登女郎身边永远都不会缺少西装革履的摩登少年、"浪荡公子"。小报载,这些男子如狂蜂浪蝶般尾随女性,"仿佛如卫队之罗列",⑦ 油头粉面像苍蝇般跟着摩登女郎飞来飞去。⑧ 如公园图书馆馆员贝平权女士,遇异性数人,"初逗以词色,继竟包抄而环攻,恣意嘲笑。贝难之,回步急避,则若辈亦亦步亦趋,左右遇阻,急切难摆"。⑨ 交际花叶良珍亦因不胜烦扰,屡次发誓不再涉足公园,但"言犹在耳,而叶四之踪迹,

---

① 抱芬:《摩登小姐活现行》,《吴县晶报》1932年7月2日,第3版。
② 抱芬:《陶醉了心灵的公园》,《吴县晶报》1932年8月10日,第4版。
③ 顾顾:《公园花絮录(上)》,《苏州中报》1927年8月9日,第2版。
④ 抱芬:《变相的人肉市场》,《吴县晶报》1932年7月23日,第3版。
⑤ 《饥渴》,《大光明》1930年8月30日,第4版。
⑥ 《岗位》,《大光明》1930年9月5日,第3版。
⑦ 独手:《公园巡礼》,《大光明》1934年7月9日,第4版。
⑧ 抱芬:《陶醉了心灵的公园》,《吴县晶报》1932年8月10日,第4版。
⑨ 骨人:《教育局是公园之租界》,《大光明》1930年6月16日,第4版。

忽重现于芳草碧茵之公园"。① 这在一定程度上可以看出公园与这些摩登新女性的密切关系,公园是这些时代新女性展示自我的新舞台。

其他的漫画则从不同角度揭示出公园在新式男女交往方式中所扮演的角色。题名《进步》的漫画是几个穿皮鞋的男人围绕着一位脚着高跟鞋的女郎,②"进步"是男女衣着的"进步",更是交往方式的"进步"。漫画《现代青年 ABC》和《滑稽连环画》展现了新式的男女交往方式,《现代青年 ABC》反映的是青年在学校中、公园中、旅馆中的恋爱场景,③ 而后一幅漫画讲述姐妹俩都坠入爱河,等到给对方介绍自己男友时,才发现居然是同一个人。④ 公园是这些交往方式中必不可少的一环。漫画《公园中》则是对以"公园"为代表的现代生活方式的一种反思,漫画的附言中将"园内"世界与"园外"世界加以对比,强调了公园在现实生活中区隔阶层和生活空间的意涵。⑤ 在《吴县晶报》上,有读者来信问编辑如何去交女朋友谈恋爱,编辑在答读者来信时强调,"不要在公园或娱乐场所偶然通话的女子堆里去寻"。⑥ 以上漫画和言论,都展现了公园作为一个新式空间,在近代都市生活中的复杂角色和都市人对它的复杂体验和想象。

无论如何,女性在走进公园的同时,也意味着走出了家门,进入了社会。社会舆论和人们的包容度也随之发生变化,男女平等、恋爱自由、婚姻自由这样的新式观念也在不断深入人心。时人评论道:"近来社交公开,非男向女,乃凤求凰。"⑦ 可见公园给陌生男女提供了公共活动空间。公园中亦为女性提供了就业岗位,如公园电影院开幕前发布的启事上,曾招聘女职员为招待员。⑧ 贝平权女士供职于公园图书馆儿童借阅部,也引发了当时人们对走出家门的女性职业的思考,有评论说,如果

---

① 骨人:《叶良珍重申前誓》,《大光明》1930 年 8 月 13 日,第 4 版。
② 《进步》,《大光明》1930 年 9 月 8 日,第 3 版。
③ 《现代青年 ABC》,《大光明》1931 年 3 月 29 日,第 3 版。
④ 《滑稽连环画》,《大光明》1932 年 7 月 3 日,第 4 版;6 日,第 3 版;9 日,第 3 版;12 日,第 4 版。
⑤ 《公园中》,《大光明》1929 年 9 月 4 日,第 4 版。
⑥ 《恋爱的园林》,《吴县晶报》1932 年 8 月 1 日,第 4 版。
⑦ 俞醒楼:《公园畅游记(上)》,《苏州中报》1927 年 9 月 2 日,第 2 版。
⑧ 《苏州公园电影院启事》,《苏州明报》1927 年 7 月 1 日,第 2 版。

女子没有职业,则男女平等、妇女权利等无法得到保障,因为"举凡一切衣之食之之供,无不仰给于男子",①"是以女子欲求平等,当首先谋其经济之发展"。②正因为这样,人们称贝女士为"新女子中之模范"。③在这里,我们不能说女性完全取得了同男性平等的地位,但至少在公园这个新兴公共空间里争得了一席之地。

苏州作为"园林之城",私家园林一直是城市空间的重要组成部分。民国时期苏州迎来了私家园林营建的又一个高潮。私家园林主要是城市精英阶层活动的场所,它为文人士绅提供了诗酒唱和的雅致空间,从而承担着城市"文化客厅"的功能。晚清以来,部分私家园林对外开放,具有一定的公共性,但因收取游资且开放时间有限,其公共性仍有局限。

公园是晚清以来中国城市中新兴的空间,它具有休闲活动空间、社会活动空间、政治活动空间重合的特征。④苏州公园作为苏州最早的公园,集中展现了苏州现代城市公共空间的成长历程。苏州公园不仅是一个放松身心的休闲场所,更是集娱乐、教育、商业、文化和政治多种功能于一身的城市公共空间,它既是政府和士绅规训、教育民众的场所,也是民众和社会团体展示自身的舞台。公园为苏州市民体验和想象现代性提供了场所。各种新式社会活动、娱乐与休闲活动以及社交活动在公园中集中呈现,使苏州公园成为当时日常生活的关注中心,而其中出没的社会名流、摩登女郎、交际花等新式人物,电影、咖啡、汽水等新鲜事物,以及各种新式观念和新潮生活方式以公园为据点散入市民日常生活之中。正是在各种新型公共空间潜移默化的影响中,苏州的城市生活悄然改变。

---

① 遥闲:《女子当有职业》,《吴县晶报》1932年9月24日,第4版。
② 海棠:《苏州女子职业前途》,《大光明》1930年6月1日,第3版。
③ 海棠:《苏州女子职业前途》,《大光明》1930年6月1日,第3版。
④ 熊月之:《晚清上海私园开放与公共空间的拓展》,《学术月刊》1998年第8期,第81页。

# 第十二章　文化之城

先秦以至秦汉，江南地区经济落后，文化亦乏善可陈。从东晋南朝开始，随着北人大批南来，北方先进文化输入，在南北文化的碰撞之下，苏州的文风渐盛，民风亦由质朴尚武转为崇文重教。此后，经过隋唐之积累酝酿，至宋代，江南人文荟萃，文化昌盛，逐渐超越北方，史称："平江、常、润、湖、杭、明、越，号为士大夫渊薮，天下贤俊多避地于此。"[1] 而苏州更是江南文化的核心地带，"冠盖之多，人物之盛，为东南冠"。[2] 明清时期，苏州迎来鼎盛时代，不仅是全国经济重心，也成为全国的文化艺术中心。[3] 明清时期的苏州文化不仅呈现出灵活、纤巧、文雅、闲适、精致等特点，也呈现出多方面、多领域、全方位发展的特点。近代以来，苏州文化进入转型时期，虽然在文化成就方面难以和明清鼎盛时期比肩，但在中西文化的碰撞交融中，呈现出中西并包、新旧兼蓄的特点。

本章首先对民国苏州城市文化的一些重要方面进行速写式的概览，接下来从新旧文化的冲突与互动以及苏州形象的变迁两个方面进行更为细致的探究，以捕捉民国苏州城市文化的走向。

## 一　民国苏州文化概览

教育是文化的基础，文化昌盛之区往往是崇文重教之地。苏州至晚在宋代已经形成崇文重教的传统，其表现是科举兴盛，进士众多，至明清时期更有"状元之乡"的称号。支撑这种局面的是书院、府县学、私塾等各类教育机构皆甚为发达。

---

[1]　（明）李心传编撰《建炎以来系年要录》卷二十"建炎三年二月庚午"条，胡坤点校，中华书局，1956年，第405页。
[2]　朱长文：《吴郡图经续记》，金菊林点校，江苏古籍出版社，1986年，第6页。
[3]　王卫平主编《江苏地方文化史·苏州卷》，江苏人民出版社，2019年，第6页。

## 第十二章　文化之城

晚清以来，吴中士大夫延续崇文重教传统，对教育尤其热心，在西方传教士办学的启发下以及清末新政的推动下，苏州士大夫率先推动旧式教育向新式学校教育转型。延至民国，此风更盛。1927年前，吴县各类学校数和科类设置数，在江苏全省都处于前列，包含教会学校在内，计有高等学校5所，中等学校15所，中等师范和实验学校7所，小学162所。1927—1937年，有大专院校7所，中学15所，县立小学210所，私立小学37所，女子师范和中等职业学校9所。[①] 众多的新式学校，培养了大量毕业生，这不仅提升了城市人口素质，也为当时的中国培养了大量科技和文化人才。同时，因为学校集中，吸引了不少外地来任教的教师和外地来就学的学生，这不仅增加了苏州与外界的联系，也吸引了不少人才在苏州驻留。比如，同为无锡人的著名学者钱穆、王庸便因任教而在苏州留下了足迹。

在众多教育机构中，大学对于一个城市的文化生活往往有提升作用。近代中国大学主要设于首都或省会城市，苏州并非大学集中之区。但在20世纪初年即设立了东吴大学，给苏州城的文化生活增添了不少色彩。东吴大学是1900年由博习书院、上海中西书院和宫巷书院合并而成，它是中国近代最早的教会大学。东吴大学成立初期只接受信教的学生，后放宽要求，也接受不信教的学生。东吴大学每年招生人数不多，1937年在校学生约500人，至1949年前共有毕业生1910人。[②] 虽然学校规模不大，但该校聚集了一批学者精英，学生亦多数来自精英家庭，社团活动颇为活跃，为苏州城的文化、艺术和思想活动提供了不少鲜亮色彩。[③] 比如，东吴大学学生1908年成立的东吴剧社经常在苏州城内戏院、会馆等地公演，东吴大学军乐团更是远赴上海、无锡、南京等地参与大型活动演出。[④]

自宋元以来，苏州藏书之富即甲于天下，自宋元明以迄清季，藏书家指不胜屈。民国时期，流风未泯，藏书家仍旧不少。据潘圣一调查，

---

[①] 苏州市地方志编纂委员会编《苏州市志》第三册，江苏人民出版社，1995年，第564页。
[②] 苏州市地方志编纂委员会编《苏州市志》第三册，江苏人民出版社，1995年，第624—625页。
[③] 张燕：《东吴大学学生社团研究（1901—1952）》，博士学位论文，苏州大学，2015年。
[④] 朱小屏、缪舒舒：《东吴大学音乐社团活动述评（1901—1952）》，《艺术评论》2020年第3期。

除省立苏州图书馆等公家藏书机构外，私家藏书有邓邦述的群碧楼藏书、莫棠的铜井楼藏书、胡玉缙的许庼藏书、吴梅的奢摩他室藏书、江标的灵鹣阁藏书、叶昌炽的奇觚庼藏书、曹元忠的笺经室藏书、王颂蔚的写礼庼藏书、金天翮的天放楼藏书等。[①]

明清时期苏州是全国图书印刷中心，加以藏书家众多，使苏州成为重要的图书市场。叶德辉称苏州"书肆之盛，比于京师"。[②] 民国时期苏州依然书店云集，据阿英回忆，苏州书市有三个中心，"自察院场至饮马桥一段护龙街，为旧书肆集中地。自察院场至玄妙观，为新书市场。自玄妙观广场折入牛角浜，为小书摊。护龙街东段、东大街、大华路、间邱坊巷，亦各有一二家"。[③]

苏州旧书流通尤其兴盛，其中较著名的旧书店为文学山房和大华书店。文学山房1899年创设于护龙街嘉余坊口，1931年迁往护龙街大井巷北首营业。店主江杏溪经营有方，且娴于版本目录，善访古籍。其店"前有宽阔高敞的店堂，古书盈架，随人选阅；后有楼座，成为东南旧籍贩卖的名铺"。[④] 文学山房还编印出版《文学山房书目》（1938）、《文学山房书目》第2期（1939）。大华书店位于苏州景德路255号，店主唐耕馀"年轻有为，经营有道，存书丰富，所列书目有三四千种之多，是当时苏州书肆中之大店"。[⑤] 该店也编印出版《大华书店书目》多期。[⑥]

因为苏州是江南旧书流通中心之一，很多学者会专程来苏州访书，如傅增湘1912年到苏州访书，书贾燕馥堂售给他洪武刻本《苏州府志》20册。[⑦] 谢国桢亦在1930年有江浙访书之举，并到苏州拜访了文学山房。[⑧] 据巴兆祥研究，江南图书市场有所谓的"一核两带"，"一核"是

---

[①] 潘圣一：《苏州的藏书家》，政协苏州市委员会文史资料委员会编《苏州文史资料》第1—5合辑，1990年，第139—143页。

[②] 叶德辉：《书林清话》，辽宁教育出版社，1998年，第21页。

[③] 阿英：《苏州书市》，《文汇报》1938年5月9日。

[④] 沈延国：《苏州文学山房记》，王宗拭编《我说苏州》，古吴轩出版社，1997年，第242页。

[⑤] 江苏省地方志编纂委员会编《江苏省志·出版志·图书发行》，江苏人民出版社，1996年，第430页。

[⑥] 巴兆祥：《近代江南城市的方志图书市场》，邹振环、黄敬斌执行主编《明清以来江南城市发展与文化交流》，复旦大学出版社，2011年，第137页。

[⑦] 傅增湘：《藏园群书题记》，上海古籍出版社，1989年，第209、216页。

[⑧] 谢国桢：《三吴回忆录》，《瓜蒂庵小品》，北京出版社，1998年，第94页。

上海，"两带"分别是沪宁线上苏州、南京构成的"西线"和沪甬线上杭州、宁波构成的"南线"。①

明清时期苏州文坛星光璀璨，号称鼎盛。清末民国，众多苏州文人到上海发展，推动上海成为近代中国的文化中心。此时的苏州虽然已经失去作为全国文学艺术中心的地位，但本地文坛仍旧活跃。其中，以苏州为基地的文学社团——星社，颇能体现此时期苏州文坛的特色。星社成立于1922年七夕，发起人为赵眠云、范烟桥、郑逸梅、顾明道、屠守拙、孙纪于、范君博、姚赓夔（苏凤）、范菊高等九人，因恰值双星渡河之辰，故取名"星社"。星社常进行不定期集会，商谈文艺，成员亦日益增多，至1932年，已有社员36人，至1937年又有68人陆续加入，综计起来，前后共有社员104人。星社最初局限于苏州本地文人，1924年江浙战争爆发后，星社同人纷纷避地、谋生上海，星社活动重心逐渐转移沪上，上海文人亦纷纷加入。所以，星社成员主要由苏州、上海两地文人组成，其中不仅有文学家，也有不少艺术家，据郑逸梅称，星社成员"有诗人，有书画家，尤以小说家为多"。②星社自1922年创立，至1937年全面抗战爆发结束，存在了15年时间。在1922—1932年的十年间，星社同人出版了25期的周刊《星》、73期的三日刊《星报》，以及小说杂文汇刊《星光》和《小说家言》。除了范烟桥主编的《星报》之外，星社很多同人编有小刊物，如范菊高的《芳草》、姚苏凤的《净友》、黄若玄的《癸亥》、尤半狂的《戏剧周刊》、徐碧波的《波光》、郑逸梅的《秋声》、程小青的《太湖》和《橄榄》。③与星社成立大约同时，施青萍（蛰存）、戴梦鸥（望舒）在杭州组织兰社，两社之间互通声气，来往频仍。④

据星社主要领袖范烟桥回忆，星社创办的刊物，"在一向沉静枯燥的苏州文坛，燃起一点星星之火，而使苏州芜杂肤浅的报纸副刊，知所警觉，提高了一些水准。尤其是东南一隅，爱好文艺者，有了《星社》一

---

① 巴兆祥：《近代江南城市的方志图书市场》，邹振环、黄敬斌执行主编《明清以来江南城市发展与文化交流》，复旦大学出版社，2011年，第145页。
② 郑逸梅：《具有悠久历史的星社》，《味灯漫笔》，古吴轩出版社，1999年，第172页。
③ 郑逸梅：《侦探小说家程小青》，《味灯漫笔》，古吴轩出版社，1999年，第21页。
④ 郑逸梅：《星社创始人范烟桥》，《味灯漫笔》，古吴轩出版社，1999年，第63页。

个微小的印象"。① 从成员的构成来看，星社以"鸳鸯蝴蝶派"文人为主体，与新文学运动的各类社团有别，这大约是其在现代文学史上长期受到忽视的原因。

自明代开始，苏州书画艺术发展至鼎盛，吴门书派、吴门画派引领一时潮流。民国时期，苏州美术界仍颇为活跃，组建了"苏州美术会""冷红画社""娑罗画社""正社"等书画组织。其中，"苏州美术会"成立最早。1919年春，严文樑和杨左匋发起第一届"画赛会"，画赛会闭幕后即由画赛会发起人组织成立了"苏州美术会"，每年举办画赛会一次，一直到1937年全面抗战前，从未间断。参与画家中，中国画方面包括顾鹤逸、刘临川、颜莼生、吴子深、顾公雄、吴昌硕、顾彦平、曹筱园、樊少云、陈伽仙、顾仲华、吴秉彝、朱铸禹、蔡震渊、张星阶等，西洋画方面有胡粹中、朱士杰、黄觉寺、周礼恪、陈涓隐、程少川、余彤甫、徐康民、管一得等，书法金石方面有余觉、张一麐、陈子彝、朱梁任等。1922年1月，顾公柔将苏州美术会扩充，假怡园为会址，会员70余人，每月开常会一次，并刊印《美术》半月刊。1923年铁瓶巷新会所落成，会员增加到300余人。苏州美术馆的筹设、苏州美术专科学校的建立和扩充，多由苏州美术会中坚分子共同出力。"冷红画社"成立于1925年，由陈伽仙、金挹清、管一得、余彤甫、徐康民、程少川、樊少云等发起。该社主张创新发展，1930年前为全盛时期，后因发起人离苏，逐渐涣散。"娑罗画社"创始于1932年，由吴子深之妹吴似兰发起，社友包括吴待秋、顾墨畦、颜莼生、刘临川等近20人，规定每月集画会两次，以售价所得救济贫穷。"正社"成立于1933年，为吴湖帆、陈子清、彭恭甫、潘博上等发起，赞成人20余人，每月集会一次。②

报纸杂志是近代新兴的文化行业，主要集中于上海、天津、北京等大都市。苏州紧邻近代中国新闻业中心上海，虽颇得风气之先，但在上海报业的笼罩之下，难以取得独立地位，但就江苏省来说，苏州报业却仍处于首屈一指的地位。民国苏州著名报人颜益生称："吴县处京沪线的

---

① 范烟桥：《星社感旧录》，原载1948年8月《宇宙》月刊第3期，收入《鸥夷室文钞》，海豚出版社，2013年，第139页。
② 蒋吟秋、陈涓隐、彭恭甫：《苏州美术界的几个组织》，政协苏州市委员会文史资料委员会编《苏州文史资料》第1—5合辑，1990年，第147—150页。

中枢,民元以前,更因为省会建设的所在,几几乎成了江苏政治的中心区域,而工商业的发展,教育事业的繁兴,在相互错综关系中,使吴县的新闻事业很自然地超越了江苏内地的各县。"[1] 苏州的报纸最早可追溯到1900年汪绍芬创办的《经济报》。[2] 此后《苏州白话报》(1901)、《启蒙报》(1902)、《吴郡白话报》(1903)、《苏州花》(1908)、《江苏旬报》(1908)等相继创刊,但都为时不长。辛亥革命以后,出现了一批党派报纸,但也旋起旋灭。为时较长者有《吴县市乡公报》(1916)、《吴语》(1916年创刊,1928年改组为《吴县日报》)、《苏州明报》(1924年创办时称《明报》,1925年改名《苏州明报》)。1928年以后,苏州报业迎来鼎盛时期,《苏州明报》《吴县日报》《早报》三大报都已创刊,并展开激烈竞争,《大光明》(1929)等小报也盛极一时。[3]

昆曲是明代发源于苏州昆山的一种高雅的戏曲艺术形式,在明清时期从江南传播至全国,引领一时戏曲潮流。晚清以来,皮黄戏发展,昆曲因"曲高和寡"而渐趋衰落,但苏州的士大夫们依然通过"曲社"形式坚守着这门艺术,这使苏州成为当时昆曲艺术传承的中心。据贝晋美回忆,晚清时期苏州成立了颂清、赓和、钧天、寄闲、正始等曲社,每社在一二月中叙会清唱一次,谓之"同期",地址无定。辛亥革命后,颂清、赓和、钧天等社相继星散,只寄闲、正始两社时常叙畅。至1919年,由贝晋美组织禊集,社员有六七十人之多,每天在位于九胜巷的乐圃会集,并于春秋季择期对外演唱数天,不收票资,盛极一时。同时汪鼎臣、张紫东、徐静清等人在玄妙观方丈组织谐集,社员亦有三四十人,但不到一年即告瓦解。于是谐集与禊集联合成立道和曲社,在玄妙观来鹤堂每天集会,每月同期一次,每年春秋两季会演数天。在道和曲社的影响下,相继成立了绮声、夔鸣、幔亭(全为女社员)、壬申、九九等曲社。1921年秋,为培养昆剧传人,张紫东、徐静清、贝晋美等创立苏州昆剧传习所,邀请教职员,招收学生五十名,学习昆剧艺术,五年毕

---

[1] 颜益生:《吴县新闻事业发展史》,《江苏月刊》第1卷第3期,1934年1月。
[2] 庞红舟:《苏州报业与近代社会(1900—1937)》,硕士学位论文,苏州大学,2011年,第21页。
[3] 胡觉民:《苏州报刊六十年简史》,政协苏州市委员会文史资料委员会编《苏州文史资料》第1—5合辑,1990年,第28—45页;庞红舟:《苏州报业与近代社会(1900—1937)》,硕士学位论文,苏州大学,2011年。

业。苏州昆剧传习所培养的五十名"传"字辈学员成为昆剧承先启后的重要力量，1949年以后的中国昆剧人才都是由"传"字辈艺人培养出来的。①

与曲高和寡的昆曲不同，相对平民化的评弹在民国时期迎来新的繁荣。苏州评弹是流行于江南一带历史悠久的地方性曲艺，自清乾隆晚期开始长足发展并广为传播。在一般的印象中，苏州评弹作为传统的曲艺形式，进入近代以后处于一种逐渐式微的局面。但如果仔细考察苏州评弹的发展史，可以发现，像国粹京剧一样，苏州评弹在晚清民国时期正迎来它的鼎盛时期。② 这一时期的苏州评弹呈现出很多新的特点。一是评弹艺人队伍不断扩大，行业组织由一至多，行业内部竞争白热化；二是伴随科技的发展，评弹艺人所弹唱的书场较清末有了明显的改善，新式书场（如游乐场书场、舞厅书场）接连出现，又因为无线电的使用，新增了空中书场这一平台；三是评弹艺人弹唱的书目，既包含传统的苏州评弹书目，又紧跟社会发展潮流与听众审美情趣的变化，创作出大量优秀的长篇、开篇；四是听众群体出现新变化，呈现出男女平等、低龄化、都市人群占比提高的特点，且捧角文化与票房盛行。③ 在一般的印象中，随着上海的崛起和都市文化的发展，评弹的中心市场从苏州转移至了上海，但是需要强调的是，苏州作为评弹的发源地，仍然保持旺盛的活力。以民国初年成立的吴苑深处书场为例，叶圣陶于吴苑深处开业不久后即赴之听书，发现不仅"奏技者为吴中名家"，而且"座恒嫌满"，听客人数有"六七百人"。④ 苏州本地士人陆宗篯曾在1919年10月6日赴吴苑深处听评弹名家谢品泉说书，发现场内听客有"三百余人"。⑤ 又如20世纪二三十年代的响档朱兰庵、朱菊庵兄弟经常在吴苑深处演出，深受听客的追捧，报纸称："今日朱氏弟兄，来苏问世，日挡

---

① 贝晋美：《苏州昆剧传习所和曲社》，政协苏州市委员会文史资料委员会编《苏州文史资料》第1—5合辑，1990年，第131—134页；吴迪刚：《昆剧琐谈》，政协苏州市委员会文史资料委员会编《苏州文史资料》第1—5合辑，1990年，第135—138页。
② 李寅君、张笑川：《民国时期苏州评弹的新趋势》，王国平、李峰主编《苏州历史与江南文化》，苏州大学出版社，2020年。
③ 李寅君、张笑川：《民国时期苏州评弹的新趋势》，王国平、李峰主编《苏州历史与江南文化》，苏州大学出版社，2020年。
④ 叶圣陶著，商金林编《家住苏州》，上海三联书店，2021年，第182—183页。
⑤ 《补过日新·己未下》，1919年10月6日，《丛刊》卷35，第106页。

开唱于吴苑,上座之盛,为光裕社社员中所仅有,且聆听者靡不同声赞赏。兰庵亦深知自勉,而格外卖力。"① 同时,为了应对海派评弹更加大众化、商业化潮流的挑战,苏州城的评弹艺人加意维护传统,以保持自身的特色。比如,当上海的女弹词兴盛之时,苏州城内的评弹业行会光裕社仍长期抵制男女拼档的形式。② 虽然对于这种抵制,论者多从光裕社的保守和维持既有利益加以阐释,但似乎也代表了苏州在上海的强大文化压力下,维持自身文化传统的一种努力。

讲到民国时期的苏州文化,体现大众文化和社会风俗的民间信仰和仪式活动也不应忽略。近代中国,民间信仰和仪式活动受到很大的冲击。在清末以来的地方自治运动中,很多庙宇被征用,或为学校校址,或为办公之所。民国时期的知识界往往将众多民间信仰认定为封建迷信,政府则将反迷信作为自己的职责,因此很多的民间信仰仪式受到压制和冲击。③ 但是,在知识分子的抨击和官方的禁止之下,民国时期苏州的各种民间仪式依然兴盛不衰。比如1934年苏州的求雨仪式就展现了民众对于传统仪式活动的热情。至少从南宋以来,苏州就有逢水旱迎光福寺铜观音入城祈祷的传统。④ 该年6月至8月,吴县连续三月滴雨未下,民众遂迎铜观音入城,并连续举办迎神赛会,结果遭到官方的禁止。⑤

日本学者高仓正三于苏州沦陷时期在苏州生活学习一年时间,从他留下来的日记中我们可以看到,此时苏州的各类传统民间信仰仪式依然顽强地保留着。高仓正三在1940年6月14日日记中写道:"由于好久没有下雨,知事为此而去城隍庙求雨,禁屠三日。没想到竟有立竿见影之

---

① 听客:《朱兰庵与吴苑堂倌》,《大光明》1929年11月17日,第4版。
② 许冠亭曾从社团冲突的角度对该纠纷进行了阐释。参见许冠亭《党治体制下的社团冲突与社团管理——以1934年苏州评弹男女拼档纠纷案为例》,《近代史研究》2014年第3期。
③ 比如在30年代的苏州冬防事务中就包含"查禁搭台演戏及赛会迎神,于必要时并得制止集会、结社"的规定。参见《吴县冬防警戒区办事处组织规则》,苏州档案馆藏,档号:I15-001-0145-032。
④ 范成大:《吴郡志》卷三十三,陆振岳校点,江苏古籍出版社,1986年。
⑤ 关于此次由祈雨而引起的迎神赛会浪潮以及政府的反应,沈洁有细致的描述和分析,可参看沈洁《反迷信与社区信仰空间的现代历程——以1934年苏州的求雨仪式为例》,《史林》2007年第2期。

效,马上下起雨来了。"① 1940 年 6 月 30 日他在给仓田淳之助的信中说道:"由于苏州久旱未雨,苏州知事甚至赶往城隍庙鞠躬行礼,为求雨而禁屠,还把光福镇的铜观音请来让众人参拜,轰动一时。"② 这条记载说明,将铜观音请进城来祈雨并未因 1934 年之事件而中断。1940 年 5 月 18 日日记云:"在优哉游哉、无所事事之中,竟错过了佛诞纪念日,没有看到放生会的盛况,而这次特意留意,去看了蛇王庙。阴历四月十二日下午三点多,向暂借住娄门内关帝庙里的蛇王深表敬意,买了符,抚摸了蛇身神仙的头以后回来。各地前来参拜的人流如潮,令人吃惊。"③ 5 月 20 日日记云:"今天是阴历四月十四日,是有名的轧神仙的日子。东中市一带热闹非凡的情景据说从昨天就开始了。不知比平时多多少的人一起涌到小小的庙里去,所以叫轧来轧去。从东中市到下塘街的一条街上到处是小摊,摊上摆满了无锡的泥人或花木或龟鸟等物,人们里三层外三层地聚集在摊位的四周挑选争购。眼见的事实与《清嘉录》里所描写的如出一辙。"④ 5 月 23 日日记云:"接连不断的民间祭奠活动,看得人都要累得吃不消了。阴历十七日又是何山会。何山会是自新生活运动以来就被禁止了的,而这次是事隔十几年以来首次恢复举办。……在石路看了何山会,简直是人山人海,拥挤不堪。"⑤ 6 月 17 日日记云:"今天是阴历五月十三日,提前做关帝生日。"⑥ 从日记中对何山会的记述可以看出,在沦陷时期,汪伪政府对于民间信仰活动的压制有所减弱,给了民间仪式活动更多的空间。

  城区如此,乡村的传统信仰更是很少受到冲击。李根源在《吴郡西

---

① 〔日〕高仓正三:《苏州日记(1939—1941)》,孙来庆译,古吴轩出版社,2014 年,第 202 页。
② 〔日〕高仓正三:《苏州日记(1939—1941)》,孙来庆译,古吴轩出版社,2014 年,第 207 页。
③ 〔日〕高仓正三:《苏州日记(1939—1941)》,孙来庆译,古吴轩出版社,2014 年,第 189 页。
④ 〔日〕高仓正三:《苏州日记(1939—1941)》,孙来庆译,古吴轩出版社,2014 年,第 189 页。
⑤ 〔日〕高仓正三:《苏州日记(1939—1941)》,孙来庆译,古吴轩出版社,2014 年,第 189—190 页。
⑥ 〔日〕高仓正三:《苏州日记(1939—1941)》,孙来庆译,古吴轩出版社,2014 年,第 202 页。

山访古记》中记述其游览苏州西部光福诸山见闻称:"山中各村户门坊均贴上真观、城隍庙、司徒庙催收天饷公告及完天饷单。(中略)不第此也,民俗之所崇奉专在淫祠邪鬼,故佛寺冷落而城隍刘猛诸祠香火极盛,寺僧揣摩风气,亦于丛林中别奉十殿阎摩与地狱变象,以诱愚民,迷信程度低下至此,可慨已。"① 由李根源的描述可见,民国时期的知识精英多将民间的各种信仰仪式视为迷信,批判不遗余力,官方也多次发令采取禁止措施,但是传统信仰仪式的韧性在民间依然强劲。这也体现出民国时期在政府、知识精英阶层与民间社会之间存在着较大的文化裂痕。

以往苏州城市史研究多关注苏州的"现代化"发展,因而更多地突出苏州社会生活中"破旧立新"的一面,即使关注到苏州城市社会中那些相对"传统"的方面,也多数将之视为"现代化"不彻底的表现。② 相较而言,朱小田在关注苏州"现代"一面的同时,还关注到了苏州社会生活中"传统"的一面。他强调,虽然随着现代市场经济的发展和西方文化的输入,民国苏州社会发生了全方位变化,日常生活和文化教育事业较快地向现代迈进,但同时在文化社会生活方面,很多体现吴文化特色的地方传统,仍然保持着旺盛的生命力,他将这种现象称为"文化上的现代与传统所反映的庞杂性"。③ 基于本章所述以及时人的印象(参见下节),笔者认为朱小田关于民国苏州社会与文化生活中"现代"与"传统"同时并进的论断颇有所见。但笔者认为,这种情况似并不能简单地以"庞杂性"来加以界定。正像我们现在越来越意识到"现代"与"传统"之间并非如想象中那样二元对立,在民国苏州人的生活逻辑中,"传统"与"现代"也不一定判然有别。在今天看来"庞杂"现象,当时可能有着统一的逻辑。正如本书此前所指出的,"闲"与"雅"的追求是贯穿于休闲娱乐、园林营造和文化建设等领域的一条线索。地方传

---

① 李根源:《吴郡西山访古记》卷一,苏州葑门曲石精庐木刻版,第25—26页。
② 这种倾向在张海林、方旭红关于苏州"早期现代化"和"城市化"的研究中表现得特别明显。参见张海林《苏州早期城市现代化研究》,南京大学出版社,1999年;方旭红:《集聚·分化·整合——1927—1937年苏州城市化研究》,合肥工业大学出版社,2012年。
③ 参见王国平主编《苏州史纲》,古吴轩出版社,2009年,第405、497页。

统的延续，也并不能简单地归因于地域特质等"传统规定性"。①地方传统文化并非平衡地发展，例如，明清时期盛极一时的昆曲衰落了，它仅能依赖士绅阶层流行的"拍曲子"形式在市民中遗存下来；与曲高和寡的昆曲不同，相对平民化的评弹则在民国时期迎来繁荣。因此，传统的延续可能更多的是一种历史性的文化选择，甚至可能是一种新的创造。就民国苏州来说，注重闲雅生活、关注文化与教育、坚守传统似乎是苏州城市文化的基本姿态。

这种姿态与苏州在江南城市体系中作为旧中心地所产生的文化优势和文化自信有关。虽然近代以来苏州在重组后的江南城市体系中地位下降，从而压抑了自身文化特色的张扬，但在以网络系统为特征的近代江南体系中，仍旧保留了文化多元性的空间。2020年以来，苏州努力打造自身作为江南文化核心和代表的文化形象，并连续召开"苏州最江南"学术论坛等一系列文化活动，就是苏州在经济长期腾飞后，作为江南旧中心地的文化优势和文化自信的再次彰显。

另外，民国苏州的文化姿态也与苏州城市精英阶层的主动选择有关。这将是下一节所要探讨的主题。

## 二 构建"国学重镇"

具有"有学问的革命家"和"有革命业绩的学问家"双重身份的章太炎，②一直双栖于清末民国政坛学林。早期的章太炎研究多关注他作为"革命家"的活动，近年来逐渐关注他作为"学问家"在思想学术史上的意义。③当视角转换之后，一直颇受忽视的1932年至1936年章氏在

---

① 关于"传统规定性"的概念，参见朱小田、汪建红主编《苏州通史·中华民国卷》，苏州大学出版社，2019年，第403页。
② "有学问的革命家"是鲁迅对章氏的定位，语出鲁迅《关于章太炎先生二三事》，陈平原、杜玲玲编《追忆章太炎》，中国广播电视出版社，1997年，第48页；"有革命业绩的学问家"系章氏另一弟子汤炳正对章氏的评价，语见汤炳正《忆太炎先生》，陈平原、杜玲玲编《追忆章太炎》，中国广播电视出版社，1997年，第454页。
③ 参见陈平原《追忆章太炎》"后记"，陈平原、杜玲玲编《追忆章太炎》，中国广播电视出版社，1997年，第579页；陈平原：《中国现代学术之建立——以章太炎、胡适之为中心》，北京大学出版社，1998年，第20—22页。

苏州的讲学活动逐渐进入了研究视野。① 桑兵曾撰文阐释 1932 年章太炎在旧都北京讲学的文化象征意义,并指出紧随其后的苏州讲学与其北游讲学存在密切关联。② 张昭军对章太炎前后数次国学演讲的经过进行了较为系统的梳理。③ 夏骏从近现代高等国学教育的角度对章太炎晚年在苏州开办的章氏国学讲习会进行了讨论。④ 张凯以苏州章氏国学讲习会为中心探讨章太炎对于文史关系的看法。⑤ 本节与上述学者的旨趣略有不同,意在探讨苏州地方人士与章氏苏州讲学之关系,并以此窥测当时苏州城市的思想文化动向。

1. 章太炎晚年苏州讲学及其旨趣

章太炎在从事政治活动的同时,"未尝废学",其较为集中的国学讲习活动有三次。第一次在日本东京,时间是 1907—1909 年,名曰"章氏国学讲习会",弟子数百人,尤知名者包括黄侃、钱玄同、鲁迅、周作人、朱希祖等人。第二次是 1913—1916 年办"国学会","以讲学自娱","听讲学子,约一百多人,大部分是北京各大学的教员"。第三次即 1935—1936 年在苏州创办之"章氏国学讲习会"。⑥

除自办之讲习会外,章太炎还有受邀面向公众之系列学术演讲。⑦ 较为集中系统的也有三次。第一次是在 1922 年 4 月 1 日至 6 月 17 日受江苏省教育会之邀在上海讲学。该演讲每周一次,每次约两小时,共计十次,演讲主题为"国学概论",包括"国学之自体""治国学之法""国学之派别""国学之进步"等四个部分。其演讲经人记录后以《国学概论》为题行世。第二次是 1932 年 3 月至 5 月在北平应邀在燕京大学、北

---

① 金建德:《章太炎先生晚年苏州讲学与爱国主义精神》,《苏州大学学报》(哲学社会科学版)1986 年第 1 期;陈平原:《追忆章太炎》"后记",陈平原、杜玲玲编《追忆章太炎》,中国广播电视出版社,1997 年,第 592 页。
② 桑兵:《章太炎晚年北游讲学的文化象征》,《历史研究》2002 年第 4 期。
③ 张昭军:《导读 国学讲演与历史现场》,氏编《章太炎讲国学》,东方出版社,2007 年。
④ 夏骏:《苏州章氏国学讲习会与近现代国学高等教育》,福建教育出版社,2015 年。
⑤ 张凯:《文史分合:章氏国学讲习会与国难之际国学走向》,《浙江社会科学》2016 年第 10 期。
⑥ 沈延国:《章太炎先生在苏州》,陈平原、杜玲玲编《追忆章太炎》,中国广播电视出版社,1997 年,第 370—374 页。
⑦ 章氏在一生中有数量庞大的演讲,这些演讲可分为两类,一类是革命的宣传,一类是国学的阐发,前者是政治性的,后者则以学术为本位,当然两者有很多交叉之处,这一点在章太炎演讲生涯的前期为多,进入民国以后,章氏讲学更多地以学术为主。

平师范大学、北京大学所做的演讲,其题目相对广泛,包括《论今日切要之学》《治国学之根本知识》《清代学术之统系》《今学者之弊》《广论语骈枝》等。第三次是章太炎寓居上海时,1932 年秋到 1934 年间在苏州、无锡等地的国学演讲。

章太炎第一次赴苏州演讲始于 1932 年 9 月 6 日,结束于 9 月 27 日,为期 21 天。① 其间先后在苏州大公园县立图书馆、青年会和沧浪亭等处演讲国学数次,讲题包括《儒行要旨》《大学大义》《经义与治学》《文章源流》《丧服概论》《孝经要义》《读史与文化复兴之关系》《尚书大义》《诗经大义》等。②

1933 年 3 月 5 日,章氏第二次赴苏州讲学,自 3 月 6 日起讲学五天,每日下午四时半,在公园图书馆楼上讲厅举行。③ 3 月 14 日应邀赴无锡讲学,14 日在无锡国学专修学校演讲《国学之统宗》,15 日在江苏省立无锡师范学校讲《历史之重要》《春秋三传之起源及其得失》,16 日返苏,在苏州公园图书馆楼上国学会内讲《诸子流别与比较》,17 日讲《文学体例》。④

1933 年 10 月 12 日章太炎第三次莅苏讲学,报载:自 12 日起,"每日下午四时,在公园图书馆国学会讲学数天"。⑤ 10 月 14 日,国学会同时邀请无锡国学专修学校校长唐文治莅苏讲学,午后二时半在公园图书馆国学会演讲论语学。16 日"上午九时及下午四时,章、唐两大师均在公园图书馆举办国学演讲"。⑥ 10 月 20 日,章氏仍在苏州公开讲学。⑦ 10 月 22 日,章氏应唐文治之邀,赴无锡国学专修学校讲《适宜今日之理

---

① 《章太炎先生讲学》,《苏州明报》1932 年 9 月 6 日;《章太炎新诗两首》,《苏州明报》1932 年 9 月 28 日。9 月 6 日《苏州明报》公布章氏来苏讲学时间、地点称:"章太炎先生讲学地点:王废基律师公会。日期:九月六日起约三星期。时间:每日下午五时起。听讲费:每人三元。报名处:草桥苏州中学初中部。"
② 张昭军:《导读 国学讲演与历史现场》,氏编《章太炎讲国学》,东方出版社,2007 年,第 24 页。
③ 《章太炎明日讲学,及门弟子公宴》,《苏州明报》1933 年 3 月 6 日。
④ 《章太炎赴锡讲学》,《苏州明报》1933 年 3 月 14 日;汤志钧:《章太炎年谱长编》(增订本)上册,中华书局,2013 年,第 537 页;《章太炎今日讲文学体例》,《苏州明报》1933 年 3 月 17 日。
⑤ 《章太炎等来苏讲学》,《苏州明报》1933 年 10 月 13 日。
⑥ 《地方士绅公宴章唐》,《苏州明报》1933 年 10 月 15 日。
⑦ 《章太炎先生公开讲学》,《苏州明报》1933 年 10 月 20 日。

学》。23日返苏。24日起,"下午四时,仍在吴县图书馆讲学"。[1] 1933年10月章太炎在苏州的演讲地点主要在苏州公园图书馆内,演讲题目包括《民国光复》《儒家之利病》等,计有20多场。[2]

1934年3月26日,章太炎第四次由沪来苏讲学,国学会于27日召开干事会,商定日期及听讲人数。3月28日原定讲《古书读法》,因大雪延期至29日,30日讲题拟定为《读史与国家之关系》,但因章太炎身体不适而停讲一天。[3] 31日,应萃英中学之请,拟往演讲一次,下午四时,仍在公园图书馆继续演讲。[4] 除上列讲题之外,1933—1934年章太炎的国学演讲还有《论无韵之文》《九流之比较》《明清之际略论》《十六国略论》《三国略论》《周易概说》《论汉宋可否合会》《汉学之利弊》《中国历代兴亡之关系》等。[5] 此后,章太炎的讲学活动转入以章氏锦帆路寓所为场地的章氏国学讲习会中。

自1932年秋至1934年春,章太炎来苏州讲学四次,其中1932年秋一次,1933年春、秋各一次,1934年春一次,时间集中于三四月间和九十月间,每次月余。其间利用在苏讲学间隙赴无锡短期演讲两次。

1934年秋,章氏由上海迁居苏州。[6] 冬,以"国学会旨趣不合",在苏州发起章氏国学讲习会。[7] 1936年初,章太炎在《制言》上刊发启事称:"余自二十一年秋赴苏讲演,同人为集国学会。至二十四年,以讲学旨趣不同,始特立章氏国学讲习会,就苏州锦帆路五十号自宅后方开置讲堂,常年讲演。发有《简章》及《演讲录》,并《制言》半月刊,以饷海内同志。其旧设置国学会,脱离已过一年。恐远道尚未分辨,致有

---

[1] 《章太炎由锡返苏》,《苏州明报》1933年10月23日。
[2] 《章太炎先生讲演录》,章氏国学会,1933年。
[3] 《大师章太炎又应弟子之请来苏讲学》,《苏州明报》1934年3月27日;《英雄名士共集一堂,章氏今日开讲读古书之法》,《苏州明报》1934年3月28日;《章太炎讲学,今日研读史与国家关系》,《苏州明报》1934年3月30日。
[4] 《一堂宾客尽名流,李印泉宅又开盛宴》,《苏州明报》1934年3月31日;《章太炎先生今日公开讲学》,《苏州明报》1934年3月31日。
[5] 张昭军:《导读 国学讲演与历史现场》,氏编《章太炎讲国学》,东方出版社,2007年,第25页。
[6] 汤志钧:《章太炎年谱长编》(增订本)上册,中华书局,2013年,第546页。
[7] 汤志钧:《章太炎年谱长编》(增订本)上册,中华书局,2013年,第547页。

误会,特此登报声明。"① 章氏国学讲习会于1935年4月开始举行章氏星期演讲会,出版星期演讲记录,同时组织读书会,集弟子于一室,逐章逐句,通读一书。9月,校舍落成,正式开学。② 1936年6月14日章太炎逝世后,章氏国学讲习会遵其遗愿,推马相伯为董事长,汤国梨为理事长,成立"章氏国学讲习会董事会",讲学不辍。全面抗战开始后,部分预备班学员被介绍至峨眉山马一浮所办复性书院深造。1937年秋,日寇侵占苏州,"章氏国学讲习会"和"制言"杂志社停办。1939年2月,在上海租界以章氏国学讲习会名义创办"太炎文学院",《制言》复刊,一直坚持到1941年太平洋战争爆发,学会停办,《制言》停刊,共出63期。③ 据夏骏研究,苏州章氏国学讲习会恪守书院传统,注重讲、习结合,提倡师生平等交流,教育教学组织管理非组织化、非形式化,是一所"无名而有实"的具有特殊形式的国学高等教育机构,在研究高度和深度上处于当时国内一流水准,培养出了一批国学教师人才。④

总括而言,章太炎苏州讲学活动,可分为两个阶段,第一阶段是1932年秋至1934年春的公开系列演讲,第二阶段是1935年开始的章氏国学讲习会。两个阶段在旨趣上一致,但略有差别,前期系列演讲面向公众,以传播理念为主,后期章氏国学讲习会以"研究固有文化,造就国学人才为宗旨",⑤ 对象相对固定,教学与研究性质更浓。前期的系列演讲重在阐明讲学宗旨,后期的讲习会则是对讲学宗旨的贯彻实施。鉴于学术界对苏州章氏国学讲习会有相对深入的研究,本书将重点考察章太炎前期在苏州的系列演讲。

章太炎的三次集中演讲效果如何?大致来说,章氏讲学内容多数艰深,其观点又与时流相左,因此往往很难吸引大量听众。比如1922年章太炎在上海江苏省教育会的演讲,曹聚仁回忆:"第一次演讲,听众有一

---

① 章炳麟:《太炎启事》,《制言》第12期,1936年3月。
② 夏骏:《苏州章氏国学讲习会与近现代国学高等教育》,福建教育出版社,2015年,第63页。
③ 夏骏:《苏州章氏国学讲习会与近现代国学高等教育》,福建教育出版社,2015年,第64—65页。
④ 夏骏:《苏州章氏国学讲习会与近现代国学高等教育》,福建教育出版社,2015年,第170页。
⑤ 《章氏国学讲习会简章》,《制言》第1期。

千多人。其后逐渐减少，约以五六十人为常。照他那样的演讲，有五六十个听众，应该够满意了。"① 即使是慕名而来的听众，也往往因曲高而和寡，如有人描述章太炎在苏州演讲时的情景："听众莫名其妙，却向同伴丢个眼色，嘴里也歪出十分之几的笑。这笑并没有丝毫的同情与敬意。我看了难堪，而章先生安然自在……这里，我仿佛看见章先生心灵的凄独！"② 更有人完全不理会演讲内容，仿佛看戏，如《看朴学大师讲学记》一文描绘了章太炎在无锡师范学校演讲的情形："演讲两小时缺三十四分，章太炎吸'茄立克'六支，喝茶五杯，微笑三次，大笑一次，起立在黑板上写字两次，一曰'污徒'，一曰'疑疾'。向藤椅上靠去险些儿跌倒一次。记录员伸头低声说'时间已到'三次。"③ 此人确实是在"看"讲学，而非"听"讲学，而且极尽调侃、挖苦之能事。对章太炎晚年讲学的评价不一，这其实不难理解。章氏晚年讲学定位在学术，与其早年演讲意在鼓动革命有异。学术演讲与大众演说不同，曲高和寡，本不足怪，况此时新文化运动理念已深入人心，章太炎演讲多数与其立异，甚至公开批判，也难怪"新学小生"很难引起同情之理解。对于章太炎讲学的不同观感，也切实显示了19世纪二三十年代中国思想界的分裂状态。

深入考察可以发现，章太炎早年和晚年的思想和讲学虽有一以贯之之处，但也有重大转向，其最大差异是由鼓吹革命到阐发国学，民族主义则是其中一以贯之的精神。就晚年三次集中讲学而言，亦存在侧重点之不同。1922年的讲学意在对国学进行系统的整理与阐发，1932年开始的两次讲学则是在1931年"九一八"和1932年"一·二八"事变之后，以国学"救世"之意更浓，他对于国学的阐发亦与1922年有异。如果说1922年之系列国学演讲重在对国学进行系统"科学"之梳理，1932年后的两次集中讲学则重在阐发国学在民族国家和民族文化建设中的重要价值和意义。

1932年后的章太炎讲学，欲合"求是"与"致用"为一炉，故摒斥考远古、考古文字、考《墨辩》等"非切要"之学，而强调历史等"切

---

① 曹聚仁：《关于章太炎先生的回忆》，《文思》，北新书局，1937年。
② 乃蒙：《章太炎的讲学》，《宇宙风》第22期，1936年8月。
③ 碍哥：《看朴学大师讲学记》，《论语》第14期，1933年4月。

要"之学。①

除了强调历史的重要性之外，章太炎讲学的另一要旨是阐发国学的当代价值。关于国学，章太炎特别提出《礼记》中的《儒行》《孝经》《大学》和《仪礼》中的《丧服》四篇，他说："余以为今日而讲国学，《孝经》《大学》《儒行》《丧服》实万流之汇归也。"② 章太炎认为此四篇为国学之"统宗"与"汇归"，原因在于此四篇"起而可行"。他说道："国学不尚空言，要在坐而言者，起而可行。十三经文繁义赜，然其总持则在《孝经》《大学》《儒行》《丧服》。《孝经》以培养天性，《大学》以综括学术，《儒行》以鼓励志行，《丧服》以辅成礼教。（中略）经术之归宿，不外乎是矣。"③ 宋儒朱熹曾编订《论语》《孟子》《大学》《中庸》为"四书"，以之为儒家之"宗统"，而章太炎对以上四篇之表彰与阐发，不啻为他在新时代所编订的新"四书"。至于此"四书"与历史的关系，他说："经术乃是为人之基本，若论运用之妙，历史最为重要，""夫人不读经书，则不知自处之道。不读史书，则无从爱其国家。"可见，章太炎晚年讲学，以经术（《孝经》《大学》《儒行》《丧服》）为体，以历史为用，体用兼备，一以贯之。④

姜亮夫于1936年9月章太炎逝世后回忆其晚年讲学宗旨曰："细译先生晚年言学之趣向，大约有二：一欲救世以刚中之气，一欲教人以实用之学，其归在不忘宗邦之危。刚中则夸诬奇觚皆在当砭之列，实用则怪诞诡谲皆在宜排之数。变更旧常，不轨典籍，或有危于宗邦者，皆为心所忧。此其大校也。"⑤ 盖为知言。

---

① 《论今日切要之学》，马勇编《章太炎讲演集》，河北人民出版社，2004年，第93—97页。
② 《国学之统宗》，章太炎讲演，诸祖耿、王謇、王乘六等记录《章太炎国学讲演录》，中华书局，2013年，第2页。
③ 《历史之重要》，章太炎讲演，诸祖耿、王謇、王乘六等记录《章太炎国学讲演录》，中华书局，2013年，第9页。
④ 大约同时，太炎与弟子言治学志向称："夫国于天地，必有与立，所不同于他国者，历史也，语言文字也。二者，国之特性不可失坠者也。昔余讲学，未斤斤于此；今则外患孔亟，非专力于此不可。"参见诸祖耿《记本师章公自述治学之功夫及志向》，章太炎讲演，诸祖耿、王謇、王乘六等记录《章太炎国学讲演录》，中华书局，2013年，第37页。
⑤ 参见一士《章太炎弟子论述师说》，陈平原、杜玲玲编《追忆章太炎》，中国广播电视出版社，1997年，第420页。

章太炎以上讲学宗旨在 1932 年初北京各大学演讲中发其端绪，在 1932 年 9 月至 1933 年 5 月在苏州、无锡的系列演讲中得到系统阐述。如果我们联系当时新文化派的整理国故运动来看此时期章太炎的讲学立意，则其与新文化立异的意图非常明显。"整理国故"的口号是 1919 年底由胡适提出的，号召学术界用"评判的态度、科学的精神，去做一番国故整理的功夫"。① "国故"一词虽然由章太炎在《国故论衡》一书中首创，但他此时讲学已不用"国故"一词，而用"国学"一词。弃"国故"而用"国学"，背后是他对于中国传统学术思想具有当代意义的强调。与新文化派将"国故"以批评的态度、科学的方法、西学的观念客观地加以"整理"不同，章太炎强调研究国学，"不但坐而言，要在起而行"。总之，章太炎晚年讲学之深意，需联系新文化派"整理国故"的相关主张，这样才能有更深入的理解。

桑兵曾指出国学研究有南北之不同。② 1922 年北京大学国学门成立，"整理国故"运动开始。③ 此时，国学之重要成为中国南北学术界的共识，但研究和解释取径则大相径庭。在江南一隅，也是在 1922 年，柳诒徵、吴宓、梅光迪、胡先骕等人以南京高等师范学校和东南大学为中心，创立《学衡》杂志，与新文化派抗衡。章太炎同年亦在上海演讲国学，似并非巧合。此前，唐文治于 1920 年 12 月在无锡创办无锡国学专修馆（1927 年改名为无锡国学专修学校），可以说是当时国学研究的另一流派。"学衡派"以梅光迪、吴宓、胡先骕、刘伯明等美国留学生与本土学者柳诒徵为核心，该团体以"昌明国粹，融化新知"为口号，以美国白璧德人文主义思想为奥援发挥中国传统学术思想的现代价值。唐文治领导的无锡国学专修馆则"为振起国学，修道立教而设"，并标举"躬行""孝悌""辨义""经学""理学""文学""政治学""主静""维持人道""挽救世风"等十项学规，注重敦品砺节，强调学行合一。④ 比较而言，章太炎讲学与"学衡派"在宗旨上有较大差异，而与无锡国学专

---

① 胡适:《新思潮的意义》,《新青年》第 7 卷第 1 号, 1919 年 12 月。
② 桑兵:《章太炎晚年北游讲学的文化象征》,《历史研究》2002 年第 4 期。
③ 参见陈以爱《中国现代学术研究机构的兴起——以北大研究所国学门为中心的探讨》, 江西教育出版社, 2002 年, 第 47 页。
④ 唐文治:《私立无锡国学专修馆学规（庚申）》, 陈国安等编《无锡国专史料选辑》, 苏州大学出版社, 2012 年, 第 259—261 页。

修学校较为接近。桑兵指出，章太炎1932年北游后"重开学会，强调学有根柢，端正学风，养育新人之外，更为后进示以轨辙，成为聚合南北学人的一面旗帜"。① 章太炎讲学"聚合南北学人"的效果是否达到，恐怕很难说，但至少彰显了南北学风之差异，也凸显了苏州在民国学术思想史上的地位。

2. 苏州士绅与章太炎苏州讲学

章太炎晚年讲学旨趣既明，继之探讨他为何将晚年讲学之地定在苏州。章太炎自1916年南归，定居上海，凡十余年，据弟子沈延国回忆，他深居简出，"喜与豪侠大滑相交，不愿和上海的教授学者往来"，章夫人汤国梨"屡劝先生讲学，以转移时运"，而章太炎不听，且常常对上海不满，曰："湫居市井，终日与贩夫为伍者。"② 可见章太炎认为上海缺乏讲学的环境。1932年北平一游，"知当世无可为"，讲学之志遂定。③ 可见，章太炎晚年讲学虽其来有自，1932年北游实为转折之点，而其舍弃上海，选择苏州，则是因苏州为讲学提供了更佳的环境。

章太炎来苏州讲学，出于苏州士绅之邀请。1932年6月，章太炎自北京南返抵沪，据沈延国回忆，金天翮、陈衍、李根源、张一麐等在苏州发起讲学，由金天翮致书章太炎，请其莅苏讲学。④ 考《苏州明报》报道，金天翮等邀请章太炎来苏讲学为该年8月，列名邀请者为"邑人金松岑、张一麐、李根源、金震、王佩诤、胡焕庸、诸祖耿等数十人"。⑤ 在列名的七人中，后四人相对年轻，是晚辈。其中，胡焕庸为宜兴人，时任中央大学教授兼省立苏州中学校长，在苏州时间不多，金震（东雷）、王謇（佩诤）、诸祖耿则为金松岑弟子。列名邀请的前三位则皆为章太炎故交，且为苏绅领袖，尤为重要。

三人中，号称"民国元老"的李根源（1879—1965）与章太炎为同

---

① 桑兵：《章太炎晚年北游讲学的文化象征》，《历史研究》2002年第4期，第3页。
② 沈延国：《忆章太炎先生·在苏州》，陈平原、杜玲玲编《追忆章太炎》，中国广播电视出版社，1997年，第409页。
③ 沈延国：《忆章太炎先生·在苏州》，陈平原、杜玲玲编《追忆章太炎》，中国广播电视出版社，1997年，第410页。
④ 沈延国：《忆章太炎先生·在苏州》，陈平原、杜玲玲编《追忆章太炎》，中国广播电视出版社，1997年，第410页。
⑤ 《万流景仰之章太炎将来苏讲学》，《苏州明报》1932年8月2日。

盟会旧人、知己挚友，关系最为密切。1906年，二人缔交于日本。① 从1920年开始，李根源隐居沪上，时章太炎亦居上海，二人过从甚密，1924年1月缔结金兰之交。② 1921年李根源在苏州买宅，1925年开始常住苏州，但与寓居上海的章太炎保持密切联系。③ 李根源虽为云南人，但居苏后广泛参与地方事务，积极融入苏州士绅网络。④ 在20世纪二三十年代，李氏与张一麐因名位最高，并为苏绅领袖，号称"吴中二老"。⑤ 李氏兄事章太炎，与章太炎联系最密，苏州人士与章太炎的联系借李氏之力为多，章太炎赴苏讲学多住李氏曲石精庐，章太炎迁居苏州亦托李氏买宅。

三人中，张一麐（1867—1943）为吴县人，属于"乡贤"，且辈分最长，名望最高，是当时苏绅最高领袖。张氏长章太炎二岁，二人早在甲午战争后即已结识，辛亥革命后交往再密，张氏还撮合章太炎与汤国梨结婚。⑥ 30年代，二人政治主张接近，在很多政治活动中同时出现，如1932年1月13日中国国难救济会通电"联合全民总动员，收复失地"，张氏与章太炎列名其中，1月9日章太炎又与张氏、李根源等联名通电，"请国民援救辽西"。⑦ 1936年章太炎逝世前还为当时政局谋与张氏"一晤"。⑧ 章太炎逝世后，张氏为文纪念称"余与君相识四十余年，近岁同住一城，故旧之情，久而弥笃"。⑨ 可见二人感情之深厚。

---

① 李根源：《雪生年录》，沈云龙主编《近代中国史料丛刊正编》第二辑，台北：文海出版社，1966年，第24页。
② 李根源：《雪生年录》，沈云龙主编《近代中国史料丛刊正编》第二辑，台北：文海出版社，1966年，第113页。
③ 1923—1926年，章太炎与李根源通信达80通，参见马勇整理《章太炎全集·书信集》，上海人民出版社，2017年，第879—932页。李根源患疽时，章太炎常写信告知治疗之法，参见李根源《雪生年录》，沈云龙主编《近代中国史料丛刊正编》第二辑，台北：文海出版社，1966年，第97页。
④ 李根源：《雪生年录》，沈云龙主编《近代中国史料丛刊正编》第二辑，台北：文海出版社，1966年，第119页。
⑤ 高拜石：《古春风楼琐记》第一册，台湾新生报社，1979年，第303页。按：张一麐，字仲仁，人称"仲老"；李根源，字印泉，人称"印老"。
⑥ 张一麐：《纪念章太炎先生》，《心太平室集》卷四，沈云龙主编《中国近代史料丛刊正编》第一辑，台北：文海出版社，1966年，第227—228页。
⑦ 汤志钧：《章太炎年谱长编》（增订本）上册，中华书局，2013年，第528—529页。
⑧ 张一麐：《纪念章太炎先生》，《心太平室集》卷四，沈云龙主编《中国近代史料丛刊正编》第一辑，台北：文海出版社，1966年，第228页。
⑨ 张一麐：《纪念章太炎先生》，《心太平室集》卷四，沈云龙主编《中国近代史料丛刊正编》第一辑，台北：文海出版社，1966年，第228页。

三人中，列名居首者为金松岑（1874—1947），盖因金氏代表苏人邀请章太炎讲学。金氏为吴江大族出身，著名诗人、文学家。金氏于1911年定居苏州，先后担任过吴江县教育局局长、江南水利局局长等职，亦属乡贤。金氏早年曾入上海爱国学社，与章太炎、邹容、吴稚晖、蔡元培等游，倡言革命。《苏报》案事发后，屏迹回苏，"乃悉力于讲学、著述"，[①] "吴之士问学称弟子者踵于门"。[②] 李根源寓苏后与其交好，"有所撰著多乞松岑先生为之点定"。[③] 1932年，借章太炎来苏讲学之机，章、金、李三人定下金兰之交，章太炎居长，金氏居仲，李氏为末。[④] 与张一麐、李根源相比，金氏长期居苏，潜心教育，门生弟子甚众，宜乎其代表苏人邀请章太炎讲学。

除以上三人外，当时寓居苏州的陈衍（1856—1937）也应在邀请章太炎来苏讲学上起到相当作用。陈衍与章太炎亦为故交，清光绪年间，陈氏曾力荐章太炎于两广总督张之洞幕府。[⑤] 1931年9月陈氏应无锡国学专修学校聘，为该校讲师，"游吴门"，10月末，其夫人李氏自福州来苏，暂寓同乡郭曾基家。寻购屋葑门胭脂桥下茅家弄，于12月22日迁入。自1931年至1937年，陈衍一直卜居苏州，偶尔出游及返里。[⑥] 在邀请章太炎讲学之时，陈衍居苏之日仍短，似还不能代表苏人。但其声名甚著，年龄亦长，故被推为国学会会刊总编辑。陈衍因任教无锡国学专修学校，也成为沟通苏州国学会与无锡国学专修学校的桥梁。

金松岑、张一麐、李根源、陈衍四人活动领域各有不同，张一麐、李根源主要活跃于政坛，金松岑、陈衍主要栖居于文坛、学林，但四人

---

[①] 徐震：《贞献先生墓表铭》，金天羽：《天放楼诗文集》下册，周录祥校点，上海古籍出版社，2007年，第1395页。

[②] 金元宪：《伯兄贞献先生行状》，金天羽：《天放楼诗文集》下册，周录祥校点，上海古籍出版社，2007年，第1399页。

[③] 李根源：《雪生年录》，沈云龙主编《近代中国史料丛刊正编》第二辑，台北：文海出版社，1966年，第120页。

[④] 李根源有诗云："岁寒成三友，仲兄老望鹤"，"岁寒三友"便指章、金、李三人。参见张志芳主编《李根源〈曲石诗录〉选集》，李光信点校，云南人民出版社，2010年，第55页。

[⑤] 陈声暨编，王真绩编，叶长青补订《侯官陈石遗先生年谱》卷八，陈衍撰，陈步编《陈石遗集》下册，福建人民出版社，2001年，第2084页。

[⑥] 陈声暨编，王真绩编，叶长青补订《侯官陈石遗先生年谱》卷八，陈衍撰，陈步编《陈石遗集》下册，福建人民出版社，2001年，第2065—2087页。

皆旧学根底深厚,在思想文化倾向上与新文化派有异。其中,金松岑早年倡言革命、引介西学、宣传男女平等,但辛亥革命后,"潜心博览,趋于平实","一以正谊明道为归"。① 关于苏州成立国学会事,金元宪称:"先生老,既废退,无意当事务,颇欲修明经术,用存绝学、正人心,屡言二子(按:指陈衍、章太炎)意相洽,言于腾冲(按:指李根源),腾冲韪之。"② 可见邀请章太炎讲学和成立国学会,金氏皆为主动促成者。陈衍虽以诗话、诗作名家,然强调"为学必根柢经史",③ 于当世学者甚少许可,但推重章太炎学术备至,④ 而章太炎师弟待之亦"极厚"。⑤ 陈氏清末曾参与教育改革事,主张"学无古今,惟问其有用与否",而旧学为国性之载体,不可丧失,⑥ 故倡兴新学之时,仍呼吁大力传承旧学。⑦ 李根源前半生叱咤政坛,但寓居苏州后,着力金石文献搜集和书籍刊刻,并主张"新知识"与"旧道德"相济为用。⑧ 张一麐一生忙于政务,论学之言甚少,但观其言论,可知与上述诸人多同(详后)。张氏一直重视以"学会"开通苏人智识,早年倡办"苏学会",为苏地新式社团之先驱,1926 年返乡后,更与李根源组织"平旦学社",开办为期六周的暑期讲学会,邀请吴地名流轮番讲学,⑨ 8 月 20 日、21 日亦邀

---

① 徐震:《贞献先生墓表铭》,金天羽:《天放楼诗文集》下册,周录祥校点,上海古籍出版社,2007 年,第 1396 页。
② 金元宪:《伯兄贞献先生行状》,金天羽:《天放楼诗文集》下册,周录祥校点,上海古籍出版社,2007 年,第 1401 页。
③ 钱钟书:《石语》,陈衍撰,陈步编《陈石遗集》下册,福建人民出版社,2001 年,第 2177 页。
④ 《复章太炎书》,陈衍撰,陈步编《陈石遗集》上册,福建人民出版社,2001 年,第 673 页。
⑤ 钱钟书:《石语》,陈衍撰,陈步编《陈石遗集》下册,福建人民出版社,2001 年,第 2179 页。
⑥ 《与唐春卿尚书论存古学堂书》,陈衍撰,陈步编《陈石遗集》上册,福建人民出版社,2001 年,第 492 页。
⑦ 《请大学经文两科学生由各省保送议》,陈衍撰,陈步编《陈石遗集》上册,福建人民出版社,2001 年,第 481 页。
⑧ 李氏引述王大燮语称:"故所谓人才者,一方面要新知识,一方面要旧道德。新知识为何?即致国家于富强而闻名之本领。旧道德为何?即孝弟忠信礼义廉耻八字而已。要有此八字以植之基,而新知识之作用乃大耳。"参见李根源《雪生年录》,沈云龙主编《近代中国史料丛刊正编》第二辑,台北:文海出版社,1966 年,第 104 页。
⑨ 《苏州平旦学社第一周讲学之科目》,《申报》1926 年 7 月 18 日,第 10 版。

请章太炎来苏参与演讲国学,反响热烈,① 这可以说是苏人邀请章太炎讲学之嚆矢。总之,张、金、李、陈四人主导一时苏州坛坫,此次盛邀章太炎来苏讲学,苏地人士风行而景从,影响深远。

趁章太炎来苏讲学之际,吴地人士列入门墙者甚众,报载:"朴学大师章太炎先生此次应三吴父老之请,来苏州讲学,俊秀之士求附门墙者,有廿余人之多,经李印泉、金松岑二先生介绍,于日前执挚章氏门下者,有武进徐震、诸祖耿,金坛吴契宁,镇江戴增元,吴县王謇、金震、傅朝俊、郑伟业等八人。徐震为中大教授,诸、吴、戴均系苏州中学教师,王謇即我苏考古家王佩诤氏,著有《宋平江城坊考》等书,与金震同为金松岑先生之高足。傅则历任苏沪各校教职,与已故名画家顾公柔氏同受业孙伯南先生门下,邃精许学。郑为李印泉门人,曾从吴昌硕学书画金石,现时章氏所用名章,即系郑君所镌者。"② 可见,金松岑、李根源等对章太炎精诚相见,并纷纷介绍自己弟子拜入他门下。而1931年4月,潘承弼已通过李根源介绍,拜章太炎为师,潘承弼为苏州名门潘氏家族潘祖荫的裔孙。③

章太炎在苏州、无锡等地的演讲,很受当地人士追捧。如1933年3月14日、15日赴无锡讲学,"全城各中校学生,特为停课两天,前往听讲,士绅等亦热烈欢迎,殊有应接不暇之感。而因此号召效果,锡地学术界之愿加入本埠国学会者,达数十人之多,将来有组织分会之说"。④ 1934年10月1日,章太炎在吴县图书馆国学会演讲《儒家之利病》,"听讲者颇拥挤"。⑤ 11月初在公园图书馆楼上的公开讲学,"听者甚众,尤多学界人士"。⑥ 章氏国学讲习会从1935年暑假开始,共招学生七十二人,籍隶十四省,⑦ 而讲习会开班之初,"听者近五百人,济济一堂,

---

① 蒋吟秋:《平旦讲学记》,《沧浪》,上海爱古书店,1928年,第80页。
② 《章太炎门墙桃李芬芳》,《苏州明报》1932年9月21日。
③ 汤志钧:《章太炎年谱长编》(增订本)下册,中华书局,2013年,第524页。
④ 《章太炎今日讲文学体例》,《苏州明报》1933年3月17日。
⑤ 《章太炎讲学,间日一讲,讲学四星期》,《苏州明报》1934年10月3日。
⑥ 《章太炎提倡儒行》,《苏州明报》1934年11月3日。
⑦ 任启圣:《章太炎先生晚年在苏州讲学始末》,陈平原、杜玲玲编《追忆章太炎》,中国广播电视出版社,1997年,第446页。

连窗外走廊等地，挤满了人"。①

苏州士绅亦借章太炎来苏之机，盛情招待，轮番宴请。如1932年中秋章太炎正在苏州讲学，苏绅朱梁任"特假座百花巷吴氏裟罗花馆，专请章氏及李印泉二公"，"陪座者有苏俊伯、冯守志、祝心渊，则章氏老友也；若徐耘耋、潘博山、金松岑、王佩净，则从章氏游学者也；吴子深、吴似兰，则朱君之高足弟子而绍介与章氏相见者也"。② 次日，苏州学术界名人公宴章太炎，席设王謇宅，到者胡焕庸、李印泉、亢寿民、潘博山昆仲、徐沄秋、郑梨邨等共五十余人。③ 1933年3月5日章太炎再莅苏州讲学，"及门弟子假座苏高中南圃别墅，公宴其师，并请张仲仁、李根源、陈石遗、金松岑、胡焕庸、丁芷祥等作陪"，其列席弟子则包括王佩净、戴镜澂、金东雷、施纯丞、潘景郑、徐沄秋、王乘六、诸祖耿、郑梨邨、史耐耕、钱绍武、朱学浩、汪伯年等十三人。④ 1933年10月13日，章太炎莅苏演讲，10月16日唐文治亦应邀莅苏讲学，本地士绅名流举行公宴于胭脂桥陈石遗宅，出席者包括章太炎、苏炳文、费仲深、李印泉、吴子深、郭竹书、徐沄秋等四十人，晚间苏炳文将军设筵私邸，"邀请诸老及国专教授冯振心君，欢叙一堂，畅谈学术"。⑤ 1934年3月26日章太炎莅苏讲学，下榻李印泉宅，恰巧章氏故人程潜亦在李根源府上，3月27日，"章氏弟子王乘六、徐沄秋两君，特设宴李宅，为章程二氏洗尘。邀老诗人陈石遗等诸名流作陪，张仲仁氏因病未至。席上纵论古今，豪兴逸飞，英雄名士，共集一堂"。⑥ 3月30日，适金松岑游闽归来，晚，金氏弟子王佩净、王乘六、徐沄秋等设宴十全街李印泉公馆，"华灯初上，嘉宾齐来，女宾至者，除章李二夫人外，有东吴大学教授杨荫榆女士、苏女师教务主任陈士弘女士、振华女学校长王季玉季昭女士、慧灵女学校长王梅娥女士等，男宾除金松岑氏、章太炎氏外，有财政部钱币司司长戴亮吉、李印泉、陈石遗等"。31日晚，陈

---

① 沈延国：《章太炎先生在苏州》，陈平原、杜玲玲编《追忆章太炎》，中国广播电视出版社，1997年，第377页。
② 《文人雅集，朱梁任宴请章太炎等》，《苏州明报》1932年9月16日。
③ 《学术界欢宴章太炎》，《苏州明报》1932年9月17日。
④ 《章太炎明日讲学，及门弟子公宴》，《苏州明报》1933年3月6日。
⑤ 《地方士绅公宴章唐，苏将军夜谶诸老》，《苏州明报》1933年10月17日。
⑥ 《英雄名士共集一堂》，《苏州明报》1934年3月28日。

石遗设宴私邸，宴请章金二氏，并邀李印泉、王佩诤、徐沄秋、王乘六诸君作陪。① 可见章太炎每次莅苏，必有欢宴，众弟子陪坐，张一麐、金松岑、李印泉、陈石遗等名流悉数到场，足见苏州士绅对章太炎讲学之重视。

1932年10月，借章太炎来苏讲学之机，苏州人士发起成立国学会，报载："张一麐、李根源、金天翮等函称，晚近国学衰微，斯文沦丧，同人等蒿目时坚，蹙然深忧，爰特组织国学讨论会，鸡鸣风雨，冀挽狂澜。"② 第二日，《苏州明报》发表署名"慰庐"的评论，认为"国学讨论会"之名不妥，应名"提倡国学会"。③ 再次日，《苏州明报》报道称："国学会（昨日误载国学讨论会名称），由章太炎先生讲学会改组而成，于十月五日开始筹备，假定吴县图书馆二楼为会址。"④ 可见该会系由苏人接待章太炎来苏讲学的"章太炎先生讲学会"改组而成，初似拟名为"国学讨论会"，而最终定名为"国学会"。⑤ 国学会成立后学者纷纷加入，并拟出版会刊，并定每两星期举行一次讲演会，时间为星期日上午九时。⑥ 1933年6月1日，国学会会刊《国学商兑》第一号出版。该刊所登《国学会简章》（1933年3月26日修正）称，该会"宗旨及范围"为"本声应气求之义，商讨国学，如经史、文学、艺术等均在其列"。

1933年9月10日，国学会召开夏季常会，由李根源任主席，通过新会员蒋维乔、唐文治等四十七人入会，会员章太炎因事未克来苏，以书面提议，组织读经会，经讨论通过。⑦

国学会成立后定期举办演讲，其演讲虽仍以章太炎为中心，但范围有所扩大。报载，1933年1月1日下午3时举行第四次公开演讲，讲师是姜亮夫，讲题为《名原抉脉》。⑧ 1934年8月18日报载："国学会将于

---

① 《一堂宾客尽名流，李印泉宅又开盛宴》，《苏州明报》1934年3月31日。
② 《张一麐等组织国学讨论会》，《苏州明报》1932年10月23日。
③ 慰庐：《对国学讨论会之讨论》，《苏州明报》1932年10月24日。
④ 《国学会将公开演讲》，《苏州明报》1932年10月25日。
⑤ 关于国学会的发起，章太炎称系由其倡导之"读经会"演变而来（参见章太炎《宣言》，《国学商兑》第1卷第1号，1933年6月），而前引《伯兄贞献先生行状》称系金松岑主动。可见国学会之成立，乃金、章、李、陈等人共同之志。
⑥ 《国学会》，《苏州明报》1932年11月9日。
⑦ 《国学会组织读经会》，《苏州明报》1933年9月11日。
⑧ 《国学演讲》，《苏州明报》1933年1月1日。

十日内举行公开讲学,讲师为章太炎、钱宾四两先生。自青年会暑期学术演讲停止后,好学者必甚渴望也。地点在苏州中学初中部。"① 据统计,截至1934年11月10日,国学会举办的演讲中章太炎演讲三十次,唐文治三次,陈衍一次,朱文鑫(贡三)五次,张凤(天放)三次,金天翮二次,李崇元(续川)一次,钱穆(宾四)二次,姜寅清(亮夫)一次。②

国学会本由"章太炎先生讲学会"改组而来,但正在国学会办得红火之时,章太炎却宣布脱离国学会,后更自办"章氏国学讲习会",对国学会的声势产生不小的打击。该事缘由,金元宪称系章太炎对金松岑因会费不敷责李根源事不满,加以谗毁交构其间。③ 沈延国则称:"自国学会成立,出版《国学商兑》季刊,后改名《国学论衡》,亦请金天翮主编。以诗人风格,内容比较多方面采纳。以先生朴学眼光来批判,当然有许多缺点的。但主要是由于宗旨不同,而因此使他们交谊渐渐淡薄,未免可惜。等到章氏国学会成立……这件事使金天翮由'淡'而'不欢'了。"④ 考《国学商兑》《国学论衡》总编辑署名和出版委员会主任署名均为陈衍,而非金天翮,应是沈延国记忆有误。但国学会主导人物确为金天翮。⑤ 既然金天翮为国学会之主导人物,章太炎另立旗帜,金天翮"不欢"当在情理之中。⑥

虽然"章氏国学讲习会"脱离"国学会"而独立,使金天翮"不

---

① 《国学会消息》,《苏州明报》1934年8月18日。
② 李凡:《现代国学的发生与走向——以晚清民国(1901—1937)国学类学术期刊的刊载内容为中心》,博士学位论文,中国艺术研究院,2018年,第193页。
③ 金元宪:《伯兄贞献先生行状》,金天羽:《天放楼诗文集》下册,周录祥校点,上海古籍出版社,2007年,第1401页。另,吴梅《瞿安日记》卷十三称"松岑报告太炎出国学会事,由于诸祖耿之舞美,亦可笑矣",王卫民编校《吴梅全集·日记卷下》,河北教育出版社,2002年,第708页。
④ 沈延国:《忆章太炎先生·在苏州》,陈平原、杜玲玲编《追忆章太炎》,中国广播电视出版社,1997年,第412页。
⑤ 从吴梅日记可知,国学会在政府备案、南京国学分会之成立、会刊征稿皆由金松岑居间联络,1937年3月中国国学会蒙教育部令批准,发起人虽仅列名张一麐、唐文治、陈衍三人,无金松岑之名,但吴梅明确知其为金松岑等人发起。参见王卫民编校《吴梅全集·日记卷下》,河北教育出版社,2002年,第665、682、708、838、857、863页。
⑥ 章太炎另立国学会之事导致金松岑与章太炎之间出现裂痕。可参见南田《苏州国学界的一次纠纷》,《苏州杂志》2022年第6期。

欢",但两者并无决裂之举。① 章氏国学讲习会讲师和学生多为苏州人士,且不少为金天翮弟子,章氏国学讲习会中弟子亦仍为国学会会员。可以说"章氏国学讲习会"与苏州"国学会"虽然相对独立,但在成员上有大量交叉,并行不悖,和而不同。

"国学会"亦并未因章太炎另设旗帜而停滞不前,在"章氏国学讲习会"成立后依然发展壮大。国学会办有会刊,第1卷第1期出版于1933年6月1日,名《国学商兑》,从第2期起改名《国学论衡》,该刊从1933年6月1日至1937年6月30日,总共出版2卷10期。其主要作者包括章太炎、唐文治、陈柱、金天翮、姜寅清、胡朴安、毛汶、张其淦、蒋维乔、唐大圆、吴承仕等。② 除了《国学论衡》(含《国学商兑》)之外,国学会还办有期刊《文艺捃华》,出版第1卷6期、第2卷4期、第3卷4期,共14期。《文艺捃华》创办于1934年,初由陈衍为社长,金松岑为主编,1935年起归国学会办理,由国学会编审委员会组成《文艺捃华》编纂部负责编辑。

《国学商兑》刊登了国学会职员名单:主任干事李根源;副主任干事王謇;研究部干事戴增元、王大隆(经学),胡焕庸、王乘六(史学),金天翮、诸祖耿(文学),吴华源、诸祖厚(艺术)等;会刊总编辑陈衍,副编辑王謇、屈曦;事务部干事徐澂、施福绥、金章、金世仁、许毓骥等。1933年12月1日出版的《国学论衡》刊登新的编审委员会名单:正主任陈衍,副主任金天翮,编审员吴承仕、屈曦、戴增元、徐震、张任政、王謇、王乘六、潘承弼、金元宪、朱学浩、金祖谦。1934年6月15日出版的《国学论衡》刊登1933年12月24日改选的干事会题名:主席干事李根源,副主任干事沈润洲,经学部干事吴承仕、戴增元,史学部干事胡焕庸、王乘六,文学部干事金天翮、陈柱,艺术部干事徐澂、王謇,事务部干事金世仁、叶宗英、许毓骥、施福绥、汪己文、

---

① 金元宪称李根源、陈衍常"弥缝"于二人之间,参见金元宪《伯兄贞献先生行状》,金天羽:《天放楼诗文集》下册,周录祥校点,上海古籍出版社,2007年,第1401页。太炎逝时,金氏恰在外游历,闻之而作声情并茂之祭文,参见《祭太炎文》,金天羽:《天放楼诗文集》下册,周录祥校点,上海古籍出版社,2007年,第1117—1118页。
② 李凡:《现代国学的发生与走向——以晚清民国(1901—1937)国学类学术期刊的刊载内容为中心》,博士学位论文,中国艺术研究院,2018年,第190页。

贝琪、金章。《文艺捃华》第 2 卷第 1 册（1934 年 12 月 31 日出版）刊登了国学会改选题名：主任干事李根源，副主任干事沈润洲，经学部干事吴承仕、徐震、戴增元，史学部干事吕思勉、陈鼎忠、王乘六，哲学部干事唐大圆、徐致觉，文学部干事金天翮、陈柱、金元宪，艺术部干事王謇、蔡守、徐澂。1936 年 1 月 3 日出版的《文艺捃华》第 3 卷第 2 册刊登国学会干事题名：主任干事张一麐，副主任干事屈曦，经学部干事吴承仕、徐震、戴增元，史学部干事吕思勉、陈鼎忠、李根源，文学部干事金天翮、陈柱、金元宪，哲学部干事张其淦、蒋维乔、金震，艺术部干事蔡守、易忠箓、徐澂。从国学会职员名录看，李根源、陈衍、张一麐三人先后担任主任干事，其中李根源担任主任干事的时间最长。其他经学、史学、文学、艺术等部干事也都是相关领域的著名学者。国学会职员构成并不限于苏州学者，且其中有不少章太炎弟子。

金元宪称："石遗、腾冲弟子遍天下，一鼓召而著籍为会员者且千人，周十八行省，风气蔚然。"① 略有夸张。《国学商兑》第 1 卷第 1 期列名的国学会会员共 124 人。此后《国学论衡》每期都刊登新入会的会员名单。《国学论衡》第 1 卷第 6 期（1935 年 12 月 29 日）刊登修正后的中国国学会简章，会名定为中国国学会，简称国学会，其余宗旨及范围不变。另外增设各地事务所，规定各地会员在 15 人以上得设国学会某地事务所，会员在百人以上得设国学会某地分会。② 截至 1936 年 1 月 5 日，国学会会员有 446 人，省籍分布如下：苏 169 人，粤 39 人，滇 34 人，浙 34 人，皖 29 人，闽 14 人，赣 13 人，豫 11 人，川 8 人，鄂 6 人，陕 6 人，晋 4 人，桂 3 人，燕 3 人，黔 3 人，鲁 2 人，吉 1 人，等等。③

全面抗战爆发后，金松岑赴上海光华大学任教，国学会亦在上海继续发展。范烟桥 1938 年移居上海，6 月参加国学会聚餐，并结识吕思勉、卫聚贤等人。8 月范烟桥、包天笑、吴湖帆"合宴国学会会友于大

---

① 金元宪：《伯兄贞献先生行状》，金天羽：《天放楼诗文集》下册，周录祥校点，上海古籍出版社，2007 年，第 1401 页。
② 国学会分会数目不详，但至少南京国学分会在 1936 年初已设立，并有定期活动。参见王卫民编校《吴梅全集·日记卷下》，河北教育出版社，2002 年，第 665、708、798 页。
③ 李凡：《现代国学的发生与走向——以晚清民国（1901—1937）国学类学术期刊的刊载内容为中心》，博士学位论文，中国艺术研究院，2018 年，第 191 页。

西洋西餐社，到二十二人"。①

　　章太炎为何将苏州作为自己晚年讲学之地？章太炎在《国学会会刊宣言》中称："其地盖范文正、顾宁人之所生产也，今虽学不如古，士大夫犹循礼教，愈于他俗。及夫博学屠守之士，亦往往而见。……是于他州或不能举，苏州则有能举之者也。"② 苏人金松岑、张一麐，以及寓居的李根源、陈衍等大约恰是章氏所云之"博学屠守之士"，而王謇、沈延国、潘承弼、郑伟业等众多苏人著籍列门墙者也恰是其所云"士大夫犹循礼教"者，宜乎章太炎将讲学之地设于苏州。总而言之，章太炎晚年选择定居苏州并开设章氏国学讲习会，与苏地士绅的大力欢迎和苏州精英群体的思想文化倾向密切相关。虽然章太炎因讲学宗旨略异，与部分苏地士绅稍有不欢，但两者在总体趋向上颇为一致，他们都将继承、阐发和弘扬中国的"旧学"为己任，认为中国的很多文化传统在民族文化发展中仍具有重要的指导和基础意义，也都认为弘扬"国学"为当时急务，对于新文化派对待国学的态度和研究方法有所不满。

　　范烟桥回忆 20 世纪 30 年代苏州诸老云集的盛况云：

> 　　助弟镠编《苏州明报》副刊《明晶》，撰长篇小说《花草苏州》连载数月，不结而结。时章太炎来苏讲学，金天翮师组织国学会，出版《国学商兑》《文艺捃华》。太炎别立章氏国学会，修习中国经史文学，出版《制言》。陈衍掌教无锡国学专修馆，住石匠弄。李根源退隐，居十全街。一时名流集于苏州者数辈。远近闻风而来访问交游者，旧雨新知，多不胜记。而张一麐、费树蔚诸公常为东道主，文酒游宴，遍历名山故园，余追随期间，亲其謦欬，拾其余绪，记其踪迹。《明晶》文字，遂与海上刊物相上下。学术空气，为之一变。③

---

① 范烟桥：《寄琐散叶》，原载 1944 年 11 月《大众》，收入《鸥夷室文钞》，海豚出版社，2013 年，第 161、164 页。
② 章太炎：《国学会会刊宣言》，《国学商兑》第 1 卷第 1 号，1933 年 6 月。
③ 范烟桥：《驹光留影录》，1934 年条，《苏州史志资料选辑》第十五辑，1990 年，第 9 页。

可见 20 世纪 30 年代，与章太炎讲学与定居同时，有金松岑、陈衍、李根源、张一麐、费树蔚等一批名流、学者荟萃苏州，彼此互动频繁。范烟桥称当时苏州"学术空气，为之一变"，应是指当时的浓厚国学氛围而言。

1935 年 8 月 27 日吴县县政府举行祀孔典礼，吴县县长吴企云主祭，除政府官员外，还邀请了张一麐、张一鹏、章太炎、李根源、潘经耜等三十余位地方耆绅参加，现场观者不下千人。典礼邀请章太炎、张一麐二人发表演讲，体现了章、张二人在苏州学林中的领袖地位。章太炎首先登台演讲，强调，孔子非宗教家，孔学的特点在发明人伦之道，而孔子"人伦"之道对当今仍有现实意义，此外，孔子提倡民族主义，今日国难当前，尊重孔子尤为当务之急。最后他呼吁："纪念孔子，必须以自己身体当孔子看，又须将中华民族当孔子看，如此纪念方得纪念之道。"张一麐接着登台演讲，就唐文治《尊孔救国论》中四大纲目（人道救国、人伦救国、人心救国、人格救国）加以发挥，最后呼吁："总之勿忘我国国宝之老先生而已。我非反对物质文明，然从光绪中遣派留学生以来，成绩究属若何？何妨看看几卷破书，吸收些精神文明，与物质文明互相补剂，使青年子弟家喻户晓。上列四大纲目，或有解国民倒悬之一日乎？"[①] 二人的演讲，应在一定程度上代表了当时苏州精英阶层的思想倾向。此次演讲应为章太炎的最后一次公开演讲，此后不到一年时间，他即因鼻蕈病发逝世。

晚年苏州讲学是章太炎学术生涯的重要事件。章太炎晚年在苏州讲学并创办章氏国学讲习会，一方面是挽回新文化运动所造成的冲击，"扶微业辅绝学"，研究固有文化，培养国学人才；另一方面"范以四经（《孝经》《大学》《儒行》《丧服》）而表以二贤（范仲淹、顾炎武）"，倡导"行己有耻""名节厉俗"，学归实用，坐言起行，体现其以刚中之气和实用之学救世的理念。章太炎苏州讲学旨趣可视为他的晚年定论，自有学术思想史上的深意，绝非"渐入颓唐""退居于宁静"[②] 等语所可论定。

---

[①] 《孔子诞辰纪念盛况》，《苏州明报》1935 年 8 月 28 日，第 6 版。
[②] 按，二语系出鲁迅，参见鲁迅《关于太炎先生二三事》，陈平原、杜玲玲编《追忆章太炎》，中国广播电视出版社，1997 年，第 47、49 页。

而章太炎晚年弃寓居十余年的上海，讲学并定居苏州，亦是民国苏州城市史上的重要事件。除苏州为其师俞樾晚年定居之所、有李根源等密友故人、有丰富的图书及园林风景之胜外，关键在于章太炎认为苏州有自己讲学的土壤，即他点出的当时苏州"虽学不如古，士大夫犹循礼教，愈于他俗。及夫博学屡守之士，亦往往而见"。苏州浓厚的文化氛围尤其是国学空气以及士绅们的热烈欢迎，不仅使章太炎对苏州的印象颇佳，而且使他产生了定居苏州的打算。他在与李根源的书信中提到，"吾近日亦觉上海可厌，盖往来人士，有书卷气者绝少耳"，"苏州文化，毕竟未衰。前数年颇愿移家苏州，匆匆未就"。[①] 从章太炎的论述中可以看出上海与苏州之间的文化差异，以及当时苏州的城市思想文化氛围和苏州士绅的意态动向。

全面抗战时期，章氏弟子周作人曾有两日苏州之游，撰写游记一篇，文中提到俞樾、章太炎师徒晚年不约而同地定居苏州，"这可以说是非偶然的偶然，我觉得这里很有意义，也很有意思"，据周作人分析，"俞章两先生是浙西人，对于吴地很有情分，也可以算是一小部分的理由，但其重要的原因还当别有所在。由我看去，南京、上海、杭州均各有其价值与历史，惟若欲求多有文化的空气与环境者，大约无过于苏州吧。两先生的意思或者看重这一点，也未可定"，他进而提出，"现在南京有中央大学，杭州也有浙江大学了，我以为在苏州应当有一个江苏大学，顺应其环境与空气，特别向人文科学方面发展，完成两先生之弘业大愿，为东南文化确立其根基，此亦正是丧乱中之一切要事也"。[②] 周作人此文将苏、宁、杭、沪四座江南名城加以比较而推测俞章二氏定居苏州的深意，对我们理解清末民国的苏州城市文化氛围，是颇有启发的。

## 三 苏州意象

一座城市往往有其主导性、笼罩性意象，这种意象既代表了人们对

---

① 章太炎：《致李根源书第七十九通》，马勇整理《章太炎全集·书信集》，上海人民出版社，2017年，第931页。
② 周作人：《苏州的回忆》，王稼句选编《吴门柳：名人笔下的老苏州》，北京出版社，2001年，第23页。

这座城市的主要感受，也往往引导着到访者和本地居民不断加强和形塑这种意象。在这个意义上，存在于文字、影像和人们头脑中的城市意象也是一种现实，值得细细品味。

明清时期的苏州以"繁华"为首要意象。清代乾隆年间徐扬所绘《姑苏繁华图》，重点即在突出苏州的市井繁华。关于苏州经济之昌盛和城市之繁荣，文献中也有许多的记载。例如，乾隆《吴县志》所云："四方万里，海外异域珍奇怪伟、希世难得之宝，罔不毕集，诚宇宙间一大都会也。"《广阳杂记》云："天下有四聚，北则京师，南则佛山，东则苏州，西则汉口。"《韵鹤轩杂著·戏馆赋》称："繁而不华汉川口，华而不繁广陵阜，人间都会最繁华，除是京师有吴下。"《韵鹤轩杂著》序云："士之事贤友仁者必于苏，商贾之籴贱贩贵者必于苏，百工杂技之流其售奇鬻异者必于苏。"

但是进入民国，苏州在文人墨客眼中的形象却慢慢发生着变化。这种形象的变动既可以使我们窥测当时苏州城市的实况，也可以使我们了解时人观察的视角。

一种观察苏州的视角是针对苏州城市建设和社会生活的实际状况展开社会经济分析。1929年出版的《文学周报》上刊登的一篇名为《没落中的苏州》的散文，很可以代表这部分民国时期人士对于苏州的观察视角。这位作者署名"东生"，他与朋友在1928年底和1929年元旦到苏州游玩了两天，到过留园、西园寺、虎丘、阊门寒山寺、玄妙观、观前街、沧浪亭、可园、孔庙、拙政园等地方，当看到"为长发军所焚毁了的楼阁寺院，依然是荒烟蔓草的废墟，而有幸保存下来的名胜古迹则日就倾圮以至于废弃"，他们的印象是"荒凉满目"。作者描写道，苏州的人们，"提着鸟笼在玄妙观的茶馆中听说书，他们袖着手在观前街上闲步，他们坐在家中斗雀牌，吃稻香村的瓜子。于是苏州便没有一个作事的人"，"建设两字，在苏州人的字汇中，大概是没有的"，"因循苟安，才是苏州的本色"。作者进一步对苏州的商业与文化进行分析，他指出，"苏州的商业是稻香村，苏州的文学是说书、小报及上海报的附张"，而作为这两者基础的是，"苏州人玄妙观的因循苟安的闲逸游惰的生活"。这种游惰生活的基础是什么呢？作者分析道：

苏州的所以繁盛，便是因为产了许多官僚。官僚从外面刮了地皮，运回苏州，于是安富尊荣的过其一生。同时，更买地置产，役使乡下农民，而自为地主。所以苏州的社会，质言之，便是一个建立在农奴身上的官僚地主的社会。是代表的封建社会。

在作者看来，苏州之荒凉衰落是理所当然的，苏州现在的衰落表示官僚地主必然趋于灭亡。作者认为，苏州若欲由衰落而走向兴盛的境地，像无锡一样，则苏州的社会与经济至少非如无锡那样走向工业的社会与经济不可。不然，重修园林，开通道路，把苏州造成游览娱乐的地方，也是一种办法，"但这决非向之官僚地主所能办，也非苏州人因循苟安的习性所能胜任，于是苏州遂只有一天天的趋于没落"。①

与"东生"的看法类似，一篇署名"光旦"（很可能是著名社会学家潘光旦，待考）的文章也认为近代苏州逐渐衰落，文章称："我两年前在苏演讲'苏州的人文'，说起洪羊（按：指太平天国运动）以后，苏人文相日就凋落"，究其原因，则"一大部分是因为吃了移民出境的亏"，在他看来，"洪羊乱后，接着就是上海的都市勃兴，很多有能力、有眼光的苏州人，起初为了逃难，后来为了要在都市求新的发展，便暂时或永久的放弃了苏州的籍贯。最近省垣改设镇江，无锡的工业区一天比一天发展，也就有一部分人往西搬家的"。②

作家陈醉云在1933年发表《姑苏散曲》一文，将苏州与上海、杭州等城市进行了对比。他指出，苏州是一个农业都市，"上海的繁荣，依仗工商业；杭州的繁荣，依仗游客；苏州的繁荣，却是依仗农业。苏州的住户，除了外来的寓公外，所谓本地人，多半靠着田租地租过活"。由于作者是浙江人并曾在杭州生活，文中多次将苏州与杭州进行比较，他发现，苏州的"路政"远不及杭州，不仅街道狭窄而且极不平坦，苏州的物价却比杭州便宜许多。为什么这两者之间差得这样远呢？"这是因为杭州已被资本主义的势力所征服，像西湖边上的市场，简直是为资产阶级与买办阶级的游客们而设的。至于苏州，则因为农业都市的机构较为巩

---

① 东生：《没落中的苏州》，《文学周报》第8卷（第351—375期），1929年，第172—178页。
② 光旦：《苏州之行》，《华年》第2卷第15期，1933年4月。

固,还能同商业化的势力相抗衡,即使吸收新式的消费方式,也用固有的生活条例作相当限制。这就是苏州社会的特殊性。"当然最后,作者也不忘专辟一节"苏人言行录"来展现和讽刺苏州人闲散游惰的生活态度。①

也是在1933年,《上海周报》发表了一篇名为《上海与苏州》的文章。此文对于苏州的印象与评论与《没落中的苏州》一文基本相同,有可能作者之一即前文作者,也有可能是部分抄袭前文之作。该文与《没落中的苏州》稍有不同之处是将苏州与上海进行了对比。作者认为,苏州人对上海的贡献是造成了上海的繁荣,而苏州人依然故步自封,保持着自己原有的"落伍的享乐生活",所以苏州人与上海人生活的比较是"冷的"与"热的"之分,"逍遥的"与"肉感的"之分,"颓唐的"与"兴奋的"之分,"旧式的"与"摩登的"之分。②

将苏州与江南其他城市进行对比的视角似乎是20世纪30年代的一个普遍的视角,如1935年发表的《苏州杂写》描述道:"杭州,到处是柏油马路,到处是汽车鸣鸣。可是这里(苏州),大石子铺成了阔而平坦的路,让行人、黄包车,以及马车轻轻地在上面走过。虽然也起一点尘灰,但也是轻轻的、平和的。可是遇到批评苏州的人说起来,这是苏州的落伍,苏州的建设至少与杭州差上十年。""苏州之以马车为交通工具,大有中古风味,但建设当局于苏州赶不上杭州一事,大可反省。"最后作者提出了自己对于苏州的寄语:"临了,希望我们天堂中人奋发起来,不要自己走入地狱里去。"③ 1932年春天,久住杭州的曹聚仁从上海至苏州任教,他的第一印象也是将苏州与杭州进行对比,他发现:"(苏州)是老年人的城市;杭州至少该是壮年人的城市。"④

民国时期,苏州城逐渐成了"安逸""宁静"的代表。比如,1930年谢国桢赴江浙观书,路过苏州,见同学王以中。王以中当任教于苏州女子中学。二人及姜亮夫在松鹤楼吃晚饭,席中王以中云:

---

① 陈醉云:《姑苏散曲》,《东方杂志》第30卷第8号,1933年4月。
② 鼎鼎、冰影:《上海与苏州》,《上海周报》第1卷第16期,1933年3月。
③ 裴可权:《苏州杂写》,《学校生活》第118期,1935年9月。
④ 曹聚仁:《吴侬软语说苏州》,孟庆琳等编选《品读江南》,济南出版社,2007年,第145页。

> 苏州这个地方，是很安适的，可惜是一个不长进的地方，人们到了这个地方，安居乐业，就不想动了，所以苏州人在外面的很少，像顾颉刚先生这样好著书，好活动，实在是个例外。现在有好些在野的军阀政客，因为这里生活又便宜，又安逸，都跑到苏州来作寓公，享着他们安逸的日子。
>
> 至于苏州的人们，是很好修饰的，尤其是妇女们，又因为生性儿爱好自然，外表修饰的很好看，因为离上海很近，上海的习气却传染到苏州了。①

谢国桢访苏所提及的同学王以中，即著名地理学史、地图学史专家王庸，他在1932年发表的《苏州闲话》或许是民国时期对于"苏州人"行为方式和生活态度的最集中的揶揄和批判。此文首先从苏州园林说起，认为苏州的私家园林足以代表"苏州的旧文明"，"其伟大庄严虽远不如北平的苑囿，但能在很小的地方做出许多回廊丘壑，其精秀巧妙，却非北平所能及"，但是在作者看来，较好的苏州旧园多逐渐地颓废，"而不中不西的公园，俗腻不堪的狮子林之类，却正为一般'摩登'仕女们走逐之场"，"这不但代表苏州文明的现状，亦正是象征着中国旧文明之没落和新文明之幼稚"。

作为地理学家和无锡人的王庸提出了这样的问题：苏州和无锡的地理环境并没有特别显著的差别，可是为什么无锡的工商业发展得很快，而苏州早有的工商业反日渐衰落呢？他认为，其间实在找不到十足的地理原因可以解释。将苏州与无锡进行比较，可以发现：

> 无锡和苏州虽是邻县，而风气很有差别。无锡人像暴发户，苏州人似破落乡绅，无锡的绅士带着商人气，而苏州的商人却有点绅士气。无锡人的生活当然不如苏州人精致、风雅，可是苏州人的"生命力"差得多了。

接下来，王庸指出，"苏州人"很聪明，做事很能算计，他们不大

---

① 谢国桢：《三吴回忆录》，《瓜蒂庵小品》，北京出版社，1998年，第94页。

肯牺牲目前利益，去求将来不可必得的幸福，"这是苏州人的稳当处，亦便是苏州人所以干不起大事业的缘故"。"苏州人"大多是"有聪明而没有气力"的人的代表，因此"苏州人做不出大坏事，所以同时亦做不出大好事来"。他们"作恶起来不会做得过分凶狠，可是在暗中捣鬼，'捉狭'，不负责任的掀风作浪，那手段便很高明"，他们能使得你"不痛不痒，恨亦不是，笑又不好"。"苏州人"多数是一种"所谓世事洞明，人情练达的人"，"他们不大肯得罪人，亦不肯轻易给人家占便宜"。作者指出，"这在老年人是不算特别，只可惜苏州有好些少年人其世故人情，竟通达到同老年人差不多"。"苏州的女子是道地的女子，而苏州的男子却带上几分'女性'"，如果在最近的将来，女子还不能在文化上占有一重要位置，那么，"苏州文化"将不免有退无进。针对有人认为"中国如果都像苏州人这样和平，中国可以太平了"，作者指出，"中国人如果都是苏州人，中国早已变为'日本'的殖民地了"。最后，作者提出了自己的希望：

> 苏州城市里的人既大部分是外来移民，那就不能以他们为真正苏州人的代表。正真的苏州民族应该在乡下。我们如果希望"苏州文化"不一直退步到纤巧平庸的路上去，只有希望"乡村民族"的活力参入。不过，苏州的"乡村民族"是否比较"城市民族"的活力更大些，那还是可以成问题的。而且这问题并不限于苏州。①

王庸这篇文章虽然号称"闲话"，却颇能透露当时的时代忧虑与民国知识分子对于"苏州人"作为一种中国人类型的批判。显然，作者将"苏州人""苏州文化""苏州民族"作为一种普遍的类型加以论述，因此，作者在该文的附言中称，"三四月前的随笔，现在翻来看一过，觉得不但冤枉了苏州人，而且中国似乎到处有这种'苏州人'在"，作者希望"真苏州人不要生气，更希望这'闲话'真是闲话，没有一句话说对"，但最后作者仍强调"'中国民族'的'救星'不是这种'苏州人'，是许多充满活力的反'苏州人'"。

---

① 王庸：《苏州闲话》，《时代公论》1932年第10号。

以上都是外地人对于苏州和苏州人的评论,我们再看苏州人自己的反省。历史学家顾颉刚是苏州人,长期关注苏州史地研究,他对于近代苏州的亲身印象,可以让我们感受到苏州人对于近代苏州"无可奈何花落去"的惋惜之情。他在抄录清初邵长蘅《吴趋吟》诗八篇后有以下评论:

> 此诗写出苏州人在豪华糜烂生活中已藏有萧飒飘零结果,而其人终不自悟之状。盖直至我生,乃睹其最后一幕,吁,可悲也!如不解放,直不知其堕落伊于胡底。此八首诗,正可作甄士隐《好了歌》读已。
>
> 苏州有极好之经济基础,而历代之统治阶级不能利用,听其自然发展,历二千余年。至上海建埠后,遂以全国第一手工业都市降为一消费城市。我父及予每一归家即为亲友借钱之对象,其日常生活惟有吃茶、赌钱、饮酒、装点婚丧喜庆之排场而已。回观生活于十八世纪之二十年代至六十年代之曹雪芹,于其所作《石头记》第一回中尚云"姑苏城中阊门,最是红尘中一二等富贵风流之地",可见鸦片战争直是结束苏州经济繁荣之重要关节,帝国主义侵略中国之明证也。此后除少数地主阶级与一群无业游民留居此繁华遗址之外,大多数工人、商人则移居上海,然在上海操经济权者主要为洋人,其次则宁绍帮、徽帮与广帮,苏州人惟其附庸而已,可不慨耶![1]

此外,顾颉刚在题为《苏州的历史与文化》的演讲中有这样的论述:

> 宋代此地的最高行政机关是平江府,今三元坊府学中,存有那时刻石的《平江图》,图中市街整齐,河流分配匀整,全城共有桥梁四百多处,王佩诤先生(謇)曾根据了这图而作《平江城坊考》一书。当时苏州市政,号称天下第一,城区内外,不但河水错综,可供运输洗濯之用,而且用小石子铺砌街道,即在下雨天,亦可不

---

[1] 顾颉刚著,王煦华辑《苏州史志笔记》,江苏古籍出版社,1987年,第166—167页。

致湿脚,故有"雨天可穿红绣鞋"的话。那里想到,一到二十世纪,竟成了落伍的城市。

昆曲是苏州人所独擅。明清的传奇,大部是苏州人的著作。那时上等人家差不多都有戏台,家里养着一班伶人,写出剧本就自己排演,红氍毹上,清歌妙舞,说不尽的豪华绮丽。可惜现在一落千丈,一座苏州城里竟养不活一个戏班子了。

苏州文化,开始在春秋吴国,极盛于唐宋元明清,可惜到了太平天国而突然衰落,好多藏书都散出了,好多版片都烧掉了,好多建筑都摧毁了。①

在顾颉刚以上的作品中,可以看出他对于苏州的"落伍"于时代可谓痛心疾首,也对苏州人"懒惰"的生活态度和习惯充满了批判,这大约代表了很多以现代化为取向的知识分子的看法。

再看另一位苏州人姚苏凤在1947年对于苏州的评论。姚苏凤承认自己虽然是苏州人,但是对于苏州,"从来没有好感"。他指出,苏州虽有"天堂"的名号,但"也不过是因为那个时代的人们走过的地方太少的缘故",从一个更广大的地域(世界,全国)来看,苏州只是一个"平凡的城市",虽然仍有不少人一谈到苏州便想起"天堂",那也不过是"习惯下的记忆之沉淀"而已。至于外人经常赞誉苏州的三个对象:苏州女人、苏州的"文名"、苏州的吃。作者认为被人们所艳说的苏州女性的美,不过是"一种古旧的美,一种落伍的美,一种病态的美",何况,今日苏州女性的美其实已经没有"依附于苏州的自己的个性",她已经成为"追随着上海,模拟着上海,且附庸于上海"的一种庸俗的"复制"品。至于苏州的"文名",作者指出,苏州的"文"其实是渐渐地落向人后了。苏州的小吃,大概多少还能够算是苏州的特色,但也因深受着外来的影响而很少保持着"真正的苏州味"了。总之,在作者看来,"今日的苏州的一切,都已在外来的影响下渐渐失去了(被迫放弃了)他们自己的原来的形态和性质",作者反问道,"这不是更可以说明了苏州的弱点么?如果不是因为苏州原来的确不好,就必然因为苏州人

---

① 顾颉刚:《苏州的历史与文化》,《苏州史志资料选辑》第二辑,1984年。

根本已经失去了对苏州的自信力"。①

以上的文章更多的是一种立足于社会现实的社会、文化、历史的分析，是学者的角度，让我们转换一下视角，看看在游人的印象中、在文人墨客的感觉和想象中，苏州给人们的印象。

苏州一直是游人的天堂，当近代旅游业兴起之后，苏州成为全国范围内旅游必到之地。尤其对于邻近的大都会上海而言，到苏州进行一日或几日之游成为上海市民假日休闲的重要项目。恰如舒新城所指出的，"明日到苏州去"成为19世纪二三十年代上海文化人的普遍向往，甚至1933年5月27日的《上海新报》将这句话作为第一版新闻的大字标题。舒新城回忆自己早年旅游苏州的动机时说："苏州是地上的天堂，每当春和日暖，尤其是所谓外国清明节、春假的时候，蛰居上海的人民大概都想乘着休沐之暇走向姑苏城畔，领略那虎丘风光、邓尉胜迹，专程去拜谒这人间的天堂。"②

巫仁恕发现，虽然现代旅游与明清以来苏州城的传统游观活动有很多不同，但是游览景点却没有明显的变化，明清时期游观文化盛极一时的地景，到民国时期变成了古迹，同时成为现代旅游的重要景点，因此，在一定程度上，现代苏州的旅游业其实是建立在明清传统游观文化的基础之上，是一种"消费传统的现代旅游"。③ 像舒新城一样到苏州游览的文人不胜枚举，他们在"消费传统"的过程中，也在不断传播和制造着关于苏州的现代意象。让我们看看他们如何在传统与现代的对话中，理解和形塑苏州的现代形象。

1923年，郁达夫在大都市上海忙于办刊之暇，抱着"还慕远处之情"，在初秋的微雨之中到苏州一游，苏州给他的印象是：

> 进了封建时代的古城，经过了几条狭小的街巷，更越过了许多

---

① 姚苏凤：《苏州闲论——社会透视之一》，原载《人人周报》第1卷第11期，1947年7月，收入王稼句选编《吴门柳：名人笔下的老苏州》，北京出版社，2001年。
② 舒新城：《苏锡之行》，王稼句选编《吴门柳：名人笔下的老苏州》，北京出版社，2001年，第77页。
③ 巫仁恕：《从游观到旅游：16至20世纪初苏州旅游活动与空间的变迁》，巫仁恕、康豹、林美莉主编《从城市看中国的现代性》，台北："中研院"近代史研究所，2010年，第147页。

环桥，才寻到了沈君的友人施君的寓所。进了葑门以后，在那些清冷的街上，所得着的印象，我怎么也形容不出来。上海的市场，若说是二十世纪的市场，那么这苏州的一隅，只可说是十八世纪的古都了。上海的杂乱的情形，若说是一个 Busy Port，那么苏州只可以说是一个 Sleepy Town 了。总之阊门外的繁华，我未曾见到，专就我于这葑门里一隅的状况看来，我觉得苏州城，竟还是一个浪漫的古都，街上的石块和人家的建筑，处处的环桥河水和狭小的街衢，没有一件不在那里夸示过去的中国民族的悠悠的态度。这一种美，若硬要用近代语来表现的时候，我想没有比"颓废美"的三字更适当的了。况且那时候天上又飞满了灰黑的湿云，秋雨又在微微的落下。①

如果说郁达夫用率性的笔法渲染出苏州城作为"浪漫的古都"的"颓废美"，另一位才子徐志摩在受邀到苏州女子中学演讲时所传达出的苏州意象，则用隐晦的笔法反衬作者对于现代生活的思考。作者在演讲的开头就强调"苏州"这一地名所带给人的美妙联想：

> 谁能想像第二个地名有同样清脆的声音，能唤起同样美丽的联想，除是南欧的威尼斯或翡冷翠，那是远在异邦，要不然我们得追想到六朝时代的金陵、广陵或许可以仿佛？

接下来作者娓娓描绘从南京坐火车过来所见到的雪景和雄踞在雪地中的大石狮子，这些使作者想见了"六朝的风流"和"六朝的闲暇"。为什么六朝会有这样的风流与闲暇？这是因为"在那时政治上没有统一的野心家，江以南，江以北，各自成家，汉也有，胡也有，各造各的文化。且不说龙门，且不说云冈，就这栖霞的一些遗迹，就这雄踞在草田里的大石狮，已够我们想见当时生活的从容，气魄的伟大，情绪的俊秀"。接下来，作者回到了现实，指出"我们在现代感到的只是局促与匆忙"，

---

① 郁达夫：《苏州烟雨记》，原文刊载于 1923 年 9 月 19 日至 26 日上海《中华新报·创造日》第 57—64 期。此据秦兆基选注《苏州文选》，苏州大学出版社，1999 年，第 44 页。

"穷,窘,枯,干,同学们,是现代人们的生活。干,枯,窘,穷,同学们,是现代人们的思想"。① 显然,作者在这里是通过苏州所传达出来的六朝的风流与闲暇的意象来提醒人们反思现代人生活的穷、窘、枯、干,提醒人们在悠久的历史与文化中寻找生活的另一种境界和另一种可能性。

如果说徐志摩由"苏州"一词联想到相对空灵的"六朝的风流"和"六朝的闲暇",提醒人们要追求"生活的从容,气魄的伟大,情绪的俊秀",郑振铎《黄昏的观前街》一文则通过对黄昏中观前街的描述来探讨不同都市给人带来的不同感受。作者首先指出,观前街这条到过苏州的人没有一个不曾经过的街道是那么狭小的一条街,"三个人并列走着,便可以不让旁的人走,再加之以没头苍蝇似的乱钻而前的人力车,或箩或桶的一担担的水与蔬菜,混合成了一个道地的中国式的小城市的拥挤与纷乱无秩序的情形",但是黄昏时候的观前街,却与白昼大殊:

> 我们在这条街上舒适的散着步,男人,女人,小孩子,老年人,摩肩接踵而过,却不喧哗,也不推拥。我所得的苏州印象,这一次可说是最好——从前不曾于黄昏时候在观前街散步过。……你白天觉得这条街狭小,在这时,你,才觉得这条街狭小得妙。她将你紧压住了,如夜间将自己的手放在心头,做了很刺激的梦;她将你紧紧的拥抱住了,如一个爱人身体的热情的拥抱;她将所有的宝藏,所有的繁华,所有的可引动人的东西,都陈列在你的面前,即在你的眼下,相去不到三尺左右,而别用一种黄昏的灯纱笼罩了起来,使它们更显得隐约而动情,如一位对窗里面的美人,如一位躲于绿帘的少女。她假如也像别的都市的街道那样的开朗阔大,那么,你便将永远感不到这种亲切的繁华的况味,你便将永远受不到这种紧紧的箍压于你的全身,你的全心的燠暖而温馥的情趣了。……大家都感到一种的亲切,一种的无损害,一种的无忧无虑的生活;大家都似躲在一个乐园中,在明月之下,绿林之间,悠闲的微步着,忘记了园外的一切。

---

① 徐志摩:《匆忙生活中的闲想——多半关于女子》,《苏州女子中学月刊》第1卷第19期,1929年12月。

作者指出，夜晚的观前街灯光耀耀煌煌，使你看不见月光，看不见星光，也看不到一丝一毫的黑暗的夜天，仿佛是一个"不夜之城"。但是，这个"不夜之城"与巴黎、伦敦不同，在那里"大都市的荣华终抵不住黑夜的侵袭。你在那里，立了一会，只要一会，你便将完全的领受到夜的凄凉"，"像观前街那样的燠暖温馥之感，你是永远得不到的。你在那里是孤零的，是寂寞的，算不定会有什么飞灾横祸光临到你身上，假如你要一个不小心。像在观前街的那么舒适无虑的亲切的感觉，你也是永远不会得到的"。作者最后感叹道：

> 有观前街的燠暖温馥与亲切之感的大都市，我只见过一个威尼斯；即在威尼斯的 St. Mark 方场的左近。那里也是充满了闲人，充满了紧压在你身上的燠暖的情趣的；街道也是那么狭小，也许更要狭，行人也是那么拥挤，也许更要拥挤，灯光也是那么辉辉煌煌的，也许更要辉煌。有人口口声声的称呼苏州为东方的威尼斯；别的地方，我看不出，别的时候，我看不出，在黄昏时候的观前街，我却深切的感到了——虽然观前街少了那么弘丽的 Piazza of St. Mark，少了那么轻妙的此奏彼息的乐队。①

如果说郑振铎通过对自己黄昏时在观前街游走的感受的细致描写，传达出一种苏州城市生活给人带来的"燠暖温馥"的感受，同样聚焦于黄昏时的观前街，另一位作者浮萍则通过对观前街各个角落市井生活的幽默仔细的观察与描述，传递出一种温馨的生活气息。作者开篇即指出：

> 当太阳落到苏州城墙脚下时，观前大街醒了。我说它醒了，是因为太阳高照的时候，观前大街是很静的，是呆的，像睡去了一样；没有多少行人，没有热闹的市面。但是在黄昏时，整个的观前大街却动了，活了，是醒了过来；街上行人拥挤，每一家的店铺中都有了顾客。

---

① 郑振铎：《黄昏的观前街》，《郑振铎文集》第 2 卷，人民文学出版社，1963 年，第 251—256 页。

接下来作者描绘了玄妙观正中三清殿内"妙一统元"牌匾的来历、殿左"茶馆区"各色休闲的人群、殿右"命馆"里各式的看客、玄妙观后热闹的"滩簧"和"小热昏"表演，最后作者将观前大街和上海的城隍庙、北京的天桥进行了比较：

> 黄昏时的观前大街可以比拟上海的城隍庙，但这只就其热闹而言，性质上完全不同。观前大街的性质很像北平的天桥，但是它有整齐的和堂皇的店铺又是天桥所不可及的。①

大约很多人在到苏州之前都有对于苏州的美妙想象，但也会有很多人在到过苏州后产生一种幻灭之感，这一点储安平的《苏州》一文颇具有代表性。他写道：

> 苏州！想起了苏州，便想起来苏州的女人。……苏州是秀丽，像一个女人般的温柔。人都想到苏州去一去，人都想领略一番女人的温柔。
>
> 人在苏州，那是常常会想到：我现在是在苏州了！为了以前多少觉得苏州有些神妙，所以在苏州，人是常常会从神妙的眼镜里，去观照苏州的一切的；而且也愿意别将这付眼镜遗忘。
>
> 苏州我终于到过了，然而到过了又怎样？在苏州，我实在没有得到一个具体的印象。如其必须肯定地说，那么除了——"我到过苏州了"——这一句外，什么都没有了。夜的苏州，也许是较有趣的，然而我没有到过夜的苏州，苏州，我是到过了，然而我这次的到苏州去，是失败了！
>
> 苏州，苏州现在给我的是一个平凡的印象。留守在我以往的脑海里的苏州，现在是幻灭了。②

储安平的这篇文章相当的印象主义，通篇描画自身对苏州的心理感受，

---

① 浮萍：《苏州观前大街的黄昏》，《太白》第 1 卷第 9 期，1935 年 1 月，收入生活书店编译所编辑《幽默的叫卖声》，生活书店，1937 年。
② 储安平：《苏州》，《四年·良友散文选》，良友图书印刷公司，1933 年。

但其传达出的现代知识分子对于苏州的幻灭之情是清晰可见的。像储安平一样,周黎庵这位在20世纪40年代居住于苏州的作家在风格相当不同的作品中也表达了同样的情感:

> 现实的鞭子,打破了我十余年来苏州的迷梦。现在的苏州,早不是唐、宋以来士人所歌颂的苏州了,正如观前街上,我所见到小脚而烫头发的女人,真成了不死不活的丑东西。除了对着书本生生怀古的幽情以外,更叫我做些什么?①

如果说周黎庵因为苏州越来越不像"迷梦"中的唐、宋苏州而宁肯"怀古",赵清阁却依然在20世纪40年代的苏州看到了区别于上海的值得怀想的另一种生活,他写道:"回到上海,我还念念不忘苏州的精致儒雅,苏州的小巧玲珑!"②

总之,对于苏州这个曾经的"人间天堂",现代旅游者、学者、文人各从不同的价值取向来体会,来品味。喜欢宁静、传统,厌倦了都市繁华的人们,觉得自己终于找到了一块人间乐土。而秉持现代化取向的人们,来到苏州,却往往感到失望。有人感受到观前街的"燠暖温馥"和苏州的"精致儒雅",或者一种"颓废美",也有人看到了"荒凉满目","苏州民族"缺乏"生命力",以及"苏州文化"的"纤巧平庸";有人抱怨"真正的苏州味"在外来影响下的日渐丧失,也有人惋惜苏州依然"故步自封",落伍于时代。但在民国时期的文学作品中,未变的是"苏州"依然是人们争相谈论的对象,"苏州"依然代表着想象中的"天堂"。

大约是建立在晚清民国以来所形成的"宁静"苏州的集体表象之上,当代作家余秋雨在其《白发苏州》一文中,称苏州一直是"中国文化宁谧的后院"。③但是这一论点所依据的城市意象其实形成的时间并不长,它既是明清苏州"繁华"落尽后的结果,也是民国苏州摸索自身发展之路时给人留下的印象。

---

① 周黎庵:《苏台怀古——札徐讦》,《葑门集》,庸林书屋,1941年。
② 赵清阁:《小巧玲珑记苏州》,《申报》1946年11月28日。
③ 余秋雨:《白发苏州》,《文化苦旅》,东方出版中心,2001年,第92页。

大约是因为苏州的生活和文化没有出现明显的断裂，与民国北京产生了像老舍那样细致刻画北京城市生活的作家不同，民国时期苏州的本地作家很少着力去描画苏州的城市生活。一直到20世纪50年代，当现代化的力量深入苏州，并使苏州的生活方式产生较大的改变之时，苏州的本土作家才开始着力描写苏州逐渐式微的生活方式。这种颇具有"苏州味"的写作，到了20世纪90年代以后，随着现代化进程的迅猛加速，更加蔚然成风，并产生了更多具有怀旧情绪、苏州风味的作品，也成就了一批以江南乡土文学为特色的作家。

# 结语：流动的苏州　不变的底色

本书通过四个部分十二章的篇幅对1912—1937年的苏州城市史展开了研究，在结语部分笔者将按照最初所设定的四个问题来总结本书的主要论点。

## 一　区域体系重构中的苏州

在既有研究中，有学者强调，相比于明清苏州，民国苏州人口缩减、经济发展滞缓、城市地位下降，因此出现了"衰落"的趋势。另一些学者则强调晚清民国时期是苏州城市"现代性"的起源和发展时期，从而凸显了晚清民国时期在苏州城市发展史中的崭新意义。在两种论述之间存在着一定程度的冲突与矛盾。本书认为，如果我们将民国苏州放在近代中国和江南地区城市体系的重组过程中并联系苏州2500余年的长程历史进行通盘考察，或许可以协调此前的两种观点，并得出更为完整的认识。

区域城市体系存在中心地体系和网络体系两种类型，二者在内部结构、功能、演变方向等方面都存在差异。与中心地体系相比，网络体系的走向更为灵活，内部结构也更为复杂。在多数大城市，两种体系往往同时存在，共同塑造着城市的特色和城市间的关系。

在长江三角洲地区，以上海、南京、杭州为顶点构成了一个三角形，苏州处于这个三角形的核心。明清时代，苏州依靠其处于江南地区地理核心的有利地位成为区域整体性的凝结点，从而在众多市镇和周边城市层累而成的金字塔形中心地体系中处于最高层。中国南北贸易大动脉京杭运河恰好穿越苏州所在的江南核心区，也使苏州充当了江南区域体系门户的角色。近代以来，上海依靠其作为江南城市体系与外界（包括海外和国内其他地区）联系的门户的作用发展成为江南的中心都会，江南城市体系以上海为核心进行重组，其发展动力也从农业、手工业和国内贸易转变为机器工业和国际贸易。换句话说,近代以来的江南城市体系从以中心地体系为主导向以网络体系为主导过渡,旧有的中心地体系的核心——苏州逐渐让位于作为门户城市的上海。

民国时期,苏州在江南城市体系中地位下降,由此出现了人口缩减、经济发展滞缓、行政地位下降等"衰落"现象。但是在"退化""衰落"的表象之下,民国苏州仍保持着一定的中心性,比如苏州城市人口在吴县范围内的人口比重日益增加,清末苏州的国内贸易量依然较大,苏州长期是仅次于上海的江苏省金融中心。虽然苏州的新式工业发展迟缓,但具有深厚基础的手工业依然兴盛,并以其精细工艺维持着声誉和影响力。以上这些经济特征,都显示了以农业和农村手工业为基础的旧中心地的特征。

苏州出现新式工业发展缓慢的现象,多数学者将其归咎于苏州城市精英阶层缺乏创办新式工业的积极性。而为什么苏州的精英阶层缺乏创办新式工业的积极性呢?如果我们联系苏州作为旧江南区域城市体系中心地的城市性质,似乎可以更好地加以解释。唐宋以来直至明清,江南的城市体系是以农业和手工业为基础的以中心地体系为主导的区域体系类型,近代以来,江南城市体系开始逐渐向网络体系主导型转变,而且这一城市网络的推动力逐渐由农业和手工业以及国内贸易向机器工业和国际贸易转变。在这一转变过程中,原有的江南最高中心地——苏州由于路径依赖的作用,在原来的中心地功能没有完全丧失的情况下,很难有足够的动力积极推进经济转向。因此,在农业地租、传统商业、传统手工业依然能够保障足够收益的情况下,以大地主和商人为主体的苏州有产阶层,缺乏动力去尝试风险更大的新式工业,宁愿将闲散资金投入更为稳定的金融业之中。

在近代江南城市体系从旧有的中心地体系主导型向以门户城市上海为核心的网络体系转变的过程中,苏州的城市功能也在新的城市体系的影响下出现变化。

苏州与上海之间的联系和互动日趋紧密,这一方面体现在苏州的原有中心地功能逐渐向上海转移,另一方面体现在新核心上海对于卫星城苏州的反向影响,前者可称为吸附作用,后者可称为辐射作用。晚清时期,持续不断的苏州人口迁居上海的浪潮,不仅为上海带来了资本,也带来了人才，对上海的崛起和上海文化的形成都至关重要，此时的苏州仿佛付出过多的老人，发展动力不足，因此行动迟缓。进入民国，尤其是南京国民政府时期，上海都市发展达到相当的规模后，资本和人才逐渐向苏州辐射，此期苏州人口亦逐渐上升。

在江南城市体系重组后，作为江南新城市体系一员的苏州开始了重新定向和功能蜕变。从晚清开始，上海逐渐成为江南城市体系的经济中心，民国建立后，南京先后以江苏省会和民国首都的地位发展成为江南城市体系中的政治中心，杭州则以浙江省会和浙西经济中心的地位维持其原有的中心地功能，在上海、南京、杭州诸城市环绕之下，苏州作为"住宅都会"和"旅游城市"的功能逐渐凸显出来。由于地近上海、南京，环境优美，地价相对便宜，上海的寓公和南京的政要纷纷到苏州购地建宅，使苏州逐步成为一个"清嘉安适的住宅区域"（包天笑语）。近代以来，以上海大都市中产阶级为主体的旅游产业的兴起，进一步推动了苏州旅游城市功能的发展。

在旧中心地与新核心的博弈中，也导致了江南城市体系中新节点的出现。当苏州以凸显文化功能来维持旧中心地的地位之时，无锡积极主动地承接上海的辐射并承担上海卫星城的经济功能，从而迅速发展起来。类似的逻辑也可以在南通、常州等城市的发展道路中找到。上海越过苏州与无锡展开密切的经济互动，在某种程度上是上海剥夺江南旧中心地苏州经济功能的一种方式，上海通过推动无锡、南通、常州等原经济地位较低的中心地的崛起和发展，确立了其在江南新城市体系中的地位。另外，无锡等城市的崛起表明以苏州为中心点的江南核心区域，依然保持着足够的活力，只不过这一核心区域由原来的苏州一枝独秀变成了多点并发（无锡的崛起是多点之一，此外，常熟、昆山、吴江等县城也在上海经济辐射的影响下经济地位有所提升）。

## 二 城市管理机制的演进

近代苏州城市管理方式的变动可以上溯到19世纪60年代的太平天国运动。太平天国运动后，苏州在传统的政府机构之外，出现了众多的"局""所""堂"等机构和组织，承担了大量城市管理的职能。这些机构和组织的运行多数采取"官督绅办"的方式。因此,在城市管理中大致是一种官方主导、官绅合作的局面。

1896年苏州"开埠"对苏州的城市发展和管理都提出了新的挑战,为了应对这一挑战,苏州积极在城墙外开拓"通商场"并兴建新式工业企业。在开辟新市区、兴建马路、筹建工厂的过程中,以张之洞为首的省政府官员起到了决定性的作用,绅商群体虽然积极参与了这一行动,但多数是配合政府的计划。在城外新市区——通商场的管理中,采取的是省政府设立马路工程局等专门机构进行管理和建设的模式。

清末十年推行的新政开启了苏州城更为全面深入的现代化进程,这一时期省政府通过设立商务局、农务局、电话局、工艺局、警察局、学务处等新机构来推行各种新兴事业,相对来说,地方精英阶层在兴办新式学堂过程中角色更为凸显,而在其他领域更多以官方为主导。在市政管理这一领域,由省政府直接领导的警察机构扮演了主要角色,它逐渐将原来分散的市政管理事务纳入统一管理的模式之下。

同时,清末十年在政府的倡导下,成立了商会、农会、教育会等社团组织,为地方精英阶层提供了新舞台。新政后期所推行的"地方自治"运动,进一步将学务、卫生、道路工程、农工商务、善举、公营事业等多种地方发展和治理事业纳入"地方自治"的轨道,为地方精英活动提供了更广泛的领域。苏州的地方自治虽然在清末数年划定了自治区域、开展了自治职员选举并成立了自治公所,但自治事业还未来得及全面铺开,清政府就灭亡了。如果我们综合地看清末十年苏州城市管理领域中的国家与社会关系,大致是一种官民并进的格局,即一方面政府通过各种专门局所尤其是警察机构的设立,伸展了其管控社会的触角,另一方面地方精英阶层通过各种新式社团和"地方自治"的政治议程日益被调动和组织起来,并扩张着自身的影响力。

民国建立,为苏州城市发展提供了新的环境。在北京政府初期,作为地方治民机关的县政府因缺乏对下属财政局、教育局、实业局等专门局的掌控以及县知事地位的降低,在城市管理中处于边缘的地位。由警务公所、巡警总局演变而来并由省政府直接领导的苏州警察厅掌控着苏州市政管理的主要职能。北京政府初期虽然取消地方自治,但清末以来形成的"地方之人办地方之事"的传统延续不断,地方精英阶层通过公、法团等社团网络以及对地方公款公产和市公益事务所等市政机构的控制，在市政领域继续发挥着不可忽视的影响。

20世纪20年代，苏州工巡捐局的成立表明苏州城的市政管理走上地方自治的轨道。城外通商场区域的市政建设与管理一直处于省政府直辖的马路工程局和警察机构的管理之下，与城内以自治公所、市公益事务所等地方自治机构为主导的市政模式和税收模式有较大不同，因此在苏州工巡捐局成立过程中，出现了城内外士绅和居民利益的冲突，导致工巡捐局董事人选问题长达7年未解决。通过工巡捐局董事人员的协商解决，城内城外被纳入统一的市政管理模式之中，城内外的精英群体也进一步协调融合起来。

南京国民政府成立后，在当时普及全国的"设市"潮流中，江苏省政府筹设了由省政府直辖的苏州市政府。苏州市政府昙花一现，历时仅2年10个月即被匆匆取消，表面的原因是新公布的《市组织法》中设市标准提高和财政困难，更深层的原因是地方精英群体的反对。以市长陆权为代表的国民党少壮派以强势的风格、党国一体的理念、行政主导的方式推行市政管理和城市建设，这不仅打破了既有的权力格局，也与长期以来苏州市政管理实践中多方参与、注重协商的模式格格不入，因此遭到地方精英阶层的反对而黯然收场。

苏州市政府的匆匆收场，使苏州的城市建设因缺少统一、强力的政府领导而出现一定程度上发展滞缓的局面，但也有利于县政与市政的联系以及全县范围内城市与乡村利益的协调。苏州的市政也并不因市政府的消亡而退回到彻底的城乡无差别管理的模式，自地方自治以来逐渐形成的苏州"城区"在市县合并后仍然作为一个相对独立的单元被区别对待，"城区"管理与建设亦因"城区捐务处""市政工程处"等机构的设置而得以保证。

苏州市政府的夭折显示了地方精英群体对国民党政府控制的抵制及对地方的掌控力，此后一直到全面抗战爆发，地方精英阶层继续保持着较强的影响力，但同时他们的舞台在逐渐缩小。市公所、市议会、市民公社等地方精英阶层发挥影响的传统舞台已经不复存在，商会、教育会、农会等法定团体虽然保留，但被置于更严密的政府控制之下，其活动空间在进一步缩小。因此，南京国民政府统治时期的苏州城市管理领域中，存在着以官办路线逐渐取代自治路线的趋势。

马敏、朱英在关于辛亥革命时期苏州商会研究的专著中提出了"在野市政权力网络"概念，用以描述地方精英阶层所组建的社团网络的性质及所发挥的作用和影响。本书认同马敏、朱英两先生的分析，认为清末民国时期的苏州确实存在着一个以精英阶层主导的社团网络为基础的在野市政权力网络。同时，也试图指出这个在野市政权力网络在不同的时期具有不同的发展动力、内部结构和运行逻辑。

从发展的阶段性来说，清末是苏州民间社团爆发式增长时期，也是在野市政权力网络初步构建时期，这一时期清廷大力推行各项新政事业，在政府资源有限的情况下，大力扶持民间社团组建，并鼓励民间社团承担相关的市政管理职能，以弥补政府管理之不足。在这种情况下，在野市政权力机构逐步构建起来。民国北京政府时期，国家试图加强行政控制，这导致地方自治运动一度中断，但省会迁出苏州的新形势使地方政府的控制力进一步减弱，这一时期在野市政权力网络更为成熟，地方精英阶层的影响力达到了新的高度。简而言之，清末至民国北京政府时期，一方面政府的行政化管理日趋理性化、科层化、严密化并向多领域延伸，另一方面地方精英群体社团网络在加密，影响力也在增强，两者呈现一种协商、博弈、齐头并进的局面。南京国民政府时期，政府的行政力量日益增强，而精英阶层的社团网络在萎缩，在野市政权力网络逐渐遭到破坏。

地方自治模式所带来的利益纷争和效率低下在苏州工巡捐局重组风波中有清晰显现。联系到这一点，我们可以更好地理解市民公社消亡的现象。市民公社这一以街区为单位的市政自治组织，是具有苏州特色的一种城市管理尝试，它有利于调动城市精英阶层以及街区居民的积极性和参与感，但由此组织、调动起来的街区利益的不平衡也不可避免地带来了利益纷争的喧嚣。因此，不待强势国家的介入，由地方精英阶层主导的吴县临时行政委员会即显示了取消市民公社的意愿，这也导致此后苏州市政府接收市民公社时相当顺利，毫无波澜。

我们可以看到，组建统一的市政管理机构是苏州居民的主导性意愿，这种主导性意愿迫使苏州城市精英群体协调不同的利益，以维持苏州工巡捐局对城内外的统一管理，也决定了苏州精英群体愿意放弃各自为政的市民公社组织。当然，我们也可以看出，苏州城市精英群体极力地争取市政管理能在地方自治轨道上运行，因此，当省政府意图重新接收苏州工巡捐局之时，他们群起反对，并加速了彼此之间的协商和妥协；遵循同样的逻辑，当苏州市政府意图以行政力量掌控城市管理之时，他们采取或明或暗的反对和抵制措施，以维持自身的话语权。

在既有关于中国城市管理方式的研究中，有学者强调城市社团实际上的自治功能，也有学者强调国家或政府的主导性作用。从民国苏州城市管理的实践来看，以协商、博弈为特征的地方自治模式存在着易起纷争、效率较低的弱点，而以整齐划一、权力集中为特征的行政管理模式则存在抑制民间能动性、脱离社会实际需求的风险。如何发挥两者的优势而避免两者的弱点，是民国苏州城市管理的主要问题。构建符合本土实际的中国城市理论需要对中国城市的近代化之路做更为细致的分析。

## 三 城市精英与城市社会

明清时期，江南士绅即依托其文化权力对江南社会施加广泛的影响。[1] 晚清以来由于商人的崛起和各种专业人士的出现，地方精英群体的构成更加多元化。辛亥革命中苏州的"和平光复"模式，保持了苏州地方精英的连续性，也进一步扩大了他们的影响力。民初江苏省会的迁出使城市中的政府力量大为减弱。两种形势叠加，为城市精英群体发挥更大影响力提供了历史机遇。在城市管理领域，精英群体以各种社团组织为依托构建了在野市政权力网络。

民国时期，虽然士商合流的趋势在苏州明显存在，但士绅、商人的分野依旧可辨，在苏州城市的权力网络中，士绅阶层仍居于主导地位，同时具有新文化取向的新型知识分子群体开始逐渐对既有的权力结构提出挑战。20世纪20年代苏州工巡捐局董事纠纷推动了苏州城市精英领袖人物的代际转换，清末新政中登上地方舞台的精英人物依然保持着一定的影响力，而在20世纪20年代从中央转入地方的精英人物，如张一麐、李根源等，又为这一群体补充了新鲜的血液。这一新老结合的地方

---

[1] 徐茂明：《江南士绅与江南社会（1368—1911年）》，商务印书馆，2004年。

精英群体，不仅把持着地方自治事务，也对江苏省的政局具有较大影响。

商会在在野市政权力网络中的中枢作用更多限于清末，此时城厢自治公所等地方自治系统的组织机构成立相对迟缓，从而为商会提供了更多的活动空间。在民国北京政府时期的苏州市政管理中，市公所、市公益事务所等地方自治机构承担了更多的市政管理职能，市民公社这一传统上认为是商会附属系统的街区组织在民国时期的活动中也与市公所、市公益事务所等自治机构有更密切的联系。

南京国民政府时期，国家通过规训与重组，使民间社团逐步纳入政府的掌控之中，在野市政权力网络的发挥空间日益缩小，但地方精英阶层仍然通过多种渠道曲折地保持着自身的影响。当市政管理因日益行政化而缺乏精英发挥空间之时，一些地方精英人物转而通过维护地方治安、开展农村建设、兴办教育等行动维持自身的社会资本和影响力，同时通过编纂县志、举办国学会、开展保墓行动、访古和造景等在苏州地方文化领域发挥影响。苏州的士绅群体具有抵制新文化运动的倾向，这一点在他们邀请章太炎赴苏讲学并创办"国学会"的行动中可见一斑。苏州精英群体的下层是一批以地方为主要舞台和经营对象的人物，精英群体的上层则是少数具有全国性或省级影响的人物，他们的通力合作使作为"地方"的苏州与"国家"联结起来。

## 四 生活与文化的变与不变

与缺少投资实业的兴趣不同，民国苏州坚持和凸显其文化和教育功能的倾向。这从新式学校的蓬勃发展、报刊行业的兴盛、书籍市场的繁荣、文化艺术社团的活跃、园林的继续营建及文化功能的充分发挥等方面表现出来。苏州在大力发展城市文化的过程中，似乎也在有意维护和坚持自身的文化特色，以与以上海为基地的"海派文化"（这种海派文化虽然以江南文化为底色，却增加了近代资本主义全球化所带来的源自西方的新元素）相抗衡。比如，发源于苏州的评弹，在传播到上海之后，逐渐染上男女拼档、商业化等新的特色，而这时苏州本地的主要评弹团体光裕社则仍然长期固守原有的演出模式。作为苏州休闲文化主要特色之一的茶馆也坚持自己的风格，努力凸显与上海茶馆不同的特色。对

"闲雅精致"的生活方式的保持，也隐隐地在反抗着从上海大都会传播而来的效率和目的优先的生活方式。在苏州精英组建"国学会"并邀请章太炎来苏讲学的行动中，也可以看出苏州精英群体试图与北京、上海等地逐渐流行的新文化立异的取向。民国苏州在城市生活方式和文化风貌上的坚守是民国苏州人对于自身现代化之路的一种探索。

民国时期苏州城市生活方式和文化道路与江南城市体系变动相关。在城市体系重组过程中，作为江南旧中心地的苏州在将经济功能让位于新中心都会上海之时，有意凸显自己的文化功能，并试图以作为江南传统文化代表的"苏州文化"来抗衡相对来说具有一定异质性的"海派文化"，这可以看作对上海主导的文化上的"异质演化"的抵制。当然，这种抗衡相对来说是弱势的，苏州在坚持自身文化特色的同时，也在或主动或被动地吸纳源自上海的强势的新文化。这种城市体系内城市文化的多元性充分展现了以网络系统为主导的城市体系的文化特征。

当苏州在江南城市体系中的功能与地位出现蜕变之时，关于苏州的城市书写和城市想象也出现了变化。与明清时代苏州书写中着力凸显苏州工商业的发达、市井的繁荣，并将苏州与京师（北京）、汉口、扬州、佛山等工商业都会相提并论不同，民国时期，人们更多地将苏州与上海、杭州进行比较来把握苏州的城市特色。评判的角度根据价值观而有所不同。倾向于近代大都市生活与文化的人，批判苏州人的生活是冷的、逍遥的、颓唐的、旧式或老年人的；倾向于苏州所代表的文化传统的人，强调苏州人"生活的从容，气魄的伟大，情绪的俊秀"，或者渲染苏州城市生活的"燠暖温馥"与亲切之感。有人的苏州迷梦"幻灭了"，也有人对苏州的精致儒雅、小巧玲珑"念念不忘"。这些论说多数是大都市旅游者的论说，他们更多地将苏州的古迹与生活作为消费和想象的对象，苏州人自己的感受则很少发表于报端。通过这些论说，苏州的"天堂"形象得以广泛流传，虽然"天堂"的内涵已有所转换。在这些论说与描画中，"繁华"的意象不再，"宁静"成为主导性的叙述模式。

民国苏州有很多丰富、复杂的面向，本书仅揭示了其中的几个面向。希望它可以为后续的研究提供基础，也希望后续的研究对本书进行补充或加以修正。在本书的最后，笔者想将本书所揭示的内容放在近代中国研究这个更大范围内考察。

近代中国研究之中"外力冲击和本土环境之间的关系"以及"传统与现代的关系"是两个核心问题。通过对民国苏州的研究我们可以对以上两个问题有什么新的认识呢？苏州1896年开埠，设立了租界，但是租界的影响极为有限。那是不是可以说外力的冲击就可以忽略呢？显然不能这样说。外力通过近邻上海以及国家的政策随时冲击着民国苏州，而苏州也似乎没有对这种冲击表现出强烈的抵制，甚至在某些方面态度积极。但是不是苏州的近代历史就是跟随着外力冲击的脚步翩翩起舞呢？似乎也不能这样认为。在近代中国的不同地方，人们根据本土环境用不同方式应对外力的冲击，有自己的节奏，这应该就是"地方的近代史"的意义。一度流行的"现代化理论"将"现代"与"传统"进行了二元对立的设定，现在我们意识到两者的关系并非这样简单。在民国苏州，"现代"与"传统"并进，提示我们"传统"并不必然阻碍"现代"的到来，"现代"也并不必然消灭"传统"，甚至正是"现代"推动"传统"的延续或创生。民国苏州提示我们"现代化"存在着多种可能性。

# 附　录

## 附录1　各开放口岸征税项目比率及各国征收额比率（1904年）

单位：海关两，%

| 开放港口城市 | 征收总额 | A.各项目的税收比率 ||||||  B.各国征收额的比率（只是在关于鸦片方面作为共同的项目而独立收录的记录） |||||||| 
|---|---|---|---|---|---|---|---|---|---|---|---|---|---|---|---|
| | | 进口 | 出口 | 沿岸贸易 | 吨税 | 转口税 | 鸦片厘金 | 英国 | 美国 | 德国 | 法国 | 挪威 | 日本 | 中国 | 鸦片 |
| 牛庄 | 604704 | 32 | 46 | 18 | 4 | — | 0 | 54 | | 14 | 3 | 17 | 3 | 3 | 2 |
| 秦皇岛 | 133630 | 24 | 61 | 6 | 6 | 3 | — | 81 | | 1 | | 12 | 1 | 3 | 2 |
| 天津 | 2009198 | 29 | 24 | 6 | 2 | 38 | 1 | 37 | | 16 | 1 | 5 | 3 | 35 | |
| 芝罘 | 731201 | 47 | 31 | 10 | 7 | — | 5 | 37 | 1 | 23 | 2 | 13 | 2 | 15 | 3 |
| 胶州 | 432465 | 77 | 21 | 2 | | — | 0 | 14 | | 60 | 1 | 10 | 1 | 14 | |
| 重庆 | 501189 | 4 | 90 | 3 | 0 | 3 | — | 29 | | | | | 7 | 16 | 48 |
| 宜昌 | 623130 | 1 | 5 | 94 | | | | 4 | | | | | 1 | 1 | 94 |
| 沙市 | 19377 | 7 | 82 | 8 | | 3 | | 30 | | 4 | | | 35 | 31 | |
| 长沙 | 35367 | 3 | 78 | 10 | | 9 | | 62 | | | | | 37 | 1 | |
| 岳州 | 59390 | 1 | 75 | 4 | | 20 | | 53 | | | | | 27 | 20 | |
| 汉口 | 2749223 | 9 | 80 | 5 | 1 | 4 | 1 | 46 | 1 | 18 | | | 8 | 25 | 1 |
| 九江 | 743129 | 11 | 59 | 1 | | 3 | 26 | 58 | | 3 | | | 1 | 28 | 10 |
| 芜湖 | 942868 | 8 | 63 | 3 | 1 | 5 | 20 | 73 | | 4 | | | 1 | 14 | 8 |
| 南京 | 210601 | 16 | 37 | 9 | | | 38 | 42 | | | | | 2 | 42 | 14 |
| 镇江 | 1201902 | 22 | 20 | 7 | 1 | 27 | 23 | 50 | 6 | 8 | | 2 | 2 | 22 | 9 |
| 上海 | 10323434 | 61 | 15 | 5 | 6 | 1 | 12 | 61 | 2 | 15 | 4 | 2 | 3 | 7 | 4 |
| 苏州 | 78700 | 26 | 59 | 15 | | — | 0 | | | | | | 25 | 75 | |
| 杭州 | 702956 | 29 | 33 | 8 | 0 | 2 | 28 | | | | | | 27 | 62 | 11 |

续表

| 开放港口城市 | 征收总额 | A. 各项目的税收比率 ||||||  B. 各国征收额的比率（只是在关于鸦片方面作为共同的项目而独立收录的记录） |||||||
|---|---|---|---|---|---|---|---|---|---|---|---|---|---|---|
| | | 进口 | 出口 | 沿岸贸易 | 吨税 | 转口税 | 鸦片厘金 | 英国 | 美国 | 德国 | 法国 | 挪威 | 日本 | 中国 | 鸦片 |
| 宁波 | 682176 | 26 | 35 | 7 | 1 | 5 | 26 | 43 | | 1 | | 1 | | 45 | 10 |
| 温州 | 56813 | 7 | 63 | 9 | 1 | 4 | 16 | | | | | 1 | | 93 | 6 |
| 三都澳 | 139623 | 0 | 100 | | 0 | | | 59 | | | | | 28 | 13 | |
| 福州 | 966117 | 30 | 33 | 3 | 1 | 1 | 32 | 51 | | 18 | | | 3 | 16 | 12 |
| 厦门 | 836430 | 40 | 13 | 5 | 5 | 4 | 33 | 61 | 1 | 11 | | 6 | 4 | 2 | 12 |
| 汕头 | 1550642 | 35 | 29 | 8 | 3 | 0 | 25 | 68 | | 15 | | 4 | 1 | 2 | 10 |
| 广东 | 3016596 | 32 | 33 | 8 | 1 | | 25 | 74 | 1 | 3 | 6 | 1 | | 6 | 9 |
| 九龙 | 186090 | 64 | 9 | | | | 27 | | | | | | | 63 | 37 |
| 拱北 | 385629 | | | | | | | | | | | | | | |
| 江门 | 85724 | 68 | 27 | 1 | 4 | 0 | | 81 | | | 3 | | | 15 | |
| 三水 | 172379 | 50 | 34 | | | 3 | 11 | 72 | | | 1 | | | 20 | 4 |
| 梧州 | 532770 | 54 | 18 | 1 | | | 27 | 31 | 3 | | 2 | | | 64 | |
| 琼州 | 190985 | 46 | 24 | 1 | 7 | 3 | 19 | 2 | | 64 | 25 | 1 | | 1 | 7 |
| 龙州 | 14666 | 48 | 25 | — | | | 27 | | | | | | | 81 | 19 |
| 蒙自 | 248441 | 39 | 42 | | | | 19 | | | | | | | 76 | 24 |
| 思茅 | 7572 | 50 | 19 | | | | 31 | | | | | | | 96 | 4 |
| 腾越 | 53911 | 58 | 11 | | | | 31 | | | | | | | | |

资料来源：〔日〕滨下武志：《中国近代经济史研究——清末海关财政与通商口岸市场圈》，高淑娟、孙彬译，江苏人民出版社，2006年，第380—381页。

## 附录2 民国时期苏州关税及土洋货贸易情况

单位：海关两

| 年份 | 进出口货物总值 | 关税总值 | 洋货进口 | 土货出口 |
|---|---|---|---|---|
| 1912 | 11372828 | 189391 | 2083720 | 8726307 |
| 1913 | 16311166 | 128227 | 2043835 | 13726766 |
| 1914 | 11402313 | 178065 | 2630654 | 8034759 |

续表

| 年份 | 进出口货物总值 | 关税总值 | 洋货进口 | 土货出口 |
|---|---|---|---|---|
| 1915 | 15934436 | 272818 | 2464279 | 12471801 |
| 1916 | 16767823 | 222333 | 2981513 | 12871347 |
| 1917 | 18927756 | 233412 | 3273939 | 14619047 |
| 1918 | 18044876 | 247262 | 3092840 | 13316272 |
| 1919 | 22334808（约） | 313736 | 3318884 | 18055403 |
| 1920 | 18334808 | 198028 | 4330926 | 12690987 |
| 1921 | 19389974 | 231144 | 5572483 | 12437518 |
| 1922 | 26364207 | 292401 | 4927946 | 20095452 |
| 1923 |  | 253713 | 4801002 | 16473322 |
| 1924 |  | 171734 | 4248599 | 10377265 |
| 1925 |  | 215690 | 4504443 | 12832043 |
| 1926 |  | 215914 | 5240152 | 13025258 |
| 1927 |  | 221091 | 4890085 | 12627203 |
| 1928 |  | 193481 | 3755521 | 10045789 |
| 1929 |  | 282822 | 4314995 | 13192708 |
| 1930 |  | 230002 | 3652593 | 7826735 |
| 1931 |  | 98836 | 1863072 | 3886047 |
| 1932 |  | 53824 | 42147 | 3031451 |
| 1933 |  | 1127274 | 821921 | 2029218 |
| 1934 |  | 1943911 | 1680886 | 232563 |
| 1935 |  | 2251546 | 1916685 | 163115 |
| 1936 |  | 3691183 | 2855771 | 199617 |
| 1937 |  | 3391844 | 2990144 | 157261 |

资料来源：1912—1922年数据来自中华人民共和国苏州海关编，陆允昌编注《近代苏州通商口岸史料集成》，1912—1922年各年苏州口华洋贸易情形论略，文汇出版社，2010年，第132—179页；1923—1937年数据来源于苏州市对外经济贸易委员会编纂《苏州对外经济志》，南京大学出版社，1991年，第39—41、46—47、85—88页。

## 附录3　晚清长江三角洲地区联系通道的物流系数

| 级别 | 联系通道 | 物流系数 | 联系通道 | 物流系数 | 联系通道 | 物流系数 | 联系通道 | 物流系数 | 联系通道 | 物流系数 |
|---|---|---|---|---|---|---|---|---|---|---|
| 第一级 | 上海—杭州 | 21216.0 | 上海—镇江 | 19574.7 | 上海—宁波 | 18948.7 | 上海—芜湖 | 12027.3 | | |
| 第二级 | 上海—苏州 | 2525.6 | 上海—南京 | 2310.2 | | | | | | |
| 第三级 | 镇江—芜湖 | 162.1 | 镇江—宁波 | 135.4 | 芜湖—宁波 | 126.7 | | | | |
| 第四级 | 南京—镇江 | 34.7 | 苏州—杭州 | 21.7 | | | | | | |
| 第五级 | 芜湖—南京 | 5.8 | 苏州—宁波 | 4.3 | 镇江—杭州 | 3.3 | 芜湖—苏州 | 2.8 | | |
| | 南京—宁波 | 1.4 | 南京—杭州 | 0.8 | 宁波—杭州 | 0.2 | | | | |
| | 芜湖—杭州 | 0.0 | 南京—苏州 | 0.0 | 镇江—苏州 | 0.0 | | | | |

资料来源：方书生：《生产与流通的空间：近代长三角地区经济发展的再考察》，《史学月刊》2010年第9期。该表系该文作者根据茅家琦等编《旧中国海关史料》（京华出版社，2001年）整理而成。

## 附录4　1936年长江三角洲地区联系通道的物流系数

| 级别 | 联系通道 | 物流系数 | 联系通道 | 物流系数 | 联系通道 | 物流系数 | 联系通道 | 物流系数 |
|---|---|---|---|---|---|---|---|---|
| 第一级 | 上海—宁波 | 28614.8 | 上海—芜湖 | 26509.1 | 上海—杭州 | 20957.1 | 上海—南京 | 11843.1 |
| 第二级 | 上海—镇江 | 4194.5 | 上海—苏州 | 2592.4 | 南京—芜湖 | 2592.4 | | |
| 第三级 | 镇江—南京 | 482.8 | 镇江—芜湖 | 391.3 | 南京—宁波 | 335.4 | 镇江—宁波 | 140.2 |
| 第四级 | 芜湖—宁波 | 67.7 | 芜湖—苏州 | 60.6 | 芜湖—杭州 | 3.7 | 宁波—杭州 | 1.8 |
| | 苏州—杭州 | 0 | 苏州—宁波 | 0 | 南京—杭州 | 0 | 南京—苏州 | 0 |
| | 镇江—杭州 | 0 | 镇江—苏州 | 0 | | | | |

资料来源：方书生：《生产与流通的空间：近代长三角地区经济发展的再考察》，《史学月刊》2010年第9期。该表系该文作者根据韩启桐编《中国埠际贸易统计（1936—1940）》（中国科学院印行，1951年）整理而成。

## 附录5　1931年江苏主要都市钱庄数一览

单位：家，元

| 地点 | 数量 | 资本总额 | 营业总额 |
| --- | --- | --- | --- |
| 上海 | 76（以入钱业公会者为限） | 11340000两（附本2423000两） | |
| 镇江 | 9 | 282000 | 3080000 |
| 南京 | 56 | 336400 | |
| 武进 | 20 | 604400 | 5400000 |
| 吴县 | 30 | 485000 | 7500000 |
| 无锡 | 18 | 1220000 | 13350000 |

资料来源：实业部国际贸易局编《中国实业志·江苏省》第十编，实业部国际贸易局发行，1933年，第41页。

## 附录6　1931年江苏主要都市银行数一览

单位：家

| 地名 | 总行在该地的银行数 | 分行在该地的银行数 |
| --- | --- | --- |
| 上海 | 49 | 10 |
| 吴县 | 1 | 11 |
| 南京 | 1 | 19 |
| 南通 | | 4 |
| 无锡 | | 7 |
| 镇江 | 1 | 6 |

资料来源：实业部国际贸易局编《中国实业志·江苏省》第十编，实业部国际贸易局发行，1933年，第6页。

## 附录7　1932年江南地区主要都市人口统计

单位：人

| 城市 | 人口总数 | 每平方千米人口数 | 备注 |
| --- | --- | --- | --- |
| 上海市 | 3023111 | 827.07 | |

续表

| 城市 | 人口总数 | 每平方千米人口数 | 备注 |
|---|---|---|---|
| 南京市 | 632678 | 511.25 | 1933年数据 |
| 杭州市 | 524012 | 806.17 | |
| 吴县 | 907590 | 358.91 | |
| 无锡县 | 899291 | 686.87 | |
| 武进县 | 842769 | 342.69 | |
| 镇江县 | 523300 | 500.05 | |
| 江都县 | 1159434 | 512.23 | |
| 南通县 | 1358461 | 551.95 | |
| 鄞县 | 741280 | 178.49 | |
| 吴兴县 | 669589 | 120.97 | |
| 绍兴县 | 1225458 | 212.23 | |
| 嘉兴县 | 421549 | 13189 | |
| 永嘉县 | 678376 | 59.56 | |

资料来源：实业部国际贸易局编《中国实业志·江苏省》，实业部国际贸易局发行，1933年；实业部国际贸易局编《中国实业志·浙江省》，实业部国际贸易局发行，1933年。

## 附录8 苏州工巡捐局暂行章程（1926年6月）

第一条 本局按照省议会议决案呈奉省署核准设立，其应办事项如左：

（1）征收向由苏州警察厅代收之各项杂捐及依照九年度省预算案吴县附册内所列各机关经费之拨付与稽核事项；

（2）马路工程之管理及其他道路整理、扩张事项；

（3）其他属于本局范围内应行整理及规划、设施事项。

第二条 本局之组织分评议（包监察在内）、董事两部。

第三条 评议部设评议员十二人（包监察在内），城内由市议会选出六人，城外由商场（特捐纳税商民）选出六人，但被选举之人不以居住城内外为限；

评议部设评议长一人，由评议员互选之。

第四条 董事部设正董事一人、副董事两人。

第五条　正、副董由市议会暨城外商场（特捐纳税之商民）各选正董事一人、副董事两人，由县知事照前条规定聘定，呈报省长备案。

第六条　监察部设监察员两人，由评议员互选兼任之。

第七条　评议员暨监察员均不得被选举为正、副董事。

第八条　评议部之职权如左：

（1）议决董事部交议、复议事项；

（2）议决评议员提议事项；

（3）议决本局及各项工程之预算、决算事项；

（4）稽核董事部收支款目。

第九条　董事部之职权如左：

（1）管理本局一切事项；

（2）执行评议部议决事项；

（3）监督、指挥本局各股办事人员；

（4）编制本局及各项工程之预算、决算，但本局经常费除工程外，每月不得过收入百分之十五。

第十条　监察部之职权如左：

（1）监察局内款项收支及一切事项；

（2）监察局外一切工程事项。

第十一条　评议（包监察在内）、董事两部每月各开常会一次，遇有必要时，得开临时会议或议董联席会议。但监察员属于本人纠举事项，不列表决之数。

第十二条　评议部（包监察部在内）议决事项董事认为碍难执行时，得交复议，经复议议决后，仍认为不能执行时，得声请县署核定之。

第十三条　正、副董事常川驻局办公。

第十四条　评议长、评议员、监察员及正、副董事均为名誉职，但正、副董事得酌支公费，其数目由评议会定之。

第十五条　评议长、评议员、监察员及正、副董事假定均以二年为任期。

第十六条　本局分设左列各股：

总务股：凡撰拟文件、收发编存各项文卷并收支、庶务及不属于他股事项属之；

工务股：凡马路及其他道路、桥梁工程之计划及管理、修筑等事项属之；

捐务股：凡各项杂捐之征收、整理等事项属之。

第十七条　每股按事务之繁简设股长一人、股员若干人，由董事部委任。

第十八条　股长秉承正、副董事分掌各股事务。

第十九条　股员秉承正、副董事及股长助理各股事务。

第二十条　本局设总稽核一人，秉承正、副董事考核各股事务。

第二十一条　本局设稽查员若干人，受总稽核及各股长之指挥，随时查察漏捐及工程事宜。

第二十二条　本局设巡员一人、巡目一人、巡丁若干人，任巡查路工及随同收捐暨守卫之责。

第二十三条　评议部设书记一人，由评议长直接延订指挥之。

第二十四条　本局原订各项办事细则，俟评议部成立后，分别加以审查或另订之。

第二十五条　本局收支各款经评议部稽核后，每月揭示之。

第二十六条　本章程如有未尽事宜，得由评议员三分之二以上之提议，随意议决修正之。

第二十七条　本章程俟士绅会议通过，由县呈奉省署核准后施行。

第二十八条　本章程系属临时组织，一俟正式市公所成立后，遵照市乡制办理。

［资料来源：苏州市档案局（馆）编《苏州市民公社档案资料选编》，文汇出版社，2011年，第153—154页。］

附录 9  1931年苏州城区会馆、公所、同乡会一览

| 名称 | 所在地 | 主持人 | 成立年月 | 经费来源及数目 | 所办事业 | 备注 |
|---|---|---|---|---|---|---|
| 兴安会馆 | 阊门佑盛观弄 | 卢步陞 | 康熙年间 | 地租等，每年二百元 | 联络乡谊 | |
| 新安会馆 | 上塘大街后丁家巷 | 潘子起 | 乾隆年间 | 房租，每年七百余元；同乡月捐，一千一百余元 | 联络乡谊。办有医治寄宿舍，凡同乡患病者均可入舍疗养 | |
| 四明公所 | 南濠诶家巷 | 刘正康 陈锡华 | 光绪十三年 | 寄板费及募捐款 | 联络乡谊，兼办殡舍，为同乡寄板之所 | 旧称浙宁惠梓堂 |
| 红业丹霞公所 | 虎丘路冶坊浜 | 王继祖 | 咸丰十年 | 寄板费、房租及同业捐助，年约一千八百元 | 本公所系红布头绳丝经梅红三业合组而成，专办旅榇施材代葬等事 | |
| 江鲁会馆 | 大马路 | 陈士恒 | 乾隆四十六年 | | 腌腊北货花生宾客会议机关 | |
| 宝安会馆 | 山塘街 | 宁达才 | 无从稽考 | 房租 | 联络乡谊以谋商业发展 | |
| 岭南会馆 | 山塘街 | 刘月评 李配芝 | 同上 | 房租 | 同上 | |
| 岗州会馆 | 山塘街 | 黎颂堂 | 同上 | 房租 | 同上 | |
| 浙南会馆 | 南濠街 | 王雨金等 | 道光年间 | 浙南客商运租草纸至苏抽捐 | 同上 | |
| 全浙会馆 | 长春巷 | 庞延祥 | 光绪年间 | | 同上 | |
| 汀州会馆 | 上塘街 | 罗醒甫 | 康熙年间 | | 同上 | |
| 浙绍会馆 | 新桥巷 | 顾保恒 | 康熙年间 | | 同上 | |

续表

| 名称 | 所在地 | 主持人 | 成立年月 | 经费来源及数目 | 所办事业 | 备注 |
|---|---|---|---|---|---|---|
| 金华会馆 | 南濠街 | 杨渭斋 | 光绪年间 | | 同上 | |
| 山东会馆 | 山塘街 | 孙乾甫 | 光绪年间 | | 同上 | |
| 覃怀会馆 | | 陆穀卿 | | | 同上 | |
| 陕西会馆 | 山塘街 | 宋汉臣 | 光绪年间 | | 同上 | |
| 三山会馆 | 万年桥大街 | 林杰夫 | 乾隆年间 | | 同上 | |
| 延宁会馆 | | 廖昌俊 | | | 同上 | |
| 两广会馆 | 侍其巷 | 冯屺怀 | 康熙年间 | | 同上 | |
| 山西会馆 | 福全巷 | 赵绶卿 | 康熙年间 | | 同上 | |
| 武林会馆 | 上塘街 | 王长友 | 康熙年间 | | 锡箔业聚会之所 | |
| 辽宁会馆 | 中街路 | 吴剑泉 苏坤山 | 光绪初年 | 馆内余屋房租，每年百余元 | 联络乡谊 | |
| 吴兴会馆 | 曹家巷 | 施云阁 程金声 | 乾隆五十四年 | 房屋租金，每年三百余元 | 本馆系吴兴庄苏销售湖绉绉绸及有正式牌号者之集团专门开会整理业务事项 | |
| 武林会馆 | 宝林寺前 | 韩简堂 陈植卿 | 乾隆二年四月 | 房产租及临时募捐，年约三百元 | 联络乡谊 | |
| 武安会馆 | 天库前 | 韩绪堂 李仲炎 | 光绪十年四月 | 临时捐集 | 联络乡谊及无定体的慈善事业 | |
| 宁冀会馆 | 尚义桥 | 王伯儒 | 同治年间 | 捐款，无定额 | 施材整理铜锡业工人贴资赡养 | |

续表

| 名称 | 所在地 | 主持人 | 成立年月 | 经费来源及数目 | 所办事业 | 备注 |
|---|---|---|---|---|---|---|
| 钱江会馆 | 桃花坞 | 业中按月轮值 | 光绪年间 | 同业捐款，年约五百元 | 本馆系杭绸行商所组成，谋同业之利益 | |
| 宣州会馆 | 吴殿直巷 | 王绍基 | 光绪年间 | | 本馆系烟业同行所组成，谋同业之利益 | |
| 云贵会馆 | 南园七号 | 陈筱石等 | 宣统三年六月 | 房租捐款，年约四百元 | 联络乡谊，同乡之穷苦者酌助川资 | |
| 嘉应会馆 | 枣市街 | 徐镜塔 | 乾隆年间 | 房租，甚微 | 联络乡谊，同业同乡之利益，有公墓一所在横山脚下 | |
| 毗陵会馆 | 莲花斗 | 徐坤泉 | 乾隆己酉年 | 每猪一口征小洋一分，每年约六零元 | 谋猪行同业同乡之利益，办培三小学一所 | |
| 湖南会馆 | 通和坊 | 委员会 | 同治八年 | 房租，年约九百元 | 谋旅苏同乡之公益 | |
| 大兴会馆 | 齐门外东汇 | 程庭桂 | 乾隆年间 | 房租，年约九十元 | 联络乡谊，掩埋同乡棺柩 | |
| 霞漳会馆 | 南濠街 | 苏计六 | 康熙年间 | 田产房租，年八百余元 | 联络乡谊 | |
| 全晋会馆 | 中张家巷 | 贾鸣岐等 | 民国十一年七月 | 房租及临时捐款，年七百余元 | 联络商人之感情，会商商务进行，周济旅苏同乡之困难 | |
| 中州会馆 | 三元坊 | 吴芸谷胡济堂 | 乾隆三十七年 | 田产，年约二百元 | 联络乡谊 | |
| 奉直会馆 | 娄门大街 | 王蒲等 | 同治年间 | 房租及花园门券，年六百余元 | 联络乡谊，外有花园一所，殡舍一所 | |
| 仙翁会馆 | 长弄 | 王子卿胡忠 | 康熙年间 | 房租，三十六元，捐款，十余元 | 浅色纸业集会机关并无余款办理事业 | |

续表

| 名称 | 所在地 | 主持人 | 成立年月 | 经费来源及数目 | 所办事业 | 备注 |
|---|---|---|---|---|---|---|
| 安徽会馆 | 南显子巷 | 李国楝等 | 同治五年春 | 田产，年约六千元；房租，年约五百元 | 主办本乡各先贤祭祀殡舍，义渡施送药饵冬赈灾，兼办安徽公学一所 | |
| 湖北会馆 | 四摆渡 | 孙植品 潘国俊 | 光绪十年 | 房租等，年约三百元 | 联络乡谊 | |
| 潮州会馆 | 上塘街 上津桥 | 郭奋三 | 康熙二十一年 | 地租，每年一百五十六元；房租，每年六百八十元 | 本馆系潮州府属八县旅苏商民所组织，专谋本帮商业上之利益 | |
| 丹阳旅苏同乡会 | 护龙街北 | 姜证禅 林幼山 | 民国十三年四月 | 同乡捐集，全年百余元 | 联络乡谊，俟集有捐款时再举行慈善事业 | |
| 江宁同乡会 | 中街路 | 吴剑泉 | 民国十五年 | 附属于江宁会馆内 | 联络乡谊 | |
| 洞庭西山旅苏同乡会 | 南濠街 | 费廷璜 | 民国十六年五月 | 会员费，每年一百余元 | 同上 | |
| 江西旅苏同乡会 | 西美巷况公祠 | 廖光杰 | 民国九年一月 | 会员费、房租，每年二百四十元 | 同上 | 系前况公祠改组 |
| 江西旅苏同乡会事务分所 | 留园马路江西会馆 | 同上 | 同上 | 附属于总会 | 同上 | 系前江西会馆改组 |
| 宁波同乡会 | 阊门外黄家巷 | 刘正康 | 民国十八年四月 | 会员费 | 同上 | |
| 歙县旅苏同乡会 | 阊门外新安会馆 | 汪已文 | 民国十一年三月 | 由安徽会馆酌拨 | 同上 | |
| 安徽旅苏同乡会 | 南显子巷 | 李国环 | 民国十一年三月 | 由安徽会馆酌拨 | 同上 | |
| 新安旅苏同乡会 | 阊门外新安会馆 | 洪少圃 | 民国四年 | 会员费 | 同上 | |

资料来源：乔增祥：《吴县（城区附刊）》，吴县县政府社会调查处，1931年，"慈善救济"。

## 附录10　1913—1949年苏州救火联合会历任会长、副会长、主席一览

| 职务：会长（或主席委员） | | | | |
|---|---|---|---|---|
| 姓名 | 陆仲英 | 贝哉安 | 宋绩成 | 贝哉安 |
| 任期 | 1913—1918 | 1918—1920 | 1920—1921 | 1921—1927 |

| 职务：副会长（每届两人） | | | | | | | | |
|---|---|---|---|---|---|---|---|---|
| 姓名 | 毛子坚、方雅南 | 汪炯之、毛子坚 | 毛子坚、方雅南 | 贝哉安、毛子坚 | 毛子坚、宋绩成 | 毛子坚、贝哉安 | 宋绩成、戈秋潭 | |
| 任期 | 1913—1915 | 1915—1916 | 1916—1917 | 1917—1918 | 1918—1920 | 1920—1921 | 1921—1928 | |

| 职务：主席（或理事长） | | | | | | | | | |
|---|---|---|---|---|---|---|---|---|---|
| 姓名 | 鲁永龄 | 施筠清（代） | 施筠清 | 范君博 | 范君博 | 张冠三 | 潘积之 | 高云中 | 范君博 |
| 任期 | 1927—1932 | 1932—1933 | 1933—1934 | 1934—1937 | 1937—1938 | 1938—1941 | 1941—1945 | 1944—1945 | 1945—1949 |

资料来源：彭志军：《火殇：苏州民办消防事业研究（1913—1945年）》，上海人民出版社，2014年，第91、106页。

注：陆仲英开设仁昌裕钱庄，有田八千余亩（参见胡觉民《苏州钱庄史料杂缀》，政协苏州市委员会文史资料委员会编《苏州文史资料》第1—5合辑，1990年，第60页）；宋绩成，即宋铭勋，是著名律师，省议会议员（参见李峰、汤钰林编著《苏州历代人物大辞典》，上海辞书出版社，2016年，第401—402页）。

## 附录11　1931年苏州城区义庄统计

| 名称 | 所在地 | 主持人 | 内部组织 | 所办事业 |
|---|---|---|---|---|
| 汪耕荫义庄 | 申衙前 | 王雨春 | 由同族组织而成 | 赡全族孤寡，祭祀扫墓，办耕荫小学一所 |
| 陈氏义庄 | 黄鹂坊 | 陈仰泉 鲍伯衡 | 同上 | 周济同族 |
| 陈成训义庄 | 刘家浜 | 程绍安 王漱石 | 同上 | 同上 |
| 吴氏义庄 | 桃花坞 | 吴剑浏 | 同上 | 祭祖 |
| 诵芬义庄 | 平江路 | 汪增礼 | 同上 | 赡族 |
| 星余义庄 | 平江路 | 鲁星孙 | 同上 | 同上 |

续表

| 名称 | 所在地 | 主持人 | 内部组织 | 所办事业 |
|---|---|---|---|---|
| 淞荫义庄 | 大胡相思巷 | 蒋敏叔 | 同上 | 同上 |
| 荥阳义庄 | 混堂弄 | 潘诵鹗 | 同上 | 同上 |
| 贝承训义庄 | 潘儒巷 | 贝润生 | 同上 | 同上 |
| 王惇裕义庄 | 潘儒巷 | 王鹤虎 | 同上 | 同上 |
| 贝留余义庄 | 狮林寺巷 | 贝哉安 | 同上 | 同上 |
| 张荫余义庄 | 曹胡徐巷 | 张仲复 | 同上 | 同上 |
| 潘松麟义庄 | 悬桥巷 | 潘轶仲 | 同上 | 赡族兼办潘松麟小学一所 |
| 丁氏义庄 | 悬桥巷 | 丁春之 | 同上 | 赡族 |
| 张清河义庄 | 悬桥巷 | 张佑人 | 同上 | 同上 |
| 洪桂林义庄 | 悬桥巷 | 洪润民 | 同上 | 同上 |
| 徐春辉义庄 | 南石子街 | 徐叔英 | 同上 | 同上 |
| 南阳义庄 | 娄门大街 | 韩韦铎 | 同上 | 同上 |
| 张亲仁义庄 | 娄门大街 | 张荫玉 | 同上 | 同上 |
| 陆氏义庄 | 滚绣坊巷 | 陆心谷 | 同上 | 同上 |
| 吴氏义庄 | 滚绣坊巷 | 吴伯元 | 同上 | 同上 |
| 彭氏义庄 | 相王庙弄 | 彭荣孙 | 同上 | 赡族兼办彭氏小学一所 |
| 吴氏义庄 | 十梓街 | 吴湘帆 | 同上 | 赡族 |
| 范氏义庄 | 严衙前 | 范叔和 | 同上 | 同上 |
| 董氏义庄 | 思婆巷 | 董家福 | 同上 | 同上 |
| 顾氏义庄 | 尚书里 | 顾鹤逸 | 同上 | 同上 |
| 申氏义庄 | 郡庙前 | 申彬苞 | 同上 | 同上 |
| 陶氏义庄 | 因果巷 | 陶谋范 | 同上 | 同上 |
| 范氏义庄 | 范庄前 | 范伯英 | 同上 | 同上 |
| 蒋氏义庄 | 山塘街 | 蒋贤斋 | 同上 | 同上 |
| 广肇义庄 | 山塘街 | 江慕云 | 同上 | 同上 |
| 汪氏义庄 | 山塘街 | 汪甫生 | 同上 | 同上 |

资料来源：乔增祥：《吴县（城区附刊）》，吴县县政府社会调查处，1931年，"慈善救济"。

# 参考文献

## 一 文献资料

### 1. 档案及史料集

苏州档案馆藏档案，档号：A03-004-0007-080、B03-012-0325-024、I14-002-0002-026、I14-001-0599-039、I14-001-0599-057、I15-001-0145-032。

上海档案馆藏档案，档号：Y8-1-158、B242-1-152-1、Q117-12-2、Q320-1-1435、Q90-1-680、Q275-1-1824、Q275-1-1911、Q430-1-2-23、Q187-1-188。

《中国近代史资料丛刊》编委会编《太平天国》（五），上海人民出版社、上海书店出版社，2000年。

内政部人口局编《全国户口统计》，中华民国内政部统计处，1947年。

江苏省长公署统计处编《江苏省政治年鉴》（民国十三年），沈云龙主编《近代中国史料丛刊三编》第五十三辑，台北：文海出版社，1985年。

中国第二历史档案馆编《中华民国档案资料汇编》第2辑，江苏古籍出版社，1991年。

汤志钧、陈祖恩、汤仁泽编《中国近代教育史资料汇编——戊戌时期教育》，上海教育出版社，1993年。

中国第二历史档案馆编《中华民国史档案资料汇编》第五辑第一编"财政经济（五）"，江苏古籍出版社，1994年。

沈慧瑛：《1921年吴县知事温绍梁被控案档案选》，《民国档案》1997年第1期。

江苏省财政志编辑办公室：《江苏财政史料丛书》第一、二辑，方志出版社，1999年。

朱耀龙、柳宏为主编《苏皖边区政府档案史料选编》，中央文献出版社，2005年。

章开沅等主编《苏州商团档案汇编》上下册，巴蜀书社，2007年。
马敏等主编《苏州商会档案汇编》第三辑上下册，华中师范大学出版社，2009年。
马敏等主编《苏州商会档案汇编》第四辑上下册，华中师范大学出版社，2009年。
殷梦霞、田奇选编《民国人口户籍史料汇编》，国家图书馆出版社，2009年。
张研、孙燕京主编《民国史料丛刊》，大象出版社，2009年。
中华人民共和国苏州海关编，陆允昌编注《近代苏州通商口岸史料集成》，文汇出版社，2010年。
苏州市档案局（馆）编《苏州市民公社档案资料选编》，文汇出版社，2011年。
章开沅等主编《苏州商会档案汇编》第一辑上下册，华中师范大学出版社，2012年。
马敏等主编《苏州商会档案汇编》第二辑上下册，华中师范大学出版社，2012年。
曹宁主编《民国人口户籍史料续编》，国家图书馆出版社，2013年。
苏州市政府秘书处：《苏州市政府同人录》，1930年印制（内部发行）。
申报馆编《美商申报馆同人录》，1939年。
江苏省博物馆编《江苏省明清以来碑刻资料选集》，生活·读书·新知三联书店，1959年。
中国人民银行上海市分行编《上海钱庄史料》，上海人民出版社，1960年。
扬州师范学院历史系编《辛亥革命江苏地区史料》，江苏人民出版社，1961年。
上海社会科学院经济研究所编《刘鸿生企业史料》，上海人民出版社，1981年。
苏州博物馆、江苏师范学院历史系、南京大学明清史研究室编《明清苏州工商业碑刻集》，江苏人民出版社，1981年。
南京大学历史系太平天国研究室编《江浙豫皖太平天国史料选编》，江苏人民出版社，1983年。
王彦威、王亮编《清季外交史料》第119卷，书目文献出版社，1987年影印本。

卞孝萱、唐文权编《辛亥人物碑传集》，团结出版社，1991年。

中华人民共和国财政部、中国人民银行总行编印《清代外债史资料》，1988年。

彭泽益主编《中国工商行会史料集》，中华书局，1995年。

王国平、唐力行主编《明清以来苏州社会史碑刻集》，苏州大学出版社，1998年。

邵忠、李瑾选编《苏州历代名园记·苏州园林重修记》，中国林业出版社，2004年。

《长元吴丰备义仓全案四编》，《中国荒政书集成》第七册，天津古籍出版社，2010年。

王建学编《近代中国地方自治法重述》，法律出版社，2011年。

《申报年鉴全编》，上海图书出版社，2012年。

汤志均：《章太炎年谱长编》（增订本），中华书局，2013年。

沈建中编《时代漫画》，上海社会科学院出版社，2004年。

### 2. 史籍

司马迁：《史记》，中华书局，1959年。

班固：《汉书》，中华书局，1959年。

司马光：《资治通鉴》，中华书局，1956年。

张仲清译注《越绝书》，中华书局，2020年。

赵晔撰、徐天祐音注、苗麓校点、辛正审订《吴越春秋》，江苏古籍出版社，1999年。

《清实录·高宗实录》，中华书局，1987年影印版。

《清实录·德宗实录》，中华书局，1987年影印版。

《清实录·宣统政纪》，中华书局，1987年影印版。

朱寿朋编《光绪朝东华录》，张静庐等校点，中华书局，1958年。

《清史稿》，中华书局，2020年。

### 3. 地方志及文史资料

朱长文：《吴郡图经续记》，金菊林点校，江苏古籍出版社，1986年。

范成大：《吴郡志》，陆振岳校点，江苏古籍出版社，1986年。

陆广微：《吴地记》，曹林娣校注，江苏古籍出版社，1986年。

卢熊著，苏州地方志办公室编《（洪武）苏州府志》，广陵书社，2020年。
康熙《苏州府志》，江苏历代方志全书影印本，凤凰出版社，2016年。
光绪《苏州府志》，中国方志丛书影印本，成文出版社有限公司，1970年。
崇祯《吴县志》，天一阁藏明代方志选刊续编影印本，上海书店，2014年。
民国《吴县志》，《中国地方志集成》影印本，江苏古籍出版社，1991年。
乔增祥：《吴县（城区附刊）》，吴县县政府社会调查处，1931年。
吴县县政府编《一年来吴县县政概况》，吴县县政府，1935年。
（伪）江苏省民政厅署：《苏州现况》，（伪）江苏民政厅出版，1939年。
苏州市丝绸工业公司编《苏州市丝绸工业志》第3册，1985年。
无锡市粮食局：《无锡粮食志》，吉林科学技术出版社，1990年。
苏州市对外经济贸易委员会编纂《苏州对外经济志》，南京大学出版社，
　　1991年。
苏州园林管理局编《苏州园林》，同济大学出版社，1991年。
王孝俭主编《上海县志》，上海人民出版社，1993年。
苏州市地方志编纂委员会编《苏州市志》，江苏人民出版社，1995年。
《沧浪区志》编纂委员会编《沧浪区志》，上海社会科学院出版社，2006年。
乾隆《吴县志》，《江苏历代方志全书》影印本，凤凰出版社，2016年。
政协苏州市委员会文史资料（研究）委员会编《苏州文史资料》第1—5
　　合辑，第16—17辑，1990年，1987年。
苏州市地方志编纂委员会办公室编《苏州史志资料选辑》。
政协吴县委员会文史资料委员会、吴县工商行政管理局编《吴县文史资
　　料》，1992年。
中国人民政治协商会议镇江市委员会文史资料委员会编《镇江文史资
　　料》第42辑，内部发行，2008年。

4. 调查、报告、旅游手册

实业部国际贸易局编《中国实业志·江苏省》，实业部国际贸易局发行，
　　1933年。
实业部国际贸易局编《中国实业志·浙江省》，实业部国际贸易局发行，
　　1933年。
王洁人、朱孟乐编《善人桥的真面目》，善人桥农村改进会发行，1934年。
羊冀成、孙晓村等：《无锡米市调查》，社会经济调查所，1935年。

胡瀚、何子竞:《吴县县政地方自治实习报告及改革县政之我见》,1932年1月,南京图书馆编《二十世纪三十年代国情调查报告》第92册,凤凰出版社,2012年。

陈日章:《京镇苏锡游览指南》,禹域社,1932年。

吴县县政府:《苏州旅游指南》,苏州制版社,1947年。

杭州市政府秘书处编《杭州市政府十周年纪念特刊》,沈云龙主编《近代中国史料丛刊三编》,第七十五辑,台北:文海出版社,1998年。

江苏苏属地方自治筹办处编《江苏自治公报类编》,沈云龙主编《近代中国史料丛刊三编》,第五十三辑,台北:文海出版社,1998年。

### 5. 报刊

《大公报》《大光明》《东方杂志》《妇女月报》《国学商兑》《华年》《教育与职业》《教育与农村》《江苏建设》《江苏日报》《江苏月刊》《礼拜六》《论语》《民国日报》《民间》《明日之江苏》《评论与通讯》《上海周报》《申报》《时报》《时代公论》《市政评论》《顺天时报》《苏州明报》《苏州评论》《苏州市政月刊》《苏州中报》《文汇报》《文学周报》《吴县晶报》《吴县日报》《吴语》《新生周刊》《新闻报》《学校生活》《益世报》《宇宙风》《越风》《早报》《制言》《中央日报》《中学生》

### 6. 文集、笔记、日记、小说

刘献廷:《广阳杂记》,中华书局,1957年。

王士性撰、周振鹤点校《五岳游草 广志绎(新校本)》,上海人民出版社,2019年。

陈衍撰,陈步编《陈石遗集》,福建人民出版社,2001年。

金天羽:《天放楼诗文集》,周录祥点校,上海古籍出版社,2007年。

蒋吟秋:《沧浪》,上海爱古书店,1928年。

毛祥麟:《墨馀录》,上海进步书局石印本。

李根源辑录《娱亲雅言》,孙绍虞、阙金元校字,阙园印本,1926年。

李根源:《吴郡西山访古记》,苏州葑门曲石精庐木刻版,1928年。

李根源撰《景邃堂题跋》,李根沄、李希泌校,苏州葑门曲石精庐印版,1932年。

范烟桥:《茶烟歇》,中孚书局,1934年。

郑逸梅：《逸梅丛谈》，校经山房书局，1935年。
周黎庵：《蓟门集》，庸林书屋，1941年。
顾明道：《花萼恨》，上海春明书店，1948年。
张一麐：《心太平室集》，沈云龙主编《近代中国史料丛刊正编》第一辑，台北：文海出版社，1966年。
包天笑：《钏影楼回忆录续编》，香港大华出版社，1973年。
高拜石：《古春风楼琐记》，台湾新生报社，1979年。
周瘦鹃：《苏州游踪》，金陵书画社，1981年。
顾颉刚著，王煦华辑《苏州史志笔记》，江苏古籍出版社，1987年。
傅增湘：《藏园群书题记》，上海古籍出版社，1989年。
王萃元：《星周纪事》，上海古籍出版社，1989年。
柳士英：《忆旧怀新》，《南方建筑》1994年第3期。
李根源：《雪生年录》，沈云龙主编《近代中国史料丛刊正编》第二辑，台北：文海出版社，1996年。
陈平原、杜玲玲编《追忆章太炎》，中国广播电视出版社，1997年。
陈无我：《老上海三十年见闻录》，上海书店出版社，1997年。
沈延国：《苏州文学山房记》，王宗拭编《我说苏州》，古吴轩出版社，1997年。
孙中山：《建国方略》，中州古籍出版社，1998年。
《吴趼人全集》第八卷，北方文艺出版社，1998年。
谢国桢：《三吴回忆录》，《瓜蒂庵小品》，北京出版社，1998年。
叶德辉：《书林清话》，辽宁教育出版社，1998年。
苑书义等主编《张之洞全集》，河北人民出版社，1998年。
张一麐：《古红梅阁笔记》，上海书店出版社，1998年。
秦兆基选注《苏州文选》，苏州大学出版社，1999年。
郑逸梅：《味灯漫笔》，古吴轩出版社，1999年。
王稼句选编《吴门柳：名人笔下的老苏州》，北京出版社，2001年。
马勇编《章太炎讲演集》，河北人民出版社，2004年。
曾朴：《孽海花》，天津古籍出版社，2005年。
郑逸梅编著《南社丛谈——历史与人物》，中华书局，2006年。
张昭军编《章太炎讲国学》，东方出版社，2007年。

包天笑：《钏影楼回忆录》，中国大百科全书出版社，2009年。
葛元煦：《沪游杂记》，郑祖安标点，上海书店出版社，2009年。
张志芳主编《李根源〈曲石诗录〉选集》，李光信点校，云南人民出版社，2010年。
湖南省社会科学院编《黄兴集》，中华书局，2011年。
李明勋、尤世玮主编《张謇全集》，上海辞书出版社，2012年。
苏州工业园区档案管理中心编《李超琼日记（元和—阳湖—元和）》，江苏人民出版社，2012年。
王卫民编校《吴梅全集·日记卷》，河北教育出版社，2002年。
骆宝善、刘路生主编《袁世凯全集》，河南大学出版社，2013年。
范烟桥：《鸱夷室文钞》，海豚出版社，2013年。
马勇整理《章太炎全集·书信集》，上海人民出版社，2017年。
陆宗篁：《补过日新》，苏州博物馆编《苏州博物馆藏近现代名人日记稿本丛刊》，文物出版社，2018年。
〔英〕施美夫：《五口通商城市游记》，温时幸译，北京图书馆出版社，2007年。
〔日〕冈千仞：《观光纪游》，张明杰整理，中华书局，2009年。
〔日〕高仓正三：《苏州日记（1939—1941）》，孙来庆译，古吴轩出版社，2014年。

## 二　近人论著

### 1. 专著

安作璋主编《中国运河文化史》，山东教育出版社，2001年。
包伟民：《宋代城市研究》，中华书局，2014年。
曹树基：《中国人口史》第4卷，复旦大学出版社，2000年。
陈国灿：《江南城镇通史·民国卷》，上海人民出版社，2017年。
陈恒等：《西方城市史学》，商务印书馆，2017年。
陈泳：《城市空间：形态、类型与意义——苏州古城结构形态演化研究》，东南大学出版社，2006年。
戴鞍钢：《江浙沪近代经济地理》，华东师范大学出版社，2014年。
戴鞍钢：《江南城镇通史·晚清卷》，上海人民出版社，2017年。

董蔡时：《太平天国在苏州》，江苏人民出版社，1981 年。

董玥：《民国北京城：历史与怀旧》，生活·读书·新知三联书店，2018 年。

方旭红：《集聚·分化·整合——1927—1937 年苏州城市化研究》，合肥工业大学出版社，2012 年。

冯筱才：《在商言商：政治变局中的江浙商人》，上海社会科学院出版社，2004 年。

范金民、夏维中：《苏州地区社会经济史·明清卷》，南京大学出版社，1993 年。

范金民、夏爱军：《洞庭商帮》，黄山书社，2005 年。

傅林祥、林涓、任玉雪、王卫东：《中国行政区划通史·清代卷》，复旦大学出版社，2007 年。

傅衣凌：《明清农村社会经济·明清社会经济变迁论》，中华书局，2007 年。

戈春源：《苏州通史·五代宋元卷》，苏州大学出版社，2019 年。

葛剑雄、侯杨方、张根福：《人口与中国的现代化（1850 年以来）》，学林出版社，1999 年。

郭红、靳润成：《中国行政区划通史·明代卷》，复旦大学出版社，2007 年。

郭绪印：《老上海的同乡团体》，文汇出版社，2003 年。

江沛、秦熠、刘晖、蒋竹山：《中华民国专题史·城市化进程研究》，南京大学出版社，2015 年。

冀朝鼎：《中国历史上的基本经济区》，商务印书馆，2014 年。

李伯重：《唐代江南农业的发展》（修订本），北京大学出版社，2009 年。

李伯重：《江南的早期工业化（1550—1850）》（修订版），中国人民大学出版社，2010 年。

李峰、王晋玲：《苏州稻香村史稿》，苏州大学出版社，2022 年。

李少兵、陈诗璇、张万安撰《张一麐年谱》，中华书局，2023 年。

李学如：《近代苏南义庄与地方社会》，上海三联书店，2016 年。

梁元生：《晚清上海：一个城市的历史记忆》，广西师范大学出版社，2010 年。

廖声丰：《清代常关与区域经济研究》，人民出版社，2010 年。

刘敦桢：《苏州古典园林》，中国建筑工业出版社，1979 年。

刘石吉：《明清时代江南市镇研究》，中国社会科学出版社，1987 年。

龙登高：《江南市场史：十一至十九世纪的变迁》，清华大学出版社，2003年。

罗澍伟主编《近代天津城市史》，中国社会科学出版社，1993年。

罗晓翔：《陪京首善：晚明南京的城市生活与都市性研究》，凤凰出版社，2018年。

罗志田等主编《地方的近代史：州郡士庶的思想与生活》，社会科学文献出版社，2015年。

马敏、朱英：《辛亥革命时期苏州商会研究》，华中师范大学出版社，2011年。

马敏：《官商之间：社会巨变中的近代绅商》（修订本），社会科学文献出版社，2022年。

马学强：《江南席家——中国一个经商大族的变迁》，商务印书馆，2007年。

马学强：《上海通史》第2卷"古代"，上海人民出版社，1999年。

彭志军：《火觔：苏州民办消防事业研究（1913—1954年）》，上海人民出版社，2014年。

钱端升等：《民国政制史》，上海人民出版社，2008年。

钱穆：《现代中国学术论衡》，生活·读书·新知三联书店，2001年。

邱澎生：《十八、十九世纪苏州城的新兴工商业团体》，四川人民出版社，2022年。

全汉昇：《中国经济史论丛》，香港中文大学新亚书院、新亚研究所1972年版。

邵雍：《中国近代妓女史》，上海人民出版社，2005年。

沈慧瑛：《过云楼档案揭秘》，古吴轩出版社，2019年。

宋钻友：《同乡组织与上海都市生活的适应》，上海辞书出版社，2009年。

孙竞昊：《经营地方：明清时期济宁的士绅与社会》，广西师范大学出版社，2023年。

孙中旺、刘丽：《苏州通史·秦汉至隋唐卷》，苏州大学出版社，2019年。

苏州市城市建设博物馆编著《苏州城市建设大事记》，上海科学技术文献出版社，1999年。

夏冰：《苏州士绅》，文汇出版社，2012年。

夏骏：《苏州章氏国学讲习会与近现代国学高等教育》，福建教育出版社，2015年。

小田：《苏州史纪（近现代）》，苏州大学出版社，1999年。
谢国桢：《明清笔记丛谈》，谢小彬、杨璐主编《谢国桢全集》第五册，北京出版社，2013年。
熊月之：《上海名人名事名物大观》，上海人民出版社，2005年。
徐国桢：《上海生活》，上海世界书局，1933年。
徐茂明：《江南士绅与江南社会（1368—1911年）》，商务印书馆，2004年。
许晚成：《上海百业人才小史》，龙文书店编辑部，1944年。
许冠亭：《绅商也要革命》，苏州大学出版社，2011年。
王謇撰，张维明整理《宋平江城坊考》，江苏古籍出版社，1999年。
王国平主编《苏州史纲》，古吴轩出版社，2009年。
王卫平：《明清时期江南城市史研究：以苏州为中心》，人民出版社，1999年。
王树槐：《中国现代化的区域研究——江苏省》，《"中研院"近代史研究所专刊》（48），1984年。
王仲：《民国苏州商会研究（1927—1936年）》，上海人民出版社，2015年。
魏光奇：《官治与自治——20世纪上半期的中国县制》，商务印书馆，2004年。
巫仁恕：《劫后"天堂"：抗战沦陷后的苏州城市生活》，台北：台湾大学出版中心，2017年。
巫仁恕、康豹、林美莉主编《从城市看中国的现代性》，台北："中研院"近代史研究所，2010年。
吴承明：《中国的现代化：市场与社会》，生活·读书·新知三联书店，2001年。
吴建华主编《苏州通史·明代卷》，苏州大学出版社，2019年。
吴松弟主编《中国近代经济地理》第一卷，华东师范大学出版社，2015年。
易继苍：《买办与上海金融近代化》，知识产权出版社，2006年。
岳钦韬：《以上海为中心：沪宁、沪杭甬铁路与近代长江三角洲地区社会变迁》，中国社会科学出版社，2016年。
赵冈：《中国城市发展史论集》，新星出版社，2006年。
张海林：《苏州早期城市现代化研究》，南京大学出版社，1999年。
张文范主编《中国省制》，中国大百科全书出版社，1995年。
张万安：《我的家族——苏州横渠张氏》，自印本。

张笑川：《近代上海闸北居民社会生活》，上海辞书出版社，2009 年。

张驭寰：《中国城池史》，中国友谊出版公司，2015 年。

张仲礼：《近代上海城市研究》，上海文艺出版社，2008 年。

镇江市历史文化名城研究会编著《民国江苏省会镇江研究》，江苏大学出版社，2010 年。

朱小田、汪建红主编《苏州通史·中华民国卷》，苏州大学出版社，2019 年。

朱庆葆等：《近代长江下游地区城市转型研究》，江苏人民出版社，2022 年。

周武：《边缘缔造中心：历史视域中的上海与江南》，上海人民出版社、上海书店出版社，2019 年。

周新国等：《江苏辛亥革命史》，社会科学文献出版社，2011 年。

邹依仁：《旧上海人口变迁的研究》，上海人民出版社，1980 年。

〔澳〕安东篱：《说扬州：1550—1850 年的一座中国城市》，李霞译，中华书局，2007 年。

〔法〕白吉尔：《中国资产阶级的黄金时代（1911—1937）》，张富强、许世芬译，上海人民出版社，1994 年。

〔法〕安克强：《上海妓女——19—20 世纪中国的卖淫与性》，袁燮铭、夏俊霞译，上海古籍出版社，2004 年。

〔法〕安克强：《1927—1937 年的上海——市政权、地方性和现代化》，张培德等译，上海古籍出版社，2004 年。

〔法〕费尔南·布罗代尔：《地中海与菲利普二世时代的地中海世界》，唐家龙、曾培耿等译，商务印书馆，2014 年。

〔美〕保罗·M. 霍恩伯格、林恩·霍伦·利斯：《都市欧洲的形成（1000—1994 年）》，阮岳湘译，商务印书馆，2009 年。

〔美〕费正清、费维恺编《剑桥中华民国史》，中国社会科学出版社，1994 年。

〔美〕邓尔麟：《钱穆与七房桥世界》，蓝桦译，社会科学文献出版社，1998 年。

〔美〕鲍德威：《中国的城市变迁：1890—1949 年山东济南的政治和发展》，北京大学出版社，2010 年。

〔美〕柯必德：《天堂与现代性之间：建设苏州（1895—1937）》，何方昱译，上海辞书出版社，2014年。

〔美〕罗威廉：《汉口：一个中国城市的冲突和社区（1796—1895）》，鲁西奇、罗杜芳译，中国人民大学出版社，2008年。

〔美〕施坚雅主编《中华帝国晚期的城市》，叶光庭等译，中华书局，2000年。

〔美〕司昆仑：《新政之后：警察、军阀与文明进程中的成都（1895—1937）》，王莹译，四川文艺出版社，2020年。

〔美〕周锡瑞：《改良与革命：辛亥革命在两湖》，杨慎之译，江苏人民出版社，2007年。

〔美〕白凯：《长江下游地区的地租、赋税与农民的反抗斗争（1840—1950）》，林枫译，上海书店出版社，2005年。

〔美〕林达·约翰逊主编《帝国晚期的江南城市》，成一农译，上海人民出版社，2005年。

〔日〕吉泽诚一郎：《天津的近代：清末都市的政治文化与社会统合》，万鲁建译，社会科学文献出版社，2022年。

〔日〕佐藤仁史：《近代中国的乡土意识：清末民初江南的地方精英与地域社会》，北京师范大学出版社，2017年。

〔日〕滨下武志：《中国近代经济史研究——清末海关财政与通商口岸市场圈》，高淑娟、孙彬译，江苏人民出版社，2006年。

〔日〕古田和子：《上海网络与近代东亚——19世纪后半期东亚的贸易与交流》，王小嘉译，中国社会科学出版社，2009年。

2. 论文

巴兆祥：《近代江南城市的方志图书市场》，邹振环、黄敬斌执行主编《明清以来江南城市发展与文化交流》，复旦大学出版社，2011年。

柴德赓：《从白居易诗文中论证唐代苏州的繁荣（初稿）》，《江苏师院学报》（社会科学版）1979年第1—2期。

陈巍、吴越：《叶圣陶与〈苏州评论〉》，《苏州大学学报》（哲学社会科学版）1984年第2期。

陈文妍：《苏州自来水事业的尝试和困境（1926—1937）》，《近代史研究》2020年第5期。

陈泳：《近现代苏州城市形态演化研究》，《城市规划汇刊》2003年第

6 期。

丁贤勇：《江南视野下的杭州近代城市史研究》，邹振环、黄敬斌执行主编《明清以来江南城市发展与文化交流》，复旦大学出版社，2011 年。

范金民：《明清时期活跃于苏州的外地商人》，《中国社会经济史研究》1989 年第 4 期。

范金民：《清代苏州城市工商繁荣的写照——〈姑苏繁华图〉》，《史林》2003 年第 5 期。

范金民：《"苏样"、"苏意"：明清苏州领潮流》，《南京大学学报》（哲学·人文科学·社会科学版）2013 年第 4 期。

范金民、罗晓翔：《明清苏州经济中心地位略论》，《史学集刊》2021 年第 3 期。

方书生：《生产与流通的空间：近代长三角地区经济发展的再考察》，《史学月刊》2010 年第 9 期。

冯筱才、夏冰：《民初江南慈善组织的新变化：苏州隐贫会研究》，《史学月刊》2003 年第 1 期。

付海晏、匡小烨：《从商事公断处看民初苏州的社会变迁》，《华中师范大学学报》（人文社会科学版）2004 年第 2 期。

傅林祥：《清代江苏建省问题新探》，《清史研究》2009 年第 2 期。

郭松义：《农民进城和我国早期城市化——历史的追索与思考》，《浙江学刊》2011 年第 3 期。

龚小峰：《地域、权力与关系：对清代江苏督抚的考察》，《安徽史学》2012 年第 4 期。

何一民：《中国传统工商业城市在近代的衰落——以苏州、杭州、扬州为例》，《西南民族大学学报》（人文社科版）2007 年第 4 期。

何一民、范瑛：《从府城到省会：清代苏州行政地位之变迁》，《天府新论》2009 年第 5 期。

胡勇军：《从教育经费看民国苏州市的市政建设困境》，《城市史研究》第 39 辑，社会科学文献出版社，2018 年。

纪浩鹏：《宁属还是苏属：辛壬之际江苏省会之争》，《江苏社会科学》2017 年第 2 期。

赖惠敏：《寡人好货：乾隆帝与姑苏繁华》，《"中研院"近代史研究所集刊》第 50 期，2005 年 12 月。

罗晓翔：《清末城市管理变迁的本土化叙事——以 19 世纪南京为中心》，《南京大学学报》（哲学·人文科学·社会科学版）2009 年第 4 期。

李伯重：《简论"江南地区"的界定》，《中国社会经济史研究》1991 年第 1 期。

李伯重：《工业发展与城市变化：明中叶至清中叶的苏州（上）》，《清史研究》2001 年第 3 期。

李伯重：《工业发展与城市变化：明中叶至清中叶的苏州（中）》，《清史研究》2002 年第 1 期。

李继业：《民国初年的地方公产管理制度改革——以 1912—1926 年的江苏苏州为中心》，《苏州大学学报》（哲学社会科学版）2013 年第 2 期。

李巨澜：《辛亥时期"江北分省"问题探略》，《南京政治学院学报》2004 年第 2 期。

李荣昌：《上海开埠前西方商人对上海的了解与贸易往来》，《史林》1987 年第 3 期。

李寅君、张笑川：《民国时期苏州评弹的新趋势》，王国平、李峰主编《苏州历史与江南文化》，苏州大学出版社，2020 年。

林子雅：《清代（1723—1850）浒墅关税收变化与苏州经济地位之关系》，《"社会·经济·观念史视野下的古代中国"国际青年学术会议暨第二届清华青年史学论坛论文集》（下），2010 年。

刘开锋、沈骅：《民国苏州工巡捐局的成立和改组风波》，《苏州科技大学学报》（社会科学版）2018 年第 1 期。

刘荣增等：《新时期大都市周边地区城市地位研究——以苏州与上海关系为例》，《地理科学》2001 年第 2 期。

卢汉超：《美国的中国城市史研究》，《清华大学学报》（哲学社会科学版）2008 年第 1 期。

陆玉麒、董平、俞勇军：《苏州与上海孪生城市模式的形成机理及其区域效应》，《地理科学》2004 年第 3 期。

路仕忠、张笑川：《近现代苏州城市空间研究的回顾与展望》，《苏州科技学院学报》（社会科学版）2013 年第 4 期。

罗仑、夏维中：《明清时代江南运河沿岸市镇研究初探》，《南京大学学报》（哲学·人文科学·社会科学版）1990年第4期。

吕作燮：《明清时期苏州的会馆和公所》，《中国社会经济史研究》1984年第21期。

马斌、陈晓明：《明清苏州会馆的兴起——明清苏州会馆研究之一》，《学海》1997年第3期。

马敏：《试论晚清苏州的"市民社会"》，《辛亥革命史丛刊》第10辑，湖北人民出版社，1999年。

马敏：《"绅商"词义及其内涵的几点讨论》，《历史研究》2001年第2期。

马敏：《商会史研究与新史学的范式转换》，《华中师范大学学报》（人文社会科学版）2003年第5期。

秦猛猛：《轮船、铁路与近代苏州商业区的变迁（1895—1937）》，《世纪桥》2009年第23期。

桑兵：《章太炎晚年北游讲学的文化象征》，《历史研究》2002年第4期。

沈洁：《反迷信与社区信仰空间的现代历程——以1934年苏州的求雨仪式为例》，《史林》2007年第2期。

沈骅：《从撤销到接收——民国苏州市民公社的命运再探》（未刊稿）。

唐力行：《从苏州到评弹与都市文化圈的变迁》，《史林》2010年第4期。

唐文权：《苏州工商各业公所的兴废》，《历史研究》1986年第3期。

王国平、方旭红：《1927—1937年苏州建设旅游休闲城市的设想与实践》，《社会科学》2004年第12期。

王国平：《晚清苏州的现代演进》，徐静主编《纪念苏州建城2530周年学术研讨会文集》，古吴轩出版社，2016年。

王国平、张燕：《论晚清苏州工商业的发展与城市空间的拓展》，《史林》2016年第1期。

王家范：《明清苏州城市经济功能研讨——纪念苏州建城两千五百周年》，《华东师范大学学报》（哲学社会科学版）1986年第5期。

王家范：《从苏州到上海：区域整体研究的视界》，《档案与史学》2000年第5期。

王笛：《近年美国关于近代中国城市的研究》，《历史研究》1996年第

1期。

王翔:《从云锦公所到铁机公会——近代苏州丝织业同业组织的嬗变》,《近代史研究》2001年第3期。

王翔:《外贸摩擦、合群抗争与产业升级——以20世纪20年代苏州丝绸业为中心》,《历史研究》2015年第4期。

魏文享:《试论民国时期苏州丝绸业同业公会》,《华中师范大学学报》(人文社会科学版)2000年第5期。

吴滔:《明清江南基层区划的传统与市镇变迁——以苏州地区为中心的考察》,《历史研究》2006年第5期。

吴承明:《中国近代经济史若干问题的思考》,《经济史理论与实证:吴承明文集》,浙江大学出版社,2012年。

吴奈夫:《明代苏州的城市建设及其管理》,《扬州大学学报》(人文社会科学版)2003年第4期。

夏冰:《清末民初蘇州の民紳層とその活動》,日本庆应义塾大学《史学》第76卷第4号,2008年3月。

行龙:《论太平天国革命前后江南地区的人口变动及其影响》,《中国经济史研究》1991年第2期。

熊月之:《晚清上海私园开放与公共空间的拓展》,《学术月刊》1998年第8期。

熊月之、张生:《中国城市史研究综述(1986—2006)》,《史林》2008年第1期。

小田:《论城市史的书写——基于民国苏州的案例》,《苏州大学学报》(哲学社会科学版)2015年第5期。

谢放:《"绅商"词义考析》,《历史研究》2001年第2期。

徐云:《二十年代末苏州设市始末》,《苏州史志资料选辑》第六辑,1986年。

徐云:《二十年代末苏州市与吴县界线之划分》,《苏州史志资料选辑》第十五辑,1990年。

许冠亭:《党治体制下的社团冲突与社团管理——以1934年苏州弹词男女拼档纠纷案为例》,《近代史研究》2014年第3期。

杨建庭:《清代前期浒墅关与苏州粮食市场》,《城市史研究》第30辑,社会科学文献出版社,2014年。

俞菁：《吴门名绅范君博》，《档案与建设》2005 年第 2 期。

袁中金、裴玉仁、王勇：《苏州市功能定位研究》，《苏州城市建设环境保护学院学报》（社会科学版）2001 年第 1 期。

张凯：《文史分合：章氏国学讲习会与国难之际国学走向》，《浙江社会科学》2016 年第 10 期。

张晰：《民国金融巨子贝祖诒》，《浙江档案》2007 年第 11 期。

张笑川：《本土环境与西方冲击互动中的中国通商口岸——〈局外人：西方在印度和中国的经历〉述评》，《史林》2006 年第 1 期。

张笑川：《租界、城市化、地方自治与近代上海行政区划的变动——民初"闸北区域问题"初探》，《苏州科技学院学报》（社会科学版）2011 年第 4 期。

张笑川：《从城市景观破解城市现代性——评柯必德〈天堂与现代性之间：建设苏州，1895—1937〉》，《城市史研究》第 32 辑，社会科学文献出版社，2015 年。

张玉法：《戊戌时期的学会运动》，《历史研究》1998 年第 5 期。

赵可：《民国时期城市政府行为与杭州旅游城市特色的显现》，《中共杭州市委党校学报》2004 年第 2 期。

赵可：《城市组建与民国前期的城市建设和管理——以长江流域城市为中心的考察》，陈锋主编《明清以来长江流域社会发展史论》，武汉大学出版社，2006 年。

赵金辉：《论近代苏州城市的衰落》，《辽宁行政学院学报》2014 年第 11 期。

郑丽虹：《1927—1937 年苏州城市设计的定位与思想》，《苏州大学学报》（工科版）2006 年第 1 期。

郑忠：《嬗变与转移：近代长江三角洲城市体系之雏形（1842—1895）》，《复旦学报》（社会科学版）2007 年第 1 期。

朱春阳：《地方大族与城市政治中心的确认——以清代苏州玄妙观"康乾驻跸"说为中心》，《安徽史学》2017 年第 2 期。

朱春阳：《从阊门到玄妙观："士女游观"与清代苏州城市商业中心的变迁》，《史林》2018 年第 1 期。

朱小屏、缪舒舒：《东吴大学音乐社团活动述评（1901—1952）》，《艺术评论》2020 年第 3 期。

朱英：《论晚清的商务局、农工商局》，《近代史研究》1994 年第 4 期。

朱英：《民初苏州商会的发展演变》，《华中师范大学学报》（人文社会科学版）2006 年第 5 期。

朱英：《民国时期省议会与省长之间的冲突——以江苏省议会弹劾省长案为例》，《社会科学研究》2007 年第 1 期。

朱英：《南京国民政府建立后苏州商团的改组与消亡》，《历史研究》2008 年第 5 期。

朱英：《近代商会史研究的缘起、发展及其理论与方法运用》，《近代史研究》2017 年第 5 期。

朱月琴、郑忠：《移型与换位：民国时期长江三角洲城市体系之确立》，《民国档案》2014 年第 4 期。

周育民：《辛亥革命时期的"江苏统一"——简论辛亥革命时期的苏沪行政关系》，上海中山学社主办《近代中国》第十二辑，上海社会科学院出版社，2002 年。

周育民：《晚清厘卡与苏南市镇》，《中国经济史研究》2013 年第 1 期。

〔日〕宫崎市定：《明代苏松地方的士大夫与民众》，刘俊文主编《日本学者研究中国史论著选译》第六卷"明清"，栾成显、南炳文译，中华书局，1993 年。

〔日〕水羽信男：《日本的中国近代城市史研究》，《历史研究》2004 年第 6 期。

〔日〕夏井春喜：《近代苏州地主租栈经营》，唐力行主编《江南社会历史评论》第五期，商务印书馆，2013 年。

〔日〕夏井春喜：《民国前期苏州的田业会：与吴县田业银行、苏州电气厂的关系》，唐力行主编《江南社会历史评论》第六期，商务印书馆，2014 年。

〔日〕夏井春喜：《赋从租出——近代苏州的田赋与田租的关系》，唐力行主编《江南社会历史评论》第七期，商务印书馆，2015 年。

〔法〕安克强：《19—20 世纪的中国城市和城市社会：对西方研究成果的评论》，《城市史研究》第 23 辑，社会科学文献出版社，2005 年。

〔美〕周锡瑞：《把社会、经济、政治放回二十世纪中国史》，《中国学术》第1辑，商务印书馆，2000年。

〔韩〕朴正铉：《无锡和苏州近代化之比较》，《徐州师范大学学报》（哲学社会科学版）2006年第4期。

〔加〕G. 斯蒂尔特：《西方城市史的理论研究》，《史学理论研究》2003年第3期。

陈建荣：《近代上海的苏州人（1843—1937）》，硕士学位论文，苏州科技大学，2013年。

陈文妍：《清末民初苏州的日常生活——以〈补过日记〉为例》，硕士学位论文，中山大学，2009年。

陈亚杰：《转型时代的中国精英：张一麐研究》，硕士学位论文，苏州科技大学，2019年。

郭玉家：《论辛亥革命前后的张一麐》，硕士学位论文，扬州大学，2003年。

郝芹：《民国时期苏州冬防研究（1912—1937）》，硕士学位论文，苏州科技大学，2015年。

洪主莹：《苏州振兴电灯公司的改组与让渡风波（1818—1824）》，硕士学位论文，台湾政治大学历史研究所，2019年。

胡孝林：《苏州旅游近代化研究（1912—1937）》，硕士学位论文，苏州科技学院，2011年。

江伟涛：《近代江南的城镇化水平研究》，博士学位论文，复旦大学，2013年。

蒋昍正：《清末民国苏州的杂捐》，硕士学位论文，苏州科技大学，2018年。

靳帅：《耆绅政治：苏社集团与1920年代的江苏政局》，硕士学位论文，华东师范大学，2020年。

李凡：《现代国学的发生与走向——以晚清民国（1901—1937）国学类学术期刊的刊载内容为中心》，博士学位论文，中国艺术研究院，2018年。

李继业：《传承与更新——1912—1937年吴县县政研究》，博士学位论文，苏州大学，2013年。

李天星：《晚清苏州府附郭县的县政运作——以元和知县李超琼为中心》，硕士学位论文，苏州科技大学，2022年。

李寅君：《近代苏州城市普通士人生活研究——以陆宗篁为中心》，硕士学位论文，苏州科技大学，2023年。

刘开锋：《苏州工巡捐局研究》，硕士学位论文，苏州科技大学，2018年。

刘艺蕾：《李根源寓居苏州事迹考述》，硕士学位论文，苏州科技大学，2022年。

路仕忠：《吴县善人桥农村改进会研究》，硕士学位论文，苏州科技大学，2014年。

庞红舟：《苏州报业与近代社会（1900—1937）》，硕士学位论文，苏州大学，2011年。

王子杰：《民国〈吴县志〉研究》，硕士学位论文，苏州科技大学，2023年。

魏文享：《民国时期的工商同业公会研究（1918—1949）》，博士学位论文，华中师范大学，2004年。

吴振阳：《人力车与近代苏州城市社会》，硕士学位论文，苏州科技大学，2022年。

张燕：《东吴大学学生社团研究（1901—1952）》，博士学位论文，苏州大学，2015年。

张依：《苏州〈大光明〉报研究》，硕士学位论文，苏州科技大学，2022年。

郑丽虹：《近现代社会转型与苏州的城市设计》，硕士学位论文，苏州大学，2005年。

朱毛轩：《国民政府时期苏州市政府研究（1927—1930）》，硕士学位论文，苏州科技大学，2021年。

# 后　记

　　我与城市史结缘开始于 2004 年赴复旦大学跟随熊月之师攻读专门史（上海史）的博士学位。在熊老师的指导下，我完成了关于上海闸北城区史研究的博士学位论文，并于 2009 年以《近代上海闸北居民社会生活》为题出版。由于上海史的主体内容是上海城市史，在撰写论文的过程中，我涉猎了不少海内外中国城市史尤其是上海城市史的论著，从而对城市史研究有了一定的了解。

　　2008 年博士毕业，我回母校苏州科技大学任教。考虑到从苏州到上海查阅档案、图书等资料多有不便，遂决定转入苏州城市史的研究。记得临毕业之前，曾向熊老师汇报此意。熊老师如何表态，我至今已记得不是很清晰，但可以肯定的是没有明确反对。现在想来，自作主张，放弃积累四年的上海史研究而转战新的领域，颇有些自说自话的感觉。熊老师或许心里并不赞成，但仍然以其一贯的长者风范，尊重了我的选择。毕业后，我还不时通过电子邮件和见面的机会向熊老师请教关于苏州城市史的意见，老师也耐心地提出自己的想法和建议。这些想法和建议虽然还不能很好地体现在本书之中，但为我提供了进一步思考的方向。在本书出版之际，熊老师又欣然赐序，盛情可感。这本仍不是很成熟的著作，权当是对老师悉心栽培的阶段性汇报，希望不至于使老师太过失望。

　　2010 年我开始招收硕士研究生，尝试着在培养研究生的过程中逐渐向苏州城市史研究过渡。我的第一名研究生的论文选题是"近代上海的苏州人"，这是一个连接上海史与苏州史的题目，此后的研究生选题遂完全转入苏州史的领域。至今我已招收 14 届研究生，在指导最初几届研究生时，我对苏州史还不是很熟悉，可以说我是和自己的研究生们一起探索这一新的领域。

　　本书的缘起可以追溯到 2013 年。江苏省教育厅曾实施中青年骨干教师境外研修计划，我通过熊月之师的介绍联系到了美国约翰·霍普金斯大学的罗威廉教授，于 2013 年 3 月至 2014 年 4 月在美国访学一年。

2013年上半年正好赶上江苏省社会科学基金项目申报，我就以"民国苏州城市史"为题填写了申报书，10月得到立项的消息。本来赴美访学的核心计划就是开展苏州城市史研究，因为有了这个项目在身，阅读、思考和搜集资料也就更加集中了。

在美国的一年里，除了业余时间搜集、阅读、扫描中国城市史的相关论著外，我主要旁听罗威廉、梅尔清两位教授的课程。在访学的一年中，我旁听了罗威廉教授的五门课，包括"关于现代中国的历史编撰学"（Historiography of Modern China）、"二十世纪中国"（Twentieth-Century China）、"中国城市史诸问题"（Problems in Chinese Urban History）、"早期现代中国"（Early Modern China）和"十八世纪中国社会及社会变迁"（Society and Social Change in Eighteenth-Century China）；梅尔清教授的三门课，包括"女性与现代中国史"（Women and Modern Chinese History）、"亚洲历史中的纪念物和记忆"（Monument and Memory in Asian History）和"二十世纪中国和日本的民族认同构建"（Creating National Identity in Twentieth-Century China and Japan）。我到访约翰·霍普金斯大学之时，该校没有新招收博士生，因此我旁听的都是本科生课程，而且因为到访时间与美国的学期不一致，有些课程听得不完整，但注重讨论的上课方式、大量的阅读书目，仍使我受益匪浅。

罗威廉教授的中国学生在私下里都昵称他为"老罗"。"老罗"较忙，课外接触的时间不多，但旁听他的课程收获很大。还记得"老罗"在他的中国城市史课程上，给我提供了一次公开讲话的机会，他安排我用15分钟时间来介绍我关于闸北的研究，结果我讲了30分钟，虽然因为超时而深感抱歉，但这是我第一次用英语磕磕巴巴地表达学术见解。2013年暑假，妻子和女儿来美国与我相聚，在我的租屋里，妻子做了几个小菜请"老罗"吃饭。席间，"老罗"说，他看了我送给他的《近代上海闸北居民社会生活》，写得不错。我说，是真的吗？他说，是真的。"老罗"的肯定，使我有了更多的自信。

梅尔清教授与我年龄相差不多，我随中国学生亲切地直呼其名"Tobie"。与Tobie在课外接触的时间更多一些。我赴美之时，恰好Tobie关于太平天国战争的新著出版，她送了我一本。我读后颇有些感想，遂写了一篇书评向中文学界加以介绍。在书评的写作过程中，我们有了较多的讨论。Tobie 在"亚洲历史中的纪念物和记忆"课程结束之时,邀请选课学生到她华盛顿的家中包饺子,我也一起去度过了一段快乐时光。2014 年我回国后,Tobie 利用暑假来中国游玩,我们有机会在苏州相聚,我也借机请她到我校讲座,介绍她关于太平天国战争的研究。2013 年我到美之时,Tobie 恰好由副教授升等为教授,2014 年她来苏州之时,恰好我也收到了获评教授的通知,我们得以及时分享彼此的喜悦,似乎冥冥中颇有巧合。

罗威廉和梅尔清两位教授的研究颇有不同,罗威廉教授的研究以社会经济史为骨干,气象宏大;梅尔清教授的研究有强烈的新文化史味道,颇为新潮。通过旁听两位教授的课程和课外交流,我受到很多启发。此外,在美期间,得以与约翰·霍普金斯大学东亚研究项目的诸位学者交流,并有机会参加 2014 年 3 月在费城举办的会议,得见周锡瑞、玛丽·兰金、柯文、韩书瑞等大家的风采,这些都使我开阔了眼界。

临归国之前,我主动请缨,向罗威廉和梅尔清提出,将我关于民国苏州城市史的新研究计划向约翰·霍普金斯大学的亚洲学者做一次汇报。为此,我用英文写了一个发言稿。汇报那天,罗威廉、梅尔清以及中国史的博士生等来了七八个人,罗威廉和梅尔清提出了很多中肯的意见,另一位中国医学史研究者 Marta Hanson(中文名"韩嵩")有事没来,但用电子邮件对我的计划提出了意见。可以说,我今天的这本小书也凝聚了罗威廉、梅尔清等诸位美国学者的关注与期待,在本书出版之际,借此向他们对我在美期间的关照和指导表示深深的感谢!

借此我还想向任可博士、董一格博士、徐佳贵博士表示郑重的感谢!任可是罗威廉教授的博士生,董一格是约翰·霍普金斯大学社会学博士生,他们在生活上给我提供了诸多关照。在美访学的后半年,徐佳贵博士以复旦大学访问学生的身份来到约翰·霍普金斯大学,我们便一起旁听课程。与任可、一格、佳贵经常畅谈学术、现实和理想,使我的访学生活更加充实和多彩。

回国后,我以 2013 年以来发表的文章为基础整理出了一个 32 万字的书稿,于 2017 年底完成了省社科项目的结题。2019 年我又以原题申请了国家社科基金后期资助项目,竟然侥幸获批立项。此后,书稿的修改就成为我的一个沉重任务,因为我对原有的书稿并不满意,很多章节准备重写或新写，全书的结构也拟重新调整。2019 年开始，我变得异常忙碌，一方面承担了学院的行政工作，另一方面女儿由初三进入高中，院系事务和家长任务扑面而来，加以中间编写《中国社会史导论》一书，无法全力进行本书的写作。2020 年，由于疫情，居家办公的时间增多，使我有了更多专门读书写作的时间。2020 年上半年我完成了《中国社会史导论》的定稿、评审和出版，此后得以腾出更多精力进行本书的写作。2023 年寒假，本书也终于进入了"杀青"阶段。

　　本书的部分章节曾在期刊上发表过，其中，第三章以《民国时期吴县人口与城市发展》为题发表在《城市史研究》第 38 辑（2018 年 4 月），系与蒋眶正合作；第五章的大部分内容以《试论近代上海文化的底色——旅沪苏州人与近代上海》为题发表在《社会科学》2013 年第 11 期；第十一章部分内容以《政治性、日常性与现代性：民国苏州公园与城市生活》为题发表在《城市史研究》第 34 辑（2016 年 4 月），系与路仕忠合作；第十二章第二节以《章太炎苏州讲学的文化意蕴》为题发表在《史林》2024 年第 1 期；第二章大部分内容以《清末民初的江苏省分合问题及省会迁出对苏州的影响》为题发表在《城市史研究》第 48 辑（2024 年 3 月）。以上论文在收入本书之时，都有一定的修改。我的研究生陈建荣、路仕忠、郝芹、蒋眶正、缪舒舒、陈亚杰、朱毛轩、张依、李天星、刘艺蕾、吴振阳、李寅君、王子杰等以苏州城市史为主题撰写了毕业论文，他们为本书的写作提供了不少有益的资料，李寅君还帮助我对全书的注释进行了核对。在本书修改过程中，我的同事许哲娜副教授、顾少华副教授提供了宝贵意见，尤其是顾少华副教授对全部书稿的章节设置、引文处理、行文等方面提供了详细的修改意见。在本书的写作、讨论和修改过程中，我从他们那里体会到了师友讲论、共同进步之乐。在此，对他们表示诚挚的感谢！感谢苏州市档案馆沈慧瑛副馆长，她惠赠了《苏州市民公社档案资料选编》等资料，为本书的写作提供了便利。

　　在本书出版之际，我还要感谢吴滔、余新忠、谢湜、于薇、王敏、周鑫诸师友，他们是我学术道路上的重要伙伴。曾国藩曾说"师友夹持，虽懦夫亦有立志"，正是在他们的关爱、期待和与他们的会心讨论中，我在学术的道路上一路前行而充满乐趣。感谢我的妻子和女儿，在我躲在书房的时间里，妻子承担了诸多家务，女儿也欠缺了不少应得的关爱。感谢我的父母，他们一直在默默为我付出，并为我而自豪。感谢社会科学文献出版社陈凤玲女士及其编辑团队，他们细心的编辑工作，不仅使书稿减少了错误，而且很多修改和建议为本书增添了光彩。

我出生在东北，自1989年因上大学开始与苏州结缘，至今已在苏州定居35年，超过了在故乡居住的时间。自到苏州开始，我就在品味"天堂"的味道，也在揣摩城市生活的意义。本书的出版可以算作一个学者作为新苏州人对这个城市的献礼。本书的面貌与2013年最初的设想以及2017年的初稿相比，在内容、结构和观点上出现了很大的变化，这是在研究中我对民国苏州城市的理解逐渐深入的结果。自感本书关于"区域城市体系中的苏州"的探讨虽然还很不深入，但提示了一个有价值的思考方向；关于"城市管理机制演进"的探讨，也提出了更加贴合苏州本身历史逻辑的解释；关于"精英阶层与城市社会"以及"城市生活与文化"的探讨则还存在着很大的拓展空间，比如，众多城市精英的行动策略和影响、城市居民的结构及生活样态、城市空间的构成及变迁、城市文化的多元面貌和深层构造等仍有待依托更多的资料来展开分析，这也为笔者提供了下一步的研究课题。由此也想到，近代以来苏州研究资料浩如烟海，但档案、报刊和众多图书资料多数利用不便，这严重影响了近代苏州城市史研究的进展，很有必要集众之力加以系统编辑出版和数字化整理，以方便学者利用。在苏州大力进行文化建设的今天，这是一件值得重视的工作。没有系统的资料建设，仅关注所谓重大研究项目，所出成果难免有炒冷饭之嫌。

苏州城市的发展轨迹对于中国城市史和中国史大约都很重要。本书截取民国苏州这一相对受到忽视的课题进行了有限的研究，很希望能听到学界的批评之声。

2024年8月

于姑苏三乐斋